王宏昌　林少宫　编译

诺贝尔经济学奖金获得者
讲演集

1978-2007
The Nobel Prize In Economics

修订版

中国社会科学出版社

图书在版编目（CIP）数据

诺贝尔经济学奖金获得者讲演集 1978－2007（修订版）／王宏昌、林少宫编译．—北京：中国社会科学出版社，2008.3
ISBN 978-7-5004-2120-7

Ⅰ．诺…　Ⅱ．①王…②林…　Ⅲ．诺贝尔奖金—经济学家—演讲—文集—1978～2007　Ⅳ．F－53

中国版本图书馆 CIP 数据核字（2008）第 023091 号

特约编辑　蓝垂华　蓝云翔
责任编辑　张　林
责任校对　刘　娟
封面设计　格子工作室
版式设计　戴　宽

出版发行　**中国社会科学出版社**
社　　址　北京鼓楼西大街甲 158 号　　　邮　编　100720
电　　话　010—84029450（邮购）
网　　址　http://www.csspw.cn
经　　销　新华书店
印　　刷　华审印刷厂　　　　　　　　　装　订　广增装订厂
版　　次　2008 年 3 月第 1 版　　　　　印　次　2008 年 3 月第 1 次印刷
开　　本　710×1000　1/16
印　　张　40.75　　　　　　　　　　　插　页　2
字　　数　730 千字
定　　价　66.00 元

目　录

·1988 年·

·1989 年·

·1990 年·

·1991 年·

·1992 年·

瑞典皇家科学院公告

瑞典皇家科学院已决定将 1978 年纪念阿尔弗雷德·诺贝尔经济科学奖授予美国宾州匹兹堡，卡内基—梅隆大学的赫伯特·亚历山大·西蒙教授，为了他在经济组织内部决策过程方面的先驱性研究。

赫伯特·亚历山大·西蒙的科学成就远超过他担任教授的学科——政治科学、行政、心理学和信息科学的范围。他在科学理论、应用数学、统计学、运筹学、经济学和企业管理方面作出了贡献。在他进行过研究的所有领域中，西蒙有某种重要的东西要说；而且作为一般规律，他把他的思想发展到如此程度，所以有可能用它们作为经验研究的基础。但他首先是一位经济学家——按此词的最广义——而他的名字主要联系着关于经济组织内的结构和决策的著作，这是一个比较新的经济研究领域。

在较老的、传统的经济研究中，在企业和企业家之间不加区别，而且假设企业家们只有一个目标：最大利润。这种古典的和比较粗糙的企业理论的主要目的是作为研究全部市场行为而不是各个企业行为的基础。只要这些公司是小的、家长制管理的单位，它们的活动就比较乏味。然而，随着公司规模的增大，随着经营它们变得愈来愈与它们的所有权分离，随着职工开始组织工会，随着扩张速率提高，以及随着许多公司之间的价格竞争被少数公司之间在质量和服务方面的竞争代替，各个公司的行为完全达到了另一种程度的重要性。

受 30 年代其他社会科学进行的组织研究的影响，经济学家们开始以完全新的方式看待公司的结构和决策过程。对于这个新的发展路线，西蒙的工作极为重要。在他的划时代的《管理行为》（1947）和在以后的一些著作中，他把公司描写成一个系统，由物质的、人的和社会的部分组成，靠一个相互通信的网络和它的成员互相协作努力达到共同目标的意愿团结在一起。西蒙思想中新的东西是，首先，他否认古典管理理论中作的假设，有一个无所不在的、理性的、求最大利润的企业家。他用一些互相协作的决策人代替这个企业家，他们的理性行动的能力既受缺乏关于他们决策的总后果的知识限制，又受个人和社会联系限制。因为这些决策人不能像古典企业家那样选择一个最好方案，他们不得不满足于一个满意的方案。所以各公司不是努力追求最大利润，而是对迫切问题找出可以接受的答案。这一点可能意味着同时必须达到一些部分的矛盾的目标。这样一个公司内的每一个决策人设法对他自己的那组问题寻找满意的答案，并考虑别人如何解决他们的问题。

西蒙对组织内决策的理论和观察，在现代企业和公共行政应用的计划、预算控制系统和技术中应用良好。这些理论对全面的经济分析不如古典利润最大化理论那么优美和适用，但是它们对一些领域中的理解和预测提供较大的可能性。它们已被成功地用于解释和预测如此多方面的活动，如公司内部取得信息能力的分布和决策，对有限竞争作市场调整，选择投资证券和选择一个去投资的外国。现代企业经济学和管理研究大部分根据西蒙的思想。

由于他对经济组织内部决策过程的研究，西蒙被授予今年的经济学奖，但是他对经济科学也作了其他重要贡献。例如，他对简化和理解复杂的决策情况的兴趣，在早期阶段，引导他到分解复杂方程系统的问题。他对这类系统中"因果秩序"的研究有特殊重要性。

赫伯特·亚历山大·西蒙简历

1916 年 6 月 15 日，生于美国威斯康星州密尔沃基市，他是亚述和 S.爱德娜（穆克尔）的儿子。

1936 年，芝加哥大学文学学士。

1943 年，哲学博士。

1963 年，开斯工学院科学博士。

1963 年，耶鲁大学科学博士。

1964 年，法学博士。

1968 年，瑞典伦德大学哲学博士。

1970 年，加拿大麦吉尔大学法学博士。

1973 年，鹿特丹伊拉斯莫斯大学经济科学博士。

1978 年，密歇根大学法学博士。

1979 年，匹兹堡大学法学博士。

1937 年，与陶乐西亚·派意结婚；有一子两女：凯塞琳（大卫·L.弗兰克夫人），彼得·亚述，巴蓓拉。

1936—1938 年，芝加哥大学研究助理。

1938—1939 年，国际城市管理者协会干部，以及《公共管理和市政年鉴》助理编辑。

1939—1942 年，加州大学公共行政局行政测量研究主任。

1942—1945 年，伊利诺伊州工学院，政治科学助理教授。

1945—1947 年，任副教授，1947—1949 年任教授，1946—1949 年兼政治和社会科学系主任。

1949—1965 年，卡内基—梅隆大学行政和心理学教授，1965 年以后任理查·金·梅隆计算机科学和心理学大学教授，1949—1960 年任工业管理系主任，1957—1973 年任工业管理研究生院副院长，1972 年以后任理事。

1942—1949 年，任国际城市管理者协会顾问，1946—1949 年任美国预算局顾问，1947 年任美国普查局顾问，1947—1960 年任考尔斯经济学研究基金会顾问。

1948 年，任经济协作署管理工程处顾问及代理处长。

1961—1965 年，任社会科学研究会理事会主席。

1968—1970 年，任全国研究理事会行为科学部主席。

1968—1971 年，任总统科学顾问委员会委员。

企业组织的合理决策

赫伯特·亚历山大·西蒙

美国，卡内基—梅隆大学

1978 年 12 月 8 日讲演[①]

阿尔弗雷德·马歇尔在他的《原理》的开场白中，声明经济学是一种心理科学：

> 政治经济学或经济学是研究普通商业生活中的人类的一门学问；它考察个人和社会行动中与得到和利用幸福的物质必要条件关系最密切的那个部分。

> 所以，一方面它是研究财富的学问；而另一方面，也是更重要的方面，它是研究人的学问的一部分。因为人的性质被他的日常工作，和他藉此取得的物质资源所塑造，有甚于任何其他影响，除非后者是它的宗教理想的影响。

不过，经济科学在它的实际发展中，一直只集中在人性的一个方面，他的理性上，并且特别是在那个理性应用到面对稀少性的分配问题上。经济科学的现代定义，不论用分配稀少资源或用合理决策的语言来表达，仍然画出一个有待征服

---

① 作者感谢阿尔伯特·安藤、鄂托·戴维斯和本杰明·弗里德曼，他们对本文的初稿提出了宝贵的评论。

和定居的广大领域。近年来，经济学家们甚至对这个领域中传统地被认为属于政治、社会和心理学科的部分，也作了大量考察。

一　作为经济科学的决策论

经济学家们定居在整个经济科学帝国的密度是很不均匀的，在少数不大的地区，居住了人口的大部分。经济心脏地区是对国际和国民经济以及它们的市场的规范性研究，它主要关心三件事：资源的充分就业，资源的有效分配，经济产品分配的公平。代替模糊的和过于广义的"经济学"一词，我愿用"政治经济学"表示这个心脏地区，而用"经济科学"表示整个帝国，包括它的最遥远的殖民地。在本文中，我们主要讨论称为决策论的重要殖民地，我愿谈一些它的规范性的和描述性的方面，特别是它对企业理论的应用。通过后面这个题目，使讨论回过头来联系政治经济学的心脏地区。

作为有政策倾向的规范性经济学整体下面的基础，自然有一个给人印象深刻的描述性或"实证的"理论整体，它的数学的优美可与物理科学中最精细的理论相比。作为例子，我只需要提醒你们华尔拉的全部均衡理论和它们在亨利·舒尔茨、萨缪尔森、希克斯，以及其他人的著作中的现代后裔；或者阿罗、赫威茨、德布罗、马林伏和他们的同事们创造的精微而令人印象深刻的理论整体，证明在一定条件下，竞争均衡等价于帕里托的最优条件。

人们可以并且已经提出疑问，这方面工作的一些较精细的部分与真实世界有没有关系。或许这些智慧高山中有一些已被攀登，只是因为它们在那里，只是由于攀登它们的挑战和喜悦。那是在任何人类科学或艺术努力中应有的情况。但是不论攀登者的动机如何，不论与真实世界是否相符，经济政策要求对基本公共问题提出建议，已经强烈影响了实证政治经济学，则是没有疑问的。

这也应当如此。认为科学研究如果可能变成有用的，或者它是从对日常世界遇到的问题作出反应中产生的，不可能是基本研究，这是一种庸俗的误解。真实世界事实上或许是需要基础科学研究的良好研究课题的一切来源中最丰富的来源。

（一）决策论为政治经济学服务

不过，有一个相反的误解，同样应当谴责：认为只有如果基本研究与政策问题的关系是立即的和明显的，才值得进行。在当代世界中，这个误解或许不被广泛接受，至少就自然科学而论。现在我们已经生活了三个世纪或者多一些，对自然规律进行积极的和高度成功的研究。许多那种研究只是被要想理解、要想发现复杂性中隐藏的秩序美的简单冲动所驱使。一次又一次，我们发现通过研究过程得到的"无用"真理对实际人类事务有最大的重要性。我不必在此花费时间讨论这一点。科学家们知道它，工程师们和医生们知道它，国会议员知道它，大街上的人知道它。

　　但是，我不能肯定在经济学中，这个真理像它应当为大家知道的那样为人所知。否则我不能解释包括企业理论的描述性决策论的比较弱的和落后的发展，它的地面上稀疏而分散的殖民，以及许多（如果不是大多数）研究人员来自经济学之外——社会学、心理学和政治学。经济学中受尊敬的和著名的人物——例如爱德华·马逊、弗立茨·马赫鲁和密尔顿·弗里德曼——把它放在领地之外（更准确地说，把经济学放在它的领地之外），并且向它提供充分的自主权，只要它不宣称与真正的经济研究有密切的血缘关系。

　　例如，马逊在评论巴潘德罗关于企业行为理论研究的 1952 年综述时，大声思辨：

> ……这个文献对经济分析的贡献真大么？…… 这个批判的作者必须承认，对经济分析的目的而言，对于这个较新的企业概念，比较老的企业家概念的显著优越性，缺乏信心。（第 221—222 页）

而弗里德曼以相似的态度，归纳他的反对理论中现实主义的著名论据：

> 完全的"现实主义"显然是达不到的，而一个理论是否"足够"现实的疑问，只有这样来解决，看看它是否产生对现有目的而言足够好的预测或者比其他理论来的预测更好。（第 41 页，着重点是加上的）

　　这两条引语都包含的"现有目的"，正在为实证的、然后为规范性的政治经济学提供决策理论基础。按照马逊和弗里德曼的见解，对企业组织背景中合理人类行为的基本研究干脆不是（根据定义）经济学——也就是政治经济学——除非它以一种主要方式对那个目的作出贡献。这有时甚至被解释为，它意味着当它们的微观现象的经验预测被发现与观察数据大不相容的时候，决策的经济理论并未在任何有关或有趣的意义上被证明是错误的。我们被告知，这些理论仍然是"足够"现实的，只要它们不与有关政治经济学的总量观察矛盾。所以热心于坚持最大值的经济学家们回过头来，在评价他们自己的理论时，变成满足论者。他们相信企业家追求最大的利润，但是他们知道经济理论家容易满足。

满足论应用于理论，有时被辩护为"奥肯刀片（简单理论优于复杂理论的原则——译者注）"的应用：接受能工作的最简单的理论。[①] 但是奥肯的刀片有双刃。词句的简明不是理论简单性的惟一尺度。奥肯理解他的规则作为推荐作出不超过解释现象所必需的假设的理论。一个利润或效用最大化的理论，可以比我以后将讨论的那种满足性理论说得很简短。但是前者对人类认识系统比后者作出强得多的假设。因此，在我们面前的例子中，刀片的双刃以相反方向切割。不论以哪种方式解释奥肯的原则，在不同理论之间进行选择时，节约只能是第二步考虑，除非那些理论作出相同的预测。因此，我们必须回来考虑被认为由实证决策论处理的现象。这些可能既包括决策者的微观水平的现象，或者包括有关政治经济学的总量现象。

（二）研究决策论为了它的内在兴趣

"经济学"一词的定义自然是不重要的。像儿歌中的亨普铁·邓普铁那样，我们能使词儿解释为我们要它们解释为的任何东西。但是经济学家们的职业训练和考虑的范围，确实有其重要性。接受经济学只关心政治经济学的狭隘见解，把合理人类行为的整个丰富领域作为不适合于经济研究的定义。

我不希望表现为承认企业的行为理论一直与政治经济学的结构无关。一会儿我愿再谈一些它的关系。我现在的论点在形式上是反事实的：即使现在没有这种关系的证据，企业中的人类行为构成一个非常有趣的经验现象总体，需要和一切现象总体一样，加以解释。而且如果我们可以从其他科学的历史外推，有一切理

---

① "能工作"的短语顺便否定了弗里德曼对假设中缺乏现实主义的著名的颂歌。他的有效论点是，利用简单规律，忽略空气阻力是有利的，其时，它给出一个"够好的"近似值。但是它给出良好近似值时所存在的条件，完全不是那些使它成为不现实的条件或"对现实作非常不准确的描述"。我们能用它预测一个在真空中下落的物体的径迹，但不是通过地球大气下落的物体的径迹。我不能在此短时间内列举，更不能讨论，在弗里德曼的40页论文中能发现的所有许多逻辑错误。西蒙（1963）和萨缪尔森（1963）有更多的批判。

由期望，当解释出现的时候，对实际应用的重要领域的关系将不会推迟很久。

人们有时暗含这样的意思（弗里德曼《实证经济学论文集》，第14页），经典企业理论所根据的合理行为假设的正确与否，不仅没有关系，而且甚至在经验上不能以任何直接方式测试，惟一有效测试是这些假设是否导致宏观水平上可算正确的预测。当然，如果我们没有显微镜，以致不能直接观察微观水平的行为，那可能是对的。但是我们确有显微镜。有许多技术可以观察决策行为，如果需要，甚至可以每隔一秒钟观察一次。在测试我们的经济理论时，我们不必依靠粗糙的总量时间序列，那是经济计量面粉厂用的麦粒，或者甚至不必依靠公司财务报表。

经济决策和企业的经典理论对决策人的具体行为作出很具体的可测试预测。行为理论作出很不同的预测。因为这些预测可以直接靠观察来测试，这种预测失败时和关于总量现象的预测错误时，同样容易证明两种理论之一（或两者都是）是错误的。

（三）决策论的总量测试：边际论

如果有些经济学家错误地认为微观经济理论只能靠它的总量现象预测来测试，我们应当避免相反的错误，假设总量现象与测试决策论无关。特别是，有没有重要的经验证明的总量预测，来自完全理性理论，而非来自理性的行为理论？

全知理性的经典理论非常简单而漂亮。而且它允许我们预测（正确与否）人类行为，而不必从我们的安乐椅中起来观察一下这种行为像什么。所有预测能力来自表征发生行为所在环境的形状。环境，连同完全理性的假设，充分决定行为。合理选择的行为理论——有限理性理论——没有这种简单性。但是作为一种补偿，它们的关于人类能力的假设远比经典理论的假设弱。例如，它们对人的知识和计算能力提出中肯的和现实的要求，但是它们也不能预测那些人将在边际上使成本和报酬相等。

（四）边际论的预测经过测试吗？

人们援引一些经验现象，作为经典企业理论的多少有结论性的支持，而不利于它的行为理论对手（见戴尔·乔根生和卡尔文·西伯特）。但是没有直接观察证明个人或企业确实使边际成本和收入相等。有经验证明的经典理论的成果，几乎总比这个弱。让我们看一看其中最重要的四个：需求曲线一般有负斜率的事

实；经验数值考柏—道格拉斯函数近似地为一次奇次性的事实；规模报酬递减的
事实；领导人员薪金随公司规模的对数变化的事实。这些确是事实吗？并且，证
据确实支持一种最大化理论，而不利于一种满足论吗？

负斜率需求曲线。不存在证据，能说明消费者确实在这样一个方式分配他们
的购买，使他们的效用为最大，并且因而使边际效用相等。经验数据确实证实的
是需求曲线一般有负斜率（亨利·舒尔茨多年前说明，甚至这个"明显的"事实
也不易证实）。但是，负斜率需求曲线可以来自许多不同的满足有限理性假设的
行为，而不是来自效用的最大化假设。很难认为是一个反对经典理论的证明人的
加里·贝克对此说得很好：

> 经济学家们久已知道，家庭的可行集合或机会集合中的某些变动会带来
> 同样反应，而不论所用的决策规则。例如，实际收入的减少，必然至少减少
> 在一种商品上花费的金额……不过很少为人觉察的是，相对价格的变动引起
> 的机会变动，也倾向于产生一种系统的反应，而不论决策规则。特别是传统
> 理论的基本定理——需求曲线是负斜率的——主要只是由于机会的变动，并
> 且大都与决策规则无关。（第 4 页）

以后，贝克甚至说得更清楚："不仅效用最大化，而且包括许多不同的不合
理行为在内的许多其他决策规则，也由于物价变动对机会的影响，导致负斜率需
求曲线。"（第 5 页）①

生产函数的一次奇次性。经典假设提供充分的，但不是必要的条件的另一个
观察现象的例子是，在经验数值考柏—道格拉斯生产函数中劳动分到的产品份额
与劳动因素的指数相等（见西蒙和费迪南·列维）。经验数值考柏—道格拉斯函
数是齐次的，次数一般接近一，其劳动指数约为正确的数值。不过，不能将这些
发现当作经典理论的强证据，因为错误地对事实上由一个线性会计恒等式（商品
价值等于劳动成本加资本成本）发生的数据配一个考柏—道格拉斯函数容易产生
相同的结果（见 E. H. 费尔浦斯—布朗）。同样的评论适用于 SMAC 生产函数
（见理查·西尔特和西蒙）。因此，经验发现不允许我们对经典和行为理论的相对

---

① 在一个脚注中，贝克说明他认为"与效用最大化的任何偏离"是非理性的。所以，我称为"有限
理性"的东西在贝克术语中是"非理性"。

可能性得出任何具体结论，它们两者都与数据同样相容。

长期成本曲线。企业的长期成本曲线的情况有些不同，如果竞争均衡是稳定的，经典理论要求长期成本曲线是 U 形的。有限理性理论不预测这一点——幸而如此，因为观察的数据使我们极端怀疑成本曲线事实上一般是 U 形的。许多产业的证据表明，曲线高尺度一端的成本基本上是常数，或者甚至是下降的（见阿兰·华尔特）。这个发现与企业增长和规模的随机模型相容（见 Y.伊季利和西蒙），但不与经典理论的静态均衡模型相容。

领导人员薪金。公司最高级领导人员的平均薪金随公司规模的对数增长（见大卫·罗勃茨）。这个发现从利润最大化的经典理论导出，只是需要借助关于管理才能的公布的很具体的专门假设（见罗勃特·卢卡斯，1978）。观察的关系蕴涵在一个简单的行为理论中，这个理论只假设有一个单一的文化决定的参数，确定经理们的薪金对他们直接下级的薪金的比例（见西蒙，1957）。在领导人员薪金数据的例子中，解释观察值的行为模型比解释同样观察值的经典模型节约得多（根据对外生变量的假设比较）。

总结：不能区别优劣的现象。对这一点要作出结论可能需要比这里所谈广泛得多的综述，但是我相信，在总量数据中，只是尚未观察到需要一个效用或利润最大化理论作解释的具体现象。事实上，如我的最后两个例子指出的，在处理某些经验观察中面临真实困难的是经典的而非行为形式的理论。

经典理论的失败。很可能经典理论可以修补到足以处理很广泛的情况，不确定性和猜测现象在其中不起中心作用——也就是，处理比较稳定的和距离竞争均衡不太远的经济的行为。不过，当我们考察涉及在不确定性和不完全竞争下决策的情况时，用一个有限理性模型代替经典理论的强有力的理由开始出现。经典理论从来不是为处理这些情况设计的，这些情况也从来没有得到满意的处理。一方面，使用主观期望效用思想；另一方面，使用博弈论的统计决策论，大大有助于从概念上澄清这些类别的情况，而对实际人类行为不提供满意的描述，或者甚至在大多数情况下，不提供针对人和计算机的有限计算能力的实际有用的规范性理论。

以后我将再谈一些关于有限理性的一种描述性理论的正面理由，但是我愿意首先转移到经济科学内的另一领域，它自从第二次世界大战以来，人口迅速增加，也就是规范性决策论的领域。

（五）规范性决策论

研究决策论可以不仅是为了建造政治经济学的基础，或者理解和解释本身有内在趣味的现象的目的，而且也是为了向企业和政府决策人员提供直接建议的目的。由于我不清楚的原因，第二次世界大战以前，这个领域居民很稀疏。当时它所有的居民主要是工业工程师们、政府行政的学生和企业职能的专家们，他们中没有人把自己与经济科学特别联系在一起。著名的先驱者包括数学家查理·巴贝奇，数字计算机的发明人、工程师菲德烈·泰勒，行政人员亨利·费奥尔。

第二次世界大战期间，这个几乎被放弃的领域，被与军事管理和后勤学有关的科学家、数学家和统计学家们重新发现，并且重新命名为"作业研究"或"作业分析"。[①] 作业研究人员与社会科学界距离如此遥远，以致希望进入这个领域的经济学家们不得不建立他们自己的殖民地，他们称它为"管理科学"。这样产生的两个职业组织，仍然保持他们的独立身份，虽则他们现在友好地联合起来从事一些共同的努力。

最优化技术从经济学输送到管理科学，而新的最优化技术，特别是线性规划，被发明和发展起来，但泽、康托罗维奇和库普曼斯的名字在那个工具的早期发展中是著名的。

现在，管理科学中使用的决策工具的显著特征是，它们必须能实际作出或建议决策，将真实世界中现有的那些种类的经验数据作为它们的输入，并且只使用现有桌上计算器，或稍后一些，用电子计算机能作的运算。对于这些领域，最优化的企业家们，对世界具备完全的确定性——或者在最坏情况下，对不确定事件有充分的概率分布——的理想化模型用处不大。设计模型必须着眼于实际可计算性，不论因此加在它们上面的近似和简化条件多么严厉。

在这些严厉条件下的模型设计，采取了两个方向。第一个方向是保留最优化，但是充分简化使最优解（在简化世界中！）是可以计算的。第二个方向是设计满足模型，以合理的计算成本提供足够好的决策。由于放弃最优化，在模型中能保留较丰富的真实世界性质的集合。换句话说，决策人满足于求得简化世界的最优解，或者对一个较真实的世界求满意解。一般地没有一种方法对另一种占优势，两种方法继续共存于管理科学的世界中。

所以，管理科学中发展的理论与描述性决策论的理论，主要都关心作出决策

---

① 即运筹学。——译注

的方式，而不仅关心决策的结果。我在别处提过（1978），这些是如何决策的理论，而不是决定什么的理论。

让我从我参加的工作中举一个例子，规范性经济学中模型建造如何受计算考虑的影响（见查理·郝特、弗朗哥·毛迪良尼、约翰·莫思和西蒙）。面临不确定的和波动的生产需求，一个公司可以支付保持缓冲库存的成本，使它的生产和就业水平平滑和稳定。什么样的决策规则将得到合理的成本平衡？形式上，我们面临一个动态规划问题，而这些问题在求解时一般带来可怕的和通常不能忍耐的计算负担。

解决这个困难的一个方式是寻找计算上可行的问题的特例。如果我们假设公司面临的成本函数形式上都是二次的，于是最优决策规则将是决策变量的一个线性函数，它用成本参数易于计算。同样重要的是，在将来的销售不确定的情况下，只有概率分布的预期值，而不是高次力矩进入决策规则（西蒙，1956）。因此二次式成本的假设把原问题化为一个易于求解的问题。当然，虽然对我们假设的简化世界提供最优决策的解，对二次式函数逼近的真实世界决策问题至多提供满意解。为了实际上可以达到的满足，牺牲理论上不能达到的最优化。

如果人类决策者像他们的有限的计算能力和他们的不完全信息所允许的那样有理性，则在规范性和描述性决策论之间将有密切关系。两个研究领域主要关心程序性的而不是实质性的理性（西蒙，1978）。随着计算最优和满意决策用的新数学工具被发现，以及随着计算机变得愈来愈强有力，规范性决策论的建议将改变。但是随着新建议的扩散，企业中实际的、观察到的决策实践也将改变。而这些改变可能有宏观经济后果。例如，由于引入计算再订货点和数量的形式程序，美国企业的平均保持库存显著下降，对此在某种程度上看法是一致的。

二　表征有限理性

企业行为理论的主要先驱是通常称为制度主义的传统。通常归在这个标题下的所有欧洲和美国的著作是否有许多共同点，或者它们的作者是否同意彼此的见解，是不清楚的。他们至多共有一种信念，必须重新研究经济理论，以考虑市场交易在其中进行的社会和法律结构。今天，在经济学内部，我们甚至发现一种发展，设法在新古典价格理论范围内，实现制度学派的目标。等一会儿，对那个问题我将再谈一些。

在美国制度学派人物中间，约翰·康芒斯的名字是著名的，或许是最著名的。康芒斯的艰深的著作（例如《制度经济学》）大大地从法律借用术语，并且设法用交易作为他们的行为基本单位。这里，我不打算评论康芒斯的思想，而是简单地提一下，在我对组织决策的初步研究中，它们给我以许多深刻的见解（见我的《管理行为》，第136页）。

康芒斯对切斯特·巴纳德的思想也有很大影响，他是一位在知识上有好奇心的企业领导人，他根据他担任新泽西贝尔电话公司董事长，以及担任其他企业、政府组织和非营利组织的领导人的经验，提炼成一本关于决策的深刻的书，题为《领导人的职能》。巴纳德提出了为经验很好验证的创造性理论，关于组织中权威机制的性质，职工接受组织目标的动机基础（所谓"诱导—贡献"理论）；而且他对组织决策提供了一种真实的描述，他表征为"机会主义的"。《管理行为》一书中多次援引巴纳德的著作证明了（虽则不充分）他对我自己在组织方面的思想的影响。

（一）寻求一种描述性理论

1934—1935年，在密尔渥基对学校董事会和市公共工程部联合管理的公共休养设施的管理作现场研究的过程中，我遇到了一个令人困惑的现象。虽则两个单位的领导人对休养计划的目标似乎是一致的，并且似乎不想独揽大权，对于在一方面物质维护和另一方面游乐管理之间分配资金，他们之间不断有不一致意见，而且关系紧张。他们为什么不像我的经济学著作所说的，简单地平衡一种活动和另一种活动的边际报酬呢？

进一步考察就明白了，他们未能在边际上使支出相等，是因为从知识上讲，他们办不到。没有可以测量的生产函数，可以从它对边际生产率作出定量推断；两个经理具有的生产函数的那种定性观念是互不相容的。对于公共工程管理人来说，一个游乐场是一种物质设施，在拥挤的灰色城市中起绿洲的作用。对于休养管理人来说，一个游乐场是一个社会设施，在那里，儿童在成人的帮助和指导下可以在一起玩。

人类在这样的环境中，如何能作出合理决策呢？他们如何应用边际计算？或者，如果不能用它，他们用什么代替它？

在密尔渥基观察到的现象，在人类决策中是普遍存在的。在组织理论中，它通常称为子目标。当一个组织的目标不能在操作上与行动上联系起来时（当生产函数不能具体化时），将对能如此联系的次目标判断决策。对这些次目标没有惟一的决定。它们的形式，将决定于决策人的知识、经验和组织环境。面对这种模糊性，形式以微妙的和不如此微妙的方式受他的利益和权力动机的影响。

个人决策和社会决策以及解决问题，同样频繁地发生这个现象。今天在问题表示的标题下，它是认识心理学的一个中心研究课题。给定一个刺激的具体环境和以前知识的一个具体背景，一个人将如何把这种复杂的信息集合组织成为有利于他的求解努力的问题形式？牛顿的苹果经验，如果他有过这个经验，如何能表示为地球吸引苹果的一个证据？

像这些现象为《管理行为》提供了中心题目。那个研究，代表"设计在公共行政领域内对我自己的研究有用的工具的尝试"。产物实际上不像一个理论，而像一个理论的前言，从以下信念出发："决策是行政的中心，而且行政理论的词汇必须来自人类选择的逻辑和心理学。"如果你愿意，它是问题表示的一个练习。

经考察后，子目标识别的现象证明是一个很大的冰山的可以看见的尖端。冰山的形状最好将它与合理选择的经典模型对比才能认识。经典模型需要知道可供选择的一切方案。它需要完全知道，或能计算每个方案将产生的后果。它需要决策人现在和将来对这些后果有确定的评价。它需要能用某种一致的效用度量，来比较不论如何多样和不同质的后果。因而任务是用以下模型来代替经典模型，在必须找出探索的不同方案时，由于有限的计算能力和由于外部世界的不确定性而导致对选择具体方案的后果知道得很不充分时，以及决策人不具备用于比较不同质方案的一般的和一致的效用函数时，那个模型可以描述如何能（并且或许实际上已）作出决策。

已经发现几种比较应用广泛的方法，把不可解的决策问题转变为可解的问题。已经提到的一个方法是寻找满意的选择，而不是最优的选择。另一个办法是用能观察和测量其实现的有形的子目标，代替抽象的、全面的目标。第三个方法是在许多专家之间划分决策任务，用一种通信和权威关系的结构协调他们的工作。所有这些，以及其他，包括在"有限理性"的一般标题之下。现在已经清楚，人类在现代世界中构筑复杂组织，以进行生产和政府工作，只能理解为是适应和面对复杂性和不确定性，是人的理解和计算才能有限这种情况的反映。

有限理性思想的这个比较模糊和一般的初始形式，需要向两个方向扩展：理论进一步形式化，以及它的主要主张的经验证实。《管理行为》出版后十年间，两个方向都有相当大的进展，其中有些通过我的同事们和我自己的努力，其中大部分是分享同样时代精神其他研究小组之功。

（二）经验研究

关于组织决策的经验数据的主要来源是直截了当的"人类学的"实地调查，引出决策程序的描述和观察特定的决策事件的过程。例如，我与古兹柯夫、柯斯梅茨基及丁达尔（1954）研究大公司决策利用会计数据的方法，我与理查·西尔德、詹姆士·马奇和其他人研究一些不同公司特定非程序决策（见西尔特，西蒙和唐纳·特罗）。后一工作路线被西尔特和马奇大大发展和扩大，他们的重要著作《企业的行为理论》，探讨了它对经济学的理论含义。

约在同时，在一本企业政策指南中描述的企业家对一个问题情况的见解中，偶然有一些数据，使德威特·第阿邦和我从经验上证明识别子目标的认识基础，而这个现象在密尔渥基休养地研究中给我如此深刻的印象。例子里描述的，企业家对面临公司的主要问题的见解主要决定于他们自己的商业经验——销售和会计领导人识别一个销售问题，制造领导人识别一个内部组织问题。

当然，关于组织决策有大量的东西要学习和测试，不是少数几次研究能对付的。虽然在欧洲和美国以后进行了许多研究，这个领域仍然大大开垦不足（参考文献：马奇，1965；E.约翰生，1968；G.伊立亚逊，1976）。这类研究相对地受到忽视，例如与社会心理学的实验室实验对比，其原因之一是它们极为费钱费时间，原料对产品比例高，进行它们的方法论是原始的，而且满意地接近决策行为难以获得。这部分经济学尚未获得其他工作领域中表现的，追求事实的耐心和坚持的习惯，例如，西蒙·古斯涅茨的工作，或麻省理工学院—社会科学研究会—宾州大学经济计量模型的建筑师们的工作。

（三）理论研究

在理论方面，有三个疑问似乎特别需要澄清：关于得到工作表现的安排，在什么情况下一种雇佣关系将优于其他某种合同形式；经典企业理论和切斯特·巴纳德首先提出的组织均衡理论之间的关系是什么；以及在复杂性不允许无所不知的情况中，人类合理选择的主要特性是什么？

雇佣关系。现代工业社会的一个基本特征是，大多数工作不是生产供销售的产品的个人作的，也不是各个包工者作的，而是接受一个企业的雇佣和雇佣带来的对雇主的权威关系的人们作的。接受权威意味着允许一个人的行为决定于雇主，至少是在某个无差别或接受的区域内。这种安排比一个特定商品或劳务的合同有什么优点？为什么世界上有这么多工作是在大的、等级制的组织里作的？

分析表明（西蒙，1951），两个因素合在一起可以解释雇佣合同比其他合同形式优越：什么样的将来的行为可能对雇主有利不确定，以及职工和雇工比较（在前者接受的范围之内）对于这些行为中他执行哪一种更加无所谓。当雇用秘书时，雇主不知道他将要她打什么信，而秘书对打这封信比打那封信没有什么大的偏爱。雇佣合同允许推迟选择到不确定性得到解决的时候，对雇员不费什么代价而对雇主有很大好处。这个解释和雅谷·马夏克对流动偏好提出的解释很相似。在不确定的条件下，以流动的、可变的形式保存资源是有利的。

组织均衡。巴纳德利用使组织的参加者（职工、投资者、顾客、供应者）愿意保留在系统中的动机，描写组织的存活。在《管理行为》一书中，我把这个观念进一步发展为，组织向它们的参加者提供的引诱，和那些参加者对组织的资源作出的贡献之间平衡的一种动机理论。

这个理论的一种形式（西蒙，1952；1953），表明它与经典企业理论很接近，但是有一个重要而有启发的差别。在比较两种理论时，每个引诱——贡献关系变为企业的一个供给表。存活条件变为正利润的条件。但是经典企业理论假设全部利润归一个具体参加者集团，即主人们所有，组织理论更加对称地处理盈余，并不预测它将如何分配。因此，后一理论留有余地，在垄断的和不完全竞争的条件下，参加者之间（例如，劳动与主人之间）可对盈余进行谈判。存活条件——正利润而非最大利润——也许可它偏离完全理性的假设。

有限理性的机制。在《管理行为》一书中，有限理性主要表征为一个剩余范畴——理性不能无所不知时是有限的。而不能无所不知，主要是不能知道一切方案，对有关外生事件不确定，和不能计算后果。需要将有限理怑条件下的选择机理更加正面和形式地表征出来。有两篇论文（西蒙，1955；1956）在那个方向上迈了第一步。

有两个概念对表征有中心意义：探索和满足。如果供选择的方案一开始不给决策人，则他必须探索它们。因此，一个有限理性理论必须包含一个探索理论。乔治·斯蒂格勒以后在一篇很有影响的论文中发展了这个思想，文中的例子是购买一辆旧汽车的决策情况。斯蒂格勒把探索理论倒回到经典的效用最大化的旧瓶中，探索成本与它的边际报酬相等。在我1956年的论文中，我曾证实同样的形式上的等价，我的例子用销售一所房屋过程的动态规划公式。

但是我已说明，效用最大化对探索计划来说不是主要的——幸亏如此，否则它会要求决策人在一个决策情况中，能够估计探索的边际成本和报酬，那个情况对全面理性的运用已经太复杂了。作为另一种办法，人们可以设定，决策人对于他应当找到一个多么好的方案，已经形成某种主见。一旦他发现一个供选择的方案，符合他的主见的水平，他会终止探索而选择那个方案。我称这种选择方式为满足。它的根源在由于列文等人对主见水平的基于经验的心理学理论。心理学研究已经证明，主见水平不是静止的，但倾向于随着变动的经验有升有降。在一个提供许多好机会的有利环境中，主见升高；在比较严酷的环境中，主见下降。

在长期均衡中，甚至可能发生这种情况，有动态适应性主见水平的选择，把探索成本计算在内，可能等价于最优选择。但是关于探索和满足理论的重要事情是，它说明了具备合理的计算量，并且利用很不完全的信息，如何可以实际作出选择，而不需要做不可能做的事——实现这种最优化程序。

（四）总结

因此，到 50 年代中期，一种有限理性理论被提出来作为经典的无所不知理性的代替品，已经进行了可观数目的经验研究，证明实际企业决策相当好地符合有限理性假设，而不符合完全理性的假设，而理论的关键部分——权威和雇佣关系的性质，组织均衡，及探索和满足的机制——已有了形式的阐述。在本文的其余部分中，我愿追踪决策论的以后发展，包括与有限理性论竞争的发展，然后并评论新的描述性决策论的政治经济学的含义（和可能的含义）。

三　新古典学派复活

从 50 年代后期向前看，预计有限理性理论很快会在经济思想主流中得到很高的地位，并不是不合理的。在提供这些理论以某种形式结构方面有了很大进展，而日益积累的经验证据表明，它们对企业组织中的决策，比经典的完全理性概念提供远为真实的图像。

历史没有顺着任何这样的简单道路前进，虽则时代精神的许多方面有利于朝这个方向运动。在第二次世界大战中和以后，许多学院经济学家直接接触企业生活，并且或多或少地有广泛的机会观察企业组织中实际如何决策。而且，在新管理科学的发展中变为积极的那些人，面临一种需要，发展可以实际用于实际情况中的决策程序。这些趋势肯定会有助于使经济理性的假设朝更加现实主义的方向运动。

但是，这些不是发生在战后时期经济学中惟一的事情。第一，有一种强烈的反应，要从方法论上保卫经典理论，抵御行为主义。在我谈话的第一部分中，已经评论了这些方法论的论据。不论人们可能如何深刻地不同意它们，它们的陈述颇为动人，而且在学院经济学家之中仍然有势力。

第二，数学知识和才能在经济学中迅速推广，使经典理论，特别与统计决策论及归功于冯·诺伊曼和摩根斯登的博弈论结合起来，发展到巧妙的和优美的新高度，并且扩大到包括（虽则是以高度表面化的形式）某些不确定性和不完全信息的现象。数理经济学和经济计量学满园春色，向两代经济理论家提供了一个形式问题和技术问题的大花园，吸收了他们的精力，并且推迟了与真实世界的不优美性见面。

如果我的话听起来对这些发展稍有批评的味道，我应当承认我也是它们的一部分，称颂它们，而且回到它们已取代的前数学世界肯定会不愉快。我关心的是，经济学职业表现了人类理性的某些依次一时一事的性质，而且有时似乎不能以一种平衡的方式，把它的注意力分配给新经典理论、宏观经济计量学和描述性决策论。结果，不像人们可能希望预期的那样，没有那么多职业努力用于后两项，特别是第三项。心脏地区比以前人口更密，而帝国其他部分的肥沃土地继续没有开垦。

（一）探索和信息转移

让我只提一下经典理论以三种方式设法对付一些它的传统的局限性，并且甚至设法使一种包括心理学假设在内的行为理论的发展成为不必要。第一种方式是引入探索和信息转移，明确地作为经济活动，具有相联系的成本和产出，可以代入经典生产函数。我已经提到斯蒂格勒 1961 年关于信息经济学的论文，以及我自己在前引 1956 年论文中同一方向的试探。

在这类理论中，决策人仍然是一个个人。一个很重要的新方向是雅谷·马夏克和罗伊·拉德纳发展的小组经济理论，其中决策是小组或组织中个人集团作出的。这里，我们看到真正的组织现象——由于传递信息的成本的结果，而使决策专业化——从理性计算产生。因为数学困难很大，理论仍然主要是举例说明性的，并且限于微型组织中很简单的情况。然而，它已大大扩大了我们对信息经济学的了解。

　　这些理论中，没有一个取消了完全最大化的假设，这和统计决策论或博弈论一样。引入了信息的极限和成本，不是作为决策人的心理特性，而是作为他的技术环境的一部分。因此，新理论没有做什么事来减轻面对决策人的计算复杂性——没有看见他用勇敢的近似法、简化和满足来对付它们，而只是放大和倍乘它们。现在，他不仅需要计算他的供需曲线的形状，而且也要更精确地计算那些形状的成本和效益。因此，在某种程度上，这些新理论讨论以前被忽视的不确定性和信息传递现象的印象是虚幻的。不过，对许多经济学家而言，这种假象是动人的。

（二）合理预期理论

　　我想评论的新经典理论的第二个发展是所谓"合理预期"理论。围绕它的起源有一点历史嘲弄。我已经描述了郝特、莫迪里安尼、莫思和我自己的管理科学研究，为二次成本函数的特殊（和易于计算的）情况发展了一个动态规划算法。在此情况下，决策规则是线性的，未来事件的概率分布可以用它们的预期值来代替，作为确定性等价物（见西蒙，1956；亨利·泰尔，1957）。

　　莫思想像在这个特例中看到了一个不确定性下合理行为的范例。对我们在HMMS研究小组①中的一些人是一种近似的、满足的简化，对他成为完全理性的一个主要防线。他在他的创造性的 1961 年《经济计量学》中说："人们有时主张，经济学中理性的假设产生与观察现象不等，或不足以解释观察现象，特别是时间过程中的变化的理论……我们的假设根据完全相反的观点：动态经济模型未假设足够的理性。"（《经济计量学》第 316 页）

　　莫思提出的理性新增量是"由于预期是对未来事件的有信息的预测，和有关经济理论的预测基本相同"（《经济计量学》第 316 页）。他会断然解决困难问题。不依靠详细设计决策过程的模型来对付不确定性，他会一劳永逸地——如果他的假设是正确的——使过程成为没有关系。以后，合理预期理论在萨金特、卢卡斯、普来斯考特，以及其他人手中积极发展，是大多数读者所熟知的（例如，见卢卡斯，1975）。

　　对合理预期理论提出一个最终判决为时太早。问题最后将决定于经验证据的逐渐筛选，正像一切科学争论应当如此一样，而那种筛选过程刚开始。同时，已

---

　　①　即郝特、莫迪里安尼、莫思和西蒙四人。——译注

经察觉到某些严重的理论困难。如同莫思自己指出的，如果有关的成本方程事实上是二次的，利用"合理预期"决策规则是合理的（也就是利润最大化）。我在别处提出（1978），把这个规则称为一种"一致预期"规则可能减少误会。

或许甚至更加重要的是，阿尔伯特·安藤和本杰明·弗里德曼（1978，1979）证明，在新信息不断为系统所得、发生结构变化和决策人学习的条件下，合理预期规则的政策含义与定态条件下完全不同。例如，在更加动态的条件下，对任何有限的被预期而言，不再保证货币的中性——这对静态一致预期模型一般是成立的。

而且，在一致预期理论的最近"修正主义"版本中，考虑了变化的信息环境，各种不同的行为假设重新出现，以说明预期是如何形成的——决策人将考虑什么信息和忽视什么信息。但是，除非完全另起炉灶和人为地作这些假设，他们再度创造明确而有效的决策过程理论的需要（见西蒙，1958；B. 弗里德曼，1979）。

（三）统计决策论和博弈论

统计决策论和博弈论是新经典学派复活的其他两个重要部分。前者研究把不确定性（或者更恰当地称为风险）纳入决策模型的问题。它需要对决策人在有关变量的概率分布方面掌握的信息，作出勇敢的假设，并且只把他面临的计算问题增加几个数量级。

博弈论研究任何一个经济博弈者考虑其他博弈者对他自己的决策的可能反应产生的"猜测"问题。在我的思想上，博弈论很优美的装备的主要产物是，很清楚地证明，对这类情况定义为一个不含混的理性标准（或者，另外一种说法，一场博弈的"解"的确切定义）基本上是不可能的。因此，博弈论没有像原先对它希望的那样，把寡头垄断和不完全竞争从它们的矛盾和复杂性中救出来。相反，它证明这些困难是消灭不了的。我们可能达成一致意见，某种理性标准对一个具体博弈是合适的，但是如果某人向这个一致意见挑战，偏好一个不同的标准，我们将没有逻辑根据来说明他是错的。

（四）结论

或许我对新经典学派复活所说的已足够提示，在与行为理论竞争中，它为什么是一种有高度吸引力的商品。至少对某些经济学家来说，它打开了可能性和希望，经典经济学感到麻烦的重要问题，现在可以对付，而不必牺牲完全理性的中心假设，并且因而也有了最多的先验推断，和最少的疲劳的经验数据工作。关于这些新建筑的局限性，我所说的或许已足够表明，为什么我不相信它们解决了推动它们发展的问题。

四　行为理论中的进展

虽则在过去 20 年的总经济研究活动中，有限理性理论和企业的行为理论起了减弱的作用，它们在那个期间得到了稳定的发展。由于综述全面工作可能是件大事，我在这里将不得不满足于援引少数这个领域内各种重要研究的样本，以提示整体的风味。在具体题目的综述已经发表的地方，我将仅限于提到它们。

第一，在心理学实验室和现场已经做了工作，处在比较简单的选择情况中的人们的行为，是否像统计决策论说的那样（预期效用的最大化）。第二，已有广泛的心理学研究，阿仑·奈威尔和我已被深深地卷进去，为了发现人类决策和解决问题的实际微观过程。第三，对组织和企业背景中实际决策过程已有许多经验观察——其中大多数是用"事例研究"形式。第四，已有重新叙述的和扩大了的企业理论，用行为决策公设代替经典的最大化。

（一）效用理论和人类选择

第二次世界大战后效用和概率的公理化和贝氏统计学的复活开辟了道路，可以在经验上测试人们在选择情况中的行为，是否使主观预期效用（SEU）为最大。在早期研究中，利用极简单的选择情况，似乎他们或许是这样做的。当即使是小的复杂性被引入情况中时，行为与 SEU 理论的预测有很大偏离，立即变为明显。D.卡奈曼和 A.特维斯基报告了对这个理论的最有戏剧性的和令人信服的经验驳斥，他们证明，在一组情况下，决策人对以前的知识太不重视而他们的选择几乎完全根据新证据，而在其他情况下，新证据对已经形成的意见影响很小。郝华德·昆罗特和他的同事们在他们对买不买水灾保险的个人决策的研究中，发现与 SEU 理论预测的行为有同样大而引人注目的偏离。根据这些和其他证据，似乎不可避免地得出结论，SEU 理论对实际行为不提供好的预测——甚至不提供好的近似答案。

注意理论被否定是在决策的实质方面，而不仅是达到决策的过程。并不是人们不通过为了达到 SEU 决策可能需要作的计算——新经典学派思想从未说过他们是通过这种计算的。已经证明的是，他们甚至不像似乎他们曾进行那些计算那样行为，而那个结果是新经典假设的一种直接否定。

（二）解决问题的心理学

对合理决策的证据主要是负证据，人们不这样做的证据。过去 20 年中对人们用以作出困难决策和解决复杂问题的过程，也已积累了大量的正面证据。围绕这类证据构筑的一类理论称为信息加工心理学，并且通常在计算机程序语言中作形式的表达。奈威尔和我在我们的《人类解决问题》一书中，总结了这种理论，它是一大类迅速增长的文献的一部分，它假定一个信息加工框架，并且利用计算机模拟作为表达和测试理论的一个中心工具。

用信息处理理论设想解决问题，涉及通过广大的问题空间，作非常有选择性的探索。以想当然的规则或"启发法"为根据的选择性，倾向于指导探索到有希望的区域内，所以在探索了总空间的一小部分之后，一般的将求得解。当发现了满意的问题解时，满足的标准终止探索。所以，这些解决问题理论明显地适合我在这里阐述的有限理性的框架。

到现在，对解决问题过程的一般图景的经验证据是广泛的。大多数证据属于可以进入心理学实验室作控制研究的那种比较简单，像难题那样的情况，但是关于专门职业的人类任务，如医学诊断，投资于股票和债券，下棋，也知道了很多。在这些种类的任务中，一般探索机制在储存于人类长期记忆中的丰富信息背景中起作用，但是过程的一般组织与较简单、较具体的任务基本相同。

现在，信息加工心理学的研究正在几个方向进行。继续考察专门职业技术，也有许多努力针对决定如何得到新问题的初始表示。甚至在简单问题领域中，解决问题的人对他陈述他将探索的问题空间的方式，有许多伸缩性。这个发现再次证明实际过程距离探索一个惟一决定的最优解是多么远（见 J. R. 海斯和西蒙）。

信息加工心理学的研究对经济理论的主要含义，是提供比较结论性的经验证据，问题情况中的决策过程密切遵守前面描述的有限理性模型。这个发现又意味着，选择不是由问题情况的客观特性惟一地决定，而且也决定于用以达到决策的具体启发过程。因此，一个过程模型似乎目的是在描述真实世界的任何实证决策论的一个重要成分，而新经典学派避免这种模型的必要性的雄心是实现不了的

（西蒙，1978）。

（三）组织决策

除得自刚才描述的心理学研究的证据外，可能要对组织背景中的决策过程作经验研究。对个人解决问题和决策的研究，不触及进入组织中决策过程的许多社会——心理学因素。过去 20 年中对组织中决策过程已经进行了大量研究，但是它们不易总结。困难在于这些研究的大多数采取个别组织中特定决策或具体类别的决策的事例研究的形式。就我所知，关于这类文献没有发表好的综述，所以甚至找出和识别已进行的研究是困难的。[①] 对于从这些个别事例研究中提炼出它们对决策过程一般理论的含义，也没有发展和试验任何系统的方法。

所以，组织决策的事例研究代表科学研究的自然史阶段。它们提供我们关于决策过程的许多事实——这些事实几乎一致符合这里提出的那种行为模型。但是我们还不知道如何以任何形式的方式利用这些事实来测试模型。我们也不大知道怎样对待这样的观察，组织使用的具体决策程序，这个组织与那个组织不同，而在每个组织内部，甚至这个情况与那个情况不同。我们不必期望从这些数据得出如同包括在新经典理论中的那样简洁而精确的概括。

或许为了得到一个从事例研究提出理论上有关的信息的方法，最接近的手段是计算机模拟。借助于把关于一个决策过程的经验证据转化为一个计算机程序，开辟一条道路，既可测试说明数据的程序机制是否足够，也可发现定性地解释它的行为的有趣而重要的特性的程序的主要特点。使用这种技术的例子是，G. P. E. 克拉克逊对一个投资信托负责人决策的模拟，西尔特、E. A. 费根堡和马奇对一个双头垄断历史的模拟，和 C. P. 波尼尼的会计信息和监督压力对改变一个企业中职工动力的效果的模型。杜顿和斯塔布克[②]从各种不同观点讨论了模拟的方法。

---

① 为了引入文献，见马奇和西蒙，马奇，约翰生，J. M. 杜顿，W. H. 斯塔布克。不过，有很大数目的特定事例研究，其中有些作为学位论文计划实现，有些关于企业应用的具体领域，在这些文献来源中从未记载（例如，伊利亚逊，1976）。

② 除模拟企业外，有很有趣的和可能重要的努力，利用模拟建造从决策论直接通往政治经济学的桥梁。见 G. 奥克特和 R. 卡德威尔——威特海默，伊利亚逊（1978）。

（四）企业理论

有限理性的一般特点——选择性探索，满足，等等——已被一些建造包括行为假设的企业理论的尝试，作为出发点。这类理论的例子，可能包括已经提到的西尔特和马奇的理论，威廉·包莫的服从最小利润约束的销售最大化理论，罗宾·马立斯的用增长率陈述目标的企业模型，哈威·来本斯坦的把生产抑制到理论上可达到水平之下的"X—无效率"理论，雅诺什·考奈的供应驱动和需求驱动的管理之间的两分法，奥立佛·威廉逊的交易成本理论，理查·纳尔逊和雪奈·温特（1973）的进化模型，西尔特和毛里斯·德格鲁特（1974）的包括适应性学习的模型，拉德纳（1975）的显式满足模型，等等。

用这个方式来表征，在所有这些理论和模型之间似乎很少有共同性，只是它们以这种或那种方式与企业决策中完全理性的经典假设偏离。然而，较仔细地看一看并且较抽象地描述它们的假设，表明它们都有几个基本特性。它们的大多数偏离短期中利润最大化的假设，并且用一个指标定义的目标的假设代替它——也就是，它们在或多或少的程度上是满足性理论。如果它们确实保留最大化假设，它们包含某种机制，至少在短期内，阻挡达到最优值。在西尔特—马奇理论和来本斯坦的理论中，这个机制可以看成产生"组织迟缓"，其数量自身可能是动力和环境变量的一个函数。

最后，这些理论中有一些假设进行组织学习，所以如果在足够长时间内环境是定态的，系统均衡会愈来愈靠近经典的利润最大化均衡。当然，它们一般的也假设，环境干扰一般的将足够大，阻止经典解成为对实际行为的充分逼进。

在一个企业模型中存在某种类似组织迟缓的东西，在短期的企业行为中引入了复杂性。由于企业运转情况距离任何最优解可能很远，迟缓作为环境和企业决策之间的缓冲。对环境事件的反应不能简单地依靠分析"情况的需要"来预测，而决定于企业使用的具体决策过程。不论一个企业模型的这个特性多么符合实际，它减少模型对许多经济学家的吸引力，他们不愿意放弃经典理论的不依靠过程的预测，并且他们对揭示真实世界决策过程所需要的那种经验研究不习惯。

但是，事情还有另外一面。如果面对相同的环境条件，不同的决策机制能产生不同的企业行为，这种结果对过程的敏感性，对于市场和经济水平的分析有重要后果。政治经济学，不论描述性的或规范性的，对这种反应可变性的来源，不能漠不关心。最低限度它要求——在我们从我们的理论得出政策结论之前，并且特别是在我们根据那些政策结论行动之前——我们用灵敏度分析测试，如果我们对微观水平的决策机制作出不同假设，我们的结论会变动多大。

如果我们的结论是健全的——如果用一种或另一种行为模型代替经典模型，结论没有重大变化——我们将对我们的预测和建议产生信心；如果结论对这些取代是敏感的，我们要警惕地使用它们，以至我们能确定那个微观理论是正确的。

参阅这一节前面援引的文献将证明，我们对市场运转和对经济的预测，对我们关于决策过程水平的机制的假设是敏感的。而且，行为理论的假设，几乎肯定比经典理论的假设更接近实际。这两个事实合在一起，直接否定了经典理论假设不实际是无害的论点。我们不能用适用真空环境的落体定律预测重物在糖蜜中下沉。经典和新经典理论的预测，以及来自它们的政策建议，必须以最大的小心来对待。

五　结　论

政治上有一句话："你不能不用任何东西去打击某个东西"。你不能仅仅依靠指责缺陷和不足之处来击败一个措施或一个候选人，你必须提出一个代替品。

同样的原则适用于科学理论。一种理论一旦很好地扎下根，它将经得起目的要否定它的经验证据的许多攻击而存活下去，除非有一个符合证据的理论准备好代替它。对已建立的信仰的这种保守性防护确实并非不可理解。第一，在经验科学中，我们只想逼近真理；我们不幻想我们能找到一个单一的公式，或者甚至一个相当复杂的公式，能掌握全部真理，并且不包含其他东西。我们安心于一种逐步逼近的战略，而在我们发现理论与数据之间的差异时，我们的第一个冲动是修补而非从头重建。

第二，在差异出现时，很少立即明白问题所在。它可能存在于理论的基本假设中，但是它也很可能只是为了使理论与观察挂钩，我们必须假定的辅助假设和测量公设有一个缺陷。修改结构的这些部分可能足以拯救其余部分。

那么经典企业理论的现状是什么呢？理论的微观假设——完全理性的假设——违背事实，对这一点不再有任何怀疑。它不是一个逼近问题，它们甚至没有遥远地描述人类在复杂情况中用以决策的过程。

而且，有一个代替品。如有一些区别，代替品多到令人困扰。今天，我们从实验室和现场两方面有大量描述性数据，说明在很多不同的情况中，人类是如何解决问题和决策的。已经设计一些理论来解释这些数据，一方面这些理论肯定尚未构成单一的内部一致的整体，它们之间有许多共同之处。它们以这种或那种方式包含了有限理性的观念：需要探索决策方案，用指标和满足性目标代替最优化以及学习和适应机制。如果我们的兴趣在描述性决策论（或者甚至在规范性决策论），现已完全清楚，经典的和新经典的理论已被另一个优越的理论代替，它对实际进行的东西，给我们一种接近得多的逼近。

但是，如果我们的兴趣主要是在规范性政治经济学而不在经济科学的较遥远地区，则将如何？这时有无理由解释，为什么我们应当放弃熟悉的理论？"为了经济分析的目的"，决策和企业的较新的概念曾否表明它们的优越性？

如果像人们有时议论的那样，经典和新经典理论只是推导对完全理性和有限理性两方面都成立的总量后果的有力工具，为此目的我们可能有一切理由来保存它们。但是，我们相反地已经看到，在总量现象和政策的水平上，新经典理论并不总是导致任何变种的有限理性公设所包含的同样结论。因此，我们不能辩解不加批判地使用这些违反事实的假设，说什么它们的真实性是不重要的。事实上，在许多情况下，对达到有关政治经济学的中心问题的正确结论而言，这种真实性可能是关键的。

社会科学习惯于在自然科学的最显赫的成就中寻找模范。这并没有害处，只要它不是以奴隶般模仿的精神这样做的。在经济学中，赞美牛顿力学（或者像我们已看到的落体定律），并且寻找运动定律的经济等价物是够普通的。但是对一门科学而言，这不是惟一的模型，而且对我们的目的而言，它似乎确实不是正确的模型。

人类行为，甚至合理人类行为，不能用少数不变量来解释。假设完全适应环境肯定不能解释它。它的基本假设可能比较简单，而且我相信它们是比较简单的。但是，那种简单性是在于环境所加的，人的长期记忆所加的，以及人类、个人和集体学习的能力所加的极复杂边界条件相互影响中作用的。

如果我们希望接受一个自然科学譬喻的指导，我提出一个来自生物学而不是物理学的譬喻（见奈威尔和西蒙，1976）。从进化生物学可学到明显的教益，而从分子生物学学到的比较不明显。特别是从分子生物学我们能譬见一个图像，少数基本机制——例如双螺旋线的脱氧核糖核酸，或者彼得·密契尔如此优美地说明的能量转移机制——如何能解释很多不同的复杂现象。我们能看到定性结构定律在科学中的作用和定性以及定量解释的能力。

我总不愿让一次关于人的科学的讲话以未来时态结束。它给人以太多的印象，认为这些是某一天可能实现的潜在的科学，但在现在并不真实存在。当然情况完全不是那样。不论我们对人类行为的知识距离我们对这种知识的需要多么远，它仍然是非常多的。有时我们倾向于贬低它，因为这么多现象是人在生活活动中得到的，对我们似乎平淡无奇。而且，它并不总回答我们需要回答的问题。我们不能很好地预测商业循环的过程，也不能管理就业率（可以补充一句，我们不能很好地预测斯德哥尔摩的下一次雷雨，或管理地球的气候）。

虽然有这些条件和保留，今天我们确实了解许多人类合理选择的机制。我们确实知道称为人的信息加工系统，面对超过他的知识范围的复杂性，如何用他的信息加工能力探索各种方案，计算其后果，辨别不确定性，并且从而——有时，而不总能——发现到今天为止是充分的、满足的行动方式。

参 考 文 献

A. A. 阿尔迁：《不确定性、进化和经济理论》，《政治经济学》杂志，1950 年 6 月，58 卷，第 211—221 页。

A. 安藤：《关于宏观经济模型的一个理论的和经验的基础》，提交国家科学基金——国民经济研究局宏观经济模型会议的论文，安·阿保尔，1978 年 10 月。

切斯特·I. 巴纳德：《领导人员的职能》，坎布里奇，马萨诸塞州，1938 年。

威廉·包莫：《企业行为、价值和增长》，纽约，1959 年。

G. S. 贝克：《不合理行为和经济理论》，《政治经济学》杂志，1962 年 2 月，70 卷，第 1—13 页。

查理·P. 波尼尼：《企业信息和决策系统模拟》，恩格伍德·克里夫斯，1963 年。

阿尔弗雷德·钱特勒：《战略和结构》，坎布里奇，马萨诸塞州，1962 年。

N. C. 邱吉尔、W. W. 古柏和 T. 山斯伯里："审计的行为效应的实验室和现场研究"，收入 C. P. 波尼尼等人主编的《管理控制》，纽约，1964 年。

G. P. E. 克拉克逊：《一个信托投资过程》，收入 E. A. 费根堡和 J. 费尔曼主编的《计算机和思想》，纽约，1963 年。

约翰·R. 康芒斯：《制度经济学》，麦迪逊，1934 年。

R. M. 西尔特、E. A. 费根堡和 J. G. 马奇：《行为企业理论的模型》，《行为科学》，1959 年 4 月，4 卷，第 81—95 页。

R. M. 西尔特和 M. H. 德格鲁特：《合理预期和贝氏分析》，《政经治济学》杂志，1974 年 5—6 月，82 卷，第 521—536 页。

R.M.西特尔和 M.H.德格鲁特：《适应性效用》，收入 R.H.戴，R.M.西尔特和 T.格罗夫斯主编的《适应性经济模型》，纽约，1975 年，第 233—246 页。

R.M.西尔特和詹姆士·G.马奇：《一个行为企业理论》，恩格伍德·克里夫斯，1963 年。

R.M.西尔特和 H.A.西蒙：《企业理论：行为主义和边际主义》，未发表工作论文，卡内基—梅隆大学，1971 年。

R.M.西尔特、H.A.西蒙和 D.B.特罗：《一次企业决策的观察》，《企业》杂志，芝加哥大学，1956 年 10 月，29 卷，第 237—248 页。

D.C.第阿邦和 H.A.西蒙：《选择性目光：领导人员的识别》，《社会计量学》，1958 年，21 卷，第 140—144 页；重印在《管理行为》第十五章中，第三版，纽约，1976 年。

J.M.杜顿和 W.H.斯塔布克：《人类行为的计算机模拟》，纽约，1971 年。

G.伊立亚逊：《企业经济计划》，纽约，1976 年。

G.伊立亚逊：《瑞典经济的一个微观至宏观的模型》，斯德哥尔摩，1978 年。

B.M.弗里德曼：《最优预期和"合理预期"宏观模型的极端信息假设》，《货币经济》杂志，1979 年 1 月，5 卷，第 23—41 页。

B.M.弗里德曼：《卢卡斯和沙金特教授的方法论前提的讨论》，收入《菲利浦曲线之后：高膨胀和高失业的持久性》，波斯顿，1978 年。

密尔顿·弗里德曼：《实证经济学论文集》，芝加哥，1953 年。

J.R.海斯和 H.A.西蒙：《理解书面问题指示》，收入 W.格来格主编的《知识和认识》，波托马克，1974 年，第 167—200 页。

A.O.赫希曼：《退场、发言权和忠诚》，坎布里奇，马萨诸塞州，1970 年。

查理·C.郝特、弗朗哥·毛迪良尼、约翰·F.莫思和赫伯特·A.西蒙：《计划生产、存货和劳动力》，恩格伍德·克里夫斯，1960 年。

Y.伊季利和 H.A.西蒙：《偏分布和企业规模》，阿姆斯特丹，1977 年。

E.约翰生：《多目标决策模型》，伦德，1968 年。

D.W.乔根生和 C.D.西伯特：《公司投资行为的不同理论的比较》，《美国经济评论》，1968 年 9 月，58 卷，第 681—712 页。

D.卡奈曼和 A.特维斯基：《论预测心理学》，《心理学评论》，1973 年 7 月，80 卷，第 237—251 页。

雅诺什·考奈：《反均衡》，阿姆斯特丹，1971 年。

郝华德·昆罗特等：《灾难保险保护：公共政策教益》，纽约，1978 年。

哈威·来本斯坦：《经济人之外》，坎布里奇，马萨诸塞州，1976 年。

J.来少奈：《经济分析的个人理论》，第一卷，阿姆斯特丹，1977 年。

R.E.卢卡斯，Jr.：《商业循环的一个均衡模型》，《政治经济学》杂志，1975 年 12 月，83

卷，第 1113—1144 页。

R. E. 卢卡斯，Jr.：《论企业规模分布》，《贝尔经济学》杂志，1978 年秋，9 卷，第 508—523 页。

詹姆士·G. 马奇：《组织手册》，芝加哥，1965 年。

詹姆士·G. 马奇和 H. A. 西蒙：《组织》，纽约，1958 年。

罗宾·马立斯：《"管理"资本主义的经济理论》，伦敦，1964 年。

雅谷·马夏克：《流动性在完全和不完全信息下的作用》，《美国经济评论会议录》，1949 年 5 月，39 卷，第 182—195 页。

雅谷·马夏克和罗伊·拉德纳：《小组的经济理论》，新海文，1972 年。

阿尔弗雷德·马歇尔：《经济学原理》，第八版，纽约，1920 年。

E. S. 马逊：《评论》，收入伯纳·T. 哈利主编的《当代经济学综述》，第二卷，霍姆伍德，1952 年，第 221—222 页。

J. M. 蒙蒂亚斯：《经济制度的结构》，新海文，1976 年。

J. F. 莫思：《合理预期和价格运动理论》，《经济计量学》，1961 年 7 月，29 卷，第 315—353 页。

J. F. 莫思：《指数加权预报的最优性质》，《美国统计协会》杂志，1960 年 6 月，55 卷，第 299—306 页。

R. R. 纳尔逊、S. 温特：《经济能力的进化理论初议》，《美国经济评论会议录》，1973 年 5 月，63 卷，第 440—449 页。

R. R. 纳尔逊、S. 温特：《经济增长的新经典理论和进化理论》，《经济》杂志，1974 年 12 月，84 卷，第 886—905 页。

阿仑·奈威尔、赫伯特·A. 西蒙：《人类解决问题》，恩格伍德·克里夫斯，1972 年。

阿仑·奈威尔、赫伯特·A. 西蒙：《计算机科学作为经验研究：符号和探索》，《ACM 通信》，1976 年 3 月，19 卷，第 113—126 页。

G. 奥克特和 R. 卡德威尔—威特海默第二：《政策探讨通过微观分析模拟》，华盛顿，1976 年。

A. 巴潘德罗：《企业理论中的一些基本问题》，收入伯纳·F. 哈利主编的《当代经济学综述》，第二卷，霍姆伍德，1952 年。

E. H. 费尔浦斯—布朗：《经验数值考柏—道格拉斯函数的意义》，《经济学》季刊，1957 年 11 月，第 71 卷，第 546—560 页。

R. 拉德纳（1975）：《成本削减的一个行为模型》，《贝尔经济学》杂志，1975 年春，6 卷，第 196—215 页。

R. 拉德纳（1975）：《满足》，《数理经济学》杂志，1975 年 6—9 月，2 卷，第 253—

262 页。

　　大卫·R.罗勃茨：《领导人员报酬》：格仑考市，1959 年。

　　P. A. 萨缪尔森：《讨论：方法论问题》，《美国经济评论会议录》，1963 年 5 月，53 卷，第 231—236 页。

　　亨利·舒尔茨：《需求的理论和测量》，芝加哥，1938 年。

　　赫伯特·A.西蒙：《管理行为》，纽约，1947 年，第三版，1976 年。

　　赫伯特·A.西蒙：《雇佣关系的一个形式理论》，《经济计量学》，1951 年 7 月，19 卷，第 293—305 页。

　　赫伯特·A.西蒙：《组织理论的比较》，《经济研究评论》，第一期，1952 年，20 卷，第 40—48 页。

　　赫伯特·A.西蒙：《一个合理选择的行为模型》，《经济学》季刊，1955 年 2 月，69 卷，第 99—118 页。

　　赫伯特·A.西蒙：《合理选择和环境结构》，《心理学评论》，1956 年 3 月，63 卷，第 129—138 页。

　　赫伯特·A.西蒙：《不确定性下的动态规划，有一个二次判别函数》，《经济计量学》，1956 年 1 月，24 卷，第 74—81 页。

　　赫伯特·A.西蒙：《人的模型》，纽约，1957 年。

　　赫伯特·A.西蒙：《领导人员的报酬》，《社会计量学》，1957 年，20 卷，第 32—35 页。

　　赫伯特·A.西蒙：《经济学和行为科学中的决策论》，《美国经济评论》，1959 年 6 月，49 卷，第 223—283 页。

　　赫伯特·A.西蒙：《讨论：方法论问题》，《美国经济评论会议录》，1963 年 5 月，53 卷，第 229—231 页。

　　赫伯特·A.西蒙：《从实质性的到程序性的理性》，收入斯波罗·J.拉特昔斯主编的《经济学中的方法论评价》，剑桥，1976 年。

　　赫伯特·A.西蒙（1978）：《理性作为过程和作为思想产物》，《美国经济评论会议录》，1978 年 5 月，68 卷，第 1—16 页。

　　赫伯特·A.西蒙（1978）：《关于如何决定做什么》，《贝尔经济学》杂志，1978 年秋，9 卷，第 494—507 页。

　　赫伯特·A.西蒙、G.柯斯梅茨基、H.葛茨柯夫和 G.丁达尔：《组织主管部的集中和分散》，纽约，1954 年：重印于休斯敦，1978 年。

　　赫伯特·A.西蒙和 F.K.列维：《考柏—道格拉斯函数—得》，《经济研究评论》，1963 年 6 月，30 卷，第 93—94 页。

　　G.J.斯蒂格勒：《信息经济学》，《政治经济学》杂志：1961 年 6 月，69 卷，第 213—

215 页。

H.泰尔：《动态计划中确定性等价物一得》，《经济计量学》，1957 年 4 月，25 卷，第 346—349 页。

约翰·冯·诺伊曼、奥斯卡·摩根斯登：《博弈和经济行为理论》，普林斯登，1944 年。

A. A.华尔特：《生产和成本函数：一个经济计量学综述》，《经济计量学》，1963 年 1—4 月，31 卷，第 1—66 页。

奥立佛·威廉逊：《市场和等级制度：分析和反托拉斯含义》，纽约，1975 年。

S.温特：《满足、选择和革新残余》，《经济学》季刊，1971 年 5 月，85 卷，第 237—261 页。

瑞典皇家科学院公告

瑞典皇家科学院决定，1979 年纪念阿尔弗雷德·诺贝尔经济科学奖由美国普林斯顿大学亚述·路易斯爵士和美国芝加哥大学西屋多·舒尔茨平等分得，为了他们在经济发展研究中的先驱工作，特别是他们重视发展中国家的问题。

亚述·路易斯是研究发展中国家经济的一位主要人物和先驱者。自从 50 年代中期开始的他的基本研究——《劳动供给无限的经济发展》（1954）和《经济增长理论》（1955）——后面又有一系列其他重要著作。其中最重要的是他在 1969 年的威克赛尔讲演（《热带贸易的几个方面，1883—1965》）和他最近的重要书籍《增长和波动，1870—1913》（1978）。

路易斯研究了发展中世界人口贫困的原因和对不满意的经济发展速度有基本意义的问题。为了描写和说明不发达的内在问题而设计的他的两个著名理论说明模型，赢得了很大赞扬。它们也引起广泛的科学辩论，产生对路易斯原来的前提的一系列变化和补充。这些模型也是证实它们的现实主义结构和有用性的经验检验的题目。

第一个模型根据发展中经济的双重性质。有一个农业，按传统路线工作，并且主要以自我维持为基础，它使用了大部分人口的劳动；一个现代的倾向市场的部门，主要从事工业生产。经济的推动力来自后一部门，它的发展依靠通过从农业移民的无限劳动供给的支持，并且工人们接受适应不发达农业地区的生活水平和风俗的低工资。现代（"资本主义"）部门的利润使储蓄增加，提供发展所需金融资本。

路易斯的第二个基本模型是有关确定发展中国家与发达国家在原料和热带物

产为一方与工业品为另一方之间的贸易条件。这也是古典传统中的一个简单模型。两类国家——南方和北方，穷和富——每类生产两种产品，其中之一，即食物，它们都生产。另外两种产品——模型中称为"咖啡"和"钢"——互相贸易。路易斯证明在特定条件下，贸易条件如何决定于发展中国家和发达国家农业劳动生产率之间的关系。按照这个分析模型，发展中国家与富国比较的较低农业生产率是两类国家之间实际贸易条件的决定性因素，并且决定贸易条件的长期发展。

路易斯的模型分析的一个有趣之点是它包含着发展中国家贫困和发展问题的重要原因。模型也有助于对第三世界各国的历史和统计发展模式作多方面透视。

路易斯以他多次担任经济顾问，以及一家大发展银行领导人的经验，使他深刻了解政治家和独裁者们的工作方式。很早以前，在《经济计划原理》（1949）中，而在《西非政治》（1965）中更是如此，路易斯详细讨论了——从理性立场——当中央计划忽视从市场体系来的价格信号时发生的困难计划问题。在这方面，路易斯强调"指令计划"和"通过市场计划"之间的区别。这个观点始终是路易斯的研究的一个特性，并且在他最近的综合研究《增长和波动》中特别明显。他说明了1870—1913年的长时期中工业国和发展中国家的发展之间的相互作用。这里，路易斯在很大程度上是经济史家——极彻底地研究了统计来源并对材料作了令人印象深刻的重新加工。在许多重要方面，他重新阐明影响发展中国家外围的工业国家核心的长短经济循环。

西屋多·W.舒尔茨开始时是一位农业经济学家。在30和40年代，他发表了一系列关于美国农业危机的研究，以后又研究全世界各个发展中国家的农业问题。这个时期，他的最有名的著作是《一个不稳定经济中的农业》（1945）和《农业的生产和福利》（1949）。他的最重要的书籍是《改造传统农业》（1964）。舒尔茨的农业经济研究的主要特点是，他不孤立地讨论农业经济，而作为整个经济的一个组成部分。舒尔茨的分析兴趣一直集中于与工业和其他城市经济活动的较高生产率和较高收入水平与农业的相对贫困和不发达比较之间的不平衡。他将这个观点应用于像美国这样的工业国家以及他研究的许多发展中国家。

舒尔茨从他对美国和发展中世界农业生产率问题的研究得到他对经济和社会发展中人力资源重要性的著名分析的许多推动力量。

舒尔茨对农业发展潜力的分析根据一种不均衡观点。它是传统生产方法与现有更有效的方法之间的差距，创造了动态发展所必需的条件。舒尔茨用这个观点，对发展中国家的工业化政策和它们对农业的忽视，提出了详细的批判。舒尔茨是把教育投资如何能影响农业以及整个经济的生产率的分析系统化的第一人，很知道这个方法的局限性，舒尔茨作为初步近似方法定义和测量了教育资本作为累计教育投资之和的规模。这些教育投资费用中一大部分是学习期间就业收入损失。所以，这些损失构成一种机会成本，在私人和国家计算中可以加以考虑。

舒尔茨和他的学生们证明，长期以来在美国经济中人力资本的收益比物质资本的收益大得多，并且这个优越性使教育投资的扩大比其他投资快得多。

舒尔茨作为经济研究者和各方面的顾问，在工作中始终保持接近经济实际。作为一位经济学家他表现有很大智慧，有一种描绘建造模型的经济学家们容易忽视的发展因素的突出才能。他的观点的范围也表现在一些与人力资源（人力因素）有关的其他因素和问题。舒尔茨也对与健康和疾病作为第三世界中经济发展的重要因素的有关题目，以及对一般人口问题进行了研究。在他的长期研究事业中，他在提出有关问题方面表现了显著的才能，并且开辟了许多新的研究道路。很少有经济学家在启发同事们和学生们进行有价值的研究方面做过这么多工作。

路易斯和舒尔茨对发展问题的分析有一些共同特点。我们看到他们的贡献如何很好地互相补充，他们有同样的出发点。内容比经济增长概念多的经济发展是他们研究的中心。

舒尔茨的工作主要集中于一些与利用生产资源的效率条件有关的战略问题。这里，舒尔茨赋予职业技艺、上学、研究，及其应用以关键的重要性。舒尔茨是"人力资本"研究的一位先驱者，这个领域从50年代末以来发展很快。

按照路易斯的意见，农业的效率和发展，对发展中国家状况和增长有很大重要性。路易斯集中他的注意力于发展中国家经济的双重性质，一个大的，占优势的和定态的农业与常有一种飞地性质的一个动态工业部门之间的紧张关系。甚至在另一方面，在路易斯的分析中，低农业生产率是发展中国家贫困的一个原因，并且通过对于和发达工业国家贸易的条件的影响是对增长的一种限制。

路易斯和舒尔茨的另一共同特点是，他们赋予事实和经验研究的重要性。他们在解决发展问题中都有广泛的实际经验，并把经验应用于他们的研究。他们对不同时代发展的历史特点和经济政策问题都极感兴趣。两位都深刻关切世界上的需要和贫困，并且都努力寻找摆脱不发达状态的道路。在这个意义上，舒尔茨和路易斯愿意得出勇敢的结论，并对经济政策的变化作出建议。他们也对不同阶段实行的农业政策和其他经济政策进行深入批判。他们对发展中国家的经济政策和基础政治制度的博大精深的经验，使他们对主要问题的陈述生动而诚恳。

威廉亚述·路易斯简历

1915 年，生于英属西印度的圣露茜亚岛。

1940 年，在伦敦经济学院获得博士学位，战后在那里教了若干年书。

1949 年，《经济调查（1919—1939 年）》出版；《经济计划原理》出版。

1950 年，《公摊成本》出版。

1954 年 5 月，《无穷劳动供给的经济发展》在《孟切斯特学派》发表。当时，他担任孟切斯特大学斯坦莱·哲逢斯政治经济学教授。

1955 年，《经济增长理论》出版。

1963 年以后，在普林斯顿大学伍德罗·威尔逊公共和国际事务学院；担任詹姆士·麦迪逊政治经济学教授。

1965 年，《发展计划》出版；《西非政治》出版。

1969 年，发表威克赛尔讲演。《热带贸易特点（1883—1965 年）》出版。

1970 年，《热带发展（1880—1913 年）》出版。

1977 年，《国际经济秩序的发展》出版。

1978 年，发表詹威讲演。《增长和波动（1870—1913 年）》出版。

增长引擎转速下降

威廉亚述·路易斯

美国，普林斯顿大学

1979 年 12 月讲演

让我从陈述我的问题开始。过去几百年中，发展中世界的产出增长速率依靠发达世界的产出增长速率。发达世界增长迅速时，发展中世界增长也迅速，而发达世界速率下降时，发展中世界速率也下降。这种连带关系是不是不可避免的？具体说，世界刚经历 20 年史无前例的增长，世界贸易增长速率为以往的两倍，以实物计，每年约 8％，而 1913 年和 1939 年之间每年为 0.9％，1873 年和 1913年之间每年不足 4％，可作比较。在这个繁荣的 20 年中，不发达国家证明了它们有能力每年增加总产值 6％，而且确已采用 6％作为不发达国家全体的最低平均目标。但是，如果发达国家回到它们以前的增长率，只按每年 4％增加它们的贸易，将发生什么事情？不发达国家的增长也将下降到显著低于它们的目标。这是不可避免的吗？我的目的不是预测将发生什么事，而是考察现存关系以及它们可能如何变化。

1973 年以前 20 年的特殊增长率震惊了每一个人。我们知道，世界经济经历长期活动振荡，例如世界贸易在 1830 年和 1873 年之间比 1873 年和 1913 年之间增长快，也就是说，1873 年以前为 4％—5％之间，而 1873 年之后为 3％—4％之间，但是跃进到 8％是想不到的。

有些人甚至被不发达国家的成绩所震惊。1950 年，这些人怀疑不发达国家迅速增长的能力，因为它们的态度、制度或气候不适宜。太阳被认为太热了，不适宜勤奋工作，或者人民太会花钱，政府太腐败，出生率太高，宗教太超脱尘寰，等等。这种分析现在几乎完全不见于文献了。在 40 年代末的讨论中，注意到长期以来美国平均每人国民收入每年约增长 2%，并且注意到不发达国家的人口增长率约为每年 1%，联合国周围的经济学家们勇敢地讨论着不发达国家增长率可以是 3% 的可能性。联合国在 50 年代末规定 5% 为 60 年代的目标，目标是指不能达到但颇有启发的某种东西。然后，出乎人的意料，到 60 年代中，联合国的数字已表现平均 5%。所以对 70 年代，目标提高到 6%，但是 70 年代初数字已表现 6%，而 1974 年衰退开始时，联合国刚准备规定 7% 为 80 年代的目标。我不担保这些实绩数字中任一数字的准确性，但是我想不发达国家已无疑证明了它们利用物质和人力资源于生产的能力。

　　世界贸易的迅速步伐也使发展理论产生混乱。30 年代中，国际贸易的崩溃曾经似乎是不能挽回的，所以凯恩斯甚至声明我们并不太需要它。所以在 40 年代和 50 年代，我们创造了一整套理论，如果世界贸易停滞，这些理论是有意义的——平衡增长，地区一体化，二间距模型，结构膨胀——但是它们在贸易每年增长 8% 的世界里没有什么用。许多国家并且把它们的政策建筑在同样的假设上，目光向内要取代进口。在 60 年代后半期之前，没有普遍认识到世界贸易正在迅速增长这个事实。然后几乎每个国家发现了出口的好处。现在我们有被再度阻挡的危险。自从 1973 年以来，世界贸易的增长率已经减到一半，而且没有人知道这是暂时的或是永久的。但是，我们的大多数经济著作继续无形中假设回到 8% 就在眼前。

一

　　让我回到发达国家和不发达国家之间的关系。前者控制后者的增长率所通过的主要环节是贸易。如果发达国家增长较快，它们的进口增长率加速，不发达国家出口增加。我们能测量这个环节。1873—1913 年期间，初级产品世界贸易的增长率为发达国家工业生产增长率的 0.87 倍，而到 1973 年为止的 20 年中，恰好也是同样的约 0.87 的关系统治着。① 初级产品的世界贸易是一个比发展中国家的出口更广的概念，但是两者的关系足够密切，可以用它作为代替品。贸易决

---

① 数据见我的《增长和波动 1870—1913》，第 175—176 页。

定于工业国家的繁荣，这是用不着详细的统计证明的。更有趣的是这个证据，在一百年间关系在数量上相同，所以从发达国家生产增长率的增加能预测不发达国家的初级产品出口的增长率为前者的三分之二，不多也不少。

最有趣的是系数小于 1，即 0.87。这一点意味着如果增长引擎是发达国家的工业生产和不发达国家的初级产品出口，则发达国家的引擎转动稍快于不发达国家的引擎。相同转速的效应可能不一定完全相同。并且有加强联系的副作用。当转速较快时，预期贸易条件对不发达国家比较有利（虽则这一次并未发生那种事情）。国内市场繁荣起来，所以不发达国家针对国内市场的工业化加速，这个情况发生了。发达国家放松它们进口制造品的障碍，所以这种贸易也加速了。外国资本流入矿业、制造业和基础结构。而且外国接纳较多的移民，所以繁荣时流回不发达国家的汇款较多。包括不发达国家工业生产增长比发达国家快的事实，都放在一起说，1973 年为止的 25 年中，不发达国家和发达国家的国内总产值增长率刚好大约相同，即每年约 5%，就不奇怪了。因为不发达国家的人口增长比发达国家的人口增长快，每人产值的增长率差距很大，发达国家约 4%，不发达国家约 2.5%。用绝对金额来说，不发达国家的成绩是突出的，但是发达国家和不发达国家之间每人收入的差距继续迅速扩大。

现在，我们遇上了两难问题。关心这些事情的大多数人的目标是缩小发达国家和不发达国家之间的人均差距。但是如果它们联系到相等的总产值增长，人们如何做到这一点？人们或许可以设想发达国家有一个较低的增长率。发达国家有许多人提倡这件事——环境主义者，害怕有穷资源耗竭的人，提倡我们生活更加优美和闲暇的人，以及其他人。但是如果发达国家增长率下降，不发达国家的增长率也将下降，而不发达国家将受害最大，因为贸易条件将向不利于它们的方向移动。给定这个联系，不发达国家的利益要求发达国家尽其所能迅速增长。

我心中有三个疑问。第一，发达国家增长速度大概将如何？第二，不发达国家即使面对发达国家增长率下降的情况，能否保持迅速增长？第三，不发达国家的发展依靠向发达国家出口的迅速增长是不是好？在本文中，我的主要目的是考虑第二个疑问，但是我也将简短地探讨第一个疑问。第三个疑问，关于不发达国家对发达国家贸易好不好，可以留待另一个机会讨论。

二

　　许多人现在肯定世界经济已经作了它不时作出的那些大转折之一，例如1873年有过一次大转折，那时世界贸易的增长率降到只有前半个世纪的约三分之二。然而，他们援引的一部分证据只是周期性的而非长期下降的证据——高失业率、低利润①、低投资率、低储蓄和较慢的生产增长率，是人们熟知的周期性下降的因素，说明不了长期趋势。

　　在以往一个世纪中，美国经历了一系列的大萧条，每一次要10年才结束，1929年那一次例外，花了12年时间。这些萧条的出发点在1873、1893、1907、1929、1957和1974年。图1在半对数标尺上表示美国工业生产，直线表示沿峰值的增长率，以及那个增长率时的满载产值。② 图2是每次大萧条分别表示了实际和潜在产值之间的差异。③ 图中最上面的萧条是我们正在经历的萧条。它似乎是符合过去的模式的。例如，大家知道，这些大萧条联系着建筑业活动中相似的长期波动。图3说明这种联系没有改变，尽管摩西·阿伯兰摩维茨的乐观预测与此相反；商业和住宅建筑两方面的深度萧条是在我们当前的萧条的核心位置上④。还有，关于1978年（第五年）美国经济过热的意见似乎不能成立——他们把由于在人口增长面前多年建筑少以致生产能力不足与由于高需求生产能力不足混淆起来了。在若干年萧条之后，生产能力短缺是激发新投资繁荣的因素。如

---

　　① 人们常常援引的利润率下降的证据很难解释。在美国，当制造业的利润与销售额之比约5%（税后）时，工业生产是满载运行的。1951—1956年的比率平均4.8，而1966—1969年平均为5.1，那些也是充分就业的年头（失业率不到4%）。1973年和1974年之间数列的基础改变了，在新基础上，满负荷指利润约6%。利润比率在1976年平均5.4和1977年平均5.3，只是说明除失业增加外，那些年头继续有周期性的不足，数据来自《总统经济报告》。

　　② 从1923年起，指数是联邦准备局的。1913年以前的指数是爱德文·弗里基的，经国民经济研究局的统计学家们修改过。参考文献，见我的《增长和波动1890—1913》，第272—273页。没有包括建筑业。图是半对数的。从1872年至1906年的直线的斜率指示每年5.1%的增长率；从1951年至1973年的直线斜率指示每年4.4%的增长率。在图1中，下面曲线相对于上面曲线的位置比自从1913年以来如果按4.4%增长，1956年的工业产值可能低20%。两次大战间的曲线省略。它的人们熟知的形状将表示1929年以前产值每年上升3.8%，然后下跌到大萧条。

　　③ 1929年的萧条在幅度上与其他萧条如此不同，所以把它从序列中拿出来，放在图的最下面。

　　④ 按1972年价格计算的建筑物支出；《总统经济报告》的B_2和B_7表。从图2中能看出，两次战后萧条显然不如1913年以前的萧条深刻。

果过去的历史重演，80 年代早期活动的一次冲刺（每年增长 6％—7％），到 1983年应当使美国工业生产回到它的繁荣道路。这一点并不排除其闰有小波动的可能性。当然，没有根据预言历史将重演，但是同样没有根据预言这次萧条将永远继续下去。①

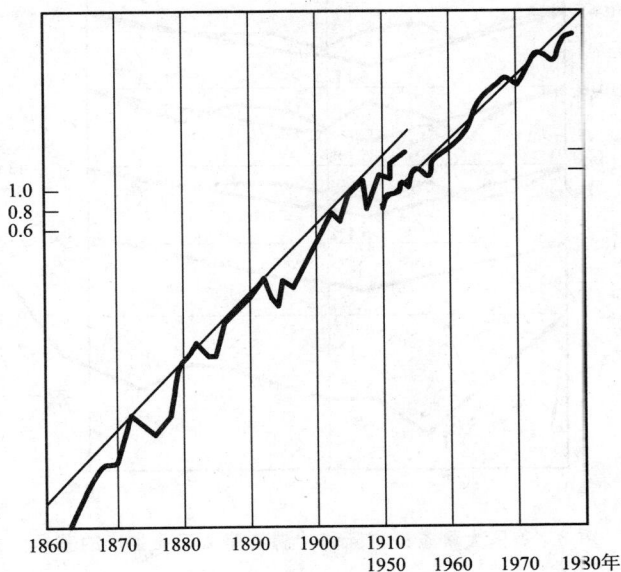

图 1　1865—1913 年和 1950—1978 年的美国工业生产

如果这时我们否定能用六年衰退解释的一切证据，我们剩下一些论点，它们被提出来说明 1950—1973 年的繁荣是特殊的和不能重复出现的。我将仅仅列举它们，因为讨论它们中每一个会使我们离题太远。这里是六个主要论点：

（1）第二次世界大战后，欧洲的迅速增长是由于追补了一份发明清单，它们的可行性和赢利性到 1950 年在美国已被证实，但是由于两次世界大战和大衰退，它们的利用在欧洲被推迟了——电话、汽车、冰箱、电视、飞机等等。人们说，这份追补清单现在已经用完了。

（2）没有熊彼特数量的新发明来取代它的位置。只有从事后看，才能证明这

---

① 国民经济研究局一直训练我们把基钦周期作为参照周期（40 个月），所以延伸超过 18 个月的任何萧条使人有世界末日之感。我们的经济记者们的展望期甚至更短，因为他们很少超过把今年和去年比。没有至少十年的远景，我们不能理解正在发生什么事情。

每年平均损失

标准每年4.8%

1973—	
1956—1966	4.8%　8.4%
1906—1916	5.1%　12.3%
1892—1902	5.1%　13.6%
1872—1882	5.1%　13.6%
1929—	3.8%　31%

年　　0　　　　　5　　　　　10

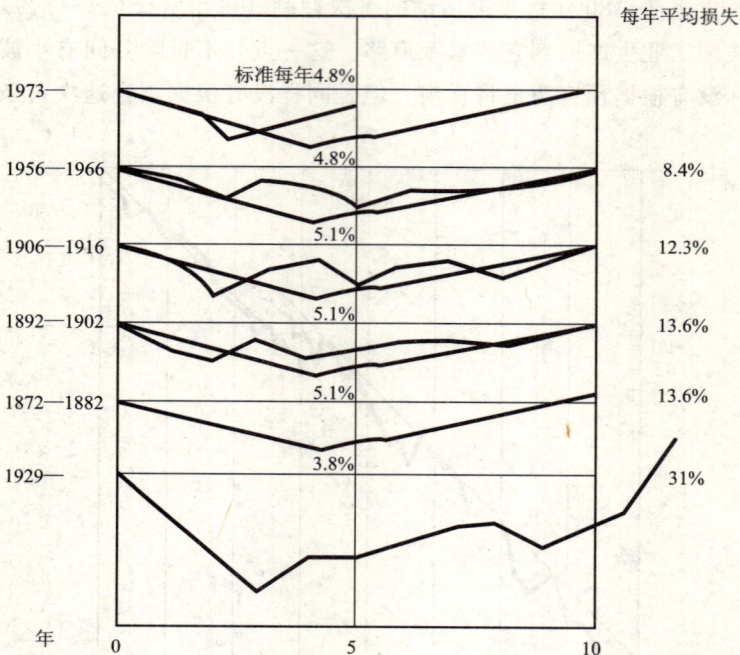

图 2　美国大萧条：实际和"满负荷"工业生产的差异

个命题；私营工业研究和发展的支出可能降低了，但这可能只是一个周期性事件。

（3）西欧农业、小零售业，以及别的地方的剩余劳动后备，方便了工业和其他高级职业的迅速扩大，现已耗竭，而从南欧来的移民的廉价劳动将恢复不了。

（4）我们将进入矿产短缺时代：铜、锡、铝、矾土等等是因为跨国公司和不发达国家政府不能就新投资的条件达成协议；石油是因为石油输出国组织的保存资源政策。这种不平衡是通货膨胀的两大来源之一。另一个主要来源是由于在生产率每年上升 3% 以下的经济中，各个有组织的集团谈判争取每年至少增加 5% 的收入（加上去年物价的上涨），以至物价螺旋式上升。通过控制货币供应以控制膨胀的尝试没有触及两大来源中任何一个，除非退到 15% 失业的水平，这在政治上是不可行的。不论货币当局选择滞胀或大量失业，增长率放慢了。

（5）富国的消费者需要服务甚于制造品，将导致工业人口的相对下降。这一点的效应之一，可能是初级产品进口增长率下降。

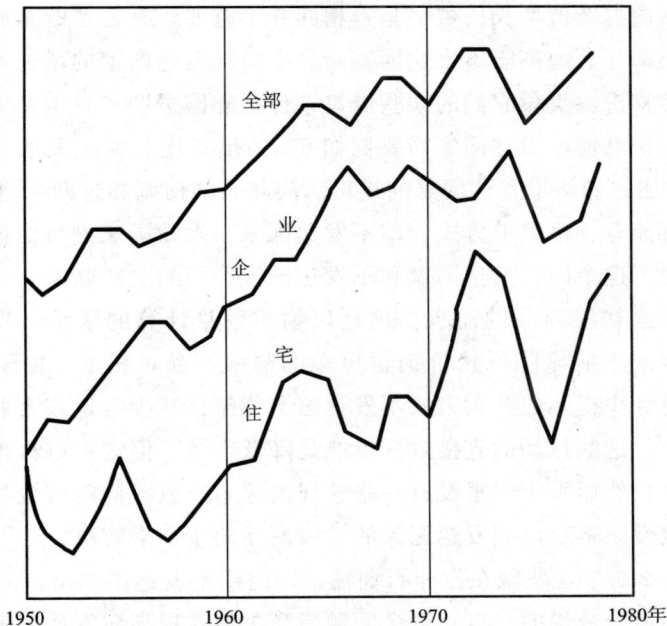

图 3　美国建筑业

（6）高额征税可能降低积极性、事业心和增长率。

我列举这些命题，既不是支持它们，也不是反对它们，而只是提醒我们世界经济有过长期繁荣（像 1850—1873 年）和长期的相对停滞（例如 1913—1950 年），所以今后二三十年可能是困难的思想并不奇怪，但是它们可能比较繁荣的思想，也不奇怪。

三

以下我将假设，今后 20 年中发达国家的工业生产增长比 1973 年以前慢，并且这些国家的进口，每年只增长 4％。这不是一种预测；它仅仅是假设，我们正在设法分析其后果。

我们也将假设不发达国家要它们的国内总产值每年增长 6％，并且这需要它们的进口按 6％增长。这个联系是从进一步假设各不发达国家将不能变为更加自足得来的，或许因为它太小；虽然不发达国家作为一个集团将必然更为自足。进口的数字和国内总产值增长的数字是否相同并不重要；有关系的是假设不发达国家出口的增长率显著地高于不发达国家商品出口到发达国家的增长率。不发达国家将继续用转移进款支付它们的某些进口，包括外国援助和外国私人投资，但是我们将假设这仍然使不发达国家需要例如 6％的出口增长率，而假设发达国家只按每年 4％增加它们从不发达国家的进口。问题是如何调和这两个增长率。

理论上可能有一个简单方式，即不发达国家占发达国家进口的份额渐增，但是我们已经关了这个门。发达国家和不发达国家经济的主要联系，一直是发达国家对不发达国家初级商品的需求。这是以物质数量计算的联系，受物价影响不大。不发达国家不能靠降低物价销售更多的初级产品；相反，由于贸易条件退化，它们会得到少得多的购买力。不发达国家能够靠减少数量或者联合涨价得到更多的购买力。这些行动的直接效应可能是降低产量，但这可以靠审慎地投资额外收入来抵消。然而手中似乎没有一张这样的牌，所以我们将假设我们的问题不能靠加速或放慢正常出口到发达国家的初级商品的生产来解决。

制造品怎么样？这些现在占非石油输出国组织不发达国家出口的近 40％，而且仍然是它们增长最快的出口。整个问题能简单地靠提高向发达国家出口制造品的增长率，代替初级产品解决吗？我将假设不能做到这一点，因为如果能做到，我的论文将突然结束。我也不认为能做到。发达国家在繁荣时愿意让出口制造品进来，因为那时它们有许多发展中的产业能吸收被进口取代的人。我们的假设，发达国家增长率低，排除了这个可能性。假设发达国家将从不发达国家进口较少的而不是较多的制造品，确实可能更为合适。

因此，我们的基本假设是，不发达国家需要它们的出口每年增长 6％，但是发达国家将只按每年 4％增加它们从不发达国家的进口。不发达国家产值的增长将发生什么情况？

让我们立即承认，从单个不发达国家的观点，发达国家的增长率可能是多少，完全没有关系。给定资源和弹性，它总能销售更多的东西给发达国家。不过，它因此取代某个其他不发达国家的贸易。一个国家能做的事所有国家不能做。

在算术水平上，这个问题现在只有一个解决办法。如果不发达国家的总销售额按 6％增加，而对发达国家的销售额按 4％增加，向其他国家的销售额（已知比重为 7 比 3），开始时必须按大约每年 11％增加。不谈社会主义国家，它们能从不发达国家购买多得多的东西而有帮助，但是不会那样干，不发达国家只有靠大大加速它们相互之间的贸易解决问题。

不发达国家之间的贸易仍然比较小——约占非石油输出国组织不发达国家出口的约 19%①。

尽管尽了一切努力创造和服务于地区贸易制度，到 1973 年为止的 20 年中，百分率没有显著变化。当发达国家放慢增长率的时候，这种贸易能吸收发达国家留下的空缺？答案是肯定的。目前不发达国家依靠发达国家得到食物、肥料、水泥、钢和机器。作为一个集团，不发达国家能迅速结束它们对前四项的依靠，而且逐步摆脱它们对机器的依靠。它们也进口大量轻工业品，它们在任何意义上都非依靠轻工业品（1977 年约为 310 亿美元，与之比较机械产品为 470 亿美元）。它们能迅速摆脱这些，并且更加逐渐地摆脱它们对机器的依靠。

不发达国家如果采取适当的农业政策，现在能供养它们自己，并且当我们的 11 个新国际热带农业研究所给我们更好的品种和改进的技术的时候，产量应当超过维持人口的需要。问题是要度过出生率仍然顽固地高的时期，达到出生率将下降到 20‰ 以下的不那么可怕的时代。它可能是一件近期的事，但是我们应当促成它。

至于肥料、水泥和钢，这些是应用标准技术于发达国家之外分布广泛的原料制成的。机器比较麻烦，因为这一行的重要部分涉及规模经济，不断改进的技术，以及专利的或秘密的知识。不过，若干不发达国家正在进入这个领域，而且至少在八个不发达国家和地区（印度、巴西、新加坡、智利、南朝鲜、阿根廷、墨西哥和以色列），机器已占工业生产的 15% 以上。② 不发达国家的机械产品出口也迅速增长，并且与大众印象相反，在价值上已经超过不发达国家的纺织品和服装出口。没有理由认为不发达国家作为一个集团为什么不应该在标准型的设备方面变为接近自足。

如果对于不发达国家之间的贸易存在所有这些发展余地，为什么地区关税联盟没有更加成功？请注意以下三个原因：

第一，一个地区并不是一个均匀的地方。在工业竞争能力方面，有些国家比其他国家更为先进，达到几乎不能设想的程度。这些先进国家比不够先进的国家吸引较多的新工业，后一类国家感到受关税联盟剥削，于是只有采取昂贵的措施

---

① 这一段和以下两段的贸易数据来自关税及贸易总协定：《国际贸易 1977—1978》。

② 根据联合国《工业统计年鉴 1976》计算机器在工业品中的份额。

安慰不够先进的国家，联盟才能存活下去，而谈判这些措施是困难的。

第二，在分享范围及于整个地区市场，有很大规模经济的工业方面，联盟的用处最大。每个国家急于为它自己保持所有那些在国内市场能达到规模经济的工业。由于联盟另一成员的竞争，以致这些工业中任何一个工业毁灭会产生政治动乱。因此当联盟不要求一切商品实行内部自由贸易，而集中于需要整个地区市场的那些少数"一体化"产业的时候，最为安全。如果每个成员国要得到一体化产业中的公平的一份，甚至这个比较温和的任务也难以磋商。

关税联盟为什么没有表现更好的第三个理由是，它们的基本假设——一个国家应当和它的隔壁邻居做最多的生意——在这些运输费用很低的日子里不再正确了。由于气候、土壤和历史的原因，隔壁邻居大概操同一生涯，而不是一个潜在的顾客或供应者。他同样是穷的，因而提供同样有限的市场。发展新工业产品的不发达国家被引到大而富的不发达国家市场，而不是到它们的邻居的市场。坦白说，在50年代和60年代，侵略性的发展者并不很需要关税联盟的支持；在世界贸易停滞时，联盟对它们的成员们提供的东西多于世界贸易繁荣时。

因此可知，在我们正在分析的世界贸易减速的情况中，关税联盟会被更加高度重视，并且会被改进到更加有效，特别是在有区域范围的规模经济的大规模产业方面。但是即使如此，不发达国家现在要在更大程度上为相互供应而生产的主要商品不能按政治原则在隔壁邻居之间分享。食物、肥料、水泥、钢和燃料更多地按有无原料决定地点，机器将首先从已有可观的工业基础的那些不发达国家中来。这种新的不发达国家贸易会是世界范围的，正像欧洲和美国贸易是世界范围的一样。

四

所以，我正在论证，不发达国家保持高增长率，即使发达国家为它们自己决定另一种速度，在物质上也是可能的。物质上的可行性，如何转变为一种有效的经济结构？

一种途径可能是遵循关税联盟路线，不发达国家对来自其他不发达国家的进口，给予优先待遇。这一点的核心已经存在于《关于发展中国家之间贸易谈判议定书》中，它在1973年生效，GATT表示祝贺，它在16个较大和较先进的不发达国家中规定了经过磋商的优先安排。这种安排的哲学符合布雷顿森林协定的精神，它承认各国有权对长期有支付平衡盈余的其他国家施加限制。如果不发达国家增长比发达国家快，会有这个情况。不过人们可能怀疑，如此不同的国家是否将在优先让步的路上走得很远。如果它们要优待彼此的商品，因为在价格上它们与发达国家的商品有竞争性，这一点将必须如此。

在经济学家的模型中，这种竞争性会自动出现。由于发达国家放慢速度，不发达国家会有支付平衡赤字，可是坚持它们自己的迅速增长而不是自己慢下来。以老的金本位办法通过黄金外流，降低它们的价格水平，得到调整。真实世界复杂得多。通货膨胀是普遍的，但是侵略性的工业品销售者必须保持它们的物价低廉，所以这一组不发达国家可能需要特别强调膨胀控制。当物价不再有竞争性时，不能避免贬值，但是只能治标，不能治本，因为它激发国内成本进一步提高，重新引入它想消除的差异。不发达国家与发达国家有相同的问题：只靠一般控制工具，例如利息率，或者货币供给量，或者通货的汇率，不再能控制国内物价水平。它们现在也体验到价格决定中的成本推动因素，对此惟一的补救办法是某种收入政策。我们希望比我们的祖父母们在19世纪所希望的，从经济系统得到更多的东西，走充分就业和更快增长的道路，并且不应因经济系统在支持性制度方面向我们要求更多而感到惊讶。

这些互相出口机器的新的侵略性不发达国家，在支付它们的贸易方面可能也有问题。几乎每一个不发达国家有一种单独的通货。我们正在看见尼日利亚销售谷物给印度，得到卢比，用它从巴西购买机器。某种清算协定可能变为必要，否则不发达国家的商人将倾向于用一种或多种发达国家通货互相做生意，并且将受到这些通货相对短缺的约束。或许国际货币基金组织会解决这个问题。一个更加严重的问题将是支付从一个不发达国家出口到另一个不发达国家的资本货物，因为人们希望销售者在财务上帮助购买者。不发达国家出口商依靠他们自己的力量不像能做到这一点。我们必须假设将允许它们在发达国家金融市场上告借联合贷款，或许比现在以更大的程度利用地区性发展银行作为中间人。

但是真正的问题不是不发达国家能否变得有竞争性和在彼此的市场中守住它们自己的阵地。定价和外汇问题在世界市场上能自己解决。真正的问题是，尽管发达国家放慢速度，不发达国家能否持久地迅速增长。如果经济仍然是依附性的，支付平衡的弱点将把它拉下来；但是如果它已达到自立的增长，外汇的弱点只不过发动一个向其他不发达国家出口的运动，因而支付平衡的弱点只是暂时性的。

如果有足够数目的不发达国家达到自立的增长，我们就进入了一个新世界。因为这将意味着，不是贸易决定不发达国家生产的增长率，决定不发达国家贸易的将是不发达国家生产的增长，并且决定生产增长率的将是内部力量。准备好作这个转变的国家不是很多。印度是一个显然的可能性，还有 1973 年议定书的某些其他签字国。所有不发达国家作出这种转变是不可能的，而且也是不必要的，因为如果主要不发达国家迅速增长并大量进口，它们将在某种程度上代替以前发达国家的迅速增长。对于使用中心和边缘的语言的那些人，这意味着一些国家离开边缘，加入中心。或者如果它们专门用优惠贸易和通货安排互相联系，人们甚至可以说创造了一个由已经共同建成一个新增长引擎的以前的边缘国家组成的新中心。

上面的论述指的是那些把出口原料到发达国家作为最佳选择的不发达国家发生的事。我们的探讨从发达国家的需求的增长率下降的假设出发，所以这些国家面临过剩和不利的贸易条件。我们已经为能够出口食物或工业品的不发达国家提供一个出路，但是我们没有假设新核心不发达国家将喝更多的咖啡或茶，或者用更多的橡胶和黄麻来代替发达国家。因此这个解决办法对于受气候或受它们的市场规模小约束的适应能力差的不发达国家必然涉及一些困难。在国际货币基金组织的补偿贷款，以及在欧洲经济委员会的稳定出口支持办法中已经有帮助它们的轮廓；但是这些是对暂时的波动而言的，可能需要更大的和更持久的支持。

跨国公司或许在建立这个新的不发达国家间贸易网络中起某种作用。较先进的工业不发达国家中国内企业家的干部足以管理轻消费品和轻机械产品范围内的大部分。然而我们主要关心的事情之一是在重型机器之类上减少对发达国家的依靠，而这件事延伸到经验有限的领域。因为我们在假设市场将发出有利于不发达国家生产的物价信号，不论由于关税或通货调整，跨国公司将积极在保护壁垒后面设立子公司，以保存它们的市场。对这些公司的敌视是普遍的，而且在大多数部门中，特别是在矿业、公用事业、商业和金融业中，它们的影响正在下降；但是不在制造业中，根据《纽约时报》和金融报纸上的广告判断，不发达国家政府非常急于请跨国公司参加制造业。有许多限制——关于雇用非本国干部，关于外国人股权的百分率，关于在当地市场上借款，关于技术，等等。在许多情况中，也规定与当地资本家或政府机关联合所有。一个急于促进工业化的政府和一个急于保持或扩大它的市场的公司有共同基础。

我们探讨的特别部分是通过从依靠发达国家贸易过渡到依靠不发达国家市

场，以保持6％增长的动量。在此过渡时期，主要的工业不发达国家必须在彼此的市场上，以及其他不发达国家的市场上，建立它们的据点；而且必须发生农业变化，既养活城市人口，又带来它的商品和服务的发展中的市场。有些主要不发达国家在它们的跃进中能采取这个办法，正像德国工业家在19世纪80年代发动他们的贸易运动，接着是1895年以后的美国，本世纪30年代的日本，更近的是巴西。它们不为从机器开始，因为不发达国家仍然从发达国家进口这么多轻工业品。它们能从这里开始而比较逐渐地进入机器制造。

在另一极端，也有可能在主要不发达国家中只是还没有足够的企业家能量，不用支持性制度而进行这个过渡。我已经谈过这种制度的主要国际因素，即优惠关税和通货安排。国内因素包括面对停滞的初级产品国际贸易时维持国内需求，使经济能继续前进而不是崩溃。因而维持动量的许多责任落在政府头上，已知它在现金经济中的大份额，以及它管制或支持私营部门的程度。它必须负起在人力和物质资本方面的大投资规划（私人的和公营的）的责任。没有外援不能担负这个责任。发达国家可能会说：我们将不给你们更多的贸易机会，这里暂时用更多援助来代替。

1974年开始的衰退现在已持续了足够长的时间，使不发达国家考虑一种可能性，发达国家打算保持将允许世界贸易只按每年约4％扩大的国民总产值增长率。对于不发达国家增长的愿望，这可能是一大打击，除非采取新的步骤支持不发达国家贸易中不发达国家的比例上升。我已设法分析这些步骤可能是什么。它们应在目前南北谈判中占重要地位，但是事实上它们不占重要地位，因为这些谈判无形中假设发达国家将很快恢复高增长率。或许事实将证明这个假设是正确的，经济学不预言将来。至少在与发达国家谈判之前，不发达国家应在它们自己中间讨论它们希望朝哪个方向走。

当然，如果发达国家愿意允许不发达国家在发达国家市场上占较大份额，完全不会发生本文中讨论的问题。这可能是不发达国家增长比发达国家快的情况的逻辑的后果；与不发达国家的贸易应当变成发达国家贸易的一个不断增加的部分。我们生活在一个奇怪的世界中。整个60年代和70年代，发达国家一直在拆除彼此贸易的障碍，同时增加它们对不发达国家贸易的障碍。因为从发展中国家进口的工业品只占经济合作与发展组织（OECD）国家工业品消费的2％，这说明对小变化非常敏感。另一方面，发达国家认识不到依靠是相互的，说明缺乏敏感，因为非石油输出国组织的不发达国家拿走OECD出口的20％，因而它们的繁荣对维持 OECD 繁荣能有小帮助。迫使不发达国家歧视 OECD 货源，决不是 OECD 的利益。

如果发达国家在它们国内重新回到解决群众贫困问题上来，它们在 50 年代和 60 年代作得那么成功而现在已经放弃，也不会发生这些问题了，因为我们大家真正需要的是世界贸易重新获得它的每年 8% 的增长率。但是那是一件不同的事情。

西屋多·威廉·舒尔茨简历

1902 年 4 月 30 日生于美国南达科他州阿林登。在南达科他州立学院接受大学教育。

1928 年，在威斯康星大学得到科学硕士学位。

1930 年，在威斯康星大学得到哲学博士学位。

1930—1943 年，在衣阿华州立学院经济学系工作。

1933 年，《大麦、燕麦和玉米的关税》出版。

1934—1943 年，任衣阿华州立学院经济学和社会学系主任。

1941 年，《农业社会科学人员的训练和补充》出版。

1943 年，任芝加哥大学经济学教授。《改革农业政策》出版。

1945 年，《不稳定经济中的农业》出版。

1946—1961 年，任芝加哥大学经济系主任。

1949 年，《农业的生产和福利》出版。

1951 年，与别人合写的《不发达国家的经济发展措施》出版。

1952 年以后，任芝加哥大学查理·赫金逊勋劳卓著教授。

1953 年，《农业的经济组织》出版。

1963 年，《教育的经济价值》出版。

1964 年，《改造传统农业》出版。

1965 年，《世界农业的经济危机》出版。

1968 年，《经济增长和农业》出版。

1971 年，《人力资本投资：教育和研究的作用》出版。

1972 年，《人力资源》出版。

穷人经济学

西奥多·威廉·舒尔茨

美国，芝加哥大学

1979 年 12 月 8 日讲演

低收入各国的穷人，关心改善他们的命运和他们孩子的命运，不亚于有不可比拟的更多收入的我们。他们在利用他们的微薄资源时，也是有才能的。许多低收入国家在最近几十年中，对改进他们的人口质量和取得有用知识方面有很大进展。这些成就只要不被政治破坏，意味着有利的经济前景。

世界上大多数人是穷的，所以如果我们懂得穷人的经济学，我们会懂得许多真正重要的经济学。世界上大多数穷人靠农业谋生，所以如果我们懂得农业经济学，我们会懂得许多穷人的经济学。

富人发现难以理解穷人的行为。经济学家们也不例外，因为他们也发现难以理解决定穷人作出的选择的优先顺序和稀缺性约束。我们都知道世界上大多数人是穷的，他们靠劳动得到微薄的收入，他们的微薄收入的一半以上花在食物上，他们主要住在低收入各国，以及他们大多数靠农业为生。许多经济学家不理解的是穷人关心改善他们的命运和他们孩子的命运不亚于富人。

我们在最近几十年中，从农业经济学学到的东西对于大多数情报尚称灵通的人们似乎是一种佯谬。我们已经知道，农业在许多低收入国家中，具有为仍在增加的人口生产足够的食物，并且在这样做的时候能够显著改善穷人的收入和福利的经济潜力。在改善穷人的福利时，生产的决定因素不是空间、能量和耕地，决定因素是人口质量的改善。

在讨论这些命题时，我将首先说出一直阻碍许多经济学家的工作的两个思想错误。然后，我将指出大多数观察家过高估计了土地的经济重要性，而大大低估了人的质量的重要性。最后，我将提出低收入各国目前正在实现的人口质量提高的度量。

关于这些命题我已学到许多东西，我要感谢攻读博士学位的和已获得博士学位后的学生们的研究，他们在以后的专业研究，以及我的学院同事们。最近几十年中，他们的工作在了解人力资本经济学方面已经产生了一次真实的爆炸，特别是关于研究经济学，农民对新的有利的生产技术的反应，生产和福利之间的联系，以及家庭经济学。

一　经济学家们的错误

经济学的这个分支，受几种思想错误之害。主要错误是一种说法，标准经济理论不足以了解低收入各国，而需要一种单独的经济理论。为此目的发展的模型被广泛称颂，以至人们明白了它们至多不过是思想上的珍奇异物。有些经济学家的反应是对低收入各国的公认的低劣经济成绩转而作文化和社会的解释。完全可以理解，文化和行为学者们对于如此利用他们的研究是感到不安的。幸而思潮已开始转变。愈来愈多的经济学家已经觉悟到标准经济理论适用于面对低收入各国的稀缺性问题——如适用于高收入各国的类似问题。

第二个错误是忽视经济史。古典经济学发展的时候，西欧大多数人很穷，勉强靠他们耕种瘠土以维持生命，并且注定寿命短促。结果，早期经济学家们研究的情况与今天低收入各国的情况相似。在李嘉图的日子里，英国劳动者家庭收入约一半花在食物上。今天在许多低收入国家中也是如此。马歇尔（1920）告诉我们，在李嘉图出版他的经典著作的时候"……英国劳动者每星期的工资通常少于半蒲式耳（译者按：一蒲式耳等于美 35.238 升）好小麦的价格"。印度农夫每星期的工资目前比两蒲式耳小麦的价格少一些。在印度，许多人生活在李嘉图的阴影之下。了解过去时代穷人的经验和成就，对了解今天低收入各国的问题和可能性能有许多帮助。那种了解远比关于地球表面，或者生态学，或者明天的技术的最详细和精确的知识重要。

在人口方面也缺乏历史眼光。我们将全球统计数字外推，而被我们对数字的解释吓住了，主要是穷人像旅鼠那样繁殖，走向它们自己的灭亡。可是回顾我们自己的社会和经济史，在人们贫穷的时候发生的不是那种事情。今天，穷国的人口增长方面它同样是错的。

二 土地被估计过高

有一种普遍的见解——自然地球观——是，适合生长食物的土地面积基本上是固定的，而耕作土地要供给正在被耗竭的能量。按照这种见解，继续为正在增长的世界人口生产足够的食物是不可能的。另一种见解——社会经济观——，人有才能和智慧来减少他对耕地、对传统农业和对正在耗竭的能源的依赖，并且能降低为正在增长的世界人口生产食物的实际成本。我们借助于研究，发现李嘉图不可能预见的耕地的代用品，而且当收入提高的时候，父母表现愿意少要一些孩子，用儿童的质量来代替数量，这是马尔萨斯不可能预见的。长期贴着黯淡的科学的标签的经济学能够证明对食物生产的黯淡的自然地球观与经济发展史不符，历史证明，我们能靠知识的进展增加资源。我同意玛格丽·梅德的话："人类的未来是开口的。"人类的未来不是被空间、能量和耕地事先注定的。它将决定于人类的智慧发展。

为了解释为什么在世界上长期定居的地方人民是贫穷的，土壤生产率的差异不是一个有用的变量。多少世代以来，在多雨的生产率低下的德卡高原和高生产率的南印度，人民都一直贫困。在非洲，撒哈拉南缘的贫瘠土壤上，在断层地形陡坡上肥沃一些的土壤上，以及在尼罗河岸和河口生产率高的冲积土地上的人民，都有一件共同的事情：他们很穷。同样，宣传很多的低收入各国的土地——人口比例的差异并不产生可比的贫困差异。农田方面最有关系的事情是，农民借助于鼓励包括农业研究的贡献和人的技能的改进在内的投资，增加土地的有效供给和因而带来的机会。

为许多最近研究的文献所支持的一个基本命题是，高收入和低收入各国经济现代化的一个组成部分是农田的经济重要性下降，而人力资本——技能和知识的重要性上升。

尽管有经济史在，随便找一位经济学家，你将发现他对土地的思想一般的还是李嘉图的思想。但是李嘉图对土地的概念，"土壤的原始的和不可摧毁的力量"，如果过去是充分的，现在不再是充分的了。长期以来，在高收入各国，国民收入中作为地租的份额和与此有关的地主的社会和政治的重要性已经显著降低，而且在低收入各国，它们也正在降低。李嘉图的地租为什么正在失去它的经济重要性？有两个主要原因：第一，在时间过程中，农业现代化已将原始土地改造成为比它在自然状态中生产率大得多的一种资源；第二，农业研究已经提供了耕地的替代品。除了局部例外，欧洲原始土壤的质量很差。今天，它们有高生产率。芬兰的原始土壤不如附近苏联西部肥沃，可是今天芬兰的耕地更为优越。日本的耕地原先比北印度的耕地差得多，它们今天好得多。这些变化的一部分，在高收入和低收入各国都是农业研究的结果，包括体现在购买的农业投入中的研究。对耕地有新的替代品（如果你愿意，称它为土地增强）。玉米清楚地说明了替代过程。美国在 1979 年收获玉米的面积比 1932 年少 3300 万英亩。可是 1979 年生产了 77.6 亿蒲式耳，为 1932 年产量的 3 倍。

三　人的质量被低估了

土地本身不是成为贫困的一个关键因素，而人是一个关键因素：改善人口质量的投资，能显著提高穷人的经济前途和福利。儿童保育、家庭和工作经验，通过上学得到信息和技能，以及用主要包括投资于健康和上学的其他方式能改善人口质量。我将说明，低收入各国的这类投资，只要在它们未被政治不稳定破坏的任何地方，对改善经济前途一直是成功的。低收入各国的穷人，不是经济学不能打破的一种铁皮贫穷均衡的囚犯。不存在什么超越一切的力量，使一切经济改进化为泡影，使穷人放弃奋斗。现在有充分文献证明，在农业中，穷人确实对较好的机会作出反应。

农业中的人——农场工人和既工作又分配资源的农场企业家——期望受新机会和受他们对之作出反应的激励的影响。这些激励显示在农民销售产品得到的价格和他们购买生产者和消费者商品和服务支付的价格之中。这些激励在许多低收入国家大受歪曲。这些政府导致的歪曲的效应是减少农业能作出的经济贡献。

各国政府为什么倾向于引进歧视农业的歪曲的“理由”是，尽管农村人口数字大得多，国内的政治一般照顾城市人口而牺牲农村人口。城市消费者和工业的政治影响使他们能牺牲广大贫穷农村人民来攫取廉价食物。歧视农业被一种理论根据合理化了，即农业是内在地落后的，虽有偶然的“绿色革命”，它的经济贡献是很不重要的。卑微的耕夫被看成对经济激励漠不关心，因为假定他与他的传统耕作方式有牢不可破的关系。迅速工业化被看成是经济进步的关键。设计政策时，给予工业以头等优先权，其中包括保持粮食廉价。这种学说仍然受一些赠款单位支持，并被高收入各国的一些经济学家加以合理化，这是遗憾的事，但是真事。

（一）企业家们

全世界的农民们在处理成本、报酬和风险时是进行计算的经济人。在他们的小的、个人的、分配资源的领域中，他们是微调企业家，调谐做得如此微妙，以致许多专家未能看出他们如何有效率。我在《改造传统农业》（1964）中，第一次提出这种企业家行为的一个分析。虽然农民们由于上学、健康和经验的原因，他们洞察、解释新信息，并采取适当行动对之作出反应的才能不同，他们提供一种主要的人力资源，即企业管理。在大多数农场上，有一个第二企业，即家庭。妇女在分配她们自己的时间和在利用农场产品以及购入商品用于家庭生产方面也是企业家。这种分配才能由小规模生产单位上的几百万男子和妇女提供；农业一般的是经济中一个高度分散化的部门。在政府接管这个农场管理功能的地方，它们阻止这种企业家才能得到利用，而这些政府在提供能使农业现代化的一种有效的分配功能替代品方面一直是不成功的。农民们和农场妇女的分配作用是重要的，而且他们的经济机会确实有关系。

企业管理在研究中也是主要的。一切研究都是一种冒险性行为。它要分配稀缺资源。它需要组织给定现有的知识状态，某一个人必须决定如何分配可供研究用的有限资源。研究的本质是进入未知或部分已知领域中的一种动态冒险事业。资金、组织和合格的科学家是必需的，但他们是不足的，对企业管理的研究，需要科学家或在经济研究部门中工作的其他人都来参与。

（二）不均衡的不可避免性

把农业改造为生产率愈来愈高的状态，通常称为"现代化"的这个过程，在有了更好的机会的时候，在农业中会产生一切方式的调整。我曾说明在一个动态经济中对付不均衡的才能的价值是高的。

这类不均衡是不可避免的，它们不能被法律，被公共政策，并且肯定不能被从字典修辞中消除。各国政府不能有效地行使农场企业家们的功能。

将来的历史学家们，无疑地会被近几十年中经济激励受到阻碍的程度所迷惑。主导的思想观点是与农业激励对立的，并且流行的经济政策降低生产者激励的功能。由于缺乏激励，许多低收入国家中没有实现的经济潜力是大的。技术可能性也变得愈来愈有利，但是这些国家的农民为了实现这个潜力所需要的经济激励却是不上轨道的，或则因为缺乏有关的信息，或者因为他们面临的价格和成本被歪曲了。因为没有有利的激励，农民们没有进行必要的投资，包括购买更好的投入。政府的干预目前是缺乏最优经济激励的主要原因。

四 人口质量方面的成就

我现在转而讨论农业和非农业两类人的质量。这个含义的质量包括各种形式的人力资本。我在别处论证过，虽然对于使用一个人力资本的严格定义有很强的理由，它将不免于继续为害一般资本理论，特别是经济增长模型中资本概念同样的含混性质。资本有两方面，而这两方面对于作为一个动态过程的经济增长所告诉我们的一般地是不一致的故事。它必然如此，因为成本理论是一个关于已投入投资的故事，而另一个故事有关这种资本提供的服务流的贴现价值，后者随增长的动态变化。但是更坏的是，资本理论下面的资本同质性假设，以及增长模型中的资本加总问题。希克斯已经告诉我们，资本同质性假设是资本理论的灾难。这个假设可以证明不适合于分析经济增长的动态，由于报酬率的差异，资本按要素成本加总或按它的许多部分的运转寿命期服务的贴现价值加总是不相等的，而经济增长的动态以这种不相等为背景。所有现存增长模型的目录也不可能证明这些不等式是等式。但是为什么设法削足适履？如果我们不能观察这些不等式，我们可能必须发明它们，因为它们是经济增长的源泉。它们是源泉，因为它们是增长的能动的经济信号。因此，经济增长的主要部分之一被这种资本加总所掩蔽。

新增人力资本的价值决定于人类从它得到的新增幸福。人力资本有助于劳动生产率和企业家才能的增长。在农业和非农业生产中，在家庭生产中，以及在学生们分配到他们的教育的时间和其他资源中，这种分配才能是有价值的。它在转移到更好的工作机会和更好的生活地点中也是有价值的，它对现在和将来消费的组成部分的满足有重要贡献。

我研究人口质量的方法是，把质量作为一种稀缺资源处理，这意味着它有一个经济价值并且得到它发生费用。在分析决定在时间过程中取得的质量的形式和数量的人类行为中，关键是新增质量的报酬和取得它的费用之间的关系。当报酬超过费用时，人口质量的存量将增多。这一点说明任何质量分量供给的增加是对它的需求的一种反应。它是对投资行为的一种供求研究方法，因为所有质量分量在这里被作为在某时期有用的耐久稀缺资源处理。

我的假设是，在许多低收入国家中，各个质量分量的报酬是随时间增加的；企业家们从他们的分配才能得到的租金上升，儿童保育、上学和健康改善的报酬也如此。而且，由于取得这些质量分量的大多数的成本减少而提高了报酬率。在时间过程中，由于对儿童质量需求的增加，以及成人方面对提高他们自己的质量的需求的增加，因而降低对数量的需求。也就是说，质量和数量互为替代物，而对数量的需求下降有利于生养和培育较少的孩子，朝着质量运动有助于解决人口问题。

（一）投资于健康

人力资本理论把每个人的健康状态作为一种存量处理，那就是，作为健康资本和它对健康服务的贡献处理。初始存量的质量一部分是遗传下来的，一部分是取得的。存量随时间折旧而且在晚年折旧率提高。对人力资本的总投资发生取得它和维护它的成本。这些投资包括儿童保育、营养、衣着、住房、医疗服务和人们对自己的时间的利用。健康资本贡献的服务流量包括"健康时间"或"无病时间"，这是工作、消费和闲暇活动的投入。

许多低收入国家中人民寿命延长显示的健康改善，无疑的是人口质量中最重要的进展。自从1950年以来，出生时的期望寿命在许多这类国家中增加了40％以上。西欧和北美的人民从未在这么短的期间达到这么大的期望寿命的延长。婴儿和幼儿死亡率降低只是这种成就的一部分，较大的儿童、青年和成年人的死亡率也下降了。

兰姆和舒尔茨（1979）研究了印度的这些人口学发展的经济学。结果符合其他低收入国家的结果。在印度，从1951年至1971年男性出生时的期望寿命延长了43％，女性延长了41％。在1971年，男性和女性一生中，10岁、20岁，直至60岁以后的生命期也决定性地比1951年长。

生命期的这些增加的有利的经济含义无所不在。首先是人民从较长寿命得到的满足。虽则它们是难以测量的，寿命期望值延长则没有怀疑余地。不过测量不是不可能的。厄休设计了一种聪明的理论发展，来确定人民从他们的期望寿命的延长得到的效用。他的经验分析表明，新增的效用大大增加了个人收入的价值。

较长的生命期提供新增的激励来得到较多的教育，作为对将来收入的投资。父母更多地投资于他们的孩子。更多的在职训练变成有价值。新增的健康资本和人力资本的其他形式倾向于提高工人的生产率。较长的生命期，导致较多年头参加劳动，并且带来"疾病时间"的减少。工人较好的健康和活力，又导致每人每工作小时的更高的生产率。

兰姆—舒尔茨的研究，对印度的农业劳动由于健康改善的结果而实现的生产率的增益提供了证据。那个证据的最有说服力的部分是表征疟疾计划的"周期"的生产率效应。

（二）投资于教育

教育说明了人口质量的许多改善。但是计算上学的费用时，儿童为他们的父母做的工作的价值必须包括进去。即使很小的孩子在他们上学的头几年中，大多数父母牺牲了儿童做的工作的价值。上学的另一个显著的特点是，在时间上年龄的成熟期效应。从普遍文盲出发，当每个孩子得到较多的学校教育时，较老的成年人继续一生没有或很少上学，而进入成年期的孩子是受益者。

在 1950—1951 年和 1970—1971 年之间，印度人口增加约 50％。6—14 岁儿童进学校的增加 200％以上。中学和大学的增加率高得多。因为上学主要是一种投资，把所有上学支出当作当年消费处理是一个严重错误。这个错误是从上学完全是一种消费品的假设产生的。把政府的办学支出当作"福利"支出，并当作有减少"储蓄"效应的资源的一项用途处理，这是把人引入歧途。在政府和私人对健康的支出上，也发生同样的错误。

在许多低收入国家中，包括高等教育的办学支出，是国民收入的一个很大的分数。相对于常规国民会计的储蓄和投资的度量（概念）而言，这些支出是大的。在印度，办学的费用对国民收入、储蓄和投资的比例不仅是大的，而且倾向于随时间显著增加。

（三）有高等技能的人

在估计人口质量时，重要的是不要忽视医生、其他医学人员、工程师、行政人员、会计师、各类研究科学家和技术人员存量的增加。

很多低收入国家的研究能力令人印象深刻。有专业化的研究所，政府各部中的研究单位，工业部门研究和正在进行的大学研究。从事这些不同研究活动的科学家和技术人员是受过大学训练的，其中有些在外国大学受过训练。研究领域包括医学、公共卫生（控制传染病和提供健康服务）、营养、工业、农业，以及甚至一些原子能研究等。我将简短地谈谈农业研究，因为我了解它最多，而且它有很多文献。

　　各个国际农业研究中心的建立和筹款是一种高级的制度的创造。洛氏基金会的企业精神和墨西哥政府协作第一次发起这种形式的事业。但是，这些中心固然好，不是各国农业研究企业的替代物。提一提在 22 个选出的低收入国家中 1959 年和 1974 年之间的农业科学家数目的显著增加足以知道大概。总起来说，在这 22 个国家中，致力于农业研究的科学家人数在此期间增加三倍多。到 1974 年，有一个超过 13000 名科学家的队伍，从象牙海岸的 110 名到印度的 2000 多名不等。印度的农业研究支出在 1950 年和 1968 年之间以实际价值计算也变至三倍多。

　　而且印度这种农业研究投资已产生优良结果。按印度内部各邦的一次分析表明，报酬率约 40%，这与为了增加农业生产的大多数其他投资的报酬比较，确定是高的。

五　结尾的话

　　虽然关于穷人的经济学还有许多我们不知道，但是我们对低收入各国的经济动态的知识在最近几十年中已有了很大的进展。我们已经懂得穷人关心改善他们和孩子的命运，不亚于有不可比拟地大得多的有利条件的我们。他们从他们的有限资源得到最大收益的才能也不少于我们。这次讲演的中心命题是人口质量和知识确有关系。不少低收入国家在改善人口质量和在取得有用知识方面有积极成果。这些成就意味着有利的经济前景，只要它不被政治和歧视农业的政府政策破坏。

　　即使如此，全世界大多数人民继续靠他们的劳动得到微薄的收入。他们微薄收入的一半甚至更多花在食物上。他们的生活是艰苦的。这些农民的遭遇与太阳，或与地球，或与季风及扫过地球表面的风的行为无关。农民的庄稼经常有被病虫害吞食的危险。自然界是与农民的努力敌对的数千种生物的寄主，在低收入各国特别是如此。在高收入各国的我们，忘记了阿尔弗雷德·马歇尔的智慧，他写道："知识是最强有力的生产发动机，它使我们能降伏自然而满足我们的需要。"

瑞典皇家科学院公告

瑞典皇家科学院决定将 1980 年纪念阿尔弗雷德·诺贝尔经济科学奖授予美国宾州大学劳伦斯·罗伯特·克莱因教授，为了建立经济计量模型以及将它们用于分析经济波动和经济政策。

最近 30 年中，劳伦斯·克莱因成为编制和分析商业波动经验模型的经济科学领域的主要研究者。他在 1950 年发表第一篇论文，设法从数值上写出两次大战之间时期的美国经济的几个模型。以后若干年，他继续这方面的研究，并拟订若干新模型，其中他与亚述·戈尔德伯格合作编制的模型最著名。

在编制模型中，克莱因恢复了简·丁伯根在 30 年代开始的经济计量宏观分析的试验，然而克莱因用了一种不同的经济理论和不同的统计技术。他的目标也不同。丁伯根集中于商业状况和物价运动的分析，克莱因则首先创造一种工具，用于预测商业波动的发展和用于研究经济政策措施的效应。

克莱因的早期著作主要是方法论。然而，随着时间的推移，他的工作特色变成努力编制和应用模型于实际目的。在 50 年代中，他的美国模型作为成功的短期预测工具已有牢固的声誉。他还参与若干国家编制经济计量模型的工作，其中如英国和加拿大。60 年代初，克莱因成为一个广泛的研究计划："布鲁金斯——社会科学研究会计划"的领导者。这个影响深远的计划目标，是编制一个详细的经济计量模型，并且把它用于预测美国经济的短期发展。以后一些时候，克莱因开始编制另一个模型："沃顿经济计量预测模型。"这个模型比布鲁金斯模型小得多，由于它对商业状况的分析，赢得了很好的名誉。现在它被用于预测国民产值、出口、投资、消费等等的波动，并研究税收、公共支出、石油提价等等变量的影响。事实上，在克莱因的积极领导下，它已变为一种连续的研究计划，系统地不断预测，以及相继的修正。

60 年代末，有一项被称为林克计划的一个新的大的研究计划工作，其中克莱因起中心作用，既是创议者，又是一位积极的研究领导者。这个计划的目标是协调各国的经济计量模型。它根据的思想是，这将改善分析商业波动在各国中的扩散的可能性，以便利国际贸易和资本移动的预测。另一个目标是研究一国政治措施的经济效应，如何传播到其他国家，并且有时对第一个国家的经济有反馈作用。这个方法已被用来研究一次石油涨价如何影响各国的通货膨胀、就业和贸易平衡。

在经验宏观经济研究中，林克计划开辟了一条全新的发展道路，有很大的理论和实际价值。它对促进参加计划各国编制经济计量模型也是有影响的。这不仅包括大多数经济合作和发展组织国家，而且也包括社会主义国家和一些不发达国家。

通过他的著作和对各国研究人员集团的指导，克莱因鼓励了对经济计量预测模型和对这类模型用于经济政策的实际分析的可能性的研究。感谢克莱因的贡献，经济计量模型的编制已达到了广泛（不说普遍）的使用。经济计量模型现在可在全世界找到，不仅在科学机关中，而且也在公共行政、政治组织和大企业中。在经济科学的经验领域中，很少有研究工作者像劳伦斯·克莱因那样有这么多的后继者和这么大的影响。

劳伦斯·罗伯特·克莱因自传

列奥·拜伦·克莱因和布兰契（蒙亥特）·克莱因都生于美国中西部，他们有三个孩子。我（劳伦斯·克莱因）和我的长兄及幼妹都生在内布拉斯加州的奥马哈。我早年在奥马哈的公立学校中接受教育，回想起来，那里的中学训练为我在数学、英语、外国语和历史等基本课程打下了良好的基础。

虽然，当时我并不知道，在大衰退中取得的经验，对我的文化和学术事业有深刻影响。大学生活给了我理解这种经验的条件，并且掌握一些分析技巧，用于研究这个时代和即将来到的震撼人心的时期——第二次世界大战，战后重建及扩张的重要经济特点。

早期醉心的大学水平的高等数学，给我提供了可以研究经济问题基础的抽象思考。洛杉矶市立学院数学系的教诲给了我很大鼓舞，而第二次世界大战的来临，以及导致战争的一切扰动，对我的社会—政治—经济的相互关系的思想，产生巨大的影响。

我在加州大学伯克利分校完成的学业，恰好培养了我在经济学和数学两方面所需要的严谨作风，那里的老师们给了我很大鼓励和激发。我意外地发现有一个学术团体和期刊（《经济计量学》）很兴旺，我就以很大热忱进入了这个研究领域。

然而，我的训练和学术发展的以后两个步骤更为重要。在麻省理工学院（那个时期的上升的明星）保罗·萨缪尔森的指导下学习，是一个无法忘记的经历，我成功地争取到他的时间和关切，这对我很好地理解经济学和研究这个学科的重要问题的数学方式起了作用。我在保罗·萨缪尔森指导下完成我的论文之后，下一个主要步骤是参加芝加哥大学考尔斯委员会的经济计量学班子，那里的主任雅各·马夏克，给了我一个挑战性的任务，恢复简·丁伯根编制经济计量模型的早期尝试。

在芝加哥，我当时是在一个真实的星系中：特里夫·哈夫莫，佳林·库普曼斯，西屋多·安德逊，列昂尼德·赫维兹，赫曼·鲁宾，肯尼思·阿罗，唐·白丁金，赫曼·秋诺夫，赫伯特·西蒙，以及其他人。我完成了我的一系列宏观经济计量模型中的第一个，加强了我对经济计量学的理解，学到了（通过没完没了的讨论）关于经济运转的知识，并且开始了一些理论道路上的工作，例如汇总问题、需求系统和预测。

在考尔斯委员会，我遇到了索尼亚·爱德逊，并和她结婚了（我的第二次结婚）。第二次世界大战刚结束，我们急于访问欧洲，并于 1947 年 10 月动身去挪威，和拉格纳·弗里希、特里夫·哈夫莫一起度过一学年。离开芝加哥后，我在渥太华消磨掉 1947 年的夏季，帮助加拿大政府建造一系列经济计量模型中的第一个。在 1948 年中，我有机会访问瑞典的赫曼·华尔德，爱立克·伦德伯，爱立克·林达尔，拉格纳·本策尔，大陆上的简·丁伯根，英国的理查·斯通等经济学家们。我与正在访问奥斯陆的波尔·挪里加拉斯木生并与阿胡斯的约根·佩德生也有接触并得到启发。当我在 1948 年秋季回到美国时，我应阿述·伯恩斯的邀请，加入国民经济研究局，在一笔博士学位赠款的支持下，对生产函数作一些经济计量研究，奠定了经受住时间考验的研究方法。那时，我对估计财富，特别是流动资产以及储蓄行为的效应感兴趣，并且参加了密歇根大学的调查研究中心（同国民经济研究局再合作一年），以利用乔治·卡顿那的消费者财务调查正在取得的数据。我的同事詹姆士·摩根研究类似的问题，并且给了我很好的启发。在密歇根，我重新开始我的宏观经济计量模型的建造工作，我和我的学生阿述·戈德伯格编制了克莱因—戈德伯格模型，它发展为若干代的密歇根模型。

在密歇根四年之后，因统计研究所的弗兰克·波查德的提议，我到牛津去研究牛津储蓄调查的数据，而且还编制一个英国模型。在牛津停留的四年中，我开始对理论经济计量学进行一些研究，讨论统计推断方法。

最后，我回到美国加入宾州大学的教师队伍，自 1958 年以后，那里一直是我的学术之家。在那里，我创制了一系列模型，以后被称为沃顿模型。它们继续在发展。我曾广泛旅行，为许多国家和地区——特别是为日本、以色列和墨西哥的模型方案进行工作。我也指导了一些论文，它们变成许多发展中国家和发达国家不懈的模型事业。

60 年代初，我决定依靠向私人和政府部门出售经济计量预测，作为对宾州数量经济研究的支持。销售所得的资金补助学生，以及对宾州大学经济系中范围更大的研究事业进行较广泛的资助。若干年来，这个企业发展到一个非盈利公司的地位，最后卖给一个私营出版公司，作为一个盈利公司经营。销售所得资金支持研究工作，以及大学的一般教学预算。沃顿经济计量预测联合公司现在是一个正在发展的企业，有许多模型和其他经济计量设施。

1960年，我首次访问日本，在大阪大学参加一项合作建造模型方案的工作，以后我对该国及整个远东保持不衰的兴趣。有许多机会使我回到那里参加会议、讲学，或推广创造性的经济计量研究。我与森岛通夫和市村真一共同创办《国际经济评论》，它是大阪大学和宾州大学联合出版的刊物。

1959年，社会科学会的一个委员会（经济稳定委员会——以后又加"增长"二字）考虑建造一个优秀的美国短期经济计量模型。我以全力参加了那个工作，作为一名主要研究人员，这项工作持续了十年多。虽然经过十年研究，没有一个工作模型保留下来，但获得了许多新的成果和方法，影响将来一个时期中我的全部研究道路。沃顿模型系列继续平行发展，并计划从社会科学会转移研究成果受益，同时它已移到布鲁金斯学会。

社会科学会的委员会的注意力，从建造一个美国模型的研究转到建造一个世界贸易模型的研究，目的是为了考察国际传播机制。1968年，在斯坦福的一次会上创立林克计划。我作为主要研究人员与斯坦福大学的勃特·希克曼、国际货币基金组织的鲁道夫·龙伯格和加州大学的阿龙·高登共同负责。那个计划成为一项国际协作事业，其中心协调设施和软件放在宾州大学。林克计划十年多以后仍然健在，增加了新国家、新经济过程和包括的时期更长。和布鲁金斯——社会科学会美国模型计划的情况一样，林克计划产生了很多有关的和附加的研究，使一些国家能创立建造经济计量模型计划，推广"最佳实践"研究到各个中心，并且向官方国际团体说明，如何把世界经济的不同部分相互联系起来。

访问以色列，在希伯来大学讲学，以及访问维也纳，在高等研究院讲学，奠定了多次重访的基础。到以色列是作为福克经济学研究所理事会的一名成员，到维也纳是作为高等研究院科学顾问委员会的一名成员。我访问奥地利还有一个原因，参加国际应用系统分析研究所的研究计划。

我最近的研究工作是致力于把新成员引进林克计划，编制世界上中央计划经济的模型（特别是苏联），将现代经济计量学引入中华人民共和国，以及扩大沃顿经济计量预测联合公司的活动，我现在担任该公司的一名学术顾问。

　　多少年来，我常被国内的和外国的，包括国际团体的官员，就经济问题征询意见。有若干次，我在听证会上作证，但是我一直留在学术界，没有在政府中担任永久职务。从学生时代开始，公共服务的概念，以及理论经济学或经济计量学对实际世界问题的关系，一直打动着我，我一直努力追随我的老师们的脚步，以这个方式实践着经济学。

　　我的妻子和我有四个孩子：汉纳是一名博士衔的遗传学家，致力于科学事业；利蓓加是一名教师；拉契尔是一名编辑；琼那善是一名计算机程序员。

八十年代的一些经济场景

劳伦斯·罗伯特·克莱因

美国，宾州大学

当新的十年开始时，人们总想展望今后的十年。除了十年终了时的指标外，现在对世纪末的指标有很大兴趣。几个十年发展的分析，依靠更长时期的眼光，而我将尽可能集中我的注意力于一个十年的中期展望。

这个分析将通过两个经济计量模型的媒介进行，一个是美国的，一个是全世界的。我将参照沃顿美国模型现有的对一（大）国估计的模拟。美国在经济合作与发展组织国家中占总生产量的三分之一多。所以，美国的任何规模的行动反映在总数中。

其他国家正在按它们自己选择的方向前进，用林克计划的方程系统设法把它们都汇合在世界模型模拟中将是有用的。林克系统是来自 17 个经济合作与发展组织工业国家和 8 个社会主义国家的经济计量模型，以及发展中国家的四个地区模型。①

一　基本情况——美国

首先，让我们考虑美国的一个基线模拟。人们普遍认为某种大事情（一种"沧海桑田的变化"）笼罩了经济合作与发展组织地区的主要国家。在美国的情况中，从第二次世界大战结束到 60 年代末的实际国民总产值增长平均略低于 4%。

①　这是林克系统现在的国家和地区构成。在一年左右以前建立的系统模拟的有些版本中，少四个经济合作与发展组织国家的模型和少一个中央计划经济国家的模型。

基线预测表示经济有明显的趋势徘徊在 3％ 增长率左右。在沃顿年度模型产生的一系列的表格中，较慢的增长、较多的通货膨胀、高利息成本、高失业率和支付平衡问题是明显的。表 1 中列出了按五年间隔记载的一些年度增长率。

五年平均年度增长百分率

表 1

（五年期最后一年为）

	1960	1965	1970	1975	1980①	1985①	1990①
实际国民总产值	2.4	4.7	3.0	2.3	3.3	3.0	3.0
国民总产值物价指数	2.4	1.6	4.2	6.8	7.3	8.0	7.6
名义国民总产值	4.9	6.3	7.4	9.2	10.8	11.3	10.8
实际消费	2.8	4.3	3.7	3.0	3.6	2.7	3.0
耐用品	0.1	6.9	3.9	4.9	3.5	3.1	2.6
非耐用品	2.4	3.2	3.0	1.6	2.8	1.4	2.0
服务	4.1	4.6	4.3	3.6	4.3	3.4	3.8
实际投资合计	0.2	7.3	0.6	−1.6	5.3	5.9	3.8
非住宅	1.5	7.7	2.8	0.6	4.8	3.2	4.5
住宅	−0.1	4.3	−1.3	−0.8	2.2	7.5	2.2
实际贸易流量							
进口	5.5	6.2	9.9	0.5	8.8	3.1	3.7
出口	5.1	6.5	6.4	6.0	7.7	3.9	3.3
实际政府支出	2.8	3.9	3.6	1.0	1.4	1.9	2.2
联邦	0.9	2.1	2.0	−2.7	2.0	3.3	2.0
州和地方	5.1	5.9	5.0	3.6	1.0	0.9	2.3
就业	1.1	1.6	2.0	1.5	2.7	1.4	1.3
民用劳动力	1.4	1.3	2.1	2.3	2.5	1.3	1.1

① 预测值：沃顿经济预测公司。

这是不仅在美国，而且在其他工业国都熟悉的一个模式。第二次世界大战后的恢复扩张期（1945—1970）和 1970 年以来直至十年结束的时期之间变化的经济形势，是基本经济环境中某些深刻变化的结果。它们与以下这些主要事件有关：

（1）能源供求不平衡和从廉价转移到高价；

（2）对现有食品供应的压力转移到更高的食品价格；

（3）加速通货膨胀；

（4）生产率增长下降；

（5）劳动力迅速扩大；

（6）愈来愈多注意生活质量问题。

这些问题在 60 年代后期开始出现，许多是在越南战争之后，而在 70 年代流行，70 年代证明是美国经济动荡的十年。过去十年的平均数，在把周期运动平滑化之后，表现增长、通货膨胀、失业率、利息率、国内赤字和对外赤字的趋势改变了。它也是一个美国经济变成高度国际化的时期，也就是愈来愈受国际事件的压力，自足程度降低，而完全不是孤立的。70 年代和更早的几个十年之间的差别是载入史册的事情。从 1971—1980 年十年估计的平均趋势，支配着对 80 年代和 90 年代的预测。没有迹象说明 70 年代的趋势是偏离正道，以及我们可能回到战后几十年的勇猛向前的日子。表现如此改变的原因包含在上述六点中，但是在这篇论文中，我要通过经济计量模型模拟的媒介观察问题，而不是逐点分析那六项。①

一个大规模经济计量模型的趋势预测有一个特殊解释。在这种外推的头两三年中，将设法说明预算承担的义务、税法、货币当局的行为和各种经济管制的主要政策变量沿着特定的短期路程上运动，以便尽可能多地引入特定的商业循环内容。这部分外推，可以恰当地称为一种多因次预测。从那一点向前，主要输入被放在最近中期趋势轨迹上。用试验错误法寻找产生经济的平衡增长道路的一组外生变量输入。所谓平衡增长，我是指用于约束答案的几个既定的长期特性。这些是：

（1）实际增长率和实际利息率之间相等；

（2）一个稳定的储蓄比；

（3）一个稳定的工资在国民总产值中的份额；

（4）一个稳定的流通速度比；

（5）国内和对外可以容忍的赤字。

找一组投入值，连同初始条件，产生一个有这些性质的模型解是不容易的，但是它一般是可能的。不能保证由一千多个相关方程的一个模型决定的这样一个解是惟一的，但是没有迹象表明，存在一个也符合这些列举条件的一个很不同的解。

70 年代初——事实上早在 1970 年——有一点是明显的，如果我们设法使沃顿模型的预测解更接近既定的增长和失业的长期趋势，则将积累起内部压力，会使经济的答案不平衡。通货膨胀会上升，国内赤字可能增加非常大，并且对外净差额会发展为严重的赤字。从现行初始条件出发，而模型最终得到一个在较高增

---

① 这里报告的沃顿模型对美国的预测是维佳雅·杜嘉、金·戈尔、乔治·兴克和雅索夫·夏宁准备的。

长道路上运动的解，符合历史并满足加在长期外推上的约束，不像是可能的。一般说来，模型会产生较高的通货膨胀率及巨额国内和对外赤字。对资本流动和美元汇率的反馈的进一步发展，没有明显展开。

试验错误模拟法给出下列指示：

（1）长期增长率下降约一个百分点；

（2）通货膨胀率上升约五个百分点；

（3）当年国际收支平衡刚好维持；

（4）生产率增长恢复，但是增长率降低约一个百分点；

（5）名义利息率一般高于过去；

（6）最终达到国内财政平衡。

在很大程度上被不利的外部情况决定的一种新经济情况刚开始时，我们应当预期增长率立即下降，但是经济的生产轨迹是否一劳永逸地下降到一个水平数量，然后恢复以前的增长率，或者是否增长率本身要下降？均衡增长理论和直觉告诉我们，在增长率初始下降后，经济应当回到老增长率。生产水平应当下降，但是扩张率应当恢复到老位置。大规模经济计量模型不像至少在一个十年期间产生那个结果。全部增长率似乎下降。因此，美国现在预期按 3％而不是 4％增长，而且那是一对大家熟悉的数，在西欧一些国家中，常被援引来描述预期。对于日本，长期均衡增长率从大约 10％下降到 5％。这是一个有趣的发现，对各个国家也对全世界的许多经济计量模型练习中都有这个发现。

如果刺激美国经济恢复到 50 年代和 60 年代的较高增长道路，贸易和支付出现差距。但是如果允许经济沿着较温和的 3％道路前进，尽管进口石油的实际价格（假设）连续增加，当年国际收支接近平衡，只有轻微恶化。有保持能源的某种倾向，但是预期石油进口价值年复一年显著增长。美国国际收支平衡的台柱是日益增长的农业出口和一笔可观的服务或无形账户的正余额。后面一项中，最重要的增长项目是投资收入。许多美国企业在早期向国外投资时支付不能平衡。但是最终它们从投资得到好处，这始终是它们的打算。以美国为基地的多国企业现在享受从国外带来的好收入。在许多情况中，国外收入比国内收入有利得多。

两项其他发展也有助于来自无形出口的净投资收入；国外的高利息率，特别在欧洲美元市场中，使美国公司司库从流动资本短期投资实现好收入。高石油价格虽然伤害我们在有形商品领域中的平衡，却被美国多国石油公司的高收入所抵消。

表 2　　　　选择的美国经济指标预测到 1990 年

项　目	1980	1981	1982	1983	1984	1985	1986	1987	1988	1989	1990
国民总产值(当年美元)	2 559.2	2 859.0	3 212.8	3 552.8	3 939.6	4 362.5	4 859.2	5 412.7	5 983.2	6 614.8	7 286.2
变化(%)	8.0	11.7	12.4	10.6	10.9	10.7	11.4	11.4	10.5	10.6	10.1
国民总产值(1972年美元)	1 416.9	1 448.8	1 511.1	1 553.6	1 606.9	1 645.3	1 696.5	1 745.2	1 795.5	1 852.9	1 903.2
变化(%)	-1.0	2.2	4.3	2.8	3.4	2.4	3.1	2.9	2.9	3.2	2.7
国民总产值物价指数(1972=100.0)	180.6	197.3	212.6	228.7	245.2	265.1	286.4	310.2	333.2	357.0	382.8
变化(%)	9.2	9.3	7.7	7.6	7.2	8.1	8.0	8.3	7.4	7.1	7.2
人口(百万)	222.51	224.57	226.72	228.89	231.08	233.27	235.46	237.63	239.77	241.87	243.93
变化(%)	0.9	0.9	1.0	1.0	1.0	0.9	0.9	0.9	0.9	0.9	0.8
劳动力(百万)	104.93	106.65	108.16	109.41	110.68	112.00	113.42	114.79	116.04	117.16	118.19
变化(%)	2.0	1.6	1.4	1.2	1.2	1.2	1.3	1.2	1.1	1.0	0.9
参加率	63.9	64.1	64.3	64.4	64.5	64.6	64.8	64.9	65.1	65.3	65.4
变化(%)	-0.2	0.3	0.3	0.1	0.2	0.2	0.3	0.2	0.3	0.3	0.3
就业(百万)	97.05	97.93	99.79	101.23	102.80	103.91	105.37	106.84	108.20	109.59	110.91
变化(%)	0.1	0.9	1.9	1.4	1.6	1.1	1.4	1.4	1.3	1.3	1.2
每周工资率,一切产业	313.6	348.1	384.9	418.2	453.4	496.0	542.3	594.9	650.4	709.8	777.6
变化(%)	8.4	10.9	10.6	8.7	8.4	9.4	9.3	9.7	9.3	9.1	9.5
生产率——一切产业	14 600	14 794	15 143	15 348	15 631	15 835	16 099	16 334	16 595	16 908	17 160
变化(%)	-1.1	1.3	2.4	1.4	1.8	1.3	1.7	1.5	1.6	1.9	1.5
生产率——一切制造业	7 927	8 112	8 354	8 563	8 823	9 018	9 287	9 565	9 845	10 158	10 448
变化(%)	-1.3	2.3	3.0	2.5	3.0	2.2	3.0	3.0	2.9	3.2	2.8

续表

项　目	1980	1981	1982	1983	1984	1985	1986	1987	1988	1989	1990
人均实际国民总产值（千,1972年美元）	6 368	6 451	6 665	6 788	6 954	7 053	7 205	7 344	7 489	7 661	7 802
变化（%）	−1.9	1.3	3.3	1.8	2.5	1.4	2.2	1.9	2.0	2.3	−1.8
人均实际可支配收入（千,1972年美元）	4 450	4 502	4 603	4 688	4 810	4 870	4 986	5 071	5 171	5 290	5 411
变化（%）	−1.3	1.2	2.2	1.9	2.6	1.3	2.4	1.7	2.0	2.3	2.3
税前公司利润	230.5	236.5	249.1	276.2	321.8	383.2	451.2	530.3	586.9	659.9	724.0
变化（%）	−2.6	2.6	5.3	10.9	16.5	19.1	17.7	17.5	10.7	12.4	9.7
债券利息率（%）	12.33	12.28	11.80	10.98	10.73	10.29	10.32	10.66	9.96	9.63	9.54
主要商业票据利息率（%）	11.23	11.17	9.66	9.61	9.29	8.78	8.87	9.29	8.66	8.23	8.17
货币供给	1 124.2	1 221.4	1 326.9	1 539.8	1 734.6	1 961.8	2 196.4	2 450.5	2 712.0	3 020.2	3 359.6
变化（%）	8.5	8.7	8.6	16.0	12.6	13.1	12.0	11.6	10.7	11.4	11.2
失业率（%）	7.51	8.17	7.74	7.48	7.12	7.23	7.09	6.92	6.76	6.46	6.17
储蓄率（%）	4.29	4.79	4.90	5.25	5.58	5.36	5.61	5.44	5.51	5.80	6.04
联邦结余或赤字（当年美元）	−51.1	−58.5	−37.7	−28.0	−23.5	−7.7	−9.8	−0.7	−5.0	3.3	−1.1
州及地方结余或赤字（当年美元）	23.2	31.6	42.6	38.9	39.4	37.9	37.0	36.5	41.3	45.5	44.4
职工报酬比国民收入	77.0	77.1	77.0	76.6	75.8	75.5	75.0	74.9	74.9	74.8	75.3
利润比国民收入	11.2	10.3	9.6	9.6	10.1	10.8	11.4	12.0	12.0	12.2	12.2

美国经济基本上被"财政拉力"拖住。当经济在充分就业附近运转时，现在的税务和收入法规能产生很大收入，一般的大到足以弥补沿着历史增长道路外推的一切合理开支。将有一些新的减税，而且这些确已考虑到基线预测之内。但是那不足以防止中央政府收入全面的大额的扩张。虽然我们很少在一年过后实现平衡的国内预算，我们在基线模拟中确实预测它们。带来新支出的和阻碍个人收入基数扩大的大扰动，使国内收支比作十年预测时预期的频繁得多地坠到赤字地位。

转移到较高能源价格之类的能源考虑，并不是造成美国经济扩张的新的较慢形势的惟一因素，但是能源是经济变化的这些方面的一个关键因素。不给能源的作用以大量注意，而要充分认识现代经济的新因素是不可能的。因此，沃顿模型除对美国经济作其他经济计量解释外，包含了大量的能源细节。从附表明显地看到，预期能源保持有所进展，这是经济效率的一个自然的部分。使用例如能源那样昂贵稀缺的资源中的低效率，应当最终导致更加小心地使用。美国经济的基线预测表现能源（英国热单位）对国民总产值的比例有坚定下降的趋势，从 1980 年的 52.48（千英国热单位/1972 年美元）到 1990 年的 44.57。如果没有能源保持（能源保持类似水土保持，有保护，节约等义——译者注）作为对相对价格变化的反应，使对外贸易账户达到当年平衡的问题会困难得多，对美元并因而对国内通货膨胀的压力增加，所以能源使用对经济学规律作出反应，形成展望未来的一个重要部分。

不仅市场经济的自由作用，而且还有对汽车燃料效率的立法命令，使能源效率提高。表 3 中每加仑汽油平均行驶的英里数统计的不断改进是很明显的。依靠从汽车的设计、生产方面符合这些标准，消费者和生产者无形中对能源——国民总产值比例的改进作出贡献。这些制度考虑的是基线情况外生产投入的一部分。

预测每单位生产能源用量下降，不仅仅是纳入沃顿模型答案中的一个"希望"，事实上它是 1973 年以来已经明显但很少受到重视的一个现行趋势的继续。1973—1979 年期间，能源——国民总产值比从 60.41 下降到 54.50。

在寻找产生称为基线情况的平衡解的一组经济政策时，我曾想到当代的政治。自从肯尼迪—约翰逊年代以来，美国联邦政府一直是保守的，随着时间的消逝，随着应付通货膨胀的效果愈来愈令人失望，无疑地正在变得更加保守。基线情况的财政和货币政策被适当地限制也是保守的。它们继续政府支出占国民总产值百分率的基本下降趋势，并且保持足够高的税收，以便达到最终国内预算平衡。

表 3　1990 年为止的美国能源及有关预测

	1980	1981	1982	1983	1984	1985	1986	1987	1988	1989	1990
汽油和石油消费(10 亿, 1972 年美元)	24.0	23.3	23.7	23.0	22.3	21.8	21.4	21.1	20.8	20.5	20.3
每加仑行驶英里数(新车)	17.19	18.84	20.47	22.02	22.78	23.18	23.39	23.59	23.80	24.01	24.22
每加仑行驶英里数(全部)	13.75	14.23	14.88	15.70	16.64	17.63	18.62	19.60	20.51	21.32	22.02
原油进口(百万桶)	2 017	1 956	2 138	2 030	1 996	1 952	1 921	1 898	1 872	1 843	1 796
进口价格(美元/桶)	32.25	38.46	44.99	50.39	54.92	59.87	65.25	71.13	77.53	84.51	92.11
能源消费(万亿, 英国热单位)	74.35	75.24	77.10	77.57	78.41	78.91	80.11	81.30	82.41	83.73	84.83
能源国民总产值比例(千英国热单位/1972 年美元)	52.48	51.93	51.02	49.93	48.80	47.96	47.22	46.58	45.90	45.19	44.57

货币供应的增长是明智的。从长期看，这个模型有符合货币数量理论的倾向，即名义国民总产值和货币供给以相同变化率扩大。[1] 走向稳定的流通速度的倾向说明这一点。这是一项保守的货币政策，与一项假设的保守的财政政策携手并进。

表 4　　　　　　　　　　　美国基线预测中估计 M_4 速度

1980	2.28	1984	2.27	1988	2.21
1981	2.34	1985	2.22	1989	2.19
1982	2.42	1986	2.21	1990	2.17
1983	2.31	1987	2.21		

二　基线情况——世界经济[2]

在许多方面，今后十年美国的经济发展应当说明大多数发达工业经济的一般模式。每个国家将有它自己的特殊情况，这是肯定的，但是主要的模拟结果——温和的增长、少一些通货膨胀和全面平衡——在若干国家（如果不是在所有工业市场经济）中流行。其次，让我们考虑整个世界，不仅是组成经济合作与发展组织的一群工业国，而且也包括中央计划国家和发展中国家。兴趣集中于它们的相互作用和世界经济发展的方式。

60 年代经济的发展是快的。在工业化国家中，日本的增长率非常高，每年超过 10%。十年中所有工业化国家的增长率平均为 5.1%，但是由于商业循环摆动的结果，在 70 年代的大部分时间中，下降到 3.2%。个别的中央计划经济国家成绩好，但是中国的文化大革命，捷克斯洛伐克的内部动乱，以及其他地方的困难，把它们的增长率保持在 4.9%，刚好在经济合作与发展组织平均数之下。社会主义国家在 70 年代上升很多，但是现在面对着今后一个时期和市场经济同样的问题。

对于发展中国家，结果是参差不齐的，视国家的类别而定。按照世界银行的估计，60 年代和 70 年代中，低收入国家都按显著低于 4% 的速率增长。中等收

---

① 见 L.R.克莱因：《全部均衡系统中的货币：数量理论的经验方面》，《应用经济学》，31 卷，（1978 年 1—2 月），第 5—14 页。

② 林克计划研究组的人员对这一节中报告的结果作了显著贡献。他们是维克多·费来托夫，夏洛克·法道斯特，于佐·古马沙卡，米海尔·帕帕安诺，包多因·维尔格。

入集团的成绩接近 6％，波斯湾石油输出国甚至更高。表列数字 1978 年中断了，它正好是在伊朗革命之前，它破坏了以后一些时间的经济活动。

过去十年经济失调前的通货膨胀率是温和的，在非社会主义世界中，单位膨胀率低于 5％，这是常见的。发展中国家有一些显著的例外。

70 年代初期食物和燃料价格大量提高，以及吸收越南战争后遗症之后，物价涨到新的高度。1970—1978 年工业化国家平均稍低于 10％，但最近几年情况大为恶化。这是展望将来的最黯淡的方面之一。

中央计划经济没有满意的价格报告。最近，它们表现了一系列的一劳永逸的价格变动，但是它们显著地在更大规模上向贸易开放它们的边界，说明它们将必须吸收很大程度的进口通货膨胀。在有适当物价指数的地方，它们指示可与西方相比的物价上涨。

世界经济的另一方面是，世界贸易的增长和模式。60 年代的十年是贸易发展的"黄金时代"。出口和进口增长都比总生产快得多。由于 70 年代衰退袭击世界经济，贸易增长也退步了，但是它仍然显著高于生产增长。在世界规模上，贸易量的增长约比生产增长快 50％。

自从第二次世界大战结束以来的大部分时间，布雷顿森林协定的固定平价制度管理贸易平衡的调整，同时发展一个繁荣的多边贸易制度。像日本和联邦德国那样的国家积累了大量盈余，而美国、英国及其他几个重要国家的相对弱点，使这个制度在 60 年代末或 70 年代初崩溃。改为有管理的浮动汇率制度，这时世界受 1973 年石油禁运，接着受石油输出国组织的高能源价格震撼。现在，各国中有大量盈余和短缺，至于谁盈余和谁短缺，各年仍存在很大的变动。凌驾于各经济合作与发展组织成员的短期调整之上的是石油输出国的很大结余。在石油输出国组织于 1974—1975 年第一次积累盈余之后，过剩资金通过通货膨胀、美元贬值和石油输出国组织的高进口倾向而在整个世界经济再流通。这个情况已经停止，石油输出国的巨额盈余在发达和不发达两个世界中现在已被石油输入国的赤字所抵消。

世界模型预测 80 年代的基本假设是，石油生产将更加克制，价格增加将保持高于西方通货膨胀率，石油输出国的盈余将用于发展它们经济的非石油部门或在全世界投资。

利用最近世界经济史的初始条件，关于石油价格历程的假设，以及主要外生变量的外推趋势，我们可以计算整个世界经济的一个基线预测。构成林克计划的

表 5

一些世界历史统计

	国内总产值增长		通货膨胀率		出　口　增　长		进　口　增　长	
	1960—1970	1970—1978	1960—1970	1970—1978	1960—1970	1970—1978	1960—1970	1970—1978
低收入国家	3.9	3.6	3.0	10.6	5.0	−0.8	5.0	3.2
中等收入国家	6.0	5.7	3.1	13.1	5.5	5.2	6.8	5.8
工业国家	5.1	3.2	4.2	9.4	8.7	5.7	9.4	5.1
波斯湾石油输出国	13.0	6.0	1.2	22.2	9.5	−1.2	11.1	21.1
中央计划经济	4.9	5.6	—	—	—	—	—	—

资料来源：世界银行：《1980 年世界发展报告》。

各个国家和地区经济计量模型的相互联系的系统是进行这种计算预测所通过的统计媒介。[①]

林克系统的每个成员模型被通过一种趋势外推练习,类似上述美国沃顿模型所做的那样,主要差别是林克计划的各个模型,包括美国成员在内,没有用于这些较长期分析的沃顿模型的版本中具备的大型明细投入—产出和能源部分。在美国的情况中,林克模型预测的美国经济用年度沃顿模型的已知结果来监测。

联合林克系统用于这种中期预测的主要优点是发展世界贸易和通货膨胀的增长模式作为计算结果的一部分而不作为假设的投入。为了分别估计各个国家或地区的增长模式,必须事先设置假设的世界贸易和进口物价的数值。世界经济的基线情况预测与已对美国情况讨论的结果密切相似,因为世界大部分正在经历同类经济压力,并汇合于类似的反应和结果。

平均而言,预测工业化各国失去一两个百分点的增长,在 60 年代中,它们按 5% 以上扩大,但是把时间放长,包括 50 年代会降低那个估计数。预测增长率约 3%,和 70 年代周期性的十年相同。在这次预测中,发展中国家国内总产值的增长和中央计划经济一样都降低了。都算在内,当数字在全世界基础上平均时,得出的增长数字在今后十年是在 3.5% 和 4.0% 之间。60 年代的相应数字超过 5%,而在 70 年代小一些。

从历史上看,世界贸易扩大比生产快,其比例约为 1.5。然而在预测中,比例大为下降,所以预期世界贸易增长比生产的增长率高 10% 多一点。由于新的经济大规模进入世界贸易体系——中国、苏联及其他社会主义国家——以及知道各国相互关联程度不断提高,这是一个新情况。美国显著地更加关心它的国际经济关系,而且牵涉更深。对抗这些趋势的是进口替代的努力,采取某些保护主义措施,以及石油输出国约束它们产出增长的一些尝试。

在这个增长不快、贸易较慢的时代,预期反通货膨胀政策最终将控制局面。这些是现在美国流行的制定政策者的保守经济态度所提倡的。总膨胀率没有下降到 20 年前的低范围。代替我们曾享有的不足 5% 的膨胀率,降低到一位数区间和

---

① R.J.包尔主编:《各国经济模型的国际连接》;J.威布洛克主编:《林克计划的模型》;J.邵耶主编:《国际传播机制模型》(阿姆斯特丹,北荷兰出版公司,1973 年,1976 年,1979 年)。并见 B.G.希克曼和 L.R.克莱因:《林克计划研究十年》,《文件》(纽约,社会科学研究会),33 卷,1979 年 12 月,第 49—56 页。

最后到5％—6％左右，被认为是一个显著成就。在发展中世界，合理的目标可能平均约15％。

石油输出国出超的增长，由于所有发展中国家加在一起的结果而被遮蔽，在这十年，与工业国的入超相抵。在社会主义各国中，也有一些入超。这次预测假设这些互相抵消的结余，通过世界金融系统再循环，实际过程可能很难实现。

在经济合作与发展组织地区，在出超和入超地区之间有大量转移。一方面，美国从入超到1990年达到平衡，日本和联邦德国开始就有入超，和法国、意大利、英国一样。预测日本情况变化很大，到十年中期很快恢复出超，而联邦德国遵循一条较温和的道路走向平衡，到1990年有小量出超。

美国增长前景的分析用类推法，可用于全体工业国家。抑制通货膨胀的限制性政策，支付昂贵的石油进口，保护通货的交换价值，以及补偿生产率的损失，使经济保持在缓进的道路上。工业世界放慢速度，拖住发展中国家的出口潜力。为了应付不利的贸易和支付赤字，执行限制性政策。在此环境中，发展用的资本输入较难到来。偿付债券本息的负担在一些情况中起到外加约束条件的作用。经济合作与发展组织区域的保守政府不如以前愿意给予让步性援助。

中央计划经济习惯于认为它们自己可以抵御世界其余地方的经济疾病的侵蚀，可是情况不再是如此了。

中央计划经济对他们自己要实现良好经济增长成绩的努力的结果不满意，已经改变策略，决定从西方进口高级技术，以及补充它们国内农业供应所必需的谷物。这种新观点，使它们的经济向西方通货膨胀开放，因为进口正在反映上升的世界物价。苏联利用按相应上涨的黄金和石油销售。支付它们进口需要的一部分，但是它们在平衡上升的出口物价时，完全纠缠在世界通货膨胀核算中。

各东欧经济为了对付贸易逆差，以及为了支付超过它们为世界市场生产出口货的能力的进口，而依赖借贷。由于它们的对外收支失调。它们只好求助于大家熟悉的"停停走走"政策的"停止"阶段。而且，波兰和其他东方国家在通货膨胀环境中面对着国内劳动不安宁情况。

中华人民共和国正在采用类似的贸易政策，但是对社会主义国家匆忙走进开放经济环境产生的复杂性，他们正在吸取欧洲的经验和教训，减少他们原来的贸易和资本进口计划。虽然中国人小心地走近这个发展阶段，现在他们有足够的锁住的增长潜力，可以支持超过中央计划经济平均的增长率。近期中国正在按7％以上增长。在更长时期内，6％似乎可以达到，虽然他们可能再减少一个百分点左右。

世界总结增长和通货膨胀的测量

1980—1990年基线

（年度变化百分率）*

表6

国家类别	1980	1981	1982	1983	1984	1985	1986	1987	1988	1989	1990	1981—⑥ 1985	1986—⑥ 1990	1980—⑥ 1990	1981—⑥ 1990
国内总产值															
13个林克经济合作与发展组织国家②	1.3	2.3	4.2	3.7	3.4	3.4	3.2	2.9	2.9	2.9	2.7	3.4	2.9	3.0	3.2
水平②	(2 613.5)	(2 672.5)	(2 785.5)	(2 889.0)	(2 987.9)	(3 087.5)	(3 184.7)	(3 277.2)	(3 373.1)	(3 471.6)	(3 564.4)				
发展中国家	5.0	5.6	5.3	5.7	5.4	5.6	5.4	5.3	5.3	5.3	5.3	5.5	5.3	5.4	5.4
非石油输出国	5.5	5.6	5.3	5.7	5.4	5.6	5.3	5.3	5.2	5.2	5.2	5.6	5.2	5.4	5.4
石油输出国	2.2	5.3	5.3	5.3	5.3	5.3	6.3	6.3	6.3	6.3	6.3	5.3	6.3	5.5	5.8
中央计划国家③	4.2	3.4	4.3	4.4	4.6	4.4	4.4	4.6	4.4	4.6	4.6	4.2	4.5	4.3	4.4
世界④	2.4	3.0	4.3	4.1	3.9	3.9	3.7	3.6	3.5	3.6	3.4	3.8	3.6	3.6	3.7
私人消费价格指数															
13个林克经济合作与发展组织国家	11.2	8.5	6.4	5.9	5.6	5.4	5.4	5.4	5.5	5.4	5.4	6.4	5.4	6.4	5.9
（国内总产值物价指数）	(9.5)	(8.1)	(6.6)	(5.9)	(5.6)	(5.6)	(5.5)	(5.5)	(5.5)	(5.4)	(5.6)	(6.4)	(5.5)	(6.2)	(5.9)
发展中国家	25.3	29.1	20.7	18.1	16.2	13.0	11.2	11.1	10.8	10.5	10.3	19.3	11.5	15.9	15.0
非石油输出国	26.8	31.6	22.7	19.6	17.4	13.8	11.8	11.7	11.4	11.0	10.8	20.9	11.3	17.0	16.0
石油输出国	14.4	11.3	6.3	7.4	8.0	7.5	6.9	6.9	6.8	6.8	6.6	8.1	6.8	8.1	7.4
世界⑤	13.8	12.3	9.1	8.2	7.6	6.8	6.5	6.5	6.5	6.3	6.3	8.8	6.5	8.2	7.6

* 本国/地区增长率加权平均数。

① 13个林克经济组织国家是瑞、奥、比、芬、加、法、联邦德国、意、日、荷、瑞典、英国和美国。

② 10亿，1970年美元，按照1970年汇率。

③ 只包括东欧经互会国家和苏联。

④ 世界=0.656 5×经济合作与发展组织＋0.149 4×发展中国家＋0.185 1×经互会。

⑤ 世界=0.814 5×经济合作与发展组织＋0.185 5×发展中国家。得不到经互会的通货膨胀测量数据。

⑥ 时期平均数用第一期直到最后一期增长率的几何平均。

续表

国家类别	1980	1981	%△	1982	%△	1983	%△	1984	%△	1985	%△	1986	%△	1987	%△
13个林克经济合作与发展组织国家①															
出口②	1 036.0	1 219.3	17.7	1 420.8	16.5	1 592.3	12.1	1 788.9	12.3	2 012.7	12.5	2 259.8	12.3	2 522.4	11.6
进口	1 090.0	1 275.2	17.0	1 439.0	12.8	1 622.5	12.7	1 833.2	13.0	2 055.5	12.1	2 295.4	11.7	2 551.0	11.1
余额	-54.0	-55.8		-18.2		-30.2		-44.3		-42.7		-35.6		-28.5	
发展中国家															
出口	532.1	631.6	18.7	693.7	9.8	773.5	11.5	859.0	11.1	954.7	11.1	1 055.8	10.6	1 161.0	10.0
进口	438.5	564.3	28.7	629.2	11.5	719.9	14.4	807.2	12.1	912.9	13.1	1 020.1	11.7	1 134.0	11.2
余额	93.6	67.4		64.5		53.6		51.8		41.8		35.7		27.0	
中央计划国家③															
出口	138.4	156.7	13.3	177.2	13.0	201.1	13.5	229.7	14.2	261.3	13.8	298.2	14.1	333.2	11.7
进口	146.7	168.2	14.6	186.5	10.9	207.3	11.2	235.3	13.5	265.9	13.0	304.9	14.7	339.5	11.3
余额	-8.3	-11.4		-9.3		-6.2		-5.6		-4.6		-6.7		-6.2	
世界其他地方															
出口	163.4	203.0	19.8	189.8	-6.5	239.7	26.3	286.9	19.7	329.2	14.8	367.8	11.7	408.3	11.0
进口	194.7	203.1	4.3	226.8	11.7	256.9	13.2	288.9	12.5	323.7	12.0	361.2	11.6	400.7	10.9
余额	-31.3	-0.1		-37.0		-17.2		-2.0		5.5		6.6		7.7	
世界出口	1 869.9	2 210.7	18.2	2 481.5	12.2	2 806.6	13.1	3 164.5	12.8	3 557.9	12.4	3 981.6	11.9	4 425.1	11.1
世界出口价格	3.3	3.8	14.8	4.1	8.0	4.4	7.9	4.7	7.8	5.1	7.5	5.4	7.1	5.8	7.1
世界出口(实际)*	572.2	589.4	3.0	612.6	3.9	641.9	4.8	671.4	4.6	702.3	4.6	733.9	4.5	761.9	3.8
燃料的世界出口价格	10.9	13.2	20.8	14.3	8.5	15.8	10.5	17.4	9.9	19.1	9.7	20.9	9.3	22.9	9.7
燃料的世界出口(实际)*	40.9	39.6	-3.2	41.3	4.3	42.9	3.9	44.5	3.7	46.1	3.5	47.9	3.9	49.2	2.7

* 不变美元，基期1970年=1.0。

小括号内数字是年度平均贸易余额。

①③ 说明同前。

② 数字代表商品贸易，离岸价。

④ 时期平均数是最后一年对第一年预测数的复年度增长率。

续表

国家类别	1988	%△	1989	%△	1990	%△	1981—1985④ %△	1986—1990④ %△	1980—1990④ %△	1981—1990④ %△
13个林克经济合作与发展组织国家①										
发展组织国家										
出口②	2 824.7	12.0	3 172.8	12.3	3 545.1	11.7	13.3	11.9	13.1	12.6
进口	2 840.3	11.3	3 174.3	11.8	3 532.1	11.3	12.7	11.4	12.5	11.9
余额	−15.6		−1.5		13.0		(−38.2)+	(−13.6)+	(−28.5)	(−25.9)+
发展中国家										
出口	1 273.5	9.7	1 399.8	9.9	1 534.0	9.6	10.8	9.8	11.2	10.3
进口	1 258.6	11.0	1 403.2	11.5	1 559.0	11.1	12.7	11.2	13.5	11.9
余额	14.8		−3.4		−25.0		(55.8)+	(19.8)+	(38.3)+	(37.8)+
中央计划国家⑤										
出口	376.0	12.8	424.6	12.9	477.2	12.3	13.6	12.5	13.2	13.1
进口	383.9	13.1	433.6	12.9	487.2	12.3	12.1	12.4	12.7	12.5
余额	−7.9		−9.0		−10.0		(−7.4)+	(−7.9)+	(−7.7)+	(−7.7)+
世界其他地方										
出口	454.8	11.4	512.5	12.7	576.7	12.5	12.8	11.9	13.4	12.3
进口	446.1	11.3	498.7	11.8	554.7	11.2	12.3	11.3	11.0	11.8
余额	8.7		13.9		22.0		(−10.2)+	(11.7)+	(−2.1)+	(0.8)+
世界出口	4 929.0	11.4	5 509.7	11.8	6 133.0	11.3	12.6	11.4	12.6	12.0
世界出口价格（实际）*	6.2	6.9	6.6	6.8	7.1	7.8	7.6	7.1	8.0	7.2
燃料的世界出口价格	793.7	4.2	830.4	4.6	861.9	3.8	4.5	4.1	4.2	4.3
燃料的世界出口价格	25.0	9.2	27.3	9.1	29.7	9.0	9.6	9.2	10.6	9.4
燃料的世界出口（实际）*	50.7	3.1	52.3	3.2	54.0	3.3	3.8	3.1	2.8	3.5

发展中国家中有一个特殊国家集团，是石油输出国组织国家，或者范围更广一些。石油输出国家，它们的发展计划至少在中期没有支付平衡约束。虽然它们可能有本钱以更快速率发展，它们正在重新考虑过去几年的经验，那时迅速开发石油资源，并未使它们得到资本和其他进口的购买力达到最优，而且在几个国家中产生危险的或致命的动乱。许多这类国家不能以更快的步伐有效地吸收进口。它们的海外投资只有局部是成功的。由于所有这些问题的结果，石油输出国正在选择比较温和的工业化速率。预期它们经济中的石油和非石油部门将转到较慢的增长道路。

在估计世界经济时，不论我们看到哪里，有预期较慢发展速率 的基本原因。

承认世界缺乏丰富的能源，特别是缺乏石油资源，这有助于世界经济发展速度放慢。对能源价格作不同的假设，从林克模型不同模拟的结果，可以看到这一点。标准方法是计算这里已经描述的一个基线预测，然后将这个结果与外部因素的特定变化加在模型上的另一个预测比较。在这里研究的事例中，所加的变化是世界油价提高10%，即石油输出国组织规定的世界油价的外生轨迹，年复一年地被提高到都比基线轨迹约高10%的一个新轨迹上。

有时，让名义价格以一个被大家接受的通货膨胀指数，例如经济合作与发展组织国家中的一般物价指数相同的百分率变化，我们作了油价固定在某个基年数值或实际油价固定的模拟。林克系统有一个基本对称性质，较低油价的结果与提高油价的结果，符号相反而数量相似。

发现的一般结果，最好用系统的主要弹性来描写。这些是其他外部投入保持不变，油价变化带来的各主要数量的变化百分率。

价格提高10%，燃料进口需求约降低1.1%。弹性系数约为0.11。这个灵敏度出现在预测的第一年而持续整个十年。十年后，如价格提高10%，贸易量约降低1%。

较高的油价不利于世界经济活动而增添世界通货膨胀。当油价初步提高10%，然后在第一年之后提高约6%时，工业世界国内总产值降低约0.5%。这样计算出来的弹性系数为0.06。对于这个同样的油价变化，经济合作与发展组织用国内总产值内含物价指数测量的通货膨胀上升约0.2%，而消费品价格上升0.3%—0.4%。

当我们考虑世界能源价格上涨已经远超过10%的时候，1973年以后油价变为4倍，然后又翻了一番多，我们能看到能源问题与目前停滞膨胀状态很有关系。它不单是求出弹性计算中所用 10% 变化的一个倍数的事情，因为那些变化是在人为的其他情况不变的假设下引入的，而实际上，世界环境中，油价第一次跃升后，许多事情变了。事实上，在 1974—1975 年初始变化之后，实际油价并未永久上升，不过在最近 1979 年变化之后，实际油价永久上升了。

无论如何，我们能清楚地看到，世界经济活动和世界通货膨胀对世界能源价格是高度敏感的。现在经济增长放慢，伴以较高的通货膨胀，至少一部分由于较高的能源价格。

这里，对美国和全世界作的基线预测是在一个幸运环境中作的，也就是说在此情况中对 80 年代没有设想不幸的大扰动。自从第二次世界大战和战后短期重新调整结束以来，已经历了三个十年，每个十年都有它自己的扰动因素，破坏安宁的环境。这些是：

50 年代　朝鲜战争

　　　　　"冷"战

　　　　　苏伊士运河关闭

60 年代　越南战争

70 年代　布雷顿森林体系解体

　　　　　大规模歉收

　　　　　石油禁运以及石油输出国组织卡特尔定价

　　　　　伊朗革命

这些大事对全世界的经济成绩有很大影响。在每个十年之内，还有其他干扰，不那么有戏剧性，然而在经济上是重要的。

在思考 80 年代可能的"前景"时，形成基线情况而不设置这类干扰的计划可能是方便的，因为在许多方面，我们用的数学模型的种类大致分解为一个系统的（基线）部分和一个干扰部分。这个性质与数学模型理论中的线性有关，并且它似乎是一种合理的逼近。所以我们这样进行，首先算出基本情况，然后在它上面加干扰。

80 年代的某个时候，很可能有按照许多思想家的猜测的另一次重要的石油供应中断和另一次大规模歉收。70 年代中，中东有战争，但在规模和持久方面比不上朝鲜或越南。在另一种意义上，上述石油禁运和石油输出国组织定价是中东战争的经济副作用。

50 年代和 60 年代的军事经验将在 80 年代重复吗？这肯定是一件无法预测的

事。在今后十年中，很可能有大规模的冷战或热战。而且国际经济曾如此受到食物和燃料部门事件的扰动，我们因而倾向于在那些领域内寻找干扰的重新出现。在十年中可能发生一次大规模的经济破坏，但是或许在令人惊异的新领域内将有干扰，食物和燃料以外的基本材料的短缺可能发展。在整个发展中世界，或在发达世界的较穷国家中，可能发生赖债的浪潮。在物质环境中，在大气或水污染，或城市拥挤方面，可能发生大规模错乱，以某种详细程度探讨少数这类干扰的经济影响是值得做的。

三　可能的干扰

卡特尔定价：对于基线情况，我们假设，在伊朗革命的影响出现之后，在整个十年中，每年原油价格平均会上升约 10％。这个情况约比与石油输出国有关的通货膨胀率，即经济合作与发展组织国家的出口物价高 3％。在基线解中，这类关键价格每年约按 6％—7％上涨。在 1980 年和达到这十年的其余部分的长期趋势模式之间，假设在世界通货膨胀和石油价格增长率下降之前有一个过渡时期，所以 1981 年实际价格提高 3％ 以上。此外，1980 年中确实出现一种干扰，今年底还在继续，形式为中东战争。我们正在看见一个异常事件，一个有效的卡特尔的两个成员从事公开的战争。这件事显著地减少了石油供应而至少在过渡时期中提供抬高价格的另一个理由。

石油实际价格稳定上升 3％，加上经济合作与发展组织出口物价的 7％ 的近似解轨迹，在数字意义上等于石油价格的指数。人们常常提到，石油输出国组织的一项公开的目标是设计一种石油定价用的指数公式。这类公式中最简单的一个蕴涵在基线情况中。我们或用较高的或用较低的实际石油价格增加率，计算了这个情况的不同变化。可以遵循的另一条路线是，有一个多变量指数公式，把石油价格同发达世界的国内总产值增长，同美元的交换价值，以及同其他有关的指标联系起来。

指数公式给出石油价格历程的光滑稳定轨迹，但是作为一种可能的干扰的结果，至少有一个不稳定的轨迹值得考虑。如果可预见的世界石油供给要与估计的世界需求平衡，似乎在十年的中期形成大规模的短缺，或者使价格按较快斜率稳定上升，或者一次性大幅度上涨 50％—100％，或者靠配给来应付这个赤字。

石油输出国组织像它表现的那么团结和持久这个事实，使许多经济学家奇怪。现在它甚至经得住两个成员国之间的公开战争而存在下去。因此，我们应当准备经历相似规模的其他奇事。当然，关于石油输出国组织有一些不易重复的独有的特点。从工业观点看，其他经济活动领域中的卡特尔可能伸展不到这类重要产品。金刚石、水银、铬铁矿石或其他工业品的卡特尔对全世界活动不会有这么大的影响。在大多数食物方面，例如粮食，比较倾向于维持多边自由贸易制度的发达国家是主要出口供应国，因而可以抑制或禁止有效的卡特尔行动。石油产品就供应出口的剩余生产能力而言，特别集中在一个相当一致的政治社会集团手中，它致力于泛阿拉伯主义或发展中国家的希望。如果重要工业品的出口能力集中在一个一致的国家集团手中（宗教的、政治的、社会的、地理的），可能产生另一个有效的卡特尔。现在，这个可能的行动领域在世界舞台上并未出现。

世界已在经济上受食物以及燃料的干扰。80年代食物供应中预见不到的供应震动的可能性肯定是有的。当世界大部分地方正在作出巨大的努力提高饮食的时候，一直以使人震惊的常见性发生着歉收。1980 年在有某些可测量的干扰的不稳固的基础上，开始了这个十年。由于侵略阿富汗的结果，美国禁运粮食到苏联，引起争论，不仅由于它的政治影响，而且也由于怀疑它的效果。当所有的论点被筛选时，禁运在推迟向苏联人民供应肉食方面似乎是有效的。把它和 1980 年苏联歉收和波兰食物短缺放在 一起，对世界经济有很显著的压力。为了在食物供应减少的单子上增加一项，我们还能举出干旱造成 1980 年美国饲料粮食歉收。我们在这十年开始时，以食物、农产品价格有向上的压力。世界通货膨胀的向下运动是 80 年代基线经济场景的一个重要部分，由于食物、农产品价格和能源价格上升暂时被推离了轨道。如果在十年过程中发生更多类似这样的干扰，我们可能有显著地比基线情况坏的经济成绩。

食物和燃料干扰之间有一个重要差别。1973 年中东战争产生的 70 年代的燃料干扰被石油输出国组织的控制力量制度化了，而且成为永久性的了。然而，在十年中食物、农产品价格有波动，因为农业中供给对高价的反应比较快。特别是1972—1973 年度因苏联购买而致存粮大量耗竭之后，美国粮食供应大规模扩张。美国和其他供应国的反应能力倾向于缓和分布于两三年期间的农业干扰的影响。

下一次对世界经济的干扰，很可能完全不能预见。在寻找防备意外计划可能有帮助的新领域方面，我们可以举出同时赖债的可能性。许多发展中国家，有些中央计划经济，和有些较穷的发达国家严重负债，严重程度用偿债比例表示，这种比例说明贸易顺差能弥补（或不能弥补）利息支付和债务还本的程度。已有一些一个国家不能应付当年偿债要求的孤立的例子，但是近年来它们总能对付过去而未发生危机。重新安排偿债进度，成功地解决了已发生的特定情况——秘鲁、扎伊尔、赞比亚、波兰、土耳其，只提几个国名。只要这类情况能保持与世界金融制度的日常运转分离，能避免大的扰动。由于这些例子的经验，商业银行和国际机构已变得很警觉。因此，它们对贷款活动变得更加明智。这是经济活动表面温和变成今后十年基线预测的一个特征的另一个原因。虽然有很好的理由相信以赖债浪潮形式出现的干扰将不会发生，这样一种事件绝不是不可能的。

四　一个乐观的情况

一方面，有些经济学家可能感觉基线情况本身是乐观的，至少是满意和没有麻烦的，有许多工业家、政策制定者、金融家和经济学家争取更好的结果。在许多正确地描述经济的量度中，如有一种量度指出现在的成绩以及沿基线情况轨迹外推的不满意性质，它就是生产率的成绩不好。在表 2 中可以看到，1980 年美国生产率增长是负数，而它的长期趋势预测，变化率主要在每年 1.0%—2.0% 之间，远低于以前证明的长期轨迹。美国以外，穿过大多数国际路线，生产率改进因素下降也是事实，或许不像美国那样激烈，但是近年来它普遍较低。

因此，给出一些较好经济成绩的政策目标的中心焦点是一组设法提高生产率增长的政策。由于我们不能肯定导致生产率增长慢下来的原因，规定改进生产率的政策特别困难。在生产率下降的可能原因中，人们广泛感觉，私营部门中资本形成较弱起主要作用。既通过一般资本形成，又通过现代化，人们预期较高的固定资本形成率将导致更好的生产率增长。必须使企业愿意投资，并且按高生产能力利用率使用新资本。

资本形成是重要的，但不是全部问题，因为即使已经达到关于资本形成的某些目标之后，要想经济重新有活力，还有一段长路要走。去年沃顿模型的操作者为纽约股票交易所作一次研究，考察了国民总产值中投资份额从 10% 左右的停滞水平提高到 12% 所产生的净利益。[1]

在一组互相配合的政策中，投资和储蓄率提高两个百分点是可怕的前进步骤，但是它们明显地不足以恢复生产率增长率到 60 年代初的历史趋势。这种激

---

[1] 《建设一个较好的未来：80 年代的经济选择》，纽约股票交易所，纽约，1979 年 12 月。

烈的投资上升,估计约给生产率总扩张率增加 0.2%—0.5%。这又带来国民总产值总改善约半个百分点。这些是有希望的政策,但是单靠它们自身是不够的。

假设在统计数学解中,投资比高一些(约两个百分点)是一件事;而设计确实将提高国民总产值中资本形成份额两个百分点,完全是另一件事。美国的政策讨论正集中在通过放宽折旧规则和投资减税来提高投资的税率激励。通过适当税收参数的变化,以改善资本的报酬率,仍然有充分余地。其他政策措施关于研究发展支出的税务优待,较多的联邦研究发展开支,以及较多的联邦基础研究开支。除了国家预算的税收和开支方面的标准财政措施外,人们预期放松限制性管制和提倡工人在岗位上的训练计划将帮助生产率增长。为了配合为提高国民总产值中投资份额而设计的政策,应当有提高储蓄份额的相应政策。一条可能的道路,可能通过使退休金能在岗位之间转移的政策,鼓励退休金制度的私人储蓄。另一个方式是储蓄账户的一些利息免征所得税。然而,基本问题是改变美国国民总产值构成中的比例,即降低消费比例两个百分点,而提高投资比例一个相等的量。这就是说储蓄比应当和投资比增加同样的数额。换句话说,目标是把美国经济从基本上是高消费转变为一个高投资经济。

其他国家可能看问题不同,但是对于 1975 年以后周期性上升开始以来资本形成恢复较差,应当是大体一致的认识。从全世界来说,问题是刺激投资,但是和美国一样,那将仅仅是正确方向的一步,它将导致仅仅有限的改善。显然,更有想象力的政策考虑,将必须针对更高的生产率增长。

基线道路的一个特点是平均膨胀率逐渐减少。许多经济学家会论证,不论长期或短期,中心经济问题是降低通货膨胀率,一旦通货膨胀已被控制和逐渐减少,许多事情将"各得其所"。

许多政策能对这个有价值的目标作出贡献,但是一条主要路线可能是把生产率的变化和通货膨胀率联系起来。从长期看,如果要降低通货膨胀率,生产率的增长率必须在持久的基础上显著提高。

如果资本报酬率能提高,如果能使研究发展活动再次受人欢迎,如果经济管制放松,如果工人生产率能通过训练计划改进,而且如果通货膨胀率能和缓而坚定地下降,则有一个机会,我们能在 80 年代享有一个投资繁荣,比 50 年代和 60 年代初的伟大扩张时代更好。

提高资本形成和生产率增长的适当政策措施,基本上是从各国基础上看的。但是协调的财政和货币政策提供行动的新角度。如果所有主要国家同步行动来刺激资本形成或缓和银根，能有添加的加强效应。各国财政乘数的国际放大率估计有 1.25—1.50 之大。同时扩张通过世界贸易体系起作用，因为当各国扩张时，它们一般的增加进口需求。这又帮助伙伴国家的出口活动并且又反馈到每个国家的国内扩张。国内和国际的反应愈强，为了达到规定目标需要的刺激愈小，我们愈能少用财政政策和货币政策，较低通货膨胀的展望愈好。依靠保持通货膨胀在有利的道路上，我们能通过较好的贸易成绩而得到许多好处。

表 7 中的数字粗略表示，如果联邦政府要刺激私人固定投资使它每年多增长2％，可以预期到什么。各国的政策不同，但是它们一般包括税务变革，来自公共资本形成的支持和来自一般政府开支的支持。

在这个场景的历程中，开始时国内总产值的增长率约改善半个百分点，但是到十年的中期，投资刺激逐渐趋向于耗完。同样，在减少通货膨胀上有好处，也是一或两个百分点。对通货膨胀改善作出大贡献的一个因素是生产率（每个工时的实际产出）的改进。它也是在开始时比到 1985 年末了时成绩好。

经济合作发展组织 13 个林克成员协调投资刺激

表 7	1979—1985 年增长百分率的差别						
	1979	1980	1981	1982	1983	1984	1985
国内总产值	0.3	0.6	0.5	0.2	0.2	0.2	0.1
通货膨胀（消费物价）	0.0	−0.2	−0.1	0.0	0.0	0.0	0.0
生产率利益	0.3	0.4	0.3	0.0	0.0	−0.3	−0.1

瑞典皇家科学院公告

瑞典皇家科学院已决定把 1981 年阿尔弗雷德·诺贝尔经济科学奖授予美国耶鲁大学的詹姆士·托宾教授，为了他对金融市场及其与支出决策、就业、生产和物价的关系进行的分析。

一　詹姆士·托宾的主要成就

詹姆士·托宾的成就涉及宽广的经济研究领域。他对如此不同的领域如经济计量方法和严格数学化的风险理论，家庭和企业行为理论，一般宏观理论的经济政策应用分析，作出了很大贡献。他的最显著的和最有意义的研究贡献属于金融市场及其与消费和投资决策，生产、就业和物价的关系的理论，为此他被授予1981 年诺贝尔经济学奖。

托宾的最重要的贡献系以一种理论为基础，这种理论描写各个家庭和企业怎样确定他们资产的构成。这种理论称为证券箱选择理论，他是其最重要的创始人之一。托宾把这些思想发展为一种金融和实物资产的全部均衡理论，并且分析了金融和实物市场之间的相互作用。这种分析的一个重要部分是研究把金融市场上的变化传送到家庭和企业的支出决策的传送机制。这个经济研究的古典问题以前并未满意地和结论性地研究过。托宾的研究成为中心经济理论中实物和金融状况结合方面的一次重大突破。

二　证券箱选择理论

证券箱选择理论被用来研究家庭和企业保有各种实物和金融资产并同时发生债务的决策。托宾阐述这些决策是怎样受风险和期望报酬率的权衡支配的。不同于这个领域中的其他理论家，托宾的分析并不仅仅限于货币，而考虑全部资产和债务范围。

对证券箱选择理论有贡献的其他经济学家主要从事于指出合理投资决策的规则。托宾的目标在于提供一个基础，以便理解人们在取得各种资产和发生债务时，其实际行为是怎样的。其直接成果是金融市场和经济中的各种流量的描述和分析。托宾的雄心是要找出以前分析从金融到实物市场的冲击中缺乏的一些重要因素。

三　金融和实物市场之间的关系，或者"传送机制"

托宾强调金融事件对实物资产的需求，即投资和消费者需求的影响。这方面，他研究了两个基本问题。第一个问题是货币和财政政策措施，例如税率的变化或中央银行买卖政府公债和国库券，是如何影响国民收入的——"传送机制"。第二个问题研究货币和财政政策措施带来的名义国民收入的变化将如何分布在生产量和价格水平的变化之中。为了回答后一问题，托宾注意到工资形成问题。由于短期中工资不易变动，商品和劳动市场上的需求变化导致就业变动而不是价格水平和膨胀率的变化。工资不易变化也使家庭和企业在实践中和在短期内难以按照新信息调整他们的计划。这是托宾批判"合理期望"理论很厉害的原因，这种理论以上述调整的可能性为基础，在当前经济政策辩论中已经变得如此重要。

由于研究了各种各样的资产和债务，托宾的传送机理分析与研究类似问题的其他人的研究比较，扩大了金融市场和实际支出决策之间的接触渠道。按照托宾的理论，不是通过一个"一般"利息率水平或以某种方式定义的货币存量，而是通过整个金融结构发生影响。他也考虑了不同的制度条件。早期研究者忽视的最重要问题之一是这样的情况，金融系统并非主要由银行组成，而是由具有不同证券箱选择政策的许多不同单位组成的。

由于指出了金融和实物现象之间的接触渠道，托宾从理论上和经验上阐明了金融资产实际价值的变化对消费量的影响。特别重要的一点是影响企业实际投资的各种因素的分析。托宾成功地重新写出了一个早期的假设,这些投资强烈地受现有实物资本的市价和取得相应新生产实物资本成本之间的关系影响。当取得新实物资本的成本是给定的或上升的时候,如果股票价格之类的现有实物资本的价格下降,则投资被抵消。这个关系被若干国家中最近的发展所证实。

托宾根据他对金融系统和传送机制的研究,对近几十年中经济状况和稳定政策进行了彻底分析。托宾的证券箱选择理论和金融市场分析被证明对于他构思他的理论时所没有设想的领域中有用,这个事实提高了他的理论的重要性。与此有关的一个例子是 70 年代中部分地以托宾模型为基础的支付平衡和汇率分析的迅猛发展。

四 托宾的影响

托宾对分析金融市场和金融与实物现象之间的传送机理的创造性的和广博的工作无疑地启发了 70 年代中的货币政策效果,政府预算赤字和一般稳定政策的影响的大量研究。这些领域中正在进行的生动而高质量的研究在很大程度上是以托宾的基本贡献为基础的。他的努力还发动了有关领域中的研究,例如支付平衡分析和经济增长研究。托宾的贡献大概在今后长时间内将继续鼓舞经济研究。今天很少经济学家能说是赢得了这么多的追随者或对当代研究工作有如此影响。

詹姆士·托宾简历

1918 年　生于美国伊利诺伊州。

1939 年　哈佛大学毕业。

1939—1941 年　哈佛大学研究生。

1941—1942 年　在华盛顿美国政府工作。

1942—1946 年　美国海军军官。

1946 年　回到哈佛大学继续当研究生；在哈佛与蓓蒂·林歌结婚。

1947 年　在哈佛大学获得哲学博士学位。

1947—1949 年　在哈佛大学当助理研究员，并在 1949 年到英国剑桥大学应用经济学系当访问学者。

1950 年　耶鲁大学经济学系。

1957 年　耶鲁大学斯特林教授。

1958 年　国际经济计量学会会长。

1968—1969 年及 1974—1978 年任耶鲁大学经济学系主任。

1955—1961 年及 1964—1965 年任考尔斯经济学研究基金会主任。

1961—1962 年任肯尼迪总统经济顾问委员会成员。

1971 年　美国经济学会会长。

托宾在学术期刊上发表的论文非常多，有以下文集：

1.《经济学论文集，宏观经济学》，第一卷，马克汉出版公司，1971 年；北荷兰出版公司，1974 年。

2.《经济学论文集：消费和经济计量学》，第二卷，北荷兰出版公司，阿姆斯特丹，1975 年。

托宾有下列专著：

1.《国民经济政策》，1966 年。

2.《新经济学老了十年》，1974 年。

詹姆士·托宾自传

　　我研究经济学并且使它成为我的事业有两个原因。这个学科在学术上过去是，现在仍是非常动人而且有挑战性的，特别对一个有理论推导和定量分析有兴趣和才能的人更是如此。同时它曾提出希望，现在仍然提出希望，增进了解可能改善人类的命运。对于 30 年代中长大的我，这两个动力强有力地互相增强。大萧条中资本主义经济痛苦的失败是世界性社会和政治灾难的根源。萧条也意味着既不能解释事件又不能开药方的正统经济理论的危机。危机引出一个经济理论中充分酝酿的革命时期。激动人心的事情波及像我那样刚进大学的学生。1936 年我的大学二年级开始时，哈佛学院的一位青年教师，斯宾塞·波拉德提议我们一起阅读一位英国经济学家 J. M. 凯恩斯写的一本新书，于是我入了迷。

　　我的母亲和父亲铺平了道路。玛格丽·爱裘顿·托宾，今年 90 岁，是一位社会工作者，她在因婚姻和家庭问题中断 16 年之后，在 1932 年的紧急救济中恢复了她的事业，在以后 25 年中，她领导伊利诺伊州香槟—欧班那家庭服务处。从她的第一手记录中，我了解到人们在失业和贫困中的痛苦。路易·密海尔·托宾（1879—1943）是一位记者，还在我儿童时代的初期，他就是伊利诺伊大学运动队的宣传部长。在我们的生活中，伊利诺伊运动队的命运肯定是一件大事。我的父亲正好也是一位知识分子，和我认识的其他任何人一样有学问，有文化，知识广博而有好奇心。他从不强制而很随便，是我聪明而和蔼的老师。处在极保守的《芝加哥论坛》的根据地，我家常见到外来期刊，如《民族》、《新共和》，以及孟肯的《美洲信使》。在我们的城市里以及在威斯康星的我母亲的亲戚中，我的父母，有时还有我和我的弟弟，被认为有非正统的但是理由充足的政治见解。1932 年在大部分是大学教师的子女的高中二年级的一次民意测验中，只有我一个人投了罗斯福一票。

1918 年我在香槟出生。我从附近的小学和中学到了孪生城市欧班那的大学附中。这个学校是大学教育学院办的，主要给它的学生以实际教学训练。指导实习教师的主任教师们也给了我们非常好的教育。每年只有 30 至 40 个毕业生，但是他们在全国竞赛中赢得了许多奖学金。两位校友，菲利浦·安德逊和汉弥敦·斯密是诺贝尔奖金获得者。有讽刺意味的是，今年宣布我得奖的同时传来新闻，该校因缺乏经费可能关闭。

对于我来说，大学附中的一件好事是，在一所小规模学校中我能在学校篮球队得到一席位置，实现了在我儿童时代似乎无法达到的运动壮志。另一件好事是它使我进哈佛前有极好的准备，虽然学校和我都未曾想到，中西部十几岁的人能到千里以外的一个著名的费钱的东部学院去。我高兴地自以为戈会进很好的当地大学，而且大概进它的法学院。哈佛是我父亲的想法。凑巧那时哈佛的校长詹姆士·康南特发起全国性全费用奖学金，目的是为了分散学生的地理、学问和社会来源，而且他正在从中西部各州开始。所有这一切我父亲都知道，因为他有在公共图书馆阅读《纽约时报》的习惯。所以我在 6 月份进行了三天的入学考试，对此我未进行任何特别准备。在 8 月份得到使我惊讶的好消息，在 1935 年 9 月份我第一次离开中西部乘火车到波士顿。

四年后我得到哈佛大学学士学位。我的骄傲的父母参加了毕业典礼，自从他们 1916 年在纽约度蜜月以来，这是他们第一次到东部旅行。1939 年大战爆发后，冲掉了旅行年，为此我已经得到了一笔旅行奖金，以后两年，我在哈佛当研究生。那六年是一段伟大的经历。我的同学们，其中有许多是我的终生好友，有着不同的背景、兴趣和才能。我的老师是从快退休的阿尔弗雷，诺斯·怀特海，到积极的青年讲师们。我参加了关键的战前年头吸引人的哈佛校园的热烈的政治辩论和活动。在经济学方面，当时学术讨论中心的哈佛正在享有一个黄金时代。约瑟·熊彼特，阿尔文·汉生[①]，西摩·哈里斯[②]，爱德华·钱伯伦，爱德华·马逊，高特弗里德·哈伯勒，生纳·斯里希特和华西里·列昂惕夫是对我最有启发的教授。此外还有一群高才的青年教师和研究生，保罗·萨缪尔森，劳合·梅

---

① J.托宾，"汉生和公共政策"，《经济学季刊》，1976 年 2 月，第 32—37 页。

② J.托宾，1974 年 12 月 12 日在哈佛大学西摩·哈里斯纪念会上的致词，私人印刷，加州，伯克利，1976 年。

兹勒，保罗·斯威齐，J.K.加尔布雷思，阿伯兰·柏格森，理查·穆思格来夫，理查·古德温，理查·吉尔伯特，劳合·雷诺，约翰·米勒和其他人，他们在以后的年代将是这个行业的领袖。

1941年春我离开哈佛。我参加爱德华·马逊的研究班时曾写过一篇关于应用统计预测于稳定经济的论文。这时我被介绍到华盛顿的一个新机关工作，它负责限制发展国防生产需要的金属和其他材料的民用，例如用于汽车和其他耐用消费品。除麦尔文·德·卡韶和亚述·伯恩斯外，我们都是年轻人，忽然担负规定分配额并向作出牺牲的单位进行解释的责任。

在美国参战后，我加入海军后备队，并在哥伦比亚大学集体宿舍花90天学习当一名海军军官。我的朋友，按字母排列，有西乐斯·万斯和海曼·沃克。沃克在《凯因兵变》中以稀薄的伪装提到了我，直到最近以前是我的恶名的主要来源。我花费将近四年时间，在驱逐舰基阿尼号上当一名战斗军官，以后当炮兵军官，然后当领航员和指挥员（第二位）。我们的船大多数从事在大西洋和地中海护航以及其他反潜艇任务，但是我们也参加了攻占北非和法国南部以及意大利战役。我喜欢并且珍视这些经历，是因为它的要求和测验与学术工作如此不同。但是，当护送占领军船只到日本之后，我们把船丢在查尔斯顿海军船坞封存起来的时候，我和船上的同伴们都兴高采烈。

有机会引诱我回华盛顿，但是哈佛经济系主任哈罗德·布班克及时地来了一封信，指明我的前途是在学术界，于是我回去在1946—1947年完成我的哲学博士学位工作。我永远感谢布班克教授，主要为了一个原因，在这个故事的下文将说清楚。我写了一篇博士论文，关于消费函数的理论和统计，这是我的一项长期兴趣。在1947年我当选研究员会的副研究员，这项任命给我三年的自由，可以学习、研究和写作。像我所上的高中一样，研究员会出了若干诺贝尔奖金获得者，今年就有四位。哈佛的经济学黄金时代延伸到战后这些年代，这时几批有才能和成熟的研究生和青年教师汇合在一起。我利用我的副研究员薪金补习我在战时失去接触的经济学，特别是经济计量学，参加写作一本社会学、经济学的书：《美国商业信条》，并且写一些宏观经济学，统计需求分析和配给理论的论文。其中有些工作是1949—1950年在英国理查·斯通的剑桥应用经济学系做的，在剑桥我特别是因为与亨德里·郝塞克的有效合作以及和已故的密海尔·法来尔的生动讨论受益匪浅。

1950年以来我一直在耶鲁。它是一个极好的研究、教学和生活的地点。经济学系的规模和地位都在增长，1955年考尔斯基金会（以前称为委员会），由于它的卓越领袖佳林·库普曼和雅各·马夏克的来到，得到很有力的帮助。在他们的指导下，在芝加哥时的考尔斯委员会是历史上最有成果的研究中心之一，创建了现代的经济计量学和活动分析。曾在该会工作过的人包括肯尼思·阿罗，赫伯特·西蒙和劳伦斯·克来因。从1955—1961年和从1964—1965年，我任耶鲁的基金会主任。

那时我个人的研究目标是为凯恩斯经济学提供更严格的基础，并且加强和发展宏观经济和货币理论的逻辑。我的诺贝尔讲演在一种意义上是一个总结性记述。主要由于我的兴趣，基金会在它以前的研究路线中增加了货币理论和宏观经济学。考尔斯基金会的后勤支持、研究帮助和学院背景是极其可贵的。最重要的是我从我的同事和学生们那里学到了不少东西。使我得益最多的是已故的亚述·奥昆[1]和威廉·布兰纳德。我与他们一起教学，一起协作；我与他们争论，而他们通常是对的。在我的讲演有关的题目上我曾与之密切而有效工作的其他人包括大卫·巴克斯、马丁·奈尔·贝来、威伦·毕特、约翰·西梭罗、华尔特·道尔德、哈罗德·古斯里、卡里斯·霍尔、考其·哈马达、唐纳德·赫思特、苏珊·雷派、乔治·德·马奇多、哈里·马可维兹、唐纳德·尼柯尔斯、威廉·诺德豪斯、爱德孟德·费尔浦斯、詹姆士·庇尔斯、理查·波特、理查·罗赛特、加里·斯密、克来格·斯万、哈罗德·华茨和李乐·威勒，而且系里有了来·费阿、威廉·费尔纳、雷蒙·高尔斯密、理查·路格斯、罗伯特·特里芬和亨利·华里奇，使耶鲁成为一个从事宏观经济学、货币和金融工作的深受鼓舞的环境。在耶鲁之外，麻省理工学院的保罗·萨缪尔森[2]，与我有许多共同的兴趣和观点，使我得到很大好处。同样，由于若干年来与密歇根大学调查研究中心的乔治·卡顿那，詹姆士·摩根及其他人，以及与已故的哈里·约翰逊[3]保持友谊和接触，我学到了许多东西。在我的讲演中说明了在学术上得到其他人的教益，包括这个领域内的巨人们的教益，他们对我的影响是通过他们的著作而产生的。

---

① 《纪念》，亚述·M.奥昆，詹姆士·托宾写的颂词，布鲁金斯学会，1980年，第1—5页。

② 詹姆士·托宾，"宏观经济学和财政政策"，即将出版的《保罗·A.萨缪尔森和现代经济学》中的一章，麦克格罗—希尔出版公司。

③ 詹姆士·托宾，"哈里·高登·约翰逊1923—1977年"《英国学院会议录》LXIV卷，伦敦，1978年，第443—458页。

耶鲁大学非常重视大学生和研究生的教学。我喜欢教学，并且教了不少。我从未忽视为了达到清晰地向学生们陈述思想的要求而必须学习东西。我交到了许多不同年龄的朋友，这对我来说，是一份持久而丰厚的报酬。

从50年代后期开始，我有时写作关于当前经济问题的文章，给普通读者看，不只是给职业经济学家们看。这些文章的一个集子，《国民经济政策》于1966年出版。我常在国会各委员会前作证，而且我向政府机关和政治候选人提供意见。从1966—1970年我是新海文市计划委员会主席。

我的主要一段公共生活是在1961—1962年当肯尼迪总统的经济顾问委员会委员，与华尔特·海勒主席及已故的寇密特·高登①一起。在我回到耶鲁之后，有好几年我是委员会的一名积极的顾问。肯尼迪委员会网罗了许多杰出的人才，包括奥昆、梭罗和阿罗。我们的集体主要著作是1962年《经济报告》，它对于那时报界称为"新经济学"的东西有关的稳定和增长政策的理论和实践作了充分陈述。在委员会工作要求高，令人激动，而有时令人失望。但是我们的意见逐渐得到很大程度的接受，并且到了1965年末，我们的基本宏观经济目标实现了。可惜，在越南战争期间和70年代的滞胀中失去了这些胜利。

1946年我回到坎布里奇，遇上了最大的好运气，那年春天我认识了伊丽莎白·费·林哥。几个月后我们结婚了。碰巧蓓蒂是萨缪尔森在麻省理工学院的一个新学生，我们会面时在威斯里学院教经济学。更大的巧合是，她在威斯康星北部长大，离我一生中几乎每年夏天必去的家庭休养所不远。我们现在仍到那里去。我引导蓓蒂的兴趣离开经济学，她有时候说救了她。但是她对有意义和无意义，是和非，公正和不公正，穷和富有清楚的辨别能力，使我在学术工作和个人生活中有明确的爱憎次序。在我们的前35年中我也学会许多其他东西，分享她对动物，特别是纽芬兰狗、棒球、火炉、鸟、自然、钓鱼、跳舞和爵士音乐的热心。我们是热心的不过是平庸的滑雪运动员，登山和横越全国的旅行家，以及网球运动员。在威斯康星我们喜欢在河里划船以及在我们的小湖上游泳和划船。在60年代，蓓蒂回去教学八年，是在城里公共小学，它比大学教室的要求高得多，并且更具有挑战性。

我们共同养育了四个优秀的孩子，一个女儿和三个儿子，我们目睹婴儿很快长大成人，共享迷恋、欢乐，以及有时焦虑的感情。他们的个性、兴趣和才能不

---

①　J.托宾，寇密特·高登（1916—1976年），《年鉴》，美国哲学会，1978年。

同，他们教给我们的东西不比我们教他们的少。我们的女儿是一个时装设计师和作家；两个儿子都已结婚，是律师；最小的是物理学研究生。我们的第一个孙女在 1981 年诞生。我们仍住在我们在纽海文头一年买的房子里。我们全家常常在那里，或在威斯康星我们的滑雪小屋团聚。

宏观经济过程中的货币与金融

——————————————————————— 詹姆士·托宾

美国，耶鲁大学

1981 年 12 月 8 日讲演[*]

一 引言：宏观经济学和货币理论的分析结构

宏观经济理论的历史性领域是解释全面经济活动的水平和波动。宏观经济学家一直特别关心不同财政、金融和货币政策的效果。由于 J. M. 凯恩斯的《通论》在 1936 年出版以及 J. R. 希克斯（1937）和别人用数字陈述他的理论，宏观经济理论的语言变为联立方程系统。各个关系式描写整个国民经济，不仅是一个具体产业或部门，这些系统在这个意义上是相互依赖的全部均衡系统。这些系统通常不完全封闭，它们依赖外生参数，包括决策者控制的工具在内。这些模型寻求政策和其他外生变量与经济后果的确切的定性定量关系，牺牲细节和普适性，依靠将经济主体、商品、资产和时间加总，以限制变量和方程的数目。

这个或那个牌号的理论宏观经济模型是很有影响的。它们指导经济计量预测模型的建筑师们。它们塑造决策者们和他们的顾问们对于"世界运转的方式"的思路。它们影响记者们、经理们、教师们、主妇们、政治家们和选民们的见解。

———————————————

　＊ 肯尼思·华威克编制了表 1 和表 2，劳拉·哈里逊和根纳·阿米斯在很多的时间里高效地准备了讲演稿，特此致谢。国家科学基金和考尔斯基金支持了这里报告的研究。在学术上对我有帮助的许多人中，我在此只提我与威廉·布兰纳德的长期合作。虽然他的影响充满这篇论文，他对错误和忽略没有责任，只是如果时间允许他阅读和评论，错误和忽略会少些。

几乎每个人想到经济，设法了解它，并且有如何改善它的表现的意见。这样做的任何人使用一个模型，即使它是模糊的和不拘形式的。

（一）凯恩斯—希克斯模型和另外一种结构

希克斯的（1937）凯恩斯和古典理论的"IS－LM"版一直特别有影响，不仅达到专业经济学家们，而且作为教科书的标准宏观模型，也达到几代的大学生，它的简单设备在我们面对政策和分析问题时是我们许多人的训练出来的直觉知识，不论我们在进一步研究中可能使用什么更详细的方法。但是这个结构有一些缺点，限制了它的有用性而且使它受到批评。在这次讲演中我想描写另一种结构，它设法修补那些缺点中的某一些。同时我将论证，凯恩斯—希克斯设备的主要结论仍然不错。我将总结的改建工作已由我进行了很长时间，我必将吸收以前的工作。

区分提议的结构与标准宏观模型的主要特点有以下一些：

时间的精确性。一个宏观经济活动的短期确定模型必须指一小段时间。它是一个动态序列的一步，而不是经济稳定下来的一种不断重复的均衡。

存量的追踪。过程的一个主要部分是流量和存量，投资和资本，储蓄和财富，储蓄的具体形式和资产存量。借口分析针对这么短的时间，所以存量不能显著变化，而忽略这些关系，并不总是理由充足的。

几种资产和报酬率。一切非货币资产传统加总为单独一项资产和一个通用利息率，不能分析一些重要政策、制度结构和事件。我的另一种结构原则上能容纳适合手头目标的那么多的资产类别，虽然下面陈述的讲解性应用只区分四类资产。对于在其他现象中分析资本积累和政府赤字的筹款，货币和债务管理政策的细节，国际资本运动和外汇市场，以及金融中间作用而言，资产的分解是重要的。

金融和货币政策作用的模拟。常见宏观经济模型把货币政策描写为一个存量M，其时间轨迹由一个中央机关自主选定，而不清楚地描述实施政策的业务。事实上货币供给的变化是由于政府与公众交易，商品或非货币金融资产换成货币，或者由于银行和非银行公众之间的类似交易。那些交易是货币存量变化之源，是有所不同的，决定于它们如何改变经济主体的财富和有价证券状况。

华尔拉定律和相加约束。华尔拉定律说，一个经济主体的各个超额需求函数，对于作为任何函数中自变量的各个变量的每个向量而言，相加必然为零。这个定律规定，经济主体通知它参加的一切市场的供求表，必须具备符合预算约束的一致性。例如，对于下文模拟的资产市场，其含义是对于决定资产和财富需求因素的每一组数值，家庭对期末几种资产拥有权的需求相加等于家庭对期末财富的需求。这一点意味着资产需求，例如任何利息率的偏导数相加必然等于财富需求对同一变量的偏导数。

我的合作者威廉·布兰纳德和我发现（1968），在金融市场的理论和统计模型中，并不总是明确遵守这个一致性要求的。如果没有对所有各类资产明确规定需求函数，财富需求函数内含的忽略掉的一类的函数以及明确的资产函数可能以模型建造者始料未及的方式表现奇特。举例说，如果货币需求与一种利息率负相关，而总财富需求不是负相关，其含义是，非货币资产函数携带利息对货币的效应的镜像。最好的做法是明确写下所有函数，即使其中一个是多余的，而且在所有函数中放进去同样的自变量。

（二）微观基础，加总和期望

J. R. 希克斯 1935 年的论文对我和许多其他货币经济学家一直是一种启发和挑战。它鼓励我们寻找在人们持有资产的意愿下面的货币和将来支付货币的期票的性质和功能。了解这些基础，我们可以寻找货币和货币代用物的需求的能观察的决定因素。对货币理论的微观基础的这种探索促进了对交易媒介的需求的库存——理论模型（包莫尔，1952；托宾，1956；米勒和鄂尔，1966）和有价证券选择模型（托宾，1958）。它仍然没有完结。我想，原因在于，在经济理论的基本范例中，要解释为什么人们要保存对效用或工艺没有内在贡献的纸，而且纸在与商品和服务交换时具有正值，颇有困难。我对那个深刻问题，[1] 肯定解决不了，我也不认为它是实际货币理论的先决条件。

由于这个和其他原因，我承认，我提倡的那类宏观经济模型与各个主体的优化行为只有松弛的联系。遵照一项较老的传统，全经济结构方程是个人行为的混合物和对许多不同个人的加总。这是切实可行的方法，另外两种方法则有严重缺点。其中一种方法是保存充分的全部均衡模型中允许的各个主体的偏好和财产的多样性；优化加在各人超额需求上的弱限制完全不意味着对全市场需求表的限

---

① 哈恩（1965，1971，1973a，1973b）对这个题目有深刻的见解。最近一次讨论它的会议的会议录在卡里根和华莱士（1980）中作了报道。

制。另一种方法是假设所有经济主体彼此相似或分成两三类（例如，老年人和青年人），在一类的内部彼此一样，但各类之间按照人为规定的方式互相不同。虽然这种构造（例如，萨缪尔森1958年各代交叉模型）是有前途的而且已经产生了一些有教益的比喻，它们仍然如此抽象和有任意性，以致对政策分析和经济计量模型建造是无用的。

　　在现今宏观经济学中另一个有影响的方法论潮流是重视信息和期望，要建造这样的模型，其中经济主体的行为根据对现在和将来的信息，按照模型本身，经济主体会得到这些信息（卢卡斯，1976）。这是一个好原理，但是我自己设计一个改进的结构的努力有不同的目的和重点。我要在此讲演中展示的系统涉及期望，和金融行为的任何行为一样，认为各种资产对储蓄者和有价证券经理的吸引力决定于他们对资产的收入和资本利得的联合概率分布的估计。这些期望变化的后果可以追踪，例如只要情绪、信心和"生气"是外生地变化的，凯恩斯认为它们通常是这样的。在动态应用和模拟中，卢卡斯的合理预期原理可以受尊敬，但在这里我要报告的工作中我没有这样做。

（三）宏观经济学和充分的全部均衡

　　1972年的肯尼思·阿罗的诺贝尔讲演是全部均衡理论的一个优美的阐述，既承认它的力量又承认它的局限性。如果所有商品有完全一套同时清洁的市场，包括将来的和偶然交付的商品的市场，不会有宏观经济问题，不需要货币，而且财政和货币的稳定政策没有用武之地。以充分全部均衡为出发点的理论家自然会把不相容的现象解释为"市场失灵"。阿罗讨论了分散竞争市场不能按照最优数量提供集体或公共商品的问题。我相信，普通货币记账单位和普遍接受的交换媒介的公共商品性质是全部均衡范例容纳货币后为什么带来麻烦的一个原因。但是我要强调的与那个范例的背离，是引出宏观经济理论和政策的舞台的背离，也是凯恩斯强调的背离。背离在于除货币本身外任何商品根本没有将来市场，当然也没有偶然支付的市场。凯恩斯说（1936，210—212页）：

　　"一次个人储蓄行动意味着——譬如说——一个今天不进正餐的决定。但是它并不必需一个一星期后或一年后进正餐或买一双靴子，或者在任何规定日期消费任何规定的东西的决定。因此它压缩今天准备正餐的业务而并不鼓励准备某个将来消费行动的业务。它不是用将来消费需求代替现在消费需求，它是这类需求的一次净减少，如果储蓄不仅在于约束现在的消费而是同时发出一个将来消费的

表1　十一种资产和九个部门的资金流量矩阵，1979年流量，括号内为年终存量（10亿元）

I	家庭	商业银行	储蓄机构	保险和养老基金	杂项中间人	企业	联邦政府	州和地方政府	其他	差额
(1)通货与准备	7.9 (107.1)	1.3 (46.8)	—	—	—	—	-9.2 (-153.9)	—	—	0(0)
(2)活期存款	15.1 (145.4)	-25.8 (-330.2)	-0.7 (0.6)	1.9(11.4)	0.7(6.9)	5.5(87.4)	0.4(14.3)	-1.5 (9.6)	4.4(23.4)	0(31.2)
(3)小额定期存款	61.4 (1049.2)	-31.0 (-421.1)	-29.9 (-632.9)	—	—	—	0.1(1.0)	-0.6 (3.8)	—	0(0)
(4)短期	85.1 (295.6)	-30.7 (-276.4)	-13.5 (-4.4)	-0.7 (25.9)	-12.3 (-53.0)	2.8(61.5)	-10.5 (-216.2)	2.0(90.9)	-27.1 (35.1)	+4.9 (+41.0)
(5)长期	246.3 (-206)	15.2 (226.8)	0.2(76.9)	46.9 (492.4)	-2.6 (-39.0)	-26.3 (-353.2)	-68.4 (-464.5)	-6.4 (<232.7)	1.7(47.0)	0.1(0)
(6a)非金融企业股权：购买		0.1	-0.1	54.8	3.4	-36.9			6.3	-0.2
(6b)非金融企业股权、资本利得	151.8 (748.2)	-0.1 (0.1)	…(4.2)	-28.0 (200.3)	6.3(34.1)	-129.4 (-1029.5)			-0.8 (42.7)	0.2
(7)金融企业股权	21.0 (148.3)	-7.5 (-72.3)	…(0.5)	-7.4 (-41.4)	-6.8 (-40.7)				0.6(5.5)	0.1
(8)不能销售的债权	79.2 (889.5)			-71.8 (-732.9)			-7.4 (-1566)			0(0)
(9)抵押贷款	-104.9 (-771.6)	31.1 (245.2)	48.5 (569.1)	14.2 (132.1)	0.1(14.4)	-41.3 (-428.1)	46.1 (215.7)	6.3(23.2)	-0.8	-0.1(0)
(10)贷款	-54.8 (-486.1)	66.3 (610.0)	3.9(60.1)	8.0(60.1)	27.6 (134.7)	-52.4 (-295.5)	13.7 (101.9)	-1.6 (22.7)	-3.6 (-88.1)	-7.1 (-74.4)
(11)国外资产	3.6(14.8)	-0.8 (1.0)				23.8 (175.6)	1.2(28.4)		-25.4 (-229.4)	-2.4 (9.6)

续表

I	家庭	商业银行	储蓄机构	保险和养老基金	杂项中间人	企业	联邦政府	州和地方政府	其他	差额
(12)杂项(国内)	7.2(66.7)	−18.1	−4.0	−17.8	−9.4	−7.2	9.0(64.9)	1.3(13.1)	23.5	15.5
		(−29.9)	(−24.4)	(−147.9)	(−57.5)	(3.1)			(66.9)	(+45.0)
(13)金融净值	291.6	0.0(0.0)	4.4(49.7)	0.1(0.0)	0.2	−261.4	−25.0	−0.5	−20.4	11.0
	(2453.4)				(−0.1)	(−1778.7)	(−565.0)	(−114.8)	(−96.9)	(52.4)
(6b)一资本利得	151.8	−0.1	…	−28.0	6.3	−129.4	—	—	−0.8	
(14)二净金融储蓄	139.8	0.1	4.4	28.1	−6.1	−132.0	−25.0	−0.5	−19.6	

来源：资金流量账目，联邦储备系统，1981 年。

注解和定义：

(1) 基本货币。非银行公众持有的通货已完全分配给家庭。

(2) 活期存款包括商业银行和储蓄机构可以凭支票取款的存款。

(3) 小额定期存款包括在商业银行和储蓄银行的少于 10 万元的一切定期和储蓄存款。

(4) "短期"包括短期政府证券、联邦短期政府债、货币市场资金股份、欧洲美元存款、商业票据和银行承兑汇票。

(5) "长期"包括长期政府和州和地方政府证券，超过 10 万元的定期存款以及公司债。

(6) "股权"只包括非金融公司企业的股权债务。金融企业的股权债务在第 7 行另行表示。

(8) "不能销售的债券"主要包括美国储蓄债券、商业信用、证券信用，其他分类不包括的银行贷款以及美国政府和机关贷款。这一行的差额由于商业信用、取得分给企业。

(10) 国外资产主要包括国内持有的以外国通货计算的对外国人的债权、国外股权、国外国的直接投资和美国外汇以国际货币基金存项。

(11) 国外资产包括国内持有的有国外存款、包括在内的外国人的持有的企业股权成比例。

(6)，(7) 为了把非金融公司股权和金融机构股权分开，使用下列方法和假设：

(i) 其他单位持有以及发行的股票分配给家庭。

(ii) 其余股权债务随时可换现金等等于它们的报告净值、余额分给企业。

(iii) 其余股权债务作为非金融公司和金融公司之间分配，取金融公司发行的股权债务的总股权比例（不包括其他金融机构的数据可直接得到）。

(iv) 企业股权股票作后分配给股东。按照在此情况中关于股票发行股权处理（虽然有些企业发行股票和股权可得到）。

(v) 此外，企业保留企业股权/负债的变化与购买（包括给股东，分配给股东，与他们的持有的企业股权成比例。

(vi) 资本利得是企业股权/负债的变化与资本差距（包括保留项的盈余）之间的差额。

(14) 表内所示"净金融储蓄"将与国民收入和产品账目有资本利得，这里把企业保留盈余净余作为企业股权净发行股权和其他账目部门储蓄处理。

金流量账目中的"净金融储蓄"：企业金融储蓄以外的资产所有者有资本利得，这里把企业保留盈余净余作为企业股权净发行股权和其他账目部门储蓄处理。

具体订单，效果可能确实不同。因为在那个情况中，从投资得到某种将来收入的期望可能改善，而且从准备现在消费释放的资源可能转向准备将来的消费。所以麻烦在于，不是用某种具体新增消费来代替现在的消费，准备新增消费需要的现时经济活动与价值等于储蓄金额的现在消费需要的经济活动一样多，而是一种对财富自身的欲望，也就是在没有规定的时间消费没有规定的物品的潜力。"

简言之，金融和资本市场至多不过是储蓄和投资的高度不完善的协调者，我怀疑合理期望不能补救这个缺陷。这种不能协调是宏观经济不稳定性和宏观经济稳定政策的机会的一个基本源泉。目前的宏观经济理论或许过于只注意劳动市场，凯恩斯也曾发现竞争不能协调劳动的供求。

（四）资金流量和存量的统计

两次大战之间发展起来的国民收入账目提供了测试和估计凯恩斯和以后宏观经济学家们的模型的数据。理论和数据都主要针对流量及其相互关系。资金流量账目，特别是 1949 年以来美国联邦准备系统编制的，提供对金融市场理论模型有用的存量和流量数据，我们设法理解和说明这些观察数据。

在表 1 和表 2 中我列示 1979 年的数据，比联邦准备系统实际报告的部门（列）和资产类别（行）数目有所压缩。在表 1 中有 9 个部门和 11 种资产，这是我们在耶鲁的小组一直在设法估计的一个模型的加总程度（巴客斯等人，1980年）。在表 2 中，数据进一步加总为四个部门和四种资产，尽可能吻合我在这里要讨论的理论模型。

在这些表的格式中，一列表示一个部门的平衡表（存量）或资金的来源和用途（流量）。一行把一类资产的存量或流量在供给和需求各部门间进行分配。理论和估计的任务是用一些把各部门有价证券和储蓄的决策与有关变量联系起来的函数使各列得到解释，而且把各行作为一组联立市场清结方程，因而得到解释。[①]

---

① 见巴客斯等人（1980），布兰纳德和斯密（1979），斯密和布兰纳德（1974，1976），巴客斯和浦维斯（1980），和弗里德曼（1977，1980）。

四种资产模型的资金流量矩阵，1979 年流量，

表 2　　　　　　　　　　括号内为年终存量（10 亿元）

		"家庭"	企业	政府	其他	差额
股权	购买	50.9	−58.1	—	7.3	−0.1
	资本利得	130.0 (1314.0)	−129.4 (−1369.0)	—	−0.8 (54.9)	0.2 (0.1)
债　券		103.1 (616.9)	−2.3 (47.7)	−83.3 (−822.4)	−22.5 (116.9)	5.0 (40.9)
国外资产		6.7 (62.8)	23.8 (175.6)	1.2 (28.4)	−29.3 (−276.4)	−2.4 (9.6)
基本货币		9.2 (153.9)		−9.2 (−153.9)	—	0 (0)
杂　项		−3.8 (355.6)	−95.4 (−633.0)	65.9 (268.2)	25.0 (7.8)	8.3 (1.4)
金融净值		296.1 (2503.2)	−261.4 (1778.7)	−25.4 (−679.0)	−20.3 (−96.8)	11.0 (52.0)
一资本利得		130.0	−129.4	—	−0.8	
二净金融储蓄		166.1	−132.0	−25.4	−19.5	

来源：资金流量账目，联邦准备系统，1981。

注解：

（1）"家庭"包括家庭部门和金融部门。

（2）由于四舍五入此表和前表可能有出入。

（3）公司债包括在股权行内。金融机构发行的公司债假设都是家庭持有，即，假设外国人没有。所有外国公司债的发行假设为"家庭"持有并且在此表中分入国外资产一类。

（4）从资金流量账目不可能辨认公司债的资本利得。

（5）"杂项"包括活期存款，小额定期存款，抵押贷款，贷款，不能销售的债权，金融企业的股权债务及其他杂项资产。

二　一个决定短期产值和物价的多种资产模型

（一）私人财富新供给量的来源

在现代资本主义经济中私人家庭的新金融财富有三个供给来源：（I）存货或生产资本的净积累；（D）政府预算赤字；和（CAS）与其他国家的日常业务账

户交易中的盈余。（所有符号和方程列在本文之末）所谓金融财富我是指可转让的资产，不论实际财产或书面债权（其中负债持有额是负债）。我把不流动资产排除在外，例如将来的劳动收入（人力资本）和享受将来政府转移支付的权利，以及远期纳税义务。在任何时期（t）之内，家庭储蓄是三项之和：

　　（1）$S = I + D + CAS$　　　　　　　　　　国民收入恒等式

由在任何时期储蓄是净国民收入 Y 超过消费 C 加赋税 T 的差额，而赤字 D 是政府购买商品和服务 G 与赋税 T 的差额。会计恒等式（1）也可写成：

　　（2）$Y = C + I + G + CAS$　　　　　　　　国民收入恒等式

两种形式不论采用哪一种，任何一项或所有各项如果表示为经济变量的函数，恒等式即变成方程式。这时只有对那些变量值的某些集合，方程才被满足。根据这个解释，（1）或（2）是希克斯（1937）引入的著名的"IS"轨迹。

　　让我对于（1）式右边的三项资产供给来源讲得更精确一些。我相信，我要描写的讲解性模型包含与分析宏观经济学的中心问题，特别是财政和货币政策的作用不矛盾的最高的资产加总程度。在本文后面我将讨论几个分解方向。我只区分四类资产：股权，投资 I 产生的对物质资本及其收入的产权；政府债券和基本货币，发行它们以解决赤字 D；以及外币资产，这是日常业务账户盈余 CAS 赚来的，包括贸易盈余 X 和国外资产本身的收入。

　　当然，实际上这些类别中没有一类是内部同质的。物质资本采取许多不同形式，所以对它们的权利也如此——直接产权，债和股票。各种政府债券的还本期和其他条件不同。国际债权债务甚至花样更多。而且银行和其他金融中间人把企业、政府和外国人的负债变成许多不同形式的义务，以适应家庭储蓄者的喜好和环境。用四类资产代表这些复杂情况是一种很大的抽象，可与宏观经济学中许多其他抽象相比。为它辩护，我提醒你们，普通教科书宏观模型局限于两类资产，货币和其他一切东西。那就是说，在凯恩斯的《通伦》的希克斯"$IS-LM$"形式中，一切非货币资产和债务被当作在普通利息率加减外生利息微分下的完善的互相代替品。

（二）对生产资本的权利

　　私人资本投资是对物质资本的新权利的来源，采取股票形式，每股对每个单位的资本。任何时间的加总资本存量包括以前生产的或进口的但是未消费的一切存在的耐用或可储存商品。这些存量在商品本身的市场上（实际例子是旧车辆和机器，以及现存的住宅和其他建筑物），以及在公司证券或整个企业的市场上不断评价。这些旧资本货物的市场评价或高或低，与它们的置换成本，也就是以正常速度生产并安装同类型的新资本货物的成本有差距。这些差异本身又是一种激励，使投资率比正常值快些或慢些。在股权市场高度评价资本货物的时候，高于置换成本的差额诱导投资者们加速资本积累。这种诱导主要是伟大的瑞典经济学家克纽特·威克赛尔归功于自然利息率高于市场利息率的现象。

不过，对这种差额套利而带来的资本形成的加速有一个极限。异常迅速的资本积累，特别高的投资率，对各个投资企业和整个经济产生额外费用。这些调整费用是资本的市场评价和正常置换成本的正差额为什么能发生而且确实发生并持续存在的主要原因，而不会运用几乎无穷大的投资率取得的资本存量的几乎瞬时的跳跃。同样，现有资本的低市场评价放慢资本形成，但是很少完全排除总投资，同时存量以最大速度消耗下去。

我刚才谈的内容是把置换成本作为当年按照正常投资率的生产和安装成本。正常率是指保持资本存量按经济长期趋势增长的投资，用哈罗德的术语，就是受技术进步增添的，经济的外生资源的"自然"增长率。为了简单宏观经济模型的目的，结果是下面的一个净投资方程：

（3）　$I_t = q_t^K \Delta K_t = q_t^K K_{t-1} f(q_t^K)$　　　　　　　　　　投资函数

其中 $\Delta K_t + \delta K_{t-1} \geqslant 0$

$$f(1) = g$$

$$f'(q_t^K) \geqslant 0$$

$$0 < f^{-1}(-\delta) < 1$$

其中：

q_t^K　是 t 时期资本货物的市场评价对正常置换成本的比率。它的正常值是 1，而诱导零总投资的值是 $q = f^{-1}(-\delta)$。

K_{t-1}　是 t 时期初，按正常置换成本评价的存量。t 时期中可供的资本的生产性服务与 K_{t-1} 成比例。

ΔK_t　是 t 时期中发生的 K_{t-1} 的增加额。

δ　是资本折旧率。

g　是经济的自然增长率。

（在不会产生混乱的时候，我不用下标 t 而用 x_{-1}，x，x_{+1} 表示前期、现期和下期的一个变量的值）请注意在（3）式和在国民收入会计恒等式（1）和（2）中，投资都按资产市场价格而不按正常置换成本评价。理由是，q^K 与 1 的差异代表投资企业在改变它们的安装好的资本规模时发生的，包括正租金或负租金在内的真实调整费用[1]。

（三）政府赤字的弥补

财政政策考虑政府支出和赋税收入的规模，以及政府用于弥补预算赤字而发行的资产的存量和流量。货币政策考虑私有政府发行资产的构成，特别是货币发行和非货币公债的相对数额。不论财政部或中央银行采取的政府货币行动，决定当年赤字用货币和非货币发行弥补的比例。公开市场业务也改变现有债务的构成。

模拟与财政政策有区别的货币政策，而不明确假设至少一种非货币政府义务，显然是不可能的。（理论文献中有许多模型，其中政府赤字只能靠印刷纸币弥补。虽然这些模型中预算赤字大一些或小一些的后果有时归结到"货币"政策和货币增长率，假设的原始资产结构混淆了货币和财政政策并且排除按通常词义可以称为"货币的"业务）在我现在描述的四类资产的模型中，我假设非货币政府债务是永久债券或"统一公债"——许诺永久下去每期支付 1 元。政府在第 1 期支付这些债息的总义务是前期末存在的债券数，B_{-1}。一张统一公债以美元计的市价是 q^B。

政府的货币发行相当于高能力货币或基本货币概念，通货或它在中央银行存款债务中的等价物。基本货币的自身利息率是零。我心目中是一种法币，不是凭票可换黄金或任何其他商品。不过，在一个固定外汇率体制中，本国通货实际上可换成外国通货。债券市价的类似物可能是 q^H，但是它恒等于 1。现在高能力货币存量的数额和市场价值都是 H_{-1}。

回想国民收入会计恒等式开始时，我定义赤字为 G，政府购买额减去赋税收入 T。在此计算中，赋税是减去政府转移支付的净额，转移支付是负值的赋税，因为接受者没有同时向政府贡献商品和服务的补偿义务。公债利息既可看作是购

---

① 所谓投资的"q"理论是在托宾和布兰那德（1968）像这样引入的并在托宾（1969），托宾和布兰那德（1977），托宾（1978），西梭罗（1975），西梭罗和佛罗姆（1979），马尔基尔，冯·富斯屯堡，和华生（1979），冯·富斯屯堡（1977），萨默斯（1981），艾贝尔（1980），以及许多其他作者的著作中进一步讨论和应用，由于它是新古典学派企业理论的直接应用，所以它有许多先驱者。

买一种服务，也可看作是一种转移支付。对于我的目的，最好把它当作转移支付处理，但是保持单独对它跟踪。

一个政府可能持有可出售的资产并从它们赚到收入。在此最简单的模型中我假设政府不购买或销售或持有物质资本或私人发行的股票或债券。但是为了模拟开放经济中的财政和货币政策，必须假设政府在外币资产中的交易以及假设它持有国际准备之类的资产。这些表示为模型的第四类资产。第 1 期初政府持有额用外币单位为 $_GF_{-1}$，在第 1 期按 e'_GF_{-1} 评价，其中 c 是一单位外币的国内通货价格。可以设想 $_GF_{-1}$ 有负值，即政府对外国人是一个净欠债人。在任何情况中，如 ρ^F 是外币收入，政府在它的准备上的收入是 $e\rho^F \cdot _GF_{-1}$。

所以对于商品价格水平 p，以美元计算的预算赤字是：

（4）$pD = pG(\cdot) - pT(\cdot) + B_{-1} - e\rho^F \cdot _GF_{-1}$。　　　　　政府赤字

这里财政政策参数是立法建立的关系，把购买额和赋税减转移支付定义为经济变量的函数（$\cdot$）。例如，$G（\cdot）$ 可能是每个时期特定一个常数 G，同时 $T（\cdot）$ 可能是当年实际收入，以及其他当年和已经变量的一个函数（对于既不按物价指数又不迅速调整的计值赋税和转移支付制度需包括 p）。

赤字必须用高能力货币、统一公债和外币三类资产按资产现价的交易来弥补：

（5）$pD = \Delta H + q^B \Delta B - e\Delta_GF$　　　　　　　　　　政府赤字

（6）$\Delta H = \gamma^H pD + Z^H$　　$0 \leqslant \gamma^H \cdot \gamma^B \leqslant 1$　　　基本货币供给

（7）$q^B \Delta B = \gamma^B pD + Z^B$　　$\gamma^H + \gamma^B = 1$　　　　　债券的供给

（8）$-e\Delta_GF = Z^F$　　　　$Z^H + Z^B + Z^F = 0$　　政府供给外币资产

这里有三个货币政策参数自变量。其中之一，例如 γ^H，它也确定了 γ^B，确定当年赤字中用货币发行弥补的份额。假设没有依靠销售外币资产或借入外币以弥补预算赤字的系统性政策。其他两个政策参数，即共同决定 Z^B 的 Z^H 和 Z^F，描写市场业务。在国内公开市场上购买政府债券是一个正值 Z^H 被一个数值相同的 Z^B 抵消。在外汇市场上干预，出售国内通货以获得外币资产是一个正值 Z^H 被一个数值相同的 Z^F 抵消。一次"不起作用的"获得外币资产是一个正值 Z^B 被一个数值相同的 Z^F 抵消。

（四）向公众提供外币资产

在这个阶段我假设在模型描述的经济和世界其他部分之间的一切资本交易是

以外币资产进行的。对整个经济，包括政府和私人都在内的外币新供给，是它在当年账上的盈余。这又分为它在商品贸易中的盈余加上它在现有外币资产上的收入。用当年国内价格表示，当年账上盈余是：

$$(9)\quad e\Delta F+e\Delta_G F=pX(\cdot)+e\rho^F F_{-1}+e\rho^F\cdot{}_G F_{-1}\qquad\text{支付平衡}$$

这里没有前下标 G 的 F 指国内私人持有的外币资产。$X(\cdot)$ 是以国内通货计算的实际贸易盈余，它是一个函数，自变量为国内经济活动，具体地为实际国民收入 Y，以及实际汇率 ep^F/p（其中 p^F 是出口商品的外币价格），还有滞后的和同时的，国外的和国内的其他变量。大家知道，X 对实际汇率的关系式的符号取决于各种弹性；如果超额需求弹性足够高，使实际贬值改善贸易平衡，则符号是正的。

使用前一小节中的关系式，我从（8）和（9）导出向公众供给的国外资产：

$$(10)\quad e\Delta F=pX(\cdot)+e\rho^F(F_{-1}+{}_G F_{-1})+Z^F=pCAS+Z^F$$

向公众供给的外币资产

（五）总储蓄

方程（3）、（6）、（7）和（10）给出 t 时期中股票、基本货币、统一公债和外币四类资产的新增供给。以不变美元计算，它们相加为国民收入恒等式中的 $I_t+D_t+CAS_t$。

（六）对资产积累的需求

下一步是写出对新增四类资产的需求，以匹配在 2.1—2.5 中描述的新增供给。由于四个供给流量之和是总储蓄，写出四类需求也包含了一个总储蓄函数。当然，具体的或一般的储蓄与财富的增量并不等同。资产持有人也得到资本利得或蒙受资本损失，有些是预期的，而其他是意想不到的。

我假设各个家庭对每种资产 $J(=K,B,F,H)$ 寻求一个期末持有额 $P_t\Lambda_t^J$，按照本期资产美元价格的市场价值计算，Λ_t^J 是函数，它们共同表示基本证券管理和财富积累行为。各家庭进入 t 时期时对各种资产有一定的持有量 J_{t-1}。这些值 $q_t^J J_{t-1}$，其中 q_t^J 是在 t 时期确定的 J 资产的美元价格。所以对新资产，$q_t^J\Delta J_t$ 的净需求，以美元价值计算是 $P_t\Lambda_t^J-q_t^J J_{t-1}$。正是这个向量必须与前一节描述的供给相等。

一个 t 时期的四方程系统详列如下，现在以实物计而不是以美元计。

　　　　　　　　　　　　　　　　　　　　　　　　　　　　需求＝供给

　　　　　　　　　　　　　　　　　　　　　　　　　　　　方程：

(11)　$\Lambda^K(\,\cdot\,)-q^K K_{-1}=q^K K_{-1}f(q^K)$　　　　　　　　　股票市场

(12)　$\Lambda^B(\,\cdot\,)-q^B B_{-1}/p=\gamma^B D+Z^B/p$　　　　　　　债券市场

(13)　$\Lambda^F(\,\cdot\,)-eF_{-1}/p=X(Y,e\rho^F/p)+e\rho^F(F_{-1}+{}_GF_{-1})/p+Z^F/p$

　　　　　　　　　　　　　　　　　　　　　　　　　　　　外币资产市场

(14)　$\Lambda^H(\,\cdot\,)-H_{-1}/p=\gamma^H D+Z^H/p$　　　　　　　基本货币市场

它们求和为 IS 关系：

(15)　$\Lambda^W(\,\cdot\,)-W^*_{-1}=q^K K_{-1}f(q^K)+D+X(Y,e\rho^F/p)$

　　　　　　　$+e\rho^F(F_{-1}+{}_GF_{-1})/p$　　　　　　　　　　　　　总财富

这里 W^*_{-1} 是前面四个方程左边第二项之和，即从过去继承的资产按 t 时期价格的价值。

　　并且回忆赤字 D 的表达式：

(16)　$D=G-T(Y)+B_{-1}/(p-e\rho^F\cdot{}_GF_{-1})/p$　　　　　　　赤字定义

（七）资产之间的总替代性：预期报酬的效应

　　什么是 A^J 函数中的自变量？原则上在所有函数中出现同样的向量。向量将包括四类变量：期中的内生变量，即求解包括（11）至（14）四方程的一个联立方程组确定数值的变量；期中内生变量的滞后值；期中内生变量的预期未来值；过去、现在或将来的外生变量。A^W 是 A^J 之和的事实说明（15）可以代替前四个方程的任何一个。它也说明，财富需求对任何自变量的偏导数是各种具体资产需求对同一变量的偏导数之和。例如，从收入中储蓄的四个具体边际倾向加总为全面的边际储蓄倾向。

　　在每种资产需求函数的自变量中有保持一种资产一个时期预期的几项实际收入，向量（r^K，r^B，r^F，r^H）。这些涉及商品和资产在 $t+1$ 期的价格的期望值如下：

(17)　$q^K_t(1+r^K_t)=R_t(Y_t,K_{t-1})+Eq^K_{t+1}$　　　　　　股票，价格和报酬率

持有价值为 q^K_t 的资本股份从 t 至 $t+1$ 使股份的主人有权收到收入 R_t，它决定于使用资本存量 K_{t-1} 在 t 时期生产的产值 Y，并且有权按预期为 Eq^K_{t+1} 的实际价格

销售股票。

(18) $q_t^B(1+r_t^B)-(1+Eq_{t+1}^B)/(P_t/Ep_{t+1})$ 债券，价格和报酬率

(19) $e_t(1+r_t^F)-(1+P^F)Ee_{t+1}(P_t/EP_{t+1})$ 外币资产，价格和报酬率

(20) $1+r_t^H=P_t/Ep_{t+1}$ 基本货币，报酬率

有了这些关系式，(11) — (14) 中的资产价格 (q^K，q^B，e) 可用 r^J 向量表示，反之亦然。对于给定的价格期望，在当年价格和每种资产的预期一个时期的实际收入之间显然有一个逆关系。只要预期资产价格对当年价格的弹性小于 1，事情总是这样的。对于股票和债券，即使弹性等于或稍许超过 1，仍然如此。

各种资产是总替代品的假设意味着 A^J 对它自身收入 r^J 的偏导数是正值的，但对其他收入 r^L ($L\neq J$) 的偏导数不是正值。在现在讨论的问题中，这个假设比资产存量需求相加必为一个不取决于自变量向量的常数的假设更强。这里对任何预期收入的自偏导数和交叉偏导数相加等于那个收入对所要期末财富的总效应。总替代品假设意味着总效应是非负的，而且一个单一利息率对财富需求的任何效应采取对另一种资产的需求的形式，后者的利息收入增加了，而不会增加其收入未提高的其他资产的需求。这些是合情合理的假设，并且它们与合理证券夹及储蓄行为一致，但不是后者的必要条件。

证券夹理论对于模拟不同资产为不完全替代品，提供一种松散的理由，虽则不同资产的预期收入有差别，人们仍然同时持有它们的正数额（马可维茨，1952和 1959，托宾，1958）。它也提供一种理由，证券夹需求为什么取决于预期收入的结构。但是它并不断言各种资产是总替代品。有很强收入负协方差的各种资产可能是互补品，预期一种资产的报酬上升诱导一种预防损失，包括两种资产的证券夹增加。甚至没有协方差互补性，一种资产预期收入增加的收入效应可能造成总替代品假设失败。由于这些原因，对于资产需求和对于消费品需求一样，总替代性是一种比效用最大化限制更严的假设。

（八）决定资产需求的其他因素

资产需求函数 A^J 不一定是在预期收入和其他决定性变量的现有数值下各家庭会选择的永久性证券夹。在任何短时期内，这些需求函数对于金融环境的新信息只能作局部性调整。鉴于交易和决策的费用，反应滞后是合理的。例如，当资本利得和损失变更证券夹的份额时，证券夹经理进行校正性交易可能是缓慢的。

由于这些原因，Λ^J 将是多变量存量调整函数并且涉及初始持有量向量 J_{-1}。人们一般可能预期初始存量的自效应是负值的而交叉效应是正值的，在加总财富函数 Λ^W 中以自效应为主。

在凯恩斯模型中，本期的和近期的实际可支配收入是消费的主要决定因素，但是战后理论贬低它们的作用而看重长期可支配资源的前瞻计算。[①] 问题在于家庭展望期的长短，在展望期中收入，赋税和转移支付加在一起，这个现在的和将来的资源总数在展望期中按照比较稳定的速度消费。展望期愈长，现在收入增加中被储蓄而不被消费的份额愈大。各家庭的展望期无疑非常不同，一方面有极受灵活性约束的消费者们，他们过着从手到口的生活，有任何现金收入就赶快花掉；另一方面所有朝代的帝王，他们为了子孙储蓄一切额外的收入、灵活性约束，例如，未来工资和养老金在时间上互换的限制，对许多家庭有足够的约束力，本期可支配收入仍然是消费的一个重要决定因素。

本期收入也是交易量的一种度量，因而特别是对交易货币的需求有影响。在四类资产的模型中，交易效应将表现为对基本货币的直接或间接需求的较高收入弹性。

前面的讨论已经弄清楚，"人力资本"、预期将来的工资、赋税和转移支付，是本期消费和储蓄的一个决定因素。本期可支配收入可能是这种财富的一个指示器，但是它是一个不完全的和不完善的指示器。关于家庭展望期内未来可支配收入的好新闻将减少本期储蓄，坏新闻将增加它。对储蓄的构成的影响比较难以分析。可支配收入的时间和年龄轨迹无疑影响证券夹，特别是如果各种资产的灵活性不同。但是对于整个经济，这些效应平均掉了。由于资产报酬和人力资本的收入两方面的不确定性，产生一个更重要的考虑。它们的协方差对证券夹选择很有关系。害怕风险的储蓄者们将喜欢报酬与他们自己的工资成负相关的资产。预期高度周期性宏观经济前景的工资劳动者将不喜欢股票，正好当他们最可能失业的时候，股票的报酬和价值可能低。预期稳定的就业，实际工资和利润的人将怀疑票面资产、债券和货币。相信由于反膨胀货币政策，膨胀时期将是滞胀时期，可能引导各家庭向载有市场利息率的短期美元票面资产（没有包括在我的讲解性模型中）而不向股票或长期债券寻求对抗失业和低实际工资的保险措施。

---

① 弗里德曼（1957）、莫迪里安尼和布伦堡（1952，1954）是创新的。我自己对消费的工作从我在1947 年的博士论文开始并且包括若干年来发表的十篇论文，重印在托宾（1975，29—38 章）中。

前面的讨论告诉我们，面对经济环境的显著变化，不能预期资产需求函数是稳定的。几种资产的报酬的方差和协方差反映对经济的较基本的冲击的概率分布。这些是技术、爱好、外国经济以及政府政策中的外生冲击。而且它们的影响取决于私人和政府决策者两方面对它们的反应。观察到的，不同资产证券夹与人力资本组合的估计风险中反映的那些影响的联合概率分布，在 80 年代无疑与 60 年代不同，资产需求函数也不同。但是资产需求函数下面的观念、常例和习惯并不突然改变。对我们的眼前目的而言，在经济波动和稳定政策的中等长度展望期中需求函数稳定就够了。

赋税和转移支付作为本期和未来可支配收入的元素已经谈过，资本收入税也影响持有资产的税后报酬。征税降低预期收入的明显论点不是事情的全部，因为它改变不确定报酬的全部分布。如果政府对称地分享损失和利益，它的税减少风险以及有风险证券夹的平均报酬，同时增加其他赋税，例如工资税和消费税的纳税人的风险和报酬。一定的赋税制度对储蓄、证券夹选择和资产价值的效应是一个大而复杂的题目，超出这次讲演的范围。

(九) 宏观经济、模拟策略：存量、流量和具体的储蓄函数

到现在为止我描述的方法的革新之处在于储蓄和证券夹决策的联合。写出了积累各种资产的函数，并且它们相加为本期的总财富积累。决定资产价格和利息率的市场把这些需求流量与实际投资、政府赤字和对外当年账目中产生的供给流量协调起来。市场同时处理从储蓄和积累产生的流量以及从调整证券夹产生的流量，需求方面是私人所为，供给方面是货币当局所为。到时期终了，与确定该期资产价格同时，这些市场参加者持有他们这时需要的按现行价格的各种资产和总财富的存量。

这不是短期宏观经济模型的常规策略。常规策略是把资产价格和利息率的确定模拟为不取决于新储蓄流量的暂时存量均衡。这是在模型的"LM"部分作的，其中受过去储蓄留下但是按现行资产市场价格重新评价的净值的约束的财富主人们，选择他们在这些价格下希望持有的货币和其他资产的存量。供给他们的存量也是历史前定的，例外的是货币当局按现行资产价格用公开市场业务推动的瞬时离散调节。虽然各家庭同时储蓄以积累财富，IS－LM 模型不包含描述他们希望用什么形式积累它的具体储蓄函数。没有具体储蓄函数意味着期末家庭证券夹的构成单独由发行新资产供给来改造，这些发行为了给投资、政府赤字及当年账户

盈余筹款。这个构造可能不是各家庭所要的，但是改正要推迟到资产存量市场在下期初重新开放之时。不受欢迎的含义是，财富的主人和储蓄者们在构成他们的证券夹需求时忽视了一个事实，他们同时在储蓄以增加他们的财富。与存量的"LM"市场对比，联立的"IS"方程正在努力产生商品和服务的流量。

在我描写一个用于货币分析的多资产结构的 1969 年的论文中，我继续采用了我现在反对的行不通的两分法。① 我设法推广资产价格和数量的存量均衡到更大的资产集合，然而同时画出单一的"LM"轨迹与一个"IS"轨迹并列。我现在承认，这种凝聚一般是达不到的。1969 年论文的主要论点并不取决于这个特点，但是我觉得这次讲演中提倡的把存量调节和储蓄流量融合在一起似乎是一种优选的方法。

对凯恩斯短期宏观经济系统的解的解释一直总是模糊的。当变量未明显标志时点或时期时，事情特别是这样。这个解是一个休止位置意义上的均衡么？对于一个模型，它的解本身意味着资本、财富、政府债务及其他资产存量的变化，不会如此。由于模型的结构方程取决于那些存量，当存量在运动时，结构方程的解不会重复。凯恩斯自己承认这个问题，但是靠把分析展望期定义得足够短使流量引起的存量变化微不足道，原谅他自己没有考虑积累的动力学。对于物质资本和总财富的存量而言，原谅是可以的，但是不平衡的政府预算、货币业务和对外平衡能够很迅速地改变相应的资产存量。其解产生流量但完全忽视它们的后果的一个模型可能使人怀疑，忽视了甚至在较短时期也是重要的现象，并且因而对财政和货币政策的效果给出不完全的或甚至引入歧途的分析。

符合这个精神的一个具体批评意见是认为标准宏观模型"忽视了政府预算约束"，即要求赤字用发行这种或那种政府债务来弥补的恒等式。② 在标准模型中这个意见是对的，除非在时间上跟踪资产存量的增长和它对资产存量及其他变量的影响，以便在动态上发展它。我在上面提出的形式明确表示政府的筹款需要并且允许它的货币和债券的发行立刻影响金融市场。

但是问题和它的解释不以政府财政为限。另一个例子有关国际资本移动和汇

---

① 不过，我与威廉·布兰纳德的 1968 年论文与这个反对意见无关。我们在那篇论文中用显式模拟时间为离散的各时期，遵循这里推荐的方法。

② 这个批评意见的一个先例是克列斯特（1966，1968）。在布林德和索洛（1973，1974），托宾和别特（1976，1980），和托宾（1979）中讨论了这个问题。

率的确定（布兰逊，1976，1977）。最近流行的警句"汇率是一种资产价格"是一条真理，但是是一条半真理或四分之一真理。它是使流量和存量分开和把资产市场简单地看成调和受财富约束的证券夹需求与现有存量的自然后果。这个模型应用于国际金融市场比较分析支付，不平衡和汇率的老方法肯定是一个进步，后者或是完全忽略资本交易，或者假设利息率差额或其他因素诱致的流量可能不定期地继续下去，而不论它们对证券夹构成的影响。但是比较自然的是承认汇率是在当年和资本账目上的供求混合在一起的市场上决定的——或者由官方干涉保持平价。（托宾和德·马其多，1980；托宾，1981）

在这里和在其他金融市场一样，实际参加者和观察者们敏锐地感觉到新发行和新需求的流量，而经济学家们集中注意于存量。每一群人对另一群人的着重点感到迷惑不解。可能双方都对。

（十）宏观经济模拟策略：连续的或离散的时间

刚才讨论的问题与时间的模拟有关。上面引入的方程按相等的有限长度的离散时期计算时间。在任何时间之内，每个变量取一个而且只取一个值。特别是，每个时期资产市场的清结确定一组资产价格。从一个时期到下一个时期资产存量按有限数额跳跃。所以这些跳跃的供求影响该时期内的资产价格和其他变量，时期越长，影响越大。当然，它们也将影响以后各时期中的解。

对连续时间能用同样的模拟策略。各个具体储蓄函数以及总储蓄函数，于是表明储蓄者要增加他们的各种资产和总财富存量的速率。它们将既反映长期储蓄和证券夹计划的连续执行，又反映由于意外事件、新闻和改变的环境或编号以致发生与计划偏离，而调节存量的速度。

两种表示时间的方法在经济动力学中都是不实际的抽象。我们由普通观察知道，有些变量，特别是有组织市场上的价格，几乎连续地运动。对于不同长度的时期，其他变量仍是固定的。经济主体的有些决策每天或每时重新考虑，而其他决策间隔一年或更长时间重新评论，除非特别事件强迫人们进行修正。原则上考虑变量之间变化频率的差异，甚至使那些频率成为内生变量，可能是好的。但是现在这种现实主义的模型似乎超出我们的分析工具的能力。而且，许多统计数据只在人为有限时期才有。

把经济表示为联立方程系统始终有个可信性问题。但是想像经济每过一微秒求解和再求解这种系统特别令人难以置信。即使有现代计算机，华尔拉的拍卖商以及将他们的供求表提供给它的市场参加者们的任务是不可能办到的。经济的互相依赖关系是经济生活的特点，了解和说明它是我们作为职业经济学家的任务。联立方程系统是相互依赖关系的一种方便的表示形式，但是设想求解它们的经济过程需要时间而不是瞬时作用则更有说服力。

在任何事情中，必须把宏观经济活动的短期确定模型看作是讲一片段时间，不论是厚或是像纸那样薄，而且模型镶在一个动态过程中，其中流量改变存量，后者又影响以后的流量。

（十一）一时期模型的解

四类资产市场方程（11）—（14）是模型的核心，并用赤字 D 的定义（16）和本期及预期价格与四个一期报酬率 r^J 之间的关系（17）—（20）来增广。这个结构的求解和解释取决于那些变量被看成是期内内生变量以及那些是外生或前定变量。如果不止四个变量被作为内生变量，则必须添加一个或更多方程。

在这里为了讲解方法以及实质性兴趣，我提出三个方案：（1）一个"凯恩斯的"版本，其中本期实际收入 Y 是内生的但是商品价格 P 是前定的；（2）一个"古典的"版本，其中价格 P 是内生的，但是 Y 是在供给方面被资本存量 K_{-1} 和外生劳动力决定的；（3）一个"混合的"版本，P 和 Y 都是内生的并且用一个第五方程，即期内菲利普斯曲线来联系。在所有的方案中，（17）—（19）中的资产价格期望值假设对相应现行价格的弹性小于1，所以现行价格与报酬率 γ^T 呈逆相关。不过，在"凯恩斯的"和"古典的"方案中，商品价格期望值 E_{P+1} 假设与现行价格 P 成比例。这个假设固定了预期膨胀率并且因而固定了 γ^H。在"混合的"方案中，假设预期膨胀率与现行膨胀率相同，$E_{P+1}/_P = P/_{P-1}$，所以 γ^H 由短期菲利浦斯曲线决定。

表示财政政策的外生变量是政府购买额 G 和赋税——转移支付函数 T 中的一个常数或移位参数（为简单计，解释为不改变对资本收入的边际赋税率）。货币政策的参数是 γ^H，赤字中靠印刷基本货币弥补的份额，以及 Z^H 和 Z^F，货币和外币的公开市场"销售"。在不干预的浮动汇率体制中，Z^F 是零；在有区别的干预体制中，销售外汇得到货币或债券，是一个政策变量。在不准备在这里分析的固定汇率体制中，Z^F 变成一个内生变量，同时 e 和 γ^F 变为外生变量。

凯恩斯的方案，如 P 和 γ^H 是前定的，可用模型求解（γ^k，γ^H，γ^F，Y）。方程（17）—（19），以隐式取代以便从核心方程消除（q^K，q^B，e），然后可以用

来得到这三种资产的价格。

对核心方程（11）—（14）求导给出一组有微分的方程，其符号结构在（21）中表示。相加供参考的第五行系指 IS 方程（15）。

$$
(21) \quad
\begin{bmatrix}
+ & - & - & + & (?) \\
- & + & - & + \\
- & - & + & + \\
- & - & - & + \\
+ & + & + & +
\end{bmatrix}
\begin{bmatrix}
dr^K \\
dr^B \\
dr^F \\
dY
\end{bmatrix}
=
$$

$$
\begin{bmatrix}
0 & -\Lambda_T^K & 0 & 0 & 0 & + \\
+\gamma^B & -\Lambda_T^B & -\gamma^B + D & 1/P & 0 & + \\
0 & -\Lambda_T^F & 0 & 0 & 1/P & + \\
+\gamma^H & -\Lambda_T^H & -\gamma^H & -D & -1/P & -1/P \\
+1 & -\Lambda_T^W & -1 & 0 & 0 & 0 & -
\end{bmatrix}
\begin{bmatrix}
dG \\
dT \\
d\gamma^B \\
dZ^B \\
dZ^F \\
dr^H
\end{bmatrix}
$$

比较静力学

除最后一列外，雅各布行列式的符合结构来自对 Λ^J 函数的总替代性假设，用核心方程中其他各项的偏导数的符号加强，具体是资产价格对报酬率的负关系和贸易平衡的标准马歇尔——勒纳弹性条件。最后一列体现一个推测，从本期收入储蓄于每种资产的边际倾向是正值的。给定这个推测，用（?）指示的惟一模糊之外是一种可能性，Y 增加，由于提高资本收入 R，提高 q^k，投资，及 K_{-1} 的评价，是以超过它诱导的对股权财富的新需求。边际投资倾向可能超过储蓄于股权的边际倾向。

假设所示符号结构，雅各布行列式是正值的。[①] 即使有疑问的符号颠倒过来，它可能是正值的，而如果列中第一和最后一项之和是正的，一定如此。给定一个正值雅各布行列式，乘数的结构在表 3 中列示。

这些是常规的宏观经济结果，其性质和 IS－LM 模型的可比结论相同。然而，请注意，与古典的孟代尔（1963）结论，所谓在浮动汇率体制中货币政策起作用，财政政策不起作用相反，在这里两种膨胀政策都有效。而孟代尔模型中，财

---

① 　一个占优对角线矩阵有正的对角线元素，非正对角线以外元素，和正的列元素之和。它的行列式是正的。如果任何一列用没有负元素和至少一个正元素的一个非负向量来代替，它仍然是正的。

表3				凯恩斯和古典情况的乘数
内生变量	dr^k	dr^B	dr^v	dY（凯恩斯） dp
	$(-dp^k)$	$(-dp^e)$	$(-de)$	（古典）
膨胀财政政策				
dG　购买（$r^H=1$，$r^H<1$）	$(-,?)$	$(-,?)$	$(-,?)$	$(+,+)$
$-dT$　减税，转移支付	?	?	?	$+$
$dG+dT$　预算平衡增加	?	?	?	?
膨胀货币政策				
$-d\gamma^B$　发行货币弥补赤字	$-$	$-$	$-$	$+$
$-dZ^B$　公开市场购买债券	$-$	$-$	$-$	$+$
$-dZ^F$　公开市场购买外币资产	$-$	$-$	$-$	$+$
dZ^B-　不起作用购买外币资产	?	$+$	$-$	?
dZ^F				
$-dr^H$　膨胀的期望				$+$

政膨胀单独不能增加总需求，因为它提高汇率而降低日常业务账户的盈余；外国利息率束缚国内利息率，所以货币速度不能提高。在本模型中，财政膨胀并不完全"排斥"净输出。汇率升高降低对货币的需求，一则因为如果汇率预期变动不大，国外资产的报酬要高一些，二则因为持有的外币资产价值要低一些。这个财富效应当然要求持有的外币财富是正值。资产替代效应也意味着浮动汇率并不使经济免受外来需求冲击。

各种报酬率乘数符号的不确定性反映了多种资产模型中可能的替代形式的多样性。例如发行债券弥补赤字，如果债券是货币的好替代品而是股权的坏替代品，股权报酬 γ^K 可能实际下降。

古典模型。从形式上看，古典模型与（21）的结构性质相同只是 P 和 Y 的角色互换了一下。两者的乘数如表3中所示。对于方程（11）—（14）中明示的超额资产需求的正价格效应可能因 A^J 函数自身中的庇古效应而加强。如果没有这类效应，雅各布行列式，即现在的 dp 列的最上面一项是零。在任何情况中那个符号的可能不确定性都被消除了。

货币膨胀不是中性的，而降低实际利息率并把产出构成从消费转向投资。财政膨胀提高物价水平，如果这还不能诱导出足够的储蓄和日常业务账户逆差来弥补预算赤字，它提高 γ^K 而排斥投资。过去常常论证，货币主义者对于财政政策的结论要求货币需求的利息弹性为零（雅各布行列式第四行的前三项）。

混合模型。在模型上显然可以加一个"总供给"函数，同一期间的 P 和 Y 之间的一个正关系，而不必改变模型的主要性质。不同政策和其他外生变量的影响于是在物价和实际收入之间分开，但是如表 3 中所示，其影响将是同方向的。这些结果决定于一个假设，预期膨胀并且因而 r^H 不依靠现时物价 P。

在（21）的最后一列中，给出了对于 γ^H 的外生变化的微分符号。在中间两行中，除 γ^H 对 A^B 和 A^F 的负效应外，这些符号反映它对 q^B 和 e 的负效应。所得的乘数符号出现在表 3 的最后一行中，通货膨胀的预期是扩张性的和通货膨胀性的，这一点不奇怪。

现在假设 γ^H 是内生的，等于 r^H_{-1} 加一个与 Y 负相关的期望修正额。这将在（21）的雅各布行列式加一个第五列，即 γ^H 列但符号逆转，因为它变成雅各布行列式的第四列。γ^H 对 Y 的关系将增加一行，$[000++]$，而且可能逆转雅各布行列式及 P 和 Y 的乘数的符号。在 $\gamma-Y$ 空间的一个 IS—LM 图中，如果从 LM 轨迹减去一条菲利浦曲线在每个 Y 水平发生的通货膨胀后，它从上至下穿过 IS，而不是以正常方式穿过 IS，将发生等价的逆转。

在这类模型中，我们不能任意舍弃像不稳定均衡这样的直觉上感到反常的解。在一个时期或在连续时间的一段之内没有动力学。一个时期的模型，联立方程等一切是说实际发生什么事情。在若干一个时期的解的序列上发生动力学和稳定性问题。在前一段的例中，解决方法或许在其他地方，例如在放慢实际通货膨胀转为预期通货膨胀的进度。

三　模型的可能扩充和精细化

（一）金融中间人、贷款和内部货币

表 1 说明，银行和其他金融机构在借款人和贷款人之间起作用，贷款给企业、政府家庭和其他人，而对家庭及其他贷款人承担负债。商业银行的传统业务是接受存款以及其他要求即付或在规定时间支付的义务而获得流动性较差和期限较长的资产。几乎所有它们的资产和负债，除它们的股东的股权外，都是支付通货的诺言。其他中间人同样把它们的资产转换为——在计算单位的方便、流动

性、期限和风险方面——更加适应它们的贷款人的偏好和情况的形式。银行和其他中间人，连同资本和信用市场，这样创造出"内部"资产，经济主体互相的债权，在私有国民财富加总时互相抵消。特别是，银行创造内部货币，那就是存款，它们与政府通货同样作为普遍接受的交易媒介，或者作为其密切的替代品，在它们的分类账的另一边，不是用基本货币或政府债务，而是用私人贷款和证券为后盾。在美国，政府存款保险，实际上把政府法币延伸到存款，维持银行存款与通货的等价性。

有了银行和内部货币，对基本（"外部"）货币的需求的性质改变了。在美国，基本货币主要有两个用途：公共流通的通货和银行准备。法律要求银行保持准备，或用通货，或用在中央银行的存款，按照凭支票取款的存款和某些其他流动负债的一定分数。它们可以保持超过要求的准备，或者向中央银行借款，使它们的"净自由准备"状况为负值。因此对基本货币的需求函数包括三部分：非银行公众持有的通货；法律要求的银行准备，公众活期存款的规定分数；以及净自由准备，各银行参考联邦准备贴现率和贷款及证券可得的利息率作出选择。三个函数中的自变量是利息率和有关家庭或银行证券决策的其他变量。

在资产目录上加一种以上的银行存款在表1那样的矩阵上加新的行。它是否也对内生利息率目录有所增添，要看存款的名义利息率，像通货的零利息率那样，是否由法律或常规所规定。利息率受控制的存款是一个不被价格清结的资产市场的例子。银行不在它们的存款供给表上。它们愿意接受的存款比公众接受控制利息率需要的存款多，但是市场的较小一边控制数量。因而银行的可支配存款，即减去要求的准备后的净存款可供分配于自由准备、贷款和证券。

银行和其他中间人能争取存款及携带市场决定的资产的其他负债。这些在原则上增添了内生利息率目录，虽然实际上定期存款单可能是国库券和其他短期公开市场证券的接近完善的替代品。同样，商业贷款、抵押贷款和中间人持有的其他资产可能需要单独的行和利息率。有些贷款可以按行政规定的利息率，如"优惠"利息率配给，从借款人有长期的或常发生的超额供给。模拟一种私人规定的非竞争价格的一种方式是想象每个时期参考前一时期观察的超额供给重定一次。于是它不是一个时期内的内生价格，而对应它的行方程的内生变量是一个数量。

有固定名义利息率的货币资产的存在——基本货币、存款以及短时期的中央银行贷款——增添影响它们的供给的中央银行货币业务的力量。原因在于，其他资产价格、利息率、商品价格和实际收入必须调节，以诱导公众在他们的证券中吸收这些供给的变化。由于同一原因，而且不论是利是弊，对固定利息率资产的供求的非政策冲击是有影响的。对比之下，一种有灵活的市场决定利息率资产，如果净供给有外生的增加，大部分能被自身利息率本身的增加所容纳。

在一个 n—资产模型中，如果内生利息率少于 n 个，上面说过，资产——市场方程能决定至少一个其他变量，例如 Y 或 P 或它们的某种组合。如果所有资产的利息率是市场决定的，这个自由度会失掉。金融制度的趋势是扩大有可变市场决定利息率的资产范围，增加基本货币供给和等价冲击对市场利息率的影响。这种趋势使希克斯的"LM"曲线更加接近垂直，使财政政策和其他"IS"冲击的后果较轻。它是否有助于产值和物价的稳定性或不稳定性，决定于对其余固定利息率资产小核心的供求，以及对可变利息率的资产，特别是有票面值的证券和股权的供求形式的不能预知的和不能控制的冲击的性质和强度。在新体控制中 q^K 和 Y 有可能更加可变而不是相反。

（二）替代性、加总和估计

原则上模型应当区分不完全能取代的资产类别并且为每一类确定一个单独的报酬率。如果两种资产是完全替代品，它们的利息率在一起运动，可以作为一个变量来表示，这样两行必须合并。在经济计量实践中，对于密切的虽然不完全的替代品，这也是合适的。利息率时间序列的强共线性成为困难的经济计量问题。观察到的共同变化是由于密切的替代性或影响广泛的共同外生冲击，常常是不清楚的。历史常常不做那些可以测试替代性假设和允许估计交叉弹性的，相对资产供给变化的实验。为此缘故，模型或局部模型的估计和模拟在很大程度上依靠关于系数及其误差分配的事先估计。在有些例中，这些贝氏方法，虽然在拟合样本观察值方面不如标准方法，在样本外预测方面成绩较好（斯密和布兰纳德，1976）。

（三）国际资产交易

在第二节中，国际资本运动以最原始的方式模拟，规定一定种外币资产，国内居民可以按照一个外生外币利息率借贷。假设外国不需要国内资产。由于这些简化假设，外币资产的供给等于需求方程也是支付平衡方程。走向真实的一步是在一切国内资产的方程上增加外国需求，与国内资产需求函数采用同样的格式和性质，稍加修改。外国证券经理大概关心他们自己的通货的报酬。继续假设外国利息率、外国收入和其他有关外国变量是外生的，这个修改可以保持在"小国"假设的范围之内。支付平衡方程是以前的外币资产平衡方程，但是净需求现在增加了对国内资产的净外国需求之和。这个修改使较简单模型的结论不受影响，只作次要的变动。

然而第二步引入很大的复杂性和模糊性。这就是联合和对称地模拟两个经济，每个国家的居民需要持有两种通货的资产，宏观经济变量在两国中都是内生的。第 2 节中确定的定性结果的来源，"总替代品"假设不再适用，因为同一汇率运动对两国的投资者有相反的意义。每个国家的居民希望用自己的通货买消费品，并且两国的产品是不完全的替代品，从这个事实产生对本国通货的偏好。以后的步骤，有 n 种通货和经济，显然还要困难。[①]

四　动力学和长期定态

每个时期之内的解产生下一期预定变量的新值。这些当然包括证券资产和资本的存量，它们遵循显然是过渡性的方程。同样，过渡性方程可以用前一期和其他过去时期的解预先规定其他变量。商品价格的惰性以及它们与经济活动的关系，可以以此方式模拟，如同对适应性期望一样。合理期望动态解也是可能的。然而，一个非线性系统的动态解，即使是第 2 节中描写的那样小规模的系统，不能用分析方法获得，而需要模拟。

作一些特殊假设，模型有一个定态解，像一个货币增长模型的解那样（托宾，1955，1965，1968）。除了对生产函数的熟知的限制，技术进步和外生资源外，最重要的假设与资产偏好和储蓄有关。定态的存在要求在任何常数报酬率集合下，所有资产需求与经济的规模成比例地增长。对政府购买和赋税收入要求同样的一致性。

都有经济自然增长率 g 的各个可行定态路线中，哪一个是长期均衡，要看政策参数。这有两个参数规定预算购买和赋税收入为总产值的分数 s 和 τ，以及一

---

① 关于这个小节的主题，见托宾和德·马其多（1980），此文较充分地描写了简单模型而且采用了第一和第二个修改步骤。在以后一篇论文中，托宾（1981）和我讨论了证券的国际化以及它与汇率理论的关系。

个参数决定预算赤字如何弥补，r^B 或 r^H。在一条均衡路线上，公开市场业务没有地位或目的。

一个定态解决定三个报酬率（r^K，r^B，r^H）。资本积累稳定地按照自然增长率进行，q^K 因此等于 1。所以 r^K 是资本的净（税后）边际产值，与资本——劳动比及资本——产值比，以及与每个有效工人的产值和实际工资有负相关。基本货币的报酬率，即通货膨胀率的负值，在长期是内生的，虽然不是在短期的一个时期模型中。这是因为合理期望适用于定态解，它们总是这样的，期望的和实际的通货膨胀必然相同。

我现在转而简短讨论长期均衡和附带的分析、解释和政策问题的性质。在这里我讨论一个有三种资产的封闭经济；对开放经济而言，全部定态长期增长的概念不适用，除非这些开放经济的自然增长率恰好相同。为方便计，我采用连续时间。令 b 和 h 为债券（统一公债）和高效（基本）货币按名义市场价值的存量，每个存量作为名义收入的一个分数。这些将是定态时间过程中的常数。两种资产上的名义利息率是（$r^B + \pi$，0），在时间过程中不变，而实际利息率是（r^B，r^H），其中 $r^H = -\pi$。债券的名义价格 q^B 是 $1/(r^B + \pi)$，也是常数。每种资产的以美元计的名义存量连同名义收入按照百分率 $g + \pi$ 增长。以下两个方程描写赤字的弥补：

$$(22) \quad \begin{cases} r^B \left[s - \tau + (r^B + \pi) \, b \right] Y_p = b Y_p \, (g + \pi) \\ r^H \left[s - \tau + (r^B + \pi) \, b \right] Y_p = h Y_p \, (g + \pi) \end{cases} \qquad \text{债券和基本货币的定态供给}$$

从这些方程消除 Y_p，并求解它们得 b 和 h：

$$(23) \quad b = \frac{\gamma^B \, (s - \tau)}{g - \gamma^B r^B - \gamma^H r^H}, \quad h = \frac{\gamma^H \, (s - \tau)}{g - \gamma^B r^B - \gamma^H r^H} \qquad (22) \text{ 的解}$$

请注意分母可以写成 $g - r^D$，其中 r^D 是货币和非货币公债上的适当加权平均的实际利息率。我自己以考虑 $s - \tau$，$g - r^D$，b 和 h 的非负债为限。长期资产需求函数是 $a^K (\cdot)$、$a^B (\cdot)$ 和 $a^H (\cdot)$，每个函数表示为实际收入 Y 的分数，所包含的自变量有三个 r^J 和税率 τ。和前面一样，这些函数加总为财富需求 a^w。令 k 为资本产值比，如果有一个对资本（内生）和有效劳动（外生）的正常规模报酬不变的生产函数，k 将与 r^K 有负相关[①]。决定定态的三个方程是：

---

① 税前。我在这里不讨论向资本收入课税，但是在 a^J 函数中放进税后报酬率并且也考虑赋税对上述风险的影响，可以分析资本收入。

定态方程：

$(24)\quad a^K(r^K,r^B,r^H,\tau)=k(r^K)=k$　　　　　　资本，股权

$(25)\quad a^B(r^K,r^B,r^H,\tau)=\dfrac{\gamma^H(s-\tau)}{g-\gamma^B r^B-\gamma^H r^H}=b$　　　债券

$(26)\quad a^H(r^K,r^B,r^H,\tau)=\dfrac{\gamma^H(s-\tau)}{g-\gamma^B r^B-\gamma^H r^H}=h$　　　基本货币

三方程之和是下列长期"IS"关系

$(27)\quad a^W(r^K,r^B,r^H,\tau)=k(r^K)+\dfrac{s-\tau}{g-\gamma^B r^B-\gamma^H r^H}$　　　财富

（24）—（26）系统看起来很简单，其中内生变量与政策参数之间的许多可能的关系，有待于研究。r^K 当然特别重要，因为它与资本强度、劳动生产率、人均消费和实际工资有联系。在定态比较静力学中，"扩张"政策——高 s、低 τ 和高 γ^H——可以与低 r^H（较多的通货膨胀）以及与低 r^K 和高资本强度 k 联系在一起。或者政策与结果的定态联系可能完全相反。

这些不确定性的数学原因是，虽然对 a^J 函数假设了"总替代品"性质，并不保证一个优势——对角线雅各布矩阵。例如在（24）的 H 方程中，r^H 增加则左边基本货币的需求提高。但是由于它减少右边的分母，也提高供给——而且或许超过需求。由于类似的原因，雅各布行列式 B 行中的对角线元素可能是负值。

主要的可能性可以图解，虽然失去一些普适性，$b+h$ 加总，把它们的和 d 对 r^D 画图，r^D 是上面定义过的加权平均值。图 1 和图 2 就是这样画的，其中正双曲线 d_s 是 d 的"供给"，等于 $(s-\tau)/(g-r^D)$。现在想象 r^B 和 r^H 只是因为影响 r^D 才影响 a^K；这个特殊假设对于图解是必要的。这样，对于任何 r^D，可以解 K 方程求 r^K，后者与 r^H 将有正相关。相应的 k 可以加到 d_s 上以得到 w。现在 r^K，连同构成 r^D 的 r^B 和 r^H，决定第二和第三方程中的 a^B 和 a^H。它们的和是公债需求 a^D。在均衡时，a^D 和 d_s 必须相等，例如在标记 E 的点上。在两个图的下面，r^K 对 r^D 画图。k 等于 $w-d_s$ 时的 r^K 是 r^K_s，而与 $w-a^D$ 联系着的 r^K 是 r^K_a。在均衡点 E 上它们是相等的。扩张政策提高 r^K_s，但是对均衡 r^K 的影响在这两种情况下是不同的。

图 1 模拟我在短期分析中所称的标准情况，联系着一个优势——对角线雅各布行列式。自报酬率的需求效应超过供应效应。$s-\tau$ 增加，如箭头所示提高 d_s 双曲线，显然也提高 r^D 和 r^K。更大的赤字支出"排斥"资本，而机制的一部分

是降低通货膨胀率。增加 γ^H，赤字的更大的货币化，很可能有同样的作用方向。假设 r^H 小于 r^D，它的效应之一也是把 d_s 向左移。

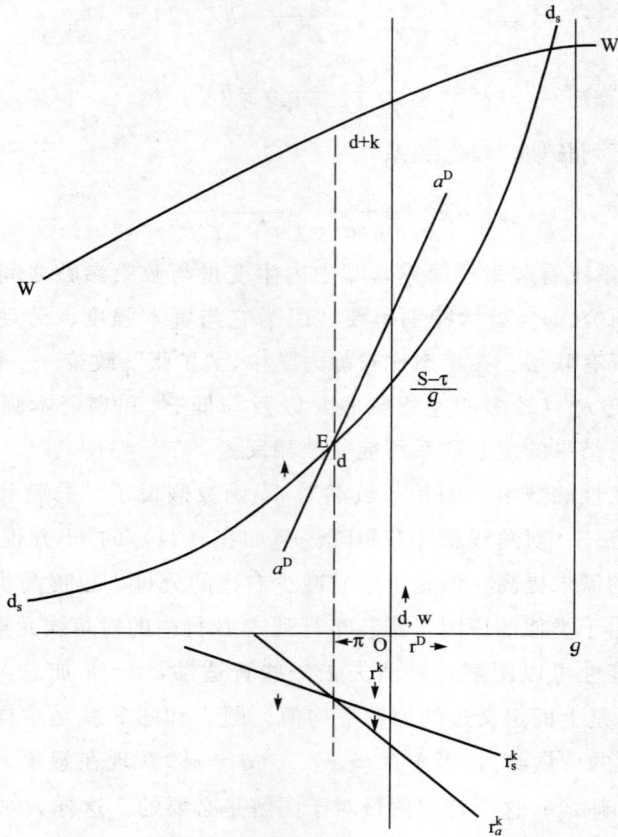

图 1　政府债务和资本及其报酬率的定态均衡（标准情况）

图 1 中均衡的稳定性是另一个问题，我必须保留不予解决。对它的稳定性的怀疑不仅由于直觉，而且由于同一模型的短期结论，即同样的政策是通货膨胀性的而且可能增加投资。解决这个表面的矛盾可能需要对物价水平作一种合理期望解释，各经济主体预见定态并且使横截条件内部化。

另一种情况，图 2，a^D 比 d_s 平坦。在这里同样的"扩张"政策提高通货膨胀率并且"挤进"资本，它代替吸引力较差的公债。在这里对货币和债券的需求对报酬率的反应不够灵敏；或许是怪事，图 2 表示货币主义者更占优势的世界。

图 2 中虚线 a^D 曲线表示另有一种可能性，完全没有定态均衡。赤字 $s-\tau$ 这么大，以致没有 r^D 可使债务的供给能与资本竞争。这是一个超额通货膨胀的处方。

在美国，联邦债务约为国民总产值的 24％，6％的基本货币加 18％的非货币债务，意味着 $\gamma^H=1/4$ 和 $\gamma^B=3/4$。如果通货膨胀是每年 10％，而债券上的名义利息率约 14％，则 r^D 是 0.5％。假设自然增长率为 2.5％，$g-r^D$ 是 2％。这些数字内含国民总产值的 0.48％的定态预算赤字（不包括债务利息）。所以如果 r^D 提高 100％，d_s 会加倍到 48％。因为需求 a^D 不可能上升同样多，图 2 就有用了。

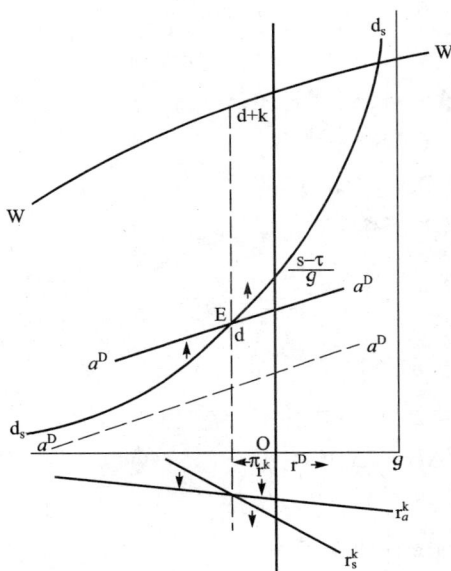

图 2 政府债务和资本及其报酬率的定态均衡（非标准情况）

在任何情况中，金融政策不论在长期或短期都不是中性的。在各个定态之间的 r^K 和资本强度的变化与"超中性"抵触，超中性即实际结果对通货膨胀率的不变性。因为通货膨胀是实际利息率的倒数，这一点不足为奇。背景是资本和公债之间竞争有限财富的分配。对于展望期无限的消费者可能不存在这种竞争，他们可能积累资本和每种其他资产以迄每一种收率等于不变的时间偏好率。与此对比，以一生或其他有限期为展望期的储蓄者在任何给定的报酬率之下对财富和对每种资产的需求将是有限的（托宾和别特，1980，98—103 页）。

保罗·萨缪尔森在他 1958 年的交叉几代人的故事中，说明没有帮助的竞争市场并不必然达到社会最优或者甚至帕累托——最优的均衡，因为寿命有限的家庭不能在时间上互相贸易。这个深刻见解支持了凯恩斯的观察，没有期货市场时市场协调是困难的，并且有助于解释为什么没有期货市场。

　　宏观经济市场失灵使政府金融干预有可能改善福利，但是干预绝不保证实际政策将这样做。我的讲演的焦点一直是财政和金融政策如何改变短期和长期的宏观经济结果。我没有考虑政策的最优设计，或者政府对扰乱经济道路的震荡作出反应，进行干预的最优规则。那些事情是货币理论和宏观经济学的议事日程上未完成工作的重要项目。

方程

(1) $S = I + D + CAS$ 　　　　　　　　　　　　　　国民收入恒等式

(2) $Y = C + I + G + CAS$ 　　　　　　　　　　　　国民收入恒等式

(3) $I_i = q_t^K \Delta K_t = q_t^K K_{t-1} f(q_t^K)$ 　　　　　　　　　投资函数

　　　其中 $\Delta K_t + \delta K_{t-1} \geqslant 0$

　　　　　$f(1) = g$

　　　　　$f'(q_t^K) \geqslant 0$

　　　　　$0 < f^{-1}(-\delta) < 1$

(4) $pD = pG(\cdot) - pT(\cdot) + B_{-1} - e\rho^F \cdot {}_G F_{-1}$ 　　　　政府赤字

(5) $pD = \Delta H + q^B \Delta B - e\Delta_G F$ 　　　　　　　　　政府赤字

(6) $\Delta H = \gamma^H pD + z^H$ $\left. \begin{matrix} 0 \leqslant \gamma^H, \gamma^B \leqslant 1 \\ \gamma^H + \gamma^B = 1 \\ z^H + z^B + z^F = 0 \end{matrix} \right.$ 基本货币的供给

(7) $q^B \Delta B = \gamma^B pD + z^B$ 　　　　　　　　　　　　债券的供给

(8) $-e\Delta_G F = z^F$ 　　　　　　　　　政府对外币资产的供给

(9) $e\Delta F + e\Delta_G F = pX(\cdot) + e\rho^F F_{-1} + e\rho^F \cdot {}_G F_{-1}$ 　　　支付平衡

(10) $e\Delta F = pX(\cdot) + e\rho^F(F_{-1} + {}_G F_{-1}) + z^F = pCAS + z^F$

　　　　　　　　　　　　　　　　　　　对公众的外币资产供给

　　　　　　　　　　　　　　　　　　　需求＝供给方程

(11) $A^K(\cdot) - q^K K_{-1} = q^K K_{-1} f(q^K)$ 　　　　　　　股权市场

(12) $A^B(\cdot) - q^B B_{-1}/p = \gamma^B D + z^B/p$ 　　　　　　债券市场

(13) $A^F(\cdot) - eF_{-1}/p = X(Y, e\rho^F/p) + e\rho^F(F_{-1} + {}_G F_{-1})/p$

　　　　　　$+ z^F/p$ 　　　　　　　　　　　　　　外币资产市场

(14) $A^H(\cdot) - H_{-1}/p = \gamma^H D + z^H/p$ 　　　　　　　基本货币市场

(15) $A^W(\cdot)-W^*_{-1}=q^K K_{-1}f(q^K)+D+X(Y,ep^F/p)$

$\qquad\qquad +e\rho^F(F_{-1}+_G F_{-1})/p$ 　　　　　总财富

(16) $D=G-T(Y)+B_{-1}/(p-e\rho^F\cdot_G F_{-1})/p$ 　　　赤字定义

(17) $q^K_t(1+r^K_t)=R_t(Y_t,K_{t-1})+Eq^K_{t+1}$ 　　股权,价格和报酬率

(18) $q^B_t(1+r^B_t)=(1+Eq^B_{t+1})(p_t/Ep_{t+1})$ 　债券,价格和报酬率

(19) $e_t(1+r^F_t)=(1+p^F_t)Ee_{t+1}(p_t/Ep_{t+1})$ 　外币资产,价格和报酬率

(20) $1+r^H_t=p_t/Ep_{t+1}$ 　　　　　　　基本货币,报酬率

(21)
$$\begin{bmatrix} +&-&-&+&(?) \\ -&+&-&+& \\ -&-&+&+& \\ -&-&-&+& \\ +&+&+&+& \end{bmatrix}\begin{bmatrix} dr^K \\ dr^B \\ dr^F \\ dY \end{bmatrix}$$

$$=\begin{bmatrix} 0 & -A^K_T & 0 & 0 & 0 & + \\ +\gamma^B & -A^B_T & -\gamma^B+D & 1/p & 0 & + \\ 0 & -A^F_T & 0 & 0 & 1/p & + \\ +\gamma^H & -A^H_T & -\gamma^H & -D & -1/p & -1/p & - \\ +1 & -A^W_T & -1 & 0 & 0 & 0 & \end{bmatrix}\begin{bmatrix} dG \\ dT \\ d\gamma^B \\ dz^B \\ dz^F \\ dr^H \end{bmatrix}\begin{array}{l}比\\较\\静\\力\\学\end{array}$$

(22) $\begin{cases}\gamma^B[s-\tau+(r^B+\pi)b]Y_p=bY_p(g+\pi)\\ r^H[s-\tau+(\gamma^B+\pi)b]Y_p=hY_p(g+\pi)\end{cases}$ 　债券和基本货币的定态供给

(23) $b=\dfrac{\gamma^B(s-\tau)}{g-\gamma^B r^B-\gamma^H r^H},h=\dfrac{\gamma^H(s-\tau)}{g-\gamma^B r^B-\gamma^H r^H}$ 　　(22)的解

　　　　　　　　　　　　　　　　　　　　　　定态方程:

(24) $a^K(r^K,r^B,r^H,\tau)=K(r^K)=K$ 　　　　　资本:股权

(25) $a^B(r^K,r^B,r^H,\tau)=\dfrac{\gamma^H(s-\tau)}{g-\gamma^B r^B-\gamma^H r^H}$ 　　　债券

(26) $a^H(r^K,r^B,r^H,\tau)=\dfrac{\gamma^H(s-\tau)}{g-\gamma^B r^B-\gamma^H r^H}$ 　　基本货币

(27) $a^W(r^K,r^B,r^H,\tau)=K(r^K)+\dfrac{s-\tau}{g-\gamma^B r^B-\gamma^H r^H}$ 　财富

参 考 文 献

Hicks, J. R. (1935), "A Suggestion for Simplifying the theory of Money," Economica, N. S. 2, Feb. 1—19.

——(1937), "Mr. Keynes and the 'Classics'? A Suggested Interpretation, " Econometrica, April, 5, 147—159.

Samuelson, P. A. (1958), "An Exact Consumption-Loan Model of Interest with or without the Social Contrivance of Money," Journal of Political Economy, December, 66, 467—482.

Tobin, J. (1947), A Theoretical and Statistical Analysis of Consumer Saving, Ph. D. dissertation, Haward University, unpublished.

——(1955), " A Dyuamic Aggregate Model," Journal of Political Economy, April, 63, 103—115.

——(1956), "The Interest Elasticity of Trausactions Demand for Cash, " Review of Economics and Statistics, August, 38, 241—247.

——(1958), "Liquidity Preference as Behavior Towards Risk, " Review of Economic Studies, February, 25, 65—86.

——(1965), "Money and Economic Growth, " Econometrica, October, 33, 671—684.

——(1968), "Notes on Optimal Monetary Growth," Journal of Political Economy, August, 76, 833—859.

——(1969), "A General Equilibrium Approach to Monetary Theory, " Journal of Money, Aedit and Banking, 1, February, 15—29.

——(1975), Essays in Economics, Vol. 2, Amsterdam, North-Holland.

——(1978), "Monetary Policies and the Economy-The Transmission Mechanism," Southern Economic Jourual, 44, January, 421—431.

——(1979), " Deficit Spending and Crowding Out in Shorter and Longer Runs, " in H. I. Greenfield et al. , editors, Theory for Economic Efficiency: Essays in Honor of Abba P. Lerner, Cambridge, M. I. T. Press, 217—236.

——(1981), "The State of Exchange Rate Theory: Some Skeptical Observations, " in R. N. Cooper et al. , editors, The International Monetary System under Flexible Exchange Rates: Global, Regional, and National. Essays in Honor of Robert Teriffin. Cambridge, Ballinger.

——and W. C. Brainard (1968), "Pitfalls in Financial Model. Building," American Economic Review, 58, May, 99—122.

——and W. C. Brainard（1977），"Asset Markets and the Cost of Capital." In Economic Progress：Private Values and Public Policy（Essays in Honor of William Fellner），edited by Richaed Nelson and Bela Balassa，235—262. Amsterdam：North-Holland.

——and W. Buiter（1976），"Long-Run Effects of Fiscal and Monetary Policy on Aggregate Demand," in J. L. Stein，editor，Monetaiesm，Amsterdam North-Holland，273—309.

——and W. Buiter（1980），"Fiscal and Monetary Policies，Capital Formation，and Economic Activity," in G，M. von Furstenberg，editor，The Government and Capital Formation，Cambridge，Ballinger，73—151.

——and J. B. de Macedo（1980），"The Short-Run Macroeconomics of Floating Exchange Rates：an Exposition," in J. S. Chipman and C. P. Kindleberger，editors，Flexible Exchange Rates and the Balance of Payments，Amsterdam，North-Holland，5—28.

符　号

Y	实际净国民产值
S	实际私人储蓄
I	实际净投资（包括调整费用）
D	实际政府赤字
C	实际私人消费
G	政府实际购买商品和服务
T	赋税收入减转移支付，实际
CAS	实际日常业务账户盈余
K	实际资本存量
B	债券存量，票面，用每期支付债息计量
H	高效（基本）货币存量，票面
F	私有外币资产存量，外币票面
$_GF$	公有外币资产存量，外币票面
W	私人实际净值
P	商品价格
$_pG_F$	外国商品价格，以外币计
e	汇率：一单位外币的国内货币价格
q^K	一单位资本的股权市价对标准置换成本的比率
q^B	一张永久每期付一美元的债券的票面价格

γ^B	赤字中靠销售债券弥补的分数
γ^H	赤字中靠发行基本货币弥补的分数
z^J	$(J＝B，F，H)$ 政府新销售或发行 J 资产额，票面
ρ^F	外币资产利息率，以外币计
r^J	$(J＝B，F，H)^J$ 资产实际一期期望报酬
X	贸易盈余
g	自然增长率
δ	资本折旧率
A^J	$(J＝K，B，F，H)$ 期末 J 资产的实际需求
R	每单位资本的实际收入
X 或 X_t	变量 X 在 t 时期的数值
X_{-1} 或 X_{t-1}	X 在 $t-1$ 时期的数值
EX_{+1} 或 EX_{t+1}	X 在 $t+1$ 时期的期望值
$\triangle X$ 或 $\triangle X_t$	$X_t - X_{t-1}$
s	定态 G/Y
τ	定态 T/Y
K	定态 K/Y　a^K　K 的定态需求
b	定态 $q^B B/pY$　$a^b b$ 的定态需求
h	定态 H/pY　$a^h h$ 的定态需求
w	定态 W/Y　$a^w w$ 的定态需求
$_r D$	政府债务的平均实际利息率，$\gamma^B r^B + \gamma^H r^H$
d	$b+h$
π	通货膨胀率　$\dfrac{dp}{dt} \cdot \dfrac{1}{p} = -r^H$

瑞典皇家科学院
拉斯·魏林教授讲话

国王和王后陛下，阁下们，女士们和先生们：

　　每一门科学都是一个传统和变化的混合物。在经济科学中传统的代表是市场和价格形成的基本理论，那是 200 年前从亚当·斯密开始并且以后不断改进的。它的基础是关于个人、家庭和企业在寻求职业、生产、买卖时的行为的简单的甚至粗糙的假设。然而对于一代又一代的经济学家而言，这种理论显示了它的解释和预测市场过程的主要特点的能力。

　　不过，由于经济生活变得日益复杂，老是有更多的现象未能得到解释。有些市场现象甚至似乎与理论有出入。市场机制变得日益与立法相互纠葛的事实仍然完全在理论之外。由于乔治·斯蒂格勒（George J. Stigler）对于把基础理论与真实市场过程重新结合的贡献，以及由于澄清了经济立法的作用，今年他被授予诺贝尔经济科学纪念奖。

　　斯蒂格勒在一长串的研究中进行了他的研究计划。他在一个又一个领域中建造了理论和事实之间的桥梁，解决了它们之间似乎存在的矛盾。在大多数事例中，如果连同总是包括在理论中比较有形的生产和运输成本，把家庭和企业取得市场机会的信息以及据以调整的成本加进去，矛盾就消失了。传统理论的基本性质因此保持完好。但是这种理论由于不考虑调整现象而显得过于概略——很像在物理学中有时假设一个真空一样。

　　斯蒂格勒在他的一项研究中，说明寻求和散布关于价格、商品质量和购买机会的信息的成本如何意味着购买者一般的既不能、又不想得到充分的信息。缺乏信息导致价格刚性，价格和质量差异，等待时间及类似现象，它们显然是正常的和不可避免的市场功能的特性，而不是需要专门干预的不合理的和功能的缺陷。在进一步工作中，斯蒂格勒把他的分析延伸到劳动市场。斯蒂格勒这些专门研究建立了称为"信息经济学"的一个新研究领域，为近年的经济分析提供一个最有鼓舞作用的冲击，并为失业和膨胀的最终原因的现代研究提供一个重要的出发点。

　　斯蒂格勒的其他研究致力于探讨妨碍资本和劳动从低利产业迅速移动到高利产业的调整滞后期。在广泛的经验数据基础上——其收集是经济统计中的开拓性工作——他发现这类滞后确实存在，但是它们的经验重要性被人们夸大了。这些结果表明，不论一个产业在某一年是否表现好坏，很难预言它在7—8年以后的状况。到那时候重新配置的运动及其他平衡力量会起作用。在经济生活中好时候和坏时候交替。在对企业存活能力的决定因素的一项研究中发现了这一点的进一步证据。借助于整理许多观察数据，斯蒂格勒发现灵活适应技术和市场中的变化潮流的才能对存活能力非常重要，而利用通常的生产规模经济的才能比较不重要。因此他推翻了水平不高的教科书中的一种已被承认的理论，或许也是有些工业计划人员的一个心爱的思想。

　　约在二百年前亚当·斯密写道："同行业的人即使为了消遣也很少遇在一起，但是交谈以一项不利于公众的阴谋，或某项涨价的计策告终。"斯蒂格勒也考察了这个现象。他说明了一群企业组织一个有垄断能力的卡特尔的可能性受到参加企业的互相监测及处罚那些违背协议的那些人的费用的约束。这些费用通常是高的。这一点启发斯蒂格勒进行一系列研究，目的在于检验一个假设，直接用他自己的话解释，就是：你自己做不到的，让国家替你做。他遇到一些事例，经济立法的设计被证明是为了有利于特殊的生产者利益——企业、产业、职业集团，而不是它打算服务的公众。其解释是特定的集团成功地影响了立法及其实施，从中得到好处。

　　这个假设的有效程度仍然不知道。不过斯蒂格勒的贡献在于激发了对管制立法的效果及其背后的驱动力的大量研究。他是称为"管制经济学"的重要新研究领域的主要创始人。

　　或许可以期望这些成果引导斯蒂格勒到采取批判态度对待管制立法。然而，关于管制背后的驱动力的假设愈有效，发生的问题愈复杂。立法不是——像经济学家们通常相信的那样——从外面影响经济的一种"外生"力，而是系统自身的一个"内生部分"。管制是经济过程产生的，作为经济学家的斯蒂格勒限制他自己只去观察和分析它。但是体会他的近作的言外之意，或许可以看到一种希望，他如此成功地开创的研究也将鼓励那些从政人士变得不受外界压力影响。

斯蒂格勒教授：

在一长串研究中你扩大和丰富了我们对市场作用方式，确定产业结构和组织的力量，以及经济立法和管制起的作用的知识。在做这个工作时，你把基础经济理论变为应用经济分析的一个有力的工具并把它与现代经济生活的复杂性调和起来；并且你也开辟了新的、重要的经济研究领域。由于这些基本贡献，皇家科学院决定授给你今年的诺贝尔经济科学纪念奖。

我代表科学院愿向你致以我们的热烈祝贺，而且现在我请你从国王陛下的手中接受你的奖金。

乔治·约瑟夫·斯蒂格勒自传

我在 1911 年生于华盛顿州西雅图郊区的伦腾。我是约瑟和伊丽莎白·斯蒂格勒的独子，他们在 19 世纪末分别移居美国，我父亲来自巴伐利亚，我母亲来自那时的奥匈帝国（她的母亲事实上是匈牙利人）。我在西雅图的学校上学一直到华盛顿大学，在 1931 年从那里毕业。第二年我在西北大学度过。

我在芝加哥大学接受我的主要研究生训练，1938 年我从该校得到哲学博士学位。芝加哥大学那时有三位经济学家——每一位各有其突出的地方——我来到了他们的影响之下。法兰克·奈特是一位强有力的怀疑论哲学家，那时积极争辩奥地利资本理论，但对经济理论的细节渐渐失去兴趣。[1] 雅谷·凡纳对逻辑要求很严，并且同时是经济学史的渊博学者。亨利·西蒙斯是争取一个理性的，分散组织的经济的热情发言人。我同样受两位同学，W. 阿仑·华理斯和密尔顿·弗利德曼的影响。

芝加哥大学经济系学术空气活跃，虽则 30 年代的中心问题和以后时代的不同。我以前从未遇到过那样质量的人才就在我身旁，他们对我影响强烈。例如，奈特指导我的论文，内容是从 1870 年至 1915 年的生产和分配理论史。[2] 他有一颗奇异地批判性的心，然而这不很适合思想史，因为他不能理解，更谈不到原谅早期经济学家们的错误。或许十年之后我才能通过我的眼睛而非通过奈特的眼睛读李嘉图。

1936 年我在衣阿华州立学院开始教书，T. W. 舒尔茨是那里的系主任。两

---

[1] 见我的评述：《追忆：作为教师的法兰克·奈特》，《政治经济学杂志》，1973 年 6 月。

[2] 出版书名是《生产和分配理论》（麦克米兰，1941）。一份我的著作全部目录在《作为传道士的经济学家》（芝加哥大学出版社，1982）中给出。

年后我去明尼苏达大学，战时我离职数年，作为在哥伦比亚大学统计研究组的成员。战后我回到明尼苏达，从那里我很快移到布朗大学，一年后到哥伦比亚大学，在那里我从 1947 年待到 1958 年。最后一年我离职在行为科学高等研究中心工作，与肯尼思·阿罗、密尔顿·弗里德曼、麦尔文·雷德，及罗伯特·索罗共享光辉的一年。1958 年我来到芝加哥，一直到现在。

回顾起来我无疑有目的地避免行政职务，以及确实几乎一切非学术工作。我回忆约在 1946 年我母亲问我是什么，我骄傲地回答我是一个教授。十年后她重复她的问题，而我重复我的回答。"没有升迁？"是她的评论。

在我的职业生活的早期，我发现经济学的许多领域吸引我。到 1938 年我开始在价格理论方面工作和发表著作。在 1946 年我发表了关于线性规划的一篇早期著作（《生存成本》），它只是近似地解决了问题；乔治·但泽很快提出精确解。在 40 年代我开始价格理论的经验工作，从测试刚性价格的弯折寡头垄断需求曲线理论开始。在 50 年代我提出测定企业效率规模的存活企业法，并对送货价格制度，垂直联合及类似题目工作。

在此同一时期我是国民经济研究局的成员。在那里我研究服务产业，并且使用了可能是第一个全部因素生产率度量法（在《产值和就业趋势》中）。以后出版的关于科研人才（与大卫·布兰克合作），关于制造业的资本和报酬率，以及关于工业价格行为（与詹姆斯·金达尔合作）的书也是在经济研究局的赞助下写的。如果不提起我与那位高才经济学家，亚述·白恩斯的令人神往的交往将是很疏忽了。

甚至在我到芝加哥以前我已对经济理论说可能产生单一价格的条件下存在价格的分散性发生兴趣。那种兴趣在"信息经济学"（1961）和以后著作中达到高峰——我确实差不多要进入把这种分析延伸到政治行为的研究。

在 60 年代我开始详细研究公共管制。由于与我的朋友阿龙·达来克特讨论，我的兴趣被唤醒，并且我对这个题目的陈词滥调的信念被破灭，其他题目也常常如此。[①] 这位奇怪的人是学者中罕见的：一个头脑清楚，有想象力，博学的人，他以构思光辉而创造性的理论为乐但甚至不把它们写下来！

在整个过去 40 年中，我对经济学史保持一种不间断的兴趣。（讲句离题的

---

① 我要谢谢加里·贝克，阿龙·达来克特，密尔顿·弗里德曼及斯蒂芬·斯蒂格勒的有帮助的评论。

话，我是一个勤奋的书籍收集者；我的大儿子在统计史方面同样活跃，而我的大孙子藏有大量的连环画书——导致有些朋友提示一种新的基因！）那个题目失去当年它对经济学家们的吸引力，因为我们的科学变得更加抽象，但是由于科学社会学提出的问题变得更加突出，我的兴趣甚至更加浓厚了。

　　在芝加哥大学我遇到我的妻子玛格丽·马克。我们在 1936 年结婚。她在 1970 年去世。我有三个儿子，斯蒂芬（一个统计学家），大卫（一个律师），和约瑟（一个社会工作者）。我们是一个密切的家庭，每年夏天我们在加拿大木斯柯卡湖上的一个村舍聚会。

经济学的过程和进展

———— 乔治·约瑟夫·斯蒂格勒

美国，芝加哥大学

1982 年 12 月 8 日讲演

约在 20 年前我开始的关于信息经济学的工作中，我从一个例子出发：人们如何找到以最低价提供一种牌号的汽车销售者？一个人愈是常买汽车，更多地搜寻是否值得，而且在很多可能的销售者中搜寻是否值得？由于几十位熟练的经济理论家的工作，对于搜寻买卖伙伴，价格及质量的研究现在已既深又广了。

在此场合我建议向一个完全不同的市场提同类的问题：经济科学中新思想的市场。让我着重指出，大多数经济学家进入这个新思想市场是为了得到思想和方法，以便他们把经济学用于他们关心的数以千计的问题：这些经济学家不是新思想的供给者而只是需求者。他们的问题可与购买汽车者的问题比较：寻找一辆可靠的车子。说实在的，他们通常终于买到一个用过的，并且因而经过测试的思想。

想从事研究这门科学的新思想的那些经济学家们——否定或证实或发展或代替它们——在一种意义上既是新思想的购买者又是销售者。他们设法发展新思想并说服这门科学接受它们，但是他们也是在跟踪这门科学的当代或以前的思想中的诀窍、许诺及探索。进入这个市场的成本很高：探索一个新思想到足够深远的程度，以便发现它的前途或它缺乏前途，需要费很多时间和思考。经济学史，并且我假定每门科学的历史都散布着代价高昂的错误：可以说，不可能持久的或得到很多人信任的思想。经济学家们是如何对待这个问题的？那是我的主题。

　　我一开始要区分一个学科的前科学阶段和它的科学阶段。一门科学是一个一体化的知识体，它被一群称为科学家的互相影响的研究者推动和发展。那个知识体的证明和扩大是科学家们的学术目标，虽则追求那个目标当然又服务于科学家们寻求的不论什么个人目标，例如地位、名誉和收入。这些只是定义，但是我希望它们不是扭曲的或者不自然的定义。

　　前科学阶段的特性一部分是知识体的不完全性，但是那只是一件相对的事情，因为没有一门科学曾经完全过。这个前科学阶段也表征为没有一群相互影响的以一生的大部分致力于积累知识的研究者，并且因此它的特性是没有累积的进展。

一　前科学经济学：重商主义

　　我们将发现对称为重商主义的大量著作花费一个短时间是有用的。这类文献覆盖几个世纪，包括英国和西欧。文献包含几百种小册子和书，并且包括如约翰·洛克和威廉·配第那样有地位的参加者。我必须立即承认我对那些文献没有什么直接知识，因为我曾集中我的历史研究于以后的时期。然而关于重商主义的三大研究对我要讨论的特性是再三肯定地一致的。这些研究是爱加·富尼斯（Edgar Furniss）的书《一个民族主义制度中的劳动者的地位》（1920），雅谷·凡纳的著名文章，《亚当·斯密前的英国外贸理论》（1930），[①] 以及爱里·赫克夏（Eli Heckscher）的杰作《重商主义》（1934）。

　　对重商主义的所有三次综述的第一个特性是它们几乎都缺乏一个时间因次。富尼斯将援引相距超过一个世纪写的两本小册子以组成一句话。对于重商主义的第一个理论——即输出超过输入非常重要——凡纳从在 1381 年写作的理查·来赛斯特开始，引证一系列的说明性的话。（自然，如果人们被允许跑出经济学，继续引证赞颂出超的话可以通过整整六个世纪直至 1981 年，或许还有六个世纪直至 2581 年！）赫克夏也很少发现必须注意两个作者的时间顺序。

　　第二个特性是大多数重商主义者提出他们自己的见解而对利用或改进其他重商主义者的工作不作任何尝试。过去当然有尖锐的争论，但是没有正规形式的批判和反应序列。人们可能注意到，这些著作几乎总是特殊利益的辩护状。

---

　　① 　重印在《国际贸易理论研究》（哈伯，1937）中。

第三个特性几乎是前两个特性的一个引申：在所主张的理论中没有累积的改进。我援引凡纳所说：

> 在许多方面，当重商主义论点变得更加详细和复杂的时候，从现代理论的观点它确实变得更加可以反对，并且，除金条主义的文献外，可以提出强大的论据来辩护一个命题，18 世纪前半期的大量的论贸易的小册子比较 16 世纪和 17 世纪早期的著作表现更加极端和混乱地支持重商主义的错误……就贸易理论而言，发生的一些进展几乎完全由于一小群有才能的作者们，比他们的前人能更加尖锐和合乎逻辑地分析经济问题，但是不能给他们的同代人留下显著的印象，或者甚至不能吸引他们的注意。[①]

分析过程就是非累积性的：如果一个人生在 1680 年而不是 1580 年，研究对外贸易没有什么有利之处。

现在我准备来营救一位不需营救的经济学家：亚当·斯密。很多经济学家，以及少数大经济学家，强调一个事实，斯密有许多天才的前辈几乎所有的，或许确实所有的他的思想被这些前辈说过，而且有时说得很好。所以有些经济学家要把经济学创始人的称号给予坎铁龙（Cantillon）之类较早的作家。在我看来，这个论点弄错了。

对已知经济理论提供如此宽广和权威性的记述的是斯密，以致经济学的任何以后作者不再可能提出他自己的思想而忽视一般知识状态。一门科学包括相互影响的研究者们，而且以后没有人能合乎礼仪地忽略斯密自己的著作，以及在适当时间内马尔萨斯、李嘉图以及 19 世纪上半期许许多多经济学家们的著作。

变化来得很快，1776 年以后斯密自己并不和任何经济学作者相互作用，并且即使在他的名著中他自然冷静地忽略他的主要对手，詹姆斯·斯图亚特爵士。作为对比，在《人口论》（1798）第一版后 5 年，马尔萨斯答复高德温及其他批评者，作出根本性的让步。经济科学的时代开始了。

本世纪早期有一件事可以说明经济学的改变到了何等完全的程度。保有他的前辈阿尔弗雷·马歇尔使之成为世界上地位最高的经济学教授职务的 A.C.皮古，在陈述外部不经济理论时犯了一个错误。他论断当一个企业考虑进入其投入的供

---

① 《国际贸易理论研究》，109 页。

给价格渐增的一个竞争产业时，那个企业可能作出一个社会低效率决策，因为它可能忽视它加入该产业的效应，提高其他企业购买投入必须支付的价格。错误在于混淆转移支付和社会成本。错误出现在他的名著《财富和福利》（1912）中。

在第一次世界大战创造的精神涣散过去之后，主要经济学家们立即致力于这个问题。丹尼斯·罗伯逊和法兰克·奈特写的两篇最著名的驳斥文章在 1924 年到来，[①] 但是主要论点以前 J. M. 克拉克和阿林·A. 杨格已提过。[②] 在这些攻击下，即使最冷静疏远的学者皮古也投降了。已经开始新的时代，只有不重要的经济学家的被发现的错误可以不受到及时的驳斥。

二　经济科学：环境观点

重商主义政策的政治学和经济学是重商主义文献中各个问题的决定因素。任何学科的前科学阶段确实受培养它的社会的实际问题支配。易于产生一种见解，即使一门学科变成一门有组织的科学之后，它的主要问题是直接由探索它的社会的重要问题和政策提出的。

卫斯里·克来·米契尔（Wesley Clais Mitchell）走得如此远，以致利用每一代人对它的环境的反应来试图提出一部系统的经济思想史：

> 经济学说的发展的任何综述的结果之一是说明经济理论的重要出发点大致上是对变化中的当代问题的学术反应，即在思想发展中贡献最大的经济理论家是深刻关切困扰他们一代的问题的人。

作为例子，他告诉我们：

> 马尔萨斯的人口问题作为当代事件的一种学术反映和亚当·斯密的"明显而简单的天然自由制度"一样明显。

---

① D. H. 罗伯逊：《空盒》，《经济》杂志，1924；F. H. 奈特：《社会成本的解释中的一些错误》，《经济学季刊》，1924，都重印在《价格理论选读》（美国经济学会，欧文，1952）中。

② J. M. 克拉克：《财富和福利》评论，《美国经济评论》，Ⅲ，（1913），624；和 A. A. 杨格：《财富和福利》评论，《经济学季刊》，27，（1913），982—684。也是如此。

国会中英国政治过程的描述表明，李嘉图得到这个问题（如何确定全国产品的分配方式）——他对它的重要性的评价——不是在他的书房中，而是由于跟踪当代的事件。还应当注意李嘉图直接从议会斗争得到他对分配问题是什么的特殊概念。[①]

可是当米契尔谈到19世纪70年代和边际效用理论兴起的时候，他放弃了寻找经济理论对之作出反应的环境变化的尝试。他把这种放弃归结到对较近著作达到理解和客观对待的困难，而不是他的假设的失败。[②]

像经济学这样一门经验科学的中心任务是提供对真实世界中事件的一般了解，而且最终所有它的理论和技术必须对那个任务有用。然而那与另一句话很不同，说它必须对它所在社会的当代条件和问题作出反应。

如果经济生活的问题常常变化激烈，在它们的主要性质中缺乏较大程度的连续性，不可能有经济科学。一门科学的一个主要元素是累积性知识增长，而如果每一代经济学家面对需要全新分析方法的根本上新的问题，那种累积性质不可能产生。问题和方法的变化也会破坏经济学家的培训：如果青年人在老年人指导下学习，青年人可能相信他们正在学习迅速变得过时的东西。一门科学为了它的生存，要求一套基本和经久的问题。

在经济学中这些中心问题的最基本问题是价值理论。价值论必须说明不同商品和服务的比较价值是如何确定的。在那个问题解决之前，不可能为了科学的目的分析将生产什么，生产多少，在生产产品时将如何使用资源，以及资源如何评价。没有一个价值论经济学家不可能有国际贸易理论，也不可能有一个货币理论。如果人们要解释农村或城市社会中的价值，或者农业或工业社会中的价值，这个价值中心问题不改变它的主要内容。说实在的，如果价值问题如此像变色龙，以致只要经济或政治制度改变，就要改变它的性质，经济生活的每个时代将需要自己的理论，而短寿的时代将得到短寿的理论。

如果一门经验科学为了它的生存需要一个基本持久现象的集合，那不是它要讨论的惟一种类的现象。它将不断地面对新的情况，需要不仅是标准知识的日常应用。因此70年代的能源危机向经济学家们提供了许多就业机会，但是它未要

---

① 《经济理论的类型》（纽约，奥古斯都·凯利，1967），I，13、235、286。

② 前引书，II，2。

求经济科学的重要变化。

一门经验科学对当代问题有第二种非常重要的兴趣和反应性：它的被大家接受的理论有时将不能对付这些问题。当英国在拿破仑战争时期开始长期进口粮食，并且对它的国内生产能力施加强大压力时，经济学家们在讨论粮价时引进报酬递减律。否认环境对这个规律的出现所起的作用是困难的。那个理论的起源就讲这么多：为了理解 1911 年爱奇渥思对此规律的著名分析而看他的经济环境，将不能给人们丝毫帮助。报酬递减在经济学中达到的重要位置恰好由于一个事实，它的有用性不限于李嘉图对英国农业的分析。

当时的问题愈迫切，经济学对环境问题的反应性自然将愈完全和及时。有关的经济分析知识愈不发达，反应也将愈完全。宏观经济学对当代事件的反应性是名声不好的。30 年代凯恩斯的征服是由于一个事实，新古典理论不能解释那个 10 年的持续失业。一代以后，持续的膨胀连同甚至更加不充分的就业对于结束凯恩斯的统治同样是决定性的。如果当宏观经济学产生一个好的商业循环理论时，它对环境变化的反应性将大大减少。

一门有生气和健康的科学既需要自然忽视它们社会的变化条件的持久和几乎无时间的理论，又需要在设法解释当代事件时遇到许多困难的未定理论。没有持久理论的基础，将没有缓慢发展的知识以构成这门科学。没有未解决的重要问题，这门科学将变得很贫瘠。

最后讲一句：在环境变化和经济分析中的变化之间没有简单的或已知的关系。工业革命时，经济学家们采用报酬递减律但忽视了全世界已经观察到的最持久和广泛的产出增长。最近一百年的庞大的政府收入重新分配计划只在最近才吸引了经济理论家的注意。创造经济理论的学者们在工作时间并不经常或仔细阅读报纸。

三 全知的学者

一旦一门科学变得人员众多，取得稳固的学术基础，并且配备了学术交流的机器——杂志、学会和会议——向它提出一系列关于新研究方向或方法的建议。说实在，这门科学本身小心地培植新思想的诞生。罗伯特·K.梅顿在他的科学的报酬结构的基本研究中说明，重视成功的新思想的发展有巨大价值。[①]

---

① 《科学的社会学》（芝加哥大学出版社，1973），特别是第 14 章。

可是提出的思想在当时被忽视，而在以后某个日期被接受（几乎总是在一个独立的再发现之后）为对这门科学是重要的。这种现象多次招来熊彼特在他的伟大的《经济分析史》中的斥责。这里是一些人的例子，熊彼特很正确地相信他们在"他们的时代之上写作"：

> 郎斐尔（Longfield）的功绩可以总结为他重新整理了全部经济理论并且产生一个可以在 1890 年站住脚的体系。
>
> （约翰·斯图亚特·穆勒）甚至走得这么远，以致把（约翰）雷（John Rae）在积累上的成绩与马尔萨斯在人口上的成绩相比。写在将在 40 年中成为最有影响的经济学教科书中的所有这些话不足以将雷介绍给同行或者引起对他的书的其余部分的任何好奇心！[①]

当然，没有一位经济学家比他（更加精细的熊彼特）对这些忽视天才的行为给出了一些讲得通的理由，但是他未能给出最重要的理由。

在积极探索一门科学的每一个时期，新思想不断地被提出来。不支付大量时间、智力和研究资源，任何新思想——一个现有问题的新概念，一个新方法，或者研究一个新领域——不能充分被掌握，发展到一个暂时可接受的假设的阶段，并且可能接受某种经验测试。那是事实一。事实二是这些新思想的绝大部分将证明是贫瘠的——事实上很可能一个若干年时期的所有新思想将证明是贫瘠的。只有在以后，有了历史有时提供的全面知识，我们才能辨认一个时期的真正贫瘠思想。

有些人有高超本能，知道当代那些新思想值得努力探讨，但是没有人永无错误。甚至最伟大的经济学家探索某些问题而没有结果。在他一生的最后几个月中，李嘉图仍然试图构思一种价值的精确度量，而一时没有进展。约翰·斯图亚特·穆勒和列昂·华尔拉耗费许多精力去宣传土地价值的意外未来增量的国有化建议——不是第一次，也不是最后一次，某人提议把期望值不大于零的一个金额国有化。哲逢斯不能摆脱太阳黑子周期影响商业循环的思想。伟大的帕累托通过人们消费各种产品的顺序的问题走了弯路，出于一个信念，这与一个偏微分方程的积分顺序有关。

不仅大经济学家，而且探索任何事情的一切经济学家，花费许多时间探索不

---

① 《经济分析史》（牛津大学出版社，1954），第 465、496 页。

可捉摸的东西，令人回顾时感到痛苦。在 30 年代，称为工业组织和有证据的微观经济学的领域，有下列主要研究假设：

（1）大公司的所有权和有效控制已变得分离了。

（2）产品分化现象要求企业和产业理论的根本变化（垄断性竞争理论）。

（3）对于供求变化，价格不作向下的反应，或许因为对竞争者行为的某种期望在企业的需求曲线中造成弯折。

（4）经济学家能对一个产业的满意的或不满意的表现设计判别标准，而且社会应与经济学家共享满意（可工作竞争理论）。这些不是仅有的新研究建议：每年新寡头垄断理论的产出受到通过灌输和争取企业领导人以寻求真理的补充。

我列举的四个研究建议的每一个得到大量注意：没有一个建议失去它对至少某些高才经济学家在至少 5 或 10 年中的时尚的吸引力，而且今天确实没有一个是一具冰冷的尸体。但是它们中没有一个已被吸收到价格理论的主流之中作为市场和产业运行分析的一个经常而重要的部分，这也是事实。人们很可能发现熊彼特追随这些弯路的有一些至少一个短距离。有些重要的新思想（例如郝太林对可耗尽资源和兰姆赛对最优价格的思想）自然被人忽视。犯错误不仅是人之常情，也是科学的常情。

四　科学变化的连续性

"自然不跳跃"，这是谚语，而一门科学也通过时间进展而不作大的跳跃。这种连续性通常用两种证据来说明。

罗伯特·梅顿提出的科学连续性的一个证据是几位科学家接近同时独立地发现一个理论这个现象的存在。经济学中大家知道的例子是爱德华·魏斯特和汤玛斯·罗伯特·马尔萨斯在 1815 年发现地租理论，以及哲逢斯、门格和华尔拉在 19 世纪 70 年代初发表效用理论。在每一个例子中，新思想大致适合于当时经济学的发展：地租理论允许构思一个收入分配理论；而效用理论自然导致边际生产率理论和效用最大化行为理论的推广。[1]

---

[1]　我在别处对梅顿的多元发现理论提出另一个解释，比他甚至更强调科学"准备"一个理论如何重要：见《梅顿论多元，否定和肯定》，《纽约科学院 论文集》，1980 年，重印在《作为传道士的经济学家》（芝加哥大学出版社，1982）中。

　　这种连续性也被用来解释一种并不罕见的现象，一个有天才的人未能使他的同时代人接受他的思想，虽则以后几代人将称赞他的成绩。例如奥古斯丁·古诺（Augustin Cournot）在欧洲主要学术中心是一位重要的学者，但是他在 1838 年不能说服经济学家们，最大值和最小值的数学理论是一个有用的经济分析工具。

　　我可能发现如果靠仔细研究经济学中重要概念的发展来确定科学发展的连续性，比较有说服力，但是现在这条路似乎不合适。[①] 坦率要求我说明仔细的历史研究之路可能不易进行，因为它将要求对下列问题作出确切的回答：什么是一门科学中的一次大变化？什么是一门科学中的迅速变化？

　　加里·贝克曾提出，科学家对接受新思想的巨大阻力可以用两个熟悉的经济概念来解释。其一是具体人力资本的概念：有地位的学者在他掌握一个具体知识集合方面有一种有价值的资本资产。如果他的知识因普遍接受一种新理论而变为过时，那笔资本会减少。因此，有地位的学者为了他们自己的利益应当攻击新理论，可能甚至比没有联合行动时他们做得更多。第二个概念是逃避风险，这使青年学者们宁愿掌握既有的理论而不寻找完全不同的理论。科学革新家，如同一般冒险家，或许不避风险，但是对于一个学科中的多数学者们，怕风险是科学保守主义的强大基础。我们将在我即将谈到的事件中具体谈人力资本理论的解释作用。

　　没有人能描写我们将发现一个时期的科学家们容易并积极接受的一项新的科学工作的精确特性或内容。说实在的，如果具有足以识别将成功的理论的知识，它对寻找并发展那些理论会有巨大价值，因而是成就科学名誉的关键。对于科学家们这类知识比准确预测股票价格的方法有价值得多！即使没有这样一个了解科学革新的无价的关键，考察一个科学思想进入经济学家们的工作的几条道路是有趣的。我用我曾对之工作的题目来说明其中两条道路。

（一）没有斗争地接受：信息经济学

　　经济学家们已知道经济行动者的知识的范围和精确性对他的行为并且因而对市场行为常有决定性影响。

　　信息的关键作用的一个显著例子是由寡头垄断提供的。古诺第一个把寡头垄

---

　　① 另外一个学科中有一个迷人的案例研究，见尼古拉斯：《阿佛加德罗和历史学家》，《科学史》，1982 年 6 月和 9 月。

断问题作为经济理论中的一个具体问题来陈述，我已提到他长期得不到人们接受。在说明市场上两个敌手行为如何时，假设一个对另一个的行为形态有某种信念是重要的。古诺假设每一个假设敌手对他自己的行动不作反应。以后的寡头垄断理论将根据每一个销售者对他的敌手们的行为类型所作的不同假设。一些其他经济分析领域，例如劳动市场的运行和广告的作用，也正好根据有关经济行动者的信息的假设。在此传统中，任何市场中个人具有的信息量是任意设定的，而非从经济原理推导出来。一致意见是消费者知道很少，有组织的交易所中的买卖人知道很多；投资者或则容易上当，或则无所不知。甚至菲德烈·冯·海叶克写的"社会中知识的用途"的有力而光辉的论文没有谈到获取知识的原理。[1]

我提出（在 1961 年）使用标准效用最大化行为经济理论来决定人们可能得到多少信息，并且特别注意他们愿意买卖的价格，并在一年之后将此分析应用于劳动市场。这个工作被经济学家们接受的以后历史有一个有趣的特点，我要提请注意。

研究信息经济学的建议被及时而广泛地接受，并且甚至没有一个值得尊敬的最少的争论。在 15 年中，文献变得如此广泛，在此领域内工作的理论家们如此显赫，以致在《经济论文索引》中这个题目有一个独立的分类，现在每年有一百多篇论文讨论这个题目。

没有争论肯定不是归功于我的阐述的确切性。我曾选择了固定的样本而不是大多数以后经济学家们爱用的顺序分析。我没有提出一个一般均衡解，其中分析一个市场的两方面的行为，而且那个步骤证明难以采用。与价格对比，我对质量及其他变量的信息做的工作很少，虽则我立即把这个方法扩展到寡头垄断理论中的另外一类信息。我不曾应用此理论到失业问题，阿门·阿尔迁的一篇重要论文创始了一类文献。[2] 我所做的一切是打开一扇门可以通往一个房间，其中有许多迷人而重要的问题。

没有争论不如说是由于一个事实，这项工作没有向任何既有的科学理论挑战：事实上我向之挑战的一切是对一个有希望的题目的忽视。而且，信息经济学能用很标准的经济分析技术研究。这个理论立即产生直观上或观察上合乎情理的结果。这里是一个甚至不触犯社会主义者的芝加哥理论！

---

[1] 《美国经济评论》，1945 年 9 月。
[2] 《信息成本，定价和资源失业》，见 E. S. Phelps 主编《就业和膨胀理论》（Norton，1970）。

（二）由于需要而被接受：管制经济学

关于管制经济学的工作由另一条道路进入经济学。

现代经济学家对国家的经济作用的兴趣可以从两本有影响的著作算起：安桑内·党斯《民主的经济理论》，詹姆斯·布坎南和戈登·塔洛克《同意的计算》（1962）。虽则我曾带着深刻兴趣和赞美阅读这些著作，我自己研究管制的著作一开始遵循了一个不同的，更加从经验出发的道路。

考察经济文献反映对于历史很长的公共管制的影响，没有作出认真的学术努力去测量：电费的管制，证券和交换委员会对新发行的审查以及美国的反托拉斯政策。受到同事们和学生们的有关工作大力支持对这些问题的研究，逐渐迫使我面临一个应当立即突然明白的问题：国家为什么从事于它的管制活动？

答案（至少对一个经济学家而言）似乎主要不在于福利经济学的定理或传统政治科学的规定，而在于系统研究政治生活的各类参加者的自身利益。这些参加者肯定不在市场买卖人的同样规则和约束下工作，但是那并不因而不能用经济分析的有力工具，效用最大化行为理论。一旦经济学家能识别各种行动的费用和报酬，这个理论使他能对行为作出相当成功的预测。

这个方法证明使许多经济学家很不舒服。我的老师，法兰克·奈特，常常表示一种许多经济学家仍然如此看的信念，政治生活中的行动者（并且特别是投票人）是无知的，感情用事的，而且通常是非理性的。在一次著名的，未出版的讲话中，他用一个寓言来结束，有这样的话："社会中的真理好像个人体内的马钱子碱，在特殊条件下使用微量是一种医药；在其他和一般情况下是一种致死的毒药。"这些经济学家们相信投票人是近视和健忘的，而且设计或歪曲政治制度为了使公仆们主要追求他们自己的利益。另一个并且可能大一些的经济学家集团由于相反的理由而对效用最大化方法持批判态度：它似乎是对一个社会具有的有目的社会改良的主要工具：国家的攻击。

然而管制的经济理论正在取得一种显著的科学繁荣。它对针对具体产业的管制政策的运行和起源（例如证券市场、运输和职业执照）的发现得到大量支持。确切地说，解释的成功不是占压倒优势的，而且理论本身确实仍然比较原始。对这种方法的大量接受的主要原因是科学斗争的基本原则：要有一个理论才能打败一个理论。对于一种理论的有用性不论如何怀疑总不能阻止人们用它，除非怀疑者能指出另一条路，能成功地研究管制的科学问题。

这种理论一般分为两部分问题：为什么采用和放弃管制政策？它们的效应是

什么？这类文献在讨论这两个问题的成功程度上有一种有趣的不对称性。经济学家们在测量政策的效应方面比解释它们被采纳方面成功得多。解释是人们可以选择一个政策的效应去研究，并且通常选择容易测量的效应去研究的。当人们被问到这个问题：美国在1890年为什么采用一项反托拉斯政策时，没有这种选择机会。

　　管制政策的效应的研究通常针对对于价格和产出的效应，虽则这些政策的支持者所要的效应或许在对收入分配方面。全套管制措施可以被用来实现很大的收入再分配，而这些收入再分配并不公开出现在国家预算中。例如常常不许新成员进入一个领域导致较小的产出，较高的价格，以及受保护企业的较大利润，并且使这些好处随受保护领域的增长而增加。如果这些收入转移真像片断证据提示的那样大，管制理论很可能变成财政学中赋税和支出理论的一个完全的伙伴。

　　（三）试验斗争而后接受？

　　我所讨论的理论是否例外情况，其中没有一个经受与另一种理论斗争的试验？我们常说思想的竞争：那种竞争如何进行？

　　两个可以代替的理论直接相遇，每一个都设法解释相同的一组可观察的现象，在经济学中不常见。[1]（或许在宏观经济学中比在微观经济学中较常遇见）来自微观经济学的两个现代例子将说明一个命题，经济学家们很少根据关键性经验测试在直接敌对的理论之间进行选择：

　　（1）寡头垄断企业限制定价理论断言，一个产业中的各企业将把价格定在这样一个水平上，以便阻止或不鼓励更多的企业进入一个产业。这种理论在潜在竞争的名称下有一个长的史前时期，但是西洛斯—拉比尼，乔·贝因和佛朗考·莫迪里安尼给了它一种显式的陈述。[2]这种理论产生大量文献，但没有一次对这种理论作过直接经验测试，与寡头垄断行为的其他显式理论对比。

　　（2）皮古的外部经济性理论直接受到龙纳德·柯斯的挑战，他实际上提出皮

────────

　　① 我有一次使弯折寡头垄断需求曲线和较传统的理论直接相遇，没有发现支持存在弯折的证据。这个理论已从专业著作中消失但在每本教科书中依然存在。见《经济学文献：弯折寡头垄断需求曲线的案例》，《经济研究》，1978年，重印在《作为传道士的经济学家》中。

　　② 保罗·西洛斯—拉比尼：《寡头垄断和技术进步》（哈佛大学出版社，1962）；乔·S.贝因：《关于垄断和寡头垄断中的定价》，《美国经济评论》，1949年；佛朗考·莫迪里安尼，《寡头垄断战线上的新发展》，《政治经济学杂志》，1958年6月。

古理论在很大一类现象中假设经济行动者有非经济行为。[①] 这个挑战一度遇到很多反对论点，但是这些论点是针对以后称为柯斯定理的逻辑的。从未明显比较过柯斯和皮古观点的解释能力。

经济学界为什么没有直接设法测试这些理论，以及我表征为基本不成功的革新的四个 30 年代的理论？答案的一部分可能在于一个事实，经济理论的正式经验测试在历史上是稀少的，虽则它们的频率在增加，但是我将不坚持这个答案。另一个答案是，测试方法——试验斗争——采取一个不同形式。

经济学中的一个理论很少有界限清楚的应用领域。创造它可能为了说明一个具体类别的事件——在上面第一个例子中，在可能进入时为寡头垄断的定价——但是它常常有一个更广的可能应用的范围。在两个互相可代替的理论的全部领域中，不大可能规定一种关键性测试，如果在足够的规模上正确进行，它将判决两种理论之间的斗争。

经济学家们因此一般的选择一种利用每种理论探索一些不同问题的过程在不同理论之间作出决定。例如，寡头垄断定价的限制理论如何处理一个产业增长的过程或者垂直联合现象？柯斯理论如何阐明侵犯民事权利法律的结构或职业运动的经济学？这些探索是理论测试的一个形式：它们测试理论的结果能力（或者至少经济学家们的学术结果能力），而不同的应用是理论的局部经验测试。在这个题目上工作的经济学家们之中渐渐形成一致意见：这个理论变成标准分析大全的一部分，或者由于被人忽视而死亡。

五 结 论

我们列举的影响一门科学是否容易接受新思想的因素很容易予以扩大。

特别是研究与一种理论有关的公共政策立场的吸引力对接受这种理论有影响的问题可能有用。关于方法论的教科书教导我们需要把实证性和规范性理论分开。经济学的研究告诉我们无疑义地导致一组政策含义的理论即使有也很少。所以科学和政策应当分开。它们分开了吗？我相信分离远不是完全的，特别短期看如此，但是现在不是进行支持这个信念所需大量研究的时机。

经济研究的机构组织也是对一门科学是否容易接受新思想的一种有力的影响

[①] 《社会成本问题》，《法律和经济学》杂志，1961 年。

因素。希摩勒和德国历史学派的强大的机构地位对 1870 年后德国经济科学的缓慢发展无疑起了一种作用。从马歇尔至凯恩斯，剑桥大学在经济学中的支配作用肯定不利于接受来自外人的新思想。我相信经济学中心转移到美国的一部分原因是英国经济学家们未能充分参加经济学的定量经验研究。

即使我扩大了这个科学选择的可能决定因素的单子，并且对每个因素列举比现在我做的更多的文献，我将仍然保持我的诺言，不告诉你们经济科学中成功的新理论的详细特征。我不因这事失败而悲伤。

科学工作的吸引力不在于工匠式地利用一门科学的工具。体操运动员使他的训练极好的身体通过精巧的动作，值得人们赞美，科学家使他的有训练的心灵通过一系列的复杂的分析或实验动作，无疑地同样使人赞美。然而科学事业的伟大吸引力正好在追求将扩大我们理解世界的视野的新思想。这种事业不是一个优美的智力运动员的事业：相反，科学家在似乎用不上系统或逻辑的思想或事实的丛林中跌撞，并且他常常除伤痕外得不到什么结果。探索的危险包括一个有天才的对手将到达目标的机遇，即使竞赛在对于有能力和雄心的竞争者是极其骑士气概的规则下进行的，并不减少危险。更多地研究对新知识的追求是如何进行的，本身是对新知识的一种有价值的追求，我们不要放弃它。

乔治·约瑟夫·斯蒂格勒著作目录

书和小册子

1941 年　《生产和分配理论》，纽约，麦克米兰。

1942 年　《竞争价格理论》，纽约，麦克米兰。

1946 年　《价格理论》，纽约，麦克米兰。1952 年修订版，1964 年第三版。与密尔顿·弗里德曼合写《屋顶或天花板？》，赫德逊·上欧文顿，纽约，经济教育基金会。

1947 年　《美国的家庭仆人》，纽约，国民经济研究局。
　　　　　《产出和就业的趋势》，纽约，国民经济研究局。

1949 年　《经济问题五讲》，纽约朗曼斯，格林公司。

1950 年　《教育事业的就业和报酬》，纽约，国民经济研究局。

1952 年　与肯尼思·布尔丁合编《价格理论选读》，荷姆伍德，伊利诺，理查·D. 欧文。

1956 年　《服务行业就业趋势》，国民经济研究局，普林斯顿，新泽西，普林斯
　　　　　顿大学出版社。

1957 年　与大卫·布兰克合写《科学人员的供求》，国民经济研究局，普林斯
　　　　　顿，新泽西，普林斯顿大学出版社。

　　　　　主编：《"国富论"选读》，纽约，阿普里登—生特里—克劳夫茨。

1961 年　《联邦政府的价格统计》，给预算局统计标准处的报告，总类丛刊，第
　　　　　73 号，纽约，国民经济研究局。

1962 年　《知识分子和市场》，丛刊，第 3 号，芝加哥，芝加哥大学商业研究
　　　　　生院。

1963 年　与保罗·萨缪尔森合写《关于国家的正当经济作用的对话》，丛刊，第
　　　　　7 号，芝加哥，芝加哥大学商业研究生院。

　　　　　《辩论邀请书》，私人印刷。

　　　　　《制造业的资本和报酬率》，国民经济研究局，普林斯顿，新泽西，普
　　　　　林斯顿大学出版社。

　　　　　《知识分子和市场及其他论文》，格仑柯，伊利诺，自由出版社。

1964 年　《经济改革的战术》，丛刊，第 13 号，芝加哥，芝加哥大学商业研究
　　　　　生院。

1965 年　《经济学史论文集》，芝加哥，芝加哥大学出版社。

1968 年　《产业的组织》，荷姆伍德，伊利诺，理查·D.欧文。

1970 年　与 J.K.金达尔合写《工业价格的行为》，国民经济研究局，纽约，哥伦
　　　　　比亚大学出版社。

1971 年　《现代人和他的公司》，丛刊，第 39 号，芝加哥，芝加哥大学商业研究
　　　　　生院。

　　　　　与曼纽尔·F.柯亨合写《管制机关能保护消费者吗?》，华盛顿，D.C.，
　　　　　美国企业研究所。

1975 年　《公民和国家》，芝加哥，芝加哥大学出版社。

1982 年　《作为传道士的经济学家，及其他论文》，芝加哥，芝加哥大学出版社。

论文，书评，短文从略。

瑞典皇家科学院卡尔－高兰·马勒
（Karl-Göran Mäler） 教授讲话

国王和王后陛下，各位阁下，女士们和先生们：

今年的经济学奖金给予对经济科学核心问题，一般均衡理论的贡献者。简单说，这种理论研究表现上的经济无序以什么方式产生一个有序的系统，以及所有受自身利益驱动的似乎各自独立地作出的决策，如何能变为协调，并且导致某种能合理地称为秩序的东西。请考虑数目很大的企业和家庭，它们每天作出极大数目的有关物品和服务的购销的决策。肯定有很好的理由停下来诧异，一个人一般的能买到他计划购买的以及卖掉他计划销售的东西。由于某种手段，这些为数众多的，各自作出的经济决策被协调起来了。这种现象是日常生活的一大部分，以致人们一般的不停下来考虑它，这个事实并不减少它的值得惊异之处。

亚当·斯密利用价格体系对企业和家庭决策的这种协调的一个解释：物价向生产者传递关于物品和服务需求的信息，而向消费者传递关于生产成本的信息。正是这种信息传递而使秩序不混乱成为我们的经济系统的特征。

在 19 世纪后半叶，一个法国人，列昂·华尔拉（Léon Walar），提出了这种理论的一个数学形式。经济学因而获得第一个一般均衡理论。所谓一般是说它包括一切物品、服务及生产因素的市场。所谓均衡理论是指它解释了每一个这类市场上需求的和供给的数量怎样变为相等。

华尔拉的理论对以后经济学的发展具有根本的重要性。虽然如此重要，20

世纪 20 年代以前没有作出严肃的努力去确定这个理论模型的逻辑一致性。是否存在某一个物价集使一切市场同时均衡？组成华尔拉模型的方程有无任何有意义的解？

在 30 年代，阿伯拉罕·华尔德（Abraham Wald）的研究给予这个疑问肯定的答复。他不幸为了证明均衡的存在性必须作一些不真实的假设。为此缘故，这些成果未能立即导致进一步的研究。

1954 年以前一般均衡理论的内在逻辑一致性问题没有得到一个严格的答案。就在那时候，1972 年获得诺贝尔经济学奖金的肯尼思·阿罗教授和今天要接受奖金的吉拉德·德布鲁（Gerard Debreu）教授写的今已成为经典的论文《一个竞争经济中的均衡的存在性》。这里也应提到列昂乃尔·麦克肯思（Lionel Mckenzie）教授，他同时作出了重要贡献。

在阿罗和德布鲁教授发展的现在称为阿罗—德布鲁模型的理论中，列举了保证一般均衡存在的一个条件集。在以后十年中的一系列特别重要的工作中，德布鲁教授成功地证明了在不那么严厉的条件下一般均衡的存在性。德布鲁教授曾对这种均衡的惟一性以及与竞争均衡联系的规范的特性进行分析。

让我们再次回到亚当·斯密和他的命题，从许多个人使他们自己的福利最大化的努力中，出现一只看不见的手，它引导一个经济系统为社会获得最大可能的福利。肯尼思·阿罗和吉拉德·德布鲁各自独立地确定了保证价格机制带来符合消费者愿望的资源高效利用的条件。我愿着重指出，这并不必然意味着建议自由放任。这个理论描述了一个对经济效率而言充分的条件集。仍然需要有评估在一个实际经济系统中满足这些条件的程度的经验数据分析工作。

德布鲁教授负主要责任的一般均衡理论的形式的特点是重要的普适性。它原先是一个没有政府部门而且没有不确定性的经济的一种竞争均衡理论。但是德布鲁教授实现的理论进展使它能用于分析不确定性，与政府部门有关的集体物品和赋税、环境问题等等。此外，这种理论为经济成本效益分析提供一个主要的参照框架。由于创造了所谓可计算一般均衡模型而促进了甚至更广泛的用途。这些经验模型直接建造在吉拉德·德布鲁的一般均衡理论形式之上，可以用于需要分析整个经济系统的问题，例如国际货币基金研究的那些问题。

在一般均衡理论的发展中，德布鲁教授不仅给予我们以价格机制方面的信息，而且也引进了新的分析技术，经济学家工具箱中的新工具。吉拉德·德布鲁是利用一种新的数学工具的象征性人物，大多数经济学家只是抽象地理解这种工具。然而，他的工作给予我们以对于潜在的经济作用的一种更好的直观理解。他的清晰的分析的严格性，以及他对一种经济理论及其解释之间的区分，使他的工作对经济理论中方法和分析技术的选择有重要影响，可与任何其他在世的经济学家相比而不逊色。

德布鲁教授：

为了我们对一般均衡理论以及在一个抽象经济中存在一般均衡的条件的理解，你作出了比其他任何人更多的贡献。你对抽象经济的模型的深刻分析为我们提供了一种一般理论，它可以用于许多问题，比其他局部模型给予我们宽广得多的理解。

你是一种经济分析新方法的象征，超过任何别人，这种方法虽则高度抽象，使我们对基础经济学获得更好的直观理解。你对经济学家们使用的方法、标准和分析技术的影响是突出的。

作为皇家科学院的代表，我愿向你致以我们最热烈的祝贺，现在我请你从国王陛下的手中接受你的奖金。

吉拉德·德布鲁自传

我在 1921 年生于法国加莱，我是凯米尔·德布鲁和费南德·德布鲁的儿子。我父亲是我的外祖父在花边制造业的合伙人，那是加莱的一个传统行业。我的祖父管理他在加莱和布隆之间的小镇马奎斯创办的印刷厂，直到他退休。

直至 1939 年获得学士学位，我一直在加莱市学院求学。在 1939 年夏季，由于法国的第二次世界大战开始，我未能准备巴黎的一个校园中的一个科学高校的入学考试，而在 1939—1940 年的学年中在安伯特一个临时数学专业预备班学习。在 1940 年夏季，法国被德国占领军分为几个区，我从安伯特到格仑诺伯去，这两个地方都在所谓"自由区"。1940—1941 学年是在格仑诺伯校园度过的，在那里我学数学专业课程。

在 1941 年夏季，我被高等师范学校录取，在那里学习和生活直至 1944 年春季。那三个年头在许多方面都是一种异乎寻常的经历。每班进校新生很少（科学约 20 人，人文约 30 人），而且录取手续严格，这些情况有助于创造一种过热的学术空气。德国占领下的巴黎的黑暗外部世界也对乌姆路的小天地（指高等师范学校——译者注）施加一种强大的抑制性压力。在那个时期的我的所有老师中，亨利·卡坦最有影响。N.波巴基对我的数学爱好也有间接影响。

我本来打算在 1944 年春季取得数学助教资格并且就此结束我的正式学习。但是中间来了 D 日[①]；我在法国陆军入伍，被送到阿尔及利亚，丘切尔的军官学校，然后在德国的法国占领军短期服役以迄 1945 年 7 月末。在 1945 年末和 1946 年初我终于取得数学助教的资格。同时我对经济学发生了兴趣，当我在毛立斯·阿来的书《经济学科研究》（1943）中见到他陈述的，列昂·华尔拉在 1874—

---

① 即盟军在法国西海岸登陆之日。——译者

1877 年创始的一般经济均衡的数学理论时，兴趣变成终生事业。得到助教资格后的两年半被我用于从数学归化经济学。在那个时候我是国家科学研究中心的一名研究助理，该中心对我缺乏有形的成果连同从一个领域转变到另一个遥远的领域表现了令人印象深刻的宽容。

在 1948 年夏季的几个星期，我参加在萨尔茨堡举行的美国研究讨论会，华西里·列昂节夫是负责人之一。1948 年快结束时我得到一笔洛克菲勒奖学金，允许我在 1949 年访问哈佛大学、加州大学伯克利分校、芝加哥大学和哥伦比亚大学，并且在 1950 年前四个月访问瑞典 Lappsala 大学和挪威奥斯陆大学。我在萨尔茨堡的日子和我的洛克菲勒奖学金使我接触到法国被割断的经济学的一切科学发展。甚至更重要的是，在 1949 年秋季我访问芝加哥大学时，考尔斯经济学研究会提供给我一个副研究员的位置。考尔斯研究会是我要做的那种研究的最优环境，我接受了它的建议，在 1950 年 6 月 1 日开始了 11 年的联系。1945 年 6 月我与弗朗索瓦·布来德结婚，我们的两个女儿婵德和弗洛仑采是在 1946 年 8 月和 1950 年 2 月出生的。

50 年代初的考尔斯研究会证明比我希望的还要好。它好像一个数理经济学的焦点，讨论每一项最新发展。一小群研究人员在每周聚会，两周讨论会，以及在许多对话中互相作用。在那个有非常支持性的环境中，几乎我的全部时间均用于研究，我对帕累托最优性，对一般经济均衡的存在性以及对效用理论的工作取得迅速进展。在考尔斯研究会的芝加哥时期的最后几年中，我在 1953 年夏秋离开那里 6 个月到巴黎的法国电力公司。那一年阿罗发表的关于应急商品的理论论文以及水电厂水库中的不确定水量为法国电力公司带来的应用问题引导我研究经济不确定性，最终作为我的《价值论》（1959）专著的最后一章发表了。

在 1955 年夏季，考尔斯研究会从芝加哥大学迁往耶鲁大学，在那个新环境中我完成了一篇关于市场均衡的论文和我的专著，其目的是对一般经济均衡理论作公理性分析。我也研究了基数效用理论中的几个问题，特别是在集合的笛卡儿乘积上定义的效用函数的可加性分解。

1960—1961 年度是在斯坦福大学的行为科学高等研究中心度过的，主要用于 1962 年出现的关于一个经济均衡的存在性的一般定理的复杂证明。在那次访问中，我接受了加州大学伯克利分校的一项任命，从 1962 年 1 月 1 日开始，不过在 1961 年秋季我回到了耶鲁大学的考尔斯基金会，这次作为一个访问者。在那个学期我开始了关于一个经济的核的工作，那是赫伯特·斯卡夫（Herbert

Scarf）的工作的继续，然后在斯坦福仍做这个工作。那个工作以后产生我们在 1963 年发表的合作论文。60 年代中在伯克利，始于 1964 年发表的罗伯特·奥曼（Robert J. Aumann）的一篇论文的经济主体的测度空间理论变成我的主要兴趣之一，如同有关的偏好关系集的拓扑学化问题一样。

在 1968 年秋季，我有了几次长休假的第一次，访问罗文大学的运筹学和经济计量学中心（1968—1969 年，1971 年秋及 1972 年冬），英国剑桥大学丘吉尔学院（1972 年春），耶鲁大学考尔斯基金会（1976 年秋），波恩大学（1977 年冬和春），以及巴黎的 CEPREMAP（1980 年秋）。在 1968 年夏季，我对正常经济问题发生了兴趣，直到 1969 年 6 至 7 月我访问新西兰基督教会①的坎特布雷大学之前一直未获答案。我以后在 70 年代和 80 年代初在伯克利的研究兴趣主要集中在可微效用函数的研究，一个经济的超额需求函数的表征，一个经济的核收敛到它的竞争均衡集的速率，最小凹性效用函数问题，以及（与佳林·C.库普曼斯合作）可加分解准凸性函数问题。

---

① 基督教会是新西兰的一个城市名称。——译者

吉拉德·德布鲁简历

1921 年 7 月 4 日生于法国加莱。

1941—1944 年，高等师范学校，巴黎（法国）。

1944—1945 年，法国陆军（北非—德国）。

1946 年，大学助教，巴黎（法国）。

1946—1948 年，国家科学研究中心副研究员，巴黎（法国）。

1948—1950 年，洛克菲勒研究员（美国—瑞典—挪威）。

1953 年夏—秋，法国电力公司，巴黎。

1956 年，科学博士，巴黎大学（法国）。

1955—1961 年，经济学副教授，考尔斯经济学研究基金会，耶鲁大学。

1960—1961 年，行为科学高等研究中心研究员，斯坦福大学。

1961 年秋，经济学访问教授，考尔斯经济学研究基金会，耶鲁大学。

1962 年 1 月，经济学教授（自从 1975 年 7 月以来兼数学教授），加州大学伯克利分校。

1968—1969 年，古根海研究员——访问教授，运筹学和经济计量学中心，罗文大学（比利时）。

1969—1971 年，经济计量学会副会长和会长。

1969 年 6—7 月，欧斯金研究员，坎特布雷大学，基督教会（新西兰）。

1970 年，美国艺术科学院研究员。

1971 年秋，1972 年冬，访问教授，运筹学和经济计量学中心，罗文大学（比利时）。

1972 年春，海外研究员，丘吉尔学院，剑桥大学（英国）。

1973 年 6—7 月，访问教授，坎特布雷大学，基督教会（新西兰）。

1973—1974 年，教授，加州大学伯克利分校密勒基本科学研究所。

1975 年 7 月，美国公民。

1976 年 7 月，荣誉军团骑士。

1976 年秋，访问教授，考尔斯经济学研究基金会，耶鲁大学。

1977 年冬—春，亚历山大·冯·洪堡特基金会高级美国科学家奖，波恩大学。

1977 年 4 月，博士，波恩大学。

1977 年至今，美国国家科学院院士。

1980 年秋，副研究员，CEPREMAP，巴黎（法国）。

1980 年 10 月，经济科学博士，洛桑大学。

1981 年 6 月，科学博士，西北大学。

1982 年，美国经济学会荣誉会员。

1983 年 6 月，土洛斯社会科学大学博士。

数学模式中的经济理论

———————————————————————— 吉拉德·德布鲁

美国，加州大学伯克利分校

1983 年 12 月 8 日讲演

一

如果要选择一个数理经济学诞生的象征性日期，我们这一行以少有的一致意见将选择 1838 年，这一年奥古斯汀·古诺（Augustin Cournot）出版了他的《财富理论的数学原理的研究》。经济分析史的学生们可以指出早到 18 世纪初的对数理经济学作出的贡献。他们也能指出约翰·海因立奇·冯·屠能（Johann Heinrich von Thiinen）的《孤立国》，1826 年，那是在经济理论中使用数学推理的一个原型。但是古诺是解释经济现象的数学模型的第一个伟大的建造者。在 19 世纪和 20 世纪初的他的后继者之中，我这次讲演给列昂·华尔拉（Léon Walras）（1834—1910），一般经济均衡的数学理论的创始人，弗兰昔斯·爱奇渥思（Francis Y. Edge worth）（1845—1926），以及维尔弗来多·帕累托（Vifredo Pareto）（1848—1923）以最高突出地位。如果诺贝尔经济学奖金像其他奖金一样创始于 1901 年，所有这三个人活得进入 20 世纪足够长时间，可以提高经济学奖金的价值。

如果 1838 年是数理经济学的象征性生日，1944 年就是它的当代的象征性开始。在那一年，约翰·冯·诺伊曼和奥斯卡·毛根斯登（John von Neumann and Ozkar Morgenstern）出版了《博弈和经济行为理论》（Theory of Games and Economic Beharior）的第一版，这件事宣布了经济理论的一种深刻和广泛的改造。在以后 10 年中，强大的学术刺激也来自许多其他方向。除冯·诺伊曼和毛根斯登的书之外，华西里·列昂节夫的投入产出分析，保罗·萨缪尔森的《经济分析基础》，佳林·库普曼斯的生产活动分析，以及乔治·但泽（George Dantzig）的单纯形算方是常讨论的题目，特别是在我于 1950 年 6 月 1 日加入时的考尔斯研究会。那时与一个相互作用很强的集体发生联系，它提供我要做的那种研究的最优环境，是一项特权。

那项研究的一个主要动机是研究一般经济均衡理论。它的目标是使理论严格，使它一般化，使它简化，并且向新的方向发展它。进行这样一个计划要求解决偏好、效用和需求理论中的几个问题。它导致从不同数学领域借来的新分析技术被引入经济理论。有时它得寻找纯数学问题的答案。起初涉及的研究工作者的数目很小，增长缓慢，但在 60 年代初，它开始较迅速地增长。

我要概述和讨论的理论概念中最原始的是商品空间的概念。写下一个经济中所有商品的名单。令 1 为其有限数目。为每种商品选择一个测量单位，以及一个符号的规定，以便区分投入和产出（对于一个消费者投入是正的，产出是负的；对于一个生产者投入是负的，产出是正的），我们可以用商品空间 R^1 中的一个向量描绘一个经济主体的行动。商品空间具有一个实向量空间的结构这个事实是经济理论数学化的成功的一个主要原因。特别是可以充分利用 R^1 中集合的凸性质，这是一般经济均衡理论中反复出现的主题。此外，如果我们选择一个记账单位，而且如果我们规定一种商品的每一种的价格，我们定义了在 R^1 中的一个价格向量，这是一个与一个商品向量的概念相对偶的概念。商品向量 Z 相对于价格向量 P 的价值于是是内积 P·Z。

华尔拉在 1874—1877 年创始的数学理论的目标之一是利用许多主体通过商品市场的相互作用产生的一种均衡来说明在一个经济中观察到的价格向量和各个主体的行动。在这种均衡中，每个生产者使他的生产集中相对于价格向量的利润最大化；每个消费者在他的财产向量价值和他在生产者利润中的份额所定义的预算约束下满足他的消费集中的偏好；而且对于每种商品，总需求等于总供给。华尔拉和他的后继者在 60 年中看到了如果没有一种论据来支持至少一个均衡的存在性，他的理论会是空的，并且注意到在他的模型中方程数等于未知量数目，这是一个不能使一个数学家信服的论据。然而我们必须立即补充说，当华尔拉撰写我们的科学的（如果不是最伟大的）最伟大的经典之一的时候，以后使存在性问题可能解决的数学工具并不存在。是阿拉伯罕·华尔德从格斯塔夫·卡赛尔（Gustav Cassel）（1918）对华尔拉模型的陈述出发，1935—1936 年终于在维也纳在一系列论文中提出了第一个解，它吸引的注意如此之少，以致在 50 年代初之前人们没有再研究这个问题。

　　肯尼思·阿罗在他的诺贝尔讲演中谈到他遵循的道路，到达它与我的道路会合之点。引导我到我们的合作的道路有些不同。40 年代初在高等师范学校接受 N. 包巴基（N. Bourbaki）对公理的数学方法的影响之后，快到第二次世界大战结束时我对经济学发生了兴趣。在法国特别是由于弗朗索瓦·狄维西亚（Francois Divisia）和毛立斯·阿来（Maurice Allais），洛桑学派的传统被保持得富有生气，正是在阿来在《经济学科研究》（a la Recherche d'une Discipline Economique）〔1943〕的陈述中我第一次见到一般经济均衡理论并被它俘虏了。对于一个在包巴基的不妥协的严格中受过训练的人，对华尔拉系统中的方程和未知量计数不能使人满意，考虑了令人困扰的存在性问题。但在 40 年代后期，答案的几个主要元素仍然不易得到。

　　同时，一个较容易的问题被解决了，并且它的解决显著地有助于存在性问题的解决。在两个世纪之交，帕累托用微分法，以一个价格体系来表征一个经济的最优状态。由于奥斯卡·兰格（Oscar Lange）〔1942〕和阿来〔1943〕的各自独立的贡献，在同样数学框架中发展帕累托思想的一个长阶段到了一个停歇点。1950 年夏，阿罗在第二次伯克利数理统计和概率论讨论会，我在哈佛的经济计量学会的会议上，各自用凸集理论讨论了同一问题，在福利经济学的那个领域的中心有两个定理。第一个定理断言，如果相对于一个给定的价格向量，一个经济的所有主体都处于均衡状态，则经济的状态是帕累托——最优的。它的证明是数理经济学中最简单的证明之一。第二个定理提供一个更深刻的经济见解并且是以凸集的一个性质为基础。它断言，与一个经济的一个帕累托——最优状态 S 相联系，有一个价格向量 P，相对于它所有主体均在均衡状态（在一些条件下，我在此如同在别处一样不能充分地说明这些条件）。它的证明基于下面的观察：在商品空间 R^1 中，经济的先验给定的财产向量 e 是可以用

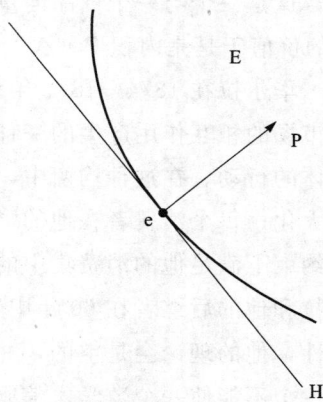

图 1

以满足所有消费者的偏好至少像 S 状态中那么好的所有财产向量的集合 E 的一个边界点。在保证 E 集是凸集的条件下，E 有一个通过 e 的支撑平面 H。一个与超平面 H 正交的，指向 E 的向量 P 具有一切要求的性质。这样用凸性理论给出的对问题的处理是严格的，比较自从帕累托以来成为传统的利用微分法的处理更加一般和简单。支撑超平面定理，一般的称为哈恩—巴拿赫（Hahn-Banach）定理，德布鲁（1954）似乎完全适合经济问题。与我的阐述特别有关的是这样一个事实，从集合理论重述福利经济学迫使人们重新审查一般均衡理论的几个原始概念。这对解决存在性问题有很大价值。

在我加入考尔斯研究会的那一年，我学会了冯·诺伊曼的 1937 年关于增长理论的论文中的引理，到 1941 年它被角谷（Shizuo Kakutani）重新陈述为一个不动点定理。我也学到了约翰·纳希（John Nash）在他的 1950 年的关于"N 人博弈中的均衡点"的一页短文中对角谷定理的应用以及毛顿·斯莱特（Morton Slater）在他的也是在 1950 年的未发表论文中的拉格朗日乘子上的应用。又一次有了一个理想工具，这次是角谷定理，用于我在 1952 年给出的，推广纳希成果的一个社会均衡的存在的证明。由于从两个主体的情况转移到 n 个主体的情况是立即能办的，我们将考虑前者，它可用图解表示。设第一个主体在先验给定的 A_1 集中选择一个行动 a_1，第二个主体在先验给定的 A_2 集中选择一个行动 a_2。第一个主体知道 a_2 后，有一个等价反应集 $\mu_1(a_2)$。同样，第二个主体知道 a_1 后，有一个等价反应集 $\mu_2(a_1)$。$\mu_1(a_2)$ 和 $\mu_2(a_1)$ 可能是一个元素的集，但在一个有一些生产者在规模报酬不变下营业的重要情况中，它们将不是只有一个元素的集。当且仅当 $a_1 \in \mu_1(a_2)$ 和 $a_2 \in \mu_2(a_1)$ 时，也就是当且仅当 $a \in \mu(a) = \mu_1(a_2) \times \mu_2(a_1)$ 时，状态 $a = (a_1, a_2)$ 是一个均衡状态。

换言之，当且仅当 a 是从 $A = A_1 \times A_2$ 到 A 自身的对应 $a_1 \rightarrow \mu(a)$ 的一个不动点，a 才是一个均衡状态。保证角谷定理适用于 A 和 μ 的条件保证一个均衡状态的存在。阿罗和我在我们的 1954 年论文中以一个上述类型的社会系统的形式思考一个竞争经济。主体是消费者、生产者和一个虚拟的定价者。定价者对一个超额需求向量的反应集的一个适当的定义使那个社会系统的均衡的概念等价于原来的经济的竞争均衡的概念。用这个方式对一个由相互作用的消费者和生产者组成的经济的均衡得到一个最终基于角谷定理的存在性证明。50 年代初，解决存在性问题的时间无疑来到了。除阿罗和我开始各自独立地并且合作完成的工作外，公爵大学的列昂乃尔·麦克肯思也利用角谷定理证明了"格拉汉世界贸易模型及

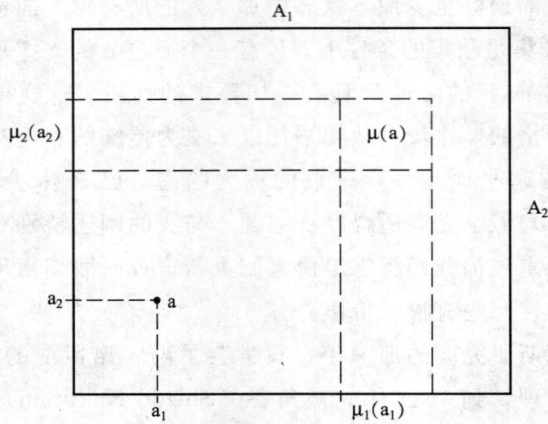

图 2

其他竞争系统中均衡"的存在。大卫·盖尔（David Gale）（1955）在哥本哈根，二阶堂（Hukukane Nikaido）（1956）在东京和德布鲁（1956）在芝加哥各自独立地采取的一个不同的方法允许在我的《价值论》（1959）中给出对阿罗和德布鲁的复杂证明有大量简化。

遵循那个方法，我们在 R^l 的闭合正卦限 R^l_+ 中考虑一个不同于 O 的价格向量 P。经济中消费者和生产者对 P 的反应产生 R^l 中的一个超额需求向量 Z，它的坐标表示每个商品的（正、零或负值的）需求超过供给的差额。由于向量 Z 可能不是惟一地确定的，我们因此引进与 P 联系的超额需求向量集 Z(P)，如果 P 乘以一个严格正实数，这个集是不变的。如果经济中的每种商品能够自由地处理掉，当且仅当在 $Z(P^*)$ 中有一个向量，它的所有坐标是负数或零，即，当且仅当 $Z(P^*)$ 与 R^l 的闭合负封象 R^l_- 相交，P^* 才是一个均衡价格向量。

每个消费者满足他的预算约束的事实意味着 Z(P) 的所有点在与 P 正交的通过 R^l 的原点的超平面之中或之下。角谷定理提示的对 Z 的补充条件确定一个均衡 P^* 的存在。

一个存在性的证明现在被认为是一个提出一种经济均衡概念的模型的一个必要的附属物，而在一篇最近的综述（德布鲁，1982）中，列举了 350 篇以上的包含那种存在性证明的出版物。其中最复杂的证明之一是我的论文〔1962〕，由于它的目标是一般性。

在过去 30 年中已发展了对存在性问题的其他几种方法。不打算像斯迈尔

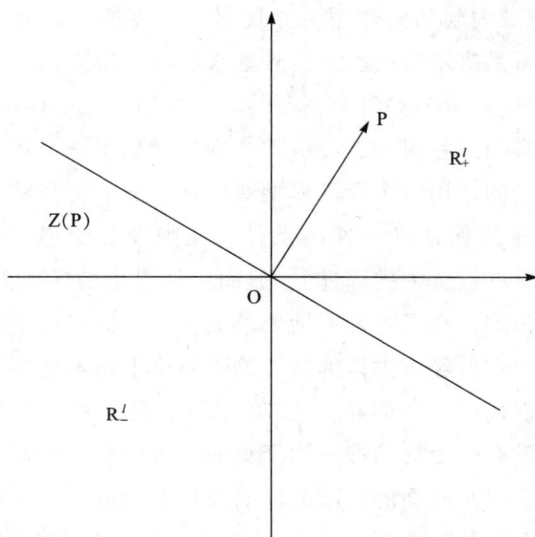

图 3

(Smale)（第 8 章），德布鲁（第 15 章），E. 笛儿克 ［E. Dierker（第 17 章）］，以及斯卡夫（Scarf）（第 21 章）为阿罗和英特里盖特（Intriligator）的书（1981—1984）准备的系统性综述那样，我们在此必须明确地提到它们中的两篇。

已知一个任意的严格正价格向量 P，我们现在考虑经济中消费者和生产者的反应确定一个惟一的超额需求向量 F(P)的情况。我们也假设每个消费者的预算约束被准确地满足。于是我们有

华尔拉定律 $P \cdot F(P) = O$

这个等式提示，把价格向量 P 限制到 R^l 中单位球的严格正部分 S，使它规范化，因为这时与 P 正交的向量 F(P)可以表示为与 S 球在 P 相切。用数学语言，超额需求函数 F 在 S 上定义一个向量场。这种表示方法是以后我要讨论的超额需求函数的一般表征的关键。它也提供 F 上的一个边界条件的情况中的存在性证明，其经济意义是在有些物价趋于零时超额需求变大，用数学语言来说，在接近 S 的边界处超额需求指向内部。对于一个连续的向量场，这个性质意味着 S 至少有一个点 P^*，对它而言 $F(P^*) = O$。这种每一种商品的供求相等表明 P^* 是一个均衡价格向量。

第二个方法有关为计算近似的均衡开发高效的算法，赫伯特·斯卡夫

(1973) 在此研究领域内起领先作用。寻找那一类算法是研究一般经济均衡计划的一个自然部分。可是决定性的刺激意外地来自求解博弈论的一个问题，伦克和郝逊（Lemke and Howson）（1964）提供了一个求解二人非零和博弈的算法。均衡的计算有了许多应用并且对一般经济均衡理论增加了一个新的重要方面。

　　如果均衡是惟一的，用一个经济模型对均衡作出的解释将是完全的，并且人们一直积极寻找满意的保证惟一性的条件［在阿罗和哈恩（Arrow and Hahn）（1971），第 9 章中有一篇优秀的综述］。然而人们提出的条件的强度使人们在 60 年代后期清楚地认识到，全局的惟一性要求太高，我们可能不得不满足于局部的惟一性。实际上即使在对经济主体的特性的强假设下仍不能保证一个经济的那种性质。但是我们可以证明，如同我在 1970 年做过的那样，在适当条件下，在一切经济的集合中，没有一个局部惟一均衡集的经济的集合是可以忽略不计的。我刚才用词的精确意义以及前面的论断的证明而根据的数学成果可在沙德（Sard's）的定理中找到，是斯蒂芬·斯迈尔（Stephen Smale）在 1968 年夏天的谈话中向我介绍这个定理的。解答的不同部分在新西兰南岛上的密尔福海湾（Milford Sound）各自发挥了作用。在 1969 年 7 月 9 日下午，我妻子弗朗索瓦和我到那里的时候，间断性降雨和阴天造成景色黯淡，促使我再一次对长期迷人的那个问题进行工作，并且这一次思想迅速成形。第二开早晨天空万里无云，显示了仲冬海湾之美。

　　我提到的"适当"条件是可微性条件，这在现在的情况中基本上是不可避免的。至于"可以忽略不计"一词，在一个有限维的经济的集合的情况中，它的意思是"包含在一个勒贝格测度零的闭集中。证明的主要思想可用一个有 m 个消费者的交换经济的简单例子在直观上讲解。第 i 个消费者的需求函数 fi 对于每一对（P，Wi）联系着商品空间的闭合正卦限 R_+^l 中的需求 fi（P，Wi），其中 P 是一个严格正价格向量，Wi 是一个正财富（或收入）。第 i 个消费者用他的需求函数 fi 和他的 R^l 的严格正卦限中他的存量向量 ei 来表征。函数 fi 保持固定并且假设连续可微。所以经济用 P^m 中的 m 个存量向量的清单 e＝（e₁…，eₘ）来描写。价格向量 P 被限制到属于单位球的严格正部分 S，与 $S \times P^m$ 中一对（P，e）相联系的超额需求向量是

$$F(P,e) = \sum_{i=1}^{m} [f_1(p, p \cdot e_i) - e_i]$$

均衡流形 M ［斯迈尔，1974，巴拉斯科（Balasko）1975］是用 F(P,e)＝O

定义的 $S×P^m$ 的子集，由于华尔拉定律，等式 $F(P,e)=O$ 只施加 $l-1$ 个约束。在所作的假设下，M 是一个可微流形，它的维数是 $dimM=dimP^m+dims-(l-1)=1m=dimlP^m$。现在令 T 为从 M 至 P^m 的投影，并且定义一个临界经济 e，它是 M 的一点，(e,P) 的投影，其处 $^\prime P$ 的雅可比行列式是奇异的，从几何上说维数为 1m 的相切线性流形并不投影于 P^m 之上。根据沙德的定理，临界经济集是闭合的而且是勒贝格测度零的。在可以忽略不计的临界集之外的一个正规经济不仅有一个离散的均衡集；它也有一个邻近区，其中均衡集连续变化，作为一个定义经济的参数的函数。因此正规经济的研究形成分析均衡的确定性和经济系统的稳定性的一个基础。而且均衡集在一个正规经济附近的连续性保证对于参数测量中的不可避免的误差而言模型提供的均衡的说明是健全的。又一次一项数学成果，沙德的定理被发现恰好符合经济理论的需要。最近十年正规经济的研究成为一个活跃的研究领域，斯迈尔，伊夫斯·巴拉斯科（Yues Balasko）和安德鲁·马斯—科来尔（Andreu Mas-Colell，1984）是它的主要的作出贡献的人。

离开日历记事顺序，我现在回到 50 年代后期和 60 年代早期，并且回到一个经济的核的研究的开始。爱奇渥思（Edgeuorth，1881）曾给出一种有说服力的论据来支持一种普通的不精确的信念，当经济主体的数目以这样一种方式增加，以致他们的每一个趋于变成可以忽略不计，则市场变为更富于竞争性。他曾具体证明，在一个两种商品的经济中，若两类消费者的数目相等，他的"契约—曲线"趋于竞争均衡集。他的光辉贡献未能激发进一步的工作，直至马丁·许为克（Martin Shubik，1959）把爱奇渥思的契约曲线与核的博弈理论概念联系起来为止（吉里斯 Gillies，1953）。爱奇渥思成果的第一次扩大是赫伯特·斯卡夫 1962年取得的，而完全推广到任意数目的商品和消费者类型的情况是德布鲁和斯卡夫（1963）给出的。与我们的合作论文相联系的是我对解决了一个问题的时刻的最生动的记忆之一。赫伯特·斯卡夫，那时在斯坦福，与我在 1961 年 12 月在旧金山机场见面，当他在快车道上驱车去派洛·阿尔托（Palo Alto）[①] 时，我们中的一个人用一句话提供了求解的一把钥匙，另一个人也用一句话立即提供了另一把钥匙，于是锁被打开了。又一次基本数学成果是凸集的支撑超平面定理。我们证明的定理仍然是特殊的，因为它只适用于有给定类型数目的消费者以及每种类型相等的，渐增数目的消费者的经济。一般化立即来到。罗伯特·奥曼（1964）引

---

① 美国加州的一个城市。——译者

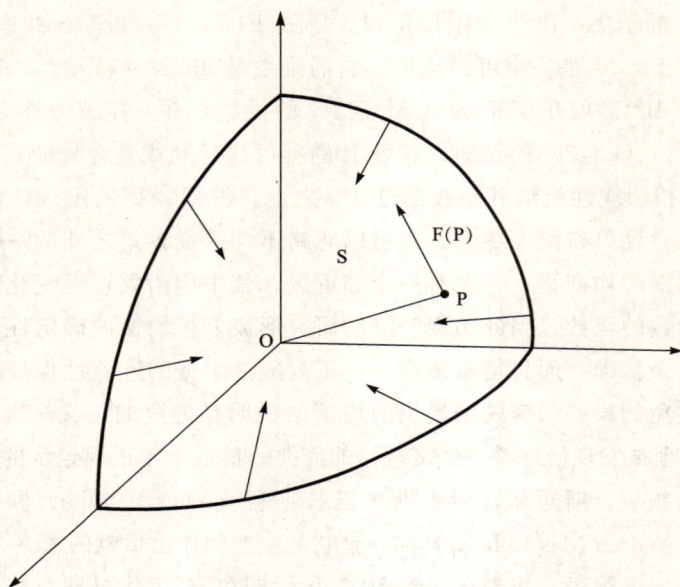

图 4

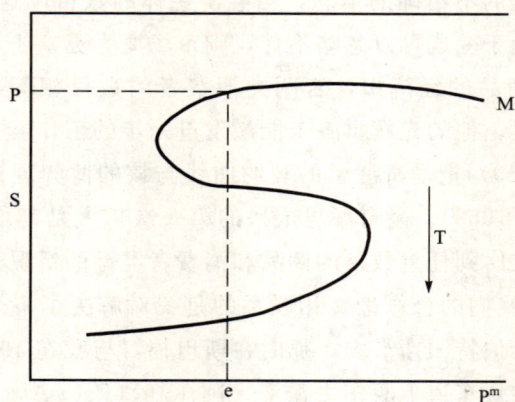

图 5

进了经济主体的一个缺原子测度空间的概念，这是一个有大量主体，他们都可忽略不计的经济的概念的自然的数学形式。在值得注意的弱条件下，奥曼证明，对于这样一个经济，核与竞争均衡集重合。卡尔·文德（Karl Vind，1964）于是指出，为了证明那个惊人的成果，适当的数学工具是关于一个缺原子有限维向量测度的凸性和紧性的李亚普诺夫（Lyapunov，1940）定理。从这些贡献中生长出一类广泛的文献，其重要成果包括宫内（Yakar Kannai，1970）和杜鲁门·彪来（Truman Bewley，1973）的论文，到维纳·希登布兰（Werner Hildendrand）的书（1974）达到高峰。最近希登布兰（18章）在阿罗和英特里盖特（Arrow and Intriligator，1981—1984）的书中作了综述。

唐纳·布朗（Donald Brown）和阿伯拉罕·罗宾逊（Abraham Robinson，1972）在另一个方向上提出了一个有大量可以忽略不计的主体的经济的一种数学表示，他们在经济理论中引入精巧的非标准分析技术。值得注意的是，这个方法最终导致罗伯特·安德逊（Robert Anderson，1978）关于一个有限数目主体的经济的核中配置的竞争性程度的基本不等式。

在70年代中，核的理论和正规经济理论的研究核收敛到竞争均衡集的速率时联合起来了。劳合·夏普来（L. S. Shapley，1975）曾证明收敛可以任意地缓慢。德布鲁（1975）然后证明在有限类型数目的主体的情况中，若每一类主体数相等且渐增，一个正规经济收敛到竞争均衡集的速率与主体数目的倒数属于同一数量级。这项成果从重复出现经济到更一般的经济序列的扩展是白比尔吉特·格罗德尔（Birgit Grodal，1975）提供的。

与一般经济均衡的当代发展密切联系的是偏好、效用和需求理论的发展。后者的新成果在有些情况中是前者需要的，在另一些情况中是前者推动的。一个消费者的偏好的理论中的原始概念是他的消费集 X，R^l 的一个子集，以及他的偏好关系 $\lesssim$，X 上的一个完全前序。我们将要说，如果 X 上的一个实值函数 u 表示偏好关系 $\lesssim$，意思是

$$[x \lesssim y] \longleftrightarrow [u(x) \leqslant u(y)]$$

则 u 是一个效用函数。存在一个连续效用函数的一个必要和充分条件是，相对于 XXX，集合 $G = \{(x,y) \in XXX | X \lesssim y\}$ 是闭合的（德布鲁，1954，1964）。虽然比 R^l 中一个无穷的无差异集合族的人们熟悉的概念抽象，以下两例说明，在 $R^l \times R^l$ 中的单一集合 G 的概念远为简单。

说一个主体的偏好与另一个主体的偏好相似，对于一位数理经济学家意味着在偏好集上引入了一个拓扑。宫内在一篇发表拖延很久的论文（1970）中做到了这一点。如果我们设想每一个偏好关系是一个 R^l 中的无穷无差异集的族，比较两个消费集 X 和 X′（现在假设是闭合的）上的两个偏好关系 $\lesssim$ 和 $\lesssim$ 的前景令人气馁。如果我们设想每个偏好关系是 $R^l \times R^l$ 的一个闭合子集（德布鲁，1969）

比较的前景是吸引人的。在偏好集上的拓扑是希登布兰（1974）书中核理论的基础。它对宫内（1974）和马斯—科来尔（1974）所做的关于一个凸偏好关系用可以凹效用函数表示的凸偏好关系来逼近的工作是不可缺少的。

另一个例子有关可用可微效用函数表示的偏好关系。传统方法集中注意 R^l 中的消费集 X，提出了微妙的可积分性问题（列昂尼德·赫尔维茨 Leonid Hurwicz，1971，第 9 章作了详尽的综述）。与此对比，一个可微偏好关系 $\lesssim$ 可以简单地用一个条件，相联系的 G 集是 $R^l \times R^l$ 中的一个可微流形来定义（德布鲁，1972）。

在所有这些发展中，对效用函数 u 提出的问题，如 "u 在什么时候是连续的?"，"u 在什么时候是凹的?"，"u 在什么时候是可微的?"，激励和帮助了偏好理论。可是研究在 n 个集 $X_1\cdots$，X_n 的乘积 X 上定义的一个偏好关系 $\lesssim$ 提供了另一个例。现在的问题是，偏好关系 $\lesssim$ 能否用以下形式的一个效用函数表示

$$u(x) = \sum_{i=1}^{n} u_i(x_i)$$

其中 x 是 n—清单，$(x_1, \cdots, x_n)$，而且对于每个 i，$x_i \in X_i$。列昂节夫（1947a），（1947b）和萨缪尔森（1947）第 7 章，用微分法研究了这个问题。它可以用拓扑学方法（德布鲁，1960）研究，更加清楚地显示据以求解的主要独立性质。

来自偏好、效用和需求理论的最后一个例是一个经济的超额需求函数的表征问题。我考虑一个有 m 个消费者的交换经济 ε。和以前一样，第 i 个消费者的需求函数 fi 将 R^l 中单位球的严格正部分中的一个价格向量 P 和非负实数的 R_+ 集中的财富（或收入）W_i 的一对 (P, W_i) 与 R^l 的闭合正卦限 R^l_+ 中的一个消费向量 $f_i(P, W_i)$ 联系起来。如果第 i 个消费者有一个 R^l_+ 上的偏好关系 $\lesssim_i$，则 $f_i(P, W_i)$ 是在预算约束 $P \cdot Z \leqq W_i$ 下满足 $\lesssim$ 的一个商品向量。对第 i 个消费者$(i=1, \cdots, m)$规定需求函数 f_i 和 R^l_+ 中的存量向量 ei 定义了经济 ε。经济的总量超额需求函数是函数 F，其定义为

$$(a) \qquad F(p) = \sum_{i=1}^{m} \left[f_i(p, p \cdot e_i) - e_i \right]$$

在弱标准假设下，F 函数（1）是连续的，（2）满足华尔拉定律。雨果·孙能斯成（Hugo Sonnenschein 1972，1973）问，这两个性质是否表征 F。具体说，已知 F 满足（1）和（2），我们能找到 m 个有需求函数 f_i 和存量向量 ei 的消费者满足（a）吗？孙能斯成猜想答案是肯定的并且对这个问题进行第一次探索。罗

尔夫·曼特尔（Ralf Mantel，1974）在连续可微需求函数的情况中证明了孙能斯成的猜想，而德布鲁（1974）证明了一般情况。出现在后者论文中的证明受到把超额需求函数 F 表示为单位球的严格正部分上的一个向量场的启发并以之为根据。这样得到的总量超额需求函数的表征有几项应用。它说明偏好满足的假设（或者等价的说法，效用最大化）基本上对 F 未加限制，关于一般经济均衡的存在性的一个定理等价于一个不动点定理（通过 Uzawa 的一个观察，1962）以及对于一个在摸索过程中运行的经济可以观察到任何动态行为［这是斯卡夫（1960）年的全局不稳定性的例子所预言的］。那种表征方法的一个影响是重新改变总量需求函数研究的方向到说明经济主体特性的分布。说明"需求定律"的第一项理论成果（希登布兰，1983）是那个改变方向研究的一个产物。

二

按照传统的需求，已经较详细地综述了瑞典皇家科学院援引的工作，我转而谈谈经济理论中的方法论问题。

当代一般经济均衡理论的发展以华尔拉的工作为它们的出发点，但是华尔拉的有些思想有很长历史，包括亚当·斯密的深刻见解（1776）。斯密的思想，一个经济的许多主体作出独立的决策，并不创造极端混乱而实际对产生一个社会最优状态作出贡献，这就提出一个极为重要的真正科学问题。回答它的尝试激发了每个经济系统必须解决的几个问题，例如资源配置的效率、决策分散化、决策人的激励、信息的处理。

在过去几十年中，范围广泛的问题成为一种公理分析的主题，选择原始概念，写出有关它们的假设，利用脱离任何意愿的对原始概念的解释的数学推理从那些假设推导结论。经济理论公理化的好处很多。使一种理论的假设完全明确可以对它应用于一个具体情况的程度作出较健全的判断。在发现原始概念的一种新解释时，公理化也可对新问题易于给出答案。举一个例子说明，考虑一个商品的概念，它的传统意义是一种物品或服务，其物理性质和交货日期及地点是明确的。在一个不确定环境的情况中，阿罗（1953）在一种商品的那些特性之外增加进行交货的条件。我们以此方式不改变模型形式而得到一种不确定性理论，其中具备确定性理论的一切成果（德布鲁，1959，第 7 章）。由于坚持数学严格性，公理化多次引导经济学家们更深刻理解他们在研究的问题，利用更适合那些问题的数学技术。它已建立稳固的基础，可以由此开始在新方向上探索。它使研究者不必详细询问他们前人的工作。严格性无疑满足许多当代经济理论家的一种智力需要，他们所以为严格而追求严格，但是它也是作为一件有效思考工具的一种理论的一个特点。一种有效理论的两个其他主要特点是简单性和一般性。对于一种理论的设计者而言，它们的美学吸引力又足以使它们本身成为好的目标。但是它们对科学社会的价值远超出美学的范围。简单性使一种理论可被很多研究工作者使用。一般性使它可用于范围宽广的一类问题。

以又一种方式，经济理论的公理化帮助了它的实践者，使他们拥有效率极高的数学语言。它许可他们互相通信、思考，而极大地节约所用的手段。同时，经济学家们和数学家们之间的对话变得更加热烈。像约翰·冯·诺伊曼那样第一流的数学家以他的研究工作的一个重要部分致力于经济问题的例子不是惟一的。同时，经济理论开始影响数学。最明显的例子如角谷定理，对应积分理论（希登布兰，1974），计算近似不动点的算法〔阿罗和英特里盖特（1981—1984）中斯卡夫的第 21 章〕，以及计算方程系统的近似解的算法（阿罗和英特里盖特，1981—1984 年中斯迈尔的第 8 章）。

三

在叙述他们的事业中，科学家们设法确认他们对之作出反应的主要影响，以及他们从其他科学家们和从各个机构得到的支持，虽则这种尝试不可能完全成功。在我已提名的所有人和组织之外，我要增加我在法国知道的优秀教育制度，以及使我从数学转向经济学成为可能的国家科学研究中心。在 1950 年我迁往美国之后，我与三个伟大的大学（芝加哥、耶鲁和伯克利）联系，在那里科学研究是一种自然的生活方式；并且在最近 20 年中国家科学基金会给了我用于那种研究的时间，比什么都重要。所有那些机构对必须去做的工作提供了极好环境。

瑞典皇家科学院
爱立克·伦德伯教授讲话

国王和王后陛下，各位殿下，女士们和先生们：

在年度过程中出现的经济实际可以看成是买卖双方之间的无数的交易（几十亿和几十亿次）。为了考察和分析一个国家构成的经济单位中的无限具体和复杂的交易网络，必须设计系统的总结和加总的方法。一个国民账户体系是实现简化和综览的一个方法。

回到这种方法的起源并且同时考虑这种分析的实际必要性最容易理解一个国民账户体系的有用性和重要性。这种新分析技术在第二次世界大战期间首先被引入英国。约翰·梅纳德·凯恩斯那时是财政部战时财政问题的一位专家顾问，他的助手包括理查·斯通（Richard Stone）。凯恩斯把供给方面的现有总资源（包括实际国民总产品）和需求方面的总消费、投资及战争支出之间的平衡作为他的出发点。理查·斯通对大量统计材料的系统加工的实验令凯恩斯感动地惊呼："我们在一个通过统计的快乐时代中。"

斯通设计国民账户的思想在开始时的目标是把各个子部门的国民账户完全综合，在它们之间的国民账户表示全部国民资源管理。一个账户一边的每个收支项目必然在另一个账户中作为相反的项目（分别为支出和收入）重新出现。例如，一个综合账户体系包括家庭收入和支出，企业部门的支出和收入（例如，支出包括工资），国民储蓄和投资，政府部门的支出和收入，以及与其他国家的支付平衡。这种复式会计对许多交易提供了交叉核对统计的机会。来自不同来源的数字必须吻合。

斯通的工作很快扩大到涉及国际应用体系，而不仅用于英国。战争刚结束，斯通被任命为联合国支持的国际专家组组长，编制可以推荐国际使用的标准化国民会计格式。一本初步的备忘录已在 1945 年出版，其他版本接着出版，最近的一次是在 1968 年由经济合作发展组织发行的。所有这些备忘录在斯通的指导下编写。国民会计模型实现了广泛的国际流行并且明显地对鼓励在工业化国家中，以及以后也在发展中国家引进这类账户有迅速的效果。以此方式建立了一个优越的共同基础，以便对各个国家，周期位置以及经济结构作统计比较。国际组织（各个联合国机构，经济合作发展组织及世界银行）由于这种可比较的国民会计统计的存在而大为受益。

斯通使用大方程系统以阐明系统内部的相互依存关系。必须使定义和统计数据吻合得相当好。斯通和他的助手们花费大量艰巨工作于设计充分的测量方法。但是在账户中不能避免误差，其中最明显的是在当年账户平衡中一切国家的盈余和赤字的总数应当是零，而有一次算出总赤字达几千亿瑞典克朗。

照斯通的看法，国民经济中平衡问题的理论分析提供了国民账户的出发点和存在理由。虽然主要是经济学中的"凯恩斯革命"促进国民会计体系的设计，今天那些体系在分析和意识形态两方面可以描写为"中性的"。它们被经济学中一切分析学派和在一切类型的国家中被使用。在货币主义者和凯恩斯主义者之间对国民账户的有用性不需要争论。例如通过这些账户创造了一种系统性的数据库，用于很多不同的经济分析。斯通自己在设计基于国民账户的各种模型例如增长分析模型中起了突出的作用。

斯通教授：

你的首创精神和对国民会计体系这个题目的先驱性研究意味着对经济科学发展的重要贡献。自从 50 年代以来这些体系取得了独特的国际影响，而且在它们产生据以作出国民预算的预测的系统性文件的同时，是周期性和结构性分析的不可缺少的工具。由于这些根本性的贡献，瑞典皇家科学院决定授予你今年的诺贝尔经济科学纪念奖。我代表科学院，愿向你致以我们的最热烈祝贺，现在我请你从国王陛下手中接受你的奖金。

理查·斯通自传

　　我于 1913 年 8 月 30 日生在伦敦，是吉尔伯特和爱尔西·斯通的独子。我先在克立维登地方预备学校，然后在威斯特明士特学校上学，我在那里从 1926 年待到 1930 年。在威斯特明士特我在古典班，我父亲是一名律师，希望我学法律，为此古典教育被认为是不可少的。结果除初等算术、代数和几何外，学数学很少，我感到厌烦。我想如果我曾表示对教我的东西有较大兴趣，我能有个较有趣的教育，但是作为一个男孩子我的热情在建造模型，不是数学模型而是火车和轮船的模型，在这些活动中我父亲是一个有技巧和积极的合作者。

　　1930 年我父亲被任命为马德拉斯的高等法院法官。当他要动身去印度时，他征询学校我该怎么办。校长说，我想如果他陪你去，是一件好事，他在这里似乎没有多好的成绩。所以我在学校和大学之间有一年在印度的间歇。

　　从 1931 年至 1935 年我在剑桥我父亲的老学院，冈维尔和开佑斯都是大学生，这个学院在医学和法律上特别强。然而学两年法律后我改学经济学，我父亲很失望。那时世界在大萧条深处而我要改变专业的动机是由年幼无知和乐观产生的信念，只要经济学被人们更好地理解，世界会是更好的地方。

　　我的学院在它的研究员中没有一位经济学家，所以我被送往国王学院接受理查·凯恩的每周指导。这是很大的幸运，因为凯恩不仅是杰出的理论家而且也是一位鼓舞人的导师。另一位使我受益匪浅的老师是柯林·克拉克，他是统计学讲师，并且他和我成为朋友。还有凯恩斯，他的习惯在不论写什么书时都讲几次课，那时的书是《通论》。我被邀请参加他的政治经济学俱乐部，成为一个成员，在国王学院他的房间里开会。他对我很客气，如同他对一切年轻人一样，不过只是到了以后我才更好地了解他。

　　不像我的学习成绩，我的大学生事业一直都是成功的，并且在 1935 年我得到学位以后，我的学院向我提供一名研究生的机会。虽然这个机会对我有很大的吸引力，但是我只学了两年经济学而不能很肯定我能去研究。而且我父亲急于见到我有一个安定的职业，所以我未去当研究生而进入城里劳合经纪人的一个企业。我从无经商的才能，但是从我与保险界的短期接触中我确实学到很多生活知识。

我的工作不很重，所以我能进行我感兴趣的那种工作。在 1936 年我与温尼弗雷德·玛丽·詹金斯结婚，她也曾在剑桥读经济学，我们花费许多空闲时间在经济题目上写作。特别是我们负责一个小月刊称为《趋势》，它作为《工业画报》的增刊出现。柯林·克拉克曾经营它，而在 1937 年他去澳洲时把工作遗留给我。追随他的脚步，每个月我们在它上面刊登英国经济情况的指标：就业、产值、消费、零售贸易、投资、对外贸易、物价等等。我们不时加一篇关于地区就业的专文，或者关于德国经济恢复，或者关于美国股票市场，总之对我们似乎切题的题目。

《趋势》是小型而谦逊的，然而它必然已经吸引了一些注意，因为在 1939 年人家问我可否准备参加一旦爆发战争就成立的经济战争部工作。我接受了，并且当年 9 月 2 日战争确实爆发时我去报到。

我在部里待了约九个月，负责航运和石油统计的部分。然后在 1940 年夏我被调到战时内阁办公室的中央经济信息处，詹姆士·梅德在那里准备一次全国经济和财政情况调查的基础，在统计方面需要一个人帮助。到 1940 年 12 月梅德和我完成了一套估计，我们给凯恩斯看，他那时是财政部的财政大臣顾问委员会的委员，他提倡，它们被作为一份题为《战争财源分析以及 1938 年和 1940 年国民收入和支出估计》的白皮书的第二部分，而白皮书又是 1941 年度预算的附件。我们的估计包括三张表，关于国民收入和支出，个人收入、支出及储蓄，以及政府开支需用私人财源的资金净额和可供能力。它们不能组成一套国民账户，只是个开始。在设计账户时我们利用了余额估计。因此账户的平衡说明不了账项的准确性。但是前两张表的数据来源大部分独立于第三张表的数据来源，而对于 1940 年而言前两个余额之和与第三个余额差异不大的事实鼓励我们去想结果不是很不精确的。

财政大臣在他的预算讲演中强调国民收入和支出官方估计的发表不应看成是树立先例。事实上它们已成为每年的特色，并且此后愈来愈详细。我已变成凯恩斯的助手，在他的动议下我继续负责这些事直到战争结束我离开政府工作为止。

美国和加拿大在一些时候以来也估计国民收入和国民支出，比我们的更详细，虽然没有形成平衡账户的形式，并且虽然三个国家使用相似的概念和定义，为了得到比较可比的表格需要一些调整，这一点是明显的。所以在 1944 年我被派过去，看看能达到多大程度的一致性。我在渥太华遇见我的加拿大对手，乔治·勒克斯登，并且我们旅行到华盛顿，与商业部的密尔顿·吉尔伯特和他的小组讨论。会谈很友好而且结果极满意，所以我首次尝试令人鼓舞的国际合作。

1940 年我离了婚，并在 1941 年与费尔多拉·列昂扬诺夫结婚。来自哲学的背景，她在 1939 年变为国家经济和社会研究所秘书，它是前一年成立的。战争爆发时所长和他的人员被吸收进经济战争部，而费尔多拉的初始职能只是看管人。研究所的存活看来很不确定，但是感谢亨利·克来和奇渥弗来·克罗瑟的推动和费尔多拉的行政精力与才能，它又复活了。

1945 年战争结束，我被选任为剑桥新成立的应用经济学系的第一个主任。在离开政府工作和担任新职务之间有约三个月的假期，我是在普林斯顿大学的高等研究院度过的。我希望在那里利用我的时间写下我的思想，一个社会会计体系用于测量经济流量，我想做这件事已有数年但在战时没有时间。发生的一件事是我在普林斯顿大学遇见亚历山大·勒夫代，国际联盟的情报局长，他需要一篇关于定义和测量国民收入和有关总数问题的论文，以便国联的统计专家委员会考虑。他问我是否愿意担任这项工作，我自然接受了。我很快写好一个备忘录，当我仍在普林斯顿时由勒夫代召集一个分委员会讨论了它。1947 年这份报告在日内瓦由联合国公布，题为《国民收入的测量和社会账户的编制》，我的备忘录作为附件。

在欧洲，我对社会会计的兴趣一直在增长，那时我与我的欧洲同事们有许多富于成果的交流，催化了一个国际团体。在 40 年代后期，在巴黎成立欧洲经济合作组织，初始目标是管理马歇尔计划下的美国援助。我想可能根据理查·路格斯的动议，认为国民账户对于评审成员国的进展可能提供一种有用的框架，为此在剑桥设立一个国民账户研究组，在我的指导下。给我和我的欧洲同事们的概略是，第一，产生一个标准账户体系；第二，撰写各国国民账户的研究；第三，用合适的技术训练来自成员国的其他统计学家。它是一个活跃的团体，包括奥地利、丹麦、法国、希腊、荷兰、挪威、瑞典和瑞士的访问学者。我们的活动产生几份报告，其中有欧洲经济合作组织分别在 1950 年和 1952 年公布的《一个简化的国民账户体系》和《一个标准化的国民账户体系》。研究组从 1949 年延续到

1951 年，那时它的工作移交巴黎的该组织，其时由密尔顿·吉尔伯特指导的经济学和统计学处。

与这项工作同时，我在应用经济学系的主要研究兴趣是消费者行为的分析。战时我在国民经济和社会研究所对此作了一个开端，作为我在考虑的估计两次大战期间英国国民账户的大项目的一部分，所以我们应当有追溯 20 年代和 30 年代的时间序列，尽可能与 1941 年开始的官方估计可比。关于这个题目的我的第一篇论文《市场需求分析》，在皇家统计学会宣读，并于 1945 年在它的杂志上发表。在移居剑桥之后，我继续我的工作，得到国民研究所的戴立克·罗威的帮助，并在最后出了两大卷，第一卷在 1954 年，第二卷在 1967 年，书名是《英国消费者支出和行为的测量，1920—1938》。在第一卷出版时我写了一篇论文，将我称为线性支出系统的一个需求方程系统应用于英国数据，其中每种商品的价格连同收入出现在每个方程中。这个模型被劳伦斯·克莱因和海曼·鲁宾用作编制一个效用不变的生活费指数的基础。它现在已被超过，但是它有一个好运气并已被全世界采用。

在 50 年代初，我到国外旅行几次，与国民账户有关。在 1950 年我与西蒙·库斯涅茨及 J. B. D. 戴克生访问印度，就估计方法给国民收入委员会当顾问，并在 1952 年花费一些时间在雅典，为了向协调部提供类似的顾问意见。

同一年 7 月，我被联合国统计局召往纽约，他们要建立一个标准国民账户体系，并且为此目的召开一个专家委员会。我被选任为主席而开始工作。因为气候非常热，所以我们决定白天睡觉而夜里工作。这个办法证明很有效。在一个月内我们构思、讨论并写出了报告，联合国很快出版，即《一个国民账户系统和支持的表格》（SNA）。

在 1952 年没有很多统计学家熟悉国民会计，所以在委员会之外不需要详细讨论。12 年后，SNA 开始大修订时情况很不同。那时候大多数统计局正在编制国民账户，如果新体系想被接受，需要作一系列地区性征询。征询期从 1964 年延续到 1968 年，向一个又一个委员会说明这个修订版的主要任务落在联合国统计局我朋友阿伯拉罕·爱登诺夫头上。新系统在 1968 年作为《一个国民账户体系》问世。我负责写前四章，其余是爱登诺夫写的。

1955 年我放弃应用经济学系主任职务而被任命为大学中 P. D. 里克财政和会计学教授。我的责任是推进我的题目的知识以及住在离大学教堂五里之内，两项职务对我都很合适。

　　到 50 年代末，受到 1952 年以来与我在系里工作的阿兰·布朗的鼓励，我想若把系中正进行的各项研究放在一起并建造一个英国经济的经济计量模型，可能是一个好主意。这是剑桥增长项目的开始。在 1962 年阿兰和我在我们的丛书《增长的纲领》的第一卷发表了我们的思想。开始是比较有限的，模型的主要特性一开始就存在，它是一个分解模型，其中区分若干生产部门、商品类型、消费品、服务及政府用途，而且它以一个社会会计矩阵为基础。起初它是一个静态模型，提供一个约前瞻五年的时期的预测，而不考虑在达到所预测情况中将遵循的道路。现在它是一个国家经济的最大现有模型之一，并且在接替我当这个项目的主任的 T. S. 巴克的影响下，它已采取一个动态形式，已知经济的初始状态和我们不打算模拟的外生变量如税率和世界贸易水平的未来值，我们能迭代求解一年又一年的系统的几千个方程，以追踪每一个内生变量到将来。比模型可以用于预测以外的目的。只是为了记录我应当补充，从事这个项目的小组，虽然经过若干年组成有变化，从未超过十个人。

　　在 1956 年我妻子费尔多拉久病之后去世。在 1960 年我与吉尔凡娜·克罗夫特—穆来结婚，她虽然没有被正式训练为一名经济学家，过去 25 年在我的所有工作中是我的伙伴。我们一起写了两本书，《社会会计和经济模型》（1959）和《国民收入和支出》（1961）。后者是梅德和我在 1944 年写的一本小书的扩大第五版；它以后又经五版，最后一版是 1977 年问世的。吉尔凡娜在主编 12 卷的《增长纲领》中起了大作用，它描写直至 1974 年的剑桥增长模型，并且她热情参加我在 1965 年开始的社会人口学和人口会计学工作。

　　我开始这项工作的思想是把教育和训练引入增长模型。这一点没有什么收获，但是我继续对教育做工作，最后应经济合作发展组织之请为他们的科技人员委员会准备一个这个题目的报告。在此报告中我解释什么是人口会计，实施它需要什么样的信息以及如何用它为建模的基础。报告用英国教育系统的例子来说明，在 1971 年由经济合作发展组织出版，题为《人口会计和建模》。1970 年中联合国统计局对发展一套社会和人口统计的综合系统有兴趣而召我当一名顾问。在准备几次草案供通常的几次讨论后，我最后写成联合国在 1975 年出版的报告，题目是《走向一个社会和人口统计系统》（SSDS）。

　　和修订的 SNA 一样，SSDS 在酝酿期在全世界的解释者是爱登诺夫。我与他的长期合作，如同我和密尔顿·吉尔伯特在欧洲经济合作组织，以及和阿兰·布朗对剑桥增长项目的合作，是我生平许多愉快的工作关系之一。

　　在最近十年我的兴趣集中在三个题目：我继续热心社会人口学的工作。我在英国国民账户上试验了调整法，对于该法我曾在 1942 年与大卫·香佩农及詹姆士·梅德写一篇论文，题为《国民收入估计的精确性》。并且我对经济增长和波动的数学仿真模型，它们的稳定性和它们的控制给出了某种思想。

　　1980 年我从大学职务退休。不过，我的退休没有割断我与我一生中剑桥两个学院的联系：国王学院，从 1945 年起我一直是那里的一个研究员，以及冈维尔和开佑斯学院，我在那里读大学，自从 1976 年以来一直是它的一位名誉研究员。退休也未改变多少我的习惯，因为它使我能在我愿意工作的地方，在家里全日工作。最近一时期身体不好，使我一切放慢，但现在情况好转，我开始再次捡起那些线索。我希望 1985 年是丰收年。

社 会 账 目

英国，剑桥大学

1984 年 12 月 8 日讲演

一　会计系统的作用

今天上午我将讨论会计如何对描写和理解社会有用。社会的分析应当建立在三根柱子上：经济，社会—人口及环境现象的研究。很自然地，会计思想在经济生活中最为发达，对此我将花费我的许多时间，但是它们同样适用于其他两个领域。借助于以账目的形式组织我们的数据，我们能得到我们感兴趣的任何变量的存量和流量，进量和出量的清晰图像，不论它们是商品或服务，人或自然资源，并且再去分析它们形成其局部的系统。如果我用一个图来说明，这个过程中国民账目的功能或许能更好地被理解。

在图 1 的第一块，我们有事实，尽可能组织为一致的账户集。给定这个定量框架，我们能对联系它们的技术和行为关系构思一些假设或理论。把事实和理论结合起来我们能设计一个模型，在翻译为数量时将给我们一个所研究系统实际如何工作的概念。由于没有一个系统的工作是完善的，我们可能要改变我们的系统，为了设法改善它。这就要设置一些目标，把这些目标引入我们的描述性模型，我们能勾画出一个政策。但是为了实际目的这还没有完结。政策模型需要与一组控制结合，它们规定我们提出的实现这个政策的方式，因而使我们能编制一个计划。这个计划模型现在能通过计算机计算，以反映所要变化在全系统中的可

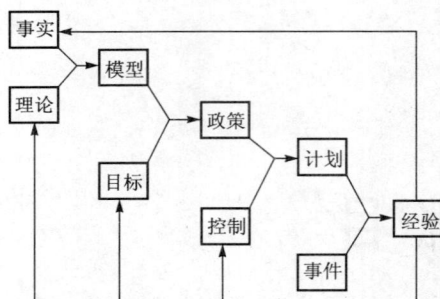

图 1　模型、政策和计划

能反应。但是因为没有一个多么明智的建模者能想到每一件事，而且没有一个多么详细的模型能反映真实世界的一切复杂性，在计划被实际付诸实施的时候，事件将揭示它的缺陷。这个经验将引导我们重新考虑我们计算在内的事实，以及我们记录和测量它们的方法，我们使用的使它们联系起来的理论，我们认为好的精确目标，以及用以实现这些目标的控制。经验反馈以修改事实、理论、目标和控制，则整个图像将发生变化，我们有希望得到一个更好的模型，更好的政策和更好的计划。

我描写的这个过程不仅是科学家的事。他从事收集和整理事实，构思理论和建造模型。但是目标和政策主要是政治家的事，控制和计划主要是行政的事。三者互相了解是不容易的，迫切需要减少他们之间的通信困难。

图 1 表示我在这次讲演中主要讨论的工作的最终目的，用标记为"事实"的一个方块表示。在我讲演的其余部分，我将不远离这个方块。但在描述它的内容和讨论如何进一步使它们详尽之前，如果我把它们放在历史角度来透视，可能有些兴趣。

二　先　驱

为了追踪国民经济会计的起源，我们必须回到 17 世纪的英国，那是伟大的智力发展、科学好奇心和发明能力的时代。威廉·配第，医生、化学家、土地测量家、制图家、航海工程师，皇家学会的创始人之一，克伦威尔政府并在复辟后为查理二世的顾问，以及首先是政治算术家，是那个令人注意的世纪的比较更令人注意的人物之一。在 1964 年，主要为了使税制更加公平，他写了一篇题为《智言》的论文，其中说"可以替人民记账，他们的增减，他们的财富和对外贸易的增减"，然后他给出可以称为国民经济平衡表的第一次已知的估计。

配第的数字是用聪明的外推得到的，以很少数的主要数量为限，但是他的思想是健全的。他使收入等于支出，他认为后者就是"食品、住房、衣服及一切其他必需品的费用"。对英格兰和威尔士，他估计此数为 4 000 万镑，人口他估计为 600 万。他然后估计土地产生的收入为 800 万镑，"其他个人产业"产生的收入为 700 万镑。他说，"现在，如果国家财富或存量的每年收入只产生 1 500 万，而费用是 4 000 万，则人民的劳动必须提供另外 2 500 万"。这个推理无懈可击。他的数字可以归纳为有四笔记录的账户，如表 1。

表 1　　　　　　　　　　**威廉·配第的原估计，1664 年**

收　　　入		费　　　用	
来自土地	800	食品、住房、衣服	
来自其他个人产业	700	及一切其他必需品	4 000
来自人民的劳动	2 500		
合计	4 000	合计	4 000

对配第的数字可以提出的惟一反对意见是 245 万镑劳动收入不是独立估计的，而是为了使账户平衡作为剩余得到的。然而他用一种计算来支持它，估计每人平均每天工资为 7 便士，此数对他的时代似乎是够了。

表 1 是配第的"政治算术"的一例，他的同时代人查理·大卫南把政治算术定义为"对有关政府的事情用数字推理的技术"。虽然配第对此题目的许多著作大多数不署名地发表，他的文稿在他活着的时候广泛流传，他的方法有一些追随者。其中对我而言最重要的是格里高里·金。

金的职业是管宗谱纹章，似乎为了他自己的好奇心而作出他的估计。如果没有那位极宝贵的查理·大卫南，他是一位朋友和金的估计的大赞赏家，并在他自己的书中介绍许多金的估计，则金的著作可能在 1802 年前不为人知，在那一年乔治·查尔默重新发现并出版了它们。他的最动人的有关 1688 年英国居民的收入、支出及储蓄的表格之一分为 26 个社会阶级，从世俗贵族排到游民。它的一个版本，稍加修改并换算为十进制货币，列为表 2。

金编制此表的主要目的明显的是要找出社会中各集团对财富的贡献。因此我们看到不足一半人口，其联合收入为 3 450 万镑，有储蓄，因而增加王国的财富；同时过半数人口，其联合收入为 900 万镑，入不敷出，因而减少王国的财富。附带说一说，我或许应当解释，家庭一词指共同生活的人，相当于现在英语的 household；这不是说贵族平均有 38 个孩子和主教平均有 18 个孩子。

金的另一张表值得重现于此的是他在英国和英国的两个政治及商业敌国，法国和荷兰之间的比较。它是将国民账目用于国际比较的第一个例子，稍加修正列为表 3。

表 2　为 1688 年计算的英国若干家庭的收支概况

等级和资格	家庭数	每个家庭人数	人数	每个家庭收入 镑	每人收入 镑	每人费用 镑	每人增加 镑	总收入 '000 镑	总费用 '000 镑*	总增加 '000 镑
世俗领主	160	40	6 400	2 800	70	60	10	448	384	64
宗教领主	26	20	520	1 300	65	55	10	33.8	28.6	5.2
从男爵	800	16	12 800	880	55	51	4	704	652.8	51.2
爵士	600	13	7 800	650	50	46	4	390	358.8	31.2
绅士	3 000	10	30 000	400	40	37	3	1 200	1 110	90
先生	12 000	8	96 000	240	30	27.5	2.5	2 880	2 640	240
大官	5 000	8	40 000	240	30	27	3	1 200	1 080	120
小官	5 000	6	30 000	120	20	18	2	600	540	60
海上大商人	2 000	8	16 000	400	50	40	10	800	640	160
海上小商人	8 000	6	48 000	200	33.3	28.3	5	1 600	1 360	240
法律工作者	10 000	7	70 000	140	20	17	3	1 400	1 190	210
名教士	2 000	6	12 000	60	10	9	1	120	108	12
普通教士	8 000	5	40 000	45	9	8	1	360	320	40
富农——大地主	40 000	7	280 000	84	12	11	1	3 360	3 080	280
——小地主	140 000	5	700 000	50	10	9.5	0.5	7 000	6 650	350
中农农民	150 000	5	750 000	44	8.8	8.55	0.25	6 600	6 412.5	187.5
文人和科学家	16 000	5	80 000	60	12	11.5	0.5	960	920	40
店员和商人	40 000	$4\frac{1}{2}$	180 000	45	10	9.5	0.5	1 800	1 710	90
手工业者	60 000	4	240 000	40	10	9.5	0.5	2 400	2 280	120

续表

等级和资格	家庭数	每个家庭人数	人数	每个家庭收入 镑	每人收入 镑	每人费用 镑	每人增加 镑	总收入 '000镑	总费用 '000镑*	总增加 '000镑
海军官	5 000	4	20 000	80	20	18	2	400	360	40
陆军官	4 000	4	16 000	60	15	14	1	240	224	16
普通海员	511 586	5¼	2 675 520	67	12.9	12	0.9	34 495.8	32 048.7	2 447.1
劳动人民和仆人	50 000	3	150 000	21	7	7.5	−0.5	1 050	1 125	−75
村民和贫民	364 000	3½	1 275 000	15	4.3	4.4	−0.1	5 460	5 587	−127
普通士兵	400 000	3¼	1 300 000	5	1.5	1.75	−0.25	1 950	2 275	−325
游民	35 000	2	70 000	14	7	7.5	−0.5	490	525	−35
	849 000	3¼	2 795 000	10.5	3.25	3.45	−0.2	8 950	9 512	−562
	·	··	30 000	·	2	4	−2	60	120	−60
	849 000	3¼	2 825 000	10.5	3.19	3.41	−0.22	9 010	9 632	−622
所以总账是										
增加王国财富	511 586	5¼	2 675 520	67	12.9	12	0.9	34 495.8	32 048.7	2 447.1
减少王国财富	849 000	3¼	2 825 000	10.5	3.19	3.41	−0.22	9 010	9 632	−622
净合计〔及平均数〕	1 360 586	4 1/20	5 500 520	32	7.9	7.55	0.33	43 505.8	41 680.7	1 825.1

* 原文没有这一列

来源：格里高里·金，《两论》，G.E.巴内特编，约翰·霍浦金斯出版社，波的摩，1936，第31页（经过修改）。

表 3

1688 年和 1695 年英国、法国和荷兰的总账

	合计（百万镑）						每人（镑）					
	1688年英国	法国	荷兰	1695年英国	法国	荷兰	1688年英国	法国	荷兰	1695年英国	法国	荷兰
面包……和谷粉或花制成的一切东西				4.3	10.1	1.40				0.79	0.75	0.63
牛肉，羊肉，……鹿肉，兔				3.3	5.3	0.80				0.61	0.39	0.36
黄油，干酪和奶				2.3	4.0	0.60				0.42	0.30	0.27
鱼，禽，蛋				1.7	3.7	1.10				0.31	0.27	0.49
水果，根和菜蔬				1.2	3.4	0.40				0.22	0.25	0.18
盐，油，腌制食品……和糖果				1.1	2.8	0.30				0.20	0.21	0.13
啤酒				5.8	0.1	1.20				1.06	0.01	0.54
葡萄酒，白兰地……				1.3	8.6	0.40				0.24	0.64	0.18
饮食	21.3	41.0	6.40	21.0	38.0	6.20	3.87	2.93	2.91	3.85	2.82	2.78
衣着	10.4	18.5	3.00	10.2	16.0	2.80	1.89	1.32	1.36	1.87	1.19	1.25
其他费用	10.0	21.0	6.35	14.3	26.0	8.40	1.82	1.50	2.89	2.62	1.93	3.75
增加（储蓄）	1.8	3.5	2.00	-3.0	-6.0	0.85	0.33	0.25	0.91	-0.55	-0.44	0.38
总费用	43.5	84.0	17.75	42.5	74.0	18.25	7.91	6.00	8.07	7.80	5.49	8.15
土地、建筑及其他继承产业的租金	13.0	32.0	4.00									
商业、工艺和劳动的产物	30.5	52.0	13.75									
总收入	43.5	84.0	17.75	42.5	74.0	18.25	7.91	6.00	8.07	7.80	5.49	8.15
赋税以外的消费	39.7	70.0	11.00	39.0	62.5	10.50	7.22	5.00	5.00	7.16	4.63	4.69
财政收入和赋税	2.0	10.5	4.75	6.5	17.5	6.90	0.36	0.75	2.16	1.19	1.30	3.08
增加	1.8	3.5	2.00	-3.0	-6.0	0.85	0.33	0.25	0.91	-0.55	-0.44	0.38
总费用	43.5	84.0	17.75	42.5	74.0	18.25	7.91	6.00	8.07	7.80	5.49	8.15
人口（百万）	5.5	14.0	2.2	5.45	13.5	2.24						

来源：格里高里·金，《两论》，G. E. 巴内特编，约翰·霍浦金斯出版社，波的摩，1936，第 55 页（经过修正）。

表 3 使我们能在不同空间和时间进行比较。法国人口最多，有最大的收入，而荷兰收入最少；然而用每人收入来比，地位颠倒过来。英国人表现为肉和啤酒的大消费者，荷兰人似乎喜欢鸡和鱼胜过肉类，而法国人肯定喜欢葡萄酒胜过啤酒。在所有三个国家中，储蓄在战时减少，但在荷兰仍为正数。荷兰的税比其他两国重得多，虽然在战时三个国家的税均大为增加。金预测他的估计数到 1698 年并且作出结论，超过那个日期战争不断继续下去。他是很正确的：奥格斯堡联盟战争从 1689 年持续到 1697 年。

在这个光辉的开端之后，一切平衡账目的思想似乎消失。不过，在整个 18、19 世纪和 20 世纪初，估计账目的某些组成部分的零星尝试愈来愈频繁，特别是收入。开始是金的两个同时代法国人：庇尔·德·波斯格尔伯和马歇尔·伏班各自独立地发表了法国国民收入估计以支持他们的主张，赋税制度对国家福利有害，需要改革。他们的努力如果没有在出生时被扼杀，可能导致有趣的发展，路易十四不同意，他们的书受到压制。在英国没有发生值得注意的事，直到亚述·杨的 1770 年收入估计，它以很粗略的产出计算为基础。在 19 世纪开始时在俄国作了三次估计，主要根据消费，但是遭到了和法国早期估计同样的命运。

19 世纪见到进一步的进展，数据变得更加丰富，到 19 世纪末约 20 个国家有收入估计，其中有许多是 M. G. 穆尔贺编制的，从 1884 年开始用英镑数在他的《统计词典》的相继各版发表。有些根据收入，有些根据产出统计，其中许多比较粗糙，但是它们有助于引起研究国民收入和作国际比较的兴趣。

除统计估计外，与我的题目有关的两个概念上的革新在此应当提一下。在 1758 年弗朗索瓦·魁奈，路易十五的医生，设想出他的天才的《经济表》，现在被认为是部门间流量分析的开端。而且约一个世纪以后，卡尔·马克思进行了他的简单和扩大再生产的分析，于 1885 年他死后不久出现在《资本论》第 2 卷中。

第一次世界大战后统计的步子加快了。在 20 年代初苏联中央统计局编制大量的物质产出及其用途的数据，采用 1923—1924 年投入产出表的形式，作出计划生产的基础。这个表在 1926 年发表，与之有关的名字是 V. G. 格罗曼和 P. I. 波波夫。类似的工作继续到 1932 年。

这时候国民收入估计多起来。我特别要提到 A. L. 波来在英国和西蒙·库斯涅茨在美国的贡献。但是在 30 年代随着柯林·克拉克的工作恢复了政治算术家的综合观点，1937 年他在他的《国民收入与支出》中汇集了收入、产出、消费者支出、政府收入和支出、资本形成、储蓄、对外贸易和支付平衡。虽然他并不把他的数字列在一个会计框架中，但是这些数字相当接近于一致性是很清楚的。克拉克是我在剑桥的老师，并且他的工作是启发我的工作的主要源泉。第二次世界大战初他的估计由欧文·罗思巴思更新供凯恩斯用，他用作《如何支付战争》的统计框架。

在 1941 年，詹姆士·梅德和我作为战时内阁办公室的公务员编制的英国国民收入和支出估计，因凯恩斯的动议，以白皮书的形式出版，题为"战争财源和 1938 年及 1940 年国民收入及支出的估计"，在预算时发出。同年，格鲁恩保（加桑）出版了他的《巴勒斯坦国民收入和支出，1936》，它也是列在一个会计框架中，并且方·克里夫在荷兰发表了两篇关于国民簿记系统的论文。

所以，像常常发生的情况，思想在流行，同时以几个姿态出现。此时我将结束我的历史叙述而转到今天的国民经济会计的理论和实践上来。

三　概念和定义

商品和服务在一个经济系统内被生产出来，其最终目的是满足人的需要。生产令商品和服务得以产生，在农场、工厂、商店等地方进行，而任何时期的总产品分为两部分：中间产品，它们被生产过程吸收；最终产品，它们向生产系统以外销售。

最终产品又分为两部分。第一和最大部分流入消费，在记账时期，例如一年，消耗掉的商品和服务。第二部分流入积累，为了将来的用途，并且构成财富的增加。这第二流量的大部分用于维持和增加全国固定资产存量，例如建筑、机器、车辆等等；其余是打算用在中间或最终用途的产品存量，它们事实上未在年内用掉所以可供将来用。因为全部最终产品不是在一个时期内消费掉就是积累用于将来，可见最终产品等于消费加积累。

生产、消费和积累是经济活动的三个主要形式，在一个孤立的经济中它们将形成一个闭合的流量系统。但是实际国家的经济不是孤立的，所以必须把与其他经济的交易表示出来。某一国家的生产用进口来补充，而一个国家的全部最终产品没有因国内消费和积累耗尽而有一部分作为出口流到国外。因此我们必须记录那个国家的生产、消费及积累与世界其余地方以及相互间的一切交易。

这个流量网络可以列成四个相互联系的账户，它们表示一国经济系统的基本结构。表 4 给出这些账户的一个高度浓缩的版本。不过在考虑它之前，我们应当设法定义我们的名词。

表 4　　　　　　　我国在 0 年的四个经济账户（货币价值）

（一）生产（国内生产账户）

支　出		收　入	
1. 总收入支付（增值）〔9〕	255	3. 消费品销售〔6〕	210
2. 购买进口货〔18〕	54	4. 投资品销售〔12〕	47
		5. 出口销售〔16〕	52
合计	309	合计	309

（二）消费（收入和开支账户）

支　出		收　入	
6. 购买消费品〔3〕	210	9. 来自国内生产总收入〔1〕	255
7. 储蓄〔15〕	27	10. 减固定资产折旧〔13〕	−19
8. 净现期转移国外支出〔19〕	4	11. 来自国外净分配要素收入〔17〕	5
合计	241	合计	241

（三）积累（资本交易账户）

支　出		收　入	
12. 购买投资品〔4〕	47	15. 储蓄〔7〕	27
13. 减固定资产折旧〔10〕	−19		
14. 向国外净贷款〔20〕	−1		
合计	27	合计	27

（四）世界其余地方（支付平衡账户）

支　出		收　入	
16. 购买出口品〔5〕	52	18. 销售进口品〔2〕	54
17. 净分配要素收入支付〔11〕	5	19. 净本期转移〔8〕	4
		20. 净借入〔14〕	−1
合计	57	合计	57

　　从生产开始，我们应当把什么包括在它之中？我们可能同意我们要把打算销售的一切商品和服务包括进去，按它们的市价估值。但是这样做未把在所有社会都重要的非市场活动算进去。首先考虑政府的非商业活动，例如政府行政、国防、教育和健康服务。由于这些服务不出售，它们只能按成本计值。在现在知识状态下，以任何其他方式逼近其对用户的价值实际上是不可能的。在采用这个评价基础时，我们必须接受一个事实，对于这些服务不可能出现利润或损失之类的东西：如果一种服务永远不上市场，它应当按多大规模提供，不可能有一个市场标准。不过大家同意按成本计值的这些服务的产出应当作为国民账目中生产的一部分出现。

　　家务和业余爱好者的活动提出一个甚至更困难的案例。虽然这些活动常取生产的形式，例如做一顿饭，重新装饰一所房子，它们的产出没有可测量的成本，因为家庭成员和业余爱好者无偿地给出他们的服务，这些服务是无数的和未作记录的；它们一般没有明确界限，无形地并入生活的活动。情况既然如此，直到最近以前，大家一般同意家务和业余爱好者的活动不应包括在生产中并且不应记入账内。

　　这种处理方法，即商业产品按市场价格评值，政府服务按成本评值以及不付钱的家务活动干脆略去，不是一个原则问题，而是实际方便问题。因此只能从实际根据为它辩护。第一，用政府服务支援的市场经济自身是一个有趣和有用的研究对象。第二，为了评价非市场活动的产出而提出的方法，虽则没有对它们对用户或大社会的价值提供独立的度量方法，趋向改进成本的测量。第三，可供测量或评价无偿的家务和业余爱好者活动的信息非常少。不过情况在变化，一部分通过收集较多的信息，例如在时间的用途方面，一部分通过发展优化模型，它们能区分对生产者的成本和对用户的价值，所以我们可以希望终于能扩大生产概念的覆盖面。

　　在有些社会中，生产的大宗在工厂之类的生产单位进行，它们与家庭之类的消费单位有明显区别，并且分工和使用货币已经发达，测量工作显然容易。一般说来，机构区别的存在有助于收集数据，而如果只有一种机构：家庭，在其中进行一切事情，我们将遇到我概述过的困难。

　　下一个问题是，什么是消费？我们可以定义它是购买最终产品以供在记账期中使用。就鲜货而言，这不会导致多少误差。但是随着例如私人汽车、家用电器、电视机等等的耐用品重要性增加，在一年中买的东西在那一年并不完全消费掉，而在年终可供将来进一步服务。可是按照惯例，所有这类商品都包括在消费中。至少把主要耐用品作为投资品处理，并且只把一年的折旧包括在消费中可能比较好。买价超过折旧的金额于是作为储蓄的一部分出现在账户的支出一边。

我刚才所说的把我引导到积累。这里我们又处在变化的立场上。以前通常把投资品限制为产生收入的资产，例如房屋、工厂、机器及工业用车辆。以后决定也包括不产生收入的政府资产，如道路、桥梁、学校和医院。只是到现在才有一种运动，把耐用消费品包括在投资品中。事实上消费品和投资品之间的区别愈来愈依靠耐久性而不是存在货币报酬。

与积累有关的一个重要的概念性问题是折旧的测量。这个决定于资产的期望寿命，可能折旧的速度以及每个相继阶段按什么价格计值。有用寿命的估计永远不能肯定：对于大家已熟悉的资产类型，过去的经验是很好的向导，但是对于新类型估计不比猜测好多少。资产折旧速度通常根据两个假设之一来估计：或则在整个期望寿命中这个速度是一律的，或则在每个相继的阶段它表示余下寿命的一个不变的比例。选择哪一个方法差别很大。在私人会计中习惯参照资产的原始成本来评价折旧。这在物价稳定的时候工作得足够好，但在物价变化时候，特别是如果变化主要是单方向的，使用更新成本较好，并且这是在国民会计中遵循的实践。

在库存中的投资如何评价也是一个问题。这部分投资表示期末生产系统保存的未使用或未销售产品数量的增加或减少价值。这一项必须有别于库存升值，后者反映库存商品的价格在期中发生的增减。库存升值是一笔资本利得并且属于资本交易之中而不在收入来源之中。库存投资和库存升值之和等于库存价值增加额。

在我刚才说的话之后，你们很可能问，那么什么是生产、消费及积累的准确定义？答复是，这件事仍在辩论中，不过同时大多数人同意，联合国国民账目体系中采用的定义足够有用和灵活，可以包括很多不同的情况。

四　国民经济账目

现在我将描述现在情况的国民经济账目。作为说明我将利用联合国在 1968 年出版的《一个国民账目体系》（简称 SNA）中给出的数值例子。我的第一个例子在表 4 中表示。

表4中的账目形成包括整个世界的一个闭合系统。我所说的"我国"是一个虚构的国家，并且虽然得自实际资料的数字只能作为例子看待。有10笔独立的记录，但是由于每笔记录出现两次，一次作为支出和一次作为收入，项目编号自1至20；对方记录的位置用方括号中数字的指示。

第一个账户包含进出生产的流量。左边是成本；第一项为收入，即工资、薪金、利息、利润及租金，付给生产要素、劳动、资本和土地，加上折旧准备，加上付给政府的间接税（净额）；第二项表示进口商品购买额。右边是收入，包括销售商品和服务给消费，销售投资品给积累，以及销售出口商品给世界其余地方。账户表示为合并形式，那就是说在它内部发生的一切交易，例如各产业之间产品的买卖已互相抵消。因此中间产品价值不表示出来；不过，我们将看到，把单一账户分解为两个以上账户，可以得到中间产品价值。

第二个账户包含进出消费的流量。左边是支出：第一项是商品和服务支出，我们已在生产账户中作为一项收入来源遇见过它；第二项是储蓄，它只是收入超过支出之数；第三项表示给世界其余地方的赠予和其他汇款。右边是收入的组成部分：最大的一笔是从生产收到的收入；在此之上再加从世界其余地方收到的要素收入，即由于在国外的财产而发生的红利利润、利息和租金；最后有一笔负数表示固定资产折旧准备，它必须从总收入减去以得到国民收入的真正净值。账户内部发生的一切流量例如公司和个人付给政府的赋税以及政府付给公司和个人的津贴和福利又被合并掉，但可以借助于分解而出现。

第三个账户包含进出积累的流量。在左边，第一项表示对有形资产的总投资；第二项表示必须减去以得到净投资的折旧；以及第三项表示向国外贷款，其中负号表示在记账期中我们的国家从世界其余地方借款超过贷款。右边是储蓄，它是净投资的财源。账户内部不同交易人之间一切借贷被合并掉。

第四个账户表示世界其余部分与我们的国家之间的交易。这些交易从世界其余部分的观点表示，所以在此账户左边作为支出出现的一切项目将在三个国内账户的收入中找到，反过来也是对的。在我们的国家之外发生的无数交易是不会出现的。

只有四个账户要追踪各笔记录之间的关系是一件简单事情，但是当账户数目增加时，这件事变得愈来愈困难，用一个矩阵的形式展示各个账户是方便的，其中每对行和列表示一个账户，收入在行中，支出在列中。见表5。

此表中各笔记录与表4中的记录相同。这种表现形式的优点是明显的：不需要对方记录。每个项目只在一行和一列的交点出现一次；横向读它表示在该行左边规定的账户的一笔收入；纵向读它表示该列顶端规定的账户的一笔支出。例如第 1 行和第 2 列的记录 210 表示消费品和服务的销售，它是进入生产的一笔收入和消费的一笔支出。

表 5　　　　矩阵形式的我们国家的四个经济账户（货币价值）

	1	2	3	4	合计
1. 生产		210	47	52	309
2. 消费	255		−19	5	241
3. 积累		27			27
4. 世界其余地方	54	4	−1		57
合　计	309	241	27	57	634

　　我现在将说明体系的内容如何能增加以及如何可以连同出现在账目中的交易（流量）引入资产和负债的平衡表（存量）。要做到这一点须将一个账户分为两个以上账户并同时在原来矩阵边上加包含资产，负债及其重估价的行和列。结果在表 6 中表示。

　　在此表中中央方块包含表 5 所示账目的一个最低的分解，而外面的各行和列包含平衡表和重估价。作为分解的结果，有可能填写表 5 中空白的四个对角线子矩阵。为了说明一个这样的矩阵如何解释，我将对 3 和 4 行和列中的记录给一个简短的说明，它们在一起构成生产账户。

　　第 3 行和列关系到商品，即关系到各个产业为市场生产的商品和服务。第 4 行和列关系到活动，即关系到各产业生产市场商品以及政府生产非市场服务。购买者从商品账户购买市场商品和服务而向活动账户购买政府服务，收入由活动账户支出。分开表示商品和活动的原因是大多数产业生产不止一种商品，所以在投入产出分析中作此区别是有用的。

　　第 3 行表示商品的去向：245 个货币单位流入各活动作为中间投入；166 流入消费作为现期商品和服务；（6＋41）＝47 流入积累作为投资品；以及 50 流到世界其余地方作为出口。第 3 列表示这些商品的来源：443 是国内活动生产的；65 从世界其余地方流入，它们的价值由 51 个单位税前进口加 14 个单位进口税。一点算术立即说明行与列平衡：（245＋166＋6＋41＋50）＝（443＋14＋51）＝508。

表6　我们的国家的账目的初步分解，包括平衡表（货币价值）

		1	2	3	4	5	6	7	8	9	10	11	12	13	14	15	16
期初资产	1. 债权										1 249		165				
	2. 净有形资产										661						
生产	3. 商品				245	166						50					
	4. 活动			443		44		6	41			2					
消费	5. 消费品（目的）						210										
	6. 收入和支出			14	241						−19	13					
积累	7. 库存增加										6						
	8. 固定资本形成										41						
	9. 债权										58		18				
	10. 资本财源	1 217	693				27			59				−23	44	1 253	764
世界其余	11. 现期交易			51	1	2	12										
地方	12. 资本交易	197	−32							17		1		0	−2	214	−33
重估价	13. 债权										−21		−2				
	14. 净有形资产										42						
期末资产	15. 债权										1 286	181					
	16. 净有形资产										731						

第 4 行表示各产业商品总产出，合计为 443 货币单位，以及政府非市场服务总产出，计 44。第 4 列表示与这些活动联系的投入或成本：购买中间产品计 245；支付要素收入，折旧及间接税（净），合计 241；付给国外的要素收入，计 1。行列又是平衡的：（443＋44）＝（245＋241＋1）＝487。

将表 6 中央方块的国内流量适当归并可以回到表 5 的数字。如果一个子矩阵又一个子矩阵，把对角线记录排除而把对角线以外记录加在一起，我们得到：第一行，（166＋44）＝210 和（6＋41）＝47；第二行（14＋241）＝255 和－19；第三行 27。然而世界其余地方涉及的流量不相吻合，原因在于对表 5 中的流量作了简化处理。

转到围绕表 6 中央方块的平衡表和重评价，在这里不便对一切记录作充分说明，所以我将再次限制我自己只作少数说明。平衡表的目的是表示记账期初和期末债权和有形资产存量的价值。这些存量的初值从不同观点表示在 1 和 2 行和列。它们在期中交易和重评价后的终值表示在行和列 15 和 16。

我们在第 1 列中看到一切债权，即我们的国家作为负债发出的股份、贷款、银行存款、货币等等的期初价值为 1 217，而世界其余地方发行的由我们的国家持有的债权价值为 197。相反的，我们在第 1 行中看到，不论何地发行，在我们的国家中作为资产持有的债权价值为 1 249，我们国家发行而世界其余地方持有的债权价值为 165。所以债权总初值是（1 217＋197）＝（1 249＋165）＝1 414，但是我们的国家持有自己的债权为（1 249－197）＝（1 217－165）＝1 052。

按折旧后重置成本评价的净有形资产在第 2 行出现，在此例中它们以位于我们的国家的资产为限，而不论其所有权。例如一个外国公司在我们的国家中有一个工厂，这个工厂形成我们的有形资产存量的一部分；同时它的价值包括在第 1 行我们的负债中以及第一行中世界其余地方持有的金融资产中。这个例子意味着世界其余地方可能有在我们国家的有形资产，我们没有在外国的有形资产。如果我们有，它们将出现在第 2 行和第 12 列的交点，并且它们的价值一边将加到世界其余地方的负债中，另一边将加到我们持有的金融资产中。

第 2 行中的净有形资产用第 2 列中的净值（或财富）来平衡。净值测量一切资产，有形的和金融的资产，超过负债的余额。我们国家的净值表示为 693；而世界其余地方的净值就其与我们的交易而言表示为－32，说明我们持有的外国债权比世界其余地方持有的我们的债权大 32。

第 13 行和列表示发行的和持有的债权的重评价，以便使它们达到现值的共同基础。第 14 行表示净有形资产为了同一目的的重评价。净值的重评价不能独立估计,其数字决定于有形资产和债权的重评价。

在基本框架中引入更多的分类可以进一步使表 6 的系统详细化。任何人对探讨此事有兴趣在《一个国民账目系统》的第 8—11 页中将找到充分的讨论。

五　统 计 问 题

用数字填充国民账目框架意味着解决大量的统计问题。在此过程中有两个阶段。

第一阶段是把有关信息组织在一起。在许多国家中对政府活动可能有会计数据本身,并在有些情况中大公司的账目也可能已标准化。但是除此之外,将主要是统计数据,它们可能数量很大并且大多数是为其他目的收集的,而且作为编制国民账目的来源,它们肯定是不全、不一致和可靠性不一的。因此当我们把所有这类材料弄到一起,我们将总是发现差异和缺项。

第二阶段是找出某种方式来处理这些差异和缺项。缺项通常可用余额法填充。例如我们能估计储蓄以外的个人收支账户中一切记录,则储蓄可以作为收入超过一切其他支出之和的差额来测量。不过这不是很满意的,因为它意味着我们用掉了系统的约束之一来估计储蓄,所以这个约束不再能用于帮助核对整个体系的精确性。

至于差异,普通的实践是把它们加到账户的一边。例如支出数据合计大于收入数据产生的合计,差额常常作为一个无名项目加到账户的收入一边。这也不很满意,因为支出统极不可能计准确而一切误差都在收入统计方面,并且我们又浪费一个约束。一个较好的方法是找出一些方法,在我们对它们的可靠性思想的启发下调整一切记录。

用最小平方法调整条件观察的人们熟知的方法可以做到这一点。在 1942 年大卫·香佩农和詹姆士·梅德和我一起写一篇论文,在文中我们提出把这个方法用于调整国民账目。这个方法要求知道会计矩阵中每笔记录的相对可靠性,这种信息可以排成一个方差矩阵,其阶数等于记录数目。给定这个矩阵,我们能计算各记录的调整额,使用其方差的倒数加权的平方和最小,调整后的估计数满足系统的约束,即各账户平衡,细数之和为合计数,最终估计是单值的等等。这种应用在近些年才采用,我想一部分因为可靠性的惟一估计是根据其编制者的印象的主观估计，一部分是涉及的计算量。就我所知，第一次应用是来·拜伦在 1978 年发表的。

　　作为这种方法的一例，表 7 列出我设法平衡 1969 年英国国民账目的一张加总表的结果。

　　表 7 中的记录成对排列：每一对中上面数字得自英国中央统计局，《国民收入和支出》，1980 年版中发表的对 1969 年的官方估计，下面给出调整后的值。调整的效果可在表底部 E 行中看到：上面一行数字表示为了平衡账目包括在官方估计中的剩余误差和无名项目，下行都是零。这是在正确方向上的一步。但是一致的估计不一定是精确的估计。精确性依靠方差矩阵的正确性，系统性误差的重要性，它们可以考虑但没有在上例中考虑，依据经验，它可能出现不能预见的困难。

六　地区账目

　　我正在描写的会计体系通常用于各个国家，但是作一些补充，它可以用于一国的各区或世界的各区。不论我们走哪条路，总发生新的问题。我将提到其中一些但不详细讨论它们。

　　如果我们考虑一个国家的各地区，首先要决定地区的定义；然后必须承认有些交易者例如中央政府没有明显的地区位置；并且，一般没有许多地区间流量的信息，要收集可能费钱。尽管如此，一些国家成功地编制了地区账目。其实当 SNA 的 1968 修订版正在讨论时，地区会计是考虑的题目之一，但是有许多其他更迫切发展需要进行，这个留待将来。

　　如果我们设法汇总各国的账目到世界一个地区，例如欧洲，或全世界的一个会计框架中去，我们遇到民族差异问题。第一，不同国家的统计不形成一个一致的系统：例如，A 记录的从 A 国到 B 国的出口可能与 B 记录的 B 国从 A 国的进口不一致，即使对估价的差异作了调整也是如此。第二，必须找到一个共同的记账单位；用汇率把一切国家的通货换算为单一的通货能得到粗糙的结果，但汇率不一定反映购买力。所需要的是柯林·克拉克在《经济进步情况》中先导的比较通货的方法，它的最近表现是联合国的《国际比较项目》。第三，不同的国家使用不同的会计体系。大多数市场经济使用与 SNA 足够接近的体系，协调很容易，但是为了得到一个世界图像，需要把这些账目与中央计划经济的账目联系起来，它

表 7　一张英国国民账目表误差明白表示：1969 年初始和最终调整后的估计（百万镑）*

		1	2	3	4	5	6	7	D	8	9	10	11	12	13	E	合计
生产	1. 英国		10 109	29 233			7 997			1 297	4 167	1 414	2 286					56 503
			10 117	29 286			7 999			1 316	4 320	1 414	2 286					56 738
	2. 世界其余地方	9 930																9 930
		9 922																9 922
收入和支出	3. 个人	31 290			35		3 937	341	3 864									39 467
		31 230			35		3 936	341	3 864									39 406
	4. 公司	3 815						1 161	1 619									6 595
		3 798						1 164	1 619									6 581
	5. 国营公司	445						15	80									540
		445						15	80									540
	6. 一般政府	7 488		7 420	1 131	610		203	176									17 028
		7 487		7 422	1 131	610		203	176									17 029
	7. 世界其余地方		−179	416	458		554											1 249
			−195	415	458		554											1 232
	D. 红利和利息			761	3 306	120	1 552											5 739
				761	3 306	120	1 552											5 739
资本交易	8. 个人	812		1 637									186					2 635
		804		1 522									186					2 512
	9. 公司	1 553			1 665								606					3 824
		1 532			1 651								606					3 789
	10. 国营公司	1 024				−190				6	14		50					904
		1 024				−190				6	14		50					904
	11. 一般政府	496					2 988			577	48	0						4 109
		496					2 988			577	48	0						4 109
	12. 世界其余地方							−471					0					−471
								−491					0					−491
	13. 最终资产的净增加									1 810	−1 407	−514	975	−864				0
										613	−593	−510	981	−491				0
E. 误差		−350								−1 055	1 002	4	6	393				0
		0								0	0	0	0	0				0
合计		56 503	9 930	39 467	6 595	540	17 028	1 249	5 739	2 635	3 824	904	4 109	−471	0	0	0
		56 738	9 922	39 406	6 581	540	17 029	1 232	5 739	2 512	3 789	904	4 109	−491	0	0	0

* 11.10 和 12.11 两格中的零分别指从国营公司到一般政府和从一般政府到国外的净资本转移。在 1969 年这些项目刚好是零，但是并不总是如此。

们使用另一种物质产品平衡表体系（MPS），上推到马克思并且以亚当·斯密的限制性生产概念为基础。在日内瓦举行的欧洲统计学家会议研究了两个体系之间的联系，并且像我在《SNA 和 MPS 的比较》中设法说明的，[①] 可以设计一个扩大的系统，只要适当将记录归并，可以得到两个体系中的任何一个。不过为了做到这一点，需要比两种体系中任何一种正常提供更多的信息。在一个合作的世界中，这种信息不难得到，所以最后我们可以希望看到按共同原理编制的世界经济账目。

七 人口账目

现在我将丢下经济账目而转到人口账目。人口账目，像任何其他类型的账户一样，基于一个时期流入和流出的相等之上。在人口情况中，流入和流出是在给定期间进入或离开一个国家的人。人流在时间和空间两个因次上运动。例如，对于任何国家，今年的人口一部分沿时间从去年流入，通过存活，并且一部分沿空间从外部世界流入，通过出生和移民；一部分沿空间通过死亡和移民流出到外部世界，一部分沿时间通过存活流入下一年。

从前期来的存活者构成人口的初始存量，进入以后时期的存活者构成期末存量。在任何时期中，流入和流出相等意味着期初和期末存量之间的差异等于从外部世界来的净流入。

设计一个人口账目体系的第一步是把人口分为年龄组，并在每个年龄组内分为反映我们可能感兴趣的特性的类别：活动、社会经济地位、健康，等等。数据一旦组织在一个分类框架之内，它们可表示为一个账户中的记录，一方面说明每个年龄组以什么队形进入这个时期，另一方面说明在离开这个时期之前它如何在各类中重新分配。连接流量和存量的会计恒等式将保证流出一类的人数与流入一类的人数相等。

不同分类相互作用形成一些综合类别或"状态"，它们使我们能把人口分为有明显差异的集团。例如我们的初步分类按年龄，我们的二级分类按活动中心，我们的三级分类按职业，状态的例子是：17 岁，上文法学校并且准备高级考试；或者 30 岁，受雇于一家砖瓦厂，工作是职员。

---

① 此文载于斯通《经济的数学模型及其他论文》一书，查普曼和霍尔，伦敦，1970。——译注

在一个如我们正在研究的系统那么复杂的系统中，甚至一种比较不复杂的交叉分类能导致大量的统计细节，除非我们找到某些方法保持对它的控制，将非常难以处理。借助于设计一种比较简单的基本数据集，可以认为是主集，用一些互相连接的附集来支持，并用概念框架与主集连接。这些附集可采取"生活序列"形式，每个序列反映一种具体的生活因次，并且为了描写它只需要有限数目的分类。同时，每个序列必须如此构思，要在人口统计上自给自足，即能包括全部人口。

在统计信息的现状中，最适合会计处理的序列我称之为"活动"序列，其中人们先学习，然后挣钱，最后退休。在此序列中人口可以分为三大组：学生、劳动力、其他。这第三组包括一切教育上和经济上不活动的人：婴儿、家庭主妇、无事的富人、无事的穷人、长期残疾和领养老金者。除了很小、病很重和很老的人之外，这些人没有一个实际上能说是不活动的，但是他们的活动不能正式列入学习或挣钱的类别。

当通过他们的活动序列流动时，人们也通过一个"被动"序列流动，意思是在他们一生中的不同时间归属的前后相继的社会经济集团。适合于这个序列的某些分类是家庭规模、社会阶级、收入分组、居住地、种族、宗教。另一个重要序列是医学序列，其中人口按身体和智力特性分类。还有另一个序列是过失序列，其中分类从偷窃商店到杀人。

如已找到一种实际方法分别表示每个序列，在不同序列之间引入一定数量的相互作用于是变为可能。例如，在教育阶段，家庭背景是教育志向和成就的一个重要决定因素。所以在活动序列的这个阶段，某些被动序列的分类与活动序列的分类相互作用是好的。

让我们考虑一个简单例子，其中我国人口按年龄和职业分类。每个分类中有两组：年龄分为0—15岁和16岁以上；职业分为上学和其他一切。每年个人能以几个方式进入一种状态：来自去年存活在那个同一状态之中，在年度过程中从一个不同状态进入它，因出生或移民进入它；他们可能因存活离开它进入下一年，在年度过程中移入另一个状态，因移民或死亡离开它。我们可以用类似表4中给出的四个经济账户的一个五个账户的集合表示这个系统。在表8中这样做了。

表 8 我国在 θ 年的人口账目，按年龄和职业分类（千人）

状态（i）。年龄组 0—15 岁不在校

流　　入		流　　出	
1. 从去年来的存活者（期初存量）[34]	2 125	5. 死亡 [29]	3
2. 出生活到下一年 [32]	435	6. 进学校 [11]	396
3. 迁入（净）[33]	1	7. 移至 16 岁不在校 [23]	140
4. 离开学校者 [13]	122	8. 存活者进入下一年（期末存量）[30]	2 144
合计	2 683	合计	2 683

状态（ii）。年龄组 0—15 岁在校

流　　入		流　　出	
9. 从去年来的存活者（期初存量）[34]	3 798	12. 死亡 [29]	2
10. 迁入（净）[33]	—5	13. 离开学校者 [4]	122
11. 进校者 [6]	396	14. 移至 16 岁在校 [18]	106
		15. 移至 16 岁不在校 [24]	115
		16. 存活者进入下一年（期末存量）[30]	3 844
合计	4 189	合计	4 189

状态（iii）。年龄组 16 岁＋在校

流　　入		流　　出	
17. 去年存活者（期初存量）[34]	198	19. 离校者 [25]	107
18. 来自 15 岁在校 [14]	106	20. 存活者进入下一年（期末存量）[30]	197
合计	304	合计	304

状态（iv）。年龄组 16 岁＋不在校

流　　入		流　　出	
21. 去年存活者（期初存量）[34]	17 020	26. 死亡 [29]	269
22. 迁入（净）[33]	20	27. 存活者进入下一年（期末存量）[30]	17 133
23. 来自 15 岁不在校 [7]	140		
24. 来自 15 岁在校 [15]	115		
25. 离校者 [19]	107		
合计	17 402	合计	17 402

外部世界

流　　入		流　　出	
28. 死亡：婴儿 [31]	8	31. 出生：婴儿死亡 [28]	8
29. 死亡：其他 [5+12+26]	274	32. 出生：存活 [2]	435
30. 存活者进入下一年（我国期末存量）[8+16+20+27]	23 318	33. 净迁入 [3+10+22]	16
		34. 去年存活者（我国期初存量）[1+9+17+21]	23 141
合计	23 600	合计	23 600

在此表中我列出了系统中区分的四个社会人口状态的账目，以及我称为"外部世界"的账户，这个名词须作很广义的解释，因为它包括（a）我国以外的一切国家，（b）去年和明年，以及（c）大未知世界。和表 4 中一样，每笔记录出现两次，一次作为流入，一次作为流出，对照记录用方括号中数字指示。最后一个账户把不构成状态间流量的一切记录放在一起，相当于表 4 中世界其余地方的账户。因此表 8 表示平衡账户的一个闭合系统，正如表 4 一样。

通过介绍可能似乎很不熟悉的概念，我将给出第一账户内容的详细说明。这个账户关系到年龄从 0 到 15 岁的不在校儿童。大多数是尚未开始上学的小孩。在另一端有达到离校年龄离开学校的男女生，其中很多人已就业。两类之间有少数儿童不上学，或因在家受教育，或因某种身体缺陷。

在账户左边，第一笔记录表示年初我国不在校儿童存量，计 2 125 人；这些人从去年通过时间流入。第二笔记录表示今年出生的婴儿到年终仍活着，计 435 人；这些人从伟大未知世界流入。第三笔记录表示年内净迁入者，计 1 人；这些人从其他国家通过空间流入。迁入表示为减去迁出的净数。第 1、2、3 项的对照记录都表示为表底最后一个账户中的外部世界的流出。第四笔记录 122，表示在年度过程中离校的儿童；这些人从状态（ii）流入，对照记录作为第二账户中流出之一出现。

在账户右边，第五笔记录 3，表示死亡即流向未知世界的人；对照记录作为最后一个账户的一笔流入出现。第六笔记录 396，表示第一次进校的儿童，因而流出到状态（ii）；对照记录作为第二个账户中的一笔流入出现。第七笔记录 140，表示 15 岁的人在年度过程中变为 16 岁，因而流出到状态（iv）；对照记录作为第四账户中的一笔流入出现。最后，第八笔记录 2144，表示在年末存活的儿童并且流出去到下一年，状态没有变化；对照记录作为第五账户的一笔流入出现。

其余的账户以同样方式解释。惟一不同的是在外部世界账户两边出现的记录 8，此数表示在一年内进入并离开我们国家的人，主要是今年出生而在年底以前死亡的婴儿。

表 8 中的数据可以用来编制一个动态矩阵，表明期中发生的运动如何使每个状态中人口的期初和期末存量互相连接。在表 9 中做了这件事。

表 9   **以表 8 为基础我国在 θ 年的一个社会人口矩阵（千人）**

		外部世界：出生和净迁移	我国				期末存量
			年 龄 0—15 不 在 校 (i)	年 龄 0—15 在 校 (ii)	年 龄 16+ 在 校 (iii)	年 龄 16+ 不 在 校 (iv)	
外部世界：死亡		8	3	2	0	269	23 318
我	(i) 年龄 0—15 不在校	436	1 586	122			2 144
	(ii) 年龄 0—15 在校	—5	396	3 753			3 844
国	(iii) 年龄 16+在校	0	0	106	91	0	197
	(iv) 年龄 16+不在校	20	140	115	107	16 751	17 133
期初存量		23 141	2 125	3 798	198	17 020	

用状态（i）的列和行开始解释表 9 比较方便。在此列中我们看到年初 0—15 岁不在校儿童的期初存量为 2 125 人。其中，3 人死于年度过程中；1 586 人在全年保持在状态（i）中，虽则自然长了一岁；396 人进校因而移到状态（ii）；140 人进入本年度时 15 岁，在年度过程中变成 16 岁，因而移到状态（iv）。在这一行中我们看到年终状态（i）的存量是 2 144 人，包括：今年出生而存活的以及净迁入，（435＋1）＝436；未改变状态的儿童 1 586 人；以及虽然仍在同一年龄组，在年度过程中离开学校的儿童 122 人。对我们国家的每一个其他列和行可以作出类似的陈述。

如果我们用列合计数去除我们国家某一列中各个数字，我们得到在列上端规定的状态中的人在年度过程中停留不变或移至其他状态的比例。这个转移系数矩阵在形式上类似经济学中的一个投入产出系数矩阵。

如果转移矩阵含有按年龄的细分类或者可以还原成为如果人口在定态均衡中会

观察到的情况，并且如果这些比例能解释为概率，则这个矩阵的列昂节夫逆矩阵可以认为是一个吸收马尔柯夫链的基本矩阵。在对记录作调整以考虑人们可能在任何时候死亡而不总在一个时期终了时死亡的事实，这个基本矩阵可以联系到在人口统计中起如此重要作用的寿命表。矩阵中的记录表示时间而每列合计表示一个进入列上端规定的状态的人的期望寿命。在矩阵中，这个合计数分成平均在每个状态花费的时间，从刚进入的状态到生命结束。因此，如果在人口矩阵中我们区分联系，例如儿童时代，上学时期，进一步教育，就业和退休的一个或更多状态，我们能将这个序列中任何阶段的期望寿命分为在不同状态平均花费的时间。

同样的方法能用于很多其他应用，例如地区迁移、婚姻状况的变化、租赁形式等等。虽然按年龄分类是很好的，但它不是主要的。不过如果没有它，发生调整观察以逼近一个定态人口的情况的问题。这个方法也可用于同在某一年出生的人，在此情况下，纵向数据是有用的，可以追踪某一人的样本通过他们的一生。

在编制社会人口矩阵时遇到的统计问题，除细节外，与编制经济矩阵时遇到的相似。首先要装配现有的信息以及建造初始估计，然后用一种调整方法来填补空缺并取得最终估计所要的一致性。在经济和人口两种情况中，系数均可能将随时间变化，在建造预测模型时必须加以考虑。

关于人口会计我还能说很多，但是这不是说这件事的地方。任何人有兴趣追踪这个题目，他将在我为经济合作发展组织和联合国写的报告中找到充分的讨论，它们是分别在 1971 年和 1975 年出版的。

八 结 束 语

污染、土地利用和非更新性资源等环境问题，对会计提供很多用武之地。但我在此领域做的工作很少，所以我将仅仅提一下在我开始讲演时说的对社会的研究应当依靠的第三根支柱。

我还应乐于对经济和社会园地研究中建模讲一些话，但是我感到这个题目在我的提纲之外。无论如何我的时间即将结束，所以我热烈感谢给我巨大荣誉请我作此讲演的诺贝尔基金会以及如此耐心地听我讲演的你们，我的讲演要结束了。

九 引用著作（从略）

瑞典皇家科学院
拉格纳·本策尔教授致词

国王陛下，殿下们，女士们和先生们：

今年的诺贝尔经济科学奖已授给弗兰柯·莫迪里安尼教授，以表彰他以生命周期假说为名的家庭储蓄理论的建立和发展，和他关于资本费用和公司的市场价值之决定的莫迪里安尼—米勒定理的形成所做的贡献。这两方面的贡献是密切地相互联系的。两者都说明家庭财富管理的必要性，且都可看成莫迪里安尼对金融市场作用的广泛研究的不同部分。

根据伟大的英国经济学家约翰·梅纳德·凯恩斯 1936 年所提出的理论，当人们的收入增加时，他们的储蓄将增加到这样一个地步，储蓄在收入中所占的份额将增加，这是一个"心理学定律"。这个负有盛名的定律在不同收入人群的储蓄的经验观测数据中找到了根据，因此凯恩斯下结论说，在一经济增长时期中，总量储蓄所占的国民收入的份额稳定上升。

凯恩斯的储蓄理论为他同时代的人所普遍接受。但是，在 1942 年，美国经济学家西蒙·库斯涅茨指出，凯恩斯理论和统计数据相矛盾：在美国尽管个人收入有很大的增长，但国民收入中的储蓄份额并无长期上升现象。这个矛盾被认为是一个悖理，不久就成了许多人研究的对象，其中的一项研究成果，发表在 1954 年，就是莫迪里安尼和他的助手理查德·布伦堡提出的一种崭新的家庭储蓄理论：生命周期假说。

生命周期假说来自一个简单的概念，即人们为自己退休而储蓄，所以他们在能工作赚钱的岁月里进行积蓄，以便在退休后用以消费。

此假说的一个严格的数学形式引申出许多不能得自先前理论的结论。例如，一个人的储蓄不仅决定于他的收入，还决定于他的财富，他所期望的未来收入和他的年龄。此假说也对凯恩斯—库斯涅茨悖理提出一种可能的合理解释。如莫迪里安尼和布伦堡所表明，在生命周期模式中并无横截面和时间序列储蓄——收入关系的惟一对应。

生命周期假说的原始提法是对个人而言的一种储蓄行为理论，但莫迪里安尼已经扩展了假说的意义，并在他的许多写作中讨论了从经济政治观点看来有趣得多的争议：由这个理论得出的关于总量家庭储蓄的结论。他指出了这个理论的许多含义，包括：（1）储蓄并不是和先前理论所说的那样由家庭收入水平来决定，而是由收入水平的增加速度来决定。（2）储蓄兼受人口增长率和人口的年龄结构的影响。（3）储蓄既受总量财富的影响，因此也受作为资本化要素的利息率的影响。（4）一个自主支出增加的乘数效应接近于边际赋税率的倒数值。

通过生命周期假说，莫迪里安尼创造了一整套新的家庭储蓄理论。这一理论已在消费与储蓄的研究方面起重要作用。它已为多种问题——主要是那些涉及经济政治措施的效果问题的理论和经验分析打下基础。举其要者，它曾被用来分析各种社会保险体系的效果，以及预算赤字给各代人的经济状况带来的后果。

现在我想转到莫迪里安尼获奖的另一贡献：莫迪里安尼—米勒定理的形成。

这些定理来自莫迪里安尼和他的同僚默顿·米勒于1958年合写的一篇论文，其中心的一个定理是说，假定金融市场在完善地运行并处在均衡状态之中，那么一个公司的市场价值——定义为它的股本和它的负债的市场价值总和——同它的债务大小和结构无关，在这种情况下，资本的平均费用也同债务无关。这两位作者在以后的一篇文章里表明，对给定的投资政策，一个公司的价值同它的红利政策无关。这些定理的用意在于提供一种以资比较的标准。因此，他们假定既无赋税又无破产成本。然而，作者对赋税是否影响定理的真实性作了透彻的讨论。

初看来，这些定理似乎有点奇怪，不是常有人对公司的负债程度煞有介事地去看待吗？他们要么把沉重的债务负担看成一种风险因素，要么反过来把高度负债看作某种有利因素。常有这样的看法，比方说，一所房子如果抵押得很重就会更值钱。不错，当然会作这种估价。但这种估价忽略了莫迪里安尼和米勒所构想的完善市场中的势力。因此在这种市场中，股票持有者可以完全根据自己的意志不费工本地选择他们的资产成分，从而他们对风险、债务负担等等的估价将反映在他们所选择的资产构成中。然而，这并不否定莫迪里安尼—米勒定理的有效性。假使定理不成立，那么总有可能通过卖出估价过高的股票和买进估价过低的股票，甚至还可以通过借债，而从中获利。其结果是，股票价格将发生变化，有关公司的价值将接近于定理所假定的均衡状态。

一直到50年代后期都没有人对投资、债务、赋税等研究出有生命力的公司财务理论。仅在莫迪里安尼和米勒提出他们的定理之后，在这个领域中才开始出现比较严格的理论成果。莫迪里安尼和米勒把财务决策放在财务—市场均衡理论中考虑，为在此领域中继续进行的研究工作提供了一般性的指南。

因此，他们的贡献的科学价值并不限于他们所提出的定理本身，他们把新的分析方法引入公司财务学科中也许具有同等重要的科学价值。

弗兰柯·莫迪里安尼自传

　　我生于意大利罗马。父亲安理柯·莫迪里安尼是罗马城的主要儿科医师，母亲奥尔卡·法拉切尔是一位义务社会工作人员。

　　我早年的学校成绩良好但不优异。1932 年精神上受到重大创伤。父亲在一次手术中死去，我突然发现我爱他之深，而使我在 13 岁时感到我的整个世界都完了。在这件事之后的三年里，我的学校成绩出现了污点，直至我转学到罗马最好的高中学习，在那里我接受了有益的挑战而成长起来。在别人鼓舞之下，我决定跳过中学最后一年，通过规定的困难的跳班考试，在 17 岁时提前两年进入罗马大学。

　　家里希望我继承父亲的衣钵进入医药行业。我苦恼过一阵，终因我对病痛和出血的容忍力低而最后拒绝学医。随之我选择了在意大利有许多出路的法律专业。翌年，我决定参加由学生团体 I Littoriali della Coltura 组织的经济学方面的全国竞赛。出乎意料地我获得了头等奖。虽然我不敢说这篇得奖论文对经济学有什么重要贡献，但它明显地奠定了我现在对经济学的兴趣。不幸的是在法西斯统治下经济学教学是令人沮丧的。但由于我个人结识了一些好的经济学家，特别是李嘉多·巴希，在他们的劝导下我开始阅读英国和意大利经典著作。

　　学生团体 Littoriali 曾使我有机会同青年反法西斯主义者接触。我反对当局的政治立场从此开始。我同我未来的妻子塞琳娜·卡拉碧以及她的非凡的父亲居里奥——一位久经考验的反法西斯主义者的牵连，也有助于此。在 1938 年颁布意大利种族法时，我受到未来的姻亲的邀请，在巴黎参加了他们的行列，并于 1939 年 5 月和塞琳娜在那里结婚。我就读于巴黎大学，但发现那里的教学枯燥无味，简直是浪费时间，这样，我就把时间花在 St Geneviéve 图书馆里读我要读的书并写我的论文。1939 年 6 月，我暂时返回罗马讨论我的论文，并从罗马大学获得法学博士学位。不久，鉴于欧洲行将陷入一场浴血战争，我们便向美国申请移民签证，并于 1939 年 8 月第二次世界大战爆发的前几天抵达美国纽约。

我们在美国的居留将是长久的，这已变得很明显了。于是，我立即开始考虑如何最好地谋求我在经济学方面的事业。我碰上很大的运气，得到了新社会研究学院政治与社会科学研究院的免学费奖学金。这个学院是为三个法西斯专政的受害欧洲学者而刚建立不久的一个庇护所。这样，从 1939 年秋起连续三年，我每天白天贩卖欧洲书籍，以维持我很快就有了我们的第一个男孩安德烈的家庭，而在晚间 6 点到 10 点进行学习。我努力工作，虽然辛苦，但回想起这段时间还是令人振奋的。我发现了我对经济学的热爱，这还要感谢那些卓越的老师，其中包括阿道夫·娄韦，尤其是雅可比·马尔沙克，我对他的感恩非语言可以形容。他帮助我打下扎实的经济学和计量经济学基础和一些数学基础，把我引向当时的争论，并以他那种令人难忘的仁慈给我以经常的鼓励，特别是我从他那里学到理论和经验分析的融合，理论之可以检验，和经验工作之由理论来指导，所有这些都刻画了我日后的许多工作。马尔沙克还邀请我参加约在 1940 年末 1941 年初在纽约举办的、以 A.瓦尔德，T.库普曼斯和 O.兰格等为其成员的、一个非正式讨论班，从而为我日后的发展提供了经验。

我认为，在 1941 年马尔沙克离开新学院前往芝加哥大学之时，我所受的正式训练便告终止。于是，我在新泽西女子学院找到第一次担任讲师的教学工作。我用英文发表的第一篇论文《流动偏好及利息与货币理论》（Econometricèa 第 12 卷第 1 期，1944 年 1 月），基本上也就是我的博士论文，我认为这是我的主要著作之一，约在两年后问世。在马尔沙克的讨论班上的讨论结果以及和阿巴·伦纳一系列辩论的结果均旨在把当时被一般人认为是同过去完全决裂的凯恩斯的"革命"和古典经济学的主流统一起来。

1942 年，我担任哥伦比亚大学当时的一个住读学院——巴尔德学院的经济学和统计学讲师，从而有机会赏识一个美国学院校园的独特生活品质，特别是同那些第一流学生的亲密关系。1944 年，我以高级讲师的身份回到新学院，并在世界事务研究所担任副研究员，和汉斯·奈赛尔一起负责一个研究项目。这项研究的结果最后发表在《国民收入与国际贸易》。在这期间，我还写出我对储蓄研究的第一篇文献，后来以杜森贝利——莫迪里安尼假说而闻名。

1948 年秋，我荣获声誉很高的芝加哥大学政治经济学奖学金，并受聘为当时居于领导地位的考尔斯经济学研究委员会的研究顾问，于是离开纽约。到芝加哥不久，我接受了伊利诺伊大学的一个令人向往的职位："期望与商业波动"研究计划主任。不过，在 1949—1950 年的整个学年里，我一直留在芝加哥，得以参加考尔斯委员会的工作而获益匪浅。当时，这一专业团体，包括有马尔沙克、库普曼斯、阿曼和西蒙作为它的成员和访问学者，正在吸收着两个重要的"革命"：一个是冯·诺伊曼和摩根斯顿所首创的不确定性下的选择理论，另一个是哈瓦尔谟所启发的非实验数据的统计推断。

由于内部争吵，我在伊利诺伊大学供职到 1952 年便告终止。在这一短短期间里，我结识了一位有才华的青年研究生，名为理查德·布伦堡。我和他的合作，奠定了后来成为储蓄的生命周期假说的基础。后来我们两人都离开了伊利诺伊大学，他去约翰·霍普金斯大学完成他的博士论文，我到了卡内基理工学院，即现在的卡内基—梅隆大学。1953 年和 1954 年，我们把生命周期假说写成两篇论文，一篇论述个人行为，另一篇论述总量储蓄。《总量》一文，由于布伦堡的夭折，使我失去把它修改并压缩到符合标准专业期刊出版要求的意志，仅在 1980 年才发表在我的论文集里。

我在卡内基任职，直至 1960 年为止，这一期间是富有成果的。除了完成两篇奠定生命周期假说的基本论文外，我与人合著一本研究最优生产均衡问题的书，又和米勒合写了两篇关于财务结构与红利政策对一个厂商的市场价值的影响的论文。我还和 E.格伦贝格共同发表一篇当经纪人对预测作出反应时社会事件的可预测性的论文。这篇论文后来成了"合理期望理论"的支柱之一。所有这些文献都在某种程度上表示我在研究"期望与商业波动"时所开始播下的种子即将开花结果。

1960 年，我成为马萨诸塞理工学院的访问教授，以后，除了抽出一年的时间去西北大学外，一直到现在我都待在那里。在这个绝无仅有的学院和它的举世无双的同僚的支持下，我继续发展我早先对宏观经济学的兴趣，包括对货币主义者立场的批评，金融机制的归纳以及生命周期假说的经验检验。我还把我的兴趣引向新的园地，如国际财政和国际支付系统，通货膨胀的后果和治理，有广泛指标的开放经济的稳定政策，以及引向财政的各个领域，诸如信贷配给，利息率的期限结构和投机性资产的评估。

60 年代末，我还主要负责设计一个大型的美国经济模式，就是由联邦储备银行资助的并且至今仍由它来使用的 MPS 模式（M 指马萨诸塞理工学院，P 指宾夕法尼亚大学，S 指社会科学研究会——译者）。最后，我曾经积极参与有关意大利和美国经济政策的辩论，最近则集中辩论庞大的公共赤字是否有害。

生命周期，个人节俭与国民财富

———————————————————————————— 弗兰柯·莫迪里安尼

**美国，麻省理工学院
斯隆管理学院**

1985 年 12 月 9 日讲演

引　言

　　本文对以储蓄的生命周期假说（LCH）为名的、决定个人与国民节俭的理论作一评述，兼讨论其在当前政策问题上的应用。

　　第一部分讨论约 30 年前在 LCH 形成前夕人们对储蓄的认识。第二部分表述 LCH 模型的理论基础：它的最初形式及后来的补充，并提请注意其种种含义，其中一些含义为 LCH 所特有，另一些则与直觉相违背。这部分还对一些关键性的、在个量和总量水平上的经验检验作出评述。第三部分评述 LCH 在现行政策争议中的应用。但由于篇幅所限，这部分只作粗略的勾画。

一　前　奏

（一）节约的作用与凯恩斯革命

　　因为国民储蓄是资本供给的来源，而资本又是控制劳动生产率及其增长的主要生产要素，故对个人节俭和总量储蓄与财富的研究，早已成为经济学的中心课题。正是因为储蓄和生产性资本有这般关系，节俭在传统上被认为是一种美德，一种对社会有益的行为。

但是，曾出现一个短暂的但影响却不小的间隙，就是在经济大萧条的冲击下，以及受凯恩斯的通论（1936）对这一历史插曲的解释的影响，储蓄开始受到怀疑，它被敌视为对经济有潜在破坏力，对社会福利有危害。这个时期从 30 年代中期开始，延续到 40 年代末 50 年代初。节俭构成了一种潜在的威胁，因为它损害了需求的一个成分——消费，而又不能系统地和自动地产生一种有抵消作用的投资扩张，于是引起需求"不足"，使产出和就业均低于社会经济的开工能力。失败归因于许多方面，包括工资僵硬性，流通偏好性，生产中的固定资本系数，以及让主观意志而不是让资本费用去控制投资。

不仅在经济大萧条中过度的储蓄被视为元凶，就是在战后的年代里，仍普遍畏惧这个问题的再现。人们普遍担心，在将来的日子里，大概不大需要更多的资本积累了，而与此同时，储蓄却会比收入增长得更快。这两种情形结合在一起，迟早都会导致储蓄超过对资本的需要。这种担心和忧虑奠定了 40 年代和 50 年代初显赫一时的"停滞主义者"学派的根基。

（二）储蓄的决定：早期的凯恩斯理论

说来有趣并有些奇怪，当前对储蓄行为的兴趣和广泛研究却渊源于凯恩斯经济学之把消费看作是决定总量需求的主要角色，以及担心过度的储蓄会成为周期波动和长期停滞的根源。正因为如此，建立个量和总量储蓄行为模型的早期工作，都受到凯恩斯一般理论对这个问题的看法的支配，特别是受他的著名的"基本心理定律（毋宁说'经济'定律）"的支配（1936，第 96 页）。这个定律主要说：可以认为，收入的增加会导致消费的一个正的但较小的变化。即使按照比较传统的需求理论来进行分析，这个定律也是基于一种纯静态的构想，即储蓄被视为多种"财货"之一，消费者将把他的收入花费在这种财货上面。因此，收入被视为既是个人储蓄又是国民储蓄的主要而系统的决定因素，并且按照凯恩斯的"定律"，储蓄是一种超级商品（即对它的"开支"随着收入增加而增加），而且很像是一种奢侈品，对它开支的增加快于收入的增加。不仅如此，和其他财货相比，对储蓄的"支出"还可以是负的。因而，反储蓄可以视之为收入低于某一"收支平衡"水平的人民或国家的一种典型行为。所有这些特点都可以通过把消费表达为带有较大正截距的收入的线性函数而加以公式化。这一公式已从许多预算研究的发现得到了支持，甚至还得到新近发展的、跨越经济大萧条时期（在最低落的年月里储蓄变小甚至是负数）的国民收入核算的支持。

很明显，早期的主要方法可以象征为粗糙的经验方法，并不注意解释为什么合理的消费者愿意把他们的收入"分配"到储蓄上去。当时大量储蓄的来源也许出自富人对留下遗产的欲望（凯恩斯的"自豪"动机，1936，第 108 页），这样一来，现有资本存量的来源就可以追踪到财产的继承。同样，很少有人考虑穷人或穷国怎样能不先储蓄就能反储蓄，或者反储蓄而不至于超越他们的所有，以及这样的局面能维持多久。

（三）三个里程碑般的经验研究

40 年代后期，有三个经验性文献，对储蓄过程的这种异常简单的看法给予了致命的打击。第一，库斯涅茨等人的工作（1946）明确表明，自从 19 世纪中叶以来，尽管人均收入有了很大提高，储蓄率并无多大变化。第二，布拉迪和弗里德曼的开拓性文献（1947）调解了库斯涅茨的结果和预算研究所得到的储蓄率与家庭收入之间的强相关迹象这二者的矛盾。他们指出，家庭数据所蕴涵的消费函数，随着平均收入的增加而及时地向上漂移，致使储蓄率不能用绝对的家庭收入来解释，而要用相对于总平均收入的家庭收入来解释。

不久，杜生伯利（1949）和莫迪里安尼（1949）提出把这些发现同标准的线性消费函数协调起来的方法，但仍然没有超出早期的经验传统。杜生伯利的相对收入假说，用对上层阶级的仿效来解释布拉迪—弗里德曼的结果。虽然这种解释没有抓住低于平均收入的所谓反储蓄者的预算约束，却是令人耳目一新的说法。同样，杜生伯利—莫迪里安尼的消费函数提出，当前消费不仅决定于当前收入，还决定于先前的高峰收入，从而调解了储蓄率的周期波动和它的长期稳定性之间的矛盾，并由此导出一种棘轮形缓慢上升的短期消费函数。按照我的提法，主要强调的是要理解储蓄率之所以随经济循环而循环变化，并考虑在一个稳定长期增长的经济中，当前收入与先前高峰收入之比可作为循环变化的一个良好度量。杜生伯利则更强调消费者根据先前的高峰收入来安排他的消费。这种提法导致了Brown（1952）的逻辑结论：他建议先前的高峰收入应代之以先前的高峰消费。

第三个基本文献是 Margaret Reid（未发表）的高度想像性的分析。它对储蓄率与相对收入之间的关系提出一种完全不同的解释，即消费是由正常的或"永久的"而不是当前的收入决定。

这一文献，既是生命周期假说又是与它基本上同时的密尔顿·弗里德曼

（1957）的永久收入假说（PIH）受到启发的重要源泉。

二　生命周期假说

在 1952 年到 1954 年间，Richard Brumberg 和我写过两篇论文《效用分析与消费函数：对横截面数据的一种解释》（莫迪里安尼和布伦伯，1954）《效用分析与总量消费函数：统一解释的一个尝试》（莫迪里安尼和布伦伯，1979）。这两篇文章奠定了后来以储蓄的生命周期假说（LCH）为名的学说基础。下面将分别用 MB－C 和 MB－A 来表示这两篇文章。我们的目的是要表明，所有这些已被确认的经验性规律，都可以遵照欧文·斐休的启示，通过理性的效用最大化的消费者把他们的资源作毕生的最优消费分配来解释（关于效用最大化在家庭储蓄理论上的一个较早而广泛的、然而又是严格理论性的应用，可参考 Ricci 1929）。

（一）效用最大化与生命资源（永久收入）所扮演的角色

效用最大化假设（和完善市场）本身就有一威力巨大的含义——一个有代表性的消费者，在任何年龄 T 分配用于消费的资源仅依赖于他的毕生资源（劳动收入加继承遗产的现值，如果有所继承的话），而与当前得到的收入完全无关。联系到一个不证自明的命题，即这个有代表性的消费者愿意选择一个合理而稳定的、接近于他所预期的毕生平均消费率进行消费，我们就会得到一个对了解个人储蓄行为有基本意义的结论。就是短期（比如一年）储蓄的多少，将由当前收入与毕生平均资源之差异程度来支配。

这是 LCH 和弗里德曼的 PIH 的共同结论。PIH 之不同于 LCH 主要在于：前者在建立合理的消费和储蓄决策模型时，作了生命是无限制地长的简单化假设。因此，生命资源的观念就代之以"永久收入"，而当前与永久收入之差则记之为"临时性收入"。

储蓄大体上反映临时性收入这一观念所含有的若干含义，通过弗里德曼的文献和我们的 1954 年论文，已为人们所熟悉，并已得到大量经验材料的支持，尽管不时还引起一些争论。在这些含义中最为称著和成熟的是，当人们依通常习惯将观测的每个预算数据按当前的收入等级加以分类时，用这些数据估计出来的储蓄——收入关系式的斜率，有过高的偏差。由于临时性收入与当前收入（相对于平均收入而言）之间的相关性，所估算的回归线比之于（永久）储蓄与永久收入之间的真实关系，有过陡的趋势。就是所估算的储蓄函数，相对于真实的储蓄函数而言，作了一个围绕均值点的反时针方向的旋转。临时性收入的变化越大，旋转的角度就越大。比方说，对一个农民的样本来说，比对一个政府职员的样本来说临时性收入有更大的变化。正是这种现象使上述 Brady-Friedmam 的发现得到了解释。就是从不同时刻的预算研究估算出来的储蓄率，看来并不那么依赖于绝对收入，而是更依赖于对总平均收入而言的相对收入。

同样的考虑，对 1936 年美国的一次大规模调查中首次发现的与直觉相违背的著名经验材料，提供了一种解释。这个发现是，在任何收入水平上黑人家庭都比白人家庭有更多的储蓄（或更少的反储蓄）。其理由当然是，黑人家庭倾向于有一个低得多的平均永久收入水平，因而在任一当前收入水平上，临时性成分都来得更大，随之储蓄也变得更多。可参考 Fisher 和 Brown（1958）。

如果家庭是按某种同临时性收入有较少正相关性的准则进行分类，那么横截面储蓄函数的偏误程度就将减少，并且这一预见已得到广泛的见证。可参考莫迪里安尼和安藤（1960）。

因为，如同我们已经指出的，在储蓄与临时性收入的关系上的这些含义对 LCH 和 PIH 基本上都是相同的，我们就不再作申述。下面我们集中讨论为 LCH 所特有的一些方面的含义。

（二）LCH 的精髓——简化了的解说

由于明确承认家庭的有限生命，LCH 能够处理偏离 PIH 毕生资源的临时性收入差异以外的变迁，特别是能够集中考虑那些系统的收入变化和由于年龄成熟和年老引退以及家庭人口变化而引起的生命周期中的"急需"。——这正是生命周期假说一词的由来。此外，LCH 还能够考虑遗赠以及不便于按无限生命假设来分析的遗赠动机。

在 MB－C 一文以及在 MB－A 一文的前两部分里，我们对家庭机遇和嗜好的生命周期历程作了简化而刻板的假设，以便于扼要地阐述 LCH 方法的基本含义，即（1）机遇：退休前的收入为常数，退休后的收入为零；零利息率，和（2）分配选择：毕生不变的消费；没有遗赠。

对于这样的"基本"或"简化"模型，就可用现在已为人们所熟悉的图形 1 来描述储蓄和财富的生命周期历程。由于退休时期尾随着挣钱时期，消费的修匀导致财富持有的驼背形年岁历程，这种图形曾在驼背形储蓄的名义下先由哈罗德

（1948）提出（虽然"驼背形财富"一词似更易于理解）。

我们曾在 MB—A 一文中表明，这样的基本模型导致当时看来十分新颖和令人惊讶、几乎与直觉相违背的若干含义。这些含义包括：

① 一国的储蓄率完全同它的人均收入无关。

② 国民储蓄率不单是该国公民节约差异的结果。意思是说，不同的国民储蓄率可以用同一个人的（生命周期）行为去说明。

③ 在有同样行为的不同国家之间，经济的长期增长率越高，总量储蓄率也越高。当增长率为零时，总量储蓄率为零。

④ 财富—收入比是增长率的减函数，因此在增长率为零时，财富—收入比达到最大。

⑤ 即使没有通过遗赠而积储起来的财富，一个经济社会仍然可以积累一个相对于收入来说十分可观的财富存量。

⑥ 对于一定的经济增长，控制着财富—收入比和储蓄率的主要参数是现行的退休期的长短。

为了建立以上命题，让我们先考虑静止经济的情形，然后考虑稳定增长的情形。

1. 静止经济的情形

假定既无生产力增长，也无人口增长，并且为方便起见，假设在某一年龄之前死亡率为零，而在此年龄的死亡率为 1（100%）。这样很明显，图 1 将表示财富、储蓄、消费和收入的年龄分布，所差仅在于一个代表着各年龄组中的人数的常数因子。因此，总量财富—收入比 W/Y 将由每一年龄持有财富的总和（即财富路线下的面积）与收入路线下的面积之比给出。这有着许多的含义，就是：

a）由图看出，W/Y 依赖于单一个参数，即退休期的长短 M，从而得到命题6。我们发现 M 和 W/Y 之间的关系极为简单，即

$$W/Y = M/2 \tag{1}$$

（见 MB—A，脚注 38）

b）在 MB—A 一文里，为了说明起见，我们保守地取平均退休期长为 10 年。这意味着财富—收入比为 5。这一数值结果是令人兴奋的，因为它接近于 Goldsrnith（1956）的可资纪念的、美国储蓄研究的初步估计中所建议的收入比率。这意味着，我们几乎可以解释美国的全部持有，而无须过问遗赠的过程——命题 5——这同习惯的想法大相径庭。

c）当收入与人口均处于静止状态时，总财富必定保持不变。因此，即使有

巨大的财富存量，财富或储蓄率的改变量必定为零——命题 3。对此可以这样解释：在静止状态中，退休人员从早先的财富积累中作出的反储蓄，正好抵消了未退休的工作人员由于考虑到今后退休而积累的财富。如果有某种冲击使 W 偏离 $(M/2)\bar{Y}$，其中 $\bar{Y}$ 代表收入 Y 的静止水平，则可能出现临时性储蓄；于是，只要 Y 保持在 $\bar{Y}$ 水平，财富就会逐渐回到均衡水平 $(M/2)\bar{Y}$。

2. 稳定增长经济的情形

在这种情形中，储蓄率行为可通过关系式 S＝ΔW 从总量私有财富 W 的行为推测之，意谓

$$S \equiv \frac{S}{Y} = \frac{\Delta W}{W} \qquad \frac{W}{Y} = PW \qquad \frac{ds}{dp} = W + P\frac{dw}{dp} \tag{2}$$

其中 W 是财富—收入比；p 是经济增长率，在稳定状态中它等于财富增长率 ΔW/W。因为 W 是正数而且是从拉平了的生命周期消费和收入计算出来的，故保证了它与收入水平无关，这样就建立了命题 1 和 2。此外，如果认为财富—收入比的年龄表现与增长无关，则储蓄率将与增长率成比例，且比例因子等于 M/2，从而证实命题了。实际上，此模型蕴涵着 w 是 ρ 的减函数——命题 4——，尽管它只有一个小的斜率，而且随着 ρ 的增大，这个 S 与 e 的关系式的斜率变得越来越平。

当人口是增长的来源时，促进储蓄的机制可以称之为 Neisser 效应（见他的 1944 年论文）。和静止的社会相比，较年轻的家庭在其积累的阶段中占有较大的人口比例，而退休的反储蓄者则占有较小的人口比例。然而，W 仍随 ρ 的增大而下降，这是因为较年轻的人的特点仍然在于他们的相对低的财富持有水平。由于这一基本模型的简化假设，故有可能明显地算出 w 和 S 的值：当 ρ＝2％，w＝4 时，s＝8％；当 ρ＝4％而 w＝$3\frac{1}{4}$时，S＝13％。

当增长起因于生产力时，促进储蓄的机制可以称之为 Bentzel（1959）效应（Bentzel 曾独立地提请过人们对这种效应的注意）。生产力增长意味着较年轻的人群比较年长的有着更大的生命时间资源，因此他们的储蓄大于较贫穷的退休人们的反储蓄。

我们曾在 MB－A—文中表明，如果经纪人计划他们的消费犹如他们没有预料到未来的收入增长那样，则在适当的 ρ 值范围内，无论是生产力增长的情形还是人口增长的情形，w（ρ）和 s（ρ）都差不多是一样的。

应该注意，这一结论和弗里德曼（1957，第234页）得到的适得其反。弗里德曼的结论是，生产力增长将有压低储蓄率的趋势。其理由是：一个预期的收入的持续增加倾向于提高相对于所测收入而言的永久收入，因而也提高相对于所测收入而言的消费。两个模型在含义上的这一差异——一个为数不多的有意义的差异——可以追究到这样的事实，即设令生命是无限的就不可能有 Bentzel 效应。无疑，经济主体将根据他对未来收入的预测的完善程度来把他未来的消费转变为现在的消费。这就有一个压低财富路线甚至在早期生命中产生负净值的趋势。（可参考托宾，1967）。但这一效应必定为 Bentzel 效应所掩盖，至少对于小的 ρ 值是如此，而从现实的观点看这正是事关重要的，可以从方程（2）中 $\frac{ds}{de}$ 的连续性推知。

这个模型还意味着，总量消费的短期行为可以用一个异常简单的总量消费函数来描述，它是总量（劳动）收入（YL）和财富（W）的线性函数

$$C = \alpha YL + SW \tag{3}$$

这类方程曾在早些时候由 Aekley（1951）提出，尽管函数形式和所设想的系数的稳定性都纯然是从直觉的观点来考虑的。与此相对照，在 MB—A 一文中我们表明，如果收入紧密地沿着稳定增长的道路变化，则参数 α 和 δ 可以认为在时间上是个常数，并且由寿命长度（L），退休期长度（M）和增长率来决定（MB—A，第135页）。对于标准的假设 L=50，M=10 和 ρ=0.03，δ 将是 0.07（见 MB—A，第180页）。另外，即使收入围绕趋势线变动，只要偏离不是持久性和根深蒂固的，就完全可以用同一常数去逼近这些参数，只不过 YL 应解释为预期的长期收入而不是当前收入。当然，容易验证，短期方程（3）和长期性质1至6是协调一致的。

3. 经验证实

在建立基本模型的长期和短期含义的时候，尚无法对这些含义以明显的方式加以检验。当时除了一些由 Hamburger（1951）拼凑起来的间接估计和 Gold-smith 对少数给定年份提供的初步数字外，找不到关于私人净值的数据可以用来检验方程（3）。类似地，只有两个国家具备关于私人国民储蓄的信息。我们只能从下述事实得到鼓舞：看来模型适合于仅有的一个美国观测数据。对于 w 为 $4\frac{1}{3}$ 和 s 为 13% 的3%增长率，财富—收入比为4到5以及储蓄率 S 在 1/7 与 1/8 之间（Goldsmith，1956），都是和模型预测大体上一致的。

　　然而，在下一个十年中，数据的获得有了戏剧性的改进，对美国来说，在60年代早期编出了一套年度的私人财富的时间序列（Ando，Brown，Kaneker和Solow，1963），并用来检验方程（3）（安藤和莫迪里安尼，1963）。我们发现数据与模型配合得良好，且参数的估计值接近于模型预测值。现在，消费函数（3）已经是相当标准的形式了，曾被用于对许多国家和时期进行估计。财富系数常常低于前面所引用的0.07。关于这点，至少部分地可以用这样的事实加以解释，即Y典型地被定义为总收入而不仅仅为劳动收入。

　　同样，在60年代早期，联合国汇编了许多国家的以增长率的广泛差异为其特征的国民核算统计，从而有可能去检验国民储蓄率与增长率之间的关系。早期的检验仍然是十分成功的（Houthakker，1961和1965年，Leff，1969年和莫迪里安尼，1970）。新近得到的数据还揭露一个惊人的令人迷惑不解的事实，即世界上最富有的国家美国的储蓄率和其他工业国的储蓄率相比是相当低的。LCH能够用相对缓慢的增长率来解这个谜。现在，增长是各国储蓄率差异的主要根源，已为一般人所接受。

（三）舍弃简化假设的后果

　　如MB－A一文所表明的，大多数的简化假设都可以代之以较为"现实"的假设而不致改变已有结果的基本性质，特别是不致改变命题1至5的真实性。

1. 非零利息

　　考虑非零利息率r，就会有两种后果。一种是收入效应，这是因为我们必须区分劳动收入YL，财产收入YP（其"永久成分"可用rA来逼近）和总收入Y＝YL＋YP＝YL＋rA。如果继续假设在退休前的劳动收入为一常数，则图1中的收入曲线并无改变，然而消费曲线则由于收入和替代效应而有所改变。rW的加入增加了收入，但同时r也影响以将来消费计算的当前消费的机会成本。有可能消费者依然选择一个毕生的恒常消费率（如果替代弹性为零的话）。这时在图1中消费将依旧是一条水平直线，但由于一个来自rA的有利的"收入效应"，故这条直线将位于一个更高的水平上。至于储蓄，它将是C与Y之间的差额。Y与图中的分段水平线YL相差一个同A成比例的rW。其结果是，A的路线将稍偏离图1中的"三角形"，特别可以表明，这条路线下的总面积随r上升而下降，意思是说，w也就是w＝W/Y，将随r上升而下降。

　　这个结果对于利息率究竟怎样影响储蓄这一众说纷纭的问题，有着有趣的含

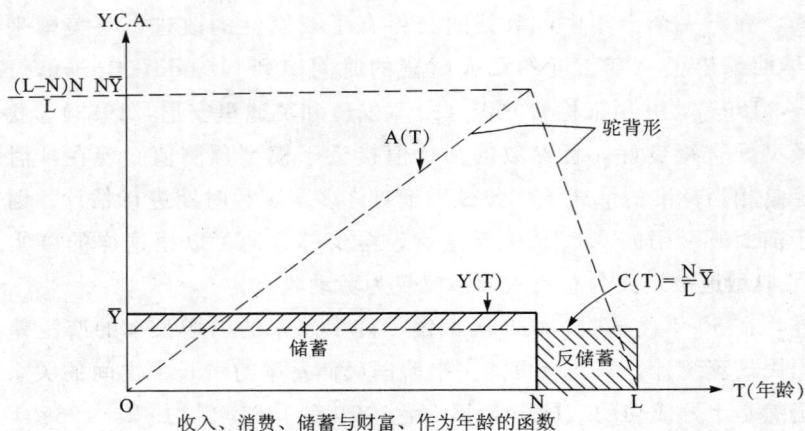

图 1 的说明部分：

Y.C.A.

$\frac{(L-N)N}{L}$ N N$\bar{Y}$

A(T)

驼背形

Y(T)

$C(T)=\frac{N}{L}\bar{Y}$

$\bar{Y}$

储蓄

反储蓄

O N L T(年龄)

收入、消费、储蓄与财富、作为年龄的函数

图 1

义。回到方程（2），我们看到：① 对于无增长的情形，r 的变化对储蓄是无影响的（这时储蓄为零），② 对于有正的增长率的任何情形，利息率越高，储蓄率越低。不过这一结论有赖于零替代这个特殊假设。若出现正的替代，消费将从较低水平开始，然后按指数律上升；消费的这种"迟延"反过来又提高储蓄和高峰资产。如果替代效应足够地强，只要 ρ 是正数，w 将上升，随之 s 也上升。

同样的结论可以从（3）以及 Y 的定义推出，可以证明它们有如下含义：

$$\frac{A}{Y}=\frac{1-\alpha}{\rho+\delta-\alpha\gamma}$$

MB－A 一文中的数值计算提示我们，α 不大受 r 的影响，而 δ 则受 r 的影响。在 1975 年的论文中，我们假设 r 对 δ 的影响也许可以表达为 $\delta=\delta^*+\mu r$，其中当替代为 0 时 μ 为 1，并随着替代率上升而下降（可能降到负值）。将 δ 值代入（4）就能看到，当利息率增高时，储蓄随着 μ 大于或小于 α 而可能下降或上升。

在经验中究竟这些不等式中的哪一个成立？不幸的是，尽管争论热烈，并没有令人信服的一般迹象足以说明是哪一种情形。因此我倾向于一个临时性的看法，即 s 大体上与利息率无关。对这个问题应该注意，因为储蓄是通过一种旨在提供退休收入的养老金计划而实现的，r 对 s 的影响很可能在短期里为零（也许为正）而在长期里为负。

2. 对挣钱生涯和家庭人口变化的生命周期考虑

平均劳动收入远远不是一个常数，它典型地表现为一个突出的驼背形，大约刚过 50 岁时达到高峰，以后即下降，其部分原因是退休之将临，但在任何年龄它都不减少到零，尽管在 65 岁以后它急剧地下降。然而，如人们所料，如果消费者均衡他的相当于一个成年人的消费，则消费也随年龄而变化，这大体上反映着家庭人口的变化（莫迪里安尼和安藤，1951）。至于家庭人口的生命周期，至少在美国，也有一个很突出的驼背形和收入的情形相当类似，只是高峰出现得更早一些。其结果是如人们所料，在中年组中一般可看到一个相当恒定的储蓄率，但在特幼年和特老年组中则出现较低储蓄或反储蓄。于是，如图 1 所示，对给定的一个年龄组人群，其财富的变化趋势是：约在岁 60 岁到 65 岁时达到最高峰（例如参看 Projeefor 1968，King 和 Dieks—Mireaux 1955，Avery 等 1984，Ando 和 Kennickell，1985 以及 Diamond 和 Hanusman，1985）。

还值得注意，已有的迹象支持 LCH 的预测，即相对于生命资源来说，积蓄到任一给定年龄的累积净财富额都是儿女人数的减函数，它随着在家儿女人数的增加而减少并随着不在家儿女人数的增加而增加（参看 Blinder，Gordon 和 Wise，1983，以及 Ando 和 Kennickell，1985）。

3. 工作岁月与退休生涯

可以容易地取消退休期是一给定常数的假设。如图 1 所表明的，一个较长的退休期将提早并提高财富的高峰，增大 w 和储蓄率。这并不影响命题 2 至 6 的有效性，但可以使命题 1 失真。事实上，有可能在一个赋有较高生产力（因而有较高人均收入）的经济中，家庭会利用这一优越条件选择较短的工作年限。这反过来会造成一个较高的国民储蓄率。然而要注意，这种境况并不一定出现。生产力的增加提高了以消费品作计算的多增加一年退休生涯的机会成本，从而为较短的退休期提供一种引诱。因此，在原则上储蓄率可以受人均收入的影响，但这是通过一种非习常的、生命周期的机制而实现的，而且是按照一种不可预测的先验方向变化的。经验上的迹象提示我们，收入效应虽然倾向于起支配作用，但还不是强大到足以对储蓄产生一种可量度的影响（莫迪里安尼和斯特林，1981）。

除收入外，任何影响退休期的其他变量都可以通过这种渠道影响储蓄。最近受到人们注意的一个这样的变量是社会保障（金）。一些研究曾发现社会保障及附带条款的出现，可以鼓励人们较早引退（FeldStein，1974，1977，Munnell，1976，Boskin 和 Hund，1978，莫迪里安尼和斯特林，1983 以及 Diamond 和 Hausman，1985）。在社会保障对引退的影响限度内，它有着鼓励储蓄的倾向，尽管这种效应可以被如下事实所抵消，甚至超过百分之百地抵消，即这种保障同时减少为度过退休年月而进行私人积蓄的需要。

4. 流通性约束

信用市场的不完善以及未来收入前景的不确定性，可以在某种程度上妨碍家庭利用借债来实现无约束的最优消费计划。这种约束将产生延迟消费并增加 w 和 s 的一般效应。但显然，这些都不是根本性的改变，至少从总量含义上考虑是如此，相反，却有助于保证生产力的增长将提高储蓄率。然而，显著的流通性约束会在数量方面影响某些结论，例如关于改变临时性课税的结论。

5. 近视

LCH 是以人们的相当高度的合理行为和自我控制、能为退休期的消费需要作好准备为前提的。有人建议——最近的建议见 Shefrin 和 Thaler（1985）——即使家庭在原则上考虑消费的修匀，可能由于目光太短浅而没有作出适当的储备。这种批评意见在它的有效程度上应按流通性约束的相反方向影响着财富收入比，虽则任何来源的临时性收入变化都会产生相同方向的影响。然而，这种近视问题没有得到经验上的证实。我们发现，在生命周期的高峰时期，资产的持有是平均收入的许多倍（大概 5 倍左右，至少对美国是如此），并且是永久收入的更多倍。在一个增长中的经济社会里，永久收入是低于当前收入的。看来，这样的倍数大致上同用以维持退休后的消费相一致。这种推测为最近的研究所证实。在这些研究中，几乎看不到有任何近视的储蓄行为的迹象。特别是，研究将近退休的家庭数据的 Kotlikoff、Spivak 和 Summers（1982），以及 Blinder 和 Gordon（1984），尤其是图 1 都发现，对大多数家庭来说，为退休后的消费而储备的资源是十分适当的，足以维持退休后按照一个同生命资源相适应的速率进行消费。

（四）遗赠的作用与遗赠动机

显然，遗赠存在于（而且不仅存在于）市场经济中。遗赠的出现会怎样地影响模型的意义和用途，特别是怎样地影响命题 1 至 5 的有效性呢？在推敲这个问题时，必须区分原则问题的争论和遗赠在财富的积累中究竟扮演多么重要的一个角色这一经验性的问题争论。

1. 遗赠在财富积累中的重要性

这是一个有趣的问题。传统的方法是，先承认遗赠是现有财富的主要来源，但 LCH 则建议遗赠未必对现有财富有重要贡献。

我最近（1985）评阅了大量关于继承财富的信息，这些信息是以直接的家计调查和遗赠流量估计的各种来源为依据的。这次评阅得出一幅相当协调的图景，说明现有财富来自继承的部分约占 20%，这一估计约有 5 个百分点的出入。

这一结论同 Kotlikoff 和 Summers（1981）（以后简记为 K&S）的轰动舆论界的论文所提出的结论迥异。他们试图用两种方法估计遗赠的占有率：① 如同上述，从遗赠流量估计入手，② 从给定年份的私人财富的独立估计中减去他们估计的每一年龄组人群在该年份积蓄的生命周期财富额。利用第一种方法，K&S 得到一个一半以上是继承财富的估计，而利用第二种方法，——他们认为是更可靠的方法——他们的估计变得更高，高到五分之四以上。在 1985 年的论文中我曾表明，我的估计和他们的高得多的估计之间的差异可以归纳为：① 出现在他们的估计中的某些明显误差，例如他们对购买耐用品的处理方法，以及 ② 关于继承财富和生命周期储蓄的违反惯例的定义。我曾表明，如果改正误差并使用一般接受的定义，K&S 的测量值之一———以遗赠流量为依据的——就会同所有其他的估计非常吻合。他们的另一个测量值仍然是较高的，但我表明了，它可能有很大的偏高误差，是不难用来说明估计之差异的。

K&S 曾建议另一不受定义差异影响的、衡量着"重要性"的可行准则，即问：如果遗赠流量减少 1%，那么总量财富将减少百分之几？这个建议是健全的，但是非常难于从已有的观测数据中作出实际计算。不管怎样，看来当我们使用合乎惯例的定义去衡量财富时，就可以认为遗赠的这种作用，可以衡量它对继承财富的影响，约莫等于所观测的遗赠占有额。这样，不管用那一个测量值，都可以把遗赠估计在 25% 以下。

能提供有关信息的惟一的另一个国家似乎是联合王国，见皇家委员会（1977）。这里，我们再次看到，继承财富的占有额接近于 20%。

2. 老年人的储蓄和财富行为

借助于生命周期寓言比借助于遗赠动机能更好地说明财富的积累吗？提出这个疑问的一个非常不同的根据，可以从老年家庭特别是退休后的家庭资产和储蓄行为中找到。LCH 的基本含义是，退休后的储蓄应是负数，因而资产以相当恒定的速度下降，到死亡时降到零。而经验上的迹象则似乎揭露另一非常不同的图景：老年人的反储蓄行为充其量也仅表现为适中的。（例如参看 Fisher，1950，Lydall，1955，Mirer，1979 以及 Ando 和 Kennickel，1985）。根据 Mirer，财富收入比事实上在退休期间继续上升。但请注意，由于他把教育包括在他的回归中，所以他的估计是有偏误的。给定历史上稳步提高的教育水平，如果把教育的绝对水平保持不变，则在年龄、教育成就和相对于一个人的社会经济地位之间将有一种强相关。因此，Mirer 的研究结果只能反映遗赠、财富和相对收入（下面将讨论）之间的相关。其他新近的分析工作者大多发现，一个给定的人群所持有的财富，在他们 60—65 岁这段时间里达到高峰之后，便趋于下降（Shorrocks，1975，king 和 Dicks—Mireux，1982，Diamond 和 Hausman，1985，Avery，Ellhausen，Lenner 和 Gustavison，1984，Ando，1985），尽管还有例外，如后面要讨论的 Menchik 和 David，1983 年。无疑，用不同的储蓄和财富概念，会得到不同的研究结果。如果适当考虑养老基金的作用，则老年人的反储蓄（或财富下降）将表现得更明显，如果把社会保障金的得益估计在内，则表现尤为突出。但当储蓄和财富的度量仅包括现金储蓄和可变卖财富时，反储蓄和财富下降就要减弱得多，甚至完全消失。还有那些提供中位数或均值的研究工作，例如，Ando 1985 年的研究工作提醒我们，中位数比均值更为清楚地给出一幅财富稳定下降的图画。这是因为均值反映了数据的极端变化，从而有一个差错更多的形态。

有几种考虑能至少部分地说明以上的属于 LCH 范围的发现。具体地说，调查数据会对老年人的真实财富行为的描述给出过高的偏误。其理由有二。第一，如 Shorrocks 所申辩的 1975 年，一个严重的偏误来自熟知的、长寿与（相对）收入之间的正相关。意思是说，相继的一组比一组更老的老年人的平均财富，就是那些拥有多些和更多些生命资源的家庭的财富，因此财富的年龄表现就有过高的偏误。第二，Ando 和 Kennickell（1985）发现了说明类似问题的迹象，即贫穷的老年家庭倾向于同较年轻的家庭合并起来，这样就从抽样总体中消失，使得保持独立的那些老年家庭的财富又成为平均财富的一个偏高的估计。

3. 遗赠与寿命的不确定性

虽然难于估计这些偏误的程度，但反积蓄，至少是可变卖资产的反积蓄，似乎过于缓慢，以致无法用基本的 LCH 去解释它。一个部分折中的说法，可通过对寿命不确定性的明确承认而作出。的确，鉴于负净值的实际不可能性，人们倾向于在死亡前留有一些财富，除非他们能够把他们的全部退休储备转变为终身年金。但是，众所周知，除了养老金系统下的集体保险形式外，年金契约是非常罕见的。为什么是这样，这是当前饶有趣味的议题，而人们仍然对它缺乏理解。"倒霉的选择"要引起不利的支付，以及从遗赠中可以导出某种效用（Massen，1984），也许是答案的重要部分。

在无年金的情况下，遗留财富将反映风险回避和财富耗尽的成本。这一论点曾由 Davies（1981）加以具体发挥。他曾表明，作为含有低时际（intertemporal）替代弹性的效用函数的合理参数，寿命不确定性抑制消费倾向的程度乃与年龄俱增。这样，"不确定的寿命对退休人员的缓慢的反积蓄行为的完善解释，就能提供主要原因"（相对于一个标准 LCH 模型的含义而言）。这个结论再由于考虑主要医药费用的不确定性而得到加强。还要注意，对死亡的不确定性作未雨绸缪的结果是，平均地说，遗赠财富必定趋向于同生命资源成比例。因此不难把它包括在基本模型里，并将此结果标志为带有预警遗赠的 LCH。

这些考虑部分地解释了缓慢的反积蓄行为。不仅如此，这种现象还可能部分地反映一种明显的遗赠动机和为它而作的生命计划在起作用。因为，我们可以问：出自遗赠动机的可观的遗赠数量和 LCH 世界观尤其指含义 1 至 5，这两者之间是否存在任何内在矛盾？

4. LCH 中的遗赠动机

首先，如果所计划的遗赠平均地说和生命资源成比例，则显然不产生任何矛盾。然而这种可能性是不会令人感兴趣的。一个最能说明因果关系的观察表明，遗赠的计划和财产的遗留集中在生命资源分布的上端。这里说的生命资源是指（打了折扣的）毕生劳动收入和承受遗赠的总和。这一观察结果引出下面的假设，这个假设最早见于 MB—A（第 173—174 页）一文：

Ⅰ．一个家庭从它的资源中拨出作为遗赠的份额，平均而言，是它的生命资源的一个非减的稳定函数。这个生命资源的大小是相对于它的年龄组的资源的平均水平而言的。

可以预期，这个份额在我们达到资源分布的最上端的一些百分位数之前是接近于零的，而在此之后迅速随收入而上升。

容易说明（参考莫迪里安尼，1975），这一假设将保证命题 1 至 5 继续有效，至少一直有效到下述假设不致失真的时候：

Ⅱ．各年龄组的生命资源与平均生命资源之比的频率分布在时间上也是稳定的。

　　的确，在这些条件下，若收入为常数，即使有遗赠，财富也将趋向于常数，从而储蓄为零。为了看清楚这点，首先注意，Ⅰ. 保证留下的遗赠（BL）是生命资源的一个份数 γ：

$$BL=\gamma(\hat{Y}+BR)$$

其中 BR 是继承的遗赠。反过来，Ⅱ. 保证 γ 在时间上是常数（并且可以认为是大于 1 的）。其次，注意毕生储蓄 LS 由下式给出：

$$LS=BL-BR=\gamma\hat{Y}-(1-r)BR$$

因此 LS 随 Y 增加而增加并随 BR 增加而减少，而且，当 $BR=[r/(1-r)]\hat{Y}$ 时为零。但是，最后一个条件必定在长期均衡中成立。这是因为，若 BR 较小，则必有一个使 BR 增大的正的储蓄，从而使 LS 减少到零；反之，当 BR 较大时，亦然。

　　这样推广的基本模型有许多的含义，这里仅指出其中的一些：

　　① 由于遗赠把平均财富路线提高了一个等于 BR 的常数，我们把图 1 中的静态社会的年龄模式修改为从继承遗赠的年龄开始。新路线仍平行于老路线，使得在死亡时它的高度为 BL＝BR。

　　② 若劳动收入按常速增长，则平均的 BR 将趋向于按同样的速率增长，但 BL 将以倍数 ρ^{eT} 超过 BR，其中 T 是遗赠者与承受者的平均年龄间隔。这样，当增长为正时，且仅当此时，遗赠的存在将在驼背形储蓄之上添加生命储蓄。换言之，遗赠带来一个依赖于 γ 的、更高的财富收入比和一个和 ρ 有比例关系的更高的储蓄率。

　　③ 留作遗赠的生命资源的份额可能是家庭资源的一个增函数，这个家庭资源是相对于其同类家庭的资源而言的。这反过来又意味着，对任何年龄，家庭的储蓄—收入与财富—收入之比可能是相对（而不是绝对）收入的一个增函数。

　　最后一个命题，同 PIH 显然有矛盾，却得到了从布拉迪和弗里德曼（1940）开始的许多经验研究的证实。至于③的前一部分及其背后的假设Ⅰ，最近也从 Menchik 和 David（1983）的测验中得到强有力的支持。在这篇想像性的文献里，作者从遗嘱档案材料里收集了关于个人遗赠的大量数据，并和税收回执中的收入数据作了配对。他们的样本包括 1880 年以来出生的和在 1947 年至 1978 年间死亡的人员。他们发现明显的证据，表明：a）遗赠和家庭生命资源在同类家庭的生命资源分布中所占有的地位有关，b）估计拥有的生命资源落在该分布的第 80 分位数之下的人们只有少量的遗赠，c）超过第 80 分位数时，遗赠随（永久）收入增加而迅速增加。

5. 个人遗赠与遗赠财富份额——一种折中解说

仍然有一个非常令人不解之谜。如果有将近三分之二的高峰财富在死亡时遗留下来，即令这种"无意"的传送是出自预警性储蓄或遗赠欲望的自觉行为，又怎能解释作为遗赠而继承下来的财富份额竟少于全部财富的 25％？

Kennickell（1984）以及 Ando 和 Kenniekell（1985）的最近文献指出了寻找妥善解答的途径如下：在出现显著增长的情况下，继承财富占有额并非说明遗赠重要性的妥善指标。为了理解他们的辩词，不妨假定至今积蓄下来的全部财富都是在死亡时转交的，因而没有生命周期（驼背形）储蓄。若经济社会是静止的，因而储蓄为零，那么全部财富都出自遗赠动机就是真实的了。而且下述事实也将是真实的，即全部现有财富都是继承的，因此，在这种情形下，遗赠财富的占有率将是衡量遗赠重要性的一个有效的尺度。但是，假定有增长，那么也会有储蓄，从而现有财富的一部分将被那些为了达到遗赠目的而积蓄的人们所持有，而这一部分财富将随着增长而迅速上升：例如，对于 3％的增长率，留下的遗赠平均地说比继承的遗赠约莫大 2.5 倍。相应的，作为遗赠的财富占有率刚好落在40％以下（Kenniekell，1984），即令全部财富在无遗赠动机的情形下会再次消失。

这个结论的经验意义曾通过 Ando 和 Kennickell（A&K）（1985）的一个有趣的计算而得到确认。他们从估计国民储蓄开始，再按年龄分组，利用一个著名的预算研究（劳工统计局的消费支出调查，1972—1973）所导出的储蓄—年龄关系式，便能估计生活在给定年份的各种人群通过生命储蓄而积累起来的财富总量。然后他们以此同总财富相比而得到自我积蓄财富和继承财富的分别份额。

尽管他们使用的储蓄的年龄模式较少涉及老年人的反储蓄，他们所估计的继承财富占有率是比较小的。在 1974 年以后的年代里，这个占有率是 25％左右，和我在 1985 年论文中的发现相吻合，因而也支持了我的发现。从 1960 年到 1973 年，他们计算的占有额略大一些，波动于 30％—40％之间。但是这个较高的数字也至少部分地反映了 A&K 估计的继承财富有偏高误差。误差的起因在于总实际财富的变化中包括了资本利得，而在自我积蓄财富的变化中一般不包括资本利得。在 1974 年以前的时期里，资本利得毫无疑问地是一个相当大的正数，因此自我积蓄被低估了，而遗赠的占有率被高估了。从 1973 年到 1980 年，股票市场萧条，故降低了这一效应的意义，虽然不动产价的上涨部分地抵消了这种降低。

（五）结论

我们发现 LCH 的基本含义对于理解和预测种种个人的和总量的储蓄和财富持有行为都是很有裨益的。然而，在简化的解说中所蕴涵的两个假设——给定寿命和无遗赠动机，从现有的信息来看都是明显地违背事实的。有大量的见证说明财富在老年时期缓慢下降——即使纠正了各种来源的偏误——这意味着，平均而言，家庭留下了相对于高峰财富而言的大量遗赠。

这种迹象容易纳入广义 LCH 的框架中加以说明。来自预警性动机的遗赠部分，只需把假设放宽到容许有随机的寿命长度和风险的回避行为，就能加以解释。从这种机制产生的财富持有可以正确地被看作是生命周期财富，因为它反映了对毕生消费的最优资源分配。此外，预期的相对于生命资源的遗赠数量应大体上与资源无关。其余的出自真正遗赠动机的遗赠，也可纳入广义 LCH 来加以解说，只需动机满足上述假设Ⅰ——现有的有限的迹象似乎支持这个假设。

广义 LCH 仍然蕴涵基本命题 1 至 5。但命题 6 必须放松：基本模型的推广指向许多可以影响财富和储蓄的变量，包括人口学特性如抚养率、财富报酬率、家庭信贷机会和遗赠动机的强度。另一潜在的重要变量是社会保证金，尽管它对储蓄的系统影响至今仍然含糊不清。这一失败还不能令人信服地用它对私人储蓄的两种互相抵消的影响来说明。

对明显的遗赠动机的考虑，引起了对它的重要性的争论。究竟有多大一部分财富可以追踪到这一动机，而不是来自真正的生命周期储蓄（即驼背形加预警性）？不幸的是，目前似乎还不可能对这个问题给出良好根据的答案。我们知道，通过继承而接受的财富占有率对美国（也许还有联合王国）可以估计为 1/5 到 1/4。但这种信息帮不了多少忙。一方面，我们知道的是一个在增长中的经济情形。如果全部继承都来自遗赠动机，则占有率将倾向于低估此动机的重要性。另一方面，所测的占有率在一定程度上反映的不仅是遗赠动机而且是出于预警动机的遗赠部分，它也就在这一程度上有过高的偏误。我们不知道怎样把全部遗赠分割成这两个部分。有迹象表明，遗赠动机并不十分重要。例如在 1962 年的调查（Projecfor 和 Weiss 1964）中，仅有 3% 的回答者给出储蓄的理由："为家庭提供资产。"然而，遗赠的比例随财富而增大，对上层人物（50 万美元及以上）达到 1/3。Brooking 的一个研究也报告了类似的虽然不是那么极端的结果。因此，遗赠动机似乎只限于最高的经济阶层。这一假设从 Menchik 和 David 的发现得到了支持，即对（且仅对）最高的 20% 的阶层，遗赠比全部财富按更高的比率增长，这也许是难以用预警动机去解释的。此外，很巧，这个假设和如下的观测是一致的，即财富随年龄增长而下降的趋势用中位数表示比用均值表示更为突出，也更为系统。但是，这样一来，可以预料，收入分布的上端 1/5 所占遗赠在全部遗赠中的占有率大大超过 1/5。因此，目前尚无法估计遗赠动机重要性或给出其上下限的基础。我根据初步分析作出的猜测是，驼背形加预警性财富的占有率很可能大大超过一半——但这仅是一个猜测，有待将来的研究工作去加以细察。

三 政策含义

篇幅所限，不可能对 LCH 的——明显不同于来自标准的和加工的凯恩斯消费函数的——政策含义作系统的分析。然而，我将列举一些主要的应用领域并简单地申述 LCH 的含义：

（一）短期稳定政策

1. 金融机制

财富在短期消费函数中有重要作用。这说明金融政策不仅可以通过传统的投资渠道，而且可以通过资产的市场价值和消费来影响总量需求（见莫迪里安尼，1971）。

2. 临时性所得税

可以预料，通过临时性所得税（或减税）来抑制（或刺激）需求的企图，只能对消费和降低（或提高）储蓄起很小的影响，这是因为消费依赖于生命资源，而后者几乎不受临时课税变动的影响（见莫迪里安尼和斯坦德尔，1971，及莫迪里安尼和斯特林，1985 年所引文献）。

（二）长期命题

1. 消费税

对消费比对当前收入征收累进税更为公允。这是因为消费税更接近于对永久收入课税（这和它对储蓄的激励作用完全是两码事）。

2. 赤字财政的短期与长期效应

赤字财政支出倾向于要后代偿还债务，而取自税收的财政支出则由当代人偿付。这个结论依据于下述命题：私人储蓄，受生命周期考虑的控制，应与政府预算方案（几乎）无关（莫迪里安尼和斯特林，1985），因此，私人财富应与国民债务无关（莫迪里安尼，1984）。由此推知，国民债务倾向于从私人资本中挤出相等的数量，其社会成本等于失去的资本报酬（后者大约等于政府利息支付）。

这一结论同所谓李嘉图等价性命题所倡议的（Barro，1974），形成鲜明的对比。后者认为，每当政府实行一次赤字财政，私人经济部门即将有更多的储蓄以抵消赤字财政对后代的不良影响。

当然，在政府赤字用于垫付生产性投资的程度上，后代也受到赤字支付的利益。那么，让后代偿还赤字支出也许和各代人之间的公平原则无矛盾。

在一开放经济里，投资拥挤的效应也许被外来的资本流入所冲淡。因为较少的可用于投资的资金造成较高的利息率，从而吸引了外资。然而，由于对外债要付利息，留给后代的负担基本上不变。

最后，如果经济中出现不景气，那么通过负债来维持政府支出，未必就把投资用的基金挤掉，特别是伴之以一个通融的金融政策的时候，反而会提高收入和储蓄。这时，如同早期凯恩斯派所主张的，赤字是实惠的；然而，一旦经济回到充分就业，债务就会有一个挤压效应。LCH 建议避免这种后果，为所谓周期性平衡预算创造一个良好的局面是可以做到的。

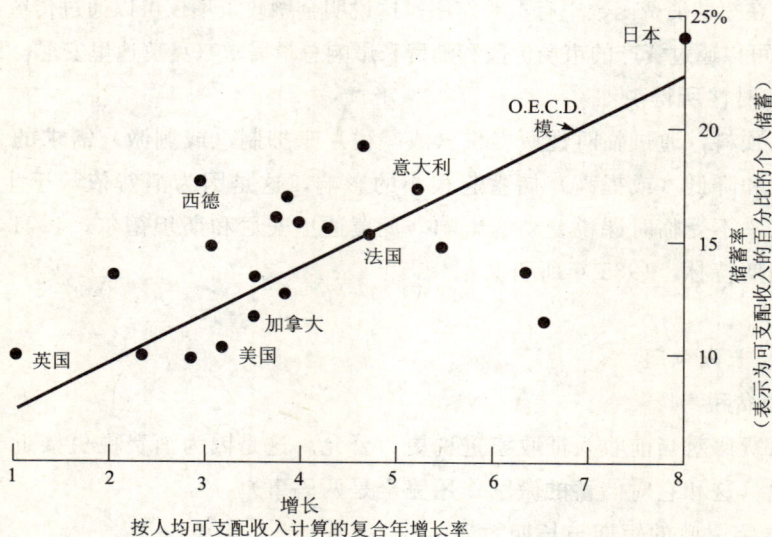

图 2

储蓄与增长的关系：21 个经济合作与发展组织（O.E.C.D）国家的储蓄率
与增长对比。1960—1970 的平均值（来源：莫迪里安尼和斯特林，1983）

瑞典皇家科学院公告

由于美国弗吉尼亚州乔治·梅森大学詹姆斯·麦吉尔·布坎南教授对经济和政治决策理论的契约与法制基础的开拓，瑞典皇家科学院已决定授予他 1986 年阿尔弗雷德·诺贝尔经济科学奖。

摘　要

今年的阿尔弗雷德·诺贝尔经济科学奖授予詹姆斯·麦吉尔·布坎南是由于他对政治决策与公共经济学理论所做的贡献。传统经济理论极详尽地解释消费者与企业家如何制定关于货物购买、工作、生产、投资等等选择的决策。布坎南在一系列的研究工作中，对公共部门得出了相应的决策理论。这种以新政治经济学或"公共选择"为名的综合性理论体系，位于经济学与政治学的边缘，它部分地渊源于瑞典经济学家纳特·威克塞尔的著作。布坎南的贡献在于他把个人之间相互交换的利益概念转移到政治决策的领域中。因而政治过程成为一种旨在获得相互利益的合作方法。但是这种过程的结果取决于"博弈规则"，即广义的法规。而这又强调法规制定的极端重要性以及法制改革的可能性。根据布坎南所述，要向政治人物提建议或者要对特定争议的结局施加影响往往是无效的。在给定的规章制度中，在很大程度上结局取决于既定的政治集团。一个有参考价值的例子是：想要调整个别关税条款的人，不如集中致力于国际贸易基本规章（如关税及贸易总协定）的制定。

将近 40 年来，詹姆斯·麦吉尔·布坎南曾致力于经济与政治决策理论的契约和法制基础的发展。在这项工作中，他已经成为现在人们所知的"公共选择理论"这个领域的主要研究者。

长期以来，传统经济学缺乏一种独立的政治决策理论。现代福利理论往往有赖于这样的前提：公共管理机构能够应用相当机械的方法来纠正各种所谓市场的失效。稳定政策理论——不管它是凯恩斯学派的，还是货币学派的——似乎假定政治当局为达到某些关于就业率、通货膨胀率或增长率的宏观经济或社会经济目标不遗余力。布坎南和公共选择学派中的其他人没有接受这种简单化了的政治生活观点，他们探求与用于分析市场行为相类似的政治行为的解释。

在市场上自私自利地行事的人们在政治生活中几乎不可能完全利他地行事。由此导致的分析指出：至少在某一程度上，出自私利而行动的政党或当局，将试图得到尽可能多的选票，以便达到权力地位或者收到大笔预算拨款。这类分析在近年来已经变得普遍了，而且也许是公共选择理论最广泛为人们所知的方面。

全体一致原则

布坎南已经把经济与政治决策之间的比较作更进一步的推广。市场行为主要基于自愿协议和在市场交易中当事人相互有利的货物与服务的交换。然而，市场体制的一个先决条件是建立一个保护所有权和实现契约协定的法制。政治制度也可以看作基于自愿协议的一种制度。

从纳特·威克塞尔对公共支出与税款之间的关系的早期分析开始，布坎南建立了一种基于全体一致原则的公共部门和政治决策的理论。于是，有关集体事业的范围和筹资的决策，可以看作是公民之间的自愿协议的结果。每个公民在理论上将会得到福利，如果集体措施对他的价值超出了他必须以税款的形式付出的价值。

按照这种观点，政治过程主要成了为获得相互利益而合作的一种途径，而不是一种在个人当中重新分配资源的方法。然而，由于决策的高昂成本，全体一致原则难以应用于实际。必须权衡高度相互一致的决策成本和少数服从多数的决策不利于某一个人时他所面临的成本。因此，区别统辖着未来各种问题决策的规章的基本决策与决策本身至关重要。

法规一经采用，对具体问题的结局就往往由政治制度的内部动力产生。因而法规的设计和法制改革的可能性极为重要。企图向从政者提建议或对特定争议的结局施加影响，往往是徒劳的；对任何特定的规章制度，结局主要由当时的政治集团所决定。

固定规章之重要性

布坎南的主要成就，就是他一贯坚持并强调基本规章的意义和应用政治制度概念作为争取达到互利的一种交换过程。在许多特定问题和争论的分析中，他极为成功地使用了他的方法。例如，在出现巨额预算赤字很久以前，他说明举债筹资政策如何在决策过程中破坏了支出与税收之间的关系。

过去几十年的发展，证实了布坎南的关于经济政策范围的和在保留稳定的规章的同时，继续重新考虑基本的博弈规章的重要性的现实主义的观点。现在，从事研究稳定政策的经济学家们，对固定规章比在 90 年前"微调"合乎时尚时更感兴趣了。指定用途的税收和合格的多数作为获得公共支出与税收之间更加协调的方法，现在比 20 年以前力求对政治行政决策过程少加限制时，谈论得更多了。

詹姆斯·麦吉尔·布坎南简历

1919 年 10 月 2 日出生于美国田纳西州。在田纳西中部州立学院和田纳西大学学习以后，到芝加哥大学从事研究工作，这项工作使他于 1948 年获博士学位。在 1957 年与 1967 年之间，他在夏洛茨维尔的弗吉尼亚大学担任教授，并掌管托马斯·杰斐逊政治经济学与社会哲学研究中心。在洛杉矶的加利福尼亚大学短暂过渡以后，他于 1969 年成为布莱克斯堡的弗吉尼亚工学院教授，在该校他和戈登·塔洛克创办并领导公共选择研究中心。1982 年，该中心迁至哥伦比亚特区华盛顿附近的弗吉尼亚州费尔法克斯的乔治·梅森大学，布坎南至今在该处工作。

重要出版物

布坎南最出名的作品大概是《同意的计算》（Calculusof Consent 1962，与其同事戈登·塔洛克合写）。其不同的应用见于《民主过程中的财政学》（1966）和《公共财货的需求与供给》（1968）等等。

布坎南的想像方法见于《自由的限度》（1975）和《法制契约中的自由：一位政治经济学家的观察》（1977）。在更新近的著作《征税权》（1980 年，与 G.布伦南合著）和《规章的理性》（1985，与 G.布伦南合著）中布坎南继续对征税情况及规章制度进行分析。

除了这些专著外，布坎南还在许多种科学杂志上发表大量文章，见论文集《经济学家应该做什么？》（1979）和《自由、市场与国家》（1986）。

经济政策的宪法[①]

詹姆斯·麦吉尔·布坎南

美国，乔治·梅森大学
公共选择研究中心

1986 年 12 月 8 日讲演

一 导 言

> 财政学应始终明白记住政治条件。不要期望从过去年代的租税学说得到指导，而要力图打开进步与发展精神的秘密。（威克塞尔，第 87 页）[②]

假如我不承认那位伟大的瑞典人纳特·威克塞尔对我本人工作的影响，这就未免太怠慢了。没有他的影响，我就不会在这里宣读这篇论文。我的许多著作，尤其是政治经济学和财政理论方面的论文，可以说是威克塞尔论题的种种重述、

① 版权：诺贝尔基金会；1986 年 12 月 8 日在斯德哥尔摩经济学院作的 1986 年诺贝尔奖经济学讲演。
　我感激罗伯特·托利森，维克托·范伯格和理查德·瓦格纳的有益评论。
② 这里的以及随后的引证都出自纳特·威克塞尔的"公平课税的新原则"，包括在《财政学理论名著》内，由 R. A. 马斯格雷夫与 A. T. 皮科克编辑（伦敦：麦克米伦，1958），第 72 页至第 118 页。这篇译文则采自纳特·威克塞尔的内容更全的作品，《财政理论研究》（耶拿：古斯塔夫·费希尔，1896）。

推敲与引申，这篇论文也不例外。

在我一生经历中最令人激动的显示智力的时机之一，是我在 1948 年对纳特·威克塞尔的未被人们所知和未经翻译的论文《财政理论研究》（1896）的发现，这篇论文埋没在芝加哥古老的哈珀图书馆的积满灰尘的书库里。只有一位学术新手，在刚完成学位论文之后，才能有空暇去浏览威克塞尔的这篇文章。这样，我无意中获得珍宝并有幸写出了自己的激动人心的学习心得。威克塞尔在课税方面的新的公平原理大大增强了我的自信心。威克塞尔是经济思想史方面的一位被确认的人物，他向财政学理论的正统观念挑战，所涉及的方面与我本人的批判意识一脉相承。从在芝加哥的那个时刻开始，我决意使威克塞尔的文章有更多的读者知道，我立即从事翻译，花了一定的时间，在最后发表前得到了伊丽莎白·亨德森的鼎力相助。

归根到底，威克塞尔的要旨是明白的、基本的和不言而喻的。经济学家们应该停止好像他们是被一位仁慈的君主所雇用那样地提供政策建议，他们应该关注在其中进行政治决策的结构。受到威克塞尔的启迪，使我也敢于向财政学和福利经济学方面的仍占优势的正统观念挑战。在一篇绪言性的论文（1949）中，我请求我的经济学同仁在着手分析备择性的政策措施的效果之前，提出国家的、政治的某种模型假设。我敦促经济学家着眼于"经济政策的宪法"，检查约束政治人物行动范围的规章。像威克塞尔那样，我的目的终究是规范性的，而非科学的。我试图在着手提出政治"妙策"之前，先寻找个人与国家之间的关系的经济意义。

威克塞尔应得到现代公共选择理论的最重要的先驱之称号，因为我们在他 1896 年的论文里发现了提供此理论基础的全部三个构成要素：方法论上的个人主义，经济人，以及看作交换的政治。我将在下面各节里讨论这些分析结构的要素。在第五节里，我把这些要素结合到一种经济政策理论之中。这种理论与西方自由主义社会传统上认可的原则一致；它建立在这些原则上，并且系统地扩展了这些原则。然而，在威克塞尔作出创造性业绩差不多一个世纪以后，这种意味着制度——法规改革的探讨，仍然受到顽固抵制。当然，个人对于国家的关系是政治哲学的中心论题。经济学家为阐明这种关系而作的任何努力都必须置于这个更全面的论说范围之内。第六节是一个摘要。

二　方法论上的个人主义

> 如果效用对社团的每一个成员是零，则对社团的总效用不可能不是零。
> （威克塞尔，第 77 页）

经济学家很少检验他的工作模型的先决条件。经济学家一开始就把个人看作评价、选择和行动的单位。不管产生结果的过程或体制结构多么复杂，经济学家总是考虑个人的选择。这种方法在应用于市场或私营部门的相互关系时，很少受到挑战。作为（法律上可买卖的）货物与服务的买主和卖主的个人，被认为是能够按照他们自己的爱好（不管是怎样的爱好）进行选择的，因此经济学家并无必要对这些爱好的内容（个人效用函数中的变量）作深入调查。个人本身就是评价的源泉，而经济学家的任务，则是对这些未经审查的爱好终于转化成一个复杂的结果格局的过程提供一种可理解的解释。

在促进个人之间自愿交换的体系结构中，这种过程产生了可予积极评价的结果，这个 18 世纪的发现使"经济学"作为一门独立的学科或科学应运而生。当"市场"被从功能上解释为存在有某种以价值最大化为目的的"经济"时，市场过程的积极评价结果与这些过程本身的体制特点之间的关系，成了一种模棱两可的东西。资源分配的效率定义变成独立于实行个人选择的过程。

既然对经济过程的解释，微妙地转变为这种目的论的解释，那么对政治或政府程序作类似的解释就不奇怪了。而且，对政治的目的论的解释，许多个世纪以来，一直是政治理论和政治哲学的居于支配地位的推力。因此，在对评价问题的基本差异缺少研究时，对于"经济"和"政治"的解释好像是相互不矛盾的。我们未能认识到：个人在市场上选择和行动的结果，在特定的约束下可以被判定为对他们是价值最大化的，而无需引进一个外部的评价准则。程序本身的性质保证了个人价值的最大化。不能把这种"价值最大化"观点从市场推广到政治，因为后者不直接体现前者那种与激励相容的结构。没有亚当·斯密所说的"看不见的手"那种政治上的对应物。因而并不奇怪，威克塞尔和其他欧洲大陆学者试图要把经济理论推广到公营经济部门，多年未得到发展。

一种保持实质上个人主义的经济理论无需陷于这样的一种方法论的狭隘框框。如果最大化的实行，限于对作出选择的个人的解释和理解，而不予推广到整个经济，那么，在不同体制情况下分析个人选择行为，并预测这些相异情况将怎样影响相互作用过程的结果，将毫无困难。在苹果与橙子之间作出选择的个人，仍然是在投票所选择"候选人甲"与"候选人乙"的同一个人。显然，不同的体制结构本身可能影响选择行为。许多现代公共选择理论都解释了这些关系。但我这里的观点是更为基本的，就是：个人的选择行为同等地适用于分析所有的选择环境。比较分析应预见到由市场产生的结果和由相互影响的政治结构产生的结果在特性方面的可能差别。这些预测以及预测所依据的分析都是毫无规范性内容的。

三　经　济　人

> ……在现实中，行政机构或立法机构，更不用说立法机构中起决定作用的多数，……都不像一般理论所说的那样，它们并不是一心一意地要增进公共福利的单纯的社团机构。……代议机构的成员，绝大多数对一般福利的兴趣恰似他们的选民那样，不多也不少。（威克塞尔，第86、87页）

如果对个人效用函数中的变量不加以事先的规定，这种分析可能引出有限的、一组可能被证明无效的假设。然而，如果要预测约束的变动对选择行为的影响，则必须对这些变量加以识别并赋予正负号。有了这一步，便可以提出范围更广泛的可能被证明无效的命题。例如，如果苹果和橙子都是有正的价值的"财货"，那么，如果相对于橙子来说，苹果降价，人们就会购买更多的苹果；如果收入是一种取正值的"财货"，并且，如果对收入来源 A 比对收入来源 B 征收的边际税率高，则有更多的获得收入的努力被转移到来源 B；如果慈善赠与是一种取正值的"财货"，并且，如果慈善赠与可以减税，则能预测将会出现更多赠与物；如果租金的评价是正值，并且执政者分配租金的权力增加，则希望得到这些租金的个人就会投入更多的资金，以图影响执政者的决策。请注意，对效用函数中的变量加以识别并赋予正负号，就能在可运用性方面迈出相当大的步伐，即使对不同变量的相对重要性不作任何预先的规定。为了在市场或政治相互关系方面得出一种完全可运用的选择行为的经济理论，没有必要把净财产或净收入作为行为的支配性动因。

在个人合理行为模型向政治作任何推广时，一方面对变量识别并赋予符号，另一方面对这些变量加权，这两者之间的差别应该得到进一步的关注。"政治学的经济理论"的许多批评家都是根据下述臆断作出他们的评论的：这一理论必须体现净财产最大化的假设，这是他们在许多情况下观察到被证明失效的一种假设。醉心于这种理论的人们有时会为批评家这样的误解提供理由。政治学的经济理论的解释能力所涉及的最低限度的关键性假设仅是：可识别的经济自我利益（如净财产、收入、社会地位）对进行选择的个人来说是一种具有正值的"财货"。这种假设并不把经济利益放置在一个主宰的地位，并且它肯定地不归咎于从政的人怀有邪恶的目的；在这方面，这种理论与市场行为的标准经济理论的动机结构，保持完全一致。从市场和政策相互关系得到的预测结果的差别，来源于这两种体制的结构差别，而不渊源于人们在扮演不同的体制角色时在动机方面有所转变。

四　政治作为交换

如果迫使某人为某一活动的费用捐赠款项，而该项活动并不促进他的利益，或者甚至可能与他的利益针锋相对，这样就好像是一种露骨的不公正。
（威克塞尔，第 89 页）

无论是市场行为还是政治行为，当个人在做选择时，可辨别的经济利益是他们赋予正值的"财货"之一。但是市场是交换的机构，个人进入市场以便用一物交换另一物。他们进入市场并不是为了促进某一超交换或超个人主义的效果。市场并不在动机方面起作用，在个人选择者方面并没有自觉意识到，某种可取的总量结果，某种全面的"配置"或"分配"将在此交换过程中出现。

将这种交换概念化的东西延伸到政治与传统偏见对抗：传统上认为人们通过对真善美的某种共同的追求而参与政治，真善美这些理想可能或者不可能由行为表现出来。政治，在这种政治哲学的想像中，是向这些较大的目标推进的媒介。

威克塞尔，作为现代公共选择理论者在这方面所追随的人，在这点上毫无共同之处。市场与政治之间实质性差别不在于个人追求的价值或利益的种类，而在于他们追求其不同利益时所处的条件。政治是一种个人之间进行复杂交换的结构，在这种结构里面，个人谋求集体地得到他们私自明确的，但不能通过简单市场交换而有效获得的目标。没有个人利益就没有利益。在市场，个人用苹果交换橙子；在政治上，个人交换他们所同意的公共需要的成本份额，从地方消防站的服务成本到法官的服务成本。

政治协定的这种完全自愿基础也和许多强调权力政治的现代分析相抗衡。在国家活动中所观察到的强制因素的存在，好像难于与个人之间的自愿交换模型相协调。然而，我们可以问：强制之目的何在？为何个人必须蒙受集体行动所固有的强行限制？答案是明显的。只有当最终的法定"交换"促进他们的利益时，他们才会勉强同意国家的、政治的强制。如果没有一定的交换模型，就没有国家对个人的强制能符合自由主义社会秩序所依赖的个人主义价值标准。

五 经济政策的宪法

……个别公民的计划活动的利益是否大于该活动对他们的成本，没有人能够比他们本人更好地判断这一点。（威克塞尔，第 79 页）

政治的交换概念化在经济政策规范性理论的推导中是重要的。政治工作的改进要用个人所希望得到的满足（不管满足指的是什么）来衡量，而不是看是否更接近于某一外界定义的，超个人主义的理想目标。当然，个人想得到的东西可能对许多个人来说是共同的，而且，市场交换与政治交换之间的差别确实在于后者有目标的共享。然而，对政治目标的理想化协定，没有考虑对个人评价的任何取代。协定本身再次在概念上从个人显示的选择行为表露出来。共同分担的协定必须仔细地区别于人们所"应该同意"的那个"财货"的任何外界定义或描述。

经济政策规范性理论的限制性含义是严厉的。没有可以直接评价政策的准则。一种间接的评价是看政治程序在多大程度上促进了已表明的个人偏好转化为可察觉的政治结果。评价注意的中心变成了程序的本身，而不是最终状态或结果格局。因此，"改进"必须在进行着的改革中探求，在允许政治机制能更精确地反映参与者所宁愿选择的一组结果的体制改变中探求。为表明威克塞尔学说与在规范经济学中仍然是正统的学说之间的差别，可以这样说：政策的法制而非政策本身变成了改革的有关对象。一个简单的博弈比喻就能说明这个差别。威克塞尔学说集中于规章方面的改革，这可能符合所有博弈者的潜在利益，而相反的，博弈策略的改进则仅在既定的或现行的规章范围内有利于某些博弈者。

在市场选择的标准理论中，人们并不关心选择环境的法制问题。我们仅假设个人能实现其偏好：如果他想购买一个橙子，我们假设他能做到。在显示偏好与直接满足之间没有制度上的壁垒。市场的破坏和失效，并不是出现在个人偏好转化为结果当中，而是发生在一些选择者的可能表现：在交换关系中，一些人的选择与别人面临的选择不一样。如果参与者们面临相同的可选择之物，就能在市场的相互关系中保证"效率"。

在政治交换中，不存在有类似于市场评价那样的、允许从道义上评价"效率"的分散程序。由于政治上集体"购买"的财货的性质，个人不能按照贸易的共同条款调整他的行为。个人之间的分散贸易的政治类比必须是一切交换所共有的那种特征，它是个人参与者之间的协定。集体选择的全体一致规则是市场上可分割财货的交换自由的政治类比。

因此，只有确定达成决策的规则与保证"效率"的惟一规则（参与者全体一致或同意的规则）之间的一致程度，才能独立地评价政治而不问其效果。这样，如果认为"效率"是理想的准则，那么，这里再次解释，为了衡量正在进行的规范性改进，就要看它朝全体一致的方向移动了多少。这里也许值得注意的是，威克塞尔在建议中用"公正"而不用"效率"这个字眼，说明在自愿交换的情况中这两个规范有着准确的对应性。

我们观察到，政治当然仍然与由完全一致规则来实现的理想化的集体合作交换相差很远。交易成本的政治当量，似乎使对理想化"效率"的追求，比市场上的类似追求，更加越出理智的界限。但是，实现理想的障碍，并不意味着对理想本身标准定义的排斥。相反，这种障碍本身就被并入一种广义的"同意的计算"之中。

威克塞尔本人未曾超越立法决策结构方面的改革主张。他建议一种开支与筹资决策的必要联系，而且他还建议，对不受义务束缚的支出，采用一种准完全一致规则。威克塞尔未曾自觉地把他的分析推广到法制选择，以及普通政治得以在其中实施的规则选择。当然，他所建议的一些改革是结构性的，因为它们旨在改进决策制定的程序。但是，他的评价准则，却限于具体决策方面个人偏好与政治结果的而非任何顺序上的配合。

也许值得注意，威克塞尔本人未曾把他所建议的程序上的改革看做是有局限性的。通过把较大的灵活性引入课税份额结构，威克塞尔预测，在严格的课税方案中，一直被排斥的开支计划，有可能得到核准。然而，评论家已把威克塞尔的完全一致的约束解释为有局限性的，与普通政治中所观察到的广泛活动相比较，尤其是这样。也许这种局限性解释部分地说明为什么政治经济学家们一直不能认识他把效率规范创造性地发展到政治部门。如果把完全一致准则提高一步到普通政治得以在其中实施的法规方面的协议得以达成的水平，这样，局限性就会大幅度地削减，并且最终可能全部被消除。在这个结构中，某一个人可能理性地宁愿选择一条在特殊情况下导致与他自己的利益相违的规章。他将会这样做，如果他预测到，对"博弈"的全部序列进行权衡时，他自己的利益和更限制性地应用威克塞尔的期限内的要求条件相比，将得到更有效的照顾的话。威克塞尔的期限内准则仍然是检验单一决策的具体效率的一种有效量度。但是违反期限内准则并不意味着规则的低效率，只要后者本身就是由完全一致性法规选择出来的。①

我们已经注意到，从威克塞尔准则转变到法规选择的立法阶段，也有利于达成协议，并且，在极端情况下，可能完全排除人们与集团利益之间的潜在冲突。当个人认为一条法规经过多个时期仍然适用，并且要作出许多个期限内的选择时，则他必定置身于一种关于任何规章对他本身的预测利益的影响的部分"不确定性帷幕"后面。因此，规则的选择，趋向于以可普遍化的公平准则为基础，比起较易辨别可区分的利益时，协议较易达成。

在威克塞尔的研究计划（经过修改的）范围内进行工作并且想提出规范性建议的政治经济学家，必须专心致志于赖以制定政治决策的程序或结构。现行的宪法或规章的结构是有待严格审查的主题。猜想的问题变成：这些规章会是出自一次真实的制宪代表会议与会者的一致意见吗？甚至在这里，可能的规范性建议还必须严格地加以界定。没有一套为批判提供基础的外部标准。但是潜在的经济学家可以谨慎地建议程序方面的和规章方面的可能终于博得赞同的改变。所建议的改变必须是在临时性意义上提出的，而且重要的是，它必须伴有对政治现实的负责任的承认。那些值得考虑的规章与规章改变，是预料能在由普通男女所处的政治环境中实行的，而这些普通男女并不是理想化的，无所不知的和菩萨心肠的人们。政策选择必须属于可行的范围，而政治人物的利益必须看作是对可能选择的约束。

---

① 在我的回顾中，把威克塞尔结构转到选择的法制阶段是我和戈登·塔洛克合写的《同意的计算》（1962）一书中最重要的贡献。

六　立宪主义与契约主义

最终目标……是法律面前的平等，最大可能的自由，以及经济福利和所有人的和平协作。（威克塞尔，第 88 页）

随着基本的威克塞尔结构被转移到规章或宪法的选择，并且"不确定性的帷幕"被利用来愈合可辨别的利益和一般的利益之间的分歧，政治经济学方面的研究计划，无论是古典的还是现代的，都转入契约政治哲学的研究计划中。尤其是我自己的探讨方法与人们所熟悉的约翰·罗尔斯结构相类似，罗尔斯利用无知的帷幕和公平准则来导出在选择一种政治体制的前一阶段里由概念上的同意产生的公正原则。

由于威克塞尔未能把他的分析结构转换到法制选择的水平，他的工作限于对现行的配置决策的评论。如他所明确承认的那样，他不能评价政治措施，这或者涉及国家从前的承诺，例如，对公债利息筹措资金，或者涉及在个人和团体之间用财政手段实行的收入与财产的转移。分配问题仍然落在威克塞尔评价活动范围之外，而正因为这样，我们找到了其基本的分析性质长期继续地和异乎寻常地被忽略的另一根源。然而，随着向政治的法制阶段的转换，这种限制至少被部分地消除。在高度不确定性或无知的帷幕后面，考虑一些期限内的财务转让规章的契约协定，看来显然是可能的。由于评价判断限于对宪法协定的程序，宪法上认可的转让结构的确切特点，当然不能被独立地推导出来。这正好比威克塞尔不愿意只规定对税收分配的特殊规范而不问协定的程序那样。能够获得足够财政开支的税收的任何分摊，只要它符合一致协议，就能通过威克塞尔检验。类似地，任何一套实施期限内财务转让的方案只要达成一致协议，就能通过法制阶段的威克塞尔检验。

这种基本的不确定性，对企图提供超出所述程序范围的实质性建议的政治经济学家或哲学家来说，是令人不安的。建设主义者的迫切要求——担负起社会工程师的职责，建议"应该"或"不应该"进行的政策改革，而不靠通过政治程序来个人偏好的任何揭示——业已成为对许多人来说极其强烈而不可抵挡的潮流。由于对个人主义价值的一贯信赖而提出的科学完整性，从来不是现代政治经济学的标记。

保持这种完整性的困难由于不能区别解释性的和辩解性的论证而加深，这种无能描述了几乎政治秩序的社会契约理论的所有评论家的观点。当然，我们并没有观察到达成法规协议的程序，并且存在于任何特定时间和任何特定政体的规章渊源于何处不能用契约主义模型作出令人满意的解释。契约主义的推理之目的在此意义上不是解释性的。对比之下，它是辩解性的，因为它为规范性评价提供基础。限制普通政治活动所奉行的规章是否出自法制契约方面的协议？如果这个问题的回答是肯定的，则我们在个人与国家之间已经建立了一种合法的连接。如果这个问题激起否定的回答，则我们就有了对现有秩序规范性评议的一个基础，和为法制改革提出建议的一个准则。①

正是在这个问题上，也仅在这个问题上，企图留在个人主义教义所笼罩的规范性约束范围内的政治经济学家，可能进入正在进行的关于立宪政策的对话。在现代西方民主政体中，赤字财政制度提供了最引人注目的例子。几乎不可能作这样一个契约计算：由各代人产生的代表，会同意让单一代人中的多数，通过公债发行（让后代纳税人蒙受效用损失）来为现在享受的公共消费筹措资金。对于具有现代福利国家特色的许多世代之间的转让计划中所反映的隐含债务，也可作同样结论。

如果不承认政治上所产生的结果严峻地依赖于约束政治行动的规章，则整个契约主义的推理将始终是空的。如果最终状态不因法制结构的变动而异，则法制政治经济学就不起作用。另一方面，如果规章制度确实要紧，则它的作用就明确了。实证地说，这一作用涉及对可供选择的强制性规章的作用性质的分析。用博弈论作类比，这种分析就是对博弈求解，而博弈是由一套套的规章定义的。规范地说，法制方面的政治经济学家的任务是协助个人（作为终于控制他们自己的社会秩序的公民）继续探求最符合他们目的的那些政治博弈规则，无论这些规则会是怎样的。

1987年，美国庆祝为美国政治秩序提供基本法规的制宪代表会议两百周年。这次代表会议是在会上慎重选择政治法规的极少的历史典范之一。詹姆斯·麦迪逊思想的政治见解，本质上，并非不同于纳特·威克塞尔的较狭窄的但更集中致力于征税与支出分析的政治见解。两人都抵制任何有机的国家概念：即国家在智

---

① 为兼在实证分析和规范分析中采用立宪主义者——契约主义者的观点做出的广义论证，见于我和杰弗里·布伦南合写的《规章的理性》（1985）。

慧方面胜过为其成员的个人。两个都企图使所有可用的科学分析有助于解决这个持续的社会秩序的问题：我们如何能一起生活于和平、繁荣与和谐之中，而保留我们作为能够和必须创造我们自己价值的自主的个人的自由？

参 考 文 献

杰弗里·布伦南与詹姆斯·布坎南：《规章的理性》（剑桥：剑桥大学出版社，1985 年）。

詹姆斯·麦吉尔·布坎南："财政学的纯理论：一种方法建议"，《政治经济》杂志，LVⅡ（1949 年 12 月），第 496 页至第 505 页。

詹姆斯·麦吉尔·布坎南与戈登·塔洛克：《同意的计算》（安阿伯：密歇根大学出版社，1962 年）。

R. A. 马斯格雷夫与 A. T. 皮科克：《财政学理论名著》（伦敦：麦克米伦，1958 年）。

约翰·罗尔斯：《公平的理论》（坎布里奇：哈佛大学出版社，1971 年）。

纳特·威克塞尔：《财政理论研究》（耶拿：古斯塔夫·费希尔，1896 年）。

瑞典皇家科学院
卡尔—高兰·马勒教授讲话

国王和王后陛下，殿下们，女士们和先生们：

经济增长以一种戏剧性的方式改变了社会，给了我们在几代之前还想不到的可能性和自由。不管好歹，由于经济增长人的境况有了根本改变。

经济增长是一个非常复杂的过程，其中企业、家庭、政府和其他方面作出决策对增长过程的性质是重要的。一个公司中的一项投资和另一个公司中的一项发明将影响它。由于家庭储蓄行为的变化或在劳力供给增加或减少时它都会变化，钻进所有细节中出不来的风险是明显的。为了对过程有一个了解，需要做一些简化，以便集中分析最重要的关系。这样做，得出一个参照架构或一个模型，用来评价和研究真实世界的细节，以便发现它们如何相互作用。

索罗教授的伟大成就是，他创造了这样一种模型，用它能了解和分析变幻莫测的实际。

以前的经济增长模型基于刚性的假设，不允许资本和劳动之间的替代。在罗伯特·索罗的模型中，要素比例，即实物资本和劳动之间的关系将在增长过程中调整和变化。罗伯特·索罗从一条假设出发，把国民收入的一个固定份额，称为储蓄倾向，被储蓄下来。如果有运作完美的劳动和资本市场，所得的储蓄将如索罗所示，正好等于各企业计划的投资。如果储蓄比率小，相对而言资本变得更加昂贵，资本密度会降低。不过，索罗教授说明，在给定技术之下，从长期看，每个工人的资本将为常数，但是这意味着每个工人的生产也将为常数。因此实际工资也将是常数。

按照这个论点，收入中分配到储蓄的份额增加只在短期影响增长率，而长期的影响是不存在的。在另一方面，储蓄比率提高自然会有提高均衡资本密度，并且因此有较高长期实际工资水平的效果。

不过这个论点是以不变的生产技术为基础的，即年复一年重复相同的生产方法。然而我们知道事实并非如此。如果研究和开发产生新的生产方法，那么按照索罗教授的经济增长模型，即使经济在长期增长也能继续下去。因此结论是，技术发展是经济增长后面的长期的主要因素。

除拟定现在以他的名字命名的增长模型外，罗伯特·索罗对经济增长的分析还作出了其他贡献。例如，他研究了体现的技术进步，即体现在资本品中的技术进步的重要性。这些研究产生了资本和增长理论中的最重要的年龄法。索罗教授对增长过程后面的主要因素的经验研究也作出了创造性的贡献。罗伯特·索罗在这方面的研究开拓了经济研究的新领域。

罗伯特·索罗教授，你对经济增长理论和对增长过程的经验研究的贡献，对经济科学具有特殊的重要性。与你的名字联系的经济增长模型不仅对增长理论的专家们有兴趣，而且已变成一大部分现代宏观经济学中的一个统一的组织原理。你对增长过程的经验研究对经济科学的发展同样具有特殊的重要性。

索罗（Robert M. Solow）教授：

我被授予向你转达皇家科学院的最热烈祝贺的特权，并且现在我请你从国王陛下的手中接受你的诺贝尔经济科学奖。

罗伯特·默顿·索罗自传

　　我于 1924 年 8 月 23 日生在纽约布鲁克林，是我家三个孩子中最大的一个。我的父母都是移民的孩子。他们读完中学之后不得不立即去谋生。所以我的姊妹，我的表亲和我是我们家庭中第一代上大学的。我在邻近纽约市的公立学校中受教育，而且是良好的教育。在学校里从一开始我的成绩就是优良的，但在高中最后一学年之前我的智力并不很好。那时有一位优秀教师教我阅读 19 世纪法国和俄国伟大的小说家的作品，并且要我认真对照思想。后来，我得到一笔哈佛学院的奖学金，并在 1940 年 9 月抵达那里。

　　像大萧条时代的许多儿童一样，我对什么东西使社会转动起来有好奇心。我起初学习社会学（跟塔尔考特·帕生斯）和人类学（跟克利德·克鲁克浩）以及初级经济学。到 1942 年末，我已 18 岁。那时似乎感到有些事情比我正在做的更迫切和更激动人心，所以我离开大学参加美国陆军。在北非和西西里岛短期服役，然后自始至终参加在意大利的战争，一直到 1945 年 8 月退役为止。

　　我想是在当兵的那三年形成了我的性格。我发现自己是一个严密团体的一部分，应该熟练而互相忠诚地做艰苦工作，领导我的是我所知的最优秀人物之一，他从不丧失幽默和礼貌。以后我又有两次类似的经验：在华尔特·海勒的经济顾问委员会中（和詹姆士·托宾，凯米特·高登及亚述·奥昆一起）以及在我的大部分成年生活中，是在麻省理工学院的经济系。这样一天又一天，那是在最好环境里。一个人所要求的惟一的一件事是温暖而愉快的家庭生活，而我当时已经有了。

　　我在 1945 年回到哈佛时，已和那个在战时互通信件的读信人和写信人结婚。我几乎是偶然地选择继续读经济学。靠一点好运气，华西里·列昂节夫变成我的老师、向导和朋友。我从他那里学到了现代经济理论的精神和实质。他也负责引导我作实际的经验工作：作为他的研究助理，我为投入产出模型算出了第一组资本系数。

不知为什么——已记不起来——我变得对统计学和概率模型有兴趣。在那些日子里哈佛的统计学教学，说客气些，是不正规的。我从菲德烈·摩斯泰勒那里学到不少东西。他在社会关系系任教。最后他劝我到一个可以学到更多东西的地方深造。所以在 1949—1950 年，我在哥伦比亚大学度过一学年，听阿伯拉罕·华尔德，雅谷·华尔福威茨和 T. W. 安德逊讲课，和我的同学兼朋友贾克·基弗在一起。那一年间我还在写博士论文，探索将相互作用的马尔科夫过程应用于就业——失业及工资率，模拟工资收入数额的分布。那篇论文在哈佛被授予威尔斯奖，并答应出版书和获得 500 美元稿费（是 1951 年物价）。不过当我再读一遍那篇论文时，我想我能写得更好一些。但是我并未回到那项工作中，论文也没有出版（支票也没有兑现）。

刚好在去哥伦比亚之前，我获得麻省理工学院经济系助理教授的任命。我从来没有或需要任何其他职务。麻省理工学院雇我教统计学和经济计量学。起初我完全打算沿着那些路线发展我的事业。以后的事实并非如此，或许由于一个地理原因，给我的办公室与保罗·萨缪尔森的办公室为邻。因此，使我开始了长达 40 年的几乎每天与萨缪尔森的关于经济、政治、我们的子女、白菜和国王的谈话。那是我的职业生活中一个无法测量的重要部分。我想我回到"直接的"经济学是不可避免的，在那里我发现一个本能的宏观经济学家是奋斗出来的。

麻省理工学院经济系是一个教学和工作的好地方。它提供给我——而且不仅是我——一些敏锐而愉快的同事们，以及一长列优异的学生们。我估计如果我曾忽视教学和学生，可能写出 25％的科学论文。作出选择曾是容易的，但我不后悔。

增长理论和以后

————罗伯特·默顿·索罗

美国，麻省理工学院经济系

1987 年 12 月 8 日讲演

人们告诉我每个人都有梦，但是有些人甚至在梦醒以前已把它们忘掉。那似乎是我的情况。所以我不知道是否梦见过来这里讲演。我知道以前我曾来过这个房间，不过那是实际，而那时我是醒着的。如果我曾在梦中作此讲演，题目无疑是经济增长理论。人们告诉我讲演的主题应当"针对或联系为之授奖的工作"。那是一点也不能含糊的。但是我甚至不愿利用"联系"一语提供的小道。增长理论正好是我要谈的；为了它自身，为了它的成就，为了有待填补的漏洞，并且也作为传达有关宏观经济学中的理论研究以及经验研究的性质的一些思想方法。

增长理论并非从我的 1956 年和 1957 年论文开始，而且它肯定不在那里结束。它可能从《国富论》开始；而且或许亚当·斯密还有先辈。更加贴近主题一点，是在 50 年代，我在追踪罗埃·哈罗德和伊芙赛·多玛，以及亚述·刘易士在稍有不同的内容方面划定的一条路径。实际上我在设法追踪并且排除我对他们的工作感到的某些不舒服的地方。我将设法以几句话解释我的意思。

哈罗德和多玛似乎在回答一个直截了当的问题：什么时候一个经济能以不变的速率稳定增长？他们以值得注意的不同路线得到一个经典的简单答案：国民储蓄率（收入中储蓄的比例）必须等于资本—产出比与（有效）劳动力增长率的乘积。这时，并且只有这时，经济能保持它的厂房和设备存量与劳动供给平衡。因而稳定的增长能继续下去，而不在一方面出现劳动短缺或在另一方面出现劳动过剩和失业增加。在那个一般结论上他们是对的。

所以，发生不舒服是他们作此推理假设的所有的三个主要成分——储蓄率、劳动力增长率和资本产出比——是给定的常数，是自然界的事实。储蓄率是一个关于偏好的事实；劳动供给增长率是一个人口统计——社会学事实；资本产出比是一个技术事实。

所有这三个参数被理解为能不时变化，但是没有规律，并且多少是独立地变化。不过，如果是那样，稳定增长的可能性将是幸运的奇迹。大多数经济，大部分时间，将没有均衡增长路径。资本主义经济史则应当是长期恶化的失业与长期恶化的劳动短缺交替出现的状况。

那个理论实际上暗示甚至更富于戏剧性的事情。哈罗德的著作特别充满了未完全展开的论断，稳定的增长在任何情况下都是一种很不稳定的均衡；任何与它的小偏离将被一种过程无限扩大，这种过程似乎主要依赖关于企业家行为的模糊概括。你们可能记得约翰·希克斯的《商业循环》一书，它以哈罗德的增长模型为基础，必须求助于一个充分就业上限来产生向下转折和一个零的总投资下限来产生向上转折。否则，那个模型经济将一去不复返。

记住哈罗德的第一篇文章是在 1939 年出版的，而多玛的第一篇文章是在 1946 年出版的。增长理论和宏观经济学中的许多其他内容一样，是 1930 年大萧条和最后结束它的战争的产物。我也是如此。不过在我看来，这些模型讲的故事使人感觉有错误。一个来自火星，读过这类文献的代表团到达地球，会预期只能找到很久之前已崩溃为碎片的资本主义瓦砾。经济史确实是一个波动以及增长的记录，但是大多数商业循环似乎是自我限制的虽然有扰动，但持续增长并不少见。

哈罗德—多玛模型有另一个似乎不健全的含义。如果稳定增长的条件是储蓄率等于就业增长率与一个技术确定的资本产出比的乘积，则在一个劳动过剩的经济中使增长率加倍的处方很简单，只要使储蓄率加倍，或许通过公共预算。说得好却不简单：那时我们都知道——我不能肯定现在我们都知道——事前储蓄率加倍，除非同时考虑事前投资，事后储蓄将不会加倍。（我希望 1987 年在斯德哥尔摩仍有人理解这些古怪的拉丁短语!）[①] 不过在欠发达国家对新资本胃口可能

---

① 斯德哥尔摩的瑞典学派将储蓄和投资区分为事先的和事后的，拉丁短语 exante 表示事先，expost 表示事后。——译注

很强，这个处方看来是有用的。我相信我记得关于经济发展的著作常常断言从慢增长过渡到快增长的关键是储蓄率持续上升。我听到这个处方似乎感到行不通。我再也记不起来为什么有这个感觉的准确原因，但是它确实使我有那个感觉。

那是我开始思考经济增长理论时的精神状态，我设法改进哈罗德—多玛模型。我不能告诉你们为什么我首先想到用一种更丰富和更实际的表示技术的方式来代替不变的资本—产出（和劳动—产出）比率。我知道甚至在学生时代，生产理论而非形式上几乎相同的消费者选择理论对我更有吸引力。它似乎更切合实际。我知道作为一个天生的宏观经济学家，我很早就感到，即使在某一时间对某一种产品、技术自身不很具有灵活性，总量要素密集性必然可变化得多，因为经济能选择集中注意资本密集或劳动密集或土地密集产品。不管怎样，我发现那些地方存在有趣的事情。

向这里的听众详细解释我发现的东西，听起来很笨。几乎在这个房间里花费一些时间的每一位已经知道。"新古典经济增长模型"创办了一个小行业。它激发其他经济学家的几百篇理论和经验论文。它很快进入教科书并进入经济学家职业的普通知识库。那确实是允许我认为我是一个要在今天作此讲演的受尊敬的人的原因。然而我必须以几句话归纳结果，以便能转而讨论更加有趣的问题，关于仍然未知的或不确定的和有待探索的事情。

只要许可有合理程度的技术灵活性就产生两件事。首先，仅仅存在一条稳定的增长路径事实上不是一个单一事情。可能存在一系列稳定状态，如果总量要素密度的变程是宽广的，稳定状态的变程可能甚至很宽广。一个经济可以有其他适应哈罗德—多玛条件的方式，但是我仍以为资本密度的变异大概最重要。

第二，均衡增长率不仅不与储蓄（投资）率成比例，而且独立于储蓄（投资）率，这被发现是报酬递减的后果。一个能永远提高储蓄（投资）率的发展中经济比它如果没有这样做将有一个较高的产出水平，并因而必然在短期内增长快一些。但是它将不能实现一个永久的较高产出增长率。更准确地说，每单位劳动投入的产出永久增长率独立于储蓄（投资率），而完全取决于最广义的技术进步率。

还有似乎有用的第三个结果，而且一定有助于使这个模型对经济学家有吸引力。以前的增长理论是机械的或物理的，不是有什么不好，而是它完全是一个商品流量和存量的描述。在新古典模型中，很自然地和实际可行的要描写均衡路径和推导将支持均衡路径的价格和利息率的动力学。当时我并不认为我做这件事是带来好消息和坏消息。好消息是经济学家本能地喜欢那样想，这种联系将有助于使我的同行对增长理论有兴趣。而且，不论在研究资本主义经济或社会主义经济，它是一种好的（即有效果的）本能。坏消息是这种联系有一点太漂亮和太有趣，并且诱使人们像庞劳斯博士，一位很聪明的庞劳斯博士那样说话。我想这种倾向近年来已经消退，以后我将设法加以解释，虽则我装作堪迪德可能太晚。

当我现在回头看我在 50 年代和 60 年代写的关于这个总题目的文章时，我对花那么多力气扩大增长理论的技术架构感到震惊。我曾要确保模型能容纳只能用新设计生产的资本设备才能引入新技术之类的论点，只有在总投资的时刻，而不是在资本设备已采取某种具体形式之后，要素比例才是可变的，以及离散的活动能实现足够的灵活性，甚至只有一种活动，即只要能经济地选择资本货物的生命期。而且在每一个问题中我曾希望阐述适当的商品价格——要素价格能被推导出来并且使之能被经济学家们继承的本能所理解（在我的例子中我曾主要从纽特·威克赛尔和保罗·萨缪尔森继承了那些本能）。

这个特殊导向有理由，在当时似乎是很迫切性的理由。第一，由于引入了某种技术灵活性，而使增长理论接触更广泛的真实世界的事实，并与一般经济理论关系更密切。确保这些收获不要过于密切地束缚在无法辩解地简单的要素替代版本上，而这一点似乎是重要的。第二，我已开始做一些经验工作，利用一种总量生产函数，得到明显有意义的和惊人的结果。我自己对这个方法很怀疑，并且我知道别人可能怀疑他们自己的方法。我确保至少在原理上这个方法能对付头几个真实性，这像是一个好想法。还有第三，我已卷入著名的"剑桥论争"中，我用"卷入"一词，因为在我看来那全部事件似乎是浪费时间，以分析经济学的语言玩意识形态游戏。当时我想——而且是文献给出一些这样想的理由——论争的一部分有关边际主义，有关光滑的边际主义。所以我希望能说明理论及其经验实施的结论不受那种很特殊的公式的限制。我猜测值得这样做，但是这样做肯定并未使任何人平静下来。

集中注意力于描写技术有一个坏的副产品。我想我对有效需求问题注意太少。换句话说：一个均衡增长理论非常重要——并且仍然需要——一个偏离均衡增长路径的理论。我可以诚实地说，当时我觉察了这种需要。在我的 1956 年文章中有一小段简略地讨论实际工资刚性的影响和一种流动性陷阱的可能性，那只是浮光掠影和一种许诺。还有一段我比较感到骄傲：它提出一个论点，增长理论提供一个架构，人们可以在其中严肃地讨论宏观经济政策，其目标不仅在实现和保持充分就业，而且也在现在的消费和现在的投资之间，因而在现在的消费和将来的消费之间有意识地作出选择。仅在数年之后我在肯尼迪—海勒经济顾问委员会中有值得纪念的经验，看到那些思想写入了 1962 年《经济报告》（麻省理工学院即将重新出版）。而过去 7 年的美国历史说明在华盛顿尚未学会这一课。

长期和短期宏观经济学的结合问题尚未解决。以后我将回到这个问题。这里是我承认（并且解释）某种年轻时混淆的地方。在哈罗德—多玛增长理论的早期讨论中，对均衡增长的内在不稳定性讨论很多。"不稳定性"可能并且确实意味着两件不同的事情，并不总能辨别清楚。它可能说明行为良好的均衡路径被行为不佳的均衡路径所环绕，向旁边跨一小步都可能会导致最终的灾难；或者它可能意味着不稳定性适用于非均衡行为。所以，一个经济一旦偏离均衡增长，是不可能自动找回到任何均衡增长路径的。

原来的哈罗德—多玛模型似乎同时遇到这两个困难。我想我简明地将模型扩展克服了第一种不稳定性的困难。然而第二种困难确实涉及将短期和长期宏观经济学、增长理论和商业循环理论联系起来。哈罗德和许多当时的评论家讨论这个问题时对投资行为作出很特殊的（并且不能使人相信的）假设。对于两种不稳定性概念之间的区别，我那时不如现在明白。今天我将这样来谈未解决的问题。增长理论的成就之一是将均衡增长与宁静条件下的资产评价联系起来。非均衡增长的困难部分是我们没有——或不可能有——一个紊乱条件下资产评价的真正优秀理论（1987 年是作那种观察的一个优异年头）。

当代宏观经济理论的一个重要倾向以一种优美的但是（我认为）最终行不通的方式逃避这个问题。那种思想是幻想经济中只有一个长生不老的消费者，或者一些相同的长生不老的消费者。长生不老本身不是一个问题：每个消费者可被一个朝代代替，其中每一个成员把她的继承者们作为她自己的延伸。但是不允许目光短浅。这个消费者不遵守任何简单的短期消费函数，甚至也不遵守一个定型化的莫迪里安尼生命周期经验规则。相反，她或者那个朝代被假设为求解一个无限时间效用最大化问题。我为它的牵强附会感到震惊，但是对人们不想知道那个假设引向何处并不觉得奇怪。

与第一步连接的下一步更难接受。对于这个消费者，每个企业只是一个透明的仪器，一个中间媒介，一个进行跨时间优化的设施，只服从技术约束和初始资源。根据假设，任何性质的市场失灵一开始就被排除在外。没有策略上的互补性，没有协调的失败，没有罪犯的两难问题。①

　　最终结果是一种结构，假设整个经济在其中求解一个兰姆赛跨时间最优增长问题，只有爱好和技术有稳态随机振动。经济以最优方式适应这些振动。与这种思想习惯不能分离的是，自动设定观察到的路径是均衡路径。所以，我们被请求把我刚才描述的结构作为一个实际资本主义世界的模型。我们常称为商业循环——或至少繁荣和衰退——的东西，现在要解释为最优路径中对生产率和闲暇愿望的随机波动作出的最响亮的反应。

　　我发现这一套不能使人信服。在我看来，商品和劳动力的市场像是有重要制度特点的社会机器的不完美片段。它们完全不像把家庭的消费和闲暇愿望转化为生产和就业决策的透明和无摩擦的机制。我不能想像爱好和技术的振动，在季度或年度时间尺度上大到足以对商业循环的起伏负责。但是现在我不得不报告某种不一致的事情。我能请你们参考这种方法的一个有才能的、文明的和完全严肃的例子，并且认为你们将发现很难加以否定。你能发现对于论点中的重要步骤的非平凡反对理由，而任何有力的宏观经济模型可能都是这样。

　　这里有一个两难问题。当我说普来斯考特的故事难以否定的时候，并不能推知他的主张能够证明。完全相反，有和他的模型不一致的其他模型同样难以否定，也可能更难。结论必然是历史时间序列并不提供一种关键实验。这是一位化学家进入实验室，是他设计和进行这样一种关键实验的地方。经济学家没有那种选择。我对两难问题的试探性解决方法是我们没有选择，只有自己认真地直接观察经济制度工作的方式。当然会有关不同制度的操作方式的论点，但是没有理由说明，为什么它们不应当是可以理解的、有序的、联系事实的一些论点。这种方法论的机会主义可能是不舒服的和使人不安的；但是它至少应当能保护我们免于愚蠢。

　　由于我刚才说的话违背时代精神，我要说得很清楚。没有人能反对时间序列经济计量学。当我们为了预测或政策分析而需要估计参数时，对于一个模型的设定和估计没有好的替代品。不过把它停留在那一步，像许多美国经济学家那样，相信经验经济学始于和终于时间序列分析，是忽视不能变成如此方便形式的许多宝贵信息。我把专门观察家的定性推断中包含的信息，以及关于经济制度运作的

―――――――――

　　①　两个罪犯被怀疑共同作案。检察官与他们分别谈话，如果能证明另一罪犯的罪行，本人可获赦免。如果两人都不坦白认罪，则两人都要判罪。此时每一罪犯须选择坦白或隐瞒。——译注

直接知识包括进去，自然总会有怀疑主义。局内人有时是愚蠢思想的奴隶。但是我们没有证据说明除物价和数量的时间序列外，我们能忽视一切事情。

读了这个方法论侧面之后，我应当提请你们注意我的主要论点的方向。发明增长理论是为了提供一种谈论和比较经济的均衡路径的系统方法。它完成那项任务相当好。不过在这样做时它未能充分掌握一个同样重要和有趣的问题：研究偏离均衡增长的正确方式。一个可能的解决方法给我的印象是头脑错误：即声称"经济波动"根本不是偏离均衡增长，而是均衡增长的例子，这样来否定一个分析问题的存在。我的印象是有此信念的人多少是以北美洲为限。可能欧洲经济的经验完全不适合这种解释。有什么其他替代方法呢？

在一个均衡增长路径上简单地叠加你的心爱的商业循环模型是行不通的。对于很小的偏离，较多地为次要的稍带自相关"误差"性质，那种方法可能行。但是如果人们看到例如 1979 年以来大欧洲经济的历史所揭示的大量的超过季度的与均衡增长的偏离，不可能相信均衡增长自身未受短期到中期经验的影响。特别是资本形成的数额和方向必然受商业循环影响，不论通过新设备的总投资或通过老设备的加速报废。我也倾向于相信劳动力市场分割为不同的职业、产业和地区，不同部分的失业数量不同，也将反馈影响均衡路径。所以，趋势和波动的同时分析实际上涉及长期和短期或均衡和非均衡的联合。

最简单的策略是一个在其他问题上为人熟知的策略。在一个完全加总的增长模型中有作用的价格是实际工资和实际利息率。假设它们都是刚性的。或者仅仅很缓慢地对劳动和商品市场中的超额供给作调整（更常见的假设是只有工资是固定的；但是在威克赛尔自己家园中我们应当考虑"自然的"和"市场的"利息率之间的差异）。所以经济可以长时间偏离任何完全均衡的路径。那时它的演化将受一种短期动力学支配，很像日常的商业循环理论。

需要考虑的最有趣的情况是实际工资和利息率被固定在导致劳动和商品供给过多的水平（储蓄大于事前投资）上。这是我们曾称为"凯恩斯型"的那种局面。很大的不同是净投资可正可负，工业生产能力可升可降。经济可能最终回到一条均衡路径，或许因为我们总是在告诉我们自己"从长期看物价是灵活的"。如果当经济回到均衡路径时，它不会回到它在偏离前所在的均衡路径的延长线上。新均衡路径将决定于不均衡期间进行的资本积累额，以及或许也决定于失业量，特别是经历的长期失业量。如果技术变化是内生的而不是任意的，技术水平可能不同。

这是我在 1956 年提到，但未深入探讨的那种修正。现在有一篇爱德蒙·马林伏写的优秀的开拓性论文，使用了研究增长理论的固定价格方法。正像他们预期的那样，投资函数起重要作用。当我在前面谈到离开一条均衡路径的资产评价的困难问题时，这是我的意思，我们被引导到某种可能性或大或小的公式上，受合理性或大或小的经济计量以及我们认为我们真实企业中投资决策所有的知识影响，马林伏强调"盈利性"为投资的一个决定性因素，但是他也强调只要未来是不清楚的，盈利性的精确意义也是不清楚的。

马林伏分析的主要成果是澄清"凯恩斯型"定态可能存在的条件，以及它在什么时候是局部稳定的，即在什么时候一个从附近均衡路径受扰动的经济将趋近定态。不稳定的情况同样有趣，因为它揭示小原因可能有大结果。所有这些稳定性论点必须是试探性的，因为利息率和实际工资率被假定为固定的，而数量可以移动。没有充分理由，追求纯粹主义的精神而舍弃所得成果，但是研究计划显然是不完全的。

马林伏的一篇概论和其他人的一本书一样好。我自己倾向于——它仅仅是一个倾向——采用一种稍微不同的角度。想到盈利性概念的模糊性及其与投资的关系，提醒人们在许多企业恰好是用改变他们的价格来对变化了的环境作出反应。一个有固定价格的模型的明显代替品是一个有不完全竞争的定价企业的模型。那时人们自然不再能以任何简单方式谈论商品的超额供给，但是我们能发现同样有趣的东西——许多共存的均衡路径的可能性，其中有一些无疑地比其他路径好（通常较好的路径比较差的路径有较高的产业和就业，所以会出现类似衰退的东西）。增长和商业循环的相互作用，可以采取一种稍有不同的形式：好的和坏的均衡的交替，不只是一种简单的平均。

这种模型在静态方面现已为人熟知，它能使"有效需求"的概念具有良好的工作意义。企业自然将根据对经济总量的信念调整它们的行动。法兰克·哈恩和我正在探讨把它扩展到一个世代交叠的模型上，以便容易把任何稳态均衡状态转变为一个增长的定态。初步迹象表明是能够办到的。所以有希望或是固定价格法或是不完全竞争法能允许我们在增长问题上明智地谈论宏观经济政策。

在我的 1956 年论文中已经简短地讨论在均衡增长模型中纳入中性技术进步的方式。它是一个必要的补充，因为否则模型的惟一定态将有不变的人均收入，而那种情况很难说是工业资本主义的有效图像。很广义的技术进步包括人的因素中的改善，这是允许实际工资和生活标准中的长期增长所必需的。因为总量生产函数已是模型的一部分,很自然地要从一个实际经济的长期时间序列估计它。那个函数加上一些标准参数——如储蓄率和人口增长——将使模型可以操作。

估计一个总量生产函数很难说是一个新思想,但是我心中确有一个新主意:利用观察的要素价格作为现期边际生产率的指标,使每一个观察点将给我不仅是生产函数上的一个近似点,而且也给出它的斜率的一个近似指示。我确信均衡增长理论向我提示这个思想。我要强调那时我没有认为正在做某种引起强烈争论的事情的任何想法。

我的1957年文章的前几段完全是矛盾的,不是在方法上而是在投入和产出总量数据的使用上。在表示我的怀疑之后,我以一种务实精神继续前进。一个人没有总量关系式不能研究宏观经济学,而且至少目前没有宏观经济学的代替品。我能解释对这一点争论强烈的惟一方法是把它归结到一种信念,关于"资本"的利润代表市场导出的一种生产要素的报酬的观念有某种内在的意识形态的东西。约翰·贝茨·克拉克在一个世纪之前可能想过按照边际产品分配是"公正的"。但是没有一个现代经济学家,没有一个现代"资产阶级"经济学家,会接受那种推理。

不管怎样,1957年那篇文章的主要成果是惊人的。在1909年和1949年之间美国经济中每小时劳动的总产值增加了一倍;而那个增加额的约7/8可以归功于"最广义的技术变化",只有余下的1/8能归功于通常的资本密集性的提高。实际上,国民经济研究所的索罗门·费布利堪曾在一个稍早时间作过类似的分解,他所用的方法的分析基础少一些。我想我期望直接资本形成的作用比我实际发现的大,很快我将谈到那一点。

从那时起的30年中,上述一般结论使人惊异地站住了脚,在那个期间特别由于爱德华·但尼逊将"增长核算"改进了不少。他将"最广义的技术进步"细致地分解为一些成分,其中最重要的是各种人力资本变量和"狭义的技术进步"。为了给你们一个目前研究状态的概念,我将援引但尼逊对美国的最近估计。

从1929—1982年期间平滑掉商业循环看,他发现实际非住宅企业产值平均按一年3.1%增加。现在的问题是将此数分解为一些增长的基本决定因素。但尼逊估计其中1/4可归功于不变教育水平劳动投入的增加。另外16%归功于工人教育水平的提高(即一年约0.5%)。"资本"增长解释为产值增长的12%,此数与我使用我的原来方法算出的1909—1949年数据几乎是完全一致的,而但尼逊的计算在某些方面更加细致。然后但尼逊推算总增长率的11%为"资源配置改善"

（是指劳动从低生产率农业转移到高生产率工业而言的）。另外 11％ 是"规模经济"（但此数必然是一种很不可靠的推算）。最后记录增长的 34％ 归功于"知识增长"或狭义技术进步。如果你们把这些百分率加起来，你们将看到但尼逊解释了测量增长的 109％。因此其他因素必然减少了 3.1％ 的 9％ 的产值增长，或稍低于一年的 0.3％（这些负因素可能包括环境改善投资，它使用资源但不在测量产值中出现，尽管它可能很有价值）。

　　这种详细核算是对我的初步尝试的改进，但它导致大致相同的结论。记得我只区分三种因素：直接劳动、直接资本和余额"技术变化"。但尼逊把余额分解为五个成分，但是味道很相似。

　　如果人们从"每个雇员"的分析上看但尼逊的成果，上述相似性更加强烈。在 1929 年和 1982 年之间，每个雇员的实际产值每年增长 1.7％。每个雇员的劳动投入解释了此百分率的 23％。这听起来似乎奇怪，它主要指那个期间每个雇员每年工作的小时数减少，所以平均雇员提供的直接劳动时间少了。我不想谈论全部推算。我想指出的是用每个工人的教育解释每个工人的产值增加的 30％，而用知识进步解释但尼逊的数字的 64％。因此技术仍是增长的主要动力，而人力资本投资占第二位。人们不必相信这些数字的精确性，无论如何它们传递的消息是很清楚的。

　　最后那句话是严肃的评论。如果我可以再次回到方法论的宣传，我愿提醒我的同事们和他们的读者们，经验经济学的每一个片段是建筑在或许不很对的背景假设的基础结构上的。例如这些全要素生产率计算要求不仅市场价格能作为边际产品的粗糙的和现成的近似值，而且把它们加总并未歪曲到不可救药的程度。在那些情况下健全应当是经济计量学的最高道德；而过度的解释是固有的经济计量学的罪恶。所以如果你们承认我援引的成果指出一个定性真理，并且或许给出数量级的某种指导，我将感到高兴。而那个过多要求是自找麻烦。我也愿援引棒球统计学的名言——它挂在我的办公室中——"（表观的）统计证据不论有多少都不能说出一句违背常识的话。"

　　提到常识，使我想起在文献中尚未解决的这个故事的另一方面。起初的模型将次要作用归功于资本形成使我很吃惊。即使但尼逊和其他人证实了这个结论，仍似乎违背常识。定态增长率独立于投资额的事实容易理解；它只需要通过理论思考。较不容易理解的是，在较短期增加投资将无助于过渡性增长的结论。向一条较高均衡增长路径的过渡，对目的在促进投资的政策似乎不能提供什么用武之地。

数学模型忽略一个机制，明显地使预测不利于投资。那是我称为"体现"的机制，许多技术进步，可能其中的大多数，只有结合利用新的和不同的资本设备才能进入实际生产的事实。因此，革新在增加产值中的效果将被总投资率定出速度。一项增加投资的政策不仅会因此导致出可能作用不大的较高的资本密度，而且会使新技术更快地转入实际的生产，这将有很大的作用。定态增长将不受影响，但是中期过渡将受影响，而中期过渡应当是可观察的。

那个思想似乎符合常识，并且它仍然符合常识。到1958年我产生一个考虑体现效应的模型。它丧失了一定数量的简单性，因为不再能把资本存量当作同质的一堆。人们必须追踪其年龄结构，然而那恰好是关键。即使模型不简洁，但无论如何它是能工作的。如果常识是对的，体现在模型上拟合符合事实，应当明显的好于以前的模型。但是它没有做到，我尊重但尼逊的判断，他得出的结论，体现的思想没有什么解释价值。我不知道那项发现是否应当写成一项佯谬，不过它至少是一个谜。

在准备这次讲演的过程中，我阅读了纽约大学爱德华·华尔夫教授的最近一篇工作论文，这篇论文作出的贡献是一种较长期的透视。华尔夫编订了7个大国（加拿大、法国、德国、意大利、日本、英国和美国）的数据，包括从1880年到1979年的整个世纪。选择这些具体的国家只是因为有数据，所以不能把它们看成是一个代表性样本。因此华尔夫的结果只是提示性的，不过它是一个有趣的提示。

对每一个国家，他计算全要素生产率的平均增长率（即我所称广义技术进步率）以及投资速度的各种度量（例如，他观察资本存量增长率，资本—劳动比率的增长率，以及平均投资额的自身）。然后观察各国，他发现技术进步率和投资速度之间有很强的正相关。他的解释是这个相关对体现假设提供了有力的证据；如果我们假设所有这些国家能接触大致同样的技术革新池，则投资最快的那些国家似乎最能利用现有的知识。那肯定是一个合理的解释，而且它是我喜欢的一个解释。记住华尔夫应用全要素生产率，已经赋予投资以它的传统功能，提高资本密度以提高生产率，所以剩余的相关是在投资和总量生产函数移动之间。

不过为了忠于我自己的方法论箴言，我应当提醒你们，其他解释也是可能的。例如，可能有些国家比其他国家更能利用共同的技术进步池，其原因与资本形成率无关；但是恰好在那些技术上进步的国家中投资最有利，所以投资率自然较高。或者是另一种情况，快速技术进步和高投资可能都是某个第三因素的结果，例如存在鼓励企业家活动的条件。高投资和快速技术进步因而将一起前进。

我不能在一种思想或另一种思路上强烈论辩。但是一个有理性的人如欲相信鼓励投资通过将技术从实验室转移到工厂的效果将有利于更快的中期增长，道路仍然是开放着的。

在我结束这个讲演之前，或许我应指出有可能将我已讨论的大多数建筑块组合在一个小而相当完全的经济计量模型中。如果办不到，是因为那些方面的兴趣少些。当然事实上是已经做到了。

举一个例子是伯特·希克曼和罗伯特·考恩的"美国经济年度增长模型"。这个模型的生产方面是完全加总的，事实上正是我已在谈论的那种模型（需求方面是分解的，但现在不重要）。希克曼—考恩模型的完全均衡路径恰好是增长理论使人们熟悉的那些，因为模型对储蓄的确定和劳动力的变化描述比较详细，它的普适性好一些。

这种模型是很直截了当的。不过希克曼和考恩在最近一些练习中恰好以马林伏和我建议的精神开始了偏离均衡增长的严肃研究。他们考虑实际工资的刚性，而且他们模拟他们的生产部门作为一个定价的垄断性竞争者。现在投资不必等于充分就业储蓄，除非在完全均衡时。繁荣和停滞时期可能出现，而且确实出现，几乎谁都不感到意外。可能有"凯恩斯的"和"古典的"失业。同时确实可能两者都存在：在现有资本存量下实际工资可能太高，以致不能充分就业，而同时总需求不足以从市场取走企业可能希望生产的东西。实际工资的变化可能有需求方面和供给方面的效应。

所有这些听起来很好，听起来很像务实的美国人和瑞典人一直实践的宏观经济学。我不能担保希克曼的数字，但是它们至少能理解。它们附带表明美国在1959年和1978年之间高工资导致的失业是微不足道的，然后在1981年和1982年又远逊于低需求导致的失业。我不知道1982年以后它们的故事是什么，不过我要知道的事实对模型有利。

在这个简短的关于增长理论的目标和成就的综述中，我引证了和我自己的工作同样多的别人的工作。那不仅是谦虚；这个选择反映我的信念，任何成功的经济分析的路径几乎一定是一个集体产物。我们将姓名与思想联系起来，为了好的和坏的理由。但是有用的思想通常由一个研究社团推演出来并且批判地修正。我有些相信"新古典"增长理论的思想是有生命力的，正是因为它们吸引了一个研究社团，甚至一个比较分歧的社团：卢卡斯和普莱斯考特建筑在基本模型上，马林伏和卡尔·谢尔之类的"太阳黑子"理论家和其他人也一样。当我从"黑村舍"读到罗伯特·弗罗斯特的诗句：

> 我们想在生活中我们看见的大多数变化
> 是由于真理受尊崇又被冷落

使我立刻想到它们听起来太像经济学了。我认为有那种感觉是不可避免的，也不必遗憾。应用经济学的永久性基础结构不可能太大，因为社会制度和社会规范是变化的，经济行为的特性一定会随之变化，我也相信较短时间尺度上经济思想的那部分可变性是我们自己导致的，它来自企图太硬性，推理太远，向有限的数据询问愈来愈细致的问题，过分拟合我们的模型和过分解释算出的结果。这也大概是不可避免的，且并不特别需要遗憾。在你设法再向前走之前，你永远不知道你是否已走到你能走的那么远。

自然我希望增长理论能在两方面起作用：作为一个背景，以构筑多部门模型，或许后者要做力所不及的事；或者作为一个架构，用于宏观经济学中因果关系的简单的、强有力的、松弛的数量命题。我认为对这两种作用，基本智力需要是对均衡增长的中期偏离有普通了解。那是日常宏观经济学的实质。在英语国家自从凯恩斯以来和在瑞典自从林达尔和斯德哥尔摩学派以来，它一直前进着。今天它仍在两地继续前进着。

瑞典皇家科学院
英格马·斯塔尔教授讲话

国王和王后陛下，殿下们，女士们和先生们：

1943 年，在德国占领的黑暗年代里，一本突出的经济理论著作在法国出版。这本书的书名是《经济学科研究》，而作者是一位 32 岁的工程师毛立斯·阿来，他的学位得自工学院和矿业高等学院。

在大学学习和短期部队服务之后，他被任命到南茨地区国有企业管理局。那时他除了干行政工作外，开始认真地学习经济理论——目的在于利用这些理论提高经济效益。

但是，这位工程师和科学家对他以前学习的和正在研究中的经济理论感到不满意。他认为原则上经济理论应当用自然科学，特别物理学中所使用的数学的严谨性来陈述。这种数学严谨性将使进行统计和经验测量更有意义。年轻的工程师致力于雄心很大的研究计划。这是毕生的——并且仍在继续的——已产生许多重要的和高度创造性成果的研究工作。

阿来的出发点是亚当·斯密在 1776 年所著的《国富论》中最初陈述的关于市场系统如何动作的一些重要直觉。按照斯密的意见，消费者和企业以他们自己的利益行动，与一切经济决策是协调的事实之间没有矛盾。这是依靠一个运作良好的价格系统"看不见的手"创造均衡的。一个世纪后，以文字形式写出的斯密的直觉，被法国经济学家里昂·华尔拉以数学形式重定。华尔拉把市场系统描写为一个大方程系统，每种商品有不同的供求方程。此方程系统的解可以解释一个均衡价格集。里昂·华尔拉的工作以后由意大利经济学家维尔弗雷多·帕累托继续。但是阿来也较早地受伟大的法国经济学家奥格斯丁·库诺和优尔斯·杜普的影响。早在 19 世纪中，杜普已创建了一种有规模报酬的公营企业中定价和投资的理论。

阿来的早期工作是在理论经济基础研究领域中做出了重要贡献。市场系统是几乎所有高度发展国家经济的一个组成部分，而在其他许多国家中对于经济系统的选择正在进行着讨论。依靠严谨的数学模型有可能研究在一个由独立的消费者们和生产者们作出分散决策的经济中达到社会效率、均衡和稳定。因此 20 年来经济科学的许多奖金授予了这个基础理论研究领域的先驱者们并非巧合。人们观察经济科学未能为任何其他类型的经济系统产生一个一致而严谨的数学模型，也是一个有趣的问题。对于这一数学的研究路线必须辅以其他分析方法，例如属于不同系统的经济的比较和经验研究。另一种选择是一种基于经济史的方法，注意的焦点是市场经济系统中重要制度的出现，例如现代公司或金融市场制度。

随着 1947 年《经济和利息》这部新著作的出版，阿来自 1943 年以来的工作一直是进行一个市场经济的数学描述，比早期的或者是当时经济科学家、诺贝尔奖金获得者英国经济学家约翰·希克斯爵士和美国经济学家保罗·萨缪尔森发表的任何著作更加完全、更加严谨和更加一般化。

在他的早期著作中，阿来作出了许多重要成果，它们对现在一般的经济理论有很大的意义。作为这类成果之一，阿来比前人的分析更加严谨，他论述的每个市场均衡是在社会上有效率的，意思是没有人能变得好一些，也没有另外一个人变得坏一些。而且，在初始资源再分配后，任何社会上有效率的解能作为一个市场均衡实现。

阿来的另一个贡献，是把规模报酬——或者可以解释为基础结构投资的东西——包括在他的一般均衡模型中。他还提供了一种形式，可用于研究一个时间上的经济，并把资本和投资理论与一般均衡理论联合起来。他在 1947 年以后的工作，是作出了包含增长的经济理论和交叉各代的理论的先驱贡献。

阿来对于货币需求的理论确定进行了早期分析，领先于美国经济学家威廉·包莫发展的理论。但是阿来的研究并不限于静态均衡，他也纳入一项如何通过一个定价过程实现一个均衡的分析，这类似于拍卖，以及这个定价过程稳定所需条件。以后，这些发现中有许多观点被盎格鲁—撒克逊经济学家们吸收并发表。

　　虽然阿来的贡献没有立即为法国以外的经济学家们所知，但他对法国的发展有很大影响。事实上，有一个基于阿来的严谨方法和他对经济有关性要求的法国学派。阿来不仅与较老的既定的法国传统有很强的智力联系，而且他也是战后法国经济研究发展中最著名的经济学家。

　　由于他对市场和有效资源配置的理论的先驱性贡献，今年的经济科学奖已授予毛立斯·阿来。然而，在这些早期贡献后，阿来继续进行优异的并有常常是高度创造性的经济科学其他领域中的研究。通过他对货币需求的确定的理论和经验的研究，他变成可称为货币宏观动力学的一位早期探索者。

　　在经济学家之外，阿来或许由于他对风险下决策的研究和一般称为阿来佯谬而出名。他用这个佯谬证明 40 多年来被经济学家们接受的约翰·冯·诺意曼和奥斯卡·摩根斯坦发展的期望效用最大化理论与某些风险下重要决策的经验观察的矛盾。根据这些观察，阿来构思了一个更一般的理论。

　　在最近 20 年中，阿来设法寻找描写一个市场经济（或一个多市场的经济，因为阿来强调复数）的基本特点的某些新方式。在消费者和生产者行为下面的力量是利用任何剩余，那些剩余可能通过尚未充分利用的交易机会而存在。不再有惟一的均衡而且导致均衡的交易按不同价格相继进行。他的这个新领域的主要著作是 1981 年发表的《剩余理论》，是基于在 1943 年发展的剩余概念。这是他的早期和获奖著作的丰富性和创造性的进一步证明。

毛立斯·阿来自传

一 我的青少年时代

1911 年 5 月 31 日我在巴黎出生。我的父母有一家奶酪店。我的外祖父是一位木匠。因此我来自通常认为的工人阶级家庭。

1914 年 8 月我的父亲入伍参加战争，然后被俘虏。1915 年 3 月 27 日他在德国囚禁中逝世。我的青少年时代，甚至是我的一生，直接和间接地深受此事的影响。

尽管我的家经常处在困难状况中，但我仍能上中学。1928 年我得到拉丁文和科学的高中学士证书，然后在 1929 年得到数学和哲学两个学士证书。在我的全部学业中，一般是我的年级中包括法文和拉丁文以及数学在内的几乎一切科目的第一名。

我对历史有兴趣，想申请入古典学院，但是由于我的数学教师的坚持，进了特别数学班，这是为了准备进工学院。我在 1931 年进了工学院，1933 年我以全班第一名的成绩毕业，在法国这通常被认为是一个"最高峰"。工学院以及高等师范学院确实是法国科学教育的顶点。

大学毕业时我选择的一个政府机关工作是国家矿务局。这是因为每年工学院的优秀毕业生（毕业班的前三名）总是选择这个政府机关，因为它开辟了在我国大工业企业中就业的可能性。

我服一年的兵役，起初在枫丹白露炮兵学校，然后在阿尔卑斯军，并在巴黎的国立高等矿学院工作两年后，1936 年 10 月开始在矿业机关当工程师。

二 我的专业和事业

1937 年我 27 岁，在南茨矿业机关做负责人，它包括法国 89 个省中的 5 个省，以及在一般和地方铁路系统中担任一些控制职务。

1939 年我被召回意大利前线的阿尔卑斯军，指挥白里安松地区的一个重炮连。但是真正的战争只持续了两个星期，从 1940 年 6 月 10 日意大利对法国宣战，到同年 6 月 25 日停战。

从部队归来，1940 年 7 月我仍在德国占领区中的南茨担任老职务。自 1943 年 10 月至 1948 年 4 月，我是巴黎的矿业文献和统计局局长。

从 1941 年 1 月到 1948 年 4 月，我在执行行政职能的同时出版了我的第一批著作，即两本基础理论书：《经济学科研究》（1943），《经济和利息》（1947）；三本一般性的书：《纯经济学和社会效率》（1945），《世界经济重建总论》（1945），《富裕或贫困》（1946）；以及在各种报纸上发表的论文。在这整个时期中，我工作很勤奋，每星期至少工作 80 个小时。

从 1948 年 4 月以后，我已解除了所有行政职务，可以用全部的时间致力于教学、研究和写作。1944 年以后，我是巴黎的"国立矿业高等学院"的经济分析教授；1946 年以后，我是"国家科研中心"的一个研究单位的负责人。以后，在不同时间里我还在其他单位担任一些教学职务。例如在巴黎大学的统计研究所（1947—1968），作为一名高级访问学者在弗吉尼亚大学的汤玛斯·杰弗逊中心（1958—1959），在日内瓦国际研究生院（1967—1970），以及在巴黎第十大学（1970—1985）。

1980 年 5 月 31 日我从文官退休，但是感谢国立矿业高等学院和国家科研中心，我仍有一些经费可以工作并继续积极从事教学、研究和写作。

由于我的工作成绩，我获得了许多奖。从 1933 年至 1987 年共获 14 个科学奖。最重要的是国家科研中心金奖（一般每年只有一个金奖）。这个金奖是在 1978 年授给我的，为了我的毕生工作，我是第一位而且至今也是惟一的经济学家得到这个荣誉的。

三 我与应用经济学及政治的关系

除了上述活动外，我曾为私营和国有企业及欧洲经济共同体进行经济研究。

在第二次世界大战以后和欧洲经济共同体在 1958 年成立以前的年代中，我作为一位国际会议的报告人，参加了许多旨在建立一个欧洲共同体的国际会议，也参加了目的在于成立大西洋共同体的各次国际会议，同时我还是乔治城大学战略研究中心于 1964 年在华盛顿组织的"北大西洋公约组织追求团结"国际会议的一位报告人。

最后，从 1959 年至 1962 年，我也是自由社会运动的创始人和总代表，一个自由（取此词的欧洲解释）超政治组织。

四 我对经济科学的贡献

我对基础经济科学的贡献主要集中在五个领域，而且都涉及研究经济最大效率的条件和分析收入分配的相应的决定性因素。我在我的诺贝尔讲演中已对这些贡献扼要作了介绍。

五 我在应用经济学方面的工作

——在国内水平上，由于和我在经济分析中的工作密切联系，我被引至四个应用经济学领域作了较具体的研究：经济管理，收入分配和租税，货币政策，以及能源、运输及矿业经济研究。

根据经济管理的观点，证明最大效率状态与一个多市场经济（市场为复数）的均衡状态的等价性自然有重要含义。它实际表明不论是哪一种经济，或是集体主义的，或是私有财产的，都必须在一个多市场经济的分散化基础上组织起来，使之有效率和最好地利用与支配稀缺资源。那么，实施一个多市场经济的条件是什么？一个多市场经济的技术和我们时代的伦理目标能否协调？增长的货币条件是什么？充分就业的条件是什么？这些是我设法回答的问题。我的主要结论是如果只有经济运行制度的框架被适当改革，我们时代的经济和伦理目标才能同时达到，而且我曾设法说明这种改革的原理。

——在国际水平上，我曾参加各个组织，例如欧洲联邦主义者同盟、欧洲运动、大西洋联盟运动、欧洲经济共同体，以及我在日内瓦的国际研究院讲学多年，促使我在许多著作和备忘录中彻底研究经济发展的国际因素，国际贸易自由化，国际经济关系的货币条件，以及经济联盟。

在我研究发展的因素，以及不同经济系统的情况时，我对法国、苏联和美国的实际收入作了许多比较研究，详细考察了这些国家的经济，并分析了观察到的生产率差异的可能原因。这个分析表明主要的解释因素是他们的经济组织系统以及经济运作的制度框架。

——我与行政界及工业界的接触，引导我在关于能源、运输及矿业研究的经济备忘录中研究这三个系列问题。我曾反复探究这样一些问题：能源的投资、开发和价格政策如何才能被认为有效和满意？按照什么原理建立运输的合理协调和运费政策？矿藏的开采研究采用什么最优策略？所有这些问题引导我研究多方面的和具体的问题，从而反思经济理论、经济计量学及运筹学等。我求出的（常常是新的）解，在工程界引发许多辩论，引导许多工程师研究经济理论并且应用于他们各自的领域中。

为此，由于1957年以英文发表了我的关于矿业研究的1952年备忘录，我被授予1958年的"兰彻斯特奖"，它是约翰·霍普金斯大学和美国运筹学会为1957年发表的运筹学优异论文而颁发的奖。

——我的所有经济学工作与我的经济分析工作密切联系。理论分析自然引导我去应用，而具体问题的研究引导我反思理论基础，并根据理论基础提供有可能的满意的答案。

我经常受一种信念的驱使：一个科学家对他所处时代的基本问题不会不感兴趣。我永远不曾停止这样想，不论作为一个顾问，或是一名教师和经济学家，都不应采取单个目标方式，尽管它们常常是矛盾的。我们追求的目标属于政治学领域，事实上政治系统的主要任务是通过社会的各方面妥协来确定的。但是，在经济上，经济学家的任务恰好是研究通过这类妥协所确定的目标实际上彼此是否相容，以及为了达到这个目标所有的手段是否最为合适。

在整体上，以及在分析水平和应用经济学水平上，我的工作一直致力于重新思考经济自由和一个多市场经济在追求效率和实现我们时代的伦理目标方面的作用，以及对不同社会的经济组织引起的问题的彻底研究。

我对应用经济学的工作，无疑是受一种自由理想哲学（欧洲的解释）的影响，是沿着阿来克昔司·德·托奎维尔，里昂·华尔拉，维尔弗雷多·帕累托和约翰·梅纳德·凯恩斯等的路线进行的。但是，不论这种影响如何，我经常努力使我的分析保持在尽可能客观和科学的水平上。事实上，我的所有应用经济学著作都具有两个特征：首先总是基于彻底的理论分析，其次是经常先注意的问题的数量方面的研究。

六　我的两项平行兴趣

1936 年以来，在我的全部事业中，我一直有两项平行的兴趣：历史和物理学。对此，我从未停止分出我的活动的一个重要部分。

我对文明史的研究，可以追溯到中学时代，在中学学习时我就很喜欢历史。以后我一直热爱它，从未间断过对历史的研究。

从 1961 年到 1968 年，我写了一本通史：《文明的兴衰——经济因素》的第一版。在过去 20 年中的不同时期，我既有雄心而又勇敢地改进和发展它，使这部著作设法从文明史推导出永久的规律性，特别是数量的规律性，讲述经济系统、生活标准、工艺、货币现象、人口因素、水平等和社会阶级、遗传与环境的各自影响，国际关系，对人类社会的外生物质影响，以及政治系统等。

对于文明史的经济和社会因素的研究，对我极有启发。我认为没有什么事情比对事实、学说及经济思想的历史的研究更有建设性。不论是经济系统、实际收入的演化、货币现象、人口、国际关系、意识形态，或这些因素的相互作用和它们的因果关系，没有什么事情比对它们的分析更有意义。

我在理论和实验物理学方面的情况。我与物理学的关系始于我在工学院时对物理学、力学及天文学课程的反思，如果 1938 年已有国家科学研究中心，我会致力于物理学的研究，而不会成为一个经济学家。

然而，在过去的 50 年中，在作为一个经济学家活动时，我从未停止过反思和研究建立引力、电磁和量子的统一理论涉及的问题。

在实验水平上，作为这项理论研究的一项副产品，我从 1952 年至 1960 年对仿圆锥摆（约一米长的一个短摆，挂在一个钢球上）的异常现象进行了实验，证明了异常现象的存在。为此我得到法国宇航学会的 1959 年加拉伯奖，同时我还是美国引力研究基金会的 1959 年得奖者。

开始时，我主要是观察一个用玻璃球做的在一个磁场中振荡的摆的运动确定磁和引力之间的联系。在 1952 年和 1953 年的所有观察中，我未能导出任何确切的结论。通过某些实验装置，我得到了正效应。但是用其他装置，我未能得到任何效应。可能需要强得多的磁场，但是靠现有经费在我的实验室中是不可能实现的。

但是，在除地球外没有任何磁场的条件下，在 1954 年至 1960 年的若干时期，每期约一个月的连续观察，我在仿圆锥摆的运动中观察到很显著的异常现象，即基本上存在一个约 24 小时 50 分钟的显著的周期性。1958 年 6—7 月在相距约 5 公里的两个实验室。一个在地下室，另一个在一个采石场，也发现相同的结果。

同时，在 1958 年 7 月下半月，我还观察到仿圆锥摆运动的异常现象，与通过一个固定的望远镜对一个固定视标的光学拍摄中观察到的异常现象之间的一种反应。

后来，我在 1954 年 6 月 30 日和 1959 年 10 月 22 日日全食时，观察到仿圆锥摆振荡平面的很类似的偏差。

事实上，现在所有这些现象在被接受的理论框架内是难以解释的。

对于所有这些结果及其分析我能作一项预言：如果在同一地点和同一时间，至少一个月不间断，观察仿圆锥摆的运动。连同我作过的那种光学拍摄，以及重复密盖尔逊—摩来（1887）和密勒（1925）的实验，其目的是显示地球相对于"以太"的运动，将发现密勒在 1925 年观察的效应对应于我所观察的仿圆锥摆运动异常现象和光学拍摄的异常现象。

我对理论和应用物理学所有的研究，表面看起来，似乎距离我作为一个经济学家的主要活动如此的远，实际上它们以极宝贵的经验丰富了我。

这些研究经常出现各种很大的困难，但它们引导我反思我们的知识、经验和理论的性质，用于实验和解释结果的困难，以及一般科学方法。

经济学和物理学中关于构思模型和经验数据的解释问题的相同性，特别使我震惊。没有什么事情比这两个表面上如此不相似的科学之间的这种对比，对我更有教育意义。

七　科学称号的活动

毛立斯·菲立克斯·查理·阿来（Maurice, Fllix, Charles ALLAIS），1911

年 5 月 31 日在巴黎出生。

现在的活动：

1944 年以来，担任巴黎的国立高等矿学院经济学教授；

1946 年以来，任经济分析中心主任（国家科研中心和国立高等矿学院，巴黎）；国家矿务局荣誉总工程师。

以前的活动：

1937—1943 年，任南茨矿务局局长，并负责铁路控制；

1939 年 9 月—1940 年 7 月，在法国阿尔卑斯军，中尉（炮兵）；

1943—1948 年，在巴黎任矿业文献和统计局局长；

1944—1970 年，在巴黎任经济和社会研究组主任；

1946—1980 年，是国家科研中心的一个研究单位的负责人；

1947—1968 年，任巴黎大学统计研究所理论经济学教授；

1958—1959 年，弗吉尼亚大学汤玛斯·杰弗逊中心"高级访问学者"；

1967 年，在日内瓦国际研究生院任经济学教授；

1970—1985 年，巴黎第十大学货币分析讨论班班主任；

1947—1980 年，任国家科研中心全国委员会委员；

1960—1961 年，任法国经济和社会委员会能源委员会委员；

1963—1964 年，任欧洲经济共同体运输运费政策方案研究专家委员会主席。

学位：

1931—1933 年，巴黎工学院学生，以第一名毕业；

1934—1936 年，巴黎国立高等矿学院学生；

1949 年，巴黎大学科学学院博士—工程师；

1964 年，格龙宁根大学荣誉博士。

所在科学团体：

1949 年，国际经济计量学会会友；

1951 年，国际统计学会会员；

1952—1984 年，政治经济评论编辑委员会委员；

1956 年，任纽约科学院院士；

1956 年，美国运筹学会会友；

1959—1969 年，任国际杂志《经济计量学》编辑委员会委员（和拉格纳·弗立希，密尔顿·弗里德曼，佳林·库普曼斯，华西里·列昂节夫以及理查·斯通在一起）；

1960—1965 年，任经济计量学会理事会理事；

1972 年 7 月，任法国经济学会主席（1972 年 10 月，因健康原因辞职）；

1976 年，任美国经济学会荣誉会员。

获国家勋位：

1949 年 12 月 20 日，获学术成就勋位；

1962 年 3 月 5 日，获国民经济勋位；

1977 年 7 月 14 日，获荣誉勋位。

获科学奖（1933—1987 年）：

1933 年，由于以第一名从工学院毕业，获科学院拉普拉斯奖和李弗奖；

1954 年，由于所著《经济学科研究》（1943），获道德和政治科学院查理·杜平奖；

1958 年，由于 1957 年发表的优异运筹学论文《评估大面积矿藏勘察的经济前途的方法——阿尔及利亚萨哈拉案例研究》，获约翰·霍普金斯大学和美国运筹学会的兰彻斯特奖；

1959 年，由于所著《国营煤矿的管理和经济理论》（1953），获道德和政治科学院约瑟夫·杜腾斯奖；

1959 年，还由于对重力和仿圆锥摆运动的研究，获法国宇航学会加拉伯奖；

1959 年，又还由于所写 1959 年备忘录《关于重力的新理论和实验研究工作》，获美国重力研究基金会奖；

1960 年，由于 1959 年的著作《统一的欧洲和繁荣之路》，获法国大西洋共同体协会大西洋共同体大奖；

1970 年，获国营工业促进学会金奖；

1978 年，获国家科研中心金奖；

1983 年，由于所写 1982 年的备忘录《频率，概率和机会》，获道德和政治科学院罗伯特·布兰奇奖；

1984 年，获道德和政治科学院柴立里·马里莫大奖；

另外，由于对运输基础结构的研究的全部成就，在创设"1987 年杜普—德—来塞浦斯奖"时，还获评审委员会特奖。

我对经济科学的主要贡献提纲

毛立斯·阿来

法国，巴黎国立高等矿学院
和国家科研中心

1988 年 12 月 9 日讲演

瑞典皇家科学院授予我的诺贝尔经济学奖是一个很大的荣誉，为此我深受感动。

我作为今年的诺贝尔经济学奖得奖人，向皇家科学院发表讲演，使我更感到光荣。

得奖人应当陈述他工作的主要贡献，已经成为一种传统。因为这些贡献与颁奖的动机直接有关。例如我的"对市场理论和资源有效利用的先驱贡献"，我愿以最广义来解释这个动机，即联系到可以保证在能支配的有限资源下，经济以最大效率，用于满足人们需要的一切条件。

一　我作为一名经济学家的事业的动机，1943 年我的著作及以后的发展

（一）我作为一名经济学家的事业的动机

我对于经济科学的贡献构成一个整体，这是在促成我作为一名经济学家事业的动机下形成的。

在我接受中学教育时，我热爱历史，后来在工学院时，我热爱物理学和力学，1936 年我终于进了国家矿业局。

战争的到来和法国的战败，使我参战并于 1940 年 7 月复员。那时再次恢复了我在南茨矿业局的工程师职务。然而我对战前关心的事已完全改变。那时我只有 29 岁，我有青年人的一切幻觉。对我而言，我能做的事情显然是准备战后时期作出贡献。

1933 年夏天，我曾访问美国，那时美国深陷在萧条中，是一个很惊人的现象，对它没有找到能被普遍接受的解释。我也与法国在 1936 年选举后爆发的社会动乱很接近。

设法为任何经济的根本问题，即如何促进最大可行的经济效率同时保证可被一般接受的收入分配找出答案，有什么比这个更好的准备战后作出贡献的方式呢！

所以我认为，作为一名经济学家的职业不决定于教育，而决定于环境。其目的是努力打下基础，以便在它上面有效地建筑一项经济和社会政策。

（二）1943 年我的著作《经济学科研究》

那时我购买一切经济学著作，已经到了不加考虑的地步，凡是我能找到的法国作者写的，或外国作者写的并译成法文的经济学著作，我都买。在那些日子里，开始了我一生中的一个重要时期，在今天看来几乎不能理解，如何能在只有 30 个月，即从 1941 年 1 月至 1943 年 7 月，就写出一本约 900 页的很精练和很有结构的书《经济学科研究，纯粹经济学》。你们的科学院在申明决定将 1988 年诺贝尔经济学奖授给我的理由时明确提到了这部著作。

我负责法国五个省的行政机关的工作，那时在德国占领下，我活动有些慢，但是我至少要求每星期工作 25 个小时。我还必须访问矿山和采石场并常常旅行到约 500 公里以外的巴黎。

那时，我只不过是自学，事实上到了 1940 年 7 月我才开始阅读经济学。这从我常阅读和注释的书上写下的日期可以看出。我是在 1940 年 7 月至 1941 年 5 月才阅读里昂·华尔拉，维尔弗雷多·帕累托和欧文·费休的基本著作的，他们是对我的思想影响最深的三位伟大的经济学家。

我如何能在这么短的时间，并且是在战争的最黑暗年代和法国在被德国占领的特别困难的条件下写成这么一本书？我如何能在 1941 年 7 月 1 日复员后的仅一年内，完成这本书的导论？我如何能在 30 个月的同一时期中有效地准备后面五卷的材料？

　　鉴于我在接触的所有出版商拒绝出版此书的情况下，我如何能在同时成功地为此书找到一个印刷厂，为书的印刷找到纸（那时纸很稀缺），并且组织书的订购？

　　所有这一切今天看来都是难以置信的，但我却在只有 30 个月的时间里全部有效地完成了。

　　莱布尼兹写的一封信中说："我希望自己游泳，没有任何主人……在我读书时常常遇见几行字给我以启发，我得到无数次思索的素材……"没有什么话比这些话能更恰当地描述当时我体会到的那种意境。我应当补充说，我被阿贝尔提出的基本原则："只读大师的原著"所引导，虽则是不自觉的。

　　所以，我的 1943 年的书只有一个业余作者的著作，是一本热情的著作。如果任何人知道了瑞典皇家科学院曾明确地提到一位自称为业余爱好者的作者的著作，而感到惊讶，这只能暴露不了解若干世纪以来业余爱好者曾对科学作出贡献的一切事实。确实，在他们的队伍中，可以找到费马、莱布尼兹、拉瓦锡、门德尔、巴斯德、路易·德·布劳理以及这么多其他伟大的人物，在他们的早年生涯中，或者有些是在他们的一生中，只是业余爱好者。华尔拉和帕累托就只是自学的业余爱好者。

　　业余爱好者通常被专业人员以及任何"既成事业"的人员看不起，但是他们确实有一个很特殊的优点，他们从来没有受大学训练以及经常重复"既定真理"的约束，并且因而能用新的眼光研究每个问题，没有任何先入为主的成见和偏见。

（三）1943 年后我的发展

　　1943 年我所著的书，事实上是后来所有我的出版物的出发点。这些出版物是在我曾工作的经济科学各个领域中对这本书的发展和补充。对此，我始终追求一个目标：打下一个符合经验数据的一般理论的严谨基础。

　　我在开始写这本书时，曾设想共分五卷：前三卷分别讨论利息理论、货币理论及国际经济；第四卷致力于分析实际经济的不均衡状态；第五卷属于规范性质，是"未来的经济"。

　　我的这个雄心很大的计划，后来证明有些不现实，我想放弃它为好。1947年我出版的《经济和利息》，实际上就是原设计的那本书的第二、三卷和第五卷。你们科学院在给我授奖时也明确地提到了它。

　　我的全部工作，不过是我在 1943 年制定的计划而逐渐实现的。当然，这个任务尚未最后完成，仍在继续进行。虽然我在起初的动机是规范性的，虽则它在很大程度上符合华尔拉在他的"社会经济研究"中所表示的关切，但是我却不断在我的分析中，努力划清我在基本经济科学与应用经济学及政治经济学之间的界限。

　　在我的全部工作中，我注重综合研究：把实物和货币现象的研究综合成一种见解；把效率条件的分析和收入分配的分析联系起来；密切联系理论分析和应用经济学；把经济学和其他的社会科学、心理学、社会学、政治科学以及历史联系起来。这些一直是我关心的目标。

　　我相信，对于我所关心的经济和社会现象的综合概念，是我思考一切问题的基础，也是我在理论经济学和应用经济学方面进行研究中密切联系的基础。这种关切构成我的所有工作中深刻的内在一致性。

　　我研究问题的方法，从来不是从理论出发到事实，而是相反，是设法从事实中找出解释的线索，没有这些线索和事实，似乎是无法理解和采取的有效行动。

　　就整体而言，我的工作是对我在实际中感觉到的东西和对现行文献中含混、矛盾及漏洞提出的问题，提供满意答案所需要的一种响应。因此，我的工作是长期的，而且常常是痛苦的努力，是背离失败的道路和时代的主导思想的。

　　在我的事业的开始阶段，我的求知愿望联系着深刻的行动愿望，并希望影响舆论和政策；但是若干年后，这后一动机变为次要，远在我的求知愿望后面。

二　对经济科学的主要贡献

　　我对基本经济分析的贡献，主要在五个领域，而且都关系到寻找最大可能经济效率的条件及其隐含的收入分配的分析。自从 1941 年以来，我一直在这些领域中工作：经济进化和一般均衡理论，最大效率理论；"经济计算"基础理论，时间过程和最大资本主义效率理论；不确定性下的选择和理性经济决策要考虑的标准的理论；货币、信用和货币动力学理论；概率论、时间序列及其外生分量的分析。

　　在上述每一个领域中，我相信，我都把自己从流行的概念中解放出来，开辟了新道路，产生了新观点。

下面，我将很简短地评论我的那些贡献，它们可在阿尔弗雷德·诺贝尔遗嘱的意义上被认为是对基本经济科学的主要贡献，或者如果我可以这样说，甚至是真正的发现。

（一）经济进化和一般均衡，最大效率和经济计算基础的理论

我对经济进化和一般均衡，最大效率和经济计算基础的研究工作，分两个阶段发展：从 1941 年到 1966 年；从 1967 年至今。

在很大程度上，我 1943 年的书《经济学科研究，纯粹经济学》，集中证明两个基本命题：一个市场经济的任何均衡状态是一个最大效率状态；反之，任何最大效率状态是一个市场经济的一个均衡状态（等价定理）。

在华尔拉的市场经济模型的框架中，曾被古典经济学家预言的这些非常简单的命题的严谨证明发生许多困难。我相信，对一个在给定时间考虑并把未来计算在内的经济，我第一次给出了很大一般性的证明。

这项证明用了二阶条件，并且没有任何关于生产集的一般凸性的不实际的假设。它提示收入分配的任意性质。写出贴现价值是最大效率的一个条件。

在此著作中，我定义了四个很基本的新概念：消费单位偏好指数超空间中的最大可能性面的概念；对应经济从一个给定情况的一次可行修改的可分配剩余的概念；定义为保留偏好指数不变的经济的所有可行修改的最大可分配剩余的损失的概念；以及偏好指数超空间中相等损失面的相关概念。

在 1966—1967 年冬，我被引导放弃华尔拉的市场经济一般模型，即在任何的时候，不论有无均衡，其特征都是单一的价格系统，对所有经济主体价格相同——一个完全不实际的假设。而在我的 1943 年的书中，叙述和使用的可分配剩余概念的全新基础上，和在一个新模型、多市场经济模型上建立经济进化和一般均衡，最大效率，经济计算基础的理论。

按照已在我的 1943 年的书的许多发展中概述的这个新方法，是实物经济动力学的全部建筑在剩余的搜寻、实现和分配的基础上。这个新方法能非常简短地证明两个等价定理，而没有任何限制性假设，不论它是连续性，可微性，或一般凸性。它也能规定一个博弈的规则系统，其实施可能导致最大效率状态。当不能得到剩余时，有一般经济均衡和最大效率。

这个理论基于我的 1943 年的书中提出和发展的可分配剩余、损失和最大效率及相同损失面的基本概念，而且它许可将货币加入一般经济均衡和最大效率

理论。

在其一般原理上，我的剩余理论推广了 19 世纪的边际分析，不仅考虑微分变差而且也考虑离散变差，计算全经济中一切数量的变差的复杂的相互作用。事实上，它成为边际主义的因果方法和华尔拉的函数相互依存关系方法，这两个互补性方法的综合，我已在我的 1943 年的书中予以分析。

这个理论不仅给出经济动力学的实际的表示，没有任何无用的假设，而且它也对在管理和分配的两重问题下的经济运作的真实意义提供更好的了解，它在全新的观念下加以阐述。

这个理论适用于分析国际贸易和分析国民经济，也适用于分析东方和第三世界经济以及分析西方经济。

我想，我的一般剩余理论，不仅与一切以前的理论比较，而且也和一切当代理论比较，都有很大进步。

（二）时间过程和最优资本主义结构理论

1947 年出版的我的书《经济和利息》，提出一个时间过程的效率的一般理论，有两项特别有意义的创造性贡献：将最大效率理论扩展到考虑不同世代和资本生产率理论。

第一，在考虑未来世代时，基本情况得到澄清，在今天的文献中它们在很大程度上被忽视。这个分析表明，虽则利息率的惟一性是生产部门中的效率的一个条件，但它在全经济中不是如此。

由此可见，资本供求均衡导致内在的最优状态的古典理论是不能接受的，特别是一项准备老年的强迫储蓄政策与时间过程最大效率的条件是完全相容的。

第二，我的资本最大生产率理论，分析生产过程对于实际国民收入的多少属于间接性质的影响，实际国民收入自身与工资利息率（即工资平均值作为一个单位）有关。就我所知，这个理论在文献中第一次提供一个稳态过程中存在一个"最大之最大"状态。这个状态对应于零工资利息率。

这个理论依靠两个新概念：初级收入（工资和地租的总值）；特征函数，代表时间生产过程。我曾推广乔治·鲍斯奎的深刻分析以阐述这些概念，鲍斯奎的分析自身则受斯坦莱·哲逢斯的分析启发。

这个理论是所有我的以后的著作的基础。在一个动态过程的例子中，我于 1961 年证明"最大之最大"情况对应工资利息率与初级收入增长率相等的状态

（积累的黄金规则）。我想我给出了这个定理的第一个一般和严谨的证明。

就我所知，在所有动态资本主义过程中，我提出的一种理论是惟一能作数值应用的。它被经验数据充分证实。

（三）不确定性下的选择理论和理性经济决策标准

我的不确定性下的选择理论从两重动机出发：将一般经济均衡和最大效率的理论扩展到一个有不确定性的经济的愿望；冯·诺依曼和摩根斯坦的 1947 年《博弈论》，和理性经济决策标准的一种批判性分析。

为了把一般经济均衡和最大效率的理论推广到有风险的情况，我在一篇 1952 年论文中说明怎样才能把对未来的不确定性，不确定性下的选择域，以及有关风险组分的运算（在不确定性情况下关于物质产品变换的生产函数需要移位）考虑进去。

在《博弈论》中，冯·诺依曼和摩根斯坦提出一个确定基数效用的方法和一条理性行为规则。两者都基于考虑一种指数，它可以称为新贝努里效用指数。冯·诺依曼和摩根斯坦设计的理论，从一个公设系统证明这种指数的存在，而且他们认为它与哲逢斯意义上的基数效用等同。按照他们的意见，为了有理性，任何经济主体必须使这个指数的数学期望值最大化。

这个意见，我认为不能接受，因为它等于忽视心理价值围绕其均值的概率分布，它恰好表示风险理论的基本心理学因素。

我通过反例说明我的论点，其中之一以"阿来佯谬"闻名。事实上"阿来佯谬"只在外表上是佯谬，而它仅仅对应一项很深刻的心理学真实，是在确定性领域的对安全的偏好。

为了用经验方法检验关于面对不确定性的理性行为的相互冲突的学说，我在 1952 年进行了一次调查，涉及约有 100 名有概率论知识的和良好训练的人，所以可以认为他们的行为是理性的。

然而，在 1976 年之前，我未能对 1952 年调查提供的答卷进行完全的分析。这个分析表明，对每个被调查人，没有一个指数，其数学期望值的最大能解释观察到的行为，充分证实了我的 1952 年论文的结论。

而且这次调查允许我证明，对于所分析的所有被调查人，存在一个心理价值指数，或其数效用，可以不依赖考虑任何不确定性下的选择加以确定。

如人们考虑资本的相对变差，从一个人到另一个人，相应的基数效用函数是不变的，而且知道这个函数能以至今仍然超出任何准确计算范围之外的问题作数量分析，例如从最富者转移财富给最穷者的心理学影响，或者评估税负的心理学影响。

(四) 货币、信用和货币动力学理论

经验表明，在货币不稳定的经济中，既不能有经济效率，又不能有收入的公平分配，它可能有大的波动。例如，1929—1934 年的大萧条。正是这个事实引导我从 1941 年起思考货币现象、货币、信用及经济波动。

在我的 1954 年和 1955 年的两篇论文中，我提出一个总支出波动的非线性说明性模型。这个模型基于我称为货币动力学基本方程和货币供求的一个继承形式。通过这个模型，可将总支出的变差表示为货币供求差额的一个函数，货币需求是过去总支出变差的泛函。

可以看出，对于接近经验值的参数值，模型产生极限循环，其持续时间和幅度与观察值差别很小。

(五) 我的货币动力学一般理论及以后的一切发展均以这两篇论文为基础

在 1965 年和 1987 年之间提出的各篇论文中，我扩展了以前的成果，在一种全新形式的基础上写出货币供求函数。这个形式是遗传性的，因为它确定现在作为过去的一个函数，而且它是相对的，因为当物质时间被心理时间代替时，这种依赖关系不变。它设定过去被忘记和未来被贴现是同一种方式。

这一点意味着在任何给定时刻，遗忘率和利息率的共同价值自身是总支出的以前变差的一个不变泛函。

今日，我的货币动力学理论基于四大柱石：货币动力学基本方程、货币需求、货币供给、遗忘及心理利息率的三个遗传性和相对性的形式。

这个理论主要依据创造性指导思想：忘记过去和贴现将来的基本类似性；遗忘的遗传性心理过程；心理时间的考虑；过去事件对人的遗传性影响；货币现象的遗传性传播通过时间逐渐减弱；滞后调节隐含极限循环的存在。它们可用于许多领域，例如经济学、社会学和政治科学。

我的货币动力学理论依靠引入在以前文献中没有等价物的新概念；心理利息率，遗忘率和反应时间的概念，其数值依经济情况变化；心理学扩张系数的概念代表所有经济主体对经济情况的平均评估；心理时间的概念，心理时间的参考资料，是货币动力学规律在其中保持不变。

一旦对货币数量有了合适的度量，新理论的经验验证是很突出的。在经济计量研究的全部历史中，这是我知道的惟一事例，一个只用单一解释变量，并且只包括两个任意参数，或者甚至只有一个，按照所考虑的方法，在这么多和这么不同的事例中，能提供这么好的成果，实在远比在它出版前或后提出的所有其他理论的成果好。

由于揭示社会现象中存在一种遗传性和相对性形式的不变效应，新方法打开了眼光，取得的成果表明发生每件事情好像不论制度框架、偶然的历史情况以及个人的愿望如何，人们以同样方式对相似的复杂的事件序列作出反应。它们表明我们受我们的过去的影响，在确定论和自由选择的一般辩论中打开新眼光。

（六）概率论和时间序列及其外生分量的分析

思考不确定性下的选择理论和寻找在时间序列的波动，特别是最好的经验验证的模型的残差波动下面的基本因素，引导我对机会的概念及概率理论作批判性分析，证明一个新定理——"T定理"，以及引入一个新概念——"X因素"，它表示对时间序列的外生物质影响。

一般称为"机会的数学理论"的数学理论实际上忽略机会、不确定性和概率。它们考虑的模型是纯粹确定性的，它们研究的数量在最终分析中，不过是一切相等可能的构形中具体构形的数学频率，其计算基于组合分析。实际上想不出机会的公理定义。

按照"X因素"假设，我们在物理、生物及心理现象中观察的时间序列波动在很大程度上来自充满生活的空间，并且其存在现在确定无疑的无数振荡通过共振效应的影响。因此能在很大程度上解释我们在很多时间序列，例如在太阳黑子或在证券交易所牌价中的初看如此不能理解的波动结构。

对这样一种结构对应一种几乎是周期函数，定义为下弦分量之和，其中有些分量的周期是无公度的。从"T定理"可知，在很一般的条件下一个几乎是周期函数的相继值是正态分布的。宇宙的确定性振荡结构能产生似乎是随机效应，以及确定论能产生通常所指的机会，因而得以成立。

三　我的经济科学概念

以上是我对基本经济科学作出的主要创造性和革新性的贡献。现在我愿用几句话总结自从 1943 年我的第一本书出版以来，在我的工作中经常遵循的原则。

（一）经验的基本判断标准

任何科学的先决条件是存在能分析和预测的规律性，例如天体力学中的情况就是如此。许多经济现象也是如此。它们的彻底分析确实显示存在规律性，它们和在物理科学中发现的规律性一样惊人。这是经济学为何是一门科学以及这门科学为何依靠和物理科学相同的一般原理和方法的原因。

一切科学以模型为基础而每个科学模型包含三个不同阶段：陈述良好定义的假设；演绎这些假设的一切后果，并且除这些后果外没有别的；将这些后果与观察数据对照。在此三阶段中，只有第一和第三——建立假设，将结果与实际对照——是经济学家有兴趣的。第二个阶段是纯粹逻辑的和数学的，即同义反复的，只有数学趣味的。

模型和它表示的理论必须（至少暂时地）被接受或否定。这决定于观察数据与模型的假设和含义一致或不一致。如果一个理论的假设及含义都不能与实际对照，那个理论没有任何科学兴趣。仅仅逻辑的，甚至数学的，演绎如果不密切联系实际，为了了解实际依然是无价值的。

服从观察的或实验的数据是主导任何学科的黄金规则。任何理论如果不能为经验证据证实，就是没有科学价值而且应被否定的。

例如当代一般经济均衡理论就是如此，它们基于生产域的一般凸性的假设，这个假设为所有经济数据所否定而且导致荒谬的后果。新贝努里期望效用理论也是如此，它建筑在其后果与观察数据不相容的假设上。

我的方法始终基于两重信念：一种信念是没有理论，知识不免仍然是混乱的并且事实的积累只构成一种浑沌的和必然不可理解的总汇；第二种甚至更强的信念是一种理论如不能面对事实或尚未被观察数据在数量上证实，事实上没有任何科学价值。

（二）用模型说明理论

我总是通过能明确地进行一切计算的特殊模型说明我陈述的一般理论。

我的信念确实是如果不依靠考虑具体模型来说明，不能真正理解任何一般理论。对具体模型审慎选择是为了使一切有关情况的分析成为可能，而如此设计使之很清楚地显示假设的含义。

正像不可能有科学上成立的理论而不是一般的和能用于一切具体事例的，因此如果不靠应用于具体事例来说明，没有能被充分理解的一般理论。一个理论愈一般，用合适的模型说明它愈能保证充分理解其意义和范围。

（三）理论与经验证据对照以及寻找不变的规律

我的工作愈益关心数值应用，主要基于观察提供的数值数据。

我的遗传性的相对的货币动力学理论的经验验证是很突出的。它们确定是在社会科学中发现的最异乎寻常的验证，而且是在对社会生活很重要的一个领域之中。事实上观察到实际以一种几乎完美方式被这个理论导致的形式所表示。例如，不论它用于大萧条时的美国，从 1919 年 12 月到 1923 年 10 月德国超级通货膨胀（在那个时期中物价指数，以 1913 年＝100 为基数，达到 10^{12} 数值），或是用于从 1922 年 1 月至 1924 年 2 月的苏俄超级通货膨胀。这些成果说明社会现象中存在深层的结构规律性，它们与物理科学中观察到的那些规律性一样惊人。

我被逐渐引导至两重信念：在一切时间和地点人类心理学基本上相同；并且现在是被过去按照不变的规律确定的。依我看来，在很大程度上，社会科学必须像物理科学，以寻找在时间空间中不变的关系和数量为基础。

例如，不论经济学考虑什么，不论在过去或现在，全部人类经济活动成为按照基本上不变的过程寻找，实现及分配剩余。

我的时间过程理论，在任何给定时间的生产和可以考虑为此生产之源的过去供应的生产因素之间的关系方面产生一个不变的结构。

我在 1952 年进行的调查，对调查结果分析之后，引导我得出一个结论，基数效用确实存在，并且对所有被调查人都是存在的这个基数效用可用他们的资本的相对变差的一个不变函数表示。

我发展的货币动力学理论，依靠现在和过去的演化中，在时间和空间中不变的一种遗传性联系的考虑。这个成果表明，在不同背景下的人类社会——不论它们是否对应现在情况，膨胀或紧缩，或对应超级通货膨胀，资本主义或共产主义国家，在今天或在一个世纪前——的行为方式是相似的。因此，对我们受过去影响的一般研究可以建立在此基础上，而我得出的遗传性的和相对的形式可在人文科学的一切领域作许多应用。

（四）数学的利用

我曾不断被引导在普通逻辑显然不足以分析经济现象的一切事例中利用数学。这些现象主要是数量的，并且通常是很复杂的。利用数学能使我们对否则将因它们的复杂性而不能解决的问题提供严谨的解。

然而，数学不是也不能是作为一项工具之外的任何东西，这是我工作依据的一个信念。用了数学，这个科学方法的惟一两个真有效果的阶段是：第一，彻底研究初始假设，第二，讨论所得成果的意义和经验有关性。剩下来的只是同义反复的计算，只有数学家对之有兴趣，如果公设不对应观察到的现象的真实性质，推导的数学严谨性永远不能证明一个基于公设的理论是对的。

利用甚至是最巧妙的数学形式，永远不能被认为是质量的保证。数学是也只能是表达和推理的一种手段。经济学家对之工作的素材仍然是经济的和社会的。确实，人们必须避免发展一种复杂的数学工具，只要它不是严格地不可缺少的。真正的进展永远不在于纯粹形式的表达，而总是在于支持任何证明的指导思想。正是这些基本思想必须被明确地陈述和讨论。

数学本身不是目的，它是并且应当只能是一个手段。

（五）新思想和主导学说的统治

我从不犹豫质问被公共接受的理论，只要我认为它们是基于暗含着与观察数据不相容的后果的假设。

确实，只有通过不断质问"既定真理"，以及经验证据和创造性直觉揭示的新思想之花的开放，科学才能真正进展。但是所有真正的科学进展都反对"权威"生成的主导思想的统治。这类主导思想愈被视为当然，它们愈扎根于人们的心里，一种新概念争取接受变得愈困难，不论以后它可能证明多么有效果。

主导思想不论如何错误，而通过连续的重复，最终取得既定真理的资格，是不能对之质问而不面对"权威"的放逐的。哥白尼、伽利略、阿贝尔、伽罗华、巴斯德、阿恒纽斯、魏根纳和其他许多人说明天才的发现者们遇到的障碍。

正是对新思想的此种阻力，说明了为什么在经济学中经过这么长时间，才对杜普、华尔拉、爱奇渥思、帕累托和其他许多人的重大贡献给予承认。华尔拉的《纯粹经济学基础》在出版 75 年后才被译为英文。帕累托的《政治经济学手册》，以英文出版也已过了 60 年之久。

成功的学者总是对人人皆知的主导理论添加一些小小的改进意见。如果有一种新理论在既定的道路之外，不论有什么理由，它一定面临一般的反对。

为了所有这些理由，将"既定真理"不断经受批判性分析而不留情是重要的，同时还应始终记住帕累托的话："科学史留下来的是才智之士的错误史。"

在人的一生事业中，不论他可能付出什么代价，科学家应当永远不照一时的风尚或他的同时代人的赞成或不赞成走路。他惟一关心的事必须是追求真理。这是我从未背离的一个原则。

最后，我愿再一次为授予我的很大荣誉表示深刻感谢！

华尔拉有一次写道，真正的学者无疑地为真理而寻求真理，但是他不能对承认他的工作的价值无动于衷。不论他们说过什么最著名的科学家们对其他人的意见永远不会完全不在意的。

瑞典皇家科学院
本特—克列斯特·桑德教授讲话

国王和王后陛下，殿下们，女士们和先生们：

今年的得桂冠者，是奥斯陆大学特里夫·哈维莫（Trygve Haavelmo）教授，由于他对发展经济计量学，即用以估计和测试数量经济关系的方法的先驱贡献，被授予经济科学的阿尔弗雷德·诺贝尔奖，在我们的日常生活中这类经济计量学估计的关系的实例面对着我们。例如不同市场中供和求的价格灵敏度，共同市场国家中相互豁免关税的效果的估计或未来宏观经济波动的预测。

对任何这类估计，或者实际上对任何经验科学，有三项要求：第一项先决条件是反映真实的理论。第二项符合理论概念的观察数据。第三项要求是用于量化和测试经验观察基础上的理论关系的一种方法论。1940 年以前，由于缺乏系统性的数据和可靠的测试方法，经济研究受到阻碍。其结果是理论通常仅能提供定性结论，而它们在经验上能否成立难以用一种满意的方式来测试。

在 40 年代经济学的科学工作条件发生很大变化。新经济政策创议需要发展系统化的经济数据，特别是国民核算形式的数据。诺贝尔奖最近授给了英国经济学家理查·斯通，为了他在这个领域中的贡献，也是在这一时期中建立了基于概率论的现代经济计量学，于是现在模型可以更加一致地和系统地量化及检验。是特里夫·哈维莫为经济学中重要的方法论的发展提供了指导原则。

经济学中较早的数量研究成果暴露了两个基本问题，都和检验经济理论的可能性有关。

第一，永远不能指望关于经济关系的理论完全符合现有数据。数据下面的个人决策受许多决定性因素影响，在写出经济关系式子时不能完全加以考虑。

第二，经济学家难以或者从未以自然科学家那样的方法进行有控制的实验。市场产物——价格、数量等等的现有观察数据反映很多有相互影响的不同行为关系的结果。所以，一项基本关系，例如一个需求函数，永远不能单独地被观察到，而只能在经济中一些联立关系和情况的条件下被观察到。这就发生经济学家们所说的"相互依存问题"，即利用观察数据以一种不含糊的方式识别、估计和检验基本关系的困难。

在他的题为"经济计量学中的概率方法"的开辟道路的学位论文和以后的研究中，特里夫·哈维莫能令人信服地阐明如果以概率形式写出经济理论可以解决这两个根本问题。因此数理统计学的方法可以用于从现有经验观察的随机样本导出有关基本关系的严格结论。哈维莫也指出用统计方法能解决相互依存问题。他的最著名的成果之一，是有关对大型相互依存模型中的关系，作在孤立的估计的尝试中能发生的偏误的度量。哈维莫提出一种通过联立估计整个模型结构以避免这类偏误的方法。

哈维莫的研究计划迅速吸引了聚集在芝加哥的考尔斯委员会的一些著名的经济学家和统计学家。这样导致在 40 年代的异常迅速的方法论的发展。因而建立了现代经济计量方法的基础。

不过一种检验方法自身不是目的，也需要实际的和可检验的理论。哈维莫以后研究的一大部分致力于构思可检验的动态理论，特别是他对经济发展和投资的理论作过显著的贡献。

哈维莫教授：

你建立了现代经济计量学的基础的指导原则。你阐明了——尽管进行有控制的实验是有困难的——用统计方法能得出经济理论的经验估计和检验。今天用为公私决策基础的经济关系的数量研究，在很大程度上是按照你创始的方法论发展构造的。

我荣幸而愉快地代表瑞典皇家科学院祝贺你，并请你从国王陛下的手中接受1989 年经济科学的阿尔弗雷德·诺贝尔奖。

特里夫·哈维莫简介

经济计量学的领域有关估计经济关系和检验假设的关系是否完全符合实际。在 1943 年哈维莫发表在《经济计量学》杂志的一篇文章中，以及他的题为《经济计量学中的概率方法》（1944）的博士论文中，表明以前应用的许多方法的结果使人误入歧途。较早的方法未能充分考虑一个事实，实际经济发展决定于很多经济关系的相互作用，且经济学规律并非是严格的。

在他的博士论文中，哈维莫对经济关系的估计提出了一种新的和开辟道路的方法，应用数理统计学中使用的方法。他的工作为一个新研究领域奠定了基础，以后主导了估计复杂经济关系的研究。

在对哈维莫的博士论文的评论中，英国的诺贝尔奖获得者理查·斯通写道：它是一项对经济计量学的光辉贡献，对估计经济关系成功程度将有革命性的影响。

在哈维莫成为奥斯陆大学的教授之后，他的研究兴趣转向经济理论。他所著的《经济进化理论研究》（1945）一书，是对一国相对于他国经济不发达的可能原因的先驱研究，比其他经济学家认真从事发展研究超前很长一段时间。

哈维莫也对确定一国中投资发展的理论作出了宝贵贡献。他所著的《投资理论研究》（1960）一书，引入了关于实物资本的需求，以及实物资本调整缓慢的理论，在以后的研究中有根本的重要性。投资行为的许多理论和经验的研究，均受他的著述的启发。

哈维莫的许多其他研究，例如一本关于环境经济学的专著，远在有这类研究之前就有了，并对其他研究者有所启发。哈维莫对挪威的经济学有决定性的影响——不仅作为一个研究人员，而且也作为一位教师。在他活跃于奥斯陆大学经济研究所的岁月中，他是经济学方面的主要教师。他教过经济理论的许多领域，他的许多学生和助教根据他的讲义写文章，因而得到他们在写作方面的第一次教导——激励的指引。哈维莫是他们的顾问，他给予许多研究人员的启发也不少。

传 记 资 料

出生：1911 年 12 月 13 日，在挪威斯克滋模。

学位：

1930 年中学毕业；

1933 年奥斯陆大学政治经济学学士；

1946 年奥斯陆大学哲学博士。

职务和任命：

1933—1938 年任奥斯陆大学经济研究所研究助理；

1938—1939 年任阿胡斯大学统计学讲师；

1940—1942 年任洛克菲勒研究员；

1942—1944 年为纽约诺特拉雪统计学家；

1945 年任挪威驻美大使馆商务参赞；

1946—1947 年为芝加哥大学考尔斯委员会研究人员；

1947—1948 年任工商部和财政部处长；

1948—1979 年为奥斯陆大学经济学教授。

荣誉和国际联系：

1944 年为经济计量学会会友；

1946 年为数理统计学会会友；

1950 年为挪威科学院院士；

1954—1958 年，1961—1963 年，1966—1970 年为经济计量学会理事会理事；

1957 年为经济计量学会会长；

1975 年为美国经济学会荣誉会员；

1979 年为丹麦科学院院士；

1979 年获弗里乔夫·南生高级研究奖。

经济计量学和福利国家

———————————————————————— 特里夫·哈维莫

挪威，奥斯陆大学

1989 年 12 月 7 日讲演

一 引 言

在这里的尊贵的听众中有些人士，以及或许未出席的许多我的同事，可能会说我为这次选择的题目是一种奇怪而人为的构思。经济学的抽象题目和有关福利国家的运行的很实际的问题有何关系？在这次讲演中，我将竭尽所能说明为什么我想在这两个领域之间看到某种联系并不过于牵强附会。

为了做到这一点，很不幸我不得不请你们绕道先了解一下经济计量学的进化。我这样做并非为了写作经济计量学史，而是希望给在这次讲演终结时导出的结论增加一些分量。

这次绕道可能有一些有趣味的副产品，甚至有很高水平的学者们也常问我，经济计量学是否是一般经济科学的边缘上的一种比较抽象和干燥的分支？我想我对这一问题有一个比较有说服力的否定答案。至少有五位以前也得到现在我为之在这里的奖金的学者，他们的研究表明：在经济研究的中心部分没有经济计量学，经济科学不可能超出一般谈论的阶段，没有真正有用的成果。在我的讲演过程中我将回答这一点。

在我继续讲演之前，或许我应当作一个最后的前言性质的说明。以下我将常说"我"，而不说"我们"。实际上，我应当说"我们"，因为我对我在此讲演中可能提到的成果肯定没有任何独享的权利。当我说"我"时，是为了保护我的经济计量学家同事们不必对我在讲演成果时所说的话或对我将提供的可能是主观的判断负责。

二　事情是怎样开始的

大致说来，它是在 20 年代晚期和 30 年代早期开始的。根据历史学家的观点，这句话可能过于空泛。但是我说过，我不打算写作经济计量学的历史。

当时，普通经济学的状况多少是这样的。有许多深刻的思想，但缺乏数量成果。即使在简单的事例中，能说某经济量受惟一的原因影响，这个影响有多强的问题依然存在。如果一个人对强度毫无所知，了解这个影响是正是负通常是没有很实际或科学意义的。但是当要研究的一个经济量同时被许多不同因素确定时，有些因素按一个方向作用，其他因素按相反方向作用，情况就要坏得多。一个人可以写长篇论文，探讨所谓趋势，解释这个因素可能如何作用，那个因素可能如何作用等等。但是如何回答所有因素的总净效果的问题？不测量不同因素在它们的方向上作用的强度是不能回答这个问题的。以拉格纳·弗里希和简·丁伯根的伟大头脑为首的现代经济计量学的创始人是有远见的，他们认为为了经济科学摆脱这个困境是有可能的。他们的方案是利用现有统计资料以便提取关于经济如何运行的信息。只有以此方式，一个人才能超越一种状况，即使经济科学的最伟大的头脑也只能谈论趋势。

人们以巨大的热忱进行经济相互关系的定量工作，数量成果的数量很快地增长。

正如我已简短说明的，经济科学的前途无疑是以一种最重要的方式依赖于这种测量的可能性。我可以提一下另一位奖金获得者保罗·萨缪尔森，他极清楚地阐述了这一点，虽则是从另一个不同角度研究它。他说明我们需要数量信息，不仅为了预测一个经济社会的可能状态，而且也为了对于这一可能状态在时间过程中是否保持稳定能有所判断。

我希望这个简短描述，虽然很不够，但可以作为我要讨论的经济计量学的下一章的背景。

瑞典皇家科学院新闻公报

　　瑞典皇家科学院决定将 1990 年诺贝尔经济学奖授予纽约市大学哈利·马科维茨教授，芝加哥大学牟顿·米勒教授，斯坦福大学威廉·夏普教授，每人三分之一，为了他们在金融经济学理论中的先驱工作。

　　哈利·马科维茨因发展了证券夹选择理论而得奖；威廉·夏普因他对金融资产价格形成理论的贡献，即所谓资本资产定价模型（CAPM）；牟顿·米勒是因为他对公司理财的基本贡献。

　　今年的得奖人是金融经济学和公司理财的理论先驱者。

新闻公报摘要

　　金融市场在不同生产领域中配置生产资源，因而在现代市场经济中起着关键的作用。不同经济部门中的储蓄在很大程度上通过金融市场转移到各企业供投资于建筑物和机器之用。金融市场也反映各企业的期望前景和风险，这一点意味着风险可以分散，并且储蓄者和投资者能得到供他们的投资决策用的宝贵信息。

　　哈利·马科维茨是 50 年代在金融经济学园地里作出第一项先驱性贡献者，他发展了一个家庭和企业在不确定条件下配置金融资产的理论，即所谓证券夹选择理论。这个理论分析财富如何能最优地投资于期望报酬和风险不同的资产，并且如何借以减少风险。

　　在 60 年代，对金融经济学理论作出第二项重要贡献的是威廉·夏普，他是这一时期一些研究人员中的领袖人物，他利用马科维茨的证券夹理论作为一个基础，发展了一个金融资产价格形成理论，即所谓资本资产定价模型，或 CAPM。

对金融经济学作出第三项先驱性贡献的是牟顿·米勒。他的贡献是有关公司理财理论和市场上对企业的评价。在这个园地中米勒获得最重要的成就。起初他曾与 1985 年诺贝尔经济学奖获得者弗兰柯·莫迪里安尼合作，研究有关解释企业的资本资产结构和红利政策为一方与它们的市场价值为另一方之间的关系（或缺乏关系）的理论。

哈利·马科维茨（Harry Markowitz）①

哈利·马科维茨现在为之得奖的贡献，第一次以一篇题为"证券夹选择"（1952）的文章发表，以后他又充实内容写成一本书《证券夹选择：有效的分散化》（1959）。在此早期工作中发展的所谓证券夹选择理论，本来是一种供投资经理们用的规范性理论，即财富在期望报酬和风险不同的资产中最优投资的一个理论。当然，投资经理们和学院经济学家们在一般水平上久已察觉必须同时考虑报酬和风险："所有鸡蛋不要放在同一个篮子里。"马科维茨的主要贡献是发展一个严格陈述的可操作的在不确定条件下选择证券夹的理论，这个理论演变成进一步研究金融经济学的基础。

马科维茨表明在一定条件下，一个投资者的证券夹选择可以简化为平衡两个因次，即证券夹的期望报酬和它的方差。由于通过多样化减少风险的可能性，证券夹的风险，用它的方差来测量，不仅将依赖不同资产的报酬的各个方差，而且也依赖一切资产的成对协方差。

因此，属于一项资产的风险的主要问题，不是单独一项资产的风险，而是每项资产对总证券夹的贡献。不过，因为不同资产的报酬在实践中互相关联，"大数规律"不完全适用于证券夹选择中的风险分散。所以，一般而言，风险不能完全消除，不论一个证券夹中有多少种证券。

针对很多种不同资产，每一种的性质不同，证券夹选择的复杂多维问题，以此方式被简化为一个概念简单的二维问题——称为平均——方差分析。马科维茨在 1956 年的一篇论文中说明了实际计算最优证券夹的问题（用技术名词，这意味着将分析写成一个二次规划问题；其建筑块是一个二次效用函数，不同资产的

① 哈利·马科维茨，1927 年生于伊利诺伊州芝加哥。他现在是纽约市大学巴鲁奇学院金融和经济学马文·斯佩塞优异教授。1982 年他是美国金融协会会长。

期望报酬，资产的主差和协方差及投资者的预算约束）。此模型赢得广泛赞誉，因为它在代数上很简单，而且适合在经验上应用。

一般说来，马科维茨对证券夹理论的工作可以被认为确定了金融微观分析作为经济分析中的一个受尊敬的研究领域。

威廉·夏普（William Sharpe）[①]

随着所谓资本资产定价模型，或写成 CAPM，它利用马科维茨的模型作为一个"实证"（即说明性）理论，走出了从微观分析到金融资产价格形成的市场分析的第一步。在 60 年代中，若干研究人员独立地对此发展作了贡献。威廉·夏普在这个园地中的先驱性成就包含在他的题为《资本资产价格：一个风险条件下的市场均衡理论》（1964）中。

CAPM 的基础，是一个个人投资者可以通过一种贷款/借款的组合和一个适当构成的（最优的）风险证券夹的卷宗夹选择承受风险的程度。按照 CAPM 这个最优风险证券夹的构成决定于投资者对不同证券的未来前景的评估，而不决定于投资者自己对风险的态度。后者只反映在选择一个风险证券夹和无风险投资（例如国库券）或借款的组合。如果一个投资者没有任何特别信息，即比其他投资者更好的信息，没有理由持有与其他投资者不同的股票夹，即一个所谓市场股票夹。

所谓一种具体股票的"β 值"指示它对全部市场风险证券夹的风险的边际贡献。β 系数大于 1 的股票对总证券夹的风险有高于平均值的影响，而 β 系数小于 1 的股票对总证券夹的风险有低于平均值的影响。按照 CAPM，在一个有效的资本市场中，一项资产的风险费以及期望报酬决定于资产的 β 系数，它也度量此资产的报酬与市场证券夹报酬之间的协方差。CAPM 表明风险可以转移给资本资产，那里风险可以被买卖和评价。以此方式风险资产的价格得到调整，使证券夹决策变为一致。

CAPM 被认为是金融市场现代价格理论的脊梁骨。它也被广泛用于经验分析，使丰富的金融统计数据可以得到系统而有效的利用，而且此模型被广泛用于实际研究并因而变为不同领域中决策的一个重要基础。这与一个事实有关，这类研究需要关于企业的资本费用的信息，风险费是其中的一个重要成分。因而一个

[①] 威廉·夏普，1934 年生于马萨诸塞州（麻省）剑桥城。他于 1980 年任美国金融协会会长；现任斯坦福大学商业研究生院铁木根金融荣誉教授。

产业专用的风险费可以用该产业 β 值信息来确定。

日常应用 CAPM 及其 β 系数的领域的重要例子包括计算与投资和兼并决策有关的资本费用（为了得出一个贴现因子）；估计资本费用作为受管制公用事业定价的一个基础；征用股票未在股票市场上市的企业如何补偿的法庭判决需要的司法调查研究。CAPM 也用于不同投资者的成功的比较分析。

连同马科维茨的证券夹模型，夏普的 CAPM 也成为全世界金融经济学教科书的架构。

牟顿·米勒 (Merton Miller)①

一方面证券夹选择模型和 CAPM 集中注意于金融投资者，牟顿·米勒开始与弗兰柯·莫迪里安尼合作建立一种理论，通过资本市场的关系，用于生产企业的资本资产结构和红利政策为一方与企业的市场价值及资本费用为另一方之间。

此理论根据一个假设，股东自己和企业能进入同一资本市场。这一点意味着在他们的资产证券范围中，投资者们能求得他们自己的报酬与风险之间的平衡。其结果企业不必使它们的决策适应不同股东的风险偏好。公司经理们简单地使企业的净财富最大化即能最好地保护股东的利益。换言之，企业通过多样化减少风险并不符合投资者的利益，因为股东们通过他们自己的证券夹选择能实现这一点。

在米勒和莫迪里安尼的题为"资本费用，公司理财和投资理论"（1958）的文章中，陈述了基本模型；在 1963 年和 1966 年米勒和莫迪里安尼利用这个基本模型，又以两篇其他重要文章导出两项所谓不变定理，现在称为 MM 定理。

第一项不变定理说，① 股权融资和借款之间的选择不影响一个企业的市场价值和资本的平均费用，以及② 企业股份的期望报酬（即股权资本的费用）随企业的负债和股权之间的比率线性地增加，即著名的操纵效应。②

第二项不变定理说，在同样假设下，一个企业的红利政策不影响它的市场价值。

回顾 MM 定理下面的直觉似乎很简单。一个企业的金融资产结构的每一个变化对股东的证券夹的影响，可以用股东自己的证券夹的变化来"抵消"。当投

---

① 牟顿·米勒 1923 年生于马萨诸塞州（麻省）波士顿。他 1976 年任美国金融协会会长；现任芝加哥大学商业研究生院罗伯特·R.麦克考米克的优异服务教授。

② 也可译为杠杆效应。——译注

资者自己能以同等条件在市场上借钱时，他们绝不会为了从一个增加其借款的企业的一笔"间接"贷款"额外支付"。

MM 的第二项不变定理，即红利政策不影响均衡中企业的市场价值，其后面的直觉回顾起来也是明显的。多发一元红利减少企业净财富一元，它在有效的股票市场中意味着股东的单位价值少一元。这个关系不是很简单的。如同第一不变定理的案例，产生这个结论的机制是资本市场中的投资者们能"抵消"企业金融结构的变化。

两项不变定理原先都是在高度简化的假设下推导出来的。所以以后的研究在很大程度上针对与 MM 定理所根据的条件发生各种偏离的后果。自从 60 年代以来这种研究一直在进展，牟顿·米勒是其领袖人物。

例如米勒说明了在考虑赋税通过金融市场上均衡价格形成的间接市场效应后，不同赋税结构的设计如何影响企业的资本资产结构与市场价值之间的关系。同样，米勒分析了破产费用对一个企业的金融资产结构和红利政策为一方与它的股票市场价值为另一方之间关系的重要性。

MM 定理的主要内容可以表达如下：如果企业有一个最优资本资产结构和红利政策，即如果资产结构和红利政策影响一个企业的市场价值，则这个现象反映赋税或其他明显识别的市场不完善性的结果。MM 定理因此成为公司理财中理论和经验分析的自然基础或比较标准。牟顿·米勒的最近 20 年中主导了这种分析。他因而对现代公司理财理论作了独一无二的贡献。

哈利·马克斯·马科维茨自传

1927年，我出生在芝加哥，是莫里斯和密尔德来·马科维茨的独生子。他们有一个小副食店。我们住在一个漂亮公寓里，不愁吃，而且我有自己的房间。我从未觉察到大萧条。

长大了，我在附近空地上或几个街外的公园里玩棒球，在高中乐队里演奏小提琴，我也喜欢读书。起初，除学校指定的外，我的读物包括笑话和冒险杂志，例如《影子》。在文法学校后期和全部高中，我爱看物理学和天文学的通俗记述。在高中我也开始阅读严肃哲学家的原书。我特别被大卫·休谟的论点打动，他说虽则我们释放一个球一千次，而每次它都落到地板上，我们没有一个有利的证明，它将落下第一千零一次。我也读了《物种起源》，并被达尔文的事实叙述和仔细考虑可能的反对意见所感动。

我从高中进入芝加哥大学，读两年学士课程，大学强调尽可能读原著。所有的课程都很有趣，但我对在一个称为OII：观察，解释和集成的课程中读到的哲学家们特别感兴趣。

成为一名经济学家不是我的童年梦想。当我读完学士学位并且不得不选择一个高级专业时，经过一个短时间的考虑而决定读经济学。微观和宏观都很好，但是最后使我感兴趣的是不确定性经济学，特别是冯·诺伊曼和摩根斯坦及马夏克关于预期效用的论点，弗里德曼—萨凡奇效用函数，以及 L. J. 萨凡奇对个人概率的辩解。我在芝加哥有幸有弗里德曼、马夏克及萨凡奇等伟大的老师。库普曼斯的活动分析课程连同它的效率定义和它的有效集的分析也是我受教育的一个关键部分。

在芝加哥我应邀成为考尔斯经济学研究委员会的一名学生会员。如果任何人从考尔斯委员会对经济和经济计量思想所受的影响，并且从它产生的诺贝尔奖金获得者的数目了解它，他们可能设想它是某一个巨大的研究中心。然而，事实上它是一个小而令人激动的团体。那时这个小团体是在它的主任库普曼斯和它的前主任马夏克的领导下开展活动的。

在选择我的论文题目的时候，一次偶然的谈话提示我将数学方法应用于股票市场的可能性。我问马夏克教授他以为如何，他认为是一个合理的想法，而且解释阿尔弗雷德·考尔斯本人对此类应用感兴趣。他叮嘱我去见马歇尔·克春教授，马歇尔·克春教授给了我一个阅读书目，作为现代金融理论和实践的一个向导。

有一天下午，我在图书馆读约翰·布尔·威廉斯的《投资价值理论》时，有了证券夹理论的基本概念。威廉斯提出一种股票的价值应当等于它的未来红利的现值。因为未来的红利是不确定的，我解释威廉斯的意见是按照一种股票的预期未来红利评价它的。但是如果投资者只对证券的期望价值有兴趣，他或她将只对证券夹的期望值有兴趣；并且为了使一个证券夹的期望值最大化，一个只需要投资于单独一种证券。我知道这不是投资者所用或应当用的行动方式。投资者分散投资，因为他们关心风险以及报酬。我想到方差是风险的一种度量。证券夹方差依赖证券方差的事实提高这个方法的可行性。因为有两个判断标准，风险和报酬，自然可以假定投资者从帕累托最优风险——报酬组合集中进行选择。

1952 年我离开芝加哥大学而加入兰德公司。以后不久，乔治·但泽加入兰德公司。我在兰德公司虽然并未研究证券夹理论，但我从乔治那儿学到的优化技术（除我自己阅读的基础单纯形算法之外）清楚地反映在以后我对均值一方差边界速算法的工作中〔见附录 A：马科维茨（1956）和马科维茨（1959）〕。我在 1959 年出版的书主要是在 1955—1956 年在耶鲁的考尔斯基金会写的，其时我应詹姆士·托宾邀请，向兰德公司请假。如果没有托宾的邀请，我未必会写出来。

我的关于"证券夹选择"的文章是在 1952 年发表的，自那时起的 38 年中，我曾与许多人对许多题目进行工作。我注意的焦点始终在数学或计算机应用于实际问题，特别是不确定下企业决策问题。有时我们应用现有技术，另外一些时候我们开发新技术。这些技术中有一些比另外一些更"成功"，在此成功按照实践中被接受的程度测量。

在 1989 年，美国运筹学会和管理科学学会授予我冯·诺伊曼运筹学理论奖。他们援引我的证券夹理论、稀疏矩阵技术及 SIMSCRIPT 程序语言。关于证券夹理论，我在上面已经写了。我对稀疏矩阵的工作是 50 年代在兰德公司和阿兰·S.曼恩，梯保·费边，托马斯·马夏克，阿兰·J.罗等人合作对工业能力的全产业和多产业活动分析模型做的工作的发展。我们的模型耗尽了当时的计算机能力。我观察到我们的矩阵的大多数系统是零,即矩阵中非零是"稀疏"的,而且如果小心选择主元,与高斯消去法提供的前向和后向解相联系的三角矩阵一般仍将是稀疏的。威廉·奥加德一海斯编制了第一个稀疏矩阵程序。从那时起对稀疏矩阵技术,例如对选择主元和储存非零元素的方法,作了大量工作。现在稀疏矩阵技术在大型线性规划程序中是标准方法。

在 50 年代我和许多人一样确认许多实际问题超出分析解的能力,需要仿真技术。在兰德公司我参加建造大型后勤仿真模型;在通用电器公司我帮助建造工厂模型。有关仿真应用的一个问题是编制一个详细的仿真模型需要的时间长度。在 60 年代初我回到兰德,为了开发一种以后称为 SIMSCRIPT 的程序语言,它允许程序员描述(以某种定型方式)待仿真的系统,而非描述为了完成仿真计算机必须采取的动作。原始 SIMSCRIPT 编译程序是 B. 郝思纳写的;它的手册是 H. 卡尔写的,他以后和我共同创办了一家计算机软件公司 CACI。现在 SIMSCRIPT II.5 由 CACI 维持,而且仍有相当多用户。

我抱歉不能向过去 38 年中我与之工作的所有人士致谢,以及描述我们完成的是什么。正如这些人士中每一位所知,我常常认为工作是游戏,并从我们的合作中得到很大欢快。

证券夹理论基础

哈利·马克斯·马科维茨

美国，纽约市立大学巴鲁区学院

1990 年 12 月 7 日讲演

当我在 40 年前学习微观经济学的时候，老师先教我优化的企业和消费者将如何行为，然后教我这类行为将产生的经济均衡的性质。让我称此为我的微观经济学课程的第一和第二部分。我对证券夹理论的工作是考虑一名优化投资者将如何行为。而夏普和林特纳的关于资本资产定价模型（简称 CAPM）则是考虑经济均衡，假定所有投资者以我提出的具体方式优化。所以一方面是我的工作，另一方面是夏普和林特纳的工作，提供一个资本市场微观经济学的第一和第二部分。

夏普教授将讨论课程的第二部分 CAPM。我的讨论将以第一部分，证券夹理论为限。证券夹理论在三方面有别于老师教我的企业理论和消费者理论。第一，它是有关投资者而非制造企业或消费者。第二，它是有关在不确定下行动的经济主体。第三，它是至少可被有充分计算机和数据库资源的大型（通常是单位）投资者用于指导实践的一种理论。它是研究投资者而非生产者或消费者的事实，不需要更多评论。让我详谈第二和第三个差别。

在我的微观经济学课程中，生产者理论假定竞争企业知道它将销售它生产的商品的价格在真实世界中决定生产，生产时间和销售时间之间有一个时滞。销售时产品价格与作出生产决策时期望的价格可能不同。这个最终销售价格的不确定性在实际生产计划中是重要的，但在古典经济模型中被忽视，这是很合理的。人们判断它对眼前的问题不重要。

在优化投资者的分析中不能如此容易地排除不确定性。一个投资者确定地知道未来的报酬，将只投资一种证券，即未来报酬最高的证券。如有几种证券有同样的最高未来报酬，则投资者对其中任两种之间，或其中任两个组合之间将不分轩轾。投资者绝不会在实际上宁愿要一个分散的证券夹。但是分散是一种普通而合理的投资实践。为什么？是为了减少不确定性！不确定性的存在对于分析理性投资行为显然是重要的。

以下讨论不确定性时，我将假设投资者面对已知的概率分布。我们之中当然没有人知道证券报酬的概率分布。但是我在芝加哥大学的伟大老师之一列昂那德·萨凡奇使我相信，一位在不确定性之下行动的理性主体在不知道客观概率时将按照"概率信念"行动；而这些概率信念或"主观概率"完全像客观概率一样组合。作了这一点假定，我下面说的概率、期望值等等，是否针对主观或客观分布，是不清楚和无关紧要的。

有一天，我在阅读约翰·布尔·威廉斯的《投资价值理论》时，想到证券夹理论的基本原理。威廉斯提出一种股票的价值应当等于它的未来红利流的现值。但是红利显然是不确定的，所以我认为威廉斯建议按照贴现未来红利流的期望值评价一种股票。但是如果投资者只关心证券夹的期望值，投资者必然也只关心证券夹的期望值。为了使一个证券夹的期望值最大化，一个人只需要投资于一种证券——期望报酬最大的证券（如果几种证券并列最大，投资于其中的一种）。所以为了描写实际或理性投资行为必须拒绝只基于期望报酬的行动（好像基于未来确定性的行动）。

投资者关心风险和报酬，对整个证券夹应当测量风险和报酬，这似乎是明显的。方差（或等价地标准差）被想到是证券夹风险的一种度量。证券夹的方差，即一个加权和的方差涉及所有协方差项的事实提高了这个方法的可行性。因为有两个标准——期望报酬和风险——一个经济学学生用的方法自然是设想投资者从帕累托最优期望报酬，报酬方差组合的集合，在称为有效边界中选择一点。这些是我有一天阅读威廉斯的《投资价值理论》时，出现的证券夹理论的基本要素。

在以后的岁月中，我补充了一些细节，然后别人又补充了许多。例如我在1956年发表了"临界线算法"，用于对接受各种约束的任何种数证券，已知期望报酬，方差和协方差的估计值，画出有效边界。在我的1959年的书中，探讨了我的均值——方差分析与冯·诺依曼和摩根斯坦和 L.J. 萨凡奇的风险和不确定性下行动的基本理论之间的关系。

从 60 年代开始，夏普、布鲁梅、金、罗森堡等人大大澄清了估计协方差的问题。今年 9 月份我参加伯克莱金融讨论会，有几位分析家报告利用公众可得的会计数字，或许结合证券分析家的收益估计，预估期望报酬获得成功。我并不是说他们的估算消除了不确定性，只是平均而言，有较高估计值的证券比估计值较低的证券成绩好。

所以，配备了数据库，计算机算法和估计方法，现代证券夹理论家能为大量证券总体画出均值一方差边界。但是，这是投资者去做的正确的事吗？特别是均值和方差是证券夹选择的适当而充分的标准吗？

为了帮助回答这个问题，让我们考虑不确定下理性选择理论。在这样做时，让我们回想证券夹理论与企业或消费者的古典微观经济理论区别的三方面。我们寻求投资者们——至少有充分计算资源的投资者们事实上能遵循的一组规则。所以，我们认为在计算上可行的一个近似方法优于一个不能计算的精确方法。我相信这是肯尼思·阿罗的不确定经济学著作与我的著作的分歧之点。他寻求一个精确的一般解。我寻求一个能实施的好近似法。我相信两条研究路线都有价值。

在我的 1959 年的书的第四部分中，对不确定下理性行为原理的讨论，是从 L.J.萨凡奇公理的一个形式开始的。从这类公理推知，一个人应当选择一个策略，使一个多期博弈的期望效用最大化。这又意味着投资者在每一时期应当如此行动，使单一时期效用函数可能依靠证券夹报酬，或许还依靠其他状态变量。现在，假定它只依靠证券夹报酬。

在此情况下，关键问题是，如果一位投资者有一个具体的单一时期效用函数，只根据期望报酬的方差行动，此投资者能实现几乎最大期望效用吗？或者换一个方式问，如果你知道一个证券夹的报酬概率分布的期望值和方差，你能很接近地猜测它的期望效用吗？

对此疑问，我已做了大量工作，但还需要做更多工作。让我简短地表征一些成果和一些开口疑问。表 1 引自列维和马科维茨。表中各行代表各种效用函数。例如第一行报告 $U(R) = \log(1+R)$ 的结果，其中 R 是证券夹的报酬率；如表中第一列所示，第二行报告 $U(R)R = (1+R)^a$，等等的结果。表中第二至第五列表示证券夹报酬的不同历史分布集合。例如，第二列表示 1958—1967 年 149 家投资公司的年度报酬，等等。

表 1 　　　　　　　　**四个历史分布的 EU 和 f（E，V）之间的相关系数**

效用 函数	149 种互相基金 的年度报酬[①]	97 种股票的 年度报酬[②]	97 种股票的 月度报酬[②]	5 或 6 种股票 的随机证券夹[③]
Log（1＋R） （1＋R）[a]	0.997	0.880	0.995	0.998
a＝0.1	0.998	0.895	0.996	0.998
a＝0.3	0.999	0.932	0.998	0.999
a＝0.5	0.999	0.968	0.999	0.999
a＝0.7	0.999	0.991	0.999	0.999
a＝0.9	0.999	0.999	0.999	0.999
$-e^{b(1+R)}$				
b＝0.1	0.999	0.999	0.999	0.999
b＝0.5	0.999	0.961	0.999	0.999
b＝1.0	0.997	0.850	0.997	0.999
b＝3.0	0.949	0.850	0.976	0.958
b＝5.0	0.855	0.863	0.961	0.919
b＝10.0	0.449	0.659	0.899	0.768

① 149 种互助基金的年度报酬率引自 A.威廉伯格公司各年并出版物。威廉伯格在 1958—1967 年度报告其报酬率的所有互助金都包括在分析中。

② 希伯来大学拥有的这个 97 种美国股票的数据库以前是这样得到的：从 CRSP（芝加哥大学证券价格研究中心）磁带中随机抽出一个 100 种股票的样本，服从一条约束，所有股票在 1948—1968 年整个期间有报告的报酬率。有些机械问题把可用样本规模从 100 减少到 97。只包括在整个期间有报告的报酬率的股票可能将存活偏误引入样本。这时眼前的目的似乎无害。

③ 我们随机抽出 5 种股票构成第一个证券夹；5 种不同股票构成第二个证券夹，等等。因为在我们的样本中有 97 种股票，第 18 和 19 个证券夹各自包括 6 种股票。用新的随机变量重复这个实验，在报告的数字中产生的差异微不足道，例外的是 $U=-e^{-10(1+R)}$ 的情况。在表中对此情况报告了一个中数。

与第二列有关的计算，实际上假设一个投资者必须选出 149 种证券夹之一，而且他对于这些证券夹的报酬的概率信念和历史报酬相同。我们并不是将此推荐为一种形成信念的方式，而是我们以此作为事实上发生的报酬分布的一个例子。

对每个效用函数，并对第二列的 149 个概率分布的每一个，我们计算它的"期望"（即它的均值）效用：

$$EU=\sum_{t=1}^{T} U(Rt)/T \tag{1}$$

其中 T 是样本中的期数，而 Rt 是 t 期的报酬率。我们也计算了 EU 的各个逼近式，其中近似值只依赖分布的均值 E 和方差 V。在列维—马科维茨中尝试的各个逼近式中，表现最好的几乎无例外的主要是马科维茨（1959）提出的，即：

$$f(E,V)=U(E)+5U''(E)V \tag{2}$$

举例，如果 U（R）＝log（1＋R）

$$f(E,V)=\log(1+E)-5V/(1+E)^2 \tag{3}$$

方程（2）可以看成是一条规则，如果你知道一个分布的 E 和 V，你可以利用这条规则猜测它的期望效用。表 1 中的数字用于主要为（2）的列维—马科维茨逼近式。第二列第一行的数字报告，对于 149 个概率分布，如果 U＝log（1＋R），EU 和 f（E，V）的相关系数是 0.997。第二列中其余数字同样表示，对于所测试的效用函数，EU 和 f（E，V）在 149 个概率分布上的相关系数。在大多数案例中相关极高，通常超过 0.99。我们即将讨论一个例外情况。

第三列表示对单一股票"证券夹"的一个年度报酬样本，EU 和 f（E，V）之间的相关。相关系数显然小于第二列的分散投资公司证券夹的相关。第四列再考虑不分散的，单一股票证券夹。但是此时是月度持有期的报酬。相关比第三列的高得多，通常和第二列中的相关一样高或更高。所以，对于每月修改其证券夹的投资者，甚至对于报酬如同单个股票一样多变的证券夹。就所考虑的效用函数而言，f（E，V）将与 EU 高度相关。

第五列表示年度持有报酬，现在是随机挑选的证券夹，各有 5 或 6 种证券。相关一般又很高——可与第二列中的相关比较。因此，至少对这些概率分布和这些效用函数而言，分散的证券夹，其 f（E，V）近似 EU。

均值—方差逼近式服务于一切期望效用最大化者并不一样好。例如 U＝$-e^{-10(1+R)}$ 的投资者将发现均值—方差比表 1 中列示的其他数值满意程度差得多。关于一个有 U＝$-e^{-10(1+R)}$ 的期望效用最大化者，列维—马科维茨有两项观察。

第一项观察是一位有 $-e^{-10(1+R)}$ 作为其效用函数的投资者在报酬概率之中可能有一些很奇怪的偏好。他或她将不坚持报酬的确定性，这是很合理的。例如投资者会宁愿要（a）50—50 机会的 5％利得和 25％利得，而不要（b）确定的 10％利得。另一方面没有一个 R 值能引诱投资者要（a）50—50 机会的零报酬（没有利得，没有损失）和 R 利得，而不要（b）确定的 10％报酬。因此，50—50 机会的盈亏平衡和 100 000％报酬将被认为不如确定的 10％报酬好。我们相信极少投资者有像这样的偏好。

表 2　　　　　　　　两个效用函数的二次逼近式　E＝0.1

R	log (1＋R)	Q_L (R)	$\triangle_L$	$-1\ 000_e{}^{-10(1+R)}$	Q_E (R)	$\triangle_E$
−0.30	−0.35667	−0.33444	−0.02233	−0.91188	−0.21712	−0.69476
−0.20	−0.23314	−0.21461	−0.00854	−0.33546	−0.14196	−0.14950
−0.10	−10 536	−0.10304	−0.00232	−0.12341	−0.08351	−0.03990
0.00	0.00000	0.00027	−0.00027	−0.04540	−0.04175	−0.00365
0.10	0.09531	0.09531	0.00000	−0.01670	−0.01670	0.00000
0.20	0.18232	0.18209	0.00023	−0.00614	−0.00835	0.00221
0.30	0.26236	0.26060	0.00176	−0.00226	−0.01670	0.01444
0.40	0.33647	0.33085	0.00563	−0.00083	−0.04175	0.04092
0.50	0.40546	0.39283	0.01263	−0.00031	−0.08351	0.08320
0.60	0.4700	0.44655	0.02345	−0.00011	−0.14196	0.14185

　　第二项观察是即使有个不平常的投资者确有所研究的效用函数，这位投资者能预先确定 f (E，V) 不是这个 EU 的一个好逼近式。表 2 表示 U (R) 和 (2) 所根据的泰勒逼近式，即

$$Q(R)=U(E)+U'(E)(R-E)+0.5U''(E)(R-E)^2 \qquad (4)$$

之间的差异，U＝log (1＋R) 和 U＝−1 000$_e$$^{.-10(1+R)}$，而 E＝0.10。对于第一列中所示各个 R，第二至第四列表示 U (R)，Q (R) 和△ (R) ＝U (R) −Q (R)，其中 U＝log (1＋R)；其余三列表示−1 000$_e$$^{.-10(1+R)}$ 的同样内容。因为一个效用函数隐含的选择不因乘以一个正常数受到影响，重要的不是△ (R) 的数量大小。而是△ (R) 中的变差与 U (R) 中的变差的比较是重要的。例如列维和马科维茨提出 U (R) 和 f (E，V) 之间的相关的一个下限，作为 U 和△ 的标准差的一个函数。如同我们在表中所见，当 log (1＋R) 从 R＝−0.30 时的−0.357 上升到 R＝0.60 时的 0.470，| △ | 从未超过 0.024。与之对比，当 U＝−1 000$_e$$^{.-10(1+R)}$ 从−0.912 上升到−0.0001，| △ | 常超过 0.03 并有一个最大值−0.695。[①] 因此，如果一个投资者的效用函数是 U＝$e^{-10(1+R)}$，U (R)，Q (R) 和△ (R) 的比较将提供充分的警告，均值一方差是不适合的。

---

　　①　在 149 种互助基金中，E 接近 0.10 的基金的年度报酬都在 30％损失和 60％利得之间。特别是 64 个分布有 0.08≤E≤0.12，并且报酬都在所示变程之内。

　　列维和马科维茨提出其他经验结果。他们也说明假设一个投资者有一个二次效用函数与对于一个给定的效用函数用一个二次逼近式来开发一个像（2）式中那样的 f（E，V）逼近式之间的差别。特别是他们表明（2）中的 f（E，V）不受阿罗·普拉特对二次效用函数的反对意见影响，即它对风险的厌恶是渐增的。列维和马科维茨其实说明一大类 f（E，V）逼近式，包括（2），在小数上与原来的 EU 最大化式有相同的厌恶风险程度。

　　在此我将不再列举列维和马科维茨的这些进一步的成果，我也不谈许多其他人的重要结果。马科维茨（1987）的第 3 章包括一个到那时为止的该领域的综览。不过，我将简短地谈谈两篇重要的未发表论文中的成果。

　　列维和马科维茨用 f（E，V）与 EU 之间的相关测量前者的功效。Y.西马安将优化盈余定义为投资者为了选择真正的 EU 最大化证券夹，而非局限于均值—方差"次优"解的权利，而刚好愿意从证券夹中付出的百分率。作一次事实上均值—方差分析而不是一次理论上正确的期望效用分析的理由，是方便，费用或可行性。找出一个效用最大化证券夹比画出全部均值—方差边界一般费用大得多。一次期望效用分析的数据要求可能大大超过一次均值—方差分析所需，因为对于前者而言，第一和第二矩估计一般是不够的。最后，有确定投资者的效用函数的问题。西马安的标准测量求一个 EU 最大化证券夹发生的外加费用，作为从证券夹中支付的证券夹的一个百分价值。他用解析方法求解在某些假设下的这个优化盈余。

　　L. 爱德林顿利用从实际时间序列随机挑选而产生的数以千计的合成时间序列估计 EU 逼近式。他估计像（2）那样的逼近式，只是其中利用前三个或四个矩，以及利用前两个的（2）。从理论上指出较多的矩比较少的矩好，这很好。但实际问题是：这有多少个？

　　爱德林顿像列维和马科维茨一样发现，对于有些效用函数，均值—方差逼近式是这样的好，以致基本上没有改进的余地。在均值—方差逼近式摇晃的场合，爱德林顿发现三个矩对逼近式改善甚微，而四个矩使逼近式大为改善。虽则在上面报道了值得注意的成果，并且我在此没有叙述的成果还有许多，仍有许多工作要做。有三个例子将说明有此必要。

　　第一，到今日为止的所有实验和分析，给了我们一个比较不系统的记述，在什么场合均值—方差作用良好以及在什么场合它不可靠。或许有可能对效用函数和分布开发一种更有系统的表征法，均值—方差逼近法对这些函数和分布是好的、坏的和边际的。

第二，假设投资者有一个效用函数，均值—方差对之提供一种密切的逼近式，但是投资者并不精确知道他的或她的效用函数是什么。在此案例中投资者不必确定他的或她的效用函数，以得到一个接近最优的证券夹。投资者只要从二维 EV 空间中的（一维）有效 EV 组合曲线中仔细挑选。当需要四个矩时，为了采用相似的方法，投资者必须从一个四维空间中的一个三维曲面仔细挑选。这一点自身产生严重的运算问题，即使我们克服了由于有给定第三矩或更好的证券夹集的非凸性造成的计算问题。

但是或许有另一种方法。或许证券夹风险的其他某种度量对于方差有问题的某些效用函数的两参数分析有用。例如在马科维茨（1959）的第 9 章中我提出"半方差" S 作为风险的一种度量，其中：$S = E\left[Min\left(0, R - C\right)^2\right]$ 其中 $c = E(R)$ 或者 c 是一个独立于证券夹选择的常数。作为风险的一种度量，半方差似乎比方差更可行，因为它只有逆离差。但是就我所知，到今天为止没有人确定有一大类效用函数，为了提供 EU 的充分逼近。均值—半方差成功，而均值—方差失败。

第三，推导出来的单一时期效用函数可含除报酬（或期末财富）外的状态变量。在此案例中，只要效用在有关区域内是近似二次的，可以从报酬和状态变量均值估计期望效用（回忆在有关区域内对二次效用和二次逼近的列维—马科维茨分析）。就我所知，没有人曾研究在实践中需要证券夹价值之外的状态变量的案例的这类二次逼近。

总之，我似乎以为不确定下理性行为理论可以继续对哪个实际程序提供接近最优的结果提供深刻见解。特别是，它能进一步帮助评价均值和方差，或其他实际度量，作为判断标准是否充分。

最后，我愿加一点评论，关于证券夹理论作为不确定下行动的微观经济学的一部分。它并非总被认为是如此的。例如，当我作为芝加哥大学经济学系的一名学生答辩我的论文时，密尔顿·弗里德曼教授争论证券夹理论不是经济学，并且他们不能对一篇不是经济学方面的论文授予我经济学的哲学博士学位。我假定他只是半认真的，因为他们未经长时间辩论而真授予我学位。至于他的论点的是非，此时我很愿意让步：在我答辩论文时证券夹理论不是经济学的一部分，但是现在它是。

牟顿·霍华德·米勒自传

　　1923 年 5 月 16 日，我在麻省波士顿出生，是乔尔和塞尔维亚·米勒的独生子。我父亲是一名律师。他是哈佛大学毕业生，1916 年获文学二学位。至少在那一点上，我追随他的脚步，我于 1940 年进入哈佛大学，1943 年毕业（以优异成绩获文学士学位）。不过我的主要兴趣在经济学，而不在法律。我的大学同级同学之一是罗伯特·索罗，1987 年诺贝尔经济学奖金获得者，说实在的，我们是在入门课程经济学 A 的同一组中。

　　在战争年代我作为一名经济学家先在美国财政部税务研究处，以后在联邦准备系统董事会的研究和统计处工作。在 1949 年我决定回到研究生院并且选择巴尔的摩的约翰·霍普金斯大学，主要因为弗立茨·马赫陆（Fritz Macklup）那时是那个小而非常出名的教授队伍的一位领导成员。

　　在 1952 年从霍普金斯获得我的博士学位后，我的第一个任命是伦敦经济学院 1952—1953 年访问助理讲师。从那里我到了卡内基工学院（现在的卡内基—梅隆大学），他们的工业管理研究生是研究导向的美国商学院新浪潮的第一家，也是最有影响的一家。我在卡内基的同事中有赫伯特·西蒙（1978 年诺贝尔经济学奖获得者）和弗兰柯·莫迪里安尼（1985 年诺贝尔经济学奖获得者）。1958 年莫迪里安尼和我发表了关于公司理财的合作 M 和 M 论文的第一篇，并且我们合写了以后几篇论文，直至 60 年代中期。

　　1961 年我离开卡内基到芝加哥大学商业研究生院，除 1966—1967 年在比利时鲁文大学当一年访问教授外，我一直在芝加哥。在那里，我担任罗伯特·麦克考密克功勋教授。我的工作大部分继续集中在公司理财，直至 80 年代初，我变为芝加哥商会的一名公职董事。从那时起我的研究兴趣强烈地转移到金融服务业的经济和管制问题，特别是证券和期货交易方面。我现在是芝加哥商业交易所的一名公职董事。早些时候我曾担任它的特别学术委员会委员，对 1987 年 10 月 19 日—20 日的危机作事后分析。

　　我一直是经济问题的自由市场解决方案的一名积极支持者，基本上按照我的芝加哥同事们即诺贝尔经济学奖金获得者密尔顿·弗里德曼（1976），西屋多·舒尔茨（1979）和乔治·斯蒂格勒（1982）的传统办事。

　　我的第一个妻子爱里诺，在 1969 年过早谢世，那时她已是三个小女儿的母亲。这对我是一个沉重的打击。以后我重新结婚，我第二个妻子凯塞琳和我共同分配我们的时间，工作日是在海德公园的一处市区住宅里，周末则在伊利诺伊州伍德斯托克的一个农场过乡村退居生活（我们自己不耕种），和其他有些周末退居者相似。我的业余爱好是修剪灌木和一般维修，加一点园艺。不过不像我的某些更爱运动的诺贝尔经济学奖金获得者的同事们，这些日子里，我与娱乐性运动最接近的事是在寒冷的兵士球场的南端我的季票（现已 17 年）座位上观看芝加哥熊队赛球。

操　纵

———————————————————— 牟顿·霍华德·米勒

美国，芝加哥大学管理
研究生院

1990 年 12 月 7 日讲演

一　引　言

　　在阿尔弗雷德·诺贝尔的遗嘱的条件下，奖金将授予一项"重要的发现或发明"。因此一开始说清楚，我的情况必然是前者，不是后者。与 1990 年诺贝尔经济学奖金宣布后你们可能从有些报纸报道中读到的相反，戋不是操纵卖出的共同发明人——那种交易或许有胜于任何其他交易成为 80 年代被认为是金融过分行为的象征。操纵卖出是一个企业的年轻的活跃的经理们借钱向该企业的创办人（或从他的遗产）购买控制权股份，远在 1985 年诺贝尔奖金获得者弗兰柯·莫迪里安尼和我于 1958 年发表我们的第一篇关于操纵和资本费用的合作论文，很久之前这是公司界的一种既定的特点。80 年代的操纵卖出只是规模不同，它们涉及公共持有的而不是私人持有的公司，以及接管常常是敌意的。

　　有消息说，弗兰柯·莫迪里安尼和我的命题的中心是企业价值独立于它的资本结构，又说我们发明了这些接管，就更加倍的可笑。你不能希望仅仅靠操纵来提高股东价值，只有一个重要例外将在下面说明。投资人不会为公司操纵支付升水，因为他们总是可以个人名义借款以增加他们自己持有的股份。虽有莫迪里安尼和我的分析的似乎很清楚的预言，据报道 80 年代的操纵卖出给予股东 40％以上的升水，有些案例高到 100％，并且提醒你们所有这些是在促进交易的投资银行提取巨额费用之后。

对上述莫迪里安尼和我的价值不变命题的修正，有关未合并美国公司所得税下的利息支付的可扣除性。正像我们在 1963 年的文章中所表明的，在某些条件下那种可扣除性可能导致大量操纵利益，而这种赋税驱使的利益无疑在 80 年代公司债务比例普遍上升中以及在近期一些操纵卖出和特别是自愿改组中都起了作用。但是在扣除操纵资本结构（例如在我 1977 年的《债务和赋税》文章以及它引起的以后文献中讨论的那些结构）的抵消税务费用之后，单独税务节约不足以解释观察到的操纵卖出升水。

（一）操纵卖出：利益从哪里来

80 年代的操纵卖出中得到的主要增值的来源，事实上完全不在我们新承认的金融领域，而在经济学的那个较老的久已成立的领域，即工业组织。或许工业重组织可能是一个更合适的名词。米海尔·戈尔巴乔夫，1990 年诺贝尔和平奖获得者，可能已使改组一词大众化，但是 80 年代的操纵卖出企业家们实际做到了它，其规模是本世纪初年以来不曾看到的，那时那么多我们认为是大企业被 J. P. 摩根和约翰·D. 洛克菲勒之类的合并企业家们并到一起。

操纵卖出企业家们借助于重新集中公司控制和重新配置资产实现了可观的实际效率，在许多学术研究的文献中有充分的记录（见卡普兰，1989），但是对操纵卖出和接管的这种基本上赞许的见解仍然远远未被广大公众普遍接受。有些人对敌意接管后有时发生的停工和关厂作出反应，虽则至今未发生接管的汽车工业中有更多的停工和关厂。其他人担心这些短期利益可能仅表示不明智地牺牲高额的，但长期延迟到将来的利润——这个论点除其他问题外假设市场不能适当计算贴现现值。甚至更多人害怕即使有一些实际效率增加，也将被用以实现改组的金融操纵的附带损害所抵消而有余。

（二）公司操纵的问题：实际的或想像的？

这些恐惧是这次讲演的核心。诺贝尔基金会的条例规定诺贝尔讲演题目"应当讨论或联系为之授奖的工作"，它在我的事例中体现着莫迪里安尼和我的命题。不过，与其简单地评论它们或讨论它们以后启发的研究（在米勒 1988

年的论著中已经讨论过），我在此提议不如说明那些命题与当前关于过度操纵的关心有什么关系——那些关系在某些人中实际上接近歇斯底里。特别是我将论辩：第一，假债券的高度可见损失和拖欠并不意味着事实上发生了过度操纵；第二，听起来似乎矛盾，公司增加操纵并不意味着全部经济增加风险；第三，高度被操纵的企业遭受的财务困难主要涉及私人成本，而非社会成本；以及最后一点，资本市场有内在的抵御过度操纵的控制——而且目前这些控制很明显。我们的管制者们最近取消假债券市场并对银行操纵贷款施加额外的直接控制，努力压倒这些内在的市场机制，因而将导致通常与此类管制干预联系的一切意想不到的后果。它们将使经济的重要部门降低效率和增加成本（在此例中为资本的费用）。

当前强调过度操纵之害可能是弄错了，但它自然不意味着万事大吉。我的消息不是："放松。要愉快。不要着急。"在美国我们应当着急，不过是面对我们的严重问题，例如我们似乎没有能力将政府开支置于理性控制之下或者阻止我们曾一度自负的公共教育系统的不断退化。让我们不要将我们有限的精力浪费在次要的和大部分自我校正的像金融操纵之类的问题上。

我希望大家原谅我在下文中几乎完全谈美国的例子。正因为反操纵歇斯底里的一个特别有毒的品种似乎首先侵犯我们。或许别人能从我们的错误中学到什么。

二 公司操纵的私人和社会成本

在 80 年代美国变为过度操纵的指责使有些人感到或许太明显了，不需要任何广泛的文字证据。1989 年后期那么多假债券发行人的拖欠，现在几乎每天有更多拖欠或即将拖欠的新闻，对债券发行过多还能有更使人信服的证据吗？

（一）假债券不过是另一种风险证券

以这个很自然的方式论辩是过于强调"债券"一词，而对"假"一词却强调不够。债券确实是对支付的许诺。债券的发行人肯定希望信守那些许诺。但是如果企业的现金流量由于竞争性或周期性的原因不足以偿债，则不能信守许诺，或至少不能完全信守。

假证券的买主自然也希望许诺将被信守。但是他们显然不指望它！对于除最易上当者以外的一切人，假债券的期望收益率（按照马科维茨的解释，收益用发生概率加权）低于名义或许诺的收益。在好年头可能赚到的高许诺收益被理解为坏年头的补偿和假证券总卷宗中坏证券的补偿。总之高名义收益主要是风险升水。而在 1989 年，许多以前发行的假债券发生了风险。

虽则金融中的假设是拖欠代表事后的坏结果，而非对真实事前概率的系统的估计错误，这似乎是通常的见解，那个假设，尚未得到最终证明。假债券报酬率的时间序列仍然太短，不足以判断那些报酬是否确实属于不正常的太低（或者属于不正常的太高），这是相对于我的共同获奖人威廉·夏普及其继承者的那类被承认的资产定价模型而言的。至今很少发现这类不正常的资产，并且在高收益债券的性质中没有东西强烈暗示它们将出现在那个短名单上。

我把这些已实现的假债券的风险主要作为外生的振动，像地震或旱灾那样处理，有些人可能怀疑是否公正。他们可能主张，假债券代表的公司操纵的上升自身必然增加经济中的总风险。不过在那个问题上，一般现代金融学，特别是莫迪里安尼的命题提供一种不同的和在许多方面反直观的看法。

（二）增加公司操纵是否增加社会风险

设想你是一位尊敬的金融学院教授，在和一位同样灰白头发的公司司库对话，他相信，如同他们大多数或许相信操纵确实增加总风险。"你一定会承认，教授"，他可能这样开始，"操纵公司资本结构将使其余股本风险更大。对吗？"你说"对"。例如，一个公司的债券/股本比率为 1，它的资产赚取 20％报酬率，对它的债券支付 10％，债券对企业的收入当然有第一权利，将为它的股东产生提高了的 30％报酬率。不过如果资产的盈利率下降 25％，降到 15％，股本报酬率将下降甚至更大程度（在此例中为 33.3％）。那毕竟是我们为什么用图形名称操纵（或英国人似乎喜欢的同样描写性名称换挡）的原因。对被操纵的股东未来报酬率的这种较大的变差意味着较大的风险，这和在这里的我的同事哈利·马科维茨和威廉·夏普使用的语意完全一致。

那一点得到承认，公司司库继续注意修辞地问："教授，加到资本结构上的任何债务必然是风险较大的债务，比较高操纵之前存在的任何债务等级更低，负担利息率更高。对吗？""对"。你又同意了，而且是为了和以前完全相同的理由。支付时一位要求支付的人离排队的头愈远，其要求的风险愈大。

现在司库使出杀手锏。"操纵提高股本的风险而且也提高债务的风险。因此它必然提高总风险。对吗?"你说"错了"。准备玩莫迪里安尼和我的牌。莫迪里安尼和我的命题是守恒定律的金融等价物。在此例中守恒的是企业营运资产产生的收益流的风险。操纵或解除操纵企业的资本结构的作用只在把那个风险在企业的证券持有人之间进行分配。①

　　为了看见风险的去向,可从以下例子说明。假设一个企业有 10 个证券持有人,其中 5 人持有企业的债券,其余 5 人在企业的受操纵股权中持有相等的股份。进一步假设 5 张债券应得的利息得到充分保证,使那些债券被认为基本上无风险。企业的全部风险因而必然由 5 位股东负担,他们自然期望他们的投资上的报酬率远高于假定无风险的债券。令 2 位普通股东现在感觉他们分担的风险高于他们要负担的。他们要求用他们的股票换债券,但是他们了解他们在交换中得到的新增 2 张债券上的利息支付,不可能在一切情况下得到充分保证。为了避免冲淡老债券持有人的权利,必须使新债券次于老债券。因为新债券风险较大,2 位新债券持有人将期望报酬率高于无风险老债券,不过这个报酬率自然仍小于他们原来的甚至风险更高的普通股。7 位债券持有人在一起的平均风险和平均期望利息率因而上升。同时,剩下的 3 位股东负担的风险也高一些(因为 2 位离开的股东对企业的收益现在有优先权)并且他们的期望报酬也必然上升。两类证券平均风险都更大,但是总风险仍停留在 2 位股东离开之前的状况。3 位剩余股东增加的风险正好被 2 位前股东减少的风险抵消,他们在优先阶梯上下降,变为次级债券持有人。②

(三) 操纵和财务危机的死重成本

　　人们可能同意,变化不大的操纵可能不影响加总风险,但在操纵被推向使破产变为实际可能的程度时不能同意。操纵程度愈高,发生这种不幸事件的可能性自然愈大。然而莫迪里安尼和我的风险守恒实际上继续成立,甚至在拖欠的极端事例中也如此,不过要作一些将在下面适当说明的修改。那个结果似乎矛盾,只

---

　　① 在原来的莫迪里安尼和我的论文中,下面的实际收益流被认为是给定的,独立于融资决策。以后的研究是在企业的实际和财务之间识别了许多可能的相互作用,但是它们对风险的影响不总在相同方向,而为了现实的目的,可以认为它们只有二等重要性。

　　② 附带说明,如果 2 位离去的普通股东选择优先股而非次级债券。虽则会计师将优先股作为股本,在功能上优先股与次级债券等价。30 年代前优先股事实上在融资上等于假债券(常常同样名誉不好),30 年代公司税率急剧上升,使它们不如可扣税的有利息的优先权相当的证券。

是因为破产一词的情感和心理联想赋予那种具体结果以太大的重要性，而按照严格经济理由它没有这么大的重要性。根据不带感情的金融观点，拖欠只表示股东们现在丧失了他们在企业中的全部权利。可以说，他们的经济权已一文不值。债权人现在变成新股东，而他们原来债权上的报酬变成企业中剩下的任何价值。

上面提到的对风险守恒原理的修改，是将权利从债务人转移给债权人的过程自身能产生风险和死重成本，超过当企业正常营业时的风险和成本。这些被称为"财务危机的成本"中有一些在拖欠发生前可能已经发生。债务人，有些像诗人那样，并不能"安静地进入夜间"。他们在奋斗，以求得他们的企业活下去，即使有时按照任何理性计算，企业以关闭为好。他们在那些救命的努力中常常得到破产法的帮助，它大大加强他们与债权人谈判时的力量。当然有时发生相反情况，过于贪婪的债权人可能迫使本来可以存活的企业被清理。我们能安全地作出结论的是一旦案子进入破产法庭，这些通常拖延时间的谈判中所有各方将得到律师大军的协助，他们的费用进一步吃掉可供满足债权人权利的资产存量。对于小企业，破产诉讼的直接费用可能很容易吃掉全部本钱（一个合适的名词），但是它们主要是固定费用，因而在较大案例中只代表回收金额的一小部分。就总量而言，直接破产费用，即使被看作完全是社会浪费，相对于经济的规模而言，自然是微不足道的。①

（四）财务危机的成本：私人的或社会的

财务危机的总死重成本虽然可能很小，破产肯定是痛苦的个人悲剧。甚至如此的普遍不受欢迎，像唐纳·托伦浦那样的人物，在他与他的债权人的斗争中，为了控制他的五光十色的塔吉·马哈尔赌场时，几乎变成一个公众同情的对象。但是即使他真的失败了，在写作本文时大概会有此结局，损失是他的，不是社会的。托伦浦赌场及其建筑物仍然在那里（或许人们应当说，啊）。惟一的区别是在门上的标记：在新的管理之下。②

---

① 破产，以及更一般的财务危机的死重成本总数可能小，但它们确实存在。所以根据标准福利经济学理由可以主张废除我们现行不加总公司所得税中隐含的对债务的税务补助。然而，在债务和股权之间实现完全中立可能需要废除公司税——在可预见的将来不可能采取这个步骤。

② 照最近新闻报道，实际上托伦浦的债权人允许他至少暂时继续管理。不过如果他未能达到规定的现金流量指标，债权人能接管他的剩余权利，以一种所谓"预先包装的"破产的形式，即没有正式破产程序（以及费用）的破产，可以相信进一步运用转移控制权的这种聪明有效的方法。

有人可能争辩，孤立的破产的社会后果或许可以排除，但是成群的破产不能不考虑，害怕每个欠债太多的企业将传递一个冲击波给企业的同样欠债太多的供应商，它又导致更多的破产，直至使经济最后崩溃成一堆。然而一般经济学特别是金融学都不支持一种操纵诱致的"破产乘数"或一种传染病效应的观念。前面说过，破产企业并未从地球消失。它们常常继续营业，和以前一样，虽则所有权不同并且可能规模缩小。即使它们确已清理和关闭，他们的存货、家具、职工和他们的顾客流向经济中其他地方的其他企业。一个失败企业放弃的有利投资机会将被别人利用，如果不总是立即被利用，则以后经济气候更加有利时会被别人利用。宏观经济学的最近研究提示我们通常认为在商业循环中永远损失的产出实际上只是推迟产出，特别是在耐用品工业。

我们说破产企业的人力和资本资源最终将被重新雇用，自然不是否认失业的个人成本值得考虑，特别是它们变为普遍时。所有现代经济采取步骤减少将人力资源转移到其他和更好用途中的痛苦，他们或许应当做得更多。但是推迟或阻止所需资源流动也将有社会成本，长期后甚至成本更高，如东欧经济正在出现这个问题。

30 年代初相继的破产浪潮似乎使人们不敢相信这种较温和的见解，破产主要是私人成本的事情，没有严重的外部性，但实际并非如此。[①] 与广泛流传的群众信念相反，破产并未带来大萧条。因果方向从萧条到破产，而不是倒过来。

1929 年股票市场的崩溃和 1931—1932 年美国银行系统的崩溃可能产生一场金融驱动的灾难的外观。但是那场灾难并不像有人猜测的，是什么另一个过度操纵的郁金香肥皂泡的不可避免的破灭，最近的研究实际上怀疑甚至原先郁金香肥皂泡的存在。不过那是另一个故事（见加柏，1989）。将一个普通的向下转变成一场空前严厉的萧条的责任主要在联邦准备制度的经理们。他们未能履行他们的职责，作为向公众和银行系统的流动性的剩余供给者。在 1930 年和 1932 年之间美国货币供给压缩了 30%，将经济和物价水平和它一齐拖下来。当那件事发生时甚至 AAA 信用变成像假债券。

当然，在今天的条件下那样的噩梦总可能再现，但是至少直至最近，大多数

---

① 只有当一个企业的行动增加其他企业的成本时才有真正的外部性，例如空气污染问题。公司债务的一个可能类似污染的情况可能是将失败企业的养老金费用转移给政府并因而给纳税人。不过，总影响只有二级重要性。

经济学家将排斥它，认为那是极不可能的。联邦准备局现任主席自己，以及他的干部，曾非常深入地研究了 1930 年初的不幸事件并且完全觉察他们的不幸的前辈怎样和为何犯大错。1987 年 10 月 19 日股票市场危机后（以及 1989 年 10 月 13 日小危机后）联邦准备局快速行动支持银行系统的流动性是教训的证据。不过目前有人担心联邦准备局保持经济的流动性及其信用系统的意愿和能力正被对储蓄和贷款协会危机的管制性过度反应所破坏，这种过度反应一部分由于低估了市场对过度操纵的内部控制。

三 公司操纵的自我校正倾向

在 80 年代究竟是需求位移和供给位移的什么组合引发了被操纵证券的大扩张，最后必须由将来的经济史家找出来。这里强调的主要是不论我们谈汽车或被操纵的股本或高收益债券，市场对爱好变化（或对生产技术变化）的响应是有限的和自我调节的。如果任何商品的生产者们扩大其供给比买主需要的快，价格将下降而产出最终将缩小。金融市场的情况也是类似的。如果接管企业家们过高估计公众对假债券的需求，他们必须向假债券买主提供的更高的利息率将吃掉来自交易的利息。进一步操纵的过程将慢下来而且或许被逆转。

1989 年初甚至在一连串的政府行动（包括对假债券的主要投资银行家和市场制造者的刑事起诉，强迫受围困的储蓄和贷款协会抛售其假债券库存以及更加严格管制商业银行的受操纵贷款）联合起来破坏高收益债券市场的流动性之前，可以辨认出很像这种操纵的内生缓慢化的某种东西。不仅高收益债券的发行被停下来，而且许多被高度操纵的企业开始用股票代替他们的现在成本很高的债务。①

（一）假债券与储蓄和贷款协会危机

指出市场有强大的内生控制防御过度操纵，并不意味着谁持有被高度操纵的证券永远不必担心。美国的储蓄和投资协会肯定不应利用政府担保的储蓄存款购

---

① 用股权交换债务的过程（基本上是第 2 节中故事之逆）到现在甚至可能跑得更远，若非美国税法有一个不幸的特点，用股权交换低于面值出售的债务产生来自"取消债务"的可税收入。例外的是破产中的企业，使那种选择更有吸引力，那些企业的债务在大打折扣。

买高风险的假债券。但是集中这么多注意于少数储蓄和贷款协会的假债券损失是弄错了那个整个不幸事件的主要问题。目前对储蓄和贷款协会假债券的叫喊声只把人们的注意力从扩大政府储蓄担保，鼓励储蓄和投资协会投资于比它们的传统住宅抵押贷款期望报酬更高而风险也更高的对象的人中引开。

有人在当时主张扩大政府的存款担保，否则那些经营社会需要的提供固定利率的长期抵押贷款的业务的企业，将因利息率风险而失去能力。然而除了当时存在供给抵押资金的其他的和风险少的方式外，正像大多数金融专家当时的预言，存款担保证明是对住宅所有权的一种特别不幸的补助形式。因为存款担保给予储蓄和贷款协会的主人们可以对抗政府的选择权，它们实际上鼓励进行不经济的长期项目，其中有一些使假债券看起来比较安全。成功的利益归所有者，失败的损失归保险基金。

适当指责这些失败的尝试不顾市场的判断：这个政治上强大的产业在经济上没有生命力，不过问题不仅在此。从储蓄和贷款协会有事情得出错误的原则，其后果远超过这个倒霉的产业的边界。美国幽默作家马克·吐温有一次说，一只猫跳到一个热炉子上以后，再也不会跳到炉子上，即使是一个冷炉子。我们的商业银行检查员似乎完全遵循这个类型。现在商业银行可能不是一个冷炉子，但是它至少是一个有生命力的产业。而且，不像储蓄和贷款协会，它对企业融资起关键作用，特别是但不仅是那些太小太不知名的企业，它们不能直接接触公共证券市场。错读储蓄和贷款协会经验的检查员们对银行贷款大力限制将因此提高这个重要企业部门的资本费用并减少它们运用的资本。①

这些以及有关的管制性限制是否已走得这么远，以致产生与过去货币紧缩联系的那种"信用危机"是一个现在讨论很多的题目，但是我倾向于让货币银行专家们讨论它。作为一个金融专家，我关心的是目前反操纵歇斯底里的较长期的和不能直接见到的后果。这种歇斯底里已经毁灭了高收益债券的市场。目前由于被认为过度操纵而大受攻击的金融期货市场是下一个可能消灭对象，至少在美国是如此。

---

① 这类限制的例子是联邦存款保险公司，货币审计官和联邦准备局最近联合发布的，支配所谓高度操纵交易的指导原则。这些指导原则已经有效地关闭了公司改组贷款的大门，不论是友好的或敌意的。但是这些规则如此模糊和在实施时如此不确定以致也抑制其他类别的贷款。这些日子里银行贷款常附有规定如果贷款以后被银行检查员确定为高度操纵交易，利息率将自动提高100%以上。

　　学院金融学家中许多人看到对我们的金融市场，特别是较新的市场的无根据攻击，感到沮丧。但是他们大多数置身于争论之外。和经济学的有些较老园地不同，金融学的核心不是公共政策问题。我们强调实证经济学而非规范经济学，努力在简单的但是有力的组织理论的基础上作坚实经验研究。现在我们的园地已满法定年龄，或许我的金融学同事们可以被劝说不时从他们的数据库伸出头来，并且把我们园地的深刻见解，特别是公共政策的深刻见解，提请更广大人士注意。

威廉·夏普自传

　　我在 1934 年 6 月 16 日出生于麻省波士顿。那时我的父母完成了他们的大学教育，我的父亲学英国文学，我的母亲学科学。我的父亲那时受雇于哈佛大学，在安置办公室工作。

　　1940 年，将发生的世界大事导致我的父亲的国民自卫队单位活动起来并且迁移到得克萨斯州。以后第二次世界大战爆发，需要进一步迁往北加州，最后到南加州。

　　我的大部分大学前教育，是在加州河边的公立学校完成的。那些学校都是很好的。在那里我受益于令人鼓舞的教师和有挑战性的课程。

　　1951 年我进入加州大学伯克利分校，我的计划是通过主修科学而得到医学学位。一年的有关课程使我相信我的偏好是在其他方面。为了改变课程和地点，我转学到加州大学洛杉矶分校，主修企业管理。

　　在加州大学洛杉矶分校的第一学期我学习会计学和经济学，这两门功课为商科学位所必需。两者对我的事业都有重要影响。会计课程主要讲簿记，而经济学课程集中在微观经济理论。我发现簿记烦琐且智力内容简单。我被微观经济理论的严格和有用所吸引。因此我改为主修经济学。那时起我学会从实用和智力两方面重视会计学，而且因为初次学习它有助于使我转向在我的全部职业生活中愉快工作的领域而感到高兴。

　　在加州大学洛杉矶分校我得到两个经济学士学位，然后到陆军服务。在1955 年我得到文学士学位，在 1956 年得到文学硕士学位。在读文学士学位时我被提名到联谊会。

　　加州大学洛杉矶分校有两位教授对我的事业有深刻影响。我有幸当商学院金融教授 J.弗雷德·威斯顿的研究助理，并且跟他学习课程。弗雷德首先介绍我读哈利·马科维茨的著作，以及开始使金融学发生革命的有挑战性和严格的研究。作为我的哲学博士计划的一部分，我以后跟弗雷德研究金融，大大扩展了我对此主题的了解。

阿门·阿尔迁，是一位经济学教授。他是我在加州大学洛杉矶分校时做人的模范。他教他的学生对一切事情要提出疑问，始终用第一原理开始分析，集中于主要因素而抽象掉次要因素，用自己的思想吹毛求疵。在他的课堂上我们能看到一颗第一流的心对许多迷人的问题进行工作。我一直设法模仿他的研究方法。当我回到攻读哲学博士学位时，我与阿门研究微观经济学中的一个领域，而且他也是我的论文委员会主席。

短期参军之后，1956 年我作为一名经济学家加入兰德公司。对于有志进行既有美学价值又实用的研究的任何人，兰德是一个理想的公司。在那个时期，兰德的永久干部及从主要大学来的访问学者正在做计算机科学、对策论、线性规划、动态规划及应用经济学中的开拓性工作，气氛如同大学，而计划是灵活的。大多数研究项目由研究者挑选，而且对更加基本的问题做外加工作受到鼓励和慷慨的支持。在其他事情中，我在兰德公司学会计算机程序。专业编辑和同事们也帮助我改善我的文字与口语技巧。

在兰德公司的同时我在加州大学洛杉矶分校攻读哲学博士学位。我在 1961 年得到这个学位。在 1960 年完成我的专业考试后，开始写一篇关于转移价格经济学的论文。在阿门·阿尔迁的建议下，我的初步成功由另一位以前曾对此题工作的老师评阅。他认为我应考虑某一其他题目。弗雷德·威斯顿提议我可以看看那时在兰德公司的哈利·马科维茨有无什么想法。他有，而且我开始与他密切合作研究"基于证券间关系的简化模型的证券夹分析"的题目。虽则哈利未参加我的委员会，他的作用类似一位论文顾问。我欠他的债确是巨大的。我的论文在 1961 年被批准，那时得到哲学博士学位。

在论文中，我根据马科维茨首先提出的一个模型探讨了证券夹分析的一些方法。当时我称它为"单一指数模型"，虽则现在它一般被称为"单因素模型"。关键的假设是：证券报酬只通过对一个共同因素的反响而相互关联。在论文中我讨论规范的和实证的两方面结果。最后一章"证券市场行为的一个实证理论"包括一项成果，类似现在称为资本资产定价模型的证券市场路线关系，但是在单一因素模型产生报酬的有限环境中得到的。

1961 年我迁往西雅图，在华盛顿大学商学院接受一个金融学职务。一旦定居下来，我写了一篇文章，归纳我的博士论文的规范性成果，那篇文章于1963年在《管理科学》发表。更加重要的是我开始使博士论文最后一章中的均衡理论一般化。到1961年秋季我已发现，不必对影响证券报酬的因素数目作任何假设即能得到一组很相似的结果。在1962年1月我第一次在芝加哥大学报告这个方法，此后不久我将一篇这个题目的文章投向《金融》杂志。有一位审稿人起初发表否定意见，加上编辑部改组，以致推迟到1964年9月才发表。这篇文章在内容和标题两方面为现在被称为资本资产定价模型（CAPM）的理论提供了主要基础。

CAPM的建立利用了一种每一位微观经济学家熟悉的方法。第一，假设一个市场中的参与者有某种最大化行为，然后研究这些市场清结的均衡条件。因为马科维茨提供了一个所要求的最大化行为的模型，我不是单独探讨它对市场均衡的含义的人，这是不足为奇的。在1963年的某个时候，我收到雅克·特来诺发表的一篇文章，含有有些相似的结论。在1965年，约翰·林特纳发表了他的有很相似结果的重要文章。以后，詹安·毛新发表了一篇文章，在更一般的背景中得到相同的关系。

从1961年到1968年我在华盛顿大学，例外的是一年休假在兰德度过。在华盛顿我教学的题目范围很广，包括来自微观经济学、金融学、计算机科学、统计学和运筹学领域中的材料。常常是这样，我发现学习一个主题的最佳方式是教它。希望学生们并未因他们参与这个过程而受太多罪。

在这个时期我的研究和我的教学一样是折中的。我研究CAPM的扩展和它的含义的经验测试。我也出版了关于计算机经济学（基于兰德支持的研究）和计算机程序的书。

我在华盛顿的岁月是忙碌的，而且成果丰硕。一方面在此期间我依靠兰德公司和其他大学的同事们，我有幸在西雅图有感兴趣和支持我的同事们——最重要的是乔治·布拉伯，斯蒂芬·阿秋和查理·但布罗西奥。

1968年我迁往加州大学欧文分校以参加一项实验，涉及创建一个社会科学学院，具有跨学科和定量的焦点。由于各种原因，参与实验的许多人的期望未能实现，导致我们中有些人到别处去。我有幸应邀在斯坦福大学商业研究生院担任一个职务，我在1970年去那里。不过在去之前我完成了一本书《证券夹理论和资本市场》，总结了这些领域中的规范和实证工作。

我在斯坦福的岁月是对研究和教学两方面都有兴趣的任何人所能希望的。我始终得益于同事们和学生们的激励。70 年代初我在斯坦福大学参加金融领域第一个哲学博士讨论班的三人教学组时，得到了许多金融方面的知识。阿兰·克劳斯，鲍伯·李澄伯格和我不仅共享我们的经验和知识，而且都对帆船有兴趣，我们常常纵情于这项运动。

在 70 年代我也从现已离去的两位同事那里学到许多东西。阿来克斯·罗必切克把传统主义者的金融见解与渴望新思想结合起来，保罗·古特纳带着全新的革新的见解来到这个领域。两人都重视有用的理论。两人都在研究和教学方面贡献良多。他们过早逝世对金融领域，对斯坦福和对我造成巨大损失。

我从现在或以前在斯坦福的其他金融学同事们那里学到了许多东西，包括：阿那特·阿德马蒂、道格·布里登、约翰·考克斯、达来尔·杜非、阿兰·克来登、米克·吉邦斯、雅克·麦克唐纳、乔治·巴克、保罗·普弗来德勒、梅隆·斯科尔斯以及金·凡·洪纳。与我密切合作的金融学学生包括马客斯·鲍格、古衣·库柏、克列希那·拉马斯瓦米以及霍华德·索斯。

1973 年在斯坦福大学我被命名为铁木根金融学教授。

在 70 年代我将大部分研究努力集中在与资本市场中的均衡有关的问题以及它们对投资者的证券夹选择的含义上。美国在 1974 年通过关键立法后，我开始研究用于支付退休金义务的资金的投资政策的作用。我也写了一本教科书《投资》，将制度的理论的和经验的材料归纳在一起，便于大学生和研究生学习。1978 年出版的第 1 版很成功。现在与高登·亚历山大合作的这本书已出了第四版。一些大学仍然认为它对它的预定目的是合适的，使我特别满意。也是和高登·亚历山大合作的在 1989 年出版的另一本书《投资学基础》，也受到读者好评。

在编写和修改《投资》正文的过程中，我发现必须扩大以前的理论，创造新理论和进行新的经验分析。或许这项活动的最有成果的例子是创造二项买卖权定价程序，在《投资》的 1978 年版中首先发表。它提供假设连续时间背景的布拉克——萧尔斯程序的一个离散——状态类似方法。给定今日的计算机能力，二项程序为评价附有复杂买卖权的证券提供一种实际方法，而被广泛使用。

在此期间我首先在梅里尔·林奇、皮尔斯·芬纳和斯密，然后在威尔斯·法哥投资顾问公司任顾问。在每个单位我的目标都是帮助实现金融经济学的一些研究。

在梅里尔·林奇，我主要从事设计对一大普通股集合连续估计贝他值的服务，以及提供风险调整证券夹效益度量的服务。

在威尔斯·法哥，我帮助创立指数基金，用于达到投资者目标的被动证券夹，利用未来现金流量的预测估计证券市场线（和平面），评估证券夹风险，选择最优证券夹以追踪选择的指数，等等。在我看来，当时在威尔斯·法哥的人们是本行业中最有创造性和革新性的。从他们那里我学到有关投资的真实世界的许多事情。这些知识在数不清的方面给我的教学和研究提供信息。在这方面使我受益最多的是比尔·福斯，他的洞见使威尔斯·法哥成为当时使人激动和鼓舞的组织。

我将 1976—1977 学年花费在国民经济研究所，在秀曼·迈塞尔的指导下，作为研究银行资本是否充分问题的一个小组的成员。我研究的焦点在存款保险和拖欠风险之间的关系。成果在 1978 年发表在《金融和数量分析》杂志上，支持基于风险的保险费概念。与劳里·古德曼合作的经验工作也说明金融机构的证券的市场价值能提示关于资本是否充足的重要信息。国民经济研究所的项目强烈提倡更多担心金融机构的风险并且警告一个固定保险率制度和事实上无限的覆盖面，而监测及实施程序不完善，为经营这些机构的那些人甘冒太大风险提供危险的激励。以后十年中关心美国储蓄和贷款机构的那些人如果注意到我们的成果该多好！

在 70 年代后期我开发了一种简单但有效的方法，用于对一类证券夹分析问题求近似解。在一篇斯坦福工作论文和在我的教科书中描述的这个程序已被广泛应用，虽则描述算法的论文，由于曾计划发表它的一个杂志的混乱，最后推迟到 1987 年才出版。

1980 年我被推选为美国金融学会主席。我选择《分散投资管理》作为我的主席讲演的题目。我的目标是提供某种结构，用于分析大型机构投资者在一些专业投资经理之中分配资金的流行习惯之用。这个题目在理论和实际两方面都是有趣的，而且我继续对之工作。

在 80 年代我继续对有关退休金计划投资政策的问题进行研究。在 1983 年与 J.米海尔·哈利逊完成了对此题目的一篇理论文章。我也变得对美国股票市场中产生报酬的过程感兴趣，那时在加州大学伯克利分校的巴尔·罗森堡是这个题目的先驱者。这导致 1982 年发表的关于纽约股票交易所证券报酬的因素的一篇经验论文。我也开始将我的精力集中于资产配置——一个投资者的资金在各大类资产中的配置。为了使思想和技术都广泛易得，我准备了一套东西，包括一本书

《资产配置工具》，优化软件和数据库。《资产配置工具》1985 年第一次出版。现在这本书原来的出版商和易伯逊公司连同他们的大得多的数据库集合，都可以提供使用。

1983 年，我帮助斯坦福大学建立一个国际投资管理计划，初期与日内瓦的国际管理研究所，以后与伦敦商业研究生院联合提供。这个计划为期一周，是为希望得到金融经济理论和有关经验研究的全面基础的高级投资专业人员设计的。我担任此计划的主任之一，直至 1986 年，并在以后年度参加工作。我也独立地帮助野村高级管理学院创设一个三星期的计划，将大致相同的材料带给日本的投资专门人员，并为此计划教学五年。我也协助金融研究公司的悉尼·科特尔筹备讨论班，将最新研究成果通报给投资实务人员。

1986 年我在斯坦福请假两年，以创办夏普—罗素研究公司，注册进行研究并开发程序以帮助养老金、基金会和捐赠基金选择对他们的情况和目标适合的资产配置。受到几个重要养老基金及法兰克·罗素公司支持，并在一群有才能的专门人员的协助下，我能使以前金融经济学领域中的成果用于这些重要问题并且提供有用的新的理论和经验材料。这个时期之后企业的注册证扩大到包括作为养老金、捐赠基金和基金会在资产配置方面的顾问。已发表的这些活动导致的工作包括集成资产配置，资产配置的动态策略，评价经理风格和绩效的因素模型，以及负债套头交易。

1989 年我选择改变地位，成为斯坦福大学铁木根金融学荣誉教授，为了把我的更多时间用于研究以及在威廉·夏普公司的顾问工作，后者是我的企业现在的名称。虽则这样涉及放弃正规教学，我很幸运能继续参加学院的智力生产。此外，我能与一群优秀的同事进行研究并向一群高明顾问提供协助（和向他们学习）。

我很幸运能做投资行业的一些组织工作。从 1975 年至 1983 年我担任大学退休股票基金的一名理事，现在担任注册金融分析家学会的研究基金会的一名理事，金融定量研究会的委员，注册金融分析家学会的教育和研究委员会委员。我也担任日光证券投资技术研究所和瑞士联邦银行的单位证券夹管理部的策略顾问。

我也得到了来自各方面的奖金，特别使我感到骄傲的是在 1980 年得到美国商学院协会商业教育领域的优异贡献奖和在 1989 年得到金融分析家协会尼古拉·摩洛道夫斯基金融专业优异贡献奖。

在此漫长和严格要求的生涯中，我受到了我的父母和继父母的榜样的影响，他们都在中年追求再教育。我父亲退休时是学院院长，我母亲是小学校长，我的继父是辩护律师。他们用榜样教导我将学习的成果与别人交流带来的快乐。

我也幸而有两个好孩子，德保拉和约那善，现在都已长大。两人都爱学习和与别人交流知识，虽则他们选择的领域与我自己的领域距离甚远。1986年我与我的妻子凯塞琳结婚，她是一位有成就的画家，与我共享个人和职业生活——她是威廉·夏普公司的管理人。没有她的帮助鼓励和支持，我确实不能有最近五年的成就。我们共同爱好帆船、歌剧和斯坦福足球和篮球运动。

有和没有负值持有量的资本资产价格[①]

右对齐：威廉·夏普

美国，斯坦福大学商业研究生院

1990 年 12 月 7 日讲演

一　引　言

遵循传统，我在此讨论资本资产定价模型，我与这个题目有关达 25 年，并且瑞典皇家科学院以纪念阿尔弗雷德·诺贝尔经济科学奖给我荣誉时援引了这个题目。

我首先讲述资本资产定价模型（以后称 CAPM），不仅包含我自己的贡献[②]而且也有林特纳（1965，1969）的突出贡献和毛新（1966）及其他人的贡献。我的目标是简明地陈述它，但着重此理论的经济内容。

为此我修改此模型以反映一个极端案例，一种制度安排使投资者们不能选择充分最优的证券夹。特别是我假设投资者们不能采取资产的负值地位。对于模型的这个版本，我颇多引用格伦（1976）、列维（1978）、迈尔顿（1987）及马科维茨（1987，1990）的论文。

最后，我讨论股票指数期货合同——一项有全世界重要性的重大金融革新，在日期上晚于 CAPM 的开发。这类合同能在许多方面提高资本市场的效率。特

---

①　我特别感谢罗伯特·李澄伯格和安德里·佩洛对这次讲演内容作的详细评论和建议。也感谢以后海默·列维和哈利·马科维茨的评论和建议。在更长时间我对许多地点的同事们所负良多；我特别要感谢斯坦福大学和威廉·夏普公司的那些人，多年来他们对我的工作有贡献。

②　从夏普（1961）和夏普（1964）开始。

别是它们能使实际市场更接近资本资产定价模型假设的理想化世界。

二　资本资产定价模型

25 年前开发的 CAPM 的初始形式是极端简要的。它讨论资本市场中均衡的中心问题而假设这类市场当时存在的许多重要方面。在过去 25 年中理论家们将此方法扩大和调整以容纳一些真实世界的现象。重要的例子是林特纳的（1969）版本，注意实际报酬；布伦南的（1970）版本，讨论赋税的效应；布拉克的（1972）版本，其中没有无风险资产；迈尔顿的（1973）版本，包含投资者们对未来投资机会的关心；鲁宾斯坦的（1974）版本，讨论一类更一般的效用函数；克劳斯和李澄伯格（1976）版本，考虑报酬分布的第三矩；列维的（1978）版本，包含交易费用；布里登的（1979）版本，集中注意投资者们对消费的偏好；迈尔顿的（1987）版本，讨论市场分割；马科维茨的（1990）版本，考虑对卖空的限制。

在整个过程中，经验工作者使模型的变种能接受能力日增的检验。而且其他模型也被提出来，其中最著名的是罗斯的（1976）套利定价理论。

当理论家们忙于调整 CAPM 以容纳对效率的真实世界障碍，实务家们同样忙于减少一些障碍。过去十年中开发的许多金融证券和机构有助于更好地"完善市场"，特别是允许风险在投资者们中间更有效地分布。

我将不对可能影响风险配置效率的制度费用及约束，以及帮劲减少这类费用和约束的许多近期金融革新进行一般讨论。作为代替，我将集中讨论一个原型例子——对证券中负值地位的限制，和一种此类革新——股票指数期货。

为了便于阐述，许多公式和证明将载入脚注。在这一点上我遵循一个长期个人传统，因为夏普（1964），我的关于资本资产定价模型的第一篇发表的论文中的一个关键证明包含在一条脚注中。①

三　CAPM 和金融经济理论

金融经济学工作的一个常见的分类是区分规范的（开药方的）和实证的（描

---

① 更具体的，见本文后面的脚注。

述的）理论。马科维茨（1952）的开拓性的均值－方差证券夹理论明显地属于前一类，讨论一个个人选择最优证券夹的规则。CAPM 可以归入后一类，这是因为它讨论竞争市场中资本资产价格的确定。但是这两类是不够的。此领域中许多工作最好描述为在实证背景中解决规范性问题。创造性的莫迪里安尼—米勒（1958）模型属于这一类，因为它规定一个公司的最优行为，它面对一个资本市场，其中证券价格是被知道替代机会的各个投资者的行动确定的。

以上三个方面分类不足以捕捉不同方法之间的相互关系。金融经济学中大多数实证模型，类似较广义的经济学领域中的模型，建立在规范性基础之上。假设从事最大化行为的个人互相作用以迄达到一种均衡情况。这显然是 CAPM 的情形，它明显地假设投资者们遵循马科维茨证券夹理论开的药方。和传统微观经济理论一样，均衡关系的金融经济理论被作为市场中决策的药方，而市场可能不严格符合理论的条件。

实证金融经济学理论的领域有时被分为一组可称为基于效用的模型和一个可称为基于套利的互补集。纳入后一类的模型从一个假设推导出来的含义，即资本资产价格将调整到不可能找出一个策略不需要初始投资，至少在一个自然状态提供一个正现金流，并在任何未来自然状态不需要负现金流。[①] 属于前一类的模型一般符合后者要求的条件，但是由于有关假设投资者们求最大值的效用函数的外加假设而推导出更强的含义。[②]

金融经济学的许多早期工作研究市场，其中很多人的相互作用确定价格，每个人有相等的信息。在此意义上工作遵循经济学中竞争均衡理论的传统。后来，注意力集中到其中有少数参加者或其中不同个人有不同信息的信息不对称市场。

CAPM 自然是本领域中较早传统的一个理论。它是一个实证理论，含有有关投资者的效用函数的假设，并且假设一个有很多人参加，每人得到同样信息集的市场。

---

① 金融经济学中著名的基于套利的理论是布拉克－萧尔斯（1973）模型，它研究有关证券买卖权的价格，以及罗斯的（1976）套利定价理论，它在一个设定的因素模型产生报酬时导出有关资本资产价格的含义。虽则杰出的阿罗（1953）德布鲁（1959）对不确定性的状态——偏好观点对个人效用函数作某些假设，它的许多关键结果是基于套利的。金融经济学中一些理论是利用阿罗－德布鲁"世界状态"范例构造的，其中二项买卖权定价模型首先在我的教科书（1978）中陈述，然后由考克斯，罗斯和鲁宾斯坦（1979）和其他许多人扩展。

② 基于套利的模型对投资者偏好作某些假设，这自然是真实，例如在任何给定世界状态投资者都认为较大的报酬比较小的报酬好。然而与基于效用的模型的更详细的假设比较，这类假设是最少的。

四　有负值持有量的资本资产价格

（一）假设

假设经济有 K 名投资者。投资者 K 的投资财富，表示为所有投资者投资的总财富的一个比例为 W_k。他或她希望下列效用最大化：

$$U_k = E_k - \frac{V_k}{\tau_k} \tag{1}$$

为了阐述的方便，我将称 U_k 为投资者 E 的效用。它可被认为是一个原始效用函数。或者可以认为它是在冯·诺依曼和摩根斯坦（1944）的意义上的期望效用的一个近似值。如果假设投资者有一个在财富上的负值指数效用函数，并且报酬是联合正态分布的，逼近法将是精确的。如列维和马科维茨（1979）所示，即使投资者有某种其他效用函数，或报酬不是联合正态分布的，U_k 可以提供一个优良的近似值。

在方程（1）中，E_k 是投资者 K 的证券夹上的期望报酬，V_k 是证券夹的方差，而 τ 是他的或她的风险容忍度。投资者们的风险容忍度是不同的。

这个关系式可以一些有用的方式解释。风险容忍度显然度量一个投资者的方差对期望报酬的边际替代率。为了方便，我们假设在期望报酬和方差的可行范围内是常数。[①]

证券夹方差除以一个投资者的风险容忍度得到的数值，可以表征为风险罚金，导致 U_k 是风险调整的期望报酬的解释。或者 U_k 可以看成是一种确定性——等价报酬，因为一个有报酬 U_k 和零风险的证券夹对投资者而言和所研究的证券夹将有同样的效用。

这是马科维茨的（1952）证券夹选择的"均值—方差"法的目标函数。它是投资者的目标的一种高度简要的表征法，使用一种近视观点（即"一次一个时期"）并且只注意那个时期的可能报酬的概率分布的两方面。[②] 而且它假设投资

[①]　这不是必要的。在更一般的条件下可以得到以下的成果，给定投资者们的最佳持有量，所产生的 τ_k 值解释为投资者们的边际替代率。

[②]　不过请注意所考虑的时期愈短，这个假设愈不困难。在这个模型的连续时间版本中，时期的长度（实际上）是无限小的。在此条件下，即使在有限期间内报酬的概率分布和（或）投资者们对这个期间的报酬的偏好很复杂，两个矩可作为充分的表示。

者至少能评估与不同投资证券夹联系的概率分布的前两个矩。这个方法的优势在于它捕捉投资者们关心的许多事。而且它作为用来容纳投资者们的偏好的更多方面的扩展和调整的基础是很好的。

像在马科维茨的工作中一样，一个证券夹的期望报酬决定于它的组成证券的期望报酬。[①] 一个证券夹的风险决定于组成证券的风险以及它们彼此的相关。更简明地：证券夹风险决定于证券之间的协方差。[②]

所有投资者对期望报酬的协方差是意见一致的。证券报酬的联合分布的这些矩当然会是证券价格的一个函数。不过，当达到均衡价格时，给定期望报酬和协方差的现值。每个投资者选择一个最优证券夹，而且所产生的证券夹选择将使市场清结。

投资者们被允许在一种以上的资产中取负值地位。因此持有量可能是正数、零或负数。没有交易费用或其他约束而且资产地位是完全可分的。

(二) 证券夹最优性

投资者 K 寻求 U_k 最大化，服从以下形式的一条全额投资约束：

$$\sum_j X_{ik} = 1$$

其中 X_{ik} 表示投资在资产 i 中的投资者 K 证券夹的比例。

要这样做，他或她必须选择一个证券夹，其中每种证券的边际效用是相同的。如果不是如此，将可能从一种边际效用较低的证券重新配置资金到一种边际效用较高的证券，因而增加效用而不触犯全额投资约束。

证券夹最优性的一阶条件可以表示如下：

$$E_i - \frac{2}{\tau_k} C_{ik} = \lambda_{fk} \tag{2}$$

这里 C_{ik} 是证券 i 与投资者 K 的最优证券夹的协方差而 λ_{fk} 是投资者 K 的财富

---

① 投资者 K 的证券夹的期望报酬由下式给出：

$$E_k = \sum_i X_{ik} E_i$$

其中 X_{ik} 表示投资者 K 的证券夹，投资在资产 i 的比例。

② 投资者 K 的证券夹的方差由下式给出：

$$V_k = \sum_i \sum_j X_{ik} X_{jk} C_{ij}$$

其中 C_{ij} 表示资产 i 和 j 的报酬之间的协方差。

边际效用。①

（三）加总

假设市场已经清结，所有证券由经济中 K 个投资者持有。将每个投资者得到一个最优解时必须成立的条件加总，将每人投资的相对财富量计算进去，可以考察关键变量之间的关系。做这件事只需要少数直截了当的运算。实际上，对每种证券取一阶条件的财富——加权平均。结果与以前得到的相似，这并不奇怪：

$$E_i \frac{2}{-\tau_m} C_{im} = \lambda_{fm} \quad \text{对所有 i。} \tag{3}$$

在此，τ_m 是市场中投资者们的财富——加权风险容忍度。C_{im} 表示证券 i 与市场证券夹协方差，市场证券夹包括市场中所有证券，每一种证券按照它的公开发行并已售出的价值的比例表示。最后一项是 K 个投资者的 λ_{fm} 值的一个加权平均，权数决定于投资者在市场中的影响，而影响决定于投资的财富和风险容忍度两者。它可以解释为社会财富边际效用。②

---

① 在一个最大化的拉格朗日函数中加入 U_k 和全额投资约束给出：

$$Z_k = U_k + \lambda_{fk} \left(1 - \sum_i X_{ik} \right)$$

λ_{fk} 显然是投资者 K 的财富边际效用，因为它等于 Z_k 对投资者的财富的偏导数（在此度量中，括号内全额投资约束中的数值 1，因为 X_{ik} 值表示为投资者的总财富的比例）。回忆：

$$E_k = \sum_k X_{ik} K_i$$

$$\text{及} \quad V_k = \sum_i \sum_j X_{ik} X_{jk} C_{ij}$$

因此，取 Z_k 对投资者 K 的证券 i 持有量的偏导数给出：

$$\frac{\sum Z_k}{\sum X_{ik}} = E_i - \frac{2}{\tau_k} \sum X_{jk} C_{ij} - \lambda_{fk}$$

但要注意证券 i 与任何证券夹 p 的协方差将等于此证券与证券夹中证券的协方差的加权平均，利用相对证券夹持有量为权数。其中：

$$C_{ik} = \sum_j X_{ik} C_{ij}$$

将此关系式代入前面方程并重排各项给出方程（2）。

② 为了导出方程（3），开始将方程（2）中所有项乘以 τ_k 并稍加整理，给出：

$$\tau_k E_i - 2 C_{ik} = \tau_k \lambda_{fk}$$

其次，所有项乘以 W_k，然后对所有投资者加总，给出：

$$\sum_k W_k \tau_i E_i - 2 \sum_k W_k C_{ik} = \sum_k W_k \tau_k \lambda_{fk}$$

定义 τ_m 为：

$$\tau_m \equiv \sum_k W_k \tau_k$$

现在考虑第二项。请注意：

（四）期望报酬

CAPM 的关键含义之一有关资本资产的期望报酬之间的关系。对前面方程稍加整理可以得到它：

$$E_i = \lambda_{fm} + \frac{2}{\tau_m} C_{im} \quad 对所有 i \tag{4}$$

此式表明在均衡中证券的期望报酬和它们与市场证券夹之间的协方差之间有线性关系。这个关系通常用一种证券的贝他表示，它是一种证券与市场证券夹的协方差除以市场证券夹的方差（V_m）得到的有尺度的度量。将此度量代入给出：

$$E_i = \lambda_{fm} + \frac{2V_m}{\tau_m} \beta_{im} \quad 对所有 i \tag{5}$$

其中：

$$\beta_{im} \equiv \frac{C_{im}}{V_m}$$

方程（5）自然也是线性的。而且因为证券夹期望报酬以及与市场证券夹的协方差只是组成的证券的相应度量的价值——加权平均，可以推论这个关系式对所有证券夹以及对所有证券成立。

（五）风险费

因为前面的方程对任何证券夹成立，它将对市场证券夹自身成立。而且，市场证券夹与自身的贝他值必然等于 1。令 E_m 表示市场证券夹的期望报酬，这些关系式意味着：

$$E_m - \frac{\lambda_{fm}}{V_m} = \frac{2}{\tau_m} \tag{6}$$

（接上页）
$$C_{ik} = C_{ov}(\tilde{R}_i, \tilde{R}_k)$$

其中 $\tilde{R}_i$ 和 $\tilde{R}_k$ 分别是证券 i 的和投资者 k 的证券夹的报酬。由于协方差的性质：

$$\sum_k W_k C_{ik} = C_{ov}(\tilde{R}_i \sum_k W_k \tilde{R}_k)$$

但是右边的求和只是投资者们的证券夹报酬的一个财富—加权平均，或者更简单地说是市场证券夹的报酬。因此左边的求和是证券 i 的报酬与市场证券夹的报酬的协方差，后者可以用 C_{im} 表示。

作这些替代并用 τ_m 除所有各项给出：

$$E_i - \frac{2}{\tau_m} C_{im} = \frac{\sum_x W_k \tau_k \lambda_{fk}}{\tau_m}$$

最后一项是 k 名投资者的 λ_{fk} 值的一个加权平均，权数由 W_k 和 τ_k 的乘积给出。这用 λ_{fm} 表示给出（3）。

左边的项是每单位方差的风险费。如方程所示，它与社会风险容忍度成反比。

（六）证券市场线

将每单位方差的风险费替代证券期望报酬方程式中的 $2/\tau_m$ 给出一个更加传统形式的关系式：

$$E_i = \lambda_{fm} + (E_m - \lambda_{fm}) \beta_{im} \quad 对所有 i \tag{7}$$

作图表示称为证券市场线。CAPM 意味着所有证券和证券夹画图将沿着这条线。许多人会说这个关系式是从 CAPM 导出的最重要的一个结论。它说明期望报酬将与市场风险，而不像通常相信的，与总风险呈线性关系。

（七）无风险借贷

从方程（7）能看出，λ_k 可以解释为任何"零—贝他"证券夹的期望报酬，包括有最小方差的零—贝他证券夹，如布拉克（1972）所提示的。如有一项无风险资产，λ_{fm} 将等于无风险报酬率 R_f。在这些条件下，证券市场线关系式可写成：

$$E_i = R_f + (E_m - R_f) \beta_{im} \quad 对所有 i \tag{8}$$

以后我们假设一种无风险资产确定存在，并且能以正值或负值持有，即投资者可按无风险率 R_f 借或贷。

（八）特征线

可以给 β_{im} 值一个解释，类似在利用历史数据的回归分析中发现的解释，虽则在 CAPM 的背景中要把它严格解释为基于对未来结果的概率信念的事先值。$\tilde{R}_i$ 和 $\tilde{R}_m$，分别为证券 i 和市场证券夹的随机报酬之间的关系可以写成：

$$\tilde{R}_i = \alpha_i + \beta_{im} + \tilde{R}_m + \tilde{\varepsilon}_i \tag{9}$$

已知定义 β_{im} 的方式，$\tilde{\varepsilon}_i$ 必然与[1] $\tilde{R}_m$ 不相关。而且 α_i 可以如此定义，使 $\tilde{\varepsilon}_i$ 的期望值为零。不过，没有理由期望 $\tilde{\varepsilon}_i$——证券 i 的残差报酬或报酬的非市场分量——将与证券 j 的可比分量不相关。[2]

---

[1] 但是不一定独立。

[2] 事实上除有无限多证券的经济外，这不可能严格为真。因为方程（9）左边的市场——价值加权和等于 $\tilde{R}_i$，$\tilde{\varepsilon}_i$ 值的市场——加权和必然是零。因此至少两个 $\tilde{\varepsilon}_i$ 值必须是负相关的。

虽然 CAPM 对残差项的相关不加限制，它确实限制截距（α_i）项的值。因为 $\tilde{\varepsilon}_i$ 的期望值是零，证券市场线关系要求每个截距直接与证券的贝他值联系。[①] CAPM 因而意味着：

$$\tilde{R}_i = （1-\beta_{im}） R_f + \beta_{im}\tilde{R}_i + \tilde{\varepsilon}_i \tag{10}$$

这个关系式的图像称为一个证券或证券夹的特征线。

（九）证券报酬的因素模型

关于 CAPM 的均衡结果和证券报酬间的内在关系之间的关系出现许多混乱。可以看到，CAPM 对"产生报酬的过程"未作假设。因此它的结果与任何这类过程是完全一致的。

对证券夹选择的早期方法，[②] 假设报酬是由一个类似（但并不同等）方程（9）的模型产生的，并有进一步的条件，证券之间残值不相关。[③] 夏普（1961）中我对资本资产定价的初始方法作出相似的假设。这样一个"单一指数"或"单一因素"模型代表一个证券报酬因素模型的特例。多因素模型已被一些研究人员探讨，而且现在金融实务中被广泛应用。

一个证券报酬的因素模型识别较少数关键因素，假设一种证券的报酬以下列方式与之有线性关系：

$$\tilde{R}_i = a_i \sum b_{il}\tilde{F}_{il} + \tilde{\varepsilon}_i \tag{11}$$

在这样一个模型中 $\tilde{\varepsilon}_i$ 值被假设为在证券之间不相关。罗斯的（1976）套利定价理论（APT）论断，如果报酬由这样一个模型产生并且没有通过套利获利的机会，则期望报酬必然近似地与 b_{il} 值有线性关系。不过 APT 对有关价格关系式中系数的符号或大小未提供推论。

完全可能用 CAPM 的假设增加 APT 的假设（最重要的假设是投资者们使均值—方差效用函数最大化）。所得的推论于是将与两个理论一致。而且由于对投

---

① 取方程（9）的期望值给出：

$$E_i = \alpha_i + \beta_{im}E_m$$

与（8）比较意味着：

$$\alpha_i = （1-\beta_{im}） R_f$$

② 例如马科维茨（1959）提出的方法，我进一步在夏普（1961，1963 和 1970）中开发。

③ 在这样一个模型中"共同因素"可能与市场证券夹的报酬高度相关，但是如要保持互不相关的假设，两者不完全相等。

资者们的目标作出假设，人们对 APT 定价关系式的系数的符号和大小能得到精确的陈述，如我在夏普（1984）中说明的。

（十）市场证券夹的效率

归功于马科维茨（1952）的一个关键概念是一个证券夹的效率概念。在现在的含义中如果一个证券夹对一个有某一（非负）风险容忍度的投资者可能是最优的，则可以说它是有效的。方程（2）和（3）的比较直接意味着市场证券夹在此意义上是有效的。

考虑一个投资者，他的风险容忍度等于 τ_m 并持有市场证券夹。方程（3）说明对每种证券将符合他的或她的效用最大化的一个条件。因为市场证券夹对这样一个投资者是最优的，它必然是有效的。更具体地说，对于一位有平均（社会）风险容忍度的投资者，市场证券夹将是最优的。

（十一）两基金分离定理

在 CAPM 中假设的条件下，适当选择任何两个有效证券夹的组合，可以得到每一投资者的最优证券夹。[①] 两个自然选择是对风险容忍度为零和 τ_m 的投资者们可能最优的证券夹。前者是最小方差证券夹，后者自然是市场证券夹。遵循托宾（1969），一般称此为两基金分离定理。

在有一种无风险资产时，最小方差证券夹将完全由那种资产组成。因而所有

---

① 在此案例中，为了提供两基金分离，将方程（2）重写如下：

$$\sum_j 2C_{ij}X_{jk} + \tau_k\lambda_{fk} = \tau_k E_i$$

证券夹最优性要求对 N 种证券的每一种满足这个关系式，并且符合全额投资约束。这产生一个 N+1 联立方程组，可写成：

$$
\begin{bmatrix}
2C_{11} & \cdots & \cdots & 2C_{1N} & 1 \\
\cdot & & & \cdot & \cdot \\
\cdot & & & \cdot & \cdot \\
2C_{N1} & \cdots & \cdots & 2C_{NN} & 1 \\
1 & \cdots & \cdots & 1 & 0
\end{bmatrix}
\begin{bmatrix}
X_1 K \\
\cdot \\
\cdot \\
X_{NK} \\
\lambda_{fk}^*
\end{bmatrix}
=
\begin{bmatrix}
0 \\
\cdot \\
\cdot \\
0 \\
1
\end{bmatrix}
\begin{bmatrix}
E_1 \\
\cdot \\
\cdot \\
E_N \\
0
\end{bmatrix}
\tau_k
$$

其中 λ_{fk}^* 代表 $\tau_k\lambda_{fk}$。将此写成矩阵形式产生：$DY = K + \tau_k F$
用 D 的逆乘两边得到的解因而是：$Y = \{D^{-1}K\} + \tau_k\{D^{-1}F\}$
请注意最优证券夹是 τ_k 的一个线性函数。因此它可以重述为满足与不同 τ_k 值联系的上述方程的任何两个向量的一个线性函数。

投资者们将持有无风险资产与市场证券夹的组合。对于风险容忍度大于 τ_m 的投资者们，最优投资将涉及一个在无风险资产中的负值地位和一个在市场证券夹并因而都是风险资产中的正值地位。不过请注意市场证券夹将包括经济中无风险资产的净正值供给，因此只有 τ_k 值比 τ_m 大得多的投资者们将实际上必须借款。其他每个投资者将选择无风险资产和市场证券夹的某种组合，并且因而又需要非负持有量。

（十二）关键推论

CAPM 的关键推论是：

（1）市场证券夹将是有效的；

（2）一切有效证券夹将等价于投资在市场证券夹中，可能加贷款或借款；

（3）在期望报酬和贝他之间将有一个线性关系式。

这些关系式的实际应用很多。投资者们易于识别有效的证券夹策略，并且这类策略可以通过互助基金和其他制度工具有效地实施。公司和政府决策者可以利用证券市场线关系式来确定一个投资项目好不好，将它的期望报酬与资本市场中贝他值相似的项目（即市场风险或对经济情况的灵敏度相似）可得的报酬进行比较。

在 CAPM 的无摩擦世界中，每个投资者选择一个使他的或她的效用最大化的证券。这导致经济中风险的有效分布，当然是给定在投资者们中的财富分布。

（十三）负值持有量

CAPM 假设投资者们能在资产中取负值地位。对于无风险资产，达到这种地位的传统方式涉及借款。对于一种风险资产，传统方法要求卖空。

借入一种资产，例如一张股票，以达到一种"空头地位"，许诺以实物偿还，一般随要随还。然后卖掉借来的资产，产生一笔现金收入。如果售款可以用于其他形式的投资，总效果等价于负值持有所研究的资产。然而，如果售款被"圈定"作为借来资产的担保品，这样一种空头地位可能与该资产的负值持有不同。在许多国家，某些卖空的收入以此方式被圈定，并且卖空者在圈定金额上得不到或得到极少利息。① 而且有些单位的投资者们被禁止利用空头地位，或者通过明

---

① 通常必须"转交"额外的担保品作为"保证金"，但是卖空者一般被允许收到与这笔钱投资有关的收入。

确的规则，或者隐含威胁对触犯信用标准提出诉讼。可能实行其他限制——例如，交易所可能不许在一种证券的价格下降后再卖空。

基于套利的理论必然许可空头地位。在均衡中是否将采取这种地位通常不清楚，因为模型缺乏充分的假设（即关于效用函数的假设）以表征均衡持有量。更重要的是，由于套利法的自身性质并由于存在（或可能存在）过多的证券，在均衡中以持有量计算的多重解是可能的。

一方面 CAPM 假设投资者们在任何资产中可取负值地位，它隐含着在均衡中采取的惟一这类地位将涉及最小方差证券夹。在有一种无风险资产时，均衡中惟一负持有量将涉及有高于平均风险。容忍度的投资者们借款，他们要为在一个代表整个资本市场的证券夹中增加投资而融资。

如果监测投资者们的地位是无费用的，交易费用为零，对一切投资者们供给相等的关于证券的信息，对负值持有量的惟一限制将是为交付所需现金流而加的限制。一个投资者的总证券夹必须如此，在每一个世界状态中正现金流之和至少和负现金流之和一样大，为了应付以负值持有的证券的发行者所作的支付。如果触犯这个条件，这类证券未曾充分复制，投资者在采取有关负值地位时不能期望得到足额价格。

因为所有信息不完全是公开的。而且监测和交易是费钱的，卖空的制度安排传统上要求对每次取负值地位分别交付抵押品，很少考虑证券夹层次的分散化的效果。在这些条件下一个高风险容忍度的投资者借款以便更多投资于一个类似市场的证券夹是困难的或是费钱的。股票指数期货合同现在向投资者们提供做这件事的更有效的手段。不过在考虑它们之前，我们将研究不允许负值地位的一个极端案例。

五　没有负值持有量的资本资产价格

（一）假设

为了探讨对资产持有量的约束的效应，我们保留 CAPM 的所有假设，并加以下形式的 ik 个非负约束。

$$X_{ik} \geqslant 0 \qquad 对所有 i 和 k$$

（二）证券夹最优性

投资者 k 寻求使 U_k 最大化，服从一条全额投资约束以及有关的非负约束。

这是一个二次规划问题。以这个形式的一个证券夹优化问题的一个精确解，可用马科维茨（1956）开发的临界线算法得到。

当得到解时，X_{ik} 的有些值将是正值。我们说相应的证券在最优证券夹内。其余的值将在它们的零下限，我们称之为不在证券夹内。最优证券夹中，每种证券必须有同样的边际效用。如果不是如此，将有可能从一种边际效用较低的证券重新配置资金到边际效用较高的一种，因而提高效用而不触犯全额投资约束或任何非负约束。这些证券的共同边际效用值将是投资者的财富边际效用，我仍以 λ_{fk} 表示它。

证券夹之外的每种证券必然有一个边际效用少于（或等于）证券夹内的证券的边际效用。如果不是这样，就有可能从证券夹内的一种证券重新配置资金到证券夹外的一种证券，因而提高效用而不触犯任何约束。

从更一般的称为库恩—图克条件的关系式导出的这些关系式可以方便地写成：

$$E_I = \frac{2}{\tau_k} C_{ik} = \lambda_{fk} - Z_{ik} \quad 对所有 i \tag{12}$$

其中 Z_{ik} 对证券夹内证券将是零，对证券夹外证券将大于或等于零。

（三）加总

像对 CAPM 一样，我们各个投资者的证券夹的最优条件取财富—加权平均。结果为一个相似的形式：

$$E_i = \frac{2}{\tau_m} C_{im} = \lambda_{fm} - Z_{im} \quad 对所有 i \tag{13}$$

Z_{im} 是 k 个投资者们的 Z_{ik} 值的一个加权平均，这是不足为奇的，权数决定于投资者们在市场中的影响，其中影响决定于财富和风险容忍度这两者。[①]

（四）期望报酬

前面的方程可以简单变换成为：

$$E_i = \lambda_{fm} + \frac{2V_m}{\tau_m} \beta_{im} - Z_{im} \quad 对所有 i \tag{14}$$

---

① 即：$Z_{im} \equiv \dfrac{\sum\limits_k W_k \tau_k}{\tau_m} Z_{ik}$

如果不是为了最后一项，和在 CAPM 中一样，在期望报酬和贝他之间将是一个线性关系式。但是最后一项的含义，只有在每个投资者的最优证券夹内的证券才成为沿这条线的图像。① 在至少一个投资者的最优证券夹之外的每种证券的图像将在这条线之下。② 而且，一种证券的下限对之有约束力的投资者数目愈大，相应的 Z_{im} 值可能愈大。重要的是注意 Z_{im} 值的大小将受投资者们中的风险容忍度分布影响。在所有投资者们的风险容忍度相同的特例中，每个人将选择持有市场证券夹并且所有 Z_{im} 值将等于零，给出的结果与原来 CAPM 的结果相同。粗略地讲，投资者们之中风险容忍度的变差愈大，一些 Z_{im} 值为正的可能性愈大。不过，请注意在这方面每个投资者的影响将决定于他的或她的财富和风险容忍度这两者。除非最富的投资者们的风险容忍度中有很大变差，Z_{im} 值可能很接近零，给出与原来 CAPM 相似的结果。

（五）风险费

为了确定此例中的风险费，我们必须对前面方程中均衡关系式取一个市场值—加权平均。这样做给出：

$$\frac{E_m - \lambda_{fm}}{V_m} = \frac{2}{\tau_m} - \frac{Z_{mm}}{V_m}$$

其中 Z_{mm} 代表 Z_{im} 值的市场值加权平均。③

每单位方差的风险费显然将为投资者们的证券夹受非负约束影响的程度的一个函数。④

（六）证券市场线关系

给定前面方程中的最后一项，导出一个 CAPM 的证券市场线的相似物并不特别有教益。然而，对于这个案例，方程（14）可能代表一条证券市场线的相似物。前面说过前两项确实提供这样一条线。不过，在此案例中此线起上界作用。

---

① 只有对这类证券所有 Z_{ik} 值为零，使 Z_{im}（它们的加权平均）的值也为零。
② 至少一个 Z_{ik} 值将是正的，因为其余都将等于零，Z_{im}（它们的加权平均）值将是正的。
③ 方程（13）乘以 X_{im} 并对 i 求和给出：

$$E_m = \lambda_{fm} + \frac{2V_m}{\tau_m}\beta_{mm} - \sum_i X_{im}Z_{im}$$

重新整理各项给出方程（15）。
④ 而且，λ_{fm} 的数值也将受这类限制影响。

一些或所有证券可在此线以下图示,距离决定于有关非负约束有效的程度。因此在期望报酬和贝他值之间可能不存在一个精确的线性关系。

(七) 无风险证券

在此案例中,不允许无风险借款,是因为禁止负值地位。不过,无风险证券的净正值供给将包括在市场证券夹中。对于任何受借款约束限制的投资者,λ_{fk} 将超过 R_f。对其他所有人,两个数值将相等。因此,λ_{fm} 将等于或超过 R_f。

(八) 市场证券夹的效率

在 CAPM 中,所有证券对市场证券夹中持有量的边际效用,在利用社会风险容忍度评价时是相等的。这时市场证券夹的效率是充分的。如果市场证券夹对一个有社会风险容忍度的投资者要是有效的,它也是必要条件。

更一般的说,为了市场证券夹有效,相对于市场证券夹测量的所有证券的边际效用在用某一正风险容忍度评价时必然相等。这一点来自一个事实,市场证券夹包括正数额的每种证券,因此所有证券将在这样一个证券夹中。

为了符合这个条件,在证券期望报酬和它们的贝他值之间必须是一种线性关系。[①] 由于对负值持有量有限制,由于 Z_{im} 的影响,情况可能不是如此。[②] 因此市场证券夹可能是无效率的。无效率的程度自然将决定于 Z_{im} 值的大小——如果大多数是小的,市场证券夹的无效率程度可能不重要。

(九) 基金分离

马科维茨(1957)表明,非负约束使有效边界在持有量空间中是分段线性

---

① 为了市场证券夹中所有证券有同样的边际效用要求:

$$E_i - \frac{2}{\tau} C_{im} = \lambda$$

其中 τ 和 λ 是正常数。

重整各项并将 C_{im} 转换为以 β_{im} 表示的等价值给出: $E_i = \lambda + \frac{2V_m}{\tau} \beta_{im}$

为了符合市场证券夹的效率条件,故在 E_i 和 β_{im} 之间必须是一个严格线性的关系。而且,截距和斜率都必须取正值,否则隐含的 λ 和 τ 值将分别是负的。

② 如果所有 Z_{im} 值为零,自然得到线性关系。如果发生高度不可能的情况,在 Z_{im} 值和相应的贝他值之间存在线性关系,E_i 和 β_{im} 值之间也将是线性关系。

的。在每个线性区间，有效证券夹可以将区间内任何两个其他证券夹组合而得到。① 不过，一般来说，没有两个证券夹能用来得到一切有效证券夹。因此两基金分离可能在此案例中不能严格应用。

（十）关键推论

当负值地位被禁止时：

（1）市场证券夹可能不是有效的；

（2）有些有效证券夹可能不等价于在市场证券夹中的投资，可能加上借贷；

（3）在期望报酬和贝他之间可能不是线性关系。

所有这些推论揭示风险可在一个经济中配置的效率降低。最优证券夹的选择变得比在 CAPM 的简单背景中更加困难。为公司和政府投资项目计算可能要求不仅是确定期望报酬和市场风险之间的简单关系。更基本地是，总福利可能低于如果对负值持有量的约束可以减少或取消的情况。

虽然在此案例假设的极端条件下，与原始 CAPM 推论背离的距离不大，显然改善投资者取负值地位的能力的制度安排可以提高风险在一个经济中配置的效率。在对一般金融革新作一些评论之后，我将讨论股票指数期货合同——提供这样一种改善的革新。

（十一）金融革新

比大多数科学做得更多，经济学不仅分析实际，它也改变实际。理论导致改变行为的经验主义。最明显的莫过于金融经济学。金融的学术领域与 30 年前大不相同，大部分由于金融经济理论的进展和从那些进展衍生的广泛经验研究。至少同样重要的是，金融实践在根本上受到金融经济学进步影响。最引人注目的是，最近十年标志着金融工具，市场及机构的空前革新。

给定这类革新的令人眩晕的速度，不足为奇的是有些个人和组织有时发现难以充分了解有些新工具和程序的适当用途。很多证据显示，未能以较为形式的方式学会金融经济学原理的人们将通过经验学习。市场是有效的，虽然有时是残酷的教师。一般来说，金融系统是自我校正的。给予时间，参与者学会使用新的工具和程序以改善总福利，不仅是从一些人手中重新配置财富到另一些人手中。等

---

① 位于端点的那些证券夹提供方便的选择。

待竞争力量能调节一个市场而不是过早地加以管制通常是最好的。

由于计算和通信技术的突出进展，使许多金融革新成为可能。而且，这种增长的全球性竞争，对减少组织和政府方面的垄断权力，起了重要作用。不过我不能不相信金融经济学科学中的发现有很大影响。股票指数期货合同似乎是提供这一点的一个明显的例子。

（十二）股票指数期货合同

1. 特点

一个传统的预约合同是售方同意在一个已知的未来日期按照一个预定价格向买方交付一定数量的一种商品。一个期货合同是一个标准化的预约合同，附带进一步规定在每个交易日终了时重新规定交货价格，使之等于订立新约的价格。在每次重新定价时，两方的一方付给另一方一个金额，等于新价和老价之间的差额。这个过程称为"转移变差"，它是合同价格"标定到市价"的一个结果。

一个期货合同的售方称为空头，买方称为多头。

期货交易所使一个合同的两方"不挂钩"成为可能。例如 A 可以售一合同给 B。B 以后可以把它卖给 C 而没有 A 的参与。再以后 C 可能把它卖给 A，在最后交货日期前抛出它。

为了保护这样一种安排中的另一方，每一方必须转移抵押品作为"保证金"。不过数额只需要弥补由于"标定到市价"的过程，在两个交易日之间的可能损失。等于一项地位（即期货合同的一方。——译注）价值的 10％－20％的保证金一般足够。为了保证有抵押品，然而保持合同的标准化，代表有地位的那些人的经纪人利用一个清算所，它将提供满足义务的保证。

一项金融期货合同可以要求实际交付一项规定的金融工具或一组或更多组的这类工具。另一种办法，它可能要求在交付日作最后一次标定到市价，一方付给另一方一笔钱，等于以前期货价格和交付日金融工具价值之差。

一个股票指数期货合同包含一个预先规定的股票证券夹。它允许投资者们在分散证券夹中取多头或空头地位。而大多数合同规定现金交付。

2. 效果

一个股票指数期货合同的一个关键方面是它集中在一个分散的证券夹而非单独一种证券或商品。在这方面，这样一个合同类似一个互助基金、单位信托、混合指数基金或股票指数买卖权。所有这些形式提供投资者们以证券"包"大大减少与分散化有关的费用。投资者对所有这类工具的依赖最近在增加，至少一部分可证明金融经济学对现代经济中承担风险过程的影响。

一个股票指数期货合同在现在的情况中有特别的意义。这种合同提供一种有效方法，同时在一个分散股票证券夹中取正地位和在一项无风险资产中取负地位的有效方法。实际上这种合同的买方借钱买一个股票夹，同时卖方贷款并在证券夹中取空头地位。① 如果合同的买方转移无风险证券作为保证金，其价值等于期货地位的价值，净效果类似在有关的指数的股票中投资一笔可比的数目。如果移转的保证金不足 100％，其效果类似操纵购买指数中的股票。一方面与按照无风险率借款购买一个股票夹不全相同，一个期货合同中的多头地位能对这种策略提供很近似的办法。而且这种安排中隐含的借款的上限足够的大，可以满足除可能有少数风险容忍度极高的投资者外的一切人。

令人注目的是，操纵持有一个高度分散的证券夹（即市场证券夹）恰好是原CAPM 背景中高风险容忍度投资者们的最优投资策略。虽则没有金融期货合同符合全市场证券夹，现有合同（包括债券和其他证券形式的合同）的组合可能接近这种策略。

在一种意义上，一个期货合同的售方在证券中持负值地位，并且这种地位的存在与 CAPM 的推论不一致。然而，从大处着眼，这种不一致性可能是表面的而不是真实的。一个股票指数期货合同的卖方通常也持有组成该指数的各种证券。期货地位因而对实际股票夹的价值变化提供一种套头保障。其结果是套头期货卖方的净地位实际上是无风险的而且等价于投资在一种无风险资产中。这样一个人能以一种经济方式装配证券，并且实际上向别人提供一种手段，以买卖证券包而不发生与买卖大量单独股票联系的费用。实际上，他或她贷款给高风险容忍度的投资者，使后者能购买更多数量的风险证券。

对分散化的证券夹订立期货合同要求的保证金少于一组个别证券的合同，每个合同有它自己要求的保证金。而且，股票指数合同利用交易和记账中的规模经济。

股票指数期货合同实际上向那些可能受借款的传统约束的限制的人们提供一种手段，以便实现所希望的投资策略。而且，这些策略类似原始 CAPM 背景中对高风险容忍度投资者们为最优的策略。因此，这类合同的存在很可能使实际资

---

① 其细节见杜非（1989）。

本市场接近这种简单均衡理论的市场。如果是这样，股票指数期货合同可能显著改进风险在一个经济中配置的效率。

(十三) 结论

在此我只考虑了对风险有效配置的一种障碍。不过，这个案例能作许多其他案例的代表。与买卖证券有关的费用和约束愈大，一个经济距离配置风险给那些最能和最愿负担它的人的目标愈远。

幸运的是，技术进展和对金融经济学原理的更多了解正以快速步伐降低这类费用和约束。其结果是资本市场正在接近一些较简单形式的金融理论中假设的条件。最为重要的是，理论家、经验家和实务家的联合努力正在提高风险在个人之间配置的效率，导致社会福利的改善。

瑞典皇家科学院新闻公报

瑞典皇家科学院决定将 1991 年经济科学阿尔弗雷德·诺贝尔奖授予芝加哥大学的龙纳德·科斯（Ronald Coase）① 教授，因为他发现和澄清了交易费用和财产权对经济的制度结构和运行的意义。

了解经济的制度结构的突破

直至最近，基本经济分析集中在被认为是给定的一个制度结构的架构中研究经济的运行。解释制度结构的努力通常被认为不必要或无用。例如，我们称为企业的那类组织的存在似乎应该是显然的。观察到的经济领域中合同形式的变化也被作为一种给定事实，而法律系统的法律和规则被看成是外加的经济活动的背景。

借助于激烈地扩大经济微观理论，龙纳德·科斯成功地设定了解释经济的制度结构的原理，因而对我们了解经济运行方式也作了新的贡献。他的成就有力地推动了法律科学、经济史和组织管理理论，并且在跨学科方面也起到重要作用。科斯的贡献是方法的研究工作的成果，在许多年的长期研究中把每一部分逐渐加到下一部分上。他的方法费了很长时间才赢得立足点。当 70 年代和 80 年代期间

---

① 龙纳德·科斯在 1910 年生于英格兰，米德塞克斯，威尔斯敦。他是芝加哥大学经济学荣誉教授，法律和经济学高级研究员。

终于发生突破时，它显得更加重要。今天科斯的理论是经济科学和法学研究方面的最能动的力量之一。

科斯说明传统基本微观经济理论是不完全的，因为它只包括生产和运输成本，同时它忽略了进入和执行合同及管理组织的费用。这类费用普通称为交易费用，这些费用在经济的总资源用途中占很大份额。因此传统理论未曾体现约束经济要素的配置的一切限制。当考虑交易费用时，发现可对企业的存在、不同公司形式、合同安排的变化、金融系统的结构以及法律系统的基本特点给出相对简单的解释。由于纳入了不同类型的交易费用，科斯为系统分析经济系统中的制度及其意义铺平了道路。

科斯也指出，如果用使用商品和生产要素的权利代替商品和要素自身进行分析，其能力和精密度可以提高。在经济分析中称为"财产权"的这些权利可以包含全部所有权、合同条款或组织的内部规则定义的各种使用权或特定的决定与处理权。法律、合同条款和其他规则定义的财产权及其在个人之中的分布确定了经济决策及其结果。科斯表明个人之间财产权的每一次给定的分布倾向于通过合同重新配置，只要对各方互相有利未受交易费用阻挡，而合同以外的制度因素出现，只要它们意味着较低的交易费用。法院和立法者修改法定规则也被包含在这些安排之内。因此在分析经济的制度结构时财产权构成一个基本成分。用或许有些模仿性的术语，可以说科斯识别了经济系统中的新的一组"基本粒子"。在某种程度上受科斯影响的其他研究人员对财产权的研究也作了先驱性的贡献。

科斯的贡献：第一阶段

在他的题为《企业的性质》的第一项主要研究中，科斯考虑两个疑问，它们很少是严格经济分析的对象，在科斯以前，没有健全和能成立的解，即为什么有企业代表的那类组织和为什么每个企业有一定规模？传统理论中的一个关键结果是说明价格系统（或市场机制）协调资源的用途的能力。资源总用途的一大部分被故意脱离价格机制以便在企业内部以行政方法协调的事实减少了这个理论的应用。

这是科斯引入交易费用和说明其重要性的地方。除生产成本外有各种合同的准备，签订和监测其执行的费用，以及在企业内部以相应的方式实施配置措施的费用。如果考虑到这些情况，可以作出结论，当企业内部进行配置措施的生产、合同和行政成本合计低于通过在市场上买卖时，创办一个企业。同样，一个企业扩大到增加一项配置措施在内部的费用大于通过市场上一个合同之点。如果交易费用为零，不会创办企业。一切配置将通过个人之间的简单合同进行。

这个模型中的一个重要因素是有两类合同：规定双方所有义务（或倒过来权利）的合同和有意不设定一切义务，而留下一个自由度以便合同的一方决定的使之不完全的合同。这类"开口"协议可以雇用合同为例，它们通常留下指挥和下命令的余地。按照科斯的理论，企业的特性是靠一组具体的这种开口合同创造的决策空间。企业事实上是这一组合同并用其他有关购买投入、售出产品和在规定条件下贷款的充分设定的合同与世界的其他部分联系。

科斯的理论证明极其实用，并引起对表征企业的合同关系作深入研究。现在已清楚，每一类企业包含一个不同的合同结构和随之而来的权利和义务的特定分配（财产权）。科斯对企业的工作已变成对主人——代理人的迅速扩大的研究的基础。它也影响了金融经济学的重要方面，例如为了解释金融中介机构的类型的生动研究。

科斯的贡献：第二阶段

回顾起来容易知道对企业的基本特征的这些研究将提供一个基础，以便对经济系统的制度结构作出更一般的结论。科斯自己在以后一个阶段奠定了这个基础。

在题为《社会成本问题》的另一项重大研究中，科斯用权利或财产权引入了这个架构。他设定如果一项财产权有良好的定义，如果它能转移，以及如果将权利从一个持有人转移给另一个人的协议中的交易费用为零，则资源的使用并不依赖这个权利一开始是否分配给一方或另一方（除影响两方之间财富分配可能发生的差别以外）。如果初始持有导致不利的总结果，通过一个自愿合同可以自发地带来较好结果，因为执行合同没有费用且两方从中得利。换言之，一切有关授权利给个人的立法在资源使用方面将是无意义的；各方将环绕每一次给定的权利分布在相互间签署协议，只要对互相有利。因此，如果交易费用是零，大量立法将不起作用。这个论点平行于《企业的性质》中的结论，在同样条件下的企业是多余的。一切配置可以通过简单的、不复杂的协议实行而没有行政性质，即通过无摩擦的市场。

　　这一点引导科斯得出结论,是交易费用永不为零的事实说明经济的制度结构,包括合同形式的差异和多种立法。或者更准确地说,不同制度安排,结合各方努力保持总成本最小,可以解释经济的制度结构。连同价格形式,制度结构的形成被认为是资源分配过程中的一个组成步骤。因此,经济制度不需要一个"单独的"理论。使现有理论完全并用主要成分,即用财产权陈述它。

　　关于永远存在的交易费用的重要效应的这些结论,是科斯的分析的主要成果。有些矛盾造成上述关于忽视交易费用的后果的结论,称为"科斯定理"。当然,没有交易费用的情况只是一个假设的比较标准。然而,它能简化真实世界情况的分析。这也可能启发可实际观察的订合同过程的研究,在早期不成熟的理论认为交易费用太高以致不可能订合同。科斯本人或受他启发的学生和其他人进一步考察表明,在一些这类案例中交易费用并非高到不能有合同的程度。人们发现这类合同有很强的特殊性,它们是被各方创造出来以便减少高交易费用的缺点。这些观察完全符合科斯的主要结论。在交易费用绝对阻止一个合同的案例中,意味着有一种发生其他制度安排的倾向,例如一个企业或修改立法。循环闭合:这正是《企业的性质》传递的信息。

　　至于立法问题,科斯在《社会成本问题》中,发展了一个关于比较常见案例中法院的行为的假设,两方(或更多)对权利有争议,并且由于高交易费用而协议不可能或极困难。科斯发现法院大概设法在各方之间分配权利,以实现可能是一项协议结果的解。所根据的思想是,如果法院不仅要解决一项具体争端,而且更想作出先例以产生将来适宜的激励,则这是它推理的一个自然而理性的方式。这一点意味着中级民事法庭的作用,是把市场机制扩展到它由于交易费用而不能运转的领域。这个假设已变得极为重要,因为连同以权利或财产权表示的一般形式外,它已成为发展"法律和经济学"新学科的动力,以及再远一些,成为法律科学的许多方面更新的动力。

龙纳德·科斯自传

　　我的父亲，是一个有条理的人，在他的日记中记录我在 1910 年 12 月 29 日下午 3 点 25 分出生，地点是伦敦郊区威尔斯敦一所两层楼的房子，我的父母住在下层。我的父亲是邮局的一个电报员。我的母亲曾在邮局就业，但结婚后辞去工作。我的父母都在 12 岁离开学校。他们对学术方面没有兴趣。他们的兴趣在运动。我的母亲打网球直到高龄。我的父亲年轻时玩足球、板球和网球，玩（草坪）滚木球直到去世。他是一名好球手，他代表当地参加一些比赛获胜。他为当地报纸及《滚木球新闻》写滚木球的文章。

　　我有通常男孩子的运动兴趣，但是我的主要兴趣总在学术方面。我是一个独生子，虽然常常是一个人，但从不孤独。在我学国际象棋的时候，乐于轮流扮演玩棋的每一方。缺乏指导，我就从当地公共图书馆借书阅读，这是没有选择的。现在我知道，当时我不能区分学术骗子和严肃的学者。我的母亲教我诚实可靠，虽然不能免于某种程度的自欺欺人，我相信，我努力遵循她的教训，这给我的写作以某种力量。我的母亲心目中的英雄是鄂茨上校，他和斯考特从南极回来，发现他的病妨碍别人，他就告诉他的伙伴们他去散步，在暴风雪中走出去，再无踪迹。这对我影响很大，我总是感到我不应该让别人讨厌，但是对此我并非总能成功。

　　我 11 岁时被父亲带到一位看骨相的人那里。我能肯定，那位看骨相的人对我的个性的说法，决定于我的颅骨形状小，决定于从我的行为得到的印象多。在他的小书中印刷了各种个性的总结，他为"龙纳德·科斯少爷"选择的总结是："你有许多智慧，而且你知道它，虽然你可能倾向于低估你的才能。"这个印刷的总结也包括以下的话："你不会像一条有病的鱼随湖水沉下去……你享有很大精神而不是别人手里的一个被动工具。虽然你看到对你有利时可以和其他人和为其他人工作，你更倾向于为你自己思想和工作。不过，决心稍大一些可能对你有利。"在书面评论中，对我建议的职业是："科学和商业、银行、会计以及园艺和养鸡作为业余爱好。"对我的个性补充了一些评论："需要更多希望、信任和专心——不适合商业生活中的侵略性竞争性方面。或许更加积极的雄心可能更有益。"他也注意到我太小心。他甚至难以预期这个腼腆的小男孩有一天会是一项诺贝尔奖的接受者。发生这件事是一系列偶然事件的结果。

作为一个青年男孩，我的腿有病，需要在腿上加铁件，于是我去地方委员会办的残疾人学校。由于我记不起来的原因，错过了通常在 11 岁时去地方中学的入学考试。不过，由于我父母的努力，在 12 岁时被允许参加中学奖学金考试。我现在记得的惟一事情是在口试时，把莎士比亚的"第十二夜"中的一个人物称为麦克伏里奥，引起一些笑声。但这个失误不是致命的，我被授予奖学金，进入契尔伯文法学校。那里的教学很好，我得到坚实的教育。我特别记得我们的地理老师是查理·寿斯顿，他将魏根纳的大陆漂移假设介绍给我们，他还带我们去听皇家地理学会的讲演，其中有一次讨论关于河流弯曲，地球转动对河道的影响。1927 年我参加大学入学考试通过，历史和化学成绩优异。

那时在大学入学考试之后，可在契尔伯文法学校学习两年，作为伦敦大学的校外学生，参加大学的中间考试，也可以在文法学校校内一年级工作。那时我必须决定读什么学位，事实上我被塑造我一生的那些偶然事件之一所决定。我倾向于得到一个历史学位，但是发现要这样做必须懂拉丁文，而我因 12 岁进契尔伯文法学校，没有学上拉丁文所以我转向我有优异成绩的化学，并开始为这一科学学位学习。后来发现数学是这一科学学位的必修课，不合我的胃口，于是转到商业学位上。虽然我对考试科目学习的知识是粗浅的，还是通过了中间考试，并于1929 年 10 月去伦敦经济学院继续商学士学位的学习。我为最终考试第一部分学习许多课程，在 1930 年考试通过。

我的第二部分专业在工业组。那时我交了一次特别的好运，这是影响我以后所做的每一件事的另一个偶然因素。以前在南非开普敦大学任教授的阿诺德·普兰特在 1930 年被任命为伦敦经济学院商业教授（特别照顾企业管理）。我听他的企业管理讲演，最终在考试前 5 个月开始参加他的讨论班，他在讨论班说的话，改变了我对经济系统运转的见解，或许更准确地说是给了我一个见解。普兰特做的事是将亚当·斯密的"看不见的手"介绍给我。他使我了解一个竞争经济系统如何可以被定价系统协调。他不仅影响我的思想，他还改变了我的一生。在

1931 年我最终通过了商学士考试的第二部分。我已在文法学校作了一年的大学工作，在可以授予一个学位之前，要求在伦敦经济学院住三年。我必须决定在这第三年做什么。在我为第二部分学习中，发现最有趣的题目是工业法，我曾决定做的事是在这第三年为科学士（经济学）学位学习，以工业法作为我的专题。如果我那样做，我将无疑地变成一名律师。但是那件事没有发生。这是普兰特影响的结果。伦敦大学授予我实际上我并不知道的一笔欧奈斯特·卡赛尔爵士旅行奖学金，这使我走上了成为一位经济学家的道路。

依靠卡赛尔旅行奖学金，我在美国度过 1931—1932 学年。那时我研究美国工业的结构，目的在发现工业为什么以不同方式组织起来。我主要靠访问工厂和企业进行这个项目。我的调查研究不是用以回答我有疑问的理论问题，而是在经济分析中引入一个新概念——交易费用，以及对为什么有企业的一个解释。我在敦第所做的讲演的内容，都是我在 1932 年调查中完成的。这些思想成为 1937 年我发表的"企业的性质"文章的基础。瑞典皇家科学院授予我 1991 年经济科学阿尔弗雷德·诺贝尔奖时引用了这篇文章的内容。还有一部分由于我不愿急于付印，也由于我忙于教学和其他项目的研究工作，而被延迟发表。1934—1935 年我在利物浦大学，1935 年以后我在伦敦经济学院教书。在伦敦经济学院，我被指定讲授公用事业经济学，而我对有关这些公用事业的事实，所知等于零。于是我开始对英国公用事业作了一系列历史研究。1939 年第二次世界大战爆发，1940 年我进政府做统计工作，先在森林委员会，然后在中央统计局，战时内阁办公室。1946 年我回到伦敦经济学院。那时我负责主要经济学课程——经济学原理，并且继续对公用事业特别是邮局和广播事业的研究，我借助于一笔洛克菲勒研究员经费在美国花费了 9 个月研究美国广播业。我的书《美国广播业：垄断的研究》，在 1950 年出版。

1951 年我移民到美国。先到布法罗大学，1959 年，在行为科学高等中心工作一年之后，我加入弗吉尼亚大学经济学系。我对联邦通信委员会作了研究，它管制美国广播业，包括配置无线电频率谱。我写了一篇文章，在 1959 年发表，讨论委员会遵循的程序，并且提议如果频率谱的利用由定价系统确定而给予出价最高人将更好。这一点引起成功的投标人将得到什么权利的疑问，我从事讨论一个财产权系统的合理性研究。芝加哥大学的一些经济学家们认为我的论点有一部分是错的，我们约好一个晚上在亚伦狄拉特家里会面。斯蒂格勒和其他人曾描写过这以后发生的事。我说服这些经济学家们我是对的，他们要我写出我的论点在

《法律与经济学》杂志上发表。虽然在联邦通信委员会中已能找到主要论点，但我还是另写了一篇文章《社会成本问题》，在这篇文章中，更详细、更精确地阐明我的见解，1961年初发表的这篇文章，不像我以前发表《企业的性质》的文章，它立即得到成功，并继续被进行热烈地讨论。说实在的，它大概是全部现代经济学文献中被最广泛援引的文章。这篇文章以及《企业的性质》是瑞典皇家科学院援引的两篇文章，作为授予我阿尔弗雷德·诺贝尔奖的理由。如果不是芝加哥大学的这些经济学家认为在我的"联邦通信委员会"一文中我有一个错误，可能永远不会写《社会成本问题》的文章。

1964年我迁到芝加哥大学并且成为《法律和经济学》杂志的主编，直至1982年。主编这个杂志是一个很大满足。我鼓励经济学家们和律师们写实际市场如何操作，以及政府如何实际管制或进行经济活动。杂志是创设新专业"法律和经济学"的一个主要因素。我的一生是有趣的，关心学术事业，而且整个看是成功的。但是在我几乎曾经作的一切，决非是我个人的选择。"伟大强加于我"。

生产的制度结构

龙纳德·科斯

美国，芝加哥大学法学院

1991 年讲演

在我的漫长生涯中，认识了一些伟大的经济学家，但是我从未把我自己算入他们之中，也不和他们一起走路。我没有在高级理论中创新。我对经济学的贡献是促进把经济系统的特点纳入我们的分析中，这些特点如此明显，好像 G. K. 切斯特登的布朗神父故事中的邮差"隐形人"一样，他们趋于被忽视。然而，一旦纳入分析，我相信它们将带来经济理论的结构的全部变化，至少在称为价格理论或微观经济学部分是这样。我所做的事是说明可称为生产的制度结构的东西对经济系统的运转的重要性。在这次讲演中我将解释，在我看来，经济系统的这些特点为什么被忽视，以及为什么认识它们将导致我们分析经济系统的运转方式的变化，我们思考经济政策的方式的变化，这些变化已经开始发生。我也将谈论我们的方法的这种变换如要增加我们的理解，需要做经验的工作。在谈论这种变换时，我不希望暗示它是我单独工作的成果。在其他人士中，奥立佛·威廉逊，哈罗德·迪塞茨，斯蒂芬·琼对这个题目作出了突出贡献，没有他们的工作和许多别人的工作，我怀疑我的著作的意义能否被承认。创设纪念阿尔弗雷德·诺贝尔经济科学奖的一大优点是通过注意到经济学具体园地的重要性，吸引鼓励人们在那些园地中的进一步研究。突出少数学者的工作，比如对于我这一个学者的工作，倾向于忽视其他有能力的学者的贡献的重要性，实际上，他们的研究对某园地的发展是至关重要的。

　　我将谈论称为工业组织的那部分经济学，但是为了了解它的现状，必须对一般经济学的发展说几句话。自从《国富论》出版以来的两个世纪中，在我看来经济学家的主要活动似乎是填补亚当·斯密的系统中的空白，修正他的错误和使他的分析更为精确。《国富论》的一个主要命题是使一个经济系统以一种有序的方式运转，不需要政府调节或集中计划。经济可由一个物价体系协调（"看不见的手"），这会有好的结果。哈罗德·迪塞茨曾说明①，自从《国富论》出版以来，经济学家们的一大任务是将亚当·斯密的这个命题形式化。给定的因素是技术和消费者的爱好，遵从他们自己的利益的个人在选择中受一个物价系统的支配。经济学家们发现了如果亚当·斯密的结果得以实现所必需的条件，实际上在世界中找不到这些条件，为了使这些条件出现，他们为此而设计了种种变革。这是在教科书中发现的东西。哈罗德·迪塞茨说得对，这个理论所分析的是一个极端分散化的系统。它是一项伟大的智力成就，阐明了经济系统的许多方面。但是它不是一切都好，集中于物价的确定导致注意力狭窄，其结果是忽视经济系统的其他方面。有时经济学家们设想他们的题目只关心定价系统，除此之外被认为不是他们的事情。例如我的老首长也是个奇人——利昂耐尔·罗宾思在《经济科学的性质和意义》中针对生产理论的传统处理连同对农民所有权和工业形式的讨论的"耀目的缺陷"，写道："它提示按照经济学家的观点'组织'是一个内部工业（或农业）安排问题——如果不是企业内部，无论如何是工业内部。同时它倾向于完全忽视一切生产组织的支配因素——物价和成本的关系……"② 这一点流传下来，在罗宾思看来，一个经济学家对组织的内部安排无兴趣，而只对市场上发生的事情有兴趣，也就是购买生产要素和销售这些要素生产的商品。在购买生产要素和销售这些要素生产的商品之间发生的事大部分被忽视了。我不知道今天经济学家们同意罗宾思的态度到什么程度，但是微观经济学大部分研究物价和产出的确定则是不可否认的。这部分经济学家常称之为价格理论。这是现代经济理论的一个特点。

　　现代经济理论的另一个特点——分析的抽象程度增长，使系统的其他方面更容易被忽视，它似乎不需要实际经济系统的详细知识，或者进行分析时设法不用那些知识。霍姆斯特龙和铁罗尔在最近出版的《工业组织手册》中写作"企业理

---

① 哈罗德·迪塞茨：《所有权，控制和企业》第 1 卷，第 145 页。
② 利昂耐尔·罗宾思：《经济科学的性质和意义》（1932），第 70 页。

论"，他们为此做出的结论："在此领域中证据/理论比率……现在很低。"① 佩尔茨曼对《工业组织手册》写了一篇批评性的评论，他指出书中多少讨论是没有任何经验基础的理论。② 书中所研究的是一个生活在经济学家心中而不在地球上的系统。我称之为"黑板经济学"。企业和市场以名称出现但他们缺乏任何实质性内容。在主流经济理论中，企业常被描写为一个"黑箱"。而且它确是如此。已知现代经济系统中大多数资源在企业内部被使用，如何使用这些资源依赖行政决策而不直接依赖一个市场的操作，这就非常奇怪。因为经济系统的效率在很大程度上依赖这些组织如何进行的事务，当然，特别是现代公司。更令人诧异的是他们对定价系统有兴趣。但忽视市场，或更具体地忽视支配交换过程的制度安排。由于这些制度安排在很大程度上决定生产什么，我们有的是一种很不完全的理论。所有这一切在开始变化并且在此过程中我因起了作用而高兴。最近东欧的事件证明了把这些制度因素纳入主流经济学之内的价值。人们劝告这些前共产主义国家转变为市场经济，而且它们的领袖愿意这样做。但是没有适当的制度不可能有任何重要性的市场经济。如果我们对他们的经济知道得更多，我们将更能帮助他们。

我在瑞典皇家科学院援引的两篇文章中想做的事，是设法填补这些空白，或更准确地说是指出如果要最终填补空白我们应当采取行动的方向。让我从"企业的性质"开始。1929 年我作为一名学生到伦敦经济学院攻读商学士学位，在培养工厂经理的工业专业，我特别不适合这个职业选择。然而在 1931 年我交了好运。阿诺德·普兰特在 1936 年被任命为商业教授，他是一位优秀的教师。约在参加最终考试前 5 个月我开始参加他的讨论班。这是一种启示。他援引亚述·索尔特的话："正常的经济系统自己会工作。"他解释一个由物价协调的竞争经济系统如何导致生产消费者评价最高的商品和服务。在接触普兰特的教导之前我对经济如何工作的观念是极其模糊的。在普兰特的讨论班之后，我对经济系统有了一个一致的见解。他引导我了解亚当·斯密的"看不见的手"。由于我还在高中的时候已作了大学一年级的工作，我设法用两年完成一个学位的要求。然而大学规章要求住校三年才能授予一个学位。因此我有一年富余。那时我又交上了另一次好运。伦敦大学授予我一笔卡赛尔旅行奖学金。我决定在美国花费一年，那一年

---

① 理查·希马伦西和罗伯特·D.威利（主编）：《工业组织手册》，第 126 页。

② 山姆·佩尔茨曼："工业组织手册：评论"《政治经济学》杂志，1991 年 2 月，第 201—217 页。

是被作为在伦敦经济学院住一年来处理的。

　　我决定研究美国工业的垂直和横向联合。普兰特在他的讲学中描述了不同产业组织的不同方式，但是我们似乎缺乏任何能解释这些差别的理论。在我心中还有另一个谜需要解决，并且它似乎与我的主要项目有关。把定价系统看成是一种协调机制显然是对的，但是论点的有些方面使我困惑。在大萧条时用某种计划形式协调工业生产的所有方案那时很时髦，普兰特则持反对态度。按照普兰特的意见，通过一个物价系统作用的竞争将做一切必要的协调工作。可是我们有一个生产要素——管理，它的功能是协调。如果定价系统提供了一切必要的协调，为什么需要它。那时同一问题以另一个形式出现在我的面前。14 年前发生了俄国革命，那时我们对在一个共产主义系统中计划工作如何实际进行知之甚少。列宁说俄国的经济系统将如一个大工厂那样运转。然而西方许多经济学家认为这是不可能的。可是西方有工厂，而且其中有一些极大。经济学家们对定价系统的作用和不可能成功的中央经济计划发表的见解与管理的存在以及这些显然有计划的社会，在我们自己的经济内运转的企业的存在之间如何调和？[①]

　　到 1932 年夏季我找到了答案。我觉察到利用定价机制是有费用的。必须去发现价格是什么。要进行谈判，起草合同，检查货物，作出安排，解决争议，等等。这些费用被称为交易费用。它们的存在说明市场之外另有协调方法，它们自身有费用并且在不同方面不完善，但可能优于依靠定价机制，经济学家们通常分析的惟一协调办法，正是避免通过市场进行交易的费用可以解释企业的存在，在企业中要素的配置是行政决策的结果（我认为它做到了）。在我的 1937 年文章中我写道：在一个竞争系统中将有最优数量的计划工作，因为一个企业，那个小计划社会要继续存在，只有如果它行使其协调功能的费用小于通过市场交易实现协调的费用，而且也比另一个企业行使这个同样功能的费用低。为了有一个有效的经济系统，必须不仅有市场，而且也有适当规模的组织内部的计划领域。这个混合物应当是什么，我们发现是竞争的结果。不过，根据我保留下来的我在 1932 年写的一封信中，发现我这个论点的所有主要内容已在 1932 年 10 月初我在伦敦第的一次讲演中提出，那时我仅 21 岁。我从未想到约 60 年后，这些思想将变成授予我诺贝尔奖的主要根据，在我 80 多岁时，因我在 20 多岁时做的工作而被赞

---

　　① 在奥立佛·E.威廉逊和雪尼·G.温特主编：《企业的性质、起源、演化和发展》第 34—47 页中可找到这些事件的更完全的记述。

扬是一个奇特的经验。

　　经济学家们承认企业在经济运行中的作用的积极性，无疑将促使他们更仔细地研究它的活动。奥立佛·威廉逊和其他人的工作导致对决定一个企业做什么和如何做的因素给予更多了解。我们也希望将来能从美国普查局经济研究中心于最近开始的企业活动研究中知道更多的事情。但是经济学家们认为，发表"企业的性质"对经济学最重要的后果是引导注意企业在我们现代经济中的重要性，可能是错误的。在我看来，这个结果在任何情况下都会来到。我认为考虑这篇文章的重要贡献是将交易费用明显引入经济分析。我在"企业的性质"中主张交易费用的存在导致企业的出现。但是其效应遍布于经济之中。商人在决定他们做生意的方式和生产什么的时候必须计算交易费用。如果作一笔交换的费用大于那笔交换所带来的利益，那笔交换不会发生或实现从专业化得到的更大的生产。以此方式交易费用不仅影响合同，也影响生产什么商品和服务。不把交易费用纳入理论之中，使经济系统的运转的许多方面得不到解释，包括企业的出现，还有其他许多东西。事实上，我们认为，经济活动的一大部分是为了实现阻止高交易费用，或为了降低交易费用，使许多个人能自由谈判，能利用海叶克告诉我们的那种扩散的知识去谈判。

　　我知道经济学只有一个部分曾用交易费用解释经济系统的特点，那就是关于货币的演化和使用。亚当·斯密指出，在一个经济系统中有分工但一切交换必须采取物物交换形式，这将发生对商业的障碍。没有人能买到任何东西，除非他有生产者需要的某种东西。他说明使用货币可以克服这个困难。一个希望在物物交换系统中买东西的必须找到一个销售这种产品的人，这个人也需要购买一些商品。同样，一个希望卖东西的人必须找到一个人，既需要他必须卖的东西，也有潜在的买主需要的东西。这种物物交换系统中的交换要求，正像哲逢斯所说的"这种双向一致"。显然搜寻有适当资格的交换伙伴可能代价很大，将会阻止许多有潜在利益的交换发生。使用货币带来的好处是减少交易费用。使用货币也因便利起草合同以及减少为了交换目的需要保有的商品数量而减少交易费用。然而就经济学家们而言，使用货币得到的效益的性质似乎隐没在背景中，并且没有注意到经济系统有其他特点，其存在是由于减少交易费用的需要。

　　我现在转到瑞典皇家科学院援引的约 30 年前发表的我的另一篇文章"社会成本问题"。在这里我不打算在它对法律学的影响方面说许多话，因为那个影响是很大的。我将主要考虑它对经济学的影响，尽管它现在影响并不很大，但我相信经过一定时间它的影响将是很大的。我的见解，在那篇文章中用的方法最终将改造微观经济学的结构——我将解释为什么。我应补充，在写这篇文章时我心中没有这样的一般目的。那时我想我是在暴露皮古对私人和社会产品之间的分歧的分析存在的弱点，他的分析一般被经济学家接受，事情就是那样。只是在以后，一部分是我与斯蒂芬·琼在 60 年代谈话的结果，使我看到我在那篇文章中写的东西对经济理论的一般意义，而且也更加清楚地看到需要进一步研究什么问题。

皮古的结论和应用标准经济理论的大多数经济学家的结论，曾是（或许仍然是）需要某种政府行动（通常是征税），以约束那些行动对别人有害的人（通常称为负外部性）。我在我那篇文章中说明的是在一个零交易费用体制中，假设标准经济理论各方之间的谈判将导致作出那些安排，使财富最大化，而不论初始指定的权利如何。这是斯蒂格勒命名和陈述的不名誉的科斯定理，虽则它以我的工作为基础。斯蒂格勒认为科斯定理来自经济理论的标准假设。它的推理没有问题，只有它的领域有问题。[①] 我不是不同意斯蒂格勒。不过我倾向于把科斯定理当作一块垫脚石，以便进一步分析一个有正交易费用的经济。科斯定理对我的意义是它削弱皮古系统。因为标准经济理论假设交易费用为零，科斯定理指出在这些情况中皮古的解是不必要的。当然它并不意味着当交易费用为正值时，政府行动（例如政府经营、管制或征税，包括补助）不可能产生比依靠市场上个人之间的谈判有更好的结果。不是靠研究想像的政府，而是研究真实的政府实际上做什么，才能发现这一点是否如此。

如果我们从一个零交易费用体制走向一个正交易费用体制，那么法律制度在这个新世界中立即变得明显的重要。我在"社会成本问题"中说明在市场上买卖的东西不像经济学家们设想的是物质实体，而是进行某些行动的权利，对于个人拥有的权利是法律制度确定的。一方面我们能想像在假设的零交易世界中一笔交换的各方将谈判改变法律的任何规定，它阻止他们为了增加产值而采取需要的任何步骤，在正交易费用的真实世界中这样一个程序将极其费钱，即使允许这样做，它将使围绕法律的许多这类合同成为无利可图。由于这一点，个人拥有的权利连同它们的职责和特权在很大程度上将是法律决定的，其结果是法律系统将对经济系统的运转有深刻影响，并且在某些方面可以说是控制它。显然最好将这些

---

① 乔治·斯蒂格勒：《关于科斯定理的两个注解》，《耶鲁法律》杂志，1989 年 12 月，第 631—633 页。

权利指定给能最有效地利用它们，并导致激励那些人这样做。为了发现和保持这样一种权利的分布，转移它们的费用应当低，通过法律的清晰和使这类转移的法律要求不太繁杂。因为如果只有一个适当的财产权制度（财产权在法律上有效）才能出现这个情况，不难理解为什么有这么多学院律师（至少在美国）研究这种财产权制度的性质的任务如此有吸引力，以及为什么"法律和经济学"的题目在美国法学院中如此繁荣。所以我不认为相信不出 5 年或 10 年画出这个题目的主要大纲是过于乐观的。

在以前，大多数经济学家们似乎不知道经济和法律系统之间的这种关系。经济学家们常用股票和农产品交易所作为完全或接近完全竞争的例子。但是这些交易所很具体地管制买卖人的活动（这是在可能有的公共管制之外）。什么东西能买卖，什么时候能买卖，清算的条件等等都被交易所当局规定下来。实际上有一套私法。没有这些规章，将不可能迅速做成买卖。当然，当买卖在交易所之外发生时（几乎所有买卖都如此），买卖人在空间分散，不同的场合有不同的利益。例如零售业和批发业，难以确立这种私法，他们的活动将受国家法律管制。经济学家们讨论交换过程而不设立在其中做买卖的制度环境，这是没有意义的。因为这将影响生产的激励和交易的费用。我想这一点现在开始被承认，特别是因今日东欧的变化而十分清楚。经济学家们可能很详细地分析两个人在森林边上交换坚果和草莓，然后感到他们对交换过程的分析是完全的，这个时代肯定已经过去了，尽管在某些方面这种分析能说明一些问题。我们需要在一个真实世界环境中研究订约过程。那时我们可以了解遇到的问题和如何克服它们，我们肯定会觉察，我们必须从中选择的不同制度多么丰富。

奥立弗·威廉逊认为我在《企业的性质》中的论点之所以没有被使用或被有限地使用要归咎于它没有变成"可操作"的事实，他的意思是交易费用的概念没有纳入一般理论之中。我想这是对的。这有两个原因：第一，将交易费用纳入这种基于为零的假设的标准经济理论将是很困难的，而经济学家们和大多数科学家相似，正像汤玛斯·昆告诉我们的在他们的方法中极其保守，没有尝试它的倾向。第二，威廉逊也指出，虽然我使企业内部组织或通过市场之间的选择成为我的分析的核心是正确的。我并未指出什么因素决定这个选择的结果，因而使别人难以建筑在常被描述为一种"基本的深刻的见解"的东西之上。这也是真的。但是使用威廉逊的术语，支配市场和递阶系统的混合物的相互关系极其复杂，在我们现在的无知状态中将不易发现这些因素是什么。我们需要的是更多的经验工作。我在为国民经济研究所一次会议写的一篇论文中说明了为什么我认为如此。我是这样写的："一位有灵感的理论家没有这种经验工作可能做得很好，便是我自己的感觉是灵感最可能来自系统地收集数据揭示的形态，谜和不正常现象提供的刺激，特别是在必须打破我们的现有思想习惯的时候。"① 这句话是在 1970 年说的，直到今天我仍然认为它在主要方面是真的。虽然在 70 年代和 80 年代做了许多有趣的和重要的研究，可以肯定我们比在 1970 年知道的多得多，但无疑需要多得多的经验工作。不过我得出结论，工业组织的研究人员面对的主要障碍是缺乏合同和企业活动方面的数据。因此我决定对它做一些事情。

　　我相信在华盛顿的政府各部门和机关中有大量有关合同和美国企业的活动的数据，而这种信息大部分是经济学家们不知道的，1990 年夏季我在芝加哥大学法学院组织一次会议，政府官员们在会上宣读论文，他们在文中描述有什么数据和如何得到它，也报告他们的部门内正在进行的研究。听众是学院经济学家们。正像同事说的，它是供给满足需求的例子。这次会议的记录将在法律和经济学杂志的一个专号上发表。与我有联系的另一发展是在匹斯堡大学商学院所成立的合同和企业结构研究中心。这个中心将大规模收集商业合同并将准备数据库，可供一切研究人员利用，不论他们是哪个单位。我们也不应忘记普查局经济研究中心现在开始的工作。有更多数据以及授予我诺贝尔奖给予所有在生产的制度结构方面工作的研究人员的鼓励应当导致在工业组织方面的经济学文献中如此常见的优美但无用的推理的减少而应当导致增加我们对真实经济系统如何工作的了解的研究。

　　我的话有时被解释为隐含着我反对经济理论的数学化。这是不真实的。确实，一旦我们开始发现影响经济系统的表现的真实因素，它们之间的复杂关系显然需要一种数学处理，好像在自然科学中一样，而以散文写作的经济学家们像我自己那样将鞠躬致谢。希望这个时期快到来。

　　我知道我所尊敬和羡慕的许多经济学家将不同意我表示的意见，有些人甚至对之反感。但是一位学者必须满足于了解他说的错话将迅速暴露，而对于真理，他能指望最终见到它被接受，只要他活得足够长。

---

① R. H. 科斯：《企业，市场和法律》，第 71 页。

"经济学画像"：龙纳德·科斯[①]

拉斯·魏龄

在这个月的画像中，拉斯·魏龄展示接受 1991 年诺贝尔经济学奖的芝加哥大学龙纳德·科斯教授。通过他的研究，科斯对我们理解经济的制度结构实现了突破。在授奖时，赞扬他阐明了交易费用和经济权利对经济系统的制度结构和运行的重要性。

一 科斯的贡献：背景和概观

不可否认经济系统是复杂的机制。它们包含不断变化的丰富而多样的制度结构。

这个结构中的一个重要成分是公司。公司为什么存在？或者更准确的是为什么有公司那种形式的机构：一个给定的公司为什么有那个规模，不大也不小？为什么有居间人和金融中间机构：除公司外，有许多不同类型协议和合同，从最简单的日常用品采购到关于就业、保证、订制产品的订货通知，许可证，公司合并等等的条款；这个名单可以使之长得多。在每个具体案例中是什么决定合同类型的选择，以及为什么某些合同类型比其他更常见？在一个支配权利的规则的架构中发生经济行动：在协议、损害案件、破产等等中涉及的权利。决定这些规则的是什么？对它们作系统解释有无可能？类似这些研究问题已使经济活动的不同领域置于审视之下。

直到最近以前，经济理论对这些类型的提问不能给出确切的答案（除最后一

---

① 从瑞典《经济辩论》杂志 1991 年 11 月中第 688—700 页的翻译。——译注

题外）。实际上很少考虑这些问题。对制度结构作出概略的假设，或者完全忽视它，是经济理论及经济分析的标准程序。一般均衡模型尤其是如此，大概由于愿意提出那些问题的纯净形式，寻找其答案，即发现价格系统的基本特征以及它的容纳分散化的原理。

或许研究人员之所以忽视制度结构，他们感到不仅因为他们自己被迫把他们的问题限制在合理的比例内。他们也感到经济理论不足以解释制度和了解它们的功能，必须有从其他社会科学来的帮助。

然而通过龙纳德·科斯的工作已经奠定了一个基础，以便对例如上面提到的问题提供答案。他的研究是经济的制度结构的分析中的一个突破，并增加了对经济系统如何运行的了解。他的贡献中的最重要的是他在两个问题上补充了基本微观理论。科斯的理论确是纯经济的。但是它们已为其他学科中的法学研究和组织理论提供了重要动力。因此它们在一种多学科意义上也是有价值的。

二 一个非凡的"产品周期"

龙纳德·科斯于 1910 年出生在伦敦，并在伦敦经济学院接受教育。他在一些英格兰和苏格兰学校教学并得到博士学位后，于 1951 年迁居美国。1951 至 1958 年他是布法罗大学教授；1958 至 1964 年在弗吉尼亚大学，自从 1964 年以来在芝加哥大学法学院。他于 1979 年退休，但在此领域中仍很活跃。在以后若干年中他一直是《法律和经济学》杂志的主编。科斯保留了他的英国国籍。

科斯的理论是一个目标导向的研究过程的成果，是在许多年的过程中一点一点构筑起来的。科斯在 1937 年发表他的第一篇重要研究成果。他的最新成果只是在几年前才发表。然而他的理论及其对一种新见解的要求经过许多年才赢得支持。直到在 70 年代和 80 年代突破到来时，才更加强大。这可以从以下的事实得到证明：科斯 1937 年和 1960 年发表的两篇重要著作，长期被忽视，直到 80 年代才受到重视，被视为国民经济学领域内出版物的一个不寻常和非凡的"产品周期"，因而成为 80 年代以来最常被援引的文献来源之一。

科斯虽然对传统微观理论的两项补充是比较简单的，但是它们可能也证明是很重要的。

第一，他表明在一般均衡模型中表示的传统理论是不完全的，因为在资源方面它只包括生产成本，而未考虑缔结和执行合同以及管理机构的费用（即各种交易费用）。这个模型假设生产工艺是资源组合的惟一约束。因为它并不包括工艺所有方面（即所有资源）。

第二，科斯表明基本经济分析如果用权利而非用物品和产品要素来作将获得很大的可信度。因为每一份合同，不论简单的还是复杂的。主要管着某人利用资源的权利，而非资源本身。因此一个合同后面的意图是在个人之间重新分配权利。在建立公司和其他类似机构中这一点特别明显，因为所有行动领域是通过权利的集体化形成的。它们不仅借助于合同，而且也由立法以及其他方法形成。

科斯在这两个战略问题上修改了经济理论的微观经济基础，以前认为经济分析利用传统的理性公设，解释不了的大量现象，可能突然有了比较简单的答案。

三　公司的性质

科斯所做的第一项重大工作是他的论文《企业的性质》（1937）。他在那篇文章中，考虑了在以上引言中提到的两个问题，即为什么存在公司之类的组织，以及某一公司的规模为什么会有现在那么大。这些问题很少成为严格经济分析的对象。在科斯进行他第一项研究时的基本经济理论的形式，并在他的分析终于实现突破之前停留在那个形式上，认为"公司"作为一个名词，不过是指示投入一产出组合，与实际的公司是无所不包的行政和财务结构成为鲜明的对照。弗兰克·奈特和其他人在国民经济学中曾试图解释而未产生积极的或持久的成果。

突破传统理论的中心是指出价格系统协调资源使用的能力。然而，科斯指出资源总流量的一大部分是在公司内部发生的。因此它被有意识地从价格系统撤出，以便代之以行政协调。这一点说明传统理论事实上不是它声称的一般配置理论。一个名副其实的一般理论，必须解释协议的形成、协议形成之内的各种划分以及其他配置程序。

对此，科斯引进了交易费用。前面已提到，他发现现有理论有缺陷，因为它不包括用于准备、监督和完成合同的资源及费用，它们是在生产成本之外发生的，鉴于这个事实，我们可以作出结论，当资源配置方式降低生产、合同义务和一个组织内部的管理的总成本，低于通过在市场上买卖，则诞生一个公司。以同样方式，一个公司扩大到某一点，进行进一步的内部资源配置的成本将高于借助于市场上形成的一个合同。我们可以进一步的做出结论，如果订一个协议没有什么费用，则公司可能是不必要的。一切配置将通过个人之间的简单协议来协调。

有人用以下鲜明的比较来说明科斯的理论：一个公司可以看成是协议形成的大海中的一个岛，那个海或称为"市场海"。如果我们看一个经济，我们将看到它是一个群岛。为什么它是一个群岛，而不是个人之间简单协议的一个广阔开放的海？另一方面，为什么大陆那么少，如果有的话？

在给新费用命名时不幸有些混乱。普通的做法是把合同和行政费用捆在一起称之为"交易费用"。另一派的做法是思想上保留"交易费用"一词只供合同费用之用，实际上还有单独的"行政费用"。这样做比较切实可行，因为区分这两类费用是重要的，并且能将它们互相并立，这是本文中将用的方法。

科斯把绝大多数交易和行政费用归结于获得信息和对仍然缺乏信息作出调整。例如在一项协议中，一方首先自己要知道可以设想的另一方以及他们将能提出的条件，以后那一方必须达成协议，它将是可能的谈判的结果，而且最后它必须监视所涉及的另一方履行其有关责任。可能需要采取防范措施，因为另一方有可能不履行协议中它的部分。为了行政过程的目的各方互相要求提供信息。与此有关的是决策工作自身。当我们考虑一个经济的总资源有多大一部分用于处理信息、行政、法律活动等等时，这些费用显然有极大重要性。[①]　原则上交易和行政费用与生产成本分开，因为它们是因协调两个以上个人的行动发生的。另一方面，即使一个人行动也涉及生产成本。

要确定交易和行政费用（以及为此的生产成本）实际上可能有困难的事实，当然并不允许忽视它们，因为这将意味着以一种刻板的方式假设它们是零。正常情况这将是一种完全不真实的假设。自从科斯做出贡献以来，原则上一切经济分析必须对各类成本的相对大小作出判断。除非有强大的和小心指示的相反理由，严肃的经济分析不能只考虑加在合同各方身上的某些资源限制，而不顾其他。

四　合同形成的公司

这个模型中的一个要点是有两类合同。在一类中，希望合同规定所涉及各方的全部责任。在另一类中，有意识地使合同不完全，使它不设定所有责任，而留

---

　　① 华立斯和诺思（1986）作了一次勇敢冒险的尝试，测量美国的总交易费用（用于合同），得出一个数字略低于国民收入的45%。

出一个自由领域使其中一方能作出单方面决策。这类"开口"合同的例子是就业合同，允许作出指示和命令，还有股东方面协议，使利润依赖公司决策。① 在科斯的理论中公司的特性是一组这类开口合同提供的决策空间。很简单，公司由这组合同构成，并通过控制必需物品的采购、产品的销售和在一定参数内贷款的其他充分设定的合同与周围世界发生关系。

在科斯的理论中，公司通过在技术限制的架构内个人的优化被内在地决定着，使它完全符合经济理论的基本假设。这个思想表明它本身极富成果，并导致对表征公司的合同关系作深入研究。现已清楚，每一个特定形式的公司由一个特殊的合同结构组成。现在对主人和代理人关系的生动研究利用科斯的研究作为它的出发点。以任森和梅克林（1976）的一项重要研究作为一个很必要的环节。此外，关于"所有权和控制"的研究，从科斯的著作开始，或者与他的理论联系。为此，科斯对金融经济学具有重要贡献。科斯对公司基本特性的研究，也成为对金融中介机构的类型的研究日益增多的源泉。还有某些有关社会学使用的行政和组织的理论大概也是如此的。

五 财 产 权

科斯的这些研究为关于经济系统的组织的更一般的结论奠定了基础。在这个领域中科斯最重要的成果是《社会成本问题》（1960），在它前面还有一篇文章《联邦通信委员会》（1959），从此以后，科斯对这项研究又作了重要补充，撰写的新著作有《企业、市场和法律》（1988）等。

在 1960 年，科斯对传统理论作了第二次补充，即引入利用物品、生产要素和其他资源的权利作为一个基本成分。在其他因素中，这种权利是合同的真实目标。人们买卖的不是物品或资源，而是以一定方式利用它们的权利。个人的这类权利的光谱②确定那个人的行动空间，也就是他或她的"福利的度量"。

科斯自己说的"权利"，在他后来的文献中又用"财产权"一词。这个词实际上不太合适，不符合科斯的一般的描绘，但时至今日似乎已经确立。不过在本文中我们在两个词之间将有所区分。财产权的例子是完全的所有权，享受权例如

---

① 注意"有条件的"协议可能很具体。

② 光谱包括不同波长的辐射，借用"光谱"这个词表示内容多样化的事物。——译注

瑞典房客有政府保证的"租房权"。来自就业协议的较有限的管理和决策权，作为一个保证条款的后果使一个买主得到的权利等等，这是另一个可能长得多的名单。

财产权常有一个或更多的具体的占有人，占有人使别人不能以适当方式利用那个资源。财产权的最基本形式由法律系统决定，但是可以借助于合同、公司或其他组织的内部决定等等，转移及联合为适当的集团。

虽然在较早的经济文献中也有类似的思想。不过，科斯的成就是系统地把权利或财产权包括进来成为经济理论的一个基本成分。其他人迅速地跟随他前进，特别是阿曼·阿尔茜，他也有沿着相同路线的开拓性著作。

六 相互定理

《社会成本问题》中包含的分析，可以归纳为三项基本的和密切相关的结论，其中头两项是第三项也是最基本的一项的前奏。第一项结论常称为"相互性定理"。假设有一个人 A 持有一定权利（财产权），并且这项权利对另一个人 B 不利或有害。现在假设有一个法律权威，例如一个立法机关、一个法院或租界当局取消 A 的权利。这样做意味着权利转移给 B，只要 A 尝试利用其权利，在某项法律规定之下 B 可以对 A 提出诉讼，因为 A 侵犯了 B 的权利。其后果是 B 的占有将意味着 A 的牺牲或损害，他不再有利用这个权利的机会。情况发生逆转。

这个结论似乎是自明的，或者几乎是自明的。然而它有时被经济学家们和律师们忽略。我们有理由更加仔细地研究这种关系。

许多经济学家大概将感到有责任用外部性或外部效应来分析刚才提出的案例。科斯不这样，他甚至从不说这些词。这很可能是有意的。具体地说，相互定理揭示许多经济学家谈外部效应的论点中的一个基本弱点。在初始阶段，A 占有权利，它意味着 B 方的牺牲。很多人在此处将谈论一项负外部性。在权利从 A 取消并给了 B 时，它意味着 A 方的牺牲；作为推论，我们也应说有一项负外部效应发源于 B 而落在 A 身上。由于某种原因，许多经济学家对后一事件并不倾向于谈论一项负外部效应。这使得术语不清楚。开始时这似乎无害。不过，这一点能使经济学家（或律师）容易建议修改一个案例而不修改另一个。举例来说，如果 A 利用外部环境给 B 带来负结果，则在修改后，B 的权利就不让 A 使用，这对 A 有负结果。情况是相互的，但是相互的外部性术语可能导致 A 有权利而非 B 的权利被剥夺的可能性大，不论周围的环境如何。

相互定理说明，在这里讨论的意义上的外部效应不能被消除，它们只能改变方向。不过可以进行"微调"，给它们一个更有效的范围。买卖权利的当事人或法律手段可以做到这一点——不过我们是在谈论正在继续讨论的题目了。我们也可以说相互定理表明外部效应的存在本身不是判断效果的标准。

然而，科斯不用外部效应推理。另一方面他确实批评"用皮古思想"修改的福利经济学，因为它缺乏清晰性。尽管它明显简单，相互定理不可否认也有相当程度的爆炸力。

科斯定理和科斯基本定理

第二项结论得自以下推理：假设一个立法机关、法院或其他类似机关必须决定将一项权利给 A 或 B。这个案件可能是 A 和 B 之间意见不一致，或者有一组新情况需要作一项修改。再假设一项可能的协议，其中一方从另一方购买权利的交易费用可能是零。并且假设现在的立法不禁止这样一项协议，存在关于转让权利的自由。

科斯的结论是不论权利给 A 或 B，对资源利用而言没有差别（除了由于财富分配的可能影响外）。最终，权利将归于能实现最高生产价值的人，这是采取最广义生产价值。假设这是 A，如果直接将权利授予 A，B 购买这个权利永远不会是有利的。如果将权利授予 B，可能将有一项相互有利的协议，A 将依据协议购买它。由于交易费用是零，此事将发生在这类协议没有其他的阻碍。①

这个结论是比较明白的。即使如此，它可能有一点使人惊异。立法和法律程序的一个有意义的部分涉及以一定的方式陈述权利，立法机关或法院企图通过它的控制行为。即允许某些行动，而停止或阻碍其他行动。不过在此案例中，似乎这不是所产生的效应。不论法律决定如何，都是一样的。

这个推理中的困难在于交易费用不会是零。它们常常是很高的，以至于难以达成协议。实际上，立法和法律决定倾向于恰好在这类情况中出现。于是法律决定也将决定最终关系和资源的利用。

这就是说，如果交易费用为零，大部分立法是没有意义的。在此我们又可引用科斯在"企业的性质"中的结论，如果交易费用为零，公司的存在是不必要的。然后推论公司和许多立法的存在依赖于交易费用。这一点可以推广。在此我

---

① 不过如果涉及的当事人不止两个，可能发生谈判问题。

们将谈到科斯的第三个基本定理：一个经济制度结构的起源决定于交易费用。更准确地说，当事人努力降低交易、生产和行政成本，解释了一个经济的制度结构。它包括在制度结构中的公司、各种合同形式和许多立法。

由此看出，制度结构是资源配置过程的一个组成部分。不需要有经济制度的专门理论，只用主要因素或权利，即财产权陈述它，就可以使现行理论更加完善。

科斯分析的主要成果是关于始终存在的交易费用所产生的巨大后果的这些结论。如果我们假设交易费用是零，如同传统理论的通常情况一样，很简单，没有制度的存在，那将是个人之间的简单的无摩擦的价格，数量合同将管理一切配置。

有些奇怪的是第二个定理，这个定理不考虑交易费用，后来被称为"科斯定理"。"科斯定理"自然应当是第三项基本定理。科斯自己并没有把第二项结论上升到一个"定理"的水平。实际上是斯蒂格勒（《价格理论》，1966，113 页）应对这一切的陈述以及"科斯定理"的命名负责。一个没有交易费用的世界自然不是科斯生活的世界，并且相反的是传统理论忽视了真实，变成抽象的世界。当我们仔细地研究，传统理论或假设交易费用为零，完全交易是可能的，或交易费用如此昂贵，完全不可能有合同。然而在真实世界中交易费用是在零和无限大之间的某处。当一个合同得到它的结构和制度得以形成时，正是这一点是重要的力量。

科斯使用现在所谓科斯定理的主要意图，是建立一个供比较的无摩擦规范，并以它为背景来看真实的合同和制度的。这样可以较好地阐明合同或制度的特性。将真实与一个想像的"零点"对照，不仅在国民经济学，在其他学科，自然也是很有益的。在经济研究中，以前在莫迪里安尼－米勒定理即关于金融合同和金融制度的形成中，实际上已证明这是科斯定理中的一个特例，尽管这两个定理之间的准确关系还没有被研究。①

七　法律经济学和科斯对法律研究的影响

《社会成本问题》包含一个特别假设，它实际上是科斯的基本推理中的一个

---

① 莫迪里安尼－米勒定理是弗兰柯·莫迪里安尼和牟顿·米勒陈述的（1958），他们都被授予了一笔诺贝尔奖，而莫迪里安尼的获奖主要是其他的贡献。

重要环节，法律学家们以很大的兴趣吸收了它。这种用权利描写的概要，以及可设想的立法效应，已成为经济学和法律之间的边界上的一个全新学科的开始，简单地称为"法律和经济学"。这个学科在管制经济学内也很重要。它或许是科斯的分析产生的全部有影响的动力中最惊人和最非凡的。

这个假设讨论法院在普遍案件中的行为，其中两个当事人对权利有争执，而由于交易费用高协议不可能或极困难达成。法院必须澄清有关权利的情况。科斯认为法院很可能设法如此安排两方的权利，使他们通过一项协议得到可能产生的解，如果可能有一个解（即按此词的最广义解释，能实现最大总生产成果）。在其他事物中，这一点意味着法院将认为不考虑两方之间的收入和财富是适当的。所依据的是法院的自然推理方法，它较多关心创造将来的目标导向激励，而较少关心解决一个具体分歧。在民法诉讼中，法院的作用是市场机制的一种延伸，由于高交易费用之类的因素使市场机制在有些领域中不能运作。这与协议费用和其他领域中的决策费用之间的关系形成制度结构的一般假设是一致的。科斯仔细研究了一些法律案件，加强了这个假设。

"社会成本问题"为法律与经济学的结合敞开了大门。若干法学家在这个学科的发展中起了很大作用。在科斯之后不久，桂道·卡拉布来西作出了重要贡献，但是起决定性作用的是理查·波斯纳。在理查·波斯纳的《法律的经济分析》（1973）的重要著作中，他利用科斯的初始思想评论了美国法律系统的全谱。[①] 经济学家们对这个假设作了进一步的补充。像以前做过的那样，不是将经济分析用于法律，而是将法律系统的大部分建筑在经济原理上，并可用经济原理来解释。

在 70 年代和 80 年代，科斯和他的追随者愈来愈重视法律研究本身。这一点特别反映在主要的国际杂志中，其中基于科斯的著作愈来愈流行。

八　其他著作

被称为"科斯定理"的那个错误的结论，一部分原因是由于科斯自己造成的。他似乎找出例子和案例进行研究，其中的传统理论，由于无想像力的思维或对经验主义无兴趣，可能立即声明合同将是不可能的，但是在那里仍然达成了合

---

①　此书于 1977 年后，又在 1984 年出版了修订和扩大版本。

同的解。在这些案例中，合同表明它们自身（与科斯的理论完全一致）具有多种多样的和显著的特性，所涉及的各方创造了这些特性，为了努力降低不利的高（但不是高不可攀的）交易费用。

科斯的论文《经济学中的灯塔》（1974），或许是一切例子中最有趣的。科斯一开始就评论传统理论倾向于假设有简单价格数量合同的完善市场，或导致政治措施的"市场失败"。一项揭示市场失败的古典教科书的例子是灯塔信号灯的销售。科斯进行了一次实际上如何销售的经济的和历史的研究，并说明它们的特点是一种特殊性质的行政安排和合同。我们必须假设这些安排是当事人努力提高效果的表现，不过把它们加入到传统性质的经济理论中是困难的。①

在科斯最早的一篇论文《边际成本争论》（1946）中，科斯研究了郝太林、梅德等人提出的规则，即关于生产单位成本递减时按边际成本定价的问题。他证明不论从静态或动态说，那条规则都不导致最优产出，原因如下：（1）弥补所产生的经营亏损需要的税务补助必将产生扭曲；（2）除非用户们自己对全部活动出钱，将来相似的生产的激励被削弱；（3）部分税务补助将难以收集关于用户愿意支付多少的信息，这种信息对未来决策是重要的；（4）税务融资将意味着收入分配问题必须包括在关于配置的决定中。科斯得出的结论是大部分定价，即把固定基准费与边际成本补偿结合起来的一种制度通常应当是最佳解。他还声明这个制度事实上已在使用，虽则从未作如此解释或者甚至被国民经济研究注意到。他认为这是传统理论无根据地集中于简单价格—数量合同后的一个产物。这个焦点使人们设法寻找一个惟一的最优价格而不设法了解更有结构的合同解，它们得自当局有效地解决有特殊的约束的情况的自发努力。今日，科斯对边际定价的结论在原则上被接受，虽则部分地由于其他学者的平行研究。

在另一篇论文《耐久性和垄断》（1972）中，科斯证明一个销售非易坏品的垄断企业的行为被迫如同它面对完全竞争一样，因为在长期中这是惟一可信的行为形式。如果他短期按垄断水平的价格销售他的产品，他的顾客将推迟购买。因

---

① 科斯让他的一个学生，斯蒂芬·琼，研究一项"市场失败"的另一个古典教科书例子，即养蜂人和果农活动的协调，使蜜蜂能为农人的果树传递花粉，同时生产养蜂所得的蜂蜜。琼（1973）到美国农村去，发现养蜂人与果树及其他农人之间的合同是很标准的。本文作者读到瑞典斯堪尼亚省报纸中的一个报道，一个国家卫生机关曾几次帮助被附近蜂巢蜜蜂干扰的家庭主人们，促成负责的养蜂人与适当的农人之间的合同，使蜂巢的位置更好，远离私人家庭。这个有趣案例涉及甚至更复杂的合同，因为它们包括另一方，受干扰的家庭主人，以及一个极专门的中介机构（国家卫生机关）。

此在任何给定时期，垄断者受来自过去他自己的销售的竞争的影响。这个观察说明在多种类型的市场上形成合同的问题，而且对时间—致性问题的研究也是重要的。

在科斯的最早著作中有一篇和福勒合写的关于生猪周期的论文《英国火腿生产和生猪周期》（1935）。这篇论文对此有特殊的兴趣，因为它属于提供了理性期望假设和第一批清晰的陈述之一，如果不是第一的话，它也是约翰·穆思（1961）对此现象的基本分析的出发点。罗森（1988）认为，这篇论文含有用变动的外汇条件解释价格数据的已知第一次尝试。值得注意的是关于《企业组织和会计师》的 12 篇系列论文，在 1938 年发表，其中科斯引入和应用了另一个成本原理。和通常一样，科斯走在时代的前面，今天，这些著作被看作和用作现代会计理论中基础研究之一（见约翰逊和卡普兰，1987）。

九　科斯对现代研究的重要性

自从 70 年代以来，科斯在研究工作上做出了巨大的贡献，他不仅在经济学方面，而且在公司经济学、经济史、法律和一般组织理论方面。他的贡献有影响，一方面在于它们启发学者们用新的思维方式，另一方面奠定专门研究的各个领域的基础。最重要的是科斯的工作有关一个基本思想，经济活动可以追踪到个人在约束架构中的理性行动。这个思想扩大到也包括制度结构。虽则比较简单，他运用这个基本思想构造的理论证明极富于成果。

以一种粗略概要的形式，我们可以认为他的推理过程如下：当个人看见互相改善的可能性时，他们的第一步将是在交易费用最低的那些领域中起草简单的协议。如果他们移动到交易费用较高的领域，他们将对比较他们形成协议的机会和从企业内部进行配置的机会与生产及这样做将带来的行政的联合成本，变得愈来愈感兴趣。这时的结果可能是各方选择形成的协议，但是将形成分配权利（以及他们的相应责任）的一项很详细的合同，使成本保持很低；或者他们可能选择改变为一项行政安排，例如形成一个公司或鼓励修订立法。如果交易和行政成本都极高，没有互相改善的可能性，将不会达成协议或行政安排。[①] 因为这些约束显然将不允许任何人有所改变，而将意味着妨碍另外某一个人对财产权的架构，即

---

① 然而在初始阶段可能为了得到改善和可能性是否存在的信息而发生交易费用。

指最基本意义上的一项有效的财产权的架构。这一点并不排除基于传统理论的一项分析可能认为这个情况不是最优的，传统理论当然不考虑交易和行政费用。不过在此我们正偏离了科斯所避免的这类术语。

作为科斯推理的后果，对于传统理论中一个"产品"的基本的概念，突然变得不清楚了。在传统理论中"产品"指一个合同的对象，由于两个原因完全不同于传统的理由，认为生产者将设法创造消费者需要的新品种。第一个原因是，公司之间的合同细节是内生地决定的，因而合同的对象也是内生地决定的。第二个原因是，一个合同的对象是权利（行动的可能性）的集团，它们是通过适当的条款架构内生地创造的。如果产品是模糊现象，则"市场"和"垄断"也是模糊的。

科斯分析公司合同形式、立法和法律系统对一个情况可能最优化到什么程度的影响，这对最近首先与道格拉斯·诺思联系的研究分支有特别强烈的影响，诺思把他的工作直接建筑在科斯的思想上，对美国和一般西方世界的经济发展作了分析，特别着重生产激励在财产权的目标导向形态中的作用。

前面已经说过，在具体问题领域内，科斯的著作对公司和形成公司的合同复合体的研究中有决定意义的重要性。在合同的形式和特性的一般研究中，科斯的分析是一个宽广而很活跃的研究范围的基础和灵感源泉。和肯尼思·阿罗一起，科斯将从较传统立场的不确定性引入经济分析，建筑了今日经济研究的中心部分的基础。科斯的贡献包括交易和行政费用的相对重要性，以及它们带来的调整。在"搜寻"、"信号"、"筛选"、"监测"和"机关"之类的术语下，过去十年中进行的大量研究针对不同形式的这类费用。它们通常直接或间接受科斯启发。科斯的分析为今天的理论提供了共同架构。

还有，在通常称为修正福利理论的领域中，龙纳德·科斯的贡献有很大影响，即使这仅在于指出以前主导理论的重要局限性。我们已经提到当所谓相互定理被忽视时可能产生系统性错误的风险。科斯也表明传统理论的假设，交易费用高不可攀，但是通过政治或当局干预的行政费用微不足道，可能导致政策行动的建议，实际上使一个情况距最优状态更远。早期不小心的福利理论分析已造成许多可悲的政策错误，现在或许仍然如此。科斯对背景的澄清是有益的，并促进了现代经济的积极变化。或许这部分科斯的分析是他努力陈述经济理论并使之导致制度和行为的解释的最明显的表现。用命令和政治决定来解释正在执行的经济政策的方法被小看了，这个观点一般与芝加哥大学的经济分析传统有关。对于科斯自己，这个观点起源于他在伦敦经济学院当学生的时候。起初，他的分析的中心部分被芝加哥大学的主要经济学家们坚决反对，只是到以后才变成那个学派的传统，并对它的进一步发展赋予了重要动力。[①]

　　前面已经提到和讨论过科斯在法律和经济学研究的发展中的重要作用，以及他对那个学科的伟大的或许是巨大的影响。我们看到，它来自他对民事案件中法院行动的假设。不论它可能似乎如何简单，这个思想在法律和经济学的领域中引入了一种全新的思维方式。在科斯之前，研究人员很少对立法措施陈述简明的假设，使它们被看成是一项一般的组织原理的表现。不论它对解释的经验价值如何，它已使我们以一种全新方式研究法律系统的结构，以及我们对它的思考。

　　科斯的成就说明了他作为一位研究人员的特殊才能。利用简单的手段，对经济理论作比较不复杂的增补，他表明一种比较独一无二的才能，打开全新的说明和解释的大门。他对什么重要和什么不重要有一种令人羡慕的稳定感觉，以及广博的常识。同时他是一位"老式的"研究人员，因为他完全依靠文字工作。只有在他的最早论文中曾包括图解或简单的表格。之所以如此，很可能部分地因为他的训练是老式的，不包括数学专门课，以及部分地因为他的新问题陈述不适合通常的数学处理。或许这也表示知道我们对经济系统像什么东西以及它如何运作仍然知之太少，以致不能利用扩大的数学形式。

---

　　① 在一个接近传说的讨论班中（以后对它写了很多）科斯能使弗里德曼、斯蒂格勒和其他主要芝加哥经济学家们相信他是正确的，而他们是错的（见 E. W. 基奇，1983）。

龙纳德·科斯论
社会成本作为企业问题的钥匙

———————————————————————— 姚兰·巴塞尔和列维·考金

美国，华盛顿州，西雅图，华盛顿大学

摘　要

在 30 年前发表的《社会成本问题》（1960）。它改变了工业组织领域并且大大扩充了它的范围。我们简短地综述 1960 年前此领域的状态，然后说明科斯的论文改变了经济思想的一些方式。

一　早期发展

以一种或另一种方式，交易费用在经济学中始终扮演一个角色：经济学家们早已觉察在一个专业化经济中把生产要素转化为效用涉及的事不止是制造和运输。他们已觉察交换有"摩擦"，"做生意的成本"是正的，以及买卖差价存在。在很长时间中交易费用问题不曾是分析的主题。在华尔拉的模型中，这些费用被隐含地假设为零，在其他模型中这些费用被隐含地假设为无限。在《风险，不确定性和利润》（1921）中，奈特在企业的分析中隐含地引入交易费用考虑。他的不确定性——他的企业理论中的驱动力——最好被理解为类似风险，例外的是它在市场中交易的费用太大（见巴塞尔，1987）。在奈特的分析中，区别风险和不确定性的交易费用基础不明显，而且围绕奈特的不确定性的争论并未尝试对交易

费用的分析，甚至也未对与不确定性具体有关的费用进行分析。在"企业的性质"（1937）中，科斯主张交易费用，特别是确定价格的费用，是由企业直接决定的。许多年来把这些交易费用和经济组织联系起来的这个第一次尝试不比奈特的运气更好，他们两人的理论虽已都被广泛阅读，但却很少被利用。下面我们论证科斯的企业见解与流行的成本曲线见解的不一致。《企业的性质》在 50 年代是相当有名的，很可能列入在某些教学大纲中要求学生阅读，而成本曲线见解是在经济学期刊或教科书中出现的惟一见解。

50 年代我们看到在交易费用和财产权领域中的各种发展：首先一项归功于阿尔迁（1958）。阿尔迁关心的事是在政府或在非利润机构中没有财产权。他认为这类机构供给的服务的定价必将不符合边际成本等于边际变差的标准。由于人们设法捕捉政府未能保护的财富，使宝贵的资源耗散。因此财产权和资源配置之间的联系就被推到中心舞台。于是，在分析一个财产权问题的过程中，在非市场背景中分析资源配置的一种工具涌现了。

50 年代中出现的另一项发展是西蒙（1955）的满意概念。西蒙与以前的实践的根本不同点是公开承认取得和处理信息是费钱的。人们不清楚他们的问题的最大化解是什么。个人和企业的最大化不再是自动的，而是将"摩擦"叠加在分析上。西蒙方法产生的主要是一个负面消息：世界并不像主流经济模型提示的那样顺利运作。[1] 而另一个观点并未产生正面效益。

50 年代还有另一项发展是阿龙・狄来克特作出的。狄来克特接触诉讼问题引导他了解当代对垄断的各项问题的分析是不充分的。公认的分析给予垄断以巨大蛮力。狄来克特周围的经济学家和律师们提出的新问题的讨论趋向对垄断权力有多么大质疑。同时，这些问题也提示垄断权力的外加的更微妙的方面。有关的一个案例是国际商业机器公司钻孔卡定价的实践，被解释为在它的机器的使用中提取更大的垄断租的一个工具。阿龙・狄来克特的疑问使人们觉察某些似乎是垄断性的做法实际上可能有着完全不同的目标。例如，维持零售价格可能阻止消费者们免费得到卖方的信息（参见特尔基，1960）。

位于交易有费用的核心的信息问题，从 1937 年的海叶克和 1961 年的斯蒂格勒已得到注意。海叶克强调作配置决策时需要信息而且指出一个机制，个人贡献于社会需要的信息可借以得到报酬。这虽然得到广泛承认，但并未加入到经济文

---

① 哈维・利本斯坦（1966）的 X——效率的观念是在同一模型中。

献中去。斯蒂格勒的贡献的核心只是使商品"信息"成为经济分析的一个题目，用常规方法来分析这种非常规商品。

以上的每一个思路，缺少一个一致的统一架构，直到 50 年代末每种思路仍互不关联，过去的 25 年似乎经历了这些思路的会合。

二 "社会成本问题"的发表

我们相信有令人信服的理由说明科斯的《社会成本问题》（1960）提供了把分散的思想统一起来的力量。[①] 这个力量如此强大和广泛，所以在它的影响中《企业的性质》第一次与经济思想联合。分析经济问题新观点诱导于各个领域中，而且也在解决问题使用的方法中发生重大变化。

"社会成本问题"，后来称为"科斯定理"，并以此著名。不过我们希望首先考虑该文的另一个特点——明白区分其中交易无费用的一个理想世界和其中交易费钱的一个世界。虽则经济学中许多分析是在交易无费用的隐含假设下进行的，是正值的和有时是无限的交易费用的假设常常滑进来，导致不一致和混乱。垄断的常规分析是两个假设在中途互换的例子，基本上没有垄断模型要求垄断者花费资源以确定他们的需求曲线位于何处，因而隐含地假设不花成本可得到这种信息。然而这与全部产出按单一价格出售，垄断者实行差别价格"费用太大"的通常意见不一致，因为在它下面是交易费用很高的观念。假设不一致的另一个例子是广告的讨论。广告的理由是消费者对商品性质无知，然而广告的分析常在假设信息免费的模型内进行。

科斯明白地分开零和正值交易费用模型，使经济学家们觉察需要说清楚进行分析所根据的交易费用假设。利用从一个模型来的成果作为根据另一个模型推导结论的基础的不适当变得明显了。科斯自己严厉批判皮古根据在政府而非私人采取某一行动时某些交易费用是零，隐含的假设提出政策建议是不能成立的。在"草更绿"的论点中邓塞茨（1969）继续发掘和演示其他事例，将交易费钱的

---

① 科斯对社会成本的创新的深刻思想，在他的一篇关于广播的文章《联邦通信委员会》（1959）中，已充分说明了受害一方和为害一方对损害有同样责任的观念。科斯在这篇论文中讨论面对干扰时无线电频率的配置。B 台要受 A 台之害，它必须在操作，而 A 台对 B 台的干扰意味着相反方向也有干扰，这是很明显的。在此背景中承认双方地位的对称性比在其他背景中容易，然而认识它的一般性需要一次大跃进。

"实际"情况与交易无费用的"理想"情况进行比较。

更重要的是，已知交易费钱，它是否在市场或由政府进行，科斯指出需要比较不同制度背景下进行的行动后果。经济学家们正愈来愈注视激励结构不同的组织产生的行为差别。这个观点的一个重要副产品是体会到政府的作用，将是经济学家们开发实证理论的一个适当主题。

三 科斯定理

我们现在转而讨论科斯定理。该定理指出当财产权有良好的界定时，生产将是有效的，或是帕累托最优的，而不论将对产权指定给谁。[①] 这个定理与华尔拉模型如何一致？在无摩擦竞争制度下面一个主要假设是对产权有完全良好的界定，其主要结果之一是经济总是帕累托有效的。因此两个观点至少共享一个基本假设和一个主要结果。

然而，定理是在比华尔拉模型的条件更加一般的条件下成立的，它不是从竞争的任何假设导出的。所以不论参与者人数多少，它必然成立。[②] 在 1960 年陈述科斯定理之前，人们知道一个完全实行差别价格的垄断者有效地利用资源。在 1960 年以前，以零交易费用的例行假设下一个有垄断权力的人将始终实行完善的差别价格，以便使他的收入最大化。因此当时产权界定良好时，与垄断联系的扭曲必然不存在。这不是一个为人熟知的结果，在《社会成本问题》中未讨论垄断问题的科斯本人是否觉察到这一点，我们是不清楚的。

在《社会成本问题》发表后，研究工业组织的经济学家们的工作经历了一个重要的深刻的变化，此变化非常可能归功于这篇文章所诱导的方向的转变。在 1960 年前，这些经济学家最关心的问题是垄断权力的性质和范围，以及限制这种权力的方法。不论是单一买主或卖主，或寡头垄断卡特尔等。例如巴因就是如此，斯蒂格勒也是如此。在今天的期刊中这些问题出现次数少了。因此，了解科斯定理对于重新解释上述问题是十分必要的。

---

① 此定理显然隐含着只要负债是清楚地指定的，如果 A 对 B 的损害增加 1 元，他给 B 付款必须增加 1 元。当 A 有责任时这显然如此。当 B 有责任时，即当 A 有权损害 B 时，当 A 对 B 的损害又增加 1 元时，B 为了限制损害而给 A 的付将将下降 1 元。因此不论负债如何配置，A 损害 B 的费用不变。

② 不过竞争的假设不是多余的；它同时帮助配置和分布问题确定一个解。

一个垄断者的行动不一定提高扭曲水平。相反，推测采取降低扭曲水平的行动的激励较大，总财富因此更大，所以使垄断者的利润来源扩大。这个较新的见解带来另一个同样深刻的变化。在理想条件下垄断者并不产生任何扭曲。在实际条件下可能从降低扭曲中留下一部分利益，可能使扭曲最小化。如果首先不清楚扭曲是否存在，政府应当干预以停止或减少扭曲的观念并没有很大说服力。

人们会遇到科斯定理自明的观念。往往使它的主要深刻见解甚至被很熟悉它的人所忽视，在杜洛克和波斯纳对垄断成本的讨论中，被提出的论点是有关的扭曲超过"福利三角形"，相当于垄断利润大小，因为人们将花费资源以获得垄断地位。如果权利是良好界定的。这与科斯定理不一致。然而，这些作者未能把他们的论点限制在这类权利用于公共领域内的那些案例。

新的观点很快吸收了上述狄来克特引起的关于垄断和关于一般企业实务的工作。回顾狄来克特的观点似乎可能倾向于科斯分析隐含的结论，并且当有了后者时，两个观点的合并进行得很快。

四　企业理论

科斯的"企业的性质"在企业理论的发展中的作用成为一大智力难题。在教科书中仍占主导地位的传统见解基于两大论断：（1）要素价格和技术确定生产单位的最优规模；（2）在（1）中确定的生产单位是企业。在竞争下一个企业的规模只是使平均成本最小的生产单位的规模。这些结果依据的假设是得到一切有用信息不用费钱，以及每个要素按它的社会最优步伐运作，不需要监督。工人们应计时或计件，价格如何确定，或资本应当自有或租赁等问题被第一假设丢弃一边。第二假设避免一个问题，在一个生产单位中使用的生产资源为什么必须在具有一个企业的法律地位的一个组织内被雇用。这些疑问的答案决不是明显的。

发生实际观察与理论是否一致的疑问，答案是负面的。因为这种企业理论难以解释事实。为了包容观察到产业内部一个宽广的规模区间的企业共存，不同企业的最小平均成本点必须从一个单一值——如同一般教科书分析和图解所隐含的——伸展为一个大区间。相应的生产函数必然比较特殊。传统理论清楚地意味着企业包含单一工厂，这对我们没有帮助。因为许多企业不止有一个厂。对理论的一项很大的考验是垂直联合的企业产生的。理论似乎讨论单一生产过程，还要相应地观察垂直生产过程的单一层次，特别是在生产设施分开的时候。例如，汽车装配商——装配是生产汽车中的有关水平层次之一——购买用于装配中的轮胎和电池等部件。然而其他许多部件是从事装配的企业制造的。[①] 这些观察使理论为难。观察到的例子，显然是最优规模的工厂不作为单一企业而作为许多无关企业运作，这对传统企业理论是致命的。例如在称为"办公大楼"的工厂中的工作人员常常受雇于许多企业。[②]

常有人这样说，相反的证据靠自身不足以引导实务者们放弃一种理论，需要另有一种理论，这似乎被认为是正确的说法。在企业理论的事例中，自从1937年在《企业的理论》中有了这样的另一个理论。在1960年之前，这个另一理论未被看作是一个严肃的对抗性理论。科斯的企业理论被忽视的一个原因，是因为在1960年前想研究这个问题的经济学家们不得不完全依靠1937年的论文《企业的理论》，这是由于科斯未详细阐述"企业的性质"，而这种详细阐述显然是必要的；在那篇论文中交易费用的讨论简短而隐晦，经济学家们似乎不准备研究这个不易捉摸的问题。

在《社会成本问题》中说明当交易费用为正值时，权利未完全界定好，科斯定理说明费钱的交易必然降低可达到的产出。因此《社会成本问题》在指出从给定投入集能得到的产出和支配这些投入的组织形式之间的关系时，提供对研究企业有用的详细阐述。在最近20年中许多经济学家设法在交易费钱时把生产问题与组织问题挂起钩来。

阿尔迁和邓塞茨的1972年论文是《社会成本问题》之后形成的企业理论的最知名者。尽管他们贡献一种科斯企业理论的替代物，然而他们的企业基本上是一个交易费用现象，是响应与度量及看管各种投入和产出有关的费用而产生的。阿尔迁和邓塞茨认识到成本函数中的不同区域可与不同的交易费用·特别是度量每个生产单位对产出的贡献的费用联系，仍然是后者而非前者构成企业下面的重要力量，后来对企业理论有贡献的人有威廉逊（1975），仁生和梅克林（1976），克莱因，克劳福和阿尔迁（1978）。琼（1983）和格罗斯曼和哈特（1986），都完全依靠交易费用。这些努力是科斯的社会成本理论的应用而不是科斯的企业理论

---

① 技术不能单独解释联合，在日本购入部件的比例比在美国大得多。

② 企业在供应商或客户中有部分股权的中间案件并不罕见。丰田的许多独立供应商一部分为丰田所有。

的详细阐述。

五　对行为的自愿非价格的约束

实际合同的研究产生一大有益的副作用：这揭示了区分交易费用经济学和无摩擦经济学的一个基本特点。合同已揭示在前者之中，人们可能同意限制他们的行为，而在没有摩擦时这类限制不能起显著作用。因此，例如在一个无摩擦世界中，每个工人可能自我雇用，即使他的产业是在某一个中间生产过程中。当信息费用是正值时，工人们可能放弃直接销售他们的产品以及随意进行他们的活动的有关自由，而销售劳动服务。

一个合同的每一方将同意改变一个现有合同的一条规定，如果他认为此规定或者直接或者通过在合同的其他方面中的一项可能得到的补偿使他增加合同的净价值。如果一条规定提高合同的总价值而要牺牲一方，则可以设计两方都喜爱的另一份合同。当一份合同限制各方行为时，订约的每一方于是必然认为这些限制对他的财富的净影响是正值的。合同的研究趋于揭示这些观察并向经济学家们提出挑战，为什么在合同中放进具体限制，这是因为以前经济学家们几乎完全关注解释价格和数量。[①]

科斯之后，最著名的合同研究者之一是琼（1969），他主要研究交谷租种田的合同。这种合同受许多经济学家批判，因为它们奖赏耗散。琼指出用适当的合同限制，可以消除耗散。琼是将交易费用假设接受经验测试的第一批研究者之一。[②]

合同的研究不可避免地揭示各种交易费用的性质，例如寻找交换伙伴的费用和合同规定的费用。更重要的是研究揭示律师们早已熟知的事，交易有许多属性，甚至在最简单的交易中覆盖每一项设想得到的后果都太费钱。这与经济学家们的流行观点，商品是简单的，是易于交易的实体，形成了尖锐对比。只有当商品是同质的假设有没有用受到质询时，才有可能研究人们如何对付不同质性。阿

---

① 凯塞尔（1958）提出加入社会团体——一种非价格的配置方法——是用于实施差别价格的一个有用工具。一般经济学家们特别是凯塞尔似乎不准备推广这类非价格方法的用途。凯塞尔能够但并未指出社会差别在维持社会团体中可能服务于生产性目的，社会团体减少交易费用。

② 邓塞茨（1968）对一项交易费用假设的测试是另一个早期例子。

克劳夫首先用他的"柠檬"（1970）分析探讨了这个问题，其他许多人也是这样做的。①

六　财产权和经济组织

财产权的形成和界定的研究是探讨经济问题的另一种方式。在追随皮古讨论污染之类问题的文献中，最一贯使用的概念是外部性和私人成本与社会成本之间的差别。这些概念并不直接对应可观察量，在它们能变得可操作前必须建立整个一系列环节。这个架构在产生可驳斥的命题方面很迟缓，并不奇怪。

科斯用财产权陈述他的定理并考察一系列法律例子，他把人们实际上有什么和如何去修改财产权的问题推到前面，这引起财产权用合同转移的研究。因为所有权是实际行为的一个特点，它必然有一个可观察的对应物，容易使之可操作。当人们互相做买卖时每一方想从中获利，并且愿意花费资源，以便捕捉现有蛋糕的一个较大部分，每一方也能因防止蛋糕缩小得到报酬。前者造成私人成本和社会成本之间的分离，后者意味着两方面利益之间分离的最小化。人们将互相转让权利以追求上述目标。对财产的研究因而在发现耗散行动和减少耗散的行动方面是有用的。

更重要的是，重视财产权或合同，以及它们与人们可能彼此造成的有害或有益效果的关系，使我们直接回到组织问题和企业的经济学上。以上提出企业是一个交易费用现象。实际观察的企业不仅规模不同，它们的组织也是多样性的。它们包括合伙、合作社、特许企业、公开买卖股票的公司，也包括各种非盈利企业，从家庭到高尔夫球俱乐部到大学、政府。

以《社会成本问题》的组织推论为基础的很多研究中，只挑出少数重要的稍加介绍。邓塞茨（1967）对财产权的形成是最早的研究者之一。他在论文中简单而令人信服地说明随着一种资源价值的提高，起初在公共领域内的财产被界定。在他的举例中，这一点允许皮毛资源的经济开发或饲养。

威廉逊（1975）以及克莱因、克劳福和阿尔迁（1978）的研究，表现为根据《企业的性质》所作的尝试，而更直接地从《社会成本问题》中衍生出来。这些

---

① 这些包括阿罗（1973）、斯宾塞（1973）、斯蒂格立茨（1975）、霍尔姆斯特罗姆（1979）、克莱因和莱夫勒（1981）和巴塞尔（1982）。不过不像科斯，这些经济学家都提示有关耗散的可能性。

作者不满足于限制研究企业的规模，他们宁愿研究企业为何取得某种结构。特别是他们尝试说明企业为什么多数是垂直联合的。他们提出的主要解释是防止在取得租金中的事后机会主义。在界定对这种租金的权利时交易双方遇到困难，除非采取保护措施这种租金可能被竞争掉。他们揭示有关交易者的垂直联合能防止耗散。

琼（1979）对香港租金控制的研究，起初像是否定科斯定理。他表明指定权利的改变对新建设的投资率有巨大影响。当计算了正值交易费用时，表面的不一致性得到解决。在 1968 年香港法庭改变了租金控制法的现行解释。作为那项变化的一个后果，地主和住在控制租金的公寓中的房客们之间的交易费用大为降低。交易费用的这种变化导致所有权形式的变化，允许将住在不经济结构中的房客们买出来，然后可以拆除这些结构。提供新的建筑用的空间。因此，他说明了在交易费用昂贵的条件下权利界定的变化如何确实影响配置。

科斯的工作刺激了法律制度演化的实证经济理论的发展。这类文献的多产作者是理查·波斯纳。而波斯纳的理论又直接来自《社会成本问题》的一部分：即普通法法官倾向于以如此方式指定权利，使以后指定的费用最小化。

> 科斯观察到……英国法庭在解释讨厌物的普通法理论时（此理论支配污染以及对享受财产的各种有关的干扰），以一种似乎符合问题的经济学的方式判决案件。事实上他们表现得比经济学家们更加准确，如果全部是本能的，掌握那些经济学！（见波斯纳，1981，第 4 页）

交易费用范例也为会计学诱导了一种新理论基础。会计师们体会到他们的程序的主要目的是为业主需要服务，核算他们的代理人的经营水平。会计学新理论寻求把标准会计技术解释为追求这些目标的工具。从交易费用经济学发展起来的代理理论被认为是对会计学作任何认真研究的中心。

七　结　束　语

经济学家们觉察交易费用，特别是信息费用对经济系统运作的影响，已有不少时间。在第二次世界大战前奈特、海叶克和科斯认识到这些费用在经济组织中的重要性。然而，只有在 1960 年发表《社会成本问题》后，经济学家们才开始了解如何使交易费用的分析可以操作。随着对这些观念的进一步了解，在合同的全新应用中和在计件率与计时率比较的更传统的应用中，经验工作都在变得更加常见。

　　现在新工具最常用于合同问题，由此也伸展到会计学，政府的运作和法律的演变之类多方领域。在此过程中，经济学覆盖的人类关系范围从有关市场活动大大扩展到不受价格支配的广泛得多的范围，包括组织的内部运作、法律制度和政府管制。

瑞典皇家科学院新闻公报

  瑞典皇家科学院决定将 1992 年阿尔弗雷德·诺贝尔的经济科学奖授予芝加哥大学的加利·贝克（Gary Becker）教授，因为他把微观经济分析的领域扩大到包括非市场行为的人类行为和相互作用的广阔领域。

  今年的奖金获得者将经济分析的领域扩大到人类行为和关系的新园地。

  加利·贝克①的研究贡献主要在于将经济理论的领域扩大到以前属于其他社会科学学科如社会学、人口学和犯罪研究的人类行为方面。在这样做的时候他鼓励经济学家们分析新问题。

  加利·贝克的研究计划建筑在一种思想上，即一个人在一些不同领域中的行为遵循同样的基本原理。因此按照贝克的原理，应当用同样的解释性模型来分析人类行为的高度不同方面。贝克选择的工作所用解释性模型以他所称的经济方法为基础，他曾用之于一个又一个的领域。这个方法的特色是这样的事实：各个经济主体——不论是家庭、企业或其他组织——被假设为具有理性的，即有目标的行为，例如效用或财富，并且可以这样描写其行为，似乎他们使一个特定的目标函数最大化。加利·贝克将理性、优化行为的原理应用到研究人员们以前假定行为是习惯性的并且常常是干脆非理性的领域。贝克从萧伯纳借来一句格言以描写他的方法论哲学："经济是充分利用生命的艺术。"

---

  ① 加利·贝克1930年出生于美国宾夕法尼亚州波茨维尔。他现在芝加哥大学的经济学系和社会学系任大学教授，并加入斯坦福大学胡佛基金会。贝克是1987年美国经济学会会长。

可以区分四个研究领域来记述贝克如何将他的基本模型应用于不同类型的人的行为：（1）投资于人力资本；（2）家庭行为，包括家庭中工作的分配和时间的配置；（3）罪与罚；（4）市场上对劳动和商品的歧视。

一　人力资本

或许要在人力资本，即人的才能，以及投资于人的才能的结果等领域中，找到加利·贝克的最显著的贡献。人力资本的理论早在贝克之前就已存在。贝克的最大贡献在于他构造了这项理论的微观经济基础，并使之数学化。贝克把人力资本观点发展为确定劳动收入分配的一般理论。这项理论对工资结构的观测被写成所谓人力资本收入函数，规定了收入和人力资本之间的关系。这些贡献在 60 年代初首先在他的一些论文中提出，后来在 1964 年他又著书《人力资本》，使之在理论和经验两方面得到进一步发展。

人力资本理论创造了一个一致的和一般可用的分析架构，不仅用于研究教育和在岗训练的报酬，而且也研究工资差别和工资在时间过程中的变化。各位经济学家进行的其他重要的应用包括将经济增长、移民以及健康部门的投资和收入下面正的因素分解为各个组成部分。人力资本观点也还有助于解释为各个组成部分。人力资本观点还有助于解释各国之间的贸易类型。事实上各国之间人力资本供给的差别被证明比实物资本供给的差异更有解释能力。

关于工资和劳动的不同性质的微观数据，例如，调查数据的来源增多大大促进了人力资本理论的实际应用。贝克的理论和经验研究也鼓励这方面的发展。说人力资本观点是今日经济学中经验应用最多的理论之一绝不过分。

二　家　庭

加利·贝克在他分析市场系统外个人之间的关系时，实现了一项经济理论的实用性的甚至更激进的扩展。他于 1981 年写作《家庭论》中总结了他对家庭的分析。

贝克对家庭分析的一个基本思想是一个家庭可以被看成是一个"小工厂"，这个"小工厂"可以生产基本物品，如膳食、居住、娱乐等等，家庭利用时间在市场上购买的"半制造品"商品进行投入。在这种分析中，基本物品的价格有两个分量。第一分量是由市场上购买中间物品的直接成本。第二分量是生产和消费该物品的时间支出。这项时间支出等于工资乘以每单位家庭生产物品花费的时间。这意味着，家庭的一个成员工资提高不仅由于在市场上工作的激励变化，而且也由于家庭生产的物品，即基本物品从多费时间的生产和消费转移到少费时间的生产和消费。贝克不用工作和闲暇之间的传统两分法分析，他的模型提供一个家庭时间配置的一般理论，例如他在 1965 年发表的论文《时间配置理论》中所阐述的那样。

贝克走得甚至更远。他构筑了一个家庭行为的一般理论，不仅包括家中工作的分配和时间的配置，而且也包括有关结婚、离婚及对儿童的决策。当实际工资增加后，以及在家务中用资本代替劳动的可能性增加时，劳动在家中被释放出来，所以让家庭的一个成员完全专门从事家庭生产（例如看孩子）变得愈来愈不经济。结果是那些以前家庭的社会和经济功能被转移到其他组织，例如企业、学校和其他公共机构。贝克论证这些过程不仅说明已婚妇女在家庭之外参加工作的增多，而且也说明离婚增加的趋势。请参看贝克和 N·汤姆斯 1986 年合写的文章《人力资本和家庭的盛衰》。

贝克除对家庭中劳动的分配和时间的配置进行分析外，贝克在家庭方面最有影响的贡献或许是他对生育率的研究，那是从他 1960 年写的一篇题为《生育率的经济分析》的文章开始的。假设父母对他们的孩子的数目和教育水平有偏好，教育水平受父母花费在孩子身上的时间和其他资源的数量影响。对儿童的人力资本的投资因而可以作为收入和价格的函数而被推算出来，当工资上升时，父母增加对人力资本的投资，连同减少孩子的数目。例如贝克用此理论解释工业化国家中生育率的历史性下降，以及不同国家中和城乡区域之间的生育率变差。特别是贝克常常提到，瑞典的高度普及的家庭政策说明经济观点对分析这些问题的好处。

三 罪 与 罚

加利·贝克应用理性行为与人力资本理论的第三个领域是"罪与罚"。除数目有限的精神病患者外，一名罪犯被假设为以一种可预测（"理性的"）方式对不同刺激作出反应，表现在报酬和成本两方面，例如以期望惩罚的形式。犯罪被作为不确定性之下的理性行为来分析，而不把犯罪活动作为与罪犯的特定心理和社会地位有关的非理性行为。贝克在 1968 年写的文章《罪与罚：一个经济观点》和在 1974 年的《罪与罚的经济学文集》中阐述了这些观点。

与这些观点有关的经验研究表明，一个人的人力资本（因教育）可在很大程度上解释某一类人犯罪的形式。这些经验研究也说明被捕的概率比监禁期限有更大的阻遏犯罪作用。

四　经济歧视

贝克对理性的优化行为的非常规应用的另一个例子是他对基于种族、性别等等的歧视的分析。这是他在 1957 年出版的《歧视经济学》一书中的第一项重要的研究贡献。他把歧视定义为这样一种情况，一个经济主体为了不与在种族或性别上与他（她）自己不同的某人做一笔经济交易或订立一项经济合同而准备负担一笔费用。贝克指出，用纯粹分析语言说，这类行为在社会和私人经济报酬率之间起一种"税楔"作用。被解释为歧视人的行为好像从受歧视人买商品或劳务的价格高于实际付出的价格，卖给受歧视人的价格低于实际得到的价格。因此歧视在经济上不仅对那些受歧视人，而且也对实施歧视的那些人有害。

五　贝克的影响

加利·贝克的分析常常是有争议的。因而在开始时被怀疑，甚至不信任。虽然如此，他并未知难而退，而是坚持发展他的研究。于是渐渐地在经济学家中间，贝克的思想和方法日益赢得了他们的接受。

在其他社会科学中，贝克也得到并非不显著的影响。例如人口学方面问题，特别是关于生育率，父母努力确保他们的孩子的教育和发展以及继承的问题。又如对劳动市场中的歧视，以及罪与罚的研究。然而贝克对经济学以外的社会科学中的科学方法也有间接影响。社会学家和政治科学家们比过去更加常用贝克的基于"理性选择"理论的模型。

加利·贝克自传

我生于宾夕法尼亚州波茨维尔，是该州东部的一个小采煤市镇。我的父亲在那里有一家小企业。当他只有 16 岁时就离开他的加拿大蒙特利尔的家到了美国。他先做生意，在美国东部迁移许多次，直到 1920 年才定居波茨维尔。我的两个姐妹温狄和娜塔丽，以及兄弟马尔文也在那里出生。后来，在我 4 岁或 5 岁时我家搬到纽约布鲁克林，在那里我的父亲成为另一个企业的一名合伙人。

我在布鲁克林上小学和中学。我是一名好学生。在 16 岁前我对运动比对智力活动更感兴趣。那时我不得不决定是参加手球队或是数学队，因为它们在同一时间活动。虽然我的手球打得更好，但我当时选择了数学，这说明我对运动和数学优先次序的改变。

在蒙特利尔，我的父亲在 8 年级后离开了学校，因为他急于挣钱。我的母亲（在她出生 6 个月后她的家庭从东欧移居纽约市）也在 8 年级后辍学，因为人们不希望女孩子受到许多教育。但我的姐姐读了不少书。在我们家中只有很少几本书，我的父亲常常阅读政治和金融的新闻报道。在我的父亲大部分视力丧失后，我就担负了给他读股票行情和金融发展的其他报道的任务。或许由于那样做刺激了我对经济学的兴趣，尽管我觉得很麻烦。

在我们家里经常展开对政治和司法问题的生动的讨论。我相信这确实有助于说明为什么在我读完中学时我对数学的兴趣开始和一种做一些有益社会的事的愿望相竞争。当我在普林斯顿大学读一年级时，这两种兴趣走到一起来了。当时我偶然选修了一门经济学课程，并被一个研究社会组织专题所用数学的严格性所吸引。在下一个夏季我读了若干经济学的书。

为了更快地在财务上独立，在我大学第一学年结束时，我决定用三年时间毕业，这在普林斯顿大学是少有的选择。于是在下一学年我不得不多学几门课程，后来我又选择了读现代代数和微分方程课程。对于方程课，我使用了一套未发表的讲义，强调存在性证明和微分方程的惟一性。对于这类证明我学了不少，但是很少学习实际求解一个方程。我在普林斯顿大学对数学的巨大努力仍然使我准备好在经济学中愈来愈多的用数学。

在大学三年级时我对经济学开始失去兴趣，因为它似乎并不研究社会问题。我想转移到社会学，但是发现那个主题太难。很幸运，我决定去芝加哥大学作经济学研究生。1951 年我第一次上密尔顿·弗里德曼的微观经济学课程，恢复对经济学的兴趣。弗里德曼强调经济学不是聪明的学者玩的游戏，而是分析真实世界的强大工具。他的课程充满了对经济理论的结构及其在实际和重要问题的应用的深刻见解。那个课程和以后与弗里德曼的接触对我的研究方向有深刻影响。

弗里德曼显然是精神领袖。在芝加哥有一群第一流经济学家做创新研究。对人影响特别重要的是 Gregg Lewis 用经济理论分析劳动市场，T. W. 舒尔茨对人力资本的先驱性研究，Aaron Director 将经济学应用于反托拉斯问题以及较一般的工业组织，以及 L. J. Savage 对主观概率和统计学基础的研究。

1952 年我在普林斯顿根据我的研究发表了两篇文章。但我到芝加哥后时间不长便感到我必须开始再次学习经济学是什么。在 1957 年我和弗里德曼写的一篇文章和我以博士论文出版一本书前，我没有发表其他东西。那本书包含利用经济理论分析偏见，对少数人的收入、就业和职业的影响的问题，我作了第一次系统性努力。它使我开始走应用经济学与社会问题的道路，这条道路我一直在继续走。

那本书在少数几种重要期刊中得到好评，但若干年中对任何事情没有可见的影响。大多数经济学家不认为种族歧视是经济学，而社会学家和心理学家一般不相信我正在对他们的学科作出贡献。然而，弗里德曼、Lewis、舒尔茨和芝加哥的其他人相信我写了一本重要的书，并受到我高度尊敬的人们的支持，这对我能够面对许多敌意坚持下去是至关重要的。

在我的第三年研究生学习后，成为芝加哥大学的一名助理教授。我的教学任务很轻，能集中精力主要作研究。不过，我感到如果离开鸟巢而必须靠自己筑巢，我在精神上将变得更加独立。三年之后，我放弃芝加哥大学的大得多的薪金而在哥伦比亚大学得到一个相似的任命，并在曼哈顿国民经济研究所工作。我始终相信这是正确的决定，因为比起留在芝加哥大学我得到了发展，有了较大的独立性和自信心。

在 12 年中，我合理分配我的时间，即在用于哥伦比亚大学教学和在研究所作研究工作上。我的人力资本的书是我为研究所的第一个研究项目的产物。在此期间，我还写了关于时间配置、罪与罚及无理性行为的文章，后来经常被人们写文章时引用。

在哥伦比亚大学我创建了一个劳动经济学和有关学科的教研室，因为我们感兴趣的任何东西都是"有关的"。这个教研室是在芝加哥大学首创的，是个被移植指导博士研究的教研室。几年后 Jacob Mincer 在哥伦比亚大学的一个系成为教研室副主任。在这里有一个很激动人心的工作环境和气氛，因而吸引了哥伦比亚大学的大多数最优秀的学生。Mincer 和我所作的人力资本的研究，这个题目在广大经济学界没有得到足够重视之前，而学生们却发现它非常有趣。我们还对时间的配置和研究前沿的其他题目进行了研究。

1954 年我第一次结婚，有两个女儿，朱蒂和凯基琳。为了有一个较好的家庭气氛和环境，我住在郊区而远程到哥伦比亚大学和研究所上班。后来我开始厌倦远程上班，决定或者迁入纽约或者脱离哥伦比亚大学到另一所大学。当时我也开始感到学术上处于停滞状态。

1968 年我决定离开哥伦比亚大学，这是因为学生造反。我坚定地维护没有学生吓唬的自由研究权。教育中心行政当局也想这样做，但是没有能力，同时也受到许多院系的反对，然而教育中心当局的行为并不比学生们好多少。

1970 年我回到芝加哥大学，发现那里气氛很令人鼓舞。那里的系仍然是强有力的，特别是在该系增加了乔治·斯蒂格勒和 Harry Johnson 之后。斯蒂格勒和我很快成为密友，他对我以后的学术发展有很大影响。我们一起写了两篇有影响的文章：一篇是关于爱好的稳定性的有争议的文章，另一篇是对业主——代理人问题的早期讨论。斯蒂格勒也重新唤起我对政治经济学的兴趣，1985 年我曾发表关于这个题目的短文。1980 年我发表了两篇文章，对政治过程中特殊利益集团的作用开发了一个理论模型。我回到芝加哥大学后，主要工作是研究家庭。很早以前，我曾利用经济理论设法理解出生率和家庭规模。我现在开始考虑全套家庭问题：结婚、离婚、对其他成员的利他主义，父母投资于子女，以及家庭做的事情的长期变化。1970 年之后，我发表了一系列文章，到 1981 年出版我的《家庭论》的书达到了顶点。由于我继续此项工作，1991 年我的《家庭论》又出版了增订版。我不仅设法了解离婚、家庭规模等等的决定因素，而且也了解家庭构成和结构的变化对不平等和经济增长的影响。我对家庭的大多数研究和芝加哥及其其他地方的学生和教师的研究，在 Sherwin Rosen 和我主持的经济学应用教研室展出。我的这类研究，长时间被大多数主要经济学家们忽视或强烈不满。我被认为是不务正业，或许不是一名真正的经济学家。但是较年轻的经济学家们比较同情我。他们可能不同意我的分析，但是承认我所研究的那类问题是完全合法的。在过去十年中对于专家意见中的这个转变我得到许多有形的证据，我得到了包括美国经济学会会长职务和 Seidman 奖，以及国民健康研究所的第一次社会科学奖。

1983 年我在芝加哥大学的社会学系获得一个联合任命，我乐于接受。因为这是一个优异的系。它对我的邀请向社会学界发出一个信号，理性选择方法是一个可尊敬的理论范例。以后时间不长 James Coleman 和我创办一个关于社会科学中理性选择的多学科教师讨论班，其成功超过我们的预期。

在 1985 年前，我只出版技术书籍和在专业期刊中发表技术文章。那时，《商业周刊》杂志请我每月写一个专栏，使我惊讶。由于我怕不能为一般读者写作，倾向于放弃这项建议。不过，最后我同意作为试验写一些专栏文章，那是一项聪明的决定，因为我被迫学习如何写经济和社会问题而不用技术名词，并且每篇只用 800 个词。做这件事大大改善了我用简短语言简短地讨论重要题目的能力。每个月必须写一篇专栏的压力，也使我保持接触使杂志的商业和专业读者有兴趣的许多题目。

1980 年我与贵蒂·那沙特第二次结婚——我的第一个妻子于 1970 年去世。这样使我有两个女儿外，又有两个继子：密海尔和西鲁斯。贵蒂是说服我写《商业周刊》专栏的人。她是一位中东历史学家，她的专业兴趣和我的研究相吻合，即有关经济和社会生活以及经济增长中妇女的作用问题。她提供的个人和专业的兼容性，使我们的生活如此的美好。

观察生活的经济方式①

加利·贝克

美国，芝加哥大学

1992 年 12 月 9 日讲演

一 经济方法

我的研究是利用经济方法分析超出通常经济学家考虑范围之外的社会问题。这次讲演将描写这种方法，并从过去和现在的工作中找出例子来说明它。

我所说的经济方法不像马克思的分析，并不假定个人只被自私或利益驱动。它是一种分析方法，不是关于具体动机的一个假设。我曾设法使经济学家们摆脱有关个人利益的狭隘假设。因为行为是被丰富得多的一个价格和偏好集驱动的。这种分析假设各个个人使他们设想的福利最大化，而不论他们是自私的、利他的、忠诚的、恶意的或受虐狂的。他们的行为是向前看的，而且它在时间上也是始终一致的。特别是他们尽力设法预期他们的行动的不确定后果。不过，向前看他们的行为仍然可能植根于过去，因为过去能对态度和价值施加影响。

人的行动受收入、时间、不完全记忆和计算能力及其他有限资源的约束，也受在经济中和在其他地方中现有机会的约束。这些机会大部分决定于其他个人与组织的私人和集体行动。

---

① 谨以此次讲演纪念乔治·斯蒂格勒，他已逝世几乎整一年。他是诺贝尔奖金获得者、著名经济学家，是我的密友和良师。如果他活着见我作 1992 年诺贝尔经济学讲演，他会和我一样愉快。

不同的约束对不同的情况具有决定性，不过最基本的约束是有限的时间自身的物理流动，它始终限制每个人于每天只有 24 小时。所以在富国中大量消费商品和服务，可供消费的总时间并非如此。

富国和穷国一样，需要仍未满足。因为虽然商品日益丰富可能降低新增商品的价值，但商品变得更丰富时，时间也变得更宝贵。在每个需要得到充分满足的乌托邦中效用最大化没有意义，但是不变的时间流使这种乌托邦不可能有。这些是贝克（1956）和 Linder（1970）中分析的一些问题。

以下各节用四个很不同的主题说明经济方法。为了了解对少数民族的歧视，必须将偏好放宽到容纳对具体人群的偏见和憎恨。犯罪的经济分析将非法的和其他反社会的行动纳入更理性行为。人力资本法考虑投资于教育、技巧和知识，以便改变人们在市场与非市场情况中的生产率。对家庭的经济方法通过效用最大化的前瞻行为解释结婚、离婚、生育率和家庭成员之间的关系。

二　对少数民族的歧视

在人群中，歧视外人始终是存在的，但是除有关妇女就业的少数讨论外［见 Edgeworth（1922），和 Faucett（1918）］，在 1950 年前经济学家们对此主题写得很少。我在当研究生时开始考虑种族、宗教和性别歧视，并使用歧视系数的概念去组织我的方法，研究对具体人群的成员们的偏见和敌意。

不作通常的假设，雇主只考虑雇员们的生产率，工人们忽视他们与之一起工作的那些人的特性，顾客只关心所提供的商品和服务的质量，歧视系数容纳种族、性别及其他个人特性对爱好和态度的影响。雇员们可能拒绝在一名妇女或一名黑人手下工作，即使这样作报酬良好，或者一名顾客可能不愿和一名黑人汽车推销员谈生意。只有通过放宽通常的假设，才可能开始理解少数民族人士遇到的晋升障碍。

在工资和就业上可观察的歧视少数民族的量大概不仅依赖对歧视的偏好，而且也依赖其他变量，例如竞争程度和公民权立法。然而除亚当·斯密首创的报酬差别的重要理论，以及像缪达尔的《美国的两难处境》（1994）的少数重大研究外，为了分析偏见与其他变量如何相互作用，在 50 年代没有其他材料可资依据。我花费数年构思一个理论，收入和就业中的实际歧视如何决定于对歧视的偏好，以及劳动和产品市场中的竞争程度，歧视系数在多数民族成员中的分布，少数民族接受教育和训练的机会，中间投票人和确定立法有利于或不利于少数民族的其他投票机制的投票结果，以及其他考虑。由于在此领域中有这么多事情要做。我的顾问们鼓励我把我的博士论文（贝克，1955）转变为一本书（贝克，1957）。

在市场上对一个少数人群的实际歧视依赖雇主们、工人们、消费者们、学校和政府的联合歧视，分析表明，有时环境大大软化，而在其他时候它又放大为定量的偏见的影响。例如，当许多公司能主要雇用黑人或妇女时，存在于生产率相等的黑人或白人、女人和男人之间工资的差距要比对黑人和妇女的偏见程度小得多。

其实，在一个生产规模报酬不变的世界中，技巧分布相同的两个分开的经济将完全超越歧视，而且将有相等的工资和相等的其他资源的报酬，不论歧视被分开的少数人的愿望如何。因此，少数派成员不能向可能专门用这些工人的公司以足够数量提供各种技巧，是在市场上受多数派歧视的原因。

当多数派与少数派比较很大时——在美国白人人数为黑人的9倍，而且比黑人有多得多的人均人力和物质资本——多数派的市场歧视难以降低他们的收入，但可能大大减少少数派的收入。然而，当少数派成员占总数中较大比例时，多数派歧视也伤害他们自己。

这个命题可用南非的种族歧视的分析来说明，那里的黑人人数是白人的4—5倍。歧视黑人也显著伤害白人，虽则有些白人集团受益（见贝克，1971年和Hutt，1964）。它给白人带来的很大的代价也能说明为什么种族隔离和歧视非洲人的其他明显形式终于崩溃。

在市场中，由于偏见导致的歧视长期看会不会消失？关于这个问题已有一些研究成果。不想歧视的雇主们是否最终将竞争掉所有歧视的雇主们，不仅依赖歧视偏好在潜在雇主中的分布，而且也更依赖企业生产函数的性质。

经验上更加重要的是雇员们和顾客们的长期歧视，他们是比雇主们重要得多的市场歧视之源。没有理由期望这些集团的歧视在长期能被竞争掉，除非可能有足够有效的分开的企业和有效分开的商品市场。

近年的一项新的理论发展是定型的推理或统计歧视的后果的分析（见Phelps，1972和阿罗，1973）。这项分析揭示，雇主们、教师们和其他有影响集团有对少数派成员生产率较低的信念，因为这些信念可能使少数派少投资于教育、训练以及工作技巧，例如严守时刻。少投资确实使他们生产率较低〔见Loury（1992）的一项很好的近期分析〕。

在过去 25 年中来自许多国家的关于黑人、妇女、宗教团体、移民及其他人的收入、失业和职业的证据大为增加。这类证据更充分地记载了少数派的经济地位以及它在不同环境中如何变化。不过证据并未平息有关少数派收入较低的原因的一些争论。见 Cain（1986）的理论文献和经验分析的优良综述。

三　罪　与　罚

在 1960 年我开始思考犯罪问题，那是在驱车往哥伦比亚大学参加一名经济学理论学生的口试。我迟到了，因此我迅速决定是否将车子放在一个停车场上，或冒险非法停在街上而得到一纸罚款收据。我计算了得到一纸罚款收据的可能性，罚款的数额和把车子放进停车场的费用。我决定冒险停在街上合算，事实上我并未得到罚款收据。

当我走过几个街口到考试室时，我想到市政当局或许作了相似分析。他们检查停车的频率和加于犯规人的罚款额应当决定于他们对于像我这样的潜在犯规人可能进行的那种计算的估计。自然，我向那位学生提出的第一个问题是思考犯规人和警察局两方面的最优行为。这是我尚未做到的事情。

在 1950 年和 1960 年，知识界对犯罪的讨论被一种意见主宰，犯罪行为是精神病和社会压迫造成的，罪犯是可怜的"牺牲品"。一位著名的心理分析家的一本书以《罚之罪》为题［见 Menninger（1966）］。这种态度开始对社会政策施加重大影响，法律改变以扩大罪犯的权利。这些变化减少对罪犯的警惕和定罪，而对守法的人民提供的保护减少。

我不同意一种假设，罪犯有极不同于其他每个人的动机。相反，我探讨犯罪行为是理性的假设的理论和经济含义［见 Bentham（1931）和 Beccaria（1986）的早期作品］，但是"理性"并不意味着狭窄的物质主义。它承认许多人受道德和伦理考虑约束，即使对他们有利和没有被发现的危险，也不犯罪。

然而，如果这种态度始终盛行，将不需要有警察局和监狱。理性意味着有些人变成罪犯，由于犯罪与合法工作比较的财务报酬，考虑了被发现和定罪的可能性以及处罚的严重性。

犯罪量不仅决定于可能犯罪者的理性和偏好，也决定于公共政策创造的经济和社会环境，包括用于警察局的支出，不同罪行的刑罚，以及就业、上学、训练计划的机会。现有合法工作岗位的形式以及法律、秩序和刑罚显然是研究犯罪的经济方法的一个组成部分。

与犯罪作斗争的公共支出总额可以减少，而保持数学期望刑罚不变，其方法是靠充分增加被定罪人的刑罚来抵消逮捕罪犯支出的减少。然而，爱冒风险的人害怕较高的定罪概率甚于害怕严厉的刑罚。因此，国家的最优行为将在减少警察局和法院的开支，降低定罪概率与爱冒险的罪犯偏好较低的受罚概率之间进行平衡。国家也应考虑处罚无罪者的可能性。

在我研究犯罪的早期阶段，我被为什么偷窃对社会有害所困惑，因为它似乎只是重新分配资源，通常从富人到穷人。由于认识到罪犯花钱买武器以及计划和实现他们的罪行的时间的价值，而这类支出对社会无生产作用——它是现在称为"寻租"的行为——因为它并不创造财富，只是强制重新分配它。偷到的美元数逼近偷窃的社会成本，因为理性的罪犯将愿意在他们的罪行上花钱到那个数额为止（我应当补充地说，潜在的受害者花费的资源保护他们自己对抗犯罪）。

研究犯罪的经济方法为什么变得如此有影响的一个理由，是由于可以用同样的分析工具研究一切法律的强制实施，包括最低工资立法，清洁空气法，内部人做买卖和安全法的其他触犯，以及逃避所得税。由于自我实施的法律很少，它们需要定罪和处罚的支出以遏阻犯法者。美国判决委员会公开使用犯罪的经济分析以发展规则，要求法官们在处罚触犯联邦法规的人时遵守（美国判决委员会，1988）。

在过去四分之一世纪中，使用经济方法研究犯罪已变得很普通。这些包括为了阻遏严重罪行加剧——例如阻遏绑票者杀死他的受害人的最优边际刑罚 [现代文献从斯蒂格勒（1970）开始]，以及法律的私人和公共实施之间的关系的分析 [见贝克和斯蒂格勒（1974），Landes 和 Posner（1975）]。

罚款优于监禁和其他处罚形式，因为它们更有效。有了罚款，对犯法者的处罚也是国家的收入。罚款与其他处罚之间的关系的早期讨论已得到澄清并大为改进 [见 Polinsky and Shavell（1984），及 Posner（1986）]。

监禁期限，定罪率，失业水平，收入不平等，及其他变量对犯罪率的影响的经验评估已变得更多和更精确 [先驱工作是 Ehrlich（1973）作的，并且以后有众多文献]。最大的争论围绕死刑是否遏阻谋杀的问题，这个争论远未解决 [见 Ehrlich（1975）和全国研究委员会（1978）]。

四　人力资本

在 1950 年前经济学家们一般假设劳动力是给定的和不能增加的。亚当·斯密，阿尔弗雷德·马德尔以及密尔顿·弗里德曼对教育和其他训练的投资的精细分析并未纳入生产率的讨论。然后 T. W. 舒尔茨和其他人开始率先探索人力资本投资对经济增长和有关经济问题的含义。

人力资本分析从一个假设出发，人们衡量效益和费用以决定他们的教育训练、医疗以及对知识和健康的其他增加。效益包括文化和其他非货币利益以及收入和职业的改善，而费用通常主要决定于花在这些投资上的时间的被放弃的价值。

目前人力资本如此不可争辩，因此可能难以理解在 50 年代和 60 年代对有关这个名词的敌意。人力资本的概念本身被认为是堕落性的。因为它把人作为机器处理。把上学看成是一项投资而非一种文化体验，被认为缺乏感情和极其狭隘。一个结果是，在我决定在我的书中用"人力资本"前，犹豫了很长时间，并用一个很长的副题作解释，以防风险。且不说其他人，就连经济学家们也只是逐渐地才接受人力资本这个概念作为分析各项经济和社会问题的一个宝贵工具。

我对人力资本的研究，是从设法计算男人、妇女、黑人和其他人群投资于不同水平的教育的私人和社会报酬率开始的。在不长的时间里，就使人力资本的分析有助于说明劳动市场和大经济中许多规律性，并使之变得很清楚。发展一种包括企业及个人的人力资本一般理论，并使那种理论能考虑它的宏观经济含义，似乎是可能的。

经验分析设法校正受教育多的人因能力强而收入高的数据：他们有较高的智商和其他才能，测试时又有较好的分数。同时也考虑死亡率、所得税、放弃的收入及经济增长对教育报酬率的影响。能力的校正似乎不很重要，但是成人死亡率的变化和较大经济增长率确有很大影响。

人力资本投资的经验研究，从 Mincer 的经典著作（1974）中得到很大推动。他把收入与上学年数的关系的简单回归分析［见贝克和 Chiswicd（1966）］扩大到包括在岗训练和经验——离校后年数的一种粗糙但很有用的度量；他利用许多单个观察而非分组数据，而且也仔细分析了收入发生方程残差性质。现在在许多国家都有许多估计的教育和训练报酬率，关于这些文献的一个总结［见 Psacharopoulos（1975）]。

关于上学和训练的经济效益的积累的证据，也促进了对政策讨论中人力资本的重要性的认识。对人力资本的这种新信念已经改变了政府考虑刺激增长和生产率的问题方式，美国最近的总统选举中对人力资本的重视说明了这一点。

人力资本分析中最有影响的理论概念之一是通用和专用训练或知识之间的区别［见贝克尔和 Qi，Qi 为厂商水平（1962）]。根据定义，企业专用知识只在提供它的企业中有用，而通用知识在其他企业中也有用。教一个人操作一台 IBM 兼容个人计算机是通用训练，而学习某一公司内的权力结构和雇员才能是专用知识。这个区别有助于解释有高度专用技巧的工人为什么最不可能离开他们的岗位而在营业不振时最后被闲置的人。它也说明为什么大多数升迁是在一个企业内部进行的而不是通过雇用——工人们学习一个企业的结构和"文化"需要时间——以及为什么较好的会计方法将把雇员的专用人力资本包括在大多数公司的主要资产中。

企业专用投资产生的租，必须由雇主和雇员分享，这个分享过程可能发生"机会主义"行为，因为在投资到位后每一方都可能设法享有大部分租。由于专用投资产生的租和机会主义在组织的现代理论中［Williamson（1985）]，和在主人—代理人问题的许多讨论中起关键作用［见 Gsossman and Hart（1983）]。在分析结婚"市场"以解释离婚率和在婚姻中的讨价还价时［见贝克，Landes and Michael（1977）和 Mc Elroy and Horney（1981）]，以及在分析政治"市场"以解释政治家的低周转率时［见 Cain，Ferejohn and Firoina（1987）]也曾利用供分享和周转的专用资本的含义。

人力资本投资理论把收入不平等联系到才能、家庭背景、遗产及其他资产的差别［见贝克和 Tomes（1986）]。不平等的许多经验研究也依靠人力资本概念，特别是上学和训练的差别［见 Mincer（1974）]。80 年代美国收入不平等的很大增长引起许多政治讨论，大部分用受教育较多和训练较好的人报酬较高来解释［见 Murphy and Welch（1992）]。

人力资本理论对所谓收入中的"性别差距"给出一种挑战性的解释。从传统上看，妇女比男子有大得多的可能性是部分时间工作和间断工作。这是因为她们在有了孩子后通常有一段时间不工作。其结果是她们投资于改善收入和岗位技巧的教育和训练的激励较少。

在过去 20 年中所有这一切变化了。家庭规模缩小，离婚率升高，雇用大多数妇女的服务部门扩大，提高妇女以及男子收入的经济继续发展，以及公民权利立法鼓励妇女更多参加劳动队伍，并因此更多投资于市场导向的技巧。实际上在所有富国，这些力量显著地改善了妇女的职业和相对收入。

美国在这方面的经验都有文献记载。从 50 年代至 70 年代中，全日制男工和妇女之间的收入的性别差距保持在约 35％。然后妇女的收入开始了稳定的进展，现在仍在继续；它将差距缩小到 25％以下。妇女涌入商学、法律及医科学校，并且在她们以前避开的或受排斥的技术岗位上工作。

舒尔茨和其他人［见舒尔茨（1963）和 Denison（1962）］早期曾强调投资于人力资本与增长的关系又被忽视，因为经济学家们对于现有增长理论能否对不同国家的进步给出许多深刻见解发生怀疑。内生增长的比较形式的模型的复兴已再一次将人力资本推到讨论的前沿［见 Romer（1986），Lucas（1988），Barro and Sala—i—martin（1992）及贝克，Murphy and Tamura（1990）］。

五　家庭的形成、解散和结构

家庭行为的理性选择分析的基础是最大化行为，人力资本投资、时间的配置，以及对妇女及其他人群的歧视。这次讲演的其余部分是以这个分析为焦点，因为它仍然是很有争议的。

写作《家庭论》是我曾作的最困难的长时间的智力作业。可以认为，家庭是最基本的和最老的制度，有些作者追溯它的起源到 5 万年前。《家庭论》不仅分析现代西方家庭，而且也分析其他文化的家庭以及过去若干世纪中家庭结构的变化。

设法覆盖这个广阔主题要求集中心力 6 年多，无数个日日夜夜，使我心力交瘁。罗素在他的自传中说，写作《数学原理》消耗了他的如此多智力，以致他不再适合真正艰难的智力工作。而我在完成《家庭论》两年后也才重新获得从事智力工作的兴趣。

在经济学中分析生育率有一个漫长而值得尊敬的历史，但是直到现在，结婚和离婚，以及丈夫、妻子、父母和子女之间的关系大部分被经济学家们所忽视［见 Mincer（1962）重要研究］。我对家庭研究的出发点是假设当男人和妇女决定结婚或有孩子或离婚时，他们设法比较效益和费用使他们的效用最大。所以当他们预期结婚比单身生活好时方结婚，而预期离婚增加他们的福利时则离婚。如果将对这个有争议告诉那些不是知识分子的人，他们常常会很惊讶，因为对他们而言，人设法结婚和离婚明显的是为了增加福利。对婚姻和其他行为的理性选择方法，事实上常与"普通人"的本能经济学一致 [Farrell and Mandel (1992)]。

关于行为的直观假设仍然只是系统分析的出发点，因为某种单独的行为并不产生许多有趣的推论。理性选择法把它们纳入一个架构，将最大化行为与分析结婚和离婚市场，专业化和分工，老年保障、对子女的投资以及影响家庭的因素结合起来。完全模型的含义常常不明显，而且有时与常规意见尖锐对立。

例如，与有关富人离婚的一条普通信念相反，家庭决策的分析表明，较富的夫妇比较穷的夫妇不容易离婚。按照这个理论，较富的夫妇保持婚姻所得较多，而许多较穷的夫妇并非如此。一个贫穷的妇女很可能怀疑是否值得与长期失业的某人保持婚姻关系。对许多国家的经验分析确实指出，较富的夫妇的婚姻稳定得多 [见贝克，Landes and Michael (1977)]。

夫妇之间的有效谈判意味着过去 20 年中欧洲和美国走向无错误离婚的趋势，并不提高离婚率，因此与许多人的意见相反，它不能对离婚率迅速上升负责。不过这个理论确实指出无错误离婚伤害有子女的妇女，她们的婚姻是被她们的丈夫破坏的。有子女而无配偶的由妇女主持的家庭，现在约占美国和其他发达国家一切有子女家庭的五分之一。

自从马尔萨斯的经典论文发表以来，行为的经济模型一直被用来研究生育率。伟大的瑞典经济学家克纽特·威克赛尔由于对马尔萨斯人口过剩预言的信仰，而吸引到经济学上来。但是马尔萨斯预言，生育率将随收入的增减而升降，与 19 世纪后期和本世纪早期一些国家工业化后出生率大降相矛盾。

马尔萨斯的简单生育模型的失败说服经济学家们，家庭规模的决策超出经济计算之外。新古典学派增长模型反映这个信念，因为在大多数版本中它把人口增长当作外生的和给定的 [见 Cass (1965) 或阿罗和 Kurz (1970)]。

然而，马尔萨斯方法的麻烦不在于它利用经济学自身，而在于它利用不适合现代生活的一种经济学。它忽略各国生产率提高后花费在照顾孩子的时间变得更昂贵了。较高的时间价值提高了生育子女的成本，因而减少对大家庭的需求。它也没有考虑工业化经济中由于对人的教育和训练的更加重要，从而鼓励父母更多地投资于子女的技巧，这也提高了大家庭的成本。这种上升的时间价值和更多重视上学和其他人力资本的投入，解释了随着各国的发展，生育率的下降，以及现代经济中出生率的许多特点。

　　为什么几乎在所有的社会制度中，已婚妇女是专门生育子女及从事某些农业活动，而已婚男子则从事战斗和市场工作？这大概是因为男女之间生物学差别——特别是他们生育子女的内在能力的差别——和在市场活动中歧视妇女，或部分地通过文化影响的一个组合。对于男女生物学和歧视产生在婚姻中的传统分工的相对重要性，存在很大的感情化的意见分歧［见 Boserup（1970）］。

　　这个分工的经济分析并不确定生物学和歧视的相对重要性，但是它说明分工对生物学和歧视两者的小差别如何敏感。因为花费在利用一种技巧的时间愈多，投资于这项技巧的报酬愈大，一对已婚夫妇可从严格分工得到不少好处，因为丈夫可以专门于某些形式的人力资本，而妻子则可以专门于另一些。已知在婚姻中专业化有这么大好处，只要对妇女稍有歧视，或养育子女的技巧稍有生物学差别，将使家务和市场任务之间的分工自然地联系到性别上来。对这些小差别的灵敏度说明经验证据为什么不易在生物学和"文化"解释之间进行选择。这个理论也说明了为什么随着家庭变小，离婚更常见，妇女挣钱机会的改善，许多妇女参加了劳动大军。

　　家庭成员之间的关系与企业雇员和其他组织成员之间的关系有很大不同。丈夫、妻子、父母和子女之间的相互作用受爱、义务、罪及一种责任感驱动的可能性大于受狭义解释的自我利益驱动的可能性。

　　大约 20 年前，人们指出家庭内的利他主义极大地改变了对于在成员之间重新分配资源的震荡和公共政策的响应。贝克（1974）表明，资源从一名利他主义者到受益人（或反过来）的外生重新分配可能不影响任何人的福利，因为利他主义者将设法按照重新分配的数额而减少其赠与。Barro（1974）在一个代间模型中导出这个结果，它使人们怀疑政府赤字和有关的财政政策对经济有实际影响的普通假设。

　　"坏孩子定理"——虽则批评家不同意其结果，而这个名称很受欢迎——将利他主义的分析向前推进，因为它表明自私者的行为如何受利他主义的影响。在某些条件下，甚至自私的受益人——大多数父母自然相信其最好的例子是有利他和父母的自私的子女——被引诱作出似乎他们对他们的恩人是利他主义的行为，因为那样行动提高他们自己的自私福利。如果他们不如此行动，来自他们恩人的赠与将减少到使他们生活降低的程度［见贝克（1974）和 Lindbeck adn Weibull（1987），Bergstrom（1989）及贝克（1991）中对此分析的发展和修改］。

　　在《圣经》、柏拉图的《理想国》及其他早期著作中，讨论了父母对待年轻子女和成年子女对待老年父母的问题。老年人和儿童都需要照顾——前者由于健康和精力下降，后者则由于生物学的成长和依靠。家庭内关系的经济分析的一项有力的推论是这两个问题密切相关。

留下可观遗产的父母不需要老年保障，相反的他们将帮助他们的子女。以前我提到过这一点的一个著名的推论：在某些条件下，预算赤字和给予老年的社会保障支付没有实际影响，因为父母只需要通过较大的遗产抵清将来他们的子女的较大的税。

人们了解得少得多的是留下遗产的利他的父母也倾向于更多投资于他们的子女的技巧、习惯及价值。因为他们从提供子女的教育和技巧的一切投资得利，其报酬率高于储蓄的报酬率。他们可以投资于子女，然后在老年时减少遗产，以间接地为老年储蓄。当父母对子女作一切投资，其报酬高于储蓄的报酬，然后调整遗产到有效的投资水平，父母和子女都将生活得更好（见附录第一节，有一个形式的演示）。

在富国中有许多父母甚至并不计划留下遗产。这些父母需要老年保障，而且他们"少投资"于他们子女的教育及其他照顾。他们少投资，是因为他们不能靠减少遗产补偿对子女的较大支出。因而他们并不计划留下任何遗产。

如果父母更多投资于子女，以交换子女承担在他们需要帮助时得到照顾他们的义务，则子女和父母生活都将更好。但是这种承担的义务如何实现？经济学家们和律师们通常建议制订一个书面合同以确保承担义务，但是设想一个社会将强制执行成人和十岁或十几岁儿童之间的合同是荒谬的。

目前我的研究的一部分是考虑一种间接的方式，即在承诺和书面协议没有约束力时导致承担义务。我将简短地描述这项新工作的一些内容，因为它把家庭的经济方法带到与家庭内偏好的理性形成有关的未知领域。

父母的态度和行为对他们的子女有很大的影响。嗜酒的或爱吹牛的父母为易受影响的年轻人创造一种不正常的气氛，而传递知识和启发他们的子女的有稳定价值的父母对于他们的子女能做的事情和他们想做的事情都施加有利影响。经济方法对于通过童年经验形成偏好能提供深刻分析，而不必像弗洛伊德那样强调在生命头几个月发生的事情的重要性。

我又在模拟一个常识思想，即成人态度和价值受他们的童年经验的影响很大。生活在美国的一名印度医生可能爱吃咖喱，因为他在印度长大时曾非常爱吃，或者一个妇女可能永远害怕男人，因为她在幼年受过性虐待。通过它的前瞻行为假设，经济观点意味着父母预期子女发生的事，对他们长大成人后的态度和行为的效应。这些效应帮助确定父母提供什么样的照顾。例如，担心老年保障的父母可能设法在他们子女中注入负疚、义务、责任及孝心的感情，这些间接地但是仍然很有效地使子女"承担"帮助他们的责任。

经济学家对承担责任的看法太狭窄。"操纵"别人的经验以影响他们的偏好似乎可能无效和充满不确定性，但是它可能是取得承担责任的最有效方式。经济理论需要在偏好中纳入有罪、爱和有关态度问题，这是为了对于什么时候承担责任是"可信的"有一个较深入的了解（见附录第二节有一个形式的讨论）。

不留下遗产的父母可能愿意使他们的子女有负疚感，正是因为他们较大的老年消费得到比他们从子女消费的等量减少失去的效用更多。这个行为形式可能比留下遗产的家庭数目所揭示的普遍得多，因为有小儿小女的父母常常不知道当他们年老时财务上是否有保证。他们可能设法在他们的子女中注入必要时帮助他们的意愿，以保护他们自己防备老年的不良健康、失业和其他危险。

童年经验和成年偏好之间的联系的这种分析，与关于理性习惯形成和沉溺[1]的工作密切相关［见贝克 Musphy (1988)］。父母在子女身上的支出部分地依赖子女经验对成年态度和行为的预期影响，在这个意义上偏好的形成是理性的。我没有时间考虑儿童的行为——例如啼哭和"装腔作势"——是为了影响父母的态度。

许多经济学家，包括我自己，过分依靠利他主义把家庭成员的利益拴在一起。认识儿童时经验和将来行为之间的联系，而减少依靠家庭中利他主义的需要。但是它并不使分析回到狭隘的自我利益核心，因为它用负疚感、义务、愤怒及理性行为模型通常忽视的其他态度部分地代替利他主义。

如果父母预期子女将帮助他们度过晚年——或许由于负疚或有关的动机——甚至不很爱他们子女的父母将更多投资于子女的人力资本，而少储蓄以供晚年。（见附录第三节的一个证明）

附录的方程（12）表明，如果父母能得到较大消费的惟一方式是使子女感到更加负疚，父母总是认为他们自己消费的小额增加优于他们子女消费的等量增加。这一点意味着采取措施使他们的子女感到更加负疚的利他的父母对子女的人力资本总是投资不足。这一点表明创造负疚感有费用，但并不是充分有效的。

---

① 指吸毒成瘾。——译注

不计划留下遗产的利他的家长们，在他们家中设法创造一种"温暖的"气氛，使成员们愿意帮助经历财务和其他困难的那些成员。这个结论与所谓"家庭价值"的讨论有关，这个题目在美国最近总统竞选中得到注意。父母帮助确定子女的价值——包括他们的义务、责任和爱的感情——但是父母设法做的事可能受到公共政策和经济及社会条件的变化的很大影响。

例如有一项转移资源给老年人，或许特别给予不留遗产的较穷的家庭的计划，减少老年人对子女的依靠。按照前面的分析，晚年不需要支持的父母并不设法努力使子女更加忠诚、负疚，或对他们的父母好。这一点意味着像社会保障那类显著帮助老年人的计划，会鼓励家庭成员们在感情上分离，不是由于偶然事件，而是对那些政策的最大化响应。

现代世界中改变家庭价值的其他变化，包括地理流动性增加、经济增长带来的更大的财富、较好的资本和保险市场、较高的离婚率、较小的家庭及公费医疗。这些发展一般使人民生活得更好，但是它们也削弱了家庭中夫妻与子女之间，以及较远亲戚中的个人关系，一部分是由于减少了投资于创造较密切关系的激励。

六　结　束　语

扩大个人理性选择的传统分析的一个重要步骤是将丰富得多的一类态度、偏好及计算纳入理论。在我考虑的所有例子时这个步骤是突出的。歧视的分析将不喜欢的，对之存有偏见的具体人群，如黑人或妇女的成员包括在偏好中。在决定是否从事非法活动时，假设潜在的罪犯考虑利益和风险才行动，包括被捕的概率和刑罚的严厉性。在人力资本理论中，人们理性地评估活动的效益和费用，这些活动包括教育、训练、医疗支出、移民，以及形成极大改变现行方式的习惯。家庭的经济方法甚至假设亲密的决策如结婚、离婚及家庭规模都是通过衡量不同行动的利弊形成的。权数决定于偏好，偏好又关键地依赖对家庭成员的利他主义和责任及义务的感情。

因为行为的经济的或理性选择的方法以个人决策理论为基础，这个理论的批判意见通常集中于有关如何作出这些决策的具体假设。除其他事情外，批评家否认个人的行动在时间上是一贯的，并且质询行为是不是前瞻的，特别是在显著不同于经济学家们通常考虑的那些情况中，例如涉及犯罪、吸毒、家庭或政治行为的情况中。这里不是详细回答批评的地方，所以我只是断言，尚未发展出有可比普适性的方法能与理性选择理论进行认真的竞争。

虽然行为的经济方法以个人选择理论为基础，它并不主要考虑个人。它利用微观水平的理论作为一项有力工具以推导群体或宏观水平的含义。理性个人选择与有关技术和机会、市场均衡和非市场情况的其他决定因素，以及法律、规范及传统相结合以得到关于群体行为的结果。正是主要因为此理论导出宏观水平的含义，所以它对决策者和研究各国的各文化间差异的人们有兴趣。

在这次讲演中考虑的理论，其目的不在于最大的普适性。相反，每项理论设法导出关于行为的具体含义，可用调查和其他数据测试。关于刑罚是否遏阻犯罪，妇女收入比男子少是否主要由于歧视或人力资本较少，或者无错误离婚法是否提高离婚率的争论都对从一个基于个人理性的理论导出的预言在经验上的有效性提出了疑问。

理论和经验测试之间的密切关系，有助于防止理论分析和经验研究两者变得无效果。经验导向的理论鼓励开发数据的新来源和类型，人力资本理论鼓励利用调查数据，特别是抽查。同时，令人困惑的结果迫使改变理论，例如利他主义和家庭偏好模型得到补充扩大以应付西方国家父母倾向于给各个子女留下等额遗产的发现。

多少经济学家想研究社会问题而非形成经济学传统核心的问题，使我印象深刻。同时，考虑社会问题的学科的专家们常被吸引到模拟行为的经济方式，因为个人理性的假设提供了分析能力。兴旺的理性选择理论家和经验研究人员的学派活跃在社会学、法律、政治科学、历史、人类学和心理学方面。对于社会科学的学者们对社会世界的分析，理性选择模型提供现有的用于统一方法的最有前途的基础。

附　　录

为了形象地说明这一点，假设每个人生活在三个时期：

1. 幼年（y），中年（m）和老年（o），并在 m 期初有一个孩子。子女的幼年与父母的中年重叠，子女的中年与父母的老年重叠。父母从利他主义得到的效用假设可与他们自己消费产生的效用分离。

纳入这些假设的一个简单的父母效用函数（V_p）是：

$$V_p = U_{mp} + \beta U_{op} + \beta_a V_c \tag{1}$$

其中 β 是贴现率。自私的父母有 a＝0，而利他程度与 a 同升。我不允许父母对子女有虐待狂（a＜0），虽则此分析易于推广到包括虐待狂者。

每人只在中年工作和有收入。有可能借助于积累收益率为（R_k）的资产以储蓄供老年消费（Z_{op}）。父母投资于子女的人力资本以影响他们的收入。人力资本的投资的边际收益（R_h）定义为：

$$R_h = \frac{dE_c}{dh} \tag{2}$$

其中 Ec 是子女在中年的收入。假设投资于子女增多则边际收益下降：$dR_h/dh \leqslant 0$，其中 h 是投资额。

父母效用必须也决定是否留遗产，用 Kc 表示。如果父母能在不同年消费，留遗产，或投资于子女的人力资本，他们的预算约束是：

$$Z_{mp} + h + \frac{Z_{op}}{R_k} + \frac{K_c}{R_k} = A_p \tag{3}$$

其中 A 是资源的现值。

父母效用最大化的一个一阶条件确定他们在中年和老年的最优消费：

$$U'_{mp} = \beta R_k U'_{op} = \lambda_p \tag{4}$$

其中 λ_p 是父母的财富边际效用。另一个条件确定他们是否留遗产：

$$\beta_a V'_c \leqslant \frac{\lambda_p}{R_k} = \beta U'_{op} \tag{5}$$

最后一个条件确定对子女人力资本的投资：

$$R_h \beta_a V'_c = \lambda_p \tag{6}$$

方程（6）假设人力资本投资的一阶条件是一个严格的等式，某些人力资本总是投资于子女。一个稻田型条件，对人力资本的小投资产生很高的报酬率，可以作为它的理由。在瑞典或美国那样的富裕经济中，投资于子女的基础知识和营养可能报酬不很好。只要父母不完全自私——只要 a＞0，1，则这个条件始终意味着对人力资本的正投资。对于完全自私的父母，方程（6）将是一个不等式。

方程（4）确定为了支付老年消费而积累的资产。父母是否留下遗产或需要从他们的子女得到老年支持用（5）中不等式确定。如果这是一个严格的不等式，父母需要支持而将不留遗产。

那个不等式可用一个更有启发性的方式写。如果子女也使他们的效用最大化，则包络定理意味着：

因为 $V'_c = U'_{mc}$，只要 $aV'_c < U'_{op}$，有 $aU'_{mc} < U'_{op}$ （7）

方程（7）的直观解释是，当父母从他们的子女在中年多消费 1 元得到的效用小于他们在老年自己多消费 1 元得到的效用时，他们不留遗产。显然，这个不等式对完全自私的父母成立，因为当 a 为 0 时，（5）和（7）的左边为零。利他主义愈弱（a 愈小），父母需要从子女得到的愈多。

合并方程（5）和（6）给出：

$$\frac{\lambda_p}{R_h} \leqslant \frac{\lambda_p}{R_k}，或 R_h \geqslant R_k$$ （8）

方程（8）意味着当父母留遗产时，人力资本的边际报酬率等于资产报酬，当父母不留遗产它大于资产报酬。父母可以或则投资于子女的人力资本，或则留给他们资产来帮助他们。因为他们要使子女得到的利益量最大化，给定对他们自己的费用——父母没有虐待狂——他们以最有效的形式帮助子女。

因此，如果严格的不等式在方程（8）中成立，他们将不留遗产，因为在人力资本的边际报酬超过资产报酬时，帮助子女的最佳方式是只投资于人力资本。只有当他们从两者得到同样边际报酬时才留下遗产〔这些结果中有一些已在贝克和 Tomes（1986）〕中导出。

2. 为了以一种简单方式分析对子女的偏好的形成的影响，假设在子女年幼时父母能采取行动 x 和 y 以影响子女成年时的偏好。我利用可分性假设写出中年子女的效用函数为：

$$V_c = U_{mc} + H（y）- G（x, g）+ \beta U_{op} + \cdots$$ （9）

我假设 $H' > 0$ 和 $G_x > 0$，这意味着 y 的增加提高子女的效用，但是 x 增加减少他们的效用。为了具体解释 H 为"幸福"，而 G 为子女对他们父母感到的"负疚"，所以 x 愈大使子女愈感到负疚。问题是为什么非虐待狂父母要使他们子女感到负疚？

变量 g 是理解为什么的关键，它度量子女对父母老年生活的贡献。让我们假设子女贡献愈多，感到负疚愈少（$G_g < 0$）。如果 $G_{gx} > 0$，则较大的 x 既提高子女的负疚心，又刺激他们给得更多。

父母的预算约束变成：

$$Z_{mp} + h + x + y + \frac{Z_{op}}{R_k} + \frac{K_c}{R_k} = A_p + \frac{g}{R_k}$$ （10）

最优 y 的一阶条件是：

$$\beta aH' \leqslant \lambda p \tag{11}$$

因为 $H' > 0$，易于理解为什么利他的父母可能设法通过 y 影响子女的偏好，因为 y 增加子女幸福。

x 的一阶条件更加有趣，因为利他的父母可能要使他们的子女感到负疚，如果那样足以提高老年保障。这个一阶条件可以写成：

$$\frac{dV_p}{dx} = \frac{dg}{dx}\beta \ (U'_{op} - aU'_{mc}) \ - \beta a \frac{dG}{dx} \leqslant \lambda p \tag{12}$$

其中 dg/dx 包含了 g 的受诱导变化。中间表述式的第二项对利他的父母是负值，因为较大的 x 确实提高子女的负疚感，它降低这些父母的效用（$a > 0$）。然而负疚感也诱导子女增加老年保障，那是 dg/dx 产生的。这个响应的大小确定父母是否值得使子女感到更加负疚。

增加来自子女的老年保障对利他的父母的幸福有两个部分的互相抵消的效应。一方面，它提高他们的老年消费和效用，如 U'_{op} 所示。另一方面，它降低子女的消费，并且因而降低利他的父母的效用，这是 $-aU'_{mc}$ 产生的。这一点意味着留遗产的利他父母从不设法使子女感到更加负疚，因为对这些父母而言是：$U'_{op} = aU'_{mc}$。因为 dg/dx > 0，当他们的子女感到更加负疚时，他们必须减少幸福。

3. 将方程（5）和（6）的一阶条件合并，得到：

$$\frac{U'_{op}}{aU'_{mc}} = \frac{R_h}{R_k} \tag{13}$$

当父母不留遗产时，这个方程的两边都超过 1。因为从子女来的较大老年保障降低左边，降低了分子和提高了分母，在效用最大化均衡中右边必然也下降。但是因为 R_k 是市场条件给出的，只有 R_h 下降右边才能下降，这意味着在父母期望从子女得到较大老年保障时，才对子女有较大投资。甚至完全自私的父母（$a = 0$）可能投资于子女，如果那样足以增加预期来自负疚子女的老年保障。

1993 年

机 构

1968 年，瑞典银行在它的 300 周年纪念之际向诺贝尔基金会赠款，目的是通过瑞典皇家科学院授予的瑞典银行经济科学奖，以纪念阿尔弗雷德·诺贝尔（Alfred Nobel）。

分配奖金的规则，除细节有所修订外，和诺贝尔奖金的规则相同。授奖于 12 月 10 日在诺贝尔举行典礼，和诺贝尔奖金的时间相同。第一次授奖于 1969 年。

奖金金额与当年诺贝尔奖金的金额相同。届时授予一项专门证书和一枚金质奖章。

在 1993 年负责准备的委员会由以下成员组成：

Assar Lindbeck，斯德哥尔摩大学国际经济学教授，委员会主席；Ingemar Stahl，伦德大学经济学教授；Karl-Göran Mäler，斯德哥尔摩经济学院经济学教授；Lars E. O. Svensson，斯德哥尔摩大学国际经济学教授；Bertil Näslund，斯德哥尔摩经济学院经济学教授；委员会秘书：Torsten Persson，斯德哥尔摩大学经济学教授；联系成员：Lennart Jörberg，伦德大学经济史教授；Peter Englund，厄普萨拉大学经济学教授。

奖金获得者和引文

瑞典皇家科学院于 1993 年 10 月 12 日决定将纪念阿尔弗雷德·诺贝尔的瑞典银行经济科学奖联合授予：罗伯特·福格尔（Robert W. Fogel）美国芝加哥大学和道格拉斯·诺思（Douglass C. North）美国，圣路易，华盛顿大学。

为了解释经济和制度变化，他们应用经济理论和定量方法，更新了经济史的研究。

正式提名的候选人数目是 122 人。

奖金的徽章和金额

获奖人得到一项证书、一枚奖章和一份说明奖金金额的文件，它和诺贝尔奖金一样，为 670 万瑞典克朗。

授予获奖人的证书是瑞典艺术家 Philip von Schantz。书法是由 Annika Rücker 担任的。

瑞典皇家科学院
伦那·焦伯教授讲话

国王和王后陛下，殿下们，女士们和先生们：

　　罗伯特·福格尔和道格拉斯·诺思被授予今年的诺贝尔经济学奖，因为他们为了解释经济和制度变化，应用经济理论和定量方法，更新了经济史的研究。

　　为什么有些国家富而大多数国家穷？为什么有些国家经历了几个世纪的快速经济增长而其他国家在经济上停滞不前甚至每况愈下？今年的获奖人尝试把经济学和历史结合起来，回答类似这些问题，而且指出了研究和了解经济增长和变化的新途径。他们使用了经济科学的最佳分析技术并把它们与历史资料结合起来。换言之，他们把经济理论、定量方法、假设经验、假设不同条件及传统的经济史方法结合起来，为了分析和了解深刻的问题以及解释深刻的变化。

　　福格尔说明铁路并非许多学者以前指认的经济增长的主要前提。福格尔对铁路在美国经济发展中所起作用的分析使今天的学者们为了解释现代经济增长而归功于各项伟大革新时较为克制。福格尔借助于所谓假设不同条件的分析和社会成本效益分析得出的发现得到其他学者们的确证，他们都受福格尔影响。

　　借助于大量资料连同经济和统计技术，福格尔也阐明奴隶制虽则在道德上是罪恶的，却是一种有效的市场答案。奴隶制并非因效率低瓦解，而需要政治决策才使它被废除。

　　在阐明经济增长问题的努力中，福格尔也重视人口统计因素。他和他的同事们通过组织大规模国际研究，不仅集中和处理了大量数据，而且也说明了我们对营养标准与死亡率之间的联系的知识是片面的，仍有许多问题没有答案。

　　道格拉斯·诺思研究了美国的经济增长，尤其是内战前时期，以及欧洲的长期发展。和福格尔相似，诺思表明技术变化远非生产率提高的一项充分解释。例如在远洋运输中生产率的上升在很高程度上来自组织变化。

他也表明传统的理论分析必须与制度的发展的研究结合，正是这种结合成为了解经济变化的钥匙。

诺思重视在创造稳定的如果不总是高效的人类活动以减少不确定性时制度起的作用。制度须理解为影响我们生存和行动模式的一切书面的和没有写出来的规则和习惯。缺乏制度稳定性使生产者和消费者的成本都提高。缺乏明确界定的产权和缔结有约束力的契约的困难妨碍理性经济决策。为了理解欧洲的长期发展，从中世纪到以后，我们必须能分析制度的作用，既作为经济增长的原因，又作为经济变化的障碍。

工业革命为什么发生在英国的一个原因是国家的管制作用小以及行会制度弱。法国重商主义发达，对经济生活和外贸的管制强，但经济增长弱。强的国家管制和强的制度障碍，例如有关产权的规则模糊，可以解释17和18世纪西班牙经济发展弱。

我们也可以研究恰好是较多缩小经济变化范围，较少放宽它的这些制度因素，以解释旧时代中非西方国家缺乏经济动力，东欧社会的瓦解，以及所谓第三世界中许多国家的当今经济问题。

换言之，是他们研究经济历史问题的方式方法，比其他任何东西更能把今年的获奖人提升到称为"新经济史"的学者们的前列。罗伯特·福格尔和道格拉斯·诺思是这项研究的先驱，这项研究对经济史作为一门学问的继续发展有永久性的影响。福格尔和诺思以他们的不同方式使经济中的研究新生，使它更加严格和更多联系理论。同时他们证明经济分析需要一个历史量纲。

福格尔教授和诺思教授：

我有幸代表瑞典皇家科学院为你们在经济史方面的先驱性研究，向你们表达我们最热烈的祝贺，并请你们从国王陛下手中接受诺贝尔经济科学奖。

罗伯特·福格尔自传

　　1926 年我出生在纽约市，在我的父母和我的兄长从俄国奥德萨市移居美国四年之后。虽然他们来纽约时身无分文，我的父母节省下足够的储蓄在我刚出生后开设几个小商号的第一个。虽然在大萧条的艰难时代，并且我们所处的财务状况不富裕，他们却创造了一个快乐家庭。他们鼓励我的哥哥和我要对未来乐观。

　　我的父母对学问的尊敬鼓励我兄长和我从事学术研究。不过，我兄长在1941 年参军以前在许多方面是对我的主要的智力有影响力的。比我年长 6 岁并在学校比我高 9 年，他用他的智力才能启发我。我还记得我在邻室装睡，躺在床上听见我兄长和他在大学的同班同学们热烈讨论大萧条的社会和经济问题。

　　在 1932 年和 1944 年之间，我在纽约市公立学校的教育是科学的一生的最好准备。由于萧条，这些学校能够吸引一群有突出才能并且认真负责的老师，他们鼓励学生们努力达到最高水平。那个环境使我向往科学生涯，而且也点燃我对文学和历史的爱好。

　　我的专门职业训练从康奈尔大学开始（1948 年学士）并在哥伦比亚大学继续，在那里得到我的硕士学位（1960 年），又到约翰·霍普金斯大学获得我的博士学位（1963 年）。在康奈尔，我的科学兴趣从物理和化学转向经济学和历史。在 40 年代后半期对经济前途普遍悲观，即将回到大萧条的大量失业的预测流行，促使我的注意力转移。

　　我开始读研究生时有一种天真的信念，依靠把历史和经济学的学习结合起来，我将迅速发现决定各时代技术和制度变化的基本力量，而且这些知识将指出现在经济不稳定和不公平问题的答案。当我觉察到关于这些大过程和它们的相互联系实际上所知甚少时，我开始注意较独立的问题：我们对 19 世纪经济和制度变化中工厂制度的作用实际知道些什么？具体新技术，例如铁路或钢厂，对经济增长的贡献的性质和数量如何？我也作出结论，为了回答这类问题，必须多利用定量证据，所以我开始学习掌握那时经济系教的最先进的分析和统计方法。只是到后来我才发现我为自己拟订的训练计划对一名经济史学家而言是非正统的。

我在哥伦比亚大学那年影响我最大的两位老师是乔治·斯蒂格勒，他教研究生微观经济学序列；卡特·古德里，他教美国经济史序列。斯蒂格勒使微观经济理论变活。他着重的不是它的优美而是它能用于很大范围的经济政策问题。他不断在理论和证据之间移动，仔细考虑理论家们对主要函数的斜率或形状的其他方面所作假设的经验有效性。他常考虑人们可以在什么时候，用什么模型，以及在什么隐含假设之下从给定的一组数据得出某一具体推论。

古德里不仅以他对美国经济史文献的知识，而且他愿意鉴别经济史界对关键问题的集体知识中的缺陷，使我印象深刻。课程结束时学生不仅很好掌握了美国经济增长过程的现有知识，而且有一份可能的研究项目清单。我写硕士论文请古德里赐教。那时他从事写他的书《政府提倡运河和铁路》的研究工作，提出一些使他困惑的关于联合太平洋铁路的筹资、风险及效益的问题。这些疑问成为我的硕士论文题目，它也是我出版的第一本书。虽然古德里自己并不利用经济学的数学和统计方法，他鼓励我这样做。他也建议，既然我对经济史的数量方法有很大兴趣，约翰·霍普金斯大学的西蒙·库兹涅茨或许是指导我未来训练的最佳经济学家。

除西蒙·库兹涅茨外，在约翰·霍普金斯大学教我最多的老师有微观经济理论的阿巴·楼纳和弗里茨·马奇鲁；宏观经济理论和经济增长理论的伊夫赛·多玛；数理经济学的刘大中；以及在公共卫生学院教数理统计学和抽样设计的两位老师。

指导我的博士论文的西蒙·库兹涅茨，在我的研究生训练中是影响最大的人物。他说话和气，中等身材，一个人在他班上不用很长时间就会发现他是一位顶尖的智者，通晓不仅经济学，而且也在历史、人口统计、统计学及自然科学方面。他的经济增长课程覆盖现代技术变化史、人口统计和人口理论，以及利用国民收入总量进行经济增长和收入分等分布的比较研究。几年后我才明白那个课程展示了他的研究的实质，以后作为《经济发展和文化变化》的 10 卷补编系列，他的 1966 年专著《现代经济增长：速率、结构和传播》以后被授予诺贝尔经济学奖的著作。库兹涅茨的课程很有价值，不仅由于材料的实质而且也由于他利用材料传递测量技术的方式。他反复指明经济学的中心统计问题并非随机误差而是数据中的系统性偏误，而且他传达一些对付那个问题的一些强有力的方法，特别是重视灵敏度分析的作用。

到我离开约翰·霍普金斯大学宿舍的时候，我已制订了我认为我能应用十年以上的一项两项研究策略。第一是测量主要科技革新，主要政府政策及主要环境和制度变化对经济增长道路的影响。第二是提倡更多利用经济学的数学模型和统计方法以研究经济史家们集中注视的长期复杂过程。在我心中这两项目标密切相关。提倡新方法的最好论据是证明在研究具体问题时，例如铁路对经济增长的贡献，这些方法比传统方法优越。新方法有可能以一种方式陈述主要分析问题，使它们便于测量，识别为解决争议之点所需证据的种类，发展既适合问题又适合现有证据的测量技术，评估研究成果的可靠性。

几个因素使实现我的研究计划成为可能。其一是大学行政首长愿意向我提供他们能支配的有限研究资金的一个慷慨的份额，既是劳动密集又是计算机密集的工作的必要条件。甚至当我在罗彻斯特还是一名未经考验的新助理教授时，列昂纳尔·麦克肯齐提供了几名研究助理，一名计算机程序员，和我能利用的所有计算机时间。60年代和70年代初芝加哥的盖尔·约翰逊和罗伯特·亚当斯两位院长对我的研究工作做了类似的投资，其数额既反映他们对我的前途的估计，又反映他们对成就的估计。在20世纪70年代后半期亨利·罗索夫斯基在哈佛继续做这类支持。

当我仍是约翰·霍普金斯大学的一名学生时，除来自社会科学研究委员会的一小笔赠款外，我的有关铁路的工作完全是大学资金支持的。由于以后我的项目基于愈来愈大的数据集，主要是从档案手稿中来，没有基金会的慷慨支持，这些项目不可能进行，特别是国家科学基金会和国家健康研究所，但是在重要程度上也靠福特基金会、埃森教育基金会和华尔格林赠款基金会之流的私人基金会。大学融资仍然很关键，因为需要支出大量资金才能使一个大项目达到能赢得专家评审委员会批准的程度。

另一个关键因素是数据处理费用急降，这是计算机硬件和软件迅速进步造成的。这些技术发展使得处理愈来愈大的数据集成为可行。把来自广泛档案材料的个人和家庭数据连接起来，可以为具体经济问题订制数据集。数据来源包括十年一次普查的表格手稿、遗产检验记录、军事和养老金记录、家谱、税册、死亡证书及公共卫生记录。

使这类研究可行还有一个重要因素是美国国家档案馆的官员和盐湖城的后期圣徒耶稣·基督教会的家谱图书馆的合作。家谱图书馆特别宝贵，因为它藏有来自全美国以及许多其他国家的大量记录，对经济、社会和生物医学研究有用。虽则是为宗教原因收集的，该馆的官员们使他们的收藏供科学界利用，提供一种资源，否则将需要大量的钱来复制。

没有一个组织对研究长期经济增长的贡献比国民经济研究所大。该所在 20 世纪 30 年代后期和 20 世纪 60 年代后期之间的研究计划中长期观点占有突出地位。主要在宏观水平进行的那项工作是该所在发展国民收入账户和宏观经济行为的有关度量方面的先驱工作的继续。然而在 20 世纪 70 年代该所对长期增长过程的工作衰微了。当马丁·费尔斯坦在 1977 年成为该所理事长时，他决定进行一项关于美国经济长期发展的新计划（DAE），并请我担任该计划的主任。

我任命了一个执行委员会，由兰斯·戴维斯，斯坦莱·英格曼，罗伯特·盖尔曼，克劳狄亚·高尔丁，克莱恩·波普和我自己组成，以掌握新计划的方向。在评论该所过去的工作以及它在费尔斯坦领导下采取的新方向之后，委员会设法识别该计划可以作贡献的一组政策问题。在评论过程中，我们咨询了西蒙·库兹涅茨，道格拉斯·诺思，理查·伊斯特林及摩西·阿伯拉莫维茨等人。

在调查了一年之后，我们作出结论，要了解储蓄和投资率长期下降的原因，影响技术变化率或人口和劳动力的统计结构的长期变动，我们需要对微观经济行为知道得比当时所知多得多。然而微观经济水平的研究受阻于缺乏适当数据。所以 DAE 转而注意编制能阐明家庭和企业的现在和过去行为之间关系的新数据集的问题。

执行委员会发起了一系列的中试项目，研究创造若干有代表性的，由各代之间连接的家庭组成的数据集。这类数据集将开辟全新的可能性以考察经济和文化因素的相互作用以及它们对储蓄率、妇女参加劳动队伍率、生育和死亡率、财富分布的不平等、移民率及经济和社会流动率之类变量的相互影响。这些数据集不能得自单一记录集，而需要连接若干不同类型的档案记录。执行委员会也开始一项关于编制基于企业记录的数据集的可行性的研究，数据集可供分析企业对它们能利用的变化的技术机会，以及它们必须在其中运作的变化的制度和法律环境作出反应的方式。研究这些问题需要发展有代表性的长期延伸的企业记录集，不仅含有这些企业的决策过程的信息，而且也有决策的经济后果。

DAE 对中试项目的审议得出结论，可以存取数据的移动式计算机，以及处理大文件的软件的设计已经发展到如此程度，所以创造此类微观经济数据集是可行的。到 1980 年 20 个项目开始工作。并且选择了主持这些项目的研究人员。在 1991 年成为 DAE 主任的克劳狄亚·高尔丁报告现在差不多有 40 名 DAE 副研究员。自从 DAE 开始，他们已经创造了 50 多项纵向的和横截面的数据集，覆盖的时期从 18 世纪后期到现在。这些数据集形成数十篇论文，几卷会议论文集和一些专著的基础。

我的研究有关创造和研究大的生命周期和跨代数据集问题的能力在 1981 年达到一个新水平，其时芝加哥大学商业研究生院院长，理查·罗赛特，请我继乔治·斯蒂格勒任查理·华尔格林美国制度教授。除华尔格林捐赠的不寻常的研究资金外，罗赛特提议成立一个人口经济学中心（CPE），集中研究跨生命周期和跨代的经济、人口和生物过程的相互作用。那时的芝加哥大学校长汉纳·格莱热情支持此项邀请。继罗赛特任院长的约翰·高尔德，现在的院长罗伯特·哈马大以及芝加哥大学校长雨果·孙乃夏继续慷慨地支持 CPE。

没有华尔格林教授席位和 CPE 的资源，我在奖金讲演中报告的现有研究项目将是不可能的。例如，健康条件的数据来自一个称为"晚期工作水平、疾病和死亡的早期指示"的项目，它跟踪将近 40000 名联邦陆军军人，从摇篮到坟墓。描写其中一人的生命周期历史需要 15000 个变量。这些生命周期历史靠连接约 20 项数据集组成。研究这些数据集的潜能，拟订数据存取和文件管理的程序，并且证明我们自己心中此项事业的可行性，工作了五年多。

在 1986 年评审原来的项目建议书的国家健康研究所的定点委员会，同意此项目在原则上能对了解老化过程作出显著贡献，但是他们对有些数据的质量，那时我们已发展的软件和编制的程序是否足以管理这么大的数据集，以及在建议的预算范围内能否完成此项目有怀疑。为了化解这些疑团，必须抽一项百分之六的小样，把所有不同资料来源连接起来，而且分析小样中的信息以演示软件的有效性。又花了四年以完成项目证明的第二阶段。因此在此项目被国家健康研究所和国家科学基金会的专家评审员们接受之前，需要将近十年的初步研究，大部分是华尔格林和 CPE 资助的。

没有一个人比我的妻子在帮助我度过 45 年科学生涯方面做得更多。在 1948 年竞选运动时我遇见恩妮·卡山德拉·摩根，那时她是一位星期日学校教师，圣菲利普主教派教会的青年组织的一位领袖，以及为亨利·华莱士助选的哈莱姆区青年组织的头。多少年来恩妮既是我的最知己的支持者，又是我的最尖锐的批评者。在我读研究生时，她的收入对我们的家庭收入有显著贡献。在我任助理教授时，她把照顾孩子们和很多小时作为一名研究助理在图书馆档案中的无偿劳动结合起来。当我的非正统发现引起争论和批判时，她帮助提高我的自信，而且她常常提供有洞察力的建议，以资改进我的讲演、论文、书、信及研究建议书。

若干年来，她是我的社会良知的监督者，当她看到我醉心于科学问题的抽象方面而使我轻视它们的深刻人道性质时，她把我拉回现实。她在罗彻斯特、哈佛和芝加哥作为学生顾问、学生院长和学生生活主任的经验也使我得益甚多。她帮助我了解行政人员的观点，并且改进她和我的儿子们所说的"人的技巧"。

我的儿子米海尔和斯蒂芬，曾分享被学者父母抚育的欢乐和难处。他们鼓励我在面对不公平的批判时坚守学术原则。他们读了我的论文和书，提出有益的建议，并且有时在编辑过程中给予不少帮助，教我如何用较少的词说较多的话。

数据处理费用急降的一个方面是出现经济史的大规模合作项目。提倡这类项目一部分因为数据集存取和清洗的规模经济，一部分因为处理、分析和解释数据须有很多技巧。例如，在《没有同意或契约》的 3 卷中有 35 位撰稿人，他们之中许多人以前是学生，现在是优异的高级研究员。"早期指示"项目的研究队伍甚至更大。我不仅能接触芝加哥的天才学生群，而且也能接触在哈佛和罗彻斯特的那些人，成为我的大幸。在奴隶制和老年化两个项目中这些学生在认知大的超出预期的发现，提出分析数据的新方法，发现新数据集，以及提出探索性批评方面，往往走在高级研究员们前面。

经济史家们广泛知道我的研究事业的成功，许多功劳属于玛丽林·古柏斯密，她与我一起工作超过一个世纪的四分之一。她在 DAE 计划从开始到 1991 年以前是其行政助理，1981 年起她是 CPE 的副主任。她不仅是一位有效的协调者，而且是一名勤奋的研究人员以及许多研究生、研究助理的一位朋友，他们时常求助于她以克服官僚障碍。

与学者们为伍和继续学习的激情是科学生活的两个诱人的方面。当一个人与那些很好奇而且很聪明的学生们交往时，究竟谁教谁从来不很清楚。我曾有幸与高级研究人员合作，他们都是热心工作的优异教师并对初学者的困惑有很大耐心。他们的指导大大有助于我训练我自己的努力，以便从事涉及经济学、人口学及生物医学科学之间相互关系的研究。当我设法掌握人口学的数学模型以及应用它们于不完全的数据的技术时，詹姆斯·特鲁赛尔给我讲课。J. M. 谭纳花费许多小时教我人体生长学的要领，看我们的数据并帮助解释它们，指引我阅读基本教材，让我注意最近的有关论文，并且阅读和批评我的著作。我从尼文·斯克林肖那里得到流行病学（特别是传染病）、营养学以及生理学和诊断医学的某些方面的类似教育。

经济增长，人口理论和生理学：长期过程对制订经济政策的意义[①]

右对齐 罗伯特·福格尔

美国，芝加哥大学

1993 年 12 月 9 日讲演

经济史对经济理论的形成有显著贡献。经济学家中发现历史是他们的思想的一个重要来源的如斯密，马尔萨斯、马克思、马歇尔、凯恩斯、希克斯、阿罗、弗里德曼、索罗和贝克。西蒙·库兹涅茨（1941）着重指出，不考虑历史常使研究人员误解当前的经济问题，他们没有觉察到他们的推论建筑在暂时的情况上。需要认识长期动力学的作用没有比医疗、养老金政策及发展政策之类迫切的现实

① 为 1993 年 12 月 9 日纪念阿尔弗雷德·诺贝尔经济科学奖讲演准备的。由于这次讲演基于仍在进行的研究，重要的是要强调这里报告的发现是暂时的，随着现有数据库扩大以及随着这些数据的分析精练，可能有变化。然而我相信正在出现的死亡率、发病率和老化的新理论的大纲可能经得起将来研究的考验。本报告的研究得到国家健康研究所，国家科学基金会及华尔格林基金会赠款支持。Christophes J. Acito, Robert McC. Adams, Gary S. Becher, Christine K, Cassel, Katherine A. Chavigny, Dora L. Costa, William J. Darby, Partha Dasgupta, Sidney Davidson, Stanley L Engerman, Phyllis Eveleth, Enid M. Fogel, Milton Friedman, Victor R, Fuchs, Zui Griliches, Rolin M. Hoarth, susan E. Jones, John M. Kim, Peter Laslett, Lionel W. McKenzie, Reynaldo Martorell, Douglass C. North, S. Jay Olshansky, Clayne L. Pope, Samuel H. Preston, Irwin Rosenlerg, Roger A. Schofield, Nevin S. Scrimshaw, Robert M. Solow, Richard H. Steckel, David Surdam, Richard Suzman, James M. Tannes, Peter Temin, James Trussell, James W. Vaupel, Hans T. Waalec, Lany T. Wimmec, 和 E. A. Wrigley 的评论和批判使我受益。

问题更有关系了。

　　这次讲演扼要叙述一个发病率和死亡率长期下降的理论，它考虑到自 1700 年以来在生理运行中引出的变化。技术和生理改善之间的协同作用已经产生一种人类进化的形式，它是生物学的，虽则不是遗传的、迅速的、文化传播的，而且不一定是稳定的，它在经济合作发展组织和发展中国家都仍然在行进。界定经济增长的热力学和生理学意义，并且评估它们对增长率的影响。考虑了这个理论对人口预测，国民收入度量，对闲暇的需求，养老金政策，以及对医疗的需求的含义。

　　第一次世界大战后才试图以系统的方式说明死亡率的长期下降，因为那时以前这种下降是否存在还不确定。认识这个现象缓慢有两个原因：第一，不了解拿破仑战争结束前的死亡率。1815 年以前各位人口统计的先驱编制的生命表不足一打，而它们未表现清楚的时间趋势。第二，在头四张官方英国生命表，包括 1831—1880 年，没有死亡率下降趋势的证据。

　　然而，到了 20 世纪的第三个十年，英国死亡率新的下降明显地不仅是一个周期现象。1871 年和 1901 年之间英国生命预期增加了 4 岁。以后 30 年中又增加了 16 岁。在其他欧洲国家记录了相似的死亡率下降。

　　20 世纪前几个十年中死亡率急降给予马尔萨斯人口理论很大打击。死亡率的改善被认为是短期的，因为在马尔萨斯规定的人口压力对抗食物供给的条件下，由于一种疾病的死亡的消灭将由某种其他疾病造成的死亡代替。将马尔萨斯学说与观察到的死亡率下降调和，修改它或替代它，产生大量新文献。

一　解释死亡率长期下降

　　解释死亡率长期下降的努力在三个方向上推动研究工作。第一，大家努力发展死亡率时间序列，时间愈往前推愈好，以便确定死亡率是什么时候开始下降的。第二，分析现有死亡率数据，为了识别可能解释其下降的因素以及确立形态或"规律"，可以预测死亡率的未来走向。第三，为了确定食物供给和死亡率之间的关系作了广泛努力。此种努力有几个方面。或许最重要的是营养科学的出现，它识别一系列与特定营养缺陷有关的疾病，并且发现了营养和传染之间的协同作用。另一方面是第二次世界大战后出现发展经济学领域，它是弥合工业化各国和发展中国家之间在收入、健康及生命预期方面的大缺口的运动的一部分。还有另一方面是经济和人口史学家联合努力研究死亡率危机的作用以及在 17 和 18

世纪它们与饥荒的关系。

20 世纪 60 年代之前，重新绘制欧洲死亡率长期趋势的努力，主要集中在著名的地方社区和教区。然而，统计技术的发展以及在 20 世纪 60 年代和 20 世纪 70 年代计算费用的显著降低有可能抽取和处理大型全国代表性的样本。这些努力的成果，连同 1830 年后法国和 1871 年后英国的官方统计，展示于图 1。法国

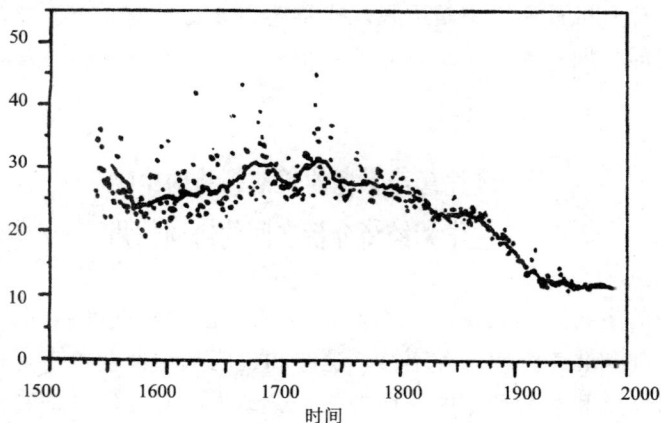

A. 英国1553—1975年
死亡率

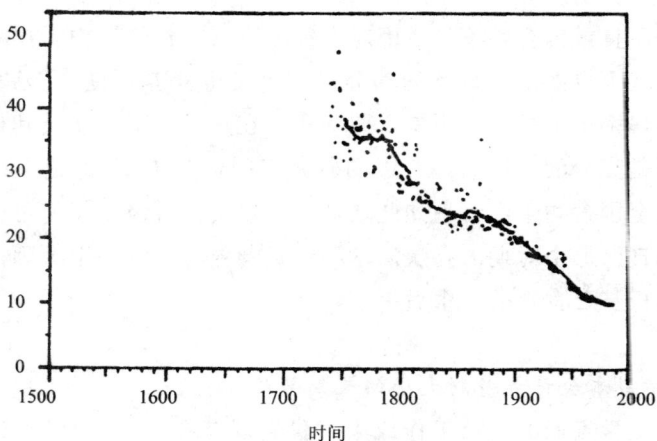

B. 法国1752—1974年
死亡率

图 1　英国和法国死亡率长期趋势

注：每一个图表示年死亡率散布在 25 年移动平均曲线旁。

来源及方法见 Fogel 和 Floud 1994。

和英国序列的分析揭示死亡率的长期下降表现为两个波。在英国的例子，第一波始于18世纪第二个25年（18—Ⅱ）而且持续到19—Ⅰ，之后死亡率稳定了半个世纪。在19—Ⅳ恢复下降并且持续到现在。法国的例子相似，只是在法国约提前半个世纪开始死亡率下降的第一波并且它在第一波中的下降率更快。

或许图1的最惊人的方面是消除危机死亡率，不论与饥荒有无关联，占死亡率长期下降的不足10%（Fogel 1992b）。研究瑞典的官方统计得到相似结果。这些研究证明饥荒和饥荒死亡率是逃脱现代早期高死亡率的一个次要问题，把注意力移向被忽视的长期营养不良是营养不良促成过去高死亡率的主要途径（见Sen 1981）。

二 慢性营养不良的长期趋势的生物医学和经济分析之间的协同作用

最近发展的生物医学技术，在与经济技术结合时，有可能深入探查自从18世纪初以来欧洲和北美慢性营养不良，追踪和说明从这种营养不良逃脱，以及考虑改善营养对健康和生命预期的长期趋势，劳动生产率及经济增长的影响。经济和生物医学的分析方式的结合有协同作用，因为它产生的分析见解仅依靠学科之一的技术是得不到的。

造成营养不良或因食物不足或因对食物的要求（包括工作和疾病）如此之大以致在其他情况下可能认为足够的养分摄入仍发生营养不良。[1]无疑在现代的早期流行的高疾病率会造成营养不良，即使食物在热量、蛋白质及其他关键养分如在其他情况下是充分的。然而，最近的研究表明，对于19世纪中以前的许多欧洲国家而言，全国食物生产水平如此之低，以致贫困阶级在任何可以设想的情况下必然营养不良。那个时期的高疾病率不仅是营养不良的一个原因，而且无疑在很大程度上是极贫乏食物的一个后果。

（一）能量成本会计和身材大小的长期趋势

作为农业史学家们的一项工作成果，我们现有自1700年以来每半个世纪的英国农业产量。这些数字提供指示英国热量消费的长期趋势的国民食物平衡表的基础。再用家庭食物购买量调查作为补充，这些来源表明1790年左右英国平均每天热量消费约为每人2060大卡，或者每消费单位（相当于成年男子）约2700

大卡。对法国，Toutain（1971）从国民食物平衡表编制了估计数，一直追溯到法国大革命前的十年。他的估计表明每天人均热量消费在1781—1790年为1753大卡，在1803—1812年为1846大卡。换算为每消费单位热量，这些数字变成2290大卡和2410大卡。

这些估计的一个含义是，按现在标准，18世纪晚期的成人必然很矮小。今天典型的美国男子30出头约高177cm（69.7吋），约重78公斤（172磅）。如此一个男子每天基础代谢（休息时身体运行需要的能量）约需1794大卡，基线维持（基础代谢所需1794大卡加485大卡用于食物消化及重要部位的卫生）需2279大卡。如在18世纪英国人或法国人都那么高大，几乎他们的全部食物供给产生的能量将只够维持而很难有工作所需能量。约在公元1700年时为了有必要的能量生产这两国的国民产品，典型的成年男子必然身材很短很轻。

为欧洲各国收集的身材和体重的数据支持此项推论。表1提供1750年和1875年间达到成熟的成年男子的最终身高的估计。它表明在18和19世纪欧洲人比照现代标准（见表1第6行）甚为短小。欧洲各国在1860年以前的体重估计杂乱得多。现有的估计，大多数是推论的，提示在1790年左右三十几岁的英国男子平均体重约61公斤（134磅），比现在水平约低20%。1790年左右法国男子的相应数字可能只有约50公斤（约110磅），比现在的标准约低三分之一。（据吴汝康等：《中国远古人类》，科学出版社，1989年版，第70页，我国新石器时代男子平均身高在黄河中下游为166—171.68厘米，南方为159.8—161.5厘米。——译注）

六个欧洲国家中在1750年和1875年间达到成熟的
男子估计平均最后身高，按四分之一世纪（cm）

表1

	（1）成熟日期按世纪和四分之一世纪	（2）英国	（3）挪威	（4）瑞典	（5）法国	（6）丹麦	（7）匈牙利
1.	18—Ⅲ	165.9	163.9	168.1	—	—	168.7
2.	18—Ⅳ	167.9	—	166.7	163.0	165.7	165.8
3.	19—Ⅰ	168.0	—	166.7	164.3	165.4	163.9
4.	19—Ⅱ	171.6	—	168.0	165.2	166.8	164.2
5.	19—Ⅲ	169.3	168.5	165.6	165.6	165.3	—
6.	20—Ⅲ	175.0	178.3	177.6	172.0	176.0	170.9

（二）热量大小的分布

从依靠平均身高、平均体重及平均每日消费养料转移到这些变量的大小分布，得到新的深刻见解，其中经济和生物医学分析路线之间的协同作用是明显的。由于时间限制，我在这里集中注意热量的分布。[2]

热量消费的分组分布是评估提出的平均食物估计的可能性的最有力工具之一。它们不仅阐释一定水平的热量消费对发病率和死亡率的含义，而且它们也指示可供工作的热量与农业生产水平及与劳动力在农业和非农业之间的分配是否一致。虽则国民食物平衡表，例如 Toutain（1971）为 1781—1952 年期间的法国编制的那些，提供人均热量消费的平均值，它们不产生热量分组分布的估计。[3]

三个因素使得有可能从历史学家可得的杂乱证据中估计热量的分组分布。第一，包括许多国家的研究表明对数正态分布能很好地描写热量的分布。第二，热量分布的变差〔用变差系数（$s/\bar{x}$）或基尼（G）比值测量〕远较收入分布有限。第三，当分布的平均值已知，变差系数（它与平均值一起决定分布）可从分布的任一组中的信息估计。所幸即使在普通人民不为人知的地点和时期，关于富人的信息比较丰富。在最下端，人口统计信息，特别是死亡率，严格约束人口中平均日消费热量低于 BMR 或基线维持的比例。

表 2 表示约在 1790 年法国和英国食物供给允许的极低水平工作能力，即使已经考虑了由于身矮体轻减少了维持的需要。在法国劳动力的最下面 10％缺乏正常工作所需能量而上面 10％有每天 3 小时轻工作（0.52 小时重工作）需要的能量。虽然英国情况好一些，它的劳动力的最下面 3％缺乏做任何工作的能量，但是最下面 20％的其余的人有足够能量每天约做 6 小时轻工作（1.09 小时重工作）。

表 2 也强调一个问题，假设在古代每天人均摄入 2000 大卡（每消费单位 2600 大卡）是充分的。那个平均消费水平在 1790 年左右法国和英国经历的水平之间。在经历如此低水平的平均消费的人口中，最下面 20％的人靠如此贫乏的食物生存，以致他们实际上被排除在劳动力之外，他们中许多人甚至缺乏散步几小时的能量。这似乎是说明古代人口中乞丐多到占五分之一的主要因素。甚至热量分布的上面 80％中大多数人如此矮（身高低于美国标准）瘦（体重低于美国标准）以致他们发生慢性健康问题和过早死亡的风险很高。

将近 18 世纪末法国和英国每消费单位日

表 2　　　　　　　　　**消费大卡数的概率分布比较**

十分距 （1）	A 法国约 1785 $\bar{x}=2290$ $(s/\bar{x})=0.3$		B 英国约 1790 $\bar{x}=2700$ $(s/\bar{x})=0.3$	
	日消费大卡 （2）	累计（%） （3）	日消费大卡 （4）	累计（%） （5）
1. 最高	3 672	100	4 329	100
2. 第九	2 981	84	3 514	84
3. 第八	2 676	71	3 155	71
4. 第七	2 457	59	2 897	59
5. 第六	2 276	48	2 684	48
6. 第五	2 114	38	2 492	38
7. 第四	1 958	29	2 309	29
8. 第三	1 798	21	2 120	21
9. 第二	1 614	13	1 903	13
10. 第一	1 310	6	145	6

资料来源：见 Fogel（1993），特别是表 4 和附录。

三　华勒（Waaler）曲线和面：一种新分析工具

以往 20 年中广泛的诊断和流行病学研究表明，给定年龄的身高，给定年龄的体重，以及对照身高的体重（一种体重指数，或 BMI）是发病和死亡风险的有效预测指标。直至最近以前大多数研究集中注意 5 岁以下儿童，利用这些年龄的一个或几个人体测量指标来评估早期儿童时代的生病和死亡风险，而且正是在这些年龄最初证实人体测量的有效性最为坚实。不过，最近几年中积累了大量证据说明成年人身高也是中老年死亡和发展慢性病的概率的一项重要预测指标。BMI 有相似的预测性质。

身高和 BMI 测量营养不良和健康的不同方面。身高是一项营养的净度量而非毛度量。而且，虽然在生长年龄中的身高变化对现时营养水平敏感，平均最终身高反映个人在其生长年龄中累计的以往营养经验，包括胎儿期在内。所以利用最终身高解释成人死亡率的差别时，它们揭示的不是成人营养水平对成人死亡率的影响，而是婴儿期、儿童期和青年期的营养水平对成年死亡率的影响。一项参照身高的体重指数，在另一方面，主要反映当前营养状况。它也是一种净度量，意思是 BMI 反映现时的摄入量与对那些摄入的要求之间的平衡。

（一）人体大小和中老年死亡风险之间的关系

最近一些研究证明了身高和 BMI 对晚年疾病和死亡的预测能力。其中两项研究的成果归纳在图 2 和图 3 中。图 2—A 再现华勒（1984）画的一张图。它表

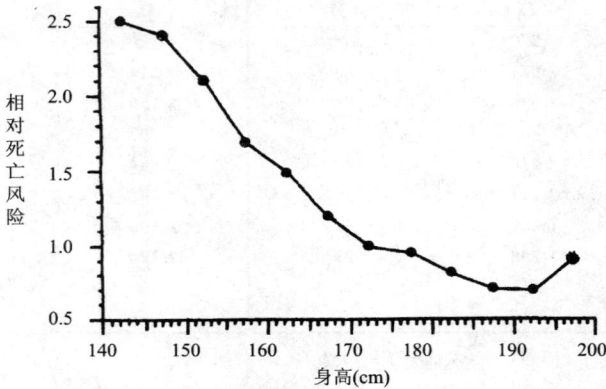

图A. 1963年和1979之间40—59岁的挪威男子的相对死亡风险

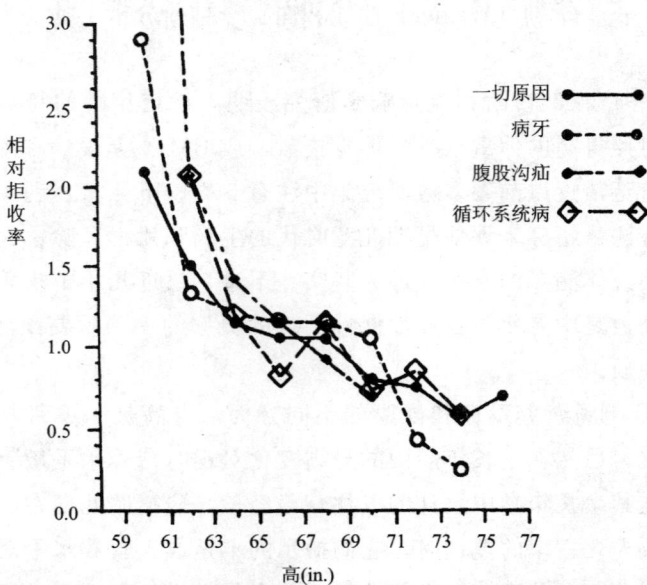

图B. 为英联邦陆军检查，4 245名23—49岁男子的样本中因慢性情况的相对拒收率

图 2　挪威与英联邦人口身高和相对风险之间的比较

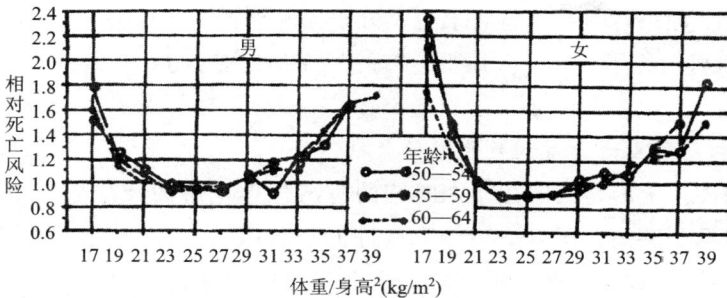

图 3　50—64 岁挪威人的 BMI 和展望 1963—1979 年期间的风险之间的关系

明在 1963 年和 1979 年之间 40—59 岁的挪威矮男子比高男子死亡风险大得多。165cm（65.0 吋）高的男子的死亡风险平均比 182.5cm（71.9 吋）高的男子大71％。图 2—B 表示身高也是一个重要的预测指标，预测 1861—1865 年 23—49岁的男子由于慢性病被英联邦陆军拒收的相对可能性。虽则种族、环境情况、疾病的组合和严重性，以及时间有显著差异，身高和相对风险之间的函数关系在这两个案例中惊人地相似。

华勒（1984）也研究了在挪威的一个 170 万人的样本中 BMI 和死亡风险之间的关系。归纳他的发现的曲线见图 3，其中有男子和妇女。虽然 BMI 的观察值（公斤/米²）在 17 和 39 之间，40 岁以上男子中超过 80％的 BMI 在 21—29 之间。在 22—28 范围内，曲线比较平直，死亡的相对风险在 1.0 附近徘徊。然而，BMI 小于 22 和超过 28，当 BMI 从它的平均值走开时死亡风险陡升。请注意BMI 曲线比图 2 中的身高曲线对称得多，说明高 BMI 和低 BMI 同样有风险。

虽然图 2 和图 3 揭示一些规律，却不足以解决一个争辩问题，当参照身高的体重充分时，稍矮一些是否妨碍健康，因为图 2 不含体重而图 3 只部分地含身长因素。要查明"矮而健康"问题，需要有一个等死亡率面，将死亡的风险与身高和体重同时联系起来。在图 4 中表示的这个面用一种在其他地方描述的方法（Fogel 1993b）拟合到华勒的数据。穿越等死亡率图的是一些直线，给出 16 和 34 之间每一个 BMI 的轨迹，以及一个曲线，给出在每一个身高使风险最小的体重。

图 4 表明即使体重保持在图 3 所示"理想"水平（BMI＝25），矮男子的死亡风险也比高男子大得多。例如，一名成年男子的 BMI 为 25，164cm 高。其死亡风险比一个 BMI 也为 25 而高 183cm 的男子约大 55％。图 4 也表明，"理想"BMI（使死亡风险最小的 BMI）随身高变化。一个等于 25 的 BMI 对于 176cm 左

右的男子是"理想"的,但是对于高大男子(大于 183cm)"理想"BMI 在 22 和 24 之间,而对矮男子(168cm 以下)"理想"BMI 约为 26。

(二)利用华勒曲面说明死亡率的长期下降

叠加在图 4 上的是法国在 4 个时期的身高体重粗略估计。至 1705 年法国人均食物供给低于英国,所以平均体重或许低于英国。在 1705 年左右,法国人或许在平均身高约 161cm 和 BMI 约 18 之下与他们的食物供给达到均衡。在以后 270 年中食物供给迅速扩大,允许成年男子的身高和体重都增加。图 4 指出是有关 BMI 增大的因素造成预测 1870 年前死亡风险减少的大部分。1870 年以后,与身高增加有关的因素解释了预测死亡率下降的大部分。图 4 也隐含着,虽则这些因素联合起来解释了法国在 1785 年左右和约 1870 年左右之间的时期死亡率实际下降的约 90%,它们只解释了过去一个世纪死亡率实际下降的约 50%。人体尺

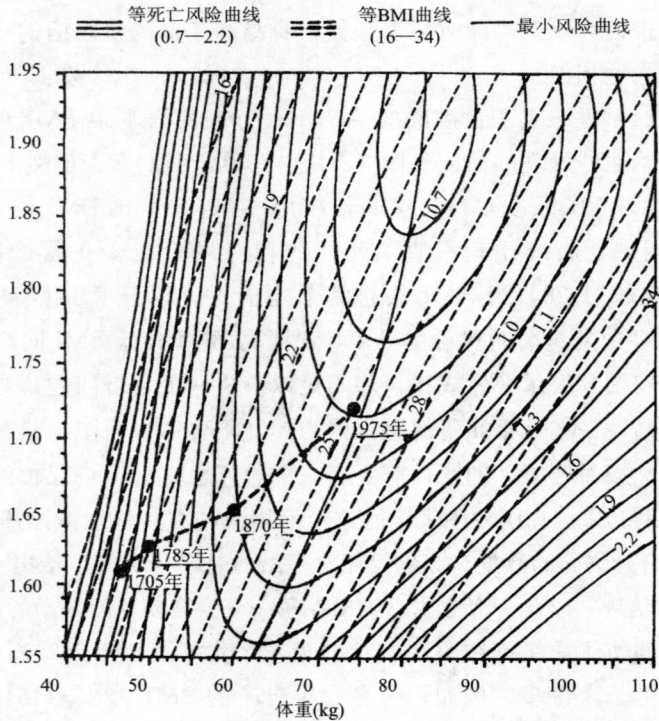

图 4　50—64 岁挪威男子不同身高体重的相对风险的等死亡率曲线,
并标出四个时期的估计法国人身高体重

寸增加和与它有关的因素继续对营养比较好的人的生命期望值的提高有很大影响，但在过去一个世纪与身高和 BMI 有关的因素以外的因素变得日益重要。

这一节的分析指出马尔萨斯原先用的生存概念的误导性质，而这个概念至今仍被广泛使用。生存并非存在于营养岩的边沿，跨越它是人口统计的灾难。在此文中概述的证据意味着不是一个生存水平，有许多水平可使一国人口与食物供给均衡，意思是它们可以无限持续下去。然而，有些水平将比其他水平有较短小的人和较高的"正常"（非危机）死亡率。[4]

（三）华勒曲线对预测慢性病趋势的用处

弱小的身体提高发病的可能性，不仅传染病，而且包括慢性病。这一点隐含在图 2 中，在 19 世纪 60 年代矮男青年中慢性疾病比高男青年常见得多。图 5 表示美国国民健康访谈调查 1985—1988 年包括的男子中存在的不良健康和身高之间相同的关系。发育年龄生长缓慢有长期影响并且增加中老年生慢性病的可能性。

19 世纪第二个 25 年出生的美国男子不仅按今天的标准是矮小的，而且他们成年后的 BMI 约比现在美国水平低 15%。矮小和低 BMI 的联合含义体现于图 6，它呈现一个 Kim（1993）从国民健康访谈调查 1985—1988 年数据估计的华勒发病率曲面。

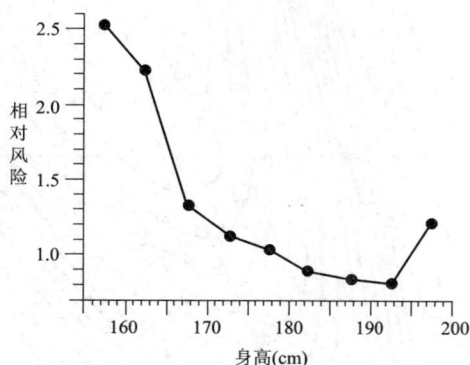

图 5　国民健康访谈调查中 40—59 岁退伍军人身高
与健康不良的相对风险之间的关系

图 6 中慢性病风险的华勒曲面类似，但不等同于挪威的死亡率曲面（见图 4）。当人们以任一方向偏离最佳体重曲线时，健康不良的等发病率曲线上升比等死亡率曲线更陡。而且，图 6 中最佳体重曲线位于根据挪威死亡率数据计算的最

佳体重曲线右边的一个等 BMI 曲线附近。因此，挪威死亡率数据和美国健康数据都指示，对于 1.60—1.65 米左右的男子最佳 BMI 是在 25 至 27 范围内。这高于粮农组织、世界卫生组织、联合国（1985）推荐的目前水平，在那个标准中的较低的过重范围内。

图 6 也表示在 1910 年 65 岁以上的联邦陆军退伍军人和在 1985—1988 年相同年龄的退伍军人（主要是第二次世界大战的）的身高和 BMI 坐标。这些坐标预测两组人群相比，慢性病流行将下降约 35%。健康不良预测下降中约有 61% 由于与 BMI 提高有关的因素，其余由于与身高增加有关的因素。

图 6 预测的慢性病流行下降很接近实际发生的情况。表 3 将 1910 年 65 岁以上联邦陆军男子与 20 世纪 80 年代同样年龄的退伍军人的两次调查反映的慢性病

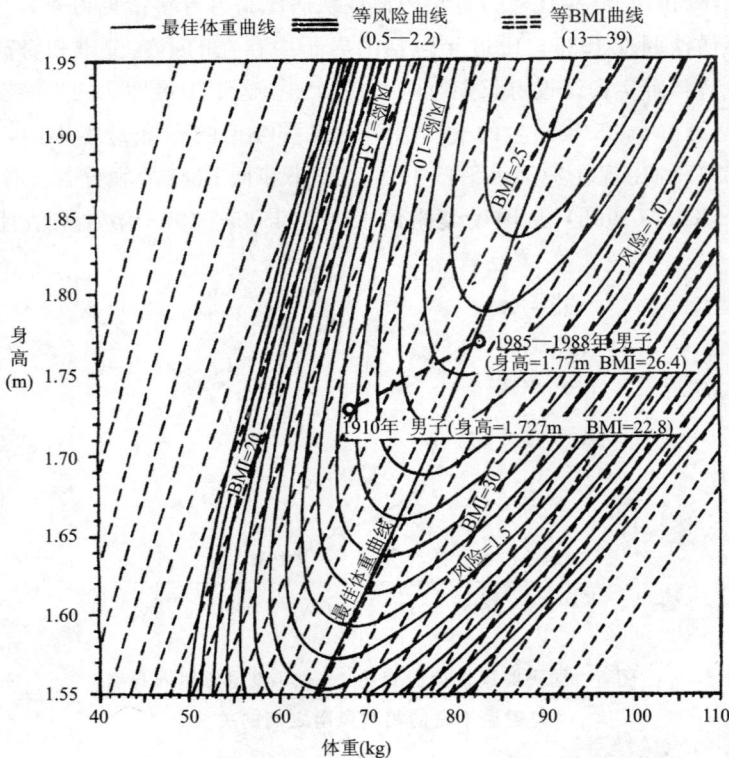

图 6　国民健康访谈调查 1985—1988 年健康曲面预测的健康改善所有
风险的度量相对于国民健康访谈调查 1985—1988 年龄为 45—64
岁的白种男子的平均发病风险（对所有身高和体重的计算）

流行情况进行比较。那张表指示与1985—1988年比较，1910年65岁以上退伍军人中心脏病流行率为2.9倍，肌肉骨骼和呼吸器官病为1.6倍，消化道病为4.7倍。在两组人群相距的76年中，老年人心脏病流行率每十年下降12.8％，而肌肉骨骼和呼吸器官疾病每十年各下降5.9％。

1822年和1845年之间出生的年轻成人，度过儿童和青年时代的致命的传染病，并不像有些人说的比今天同样年龄的人少生体质退化的疾病，而是更多此类疾病。例如35—39岁的疾病率，在19世纪60年代比20世纪80年代多两倍多。特别令人注目的是19世纪60年代畸形足发生率高得多——那是一种先天畸形，说明对那些等待出生的胎儿们，那时的子宫不如现在安全。

那些也度过中年疾病的人到了老年，在20世纪10年代比20世纪80年代更多受体质退化的慢性病困扰。将近74％的联邦陆军老年退伍军人患有三种以上体质下降的慢性病，这比1983年的老年退伍军人中发病率高得多。在1910年活到65岁的那些人中遗传体弱的人比现在少，这可能是事实。如果是这样，那种遗传的优越性显然被一生社会经济和生物医学压力所抵消，老年健康因而严重受损而且老年人的生命预期大为缩短。在20世纪10年代老年人不死于使他们同时代大多数人在较年轻时死亡的传染病，而主要死于体质退化疾病，这些病按照国际疾病分类两位数子目[①]，与20世纪80年代的死亡原因分布相似，例外的是与20世纪80年代比较，因肿瘤死亡较少，因结核病死亡较多。

因此暂时的发现说明在第一次世界大战以前达到65岁的人们的整个生命周期中慢性病发病率远比流行病学传染理论所示为大。依靠死亡原因信息以表征过去的流行病学错误地表示了活人的健康状况分布。它也促进了一种见解，慢性病的流行病学与传染病的流行病学比现在表现的情况更加是分开的。

1910年联邦陆军退伍军人，1983年退伍军人，和国民健康访谈调查

表3　　　**1985—1988年退伍军人[a]慢性病发病率比较，65岁以上，百分率**

疾　　病	1910年联邦陆军退伍军人[a]	1983年退伍军人[a]	调整年龄1983年退伍军人[a]	国民健康访谈调查1985—1988年退伍军人[a]
肌肉骨骼	67.7	47.9	47.2	42.5
消化	84.0	49.0	48.9	18.0

①　（十进分类法中用十个单位数字表示十类，用100个两位数字表示100个子目。——译注）

续表

疾 病	1910 年联邦陆军退伍军人[a]	1983 年退伍军人[a]	调整年龄1983 年退伍军人[a]	国民健康访谈调查1985—1988年退伍军人[a]
疝	34.5	27.3	26.7	6.6
腹泻	31.9	3.7	4.2	1.4
生殖—泌尿	27.3	36.3	32.3	8.9
中央神经，内分泌，代谢或血液	24.2	29.9	29.1	12.6
循环[b]	90.1	39.9	39.9	40.0
心脏	76.0	39.9	39.9	26.6
静脉曲张	38.5	8.3		5.3
痔[c]	44.4			7.2
呼 吸	42.4	29.8	28.1	26.5

a. 联邦陆军退伍军人的发病率根据医生的检查。20 世纪 80 年代则根据自报。国民健康访谈调查的发病率与医生检查所得发病率比较表明自报健康状况并不在比较中引入显著的偏误。来源中有可能的偏误及其数量的较详细讨论。

b. 在 1983 年的退伍军人中，由于痔的报告偏低，所有循环疾病的发病率估计偏低。

c. 指示 1983 年退伍军人是否患痔的变量不可靠。

资料来源：Fogel, Costa, and Kim，1993。

四 华勒曲面和曲线的生理学基础

华勒曲面和曲线的预测能力的基础是什么？部分答案在人体生理学领域中，它研究人体器官和器官系统的运作。身高和体重的变差呈现与构成这些器官的组织的化学成分、通过薄膜的电传输的质量、内分泌系统和其他重要系统的运作的变差有关。

这个领域内的研究发展迅速，有些新发现有待证实。子宫内或儿童初期的营养不良和损害转变为器官功能障碍的准确机制仍然不清楚。大家同意的是大多数器官的基本结构是早期奠定的，推断发育不良的器官比发育良好的器官可能更早瓦解是合理的。至今主要证据是统计学的，并且对某些具体的功能障碍虽然意见一致，还没有普遍接受的细胞老化理论。

将这些因素记在心里，有关营养不良与身体大小及以后慢性病的侵入之间的关系的近期研究可以方便地分为三类。第一类涉及导致永久性，易于看见的生理损害的各种营养不良（包括摄入有毒物质），例如怀孕妇女饮酒或吸烟过量使胎儿神经系统障碍。酒导致胎儿和婴儿生长缓慢并造成房间隔缺损，小头及其他先天缺陷，合起来称为胎儿酒精综合征或胎儿酒精病象。婴儿和儿童初期蛋白质热量营养不良能导致中枢神经系统功能的一种永久性障碍。子宫缺碘和婴儿中等至严重缺铁似乎也造成永久性神经损害。

营养不良造成的胎儿或婴儿发育迟缓导致的损害并非都立即表现出来。在最近一系列研究中，D.J.P.巴克和他的同事们报告，冠心病、高血压、中风、糖尿病及自体免疫甲状腺炎之类疾病始于胎儿或婴儿，但是到中老年才变为明显。这些事例中，个人在未发病前似乎健康良好，功能正常。然而，老年体质退化疾病的早期袭击似与生命早期细胞发育不充分有关。这类病例中有一些，但非全部，与出生体重轻有关。有些婴儿出生时体重正常，但在婴儿期体重增加低于平均。在其他例中，婴儿相对于他们的胎盘而言比较小，相对于他们的个头而言比较矮，或者个子高而瘦。

营养不良的人发生的某些生理功能障碍原则上可因食物改善而逆转，但是它们常常持续不愈，因为营养不良的原因仍在继续。如果营养不良继续足够长时间，这些疾病可能变为不可逆转或致命。这类功能障碍包括组织结构退化，特别在肺、心、胃肠道等重要器官中。例如在呼吸系统，不仅肌肉重量和强度减少，而且通气动力障碍，结缔组织发生生物化学变化，以及电介质不正常。营养不良也关系到肠道黏膜细胞衰弱，外伤愈合受阻，创伤性休克和败血症的机会增多，内分泌系统功能障碍，水肿的倾向提高，能引起急性心律失常的心电不稳定性，以及体质退化性关节病。

出生体重和新生儿死亡概率之间关系的发现也有意义。图7的曲线是"U"形的，说明在每一个国家的人口中比最佳体重显著更重的婴儿也有较高的死亡率风险。而且，母亲身材较小的两国人口中最佳出生体重显著低于母亲身材较大的美国人口的最佳出生体重。似乎在高技术干预之前，母亲的骨盆大小约束出生身材大小（以及或许婴儿重要器官的强壮程度）可以随子宫内营养改善提高的速度。在较高人口中优化存活率的重量的婴儿，在母亲较矮的人口中，由于分娩的困难，死亡风险较高。所以，当胎儿营养改善时，对于婴儿逃脱营养不良效应的速度，存在一个跨代约束。

最近的生理学发现对死亡率长期下降的第一阶段也有新的解释。有些研究人员注意到特定年龄死亡率的变化，可能指示病原微生物与它们的人类寄主之间平衡的移动。虽则人们将此项移动归功于病原微生物毒性下降，我们手中没有足够

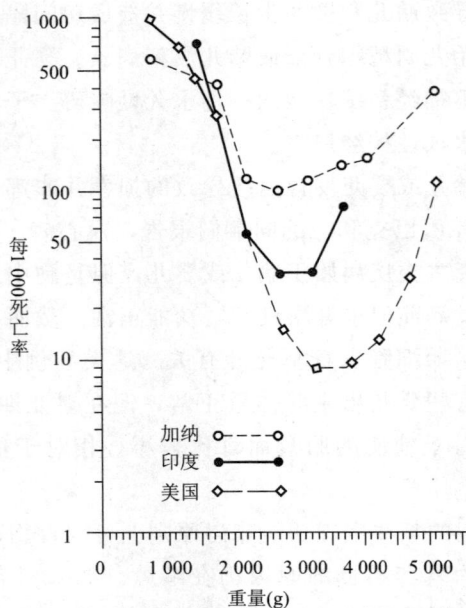

图 7　加纳、印度和美国不同出生重量新生儿死亡率

的证据来评估这个可能性。然而这一节归纳的近期生理学研究提示一个新路径，病原微生物和人类寄主之间的平衡可能通过它转变为有利于寄主。除免疫系统运作改善外，作为组织强度增加，包括神经系统运作改善的一个结果，重要器官抵御病原微生物的能力增强。此过程可能是协同的，因为免疫系统运作改善可能与其他重要器官强度增加互相作用。[5]最后的可能性与死亡率下降的特定年龄形态一致，到现在为止已发现 18 世纪有此情况。

五　对当前政策的一些含义

马尔萨斯相信营养不良表现于特殊情况——周期性的饥荒以及在他的时代生活于悲惨和罪恶中的极穷人民的过高死亡率。他认为接近社会中层的人们，强壮的农业劳动者或城镇工匠，一般营养良好、健康、寿命正常。

然而，我们现在知道，饥荒占马尔萨斯时代人口提前死亡数中不到 4％，而极穷人民（社会最下面五分之一）的过高死亡率占提前死亡数的另外六分之一。在马尔萨斯时代约三分之二的过早死亡来自马尔萨斯认为生产性的和健康的那部分社会。可是按照现在的标准，在 18 世纪的英国甚至收入分布上半部的人们既矮又瘦，中青年有慢性病的比今天更加广泛，寿命也比现在短 30 年。[6]

（一）对穷国的含义

马尔萨斯的遗教体现在"矮而健康"之类的论点中，认为矮的或中等消瘦的人比符合美国标准的人不一定更不健康和更易死亡。发展中国家缺少生命周期数据集使研究人员只能注意一生中的早期，寻找出生时或婴儿时身体大小与儿童后期健康及工作能力之间的相互作用。这类研究一般只选择极严重的矮小和消瘦（在平均以下 2 个标准差以上），忽视较小的身材效应，其中许多到晚年才显示出来。

然而，此文中报告的信息指示儿童时期矮瘦，对预测青年和晚年慢性疾病率影响很长时间。发展中国家成人中较多流行残疾性慢性病常被忽视，因为一般不收集这些情况的有关信息。但在富国中儿童营养不良的长期效应，不论在现在或在他们比今天穷得多的时候，说明在发展中国家也存在相似的相互关系。

慢性病不是慢性营养不良减少劳动力的生产率的惟一方式。当平均热量像世界上穷国那样低时，劳动力参加工作率和劳动生产率必然低，特别是劳动小时数按劳动强度作了调整时。在别处（Fogel 1991）我估计当劳动投入按强度调整时（用卡路里度量），改善的总营养约解释为 1790 年和 1980 年间英国人均收入增长额的 30％。

（二）对富国的含义

在 1850 年和 1950 年之间，美国出生时生命预期约从 40 岁增加到 68 岁。然后在以后 20 年中长寿的进一步进展几乎停顿。在此期间及以后评论比前一世纪死亡率的进展的研究人员们倾向于对三个命题达成共识：（1）一世纪长的死亡率下降是惟一的和不可能重复的，因为消除 60 岁以下传染病造成的死亡的好处几乎都已发挥出来。（2）现在集中在老年的死亡是由于与他们越过的传染病无关的体质退化的疾病。体质退化疾病是作为自然老化过程一部分的加速器官损失造成的。（3）有一个遗传确定的生命期望的上限。有一篇有影响的论文将那个上限设在 85±7 岁。

较近的研究对再来的死亡率下降作出响应，这一次集中于 65 岁以上，发现了与一个遗传固定的生命期的观念唱反调的证据，如果它是固定的，提示上限远在 85 岁之上。Vaupel 研究丹麦孪生儿，指示遗传因素只占死亡年龄方差的 30％左右。

他研究活到 90 岁的瑞典男子，指示那个年龄的死亡率自从 1950 年以来每年约下降
1％，这个发现与存活曲线的矩形化矛盾（Vaupel 1991b）。最近两项虫口（人的数
目称人口，昆虫的数目称虫口。——译注）研究指示，环境条件的变差比遗传因素
对寿命的影响大得多并且没有发现有一固定上限的模式。总而言之，这些研究并不
排除遗传因素，但是提示远不如绝对寿命的遗传程序那么刚性的某种因素。一个正
在涌现的理论将不同器官受遗传影响的程度与接触风险的累积损害相结合。

　　最近的研究也指示 65 岁以上的慢性病发病率普遍下降。按照 Manton，Cor-
der 及 Stallard 的研究，在 1982 年和 1989 年之间美国老年人中的残疾率下降了
4.7％。按十年计算，这个下降率与 1910 年和 1985—1988 年之间老年退伍军人
中慢性病长期下降率很相似。这项发现与以下事实一致，愈来愈多的证据（在上
面第 3 和 4 节中报告的）指示，晚年慢性病在很大程度上是早年接触传染病、营
养不良及其他各种生物医学和社会经济压力所致。它也和根据图 6 展现的华勒疾
病曲面预测的每十年慢性病约下降 6％一致。

　　许多现在的研究以说明慢性病下降为焦点。正在形成的解释的一部分是生活
方式改变，特别是减少抽烟，改善营养及增加运动，这些似乎与减少冠心病和呼
吸系统疾病有关。解释的另一部分是医学干预效果渐增。比较上面表 3 中疝病一
行的第二栏和最后一栏明显地说明这一点。第二次世界大战以前，一旦有了疝
病，一般成为永久性的而且通常极为痛苦。然而，到 20 世纪 80 年代，曾有疝病
的退伍军人中约四分之三治好了。这 70 年的类似进步见于生殖—泌尿疾病那一
行。医学干预高效的其他领域包括控制高血压和减少中风，外科治疗骨关节炎，
更换膝关节和髋关节，医治白内障，化学治疗减少骨质疏松和心脏病的发作。

　　医学干预的成功连同上升的收入自然导致对医疗服务需求的大量增加。经济计
量估计提示，经济合作发展组织各国对医疗服务的需求的长期收入弹性约为 1.5 左
右，并且指示经合组织各国医疗支出的方差的 90％可用收入的变差解释。迅速增长
的需求水平，连同按高补贴的价格提供医疗的平均主义政策，造成医疗费用的危机，
现在是经合组织各国公共政策辩论的焦点，价格和政府配给的不同组合在考虑中。

　　不论这些政策辩论的最终结果如何，我们显然是在与马尔萨斯的世界很不同
的世界。不是辩论是否向穷人提供食物，否则他们可能死亡，我们现在正辩论如
何分配已证明成功地提高老年生活质量和延长生命预期的服务。而且我们现在正
考虑全新的伦理问题，例如限制延长低质量生命的医疗服务是否正确。

　　改善青年时代的健康，减少晚年慢性病以及治疗或缓解与慢性病有关的残疾

的机会增长，提出两项其他后马尔萨斯人口问题。一个问题是健康改善对人口规模的影响。Ahlburg 和 Vaupel 最近一篇论文指出，如果老年死亡率继续每年下降 2％，2050 年美国老年人口将比普查局预测数大 3600 万。那项可能性引起针对医疗费用（因为即使治愈率继续改善，医疗总费用可能大量上升）以及养老费用（因为在目前建议的规则之下，有资格享受福利的人数及预测的补偿金水平将变为如此之大，以致支出将超过计划的准备金）的政策问题。

有些政策制定者寻求推迟退休以应付养老金问题。此类方案基于以下命题，健康改善将使更多人过了 65 岁仍能工作。然而，关于老年健康长期改善的最近发现说明健康退化不是 1890 年以来 65 岁以上男子劳动力参加率显著下降的原因。据 Costa 报告，过去一个世纪美国老年参加率下降主要由于收入的长期上升和退休需求的收入弹性降低。它也由于劳动阶级闲暇时间活动的供给和质量大为提高。

在马尔萨斯的时代，直到本世纪初，经合组织国家中闲暇的供给很缺，据维伯伦指出，只有一小撮上等阶级炫耀地消费闲暇。有代表性的人为了工资每星期工作超过 60 小时而且许多人有家务，再消耗 10 或 12 小时。除睡觉、吃饭和卫生外，这些工人一天难有 2 小时闲暇。虽有歌剧、剧院和芭蕾，但它们过于昂贵，劳动阶级通常难以消费。

在 20 世纪，普通工人的工作时间下降近一半。有讽刺意味的是，收入分布最上面十分距中的人们没有分享多少这项闲暇增多的，因为在最上面十分距中的高薪专门职业者和商人每年工作 3200 小时，比现在约 1800 小时的工人阶级标准更接近 19 世纪标准。闲暇时间活动的供给也有了大量增加——电影，广播，电视，游乐园，参与的和观赏的运动，旅行——并且这类活动的相对价格下降。许多企业特别针对老年人的爱好，提供减价及特别机会。结果有代表性的工人花费约为工作时间的三分之二时间于闲暇活动而且盼望退休（Fogel 1992a 和 1993a）。

已知闲暇需求增长和缺乏收入弹性是经合组织各国后马尔萨斯社会的特征，仍然需要知道闲暇和退休的需求能被节制到什么程度。政策制定者们最近在提高工作税时遇到阻力，他们努力减少隐含的闲暇补贴时可能遇到一样多的阻力①。

---

①（经合组织包括西欧，美国、加拿大、澳大利亚、新西兰、日本、土耳其等国。这些国家的新情况是不论人们收入高低都渴求更多闲暇。这种渴求如无节制，谁还去生产？政府支付一部分养老金是对闲暇的隐含补贴，公园降低门票价格，而从政府取得补贴，也是对闲暇的补贴。政府若减少补贴，必受到反对。增加个人所得税同样有阻力。——译注）

六 对于经济增长的理论和度量的一些含义

最近在生物医学领域的发现使人注意到可以称为经济增长中热力学和生理学因素的东西。虽然基本上被"新""老"增长经济学的理论家们忽视，这些因素易于纳入标准增长模型。从人力资本内容看，两者都可以被认为是农业、公共健康、医疗服务及家庭部门发展带来的提高劳动的技术变化。当劳动只以人时度量时，它们也可以被认为是对错误度量劳动投入的调整。

在第五节（一）中我间接提到热力学因素，那时我指出在过去 200 年中英国增长率的约 30% 归功于总营养的改进。那项计算基于热力学第一定律，它主张能量输出不能超过能量输入。因为那个定律对人体引擎和机械引擎一样适用，有可能利用能量成本会计技术估计过去两个世纪中可供工作的能量的增量。在英国，那项增量有两个效果。它提高劳动力参加率，使 1790 年的消费单位底层 20% 成为劳动力，他们平均只有够散步几小时的精力。而且，对在劳动力中的那些人，因为可供工作的热量增加，每小时工作强度增加。这项劳动强度的变化自身似乎解释了长期增长率的约 20%。

英国劳动强度随时间增加的论点可能引起怀疑，因为在过去两个世纪中工作日，周和年（以小时度量）显著下降。然而，英国人（和其他欧洲人）在 1790 年每小时平均工作强度不可能和今天一样，因为那样会需要人均供给食物能量比实际有的大得多。在美国的情况每小时劳动强度增加也是一个因素，美国的食物供给远比欧洲丰富。即使假设在 1860 年的美国每天可供工作的热量和今天相同，每小时工作强度会比今日的水平低得多，因为在 1860 年平均工作小时数约为今天的 1.75 倍。在 19 世纪中叶只有南方班组制种植园中的奴隶每小时工作强度水平接近现在的标准。

生理学因素有关人体引擎将能量输入转化为工作输出的效率。营养学家、生理学家和发展经济学家们对这个题目的广泛文献作了贡献。因为一些重要问题仍未解决，还不可能就经济增长中的生理学贡献作一坚实评估。然而，此项贡献的有些方面可以指示。

健康、食物构成、服装和住房的变化可以显著影响摄入能量转化为工作产出的效率。[7]传染病发病率减少能增加摄入能量中可供工作的比例，因为节约了动员免疫系统所需能量，也因为肠道吸收营养的能力改善，特别是腹泻减少。热力学效率也因食物构成变化而提高，包括从粮食和其他纤维含量高的食物转变到糖和肉。这些食物变化提高摄入能量中可以代谢的比例（用营养学家的话说，增加了"水溶因素"的平均值）。服装和住房的改善，减少辐射损失的能量，也提高热力学效率。

身材矮小但其他方面健康的成年人发生慢性病和过早死亡的风险增加。为了评估在生命周期中工作能力衰退率的变化的意义，人们必须计算身材和体重变化对生命周期中收入和维持之间差额的贴现值的影响。在注解中提出一个估计这种影响的方法，并提供主要变量的说明性估计。[8]这项练习指示贴现收入可能增加了约 37%。这个数字，加上一个水溶因素改变的效果的猜测数，提示在 1790 年和 1980 年之间英国人体引擎的平均效率约提高 53%。可供工作的食物能量增加和将食物能量转变为工作产出的人体效率提高的联合效果似乎能解释 1790 年以来英国经济增长的约 50%。[9]

聚焦在经济增长的热力学和生理学方面使人们注意在作出某些投资的时间和它们产生效益的时间之间常见的长期滞后。在 1910 年和 1980 年之间英国和其他经合组织国家发生的热力学效率的大部分增加是由于一世纪前作的一系列投资。不了解这些投资和报酬之间的极长滞后导致令人不解的怪事。例如在 20 世纪 30 年代的萧条十年，美国失业率从未低于 16%；其中一半时间失业在 20% 和 25% 之间。可是 1929 年和 1939 年之间生命预期增加了 4 岁，而且在此期间达到成熟的男子身高增加了 1.6 厘米。

我相信要解这个谜要转向 1870 年和 1930 年之间作出的巨额社会投资，其报酬在 20 世纪 20 年代和 20 世纪 30 年代未算作国民收入的一部分，虽则它们在这 20 年中产生了一大效益之流[①]。自然我是指对生物医学研究的社会投资[②]（包括建设和扩大现代教学和研究医院），其最大的报酬远在作出投资之后才到来。改进供水设施的建设，净化牛奶供给，沼泽排水，发展有效的禁疫制度，以及清除贫民窟之类的公共健康投资也包括在这一类中。

凯恩斯说过："长期以后我们都死了。"在两次大战之间，包括 20 世纪 20 年代的严重通货膨胀和 20 世纪 30 年代中历史上最坏的萧条，他的那句话是适当的。必须有迫切的，有力的行动以重新得到对货币供给的控制，照顾数百万失业

---

① （国家投资于医学研究，医学改进后人民天天蒙受好处，这种效益像是不断的流水。——译注）

② （大学医学院的附属医院往往兼备教学研究功能。——译注）

者和避免民主国家崩溃。

　　我们生活在另一个时代。今天经合组织各国经济政策的主要问题不能从纯短期观点理解。政策制定者们必须理解，医疗危机、养老金危机以及全球化的挑战是受长期过程支配的。在此讲演中我曾设法指出，我们尚未完成将近三个世纪前开始的从饥饿和过早死亡逃脱的过程。甚至在富国仍然过早发生慢性病和死亡。政策制定者们现在考虑的医疗和养老金计划的改革如要成功，它们必须与支配慢性病减少和寿命增加的长期生理学变化一致。长期预测如不考虑过去一个世纪这些变化的动力学，以及使变化成为可能的社会经济、生物医学和其他的环境改善，可能脱离目标甚远。

　　在这次讲演的开头我强调经济学家们通过研究历史以考虑长期动态过程。发现过去实际发生了什么事情需要大量投入时间和精力。哪项负担主要由经济史学家负责，这对理论家们很幸运。理论家们只需要耗费为理解历史学家们已发现的东西所必要的时间。对经济史学家的工作的肤浅知识至少和肤浅的理论知识同样危险。

引 文 注 解

　　[1] 在对慢性营养不良进行讨论之前必须澄清曾误导一些研究人员的术语混乱：那就是"食物"或食物摄入（它代表总营养）与"营养不良"（它代表净营养——可供维持细胞成长的营养）之间的区别。在此我不打算讨论这项区别，而仅强调，当我指总营养时，我将用"食物"一词，而其他名词如"营养不良"、"营养不足"、"净营养"及"营养状况"是指营养摄入（食物）和对那个摄入的要求之间的平衡。Fogel 和 Floud（1994）对此区别有进一步阐释。

　　[2] 见 Floud 和 Fogel 1994 附录，有法国约在 1790 年的身高、体重及体重指数（BMI）的估计分布。

　　[3] 原则上有可能从家庭消费调查编制热量大小分布。由于大多数这些调查在 19 世纪集中在下层阶级，为了利用它们必须知道被调查的家庭是从国民热量分布或国民收入分布的那些百分距中抽取的。

　　[4] 而且，有一个给定的人口和技术，劳动在农业和其他部门之间的配置的变化可能导致身材大小和死亡率的变化。在一个古代经济中劳动力在农业中的份额愈低，其他条件相同，热量生产能用于基线维持的份额愈低。这句话后面的推理如下：假设一个农业工人养活他自己加农业外三个人。因此，百分之一农业工人移动到非农业将使扩大了的非农业部门人均食

物供给减少约 1.33％。如果基线维持占热量消费的 75％并且如果非农业部门中留供工作用的人均热量保持不变，在那个部门可供基线维持的热量将减少约 1.8％（假设在农业部门内人均生产和消费不变）。

[5] 这类可能的协同作用使下列命题成为问题，因为某一个人似乎现在饮食良好，营养不良不影响流感、天花或伤寒之类疾病的后果。人们可能更容易死于这类传染病，即使他们现在饮食良好，因为过去的营养不良，或在子宫内或在以后，使重要器官退化。

[6] 过早死亡率在这里定义为高于 1980 年死亡率的死亡率，按 1700 年年龄结构进行了标准化。约在 1790 年的总死亡率的估计来自 Wrigley 和 Schofiels（1981）。变热量消费分布的十分距的相对死亡率的估计基于这些十分距中的估计平均身高和 BMI 以及它们隐含的相对死亡率风险，如图 4 所示。关于计算的更多细节见 Fogel 和 Floud 1994 的附录和 Fogel 1993b 的表 A2。

[7] 这一段的讨论得自 Dasgupta 1993 和那里援引的来源。

[8] n 年的年龄——收入系列的贴现值，从收入最高年龄算起：

$$(1) \quad P_x = E_x \int_o^n e^{-(\mu+\phi+r)'}dt$$

其中 μ 是存活函数（生命表的 1x 曲线）的下降率，ϕ 是 x 岁以后年净收入旳下降率，r 是贴现率（为了方便定为 6％），x 是收入最高的年龄，E_x 是那个年龄的净收人，n 是 x 和一个活着的男子不再经常在劳动力之内的平均年龄（为了方便作为等于 35）之间经过的平均年数，P_x 是净收入流的贴现值。

1790 年的 μ 值是从 Wrigley 和 Schofield（1981）计算的，取他们在 1786—1795 年的 e。的平均值（36.63）并在他们的一组英国生命表的 8 和 9 级之间内插，以得到约 1790 年的适当 1x 曲线。在那个表中 35—70 岁的 μ 值是 0.0289。

预测的 1x 曲线移动基于 Fogel 1993b 的表 A1 中的华勒曲面。1790 年用 1.68 米和 61 公斤，1980 年用 1.76 米和 76 公斤，产生死亡率的 31％的预测下降。相应的 1x 表得自普林斯顿模型诺思表，男子 14 级，以 0.69（35ᵐ35）为拟合的基础。那个 1x 表中 35—70 岁之间的 μ 值是 -0.0202。

与身高体重变化联系的 E_x 的变化用 Robert A. Margo 和 Richard H. Steckel（1982）报告的一个方程估计。他们用的数据属于 1863 年联邦陆军作为战利品房获的奴隶。将奴隶的价值联系到他们的身高体重的商人们似乎只注意年龄—收入系列的位置差别（而非斜率），表现未明显察觉身材和 BMI 与死亡率和慢性病的关系（见 Fogel 1992c）。Margo—Steckel 方程是：

$$(2) \quad L_n V = 2.73 + 0.0325 + 0.17A - 0.005A^2 + 0.000046A^3$$

$$(1.47) \quad (0.92) \quad (2.22) \quad (-2.23) \quad (2.10)$$

$$0.053H + 0.019W - 0.00027 (H \cdot W)$$

　　　　　　　(2.16)(1.79)　　　　(−1.73)

　　　　　N=523；$\overline{R}^2$=0.20

其中 V 是一个奴隶的价值，S 是一个肤色的哑变量，A 是年龄，H 是身高（吋），W 是体重（磅）。T—统计量在括号内。对 1790 年我用了 66.1 吋和 134 磅。对 1980 年我用 69.3 吋和 167 磅。这些数字指示由于与身材大小联系的变化的结果，Ex 约增加 7%。

　　1790 年在 35 和 70 岁之间的 ϕ 值根据 Fogel 和 Engerman1974 中报告的数据计算。这些数据指示，35 岁达到最高收入，70 岁的净收入约为最高收入的 17%。

　　有了上述信息和 ϕ 保持不变的初始假设，Px 的增加额可从方程（3）和（4）所示数据计算：

$$(3)\ P_{x,1790}=\frac{E_x\ [1-e^{-(0.0289+0.0494+0.06)35}]}{0.1383}=7.17E_x$$

$$(4)\ P_{x,p}=\frac{1.07E_x\ [1-e^{-(0.0202+0.0494+0.06)35}]}{0.1296}=8.17E_x$$

其中 Px，1790 是 1790 年收入系列的现值，Px，p 是从身高和 BMI 的变化预测的系列的现值。方程（3）和（4）意味着 Px 约增加 14%〔（8.17÷7.17）−1=0.14〕。

　　现在必须考虑身材大小的变化对净收入函数的下降率（ϕ 值）的影响。如果假设生理学改善的结果使 70 岁的净收入从最高收入的 17%上升到 40%，Px 增加 37%。然而，甚至末了一个数字或许太低，因为它并未考虑年龄—收入系列的最高峰从 30 年代中到 40 年代中的长期移动。而且，最近体力工人们收入系列的研究说明现在与过去比较，高峰以后净收入下降慢得多。

　　[9] 用以下方法得到此项估计：将 1790 年左右的热量分布的最下层 20%加入劳动力提高劳动力参加率 25%。在劳动力中的那些人之中可供工作的平均热量在 1790 年左右和 1980 年之间增加 3.56%。因此，由于可供工作的热量增加的结果人均产出合计增加 95%（1.25×1.56=1.95）。Dasgupta 的（1993）讨论提示，腹泻和其他疾病减少连同食物构成的变动增加水溶因素约 12%。因为根据注解 8 中方程的练习意味着慢性病和过早死亡的减少提高了热力学效率 37%，热力学效率合计提高约 53%（1.12×1.37=1.53）。所以合并而言，增加可供工作的热量和增加热力学效率使约 1790 年和 1980 年之间人均收入增加 198%（1.95×1.53=2.98）或每年增加 0.58%（$2.98^{(1/190)}−1=0.0058$），约为英国年增长率的一半（0.58÷1.15=0.50）。欲知更多细节，包括此项计算中可能向上和向下的偏误的讨论，见 Fogel 1987 和 Fogel 和 Floud 1994。

参 考 文 献

Dasgupta，P. 1993，An inquiry into well−being and destitution. Oxford：Clarendon Press.

FAO/WHO/UNO，1985. Energy and protein requirements. Report of a joint FAO/WHO/UNU expert consultation. Technical Report Series no. 724. Geneva: World Health Organization.

Fogel，R. W. 1986. Nutrition and the decline in mortality since 170C: Some Preliminary findings. In Long-term factors in American economic growth, edited by S. L. Engerman, and R. E. Gallman, 439—555. Chicago: University of Chicago Press (for NBER) .

Fogel，R. W. 1987. Biomedical approaches to the estimation and interpretation of secular trends in equity, morbidity, mortality, and labor productiviyt in Europe, 1750—1980. Typescript, University of Chicago.

Fogel，R. W. 1991. New findings on secular trends in nutrition and mortality: Some implications for population theory. Typescript, University of Chicago.

Fogel，R. W. 1992c. The body mass index of adult male slaves in the U. S. c. 1863 and its bearing on mortality rates. In Without consent or contract vol 2: Evidence and methods, editod by R. W. Fogel, R. A. Galantine, and R. L. Manning, 311—318. New York: W. W. Norton.

Fogel，R. W. 1992a. Egalitarianism: The economic revolution of the twentieth century. The 1992 Simon Kuznets Memorial Lectures presented at Yale University (April 22—24) . Typescript, University of Chicago.

Fogel，R. M. 1992b. Second thoughts on the European escape from hunger: Famines, chronic malnutrition, and mortality. In Nutrition and poverty, edited by S. R. Osmani, 243—286. Oxford: Clarendon Press.

Fogel，R. W. 1993a. A comparison of biomedical and economic measures of egalitarianism: Some implications of secular trends for current policy. Paper presented at the Workshop on Economic Theories of Inequaity, Stanford University (March 11—13) . Typescript, University of Chicago.

Fogel，R. W. 1993b. New sources and new techniques for the study of secular trends in nutritional status, health, mortality, and the process of aging. Historical Methods 26: 5—43.

Fogel，R. W. ，D. L. Costa, and J. M. Kim. 1993. Secular trends in the distribution of chronic conditions and disabilities at young adult and late ages, 1860—1988: Some preliminary findings. Paper presented at the NBER Summer Institute, Economics of Agirg Program (July 26—28) . Typescript, University of Chicago.

Fogel，R. W. ，and S. L. Engerman. 1974. Time on the cross: The economics of American slavery, 2 vols. Boston: Little, Brown &.Co.

Fogel，R. W. 1992. The slave diet on large plantations in 1860. In. without consent or contract, vol 2: Evideuce and methods, edited by R. W. Fogel, R. A. Galantine, and R. L. Manning, 291—304. New York: W. W. Norton.

（美）福格尔（Fogel. R. W.）

Fogel, R. W., and R. Floud. 1994. Nutrition and mortality in France, Britain, and the United States. Typescript, University of Chicago.

Hytten, F. E., and T. Leitch. 1971. The physiology of human pregnancy, 2nd ed. Oxford: Blackwel Scientific.

Kim, J. M. 1993. Economic and biomedical implications of Waaler surfaces: A new perspective on height, weight, morbidity, and mortality. Typescript, University of Chicago.

Kuznets, S. 1941. Statistics and economic history. Journal of Economic History 1: 26—41.

Vaupel, J. W. 1991b. Prospects for a longer life expectancy. Paper presented to the annual meeting of the Population Association of America. Washington, D. C. (March 21—23).

Waaler, H. T. 1984. Height, weight and mortality: The Norwegian experience. Acta Medica Scandinavica suppl. 679: 1—51.

Wrigley, E. A. and R. S. Schofield. 1981. The population history of England, 1541—1871: A recoustruction. Cambridge: Harvard University Press.

道格拉斯·诺思自传

我 1920 年出生在麻省剑桥城，我父亲是附近一个镇上的大都会人寿保险公司经理。在以后几年中，由于我父亲的业务变动搬了几次家。第一次到康涅狄格，然后，当他成为大都会加拿大分公司领导时搬到渥太华。因为我的母亲相信广义的教育，我们在欧洲也生活过，并且在 1929—1930 年我去了瑞士洛桑的雅克学院。我哥哥和姐姐是在我父亲参加第一次世界大战前出生的。

我进了渥太华的小学，然后进一所私立中学。当我们在 1933 年迁回美国时，我进了纽约市的私立学校，然后是长岛，然后在康涅狄格州华林福成的朝特学院完成我的高中教育。我在那里时对照相产生浓厚的兴趣，而在我的早年生活中最突出的事情是在大学和高中学生的国际竞赛中赢得第一、第三、第四和第七名的奖金。

我的家庭生活肯定不是知识分子型的。我父亲开始作为一名办公室练习生为大都会人寿保险公司工作时甚至尚未读完高中，而且我不能肯定我母亲完成了高中学业。然而，她是一个令人振奋的人，聪明，有求知的好奇心，而且她在我的智力发展中起重要作用。我的姑母和叔父也有有力的影响，而在我的姑母方面（阿德来德·诺思）现在仍然如此。他们引导我到古典音乐而我的姑母到今天为止继续是我的生活中的一个很特殊的人。

到了进大学的时候我被哈佛录取，这时我父亲被聘任为大都会人寿保险公司西海岸分公司的领导，并且我家迁往旧金山。因为我不想离家很远，我决定改去伯克利的加州大学分校。我在那里时生活完全改变，变成一名虔诚的马克思主义者，从事多种学生自由活动。[①] 我反对第二次世界大战，而且在希特勒侵略苏联

[①] （自由活动含义颇广，如帮助他人，提倡进步，改革，反对特权等，以及学生自己组织的文化社会活动。——译注）

的 1941 年 6 月 22 日，我发现自己是和平的孤独支持者，因为其他每一个人，由于他们的共产主义信仰，已经转为战争的支持者。作为一名大学生，我在加州大学的成绩至多只算平平。我只比 "C" 平均稍好一点，我有三门主修课，政治科学、哲学和经济学。我曾希望进法学院，但是战争开始了，并且由于我不想杀任何人的强烈感情，当我从伯克利毕业时参加了商船队。我们出海时间很短，船长把我叫到桥台上，问我能不能学驾驶，因为大多数官员只受过粗浅的教育，而且我们需要从旧金山到澳洲。我变成驾驶员，很喜欢驾驶员这项工作。我们多次从旧金山航行到澳洲，然后到新几内亚和所罗门群岛的前线。

战争给我连续读三年书的机会，在读书过程中我相信我应成为一名经济学家。到了战争最后一年，我在加州阿拉米达的航海官员学校教隐蔽航海学；我又捡起照相术并须艰难地决定是否成为一名摄影家或研究经济学。在 1941 年夏，我曾与农场安全管理局照相部主任陶乐西·兰格一起工作，和移民们经加州中央河谷旅行，给他们照相。陶乐西劝我成为摄影师。她的丈夫，在加州大学经济学系的保罗·泰勒，设法劝我成为一名经济学家。他赢了。

我回到研究生院，怀着清楚的意图，我一生要为改善社会而工作，做那件事的方法是去发现什么东西使经济像现在这样运作或不能运作。我相信一旦我们了解什么决定经济在时间过程中的成绩，于是我们可能改善它们的成绩。我从未忘记那个目标。

作为伯克利的一名研究生，我不能说我学会了许多正式经济学。我的最有影响的教授是罗伯特·伯拉迪，利奥·罗京，一位马克思主义者和一位很有影响的经济思想史教师；以及 M. M. 奈特（法兰克·奈特的兄弟），他至少是对理论的不可知论者，但是他对经济史的事实和背景有广博知识。在伯克利，他成为我的辅导老师和我的论文导师。虽然靠死记硬背学习大部分自以为懂的理论，但是我并不真正理解理论。直至我在西雅图的华盛顿大学得到第一份工作，并开始与一位青年优秀理论家唐·高登下棋，我才学会经济理论。三年中每天从中午到下午两点下棋，我可能在下棋上赢唐，但是他教我经济学；更重要的是他教我如何像一名经济学家推理，那项技巧或许仍然是我得到的工具中最重要的一套。

我的论文题目是美国人寿保险史，得到社会科学委员会资助到东海岸做准备工作，那是在哥伦比亚，但也与哈佛的亚述·考尔企业学院发生深刻关系。结果是约瑟夫·熊彼特对我有强大影响。我的早期工作和出版物围绕着扩大我论文中人寿保险的分析以及它和投资银行业务的关系。

　　下一步我转向发展一种分析架构以研究地区经济增长，这导致我在《政治经济学杂志》的第一篇文章，题为《区位理论和地区经济增长》。那项工作最终引导我发展一项经济增长的主要产品理论。

　　我有幸在经济史协会的一次会议上认识了所罗门·法布利堪，那时他是国民经济研究所的研究主任；在 1956—1957 年我接受邀请作为一名副研究员在该所度过一年。在我的一生中那是极重要的一年。我不仅熟悉了来往该所的大多数主要经济学家，而且每星期有一天在波尔的摩和西蒙·库兹涅茨一起，所做经验工作导致我对美国自 1790 年至 1860 年的支付平衡的早期主要定量研究。

　　1944 年我第一次结婚。在我接受研究生训练时我妻子在学校教书，提供我们生活的主要来源。我们有三个儿子，道格拉斯、克利斯托弗及马尔康，在 1951 和 1957 年之间出生。在孩子们上学后我妻子成为华盛顿州议会的一名成功的政治家。

　　我在国民研究所的那一年和我去日内瓦作为一名福特在校研究员的 1966—1967 年之间，我做了我在美国经济史中的主要工作，导致我出版第一本书：《1790 至 1860 年的美国经济增长》。这本书直接分析市场如何在一个出口大宗产品的增长模型中运作。

　　这时（1960 年）人们酝酿要改造经济史。我在国民经济研究所的那一年，研究所和经济史协会有了第一次关于美国经济增长的联合定量计划，在 1957 年暮春于麻省威廉镇举行一次会议。此次会议确是新经济史的开始，但是这个计划得以合并举行，因为我以前的两名学生，已成为普度大学教师的琼·许思和兰斯·戴维斯召集有志于发展和应用经济理论和定量方法于历史的经济史家开第一次会议。首次会议在 1960 年 2 月举行。这项计划很成功，它被经济学家们热烈接受。各大学经济学系很快有兴趣聘请新经济史学家，或如我们自称，历史计量学家（cliometricians，Clio 是历史女神）。所以，当我与我在华盛顿大学的同事大卫·莫里斯共同发展一项研究生计划时，我们吸引了一些最好的学生来做经济史的工作，并且在 20 世纪 60 年代和 20 世纪 70 年代初工作岗位市场反应灵敏，我们的学生很容易地在全国各地找到工作。

　　在 1966—1967 年，我决定我应当从美国转到欧洲研究经济史，所以当我收到上述赠款去日内瓦生活一年时，我决定重新寻找工具。重新寻找工具使我的生活发生很大转变，因为我很快相信新古典经济理论的工具不足以解释表征从中世纪到以后的欧洲经济的那种根本性的社会变化。我们需要新工具，但是它们并不存在。正是在长期寻找一个可以提供新分析工具的架构中产生我对新制度经济学的兴趣和关切。成果是两本入门书,一本是与兰斯·戴维斯合写的《制度变化和美国经济增长》,另一本是与罗伯特·汤玛斯合写的《西方世界的崛起:新经济史》。

两本书都是早期的试探性尝试,发展某些制度分析工具,应用于经济史。两本书都仍然依据新古典经济理论,而且有许多没有意义的漏洞:例如制度是有效的(不论如何界定)这样的观念。或许更严重的是,在一个新古典架构中不可能解释长期的不良经济成绩。所以我开始探索问题出在什么地方。个人的信仰对于人们作的选择显然是重要的,并且只有经济学家们的极端近视阻挡他们理解:思想、意识形态及偏见是有关系的。一旦你承认那一点,你就被迫去批评地审视理性公设。①

发展是一种新分析架构的长期道路涉及认真对待所有这些考虑:发展一种制度的见解,可以解释为什么有些制度产生长期没有经济增长的结果;发展一个政治经济学模型,以便能处理和解释制度的潜在来源。最后,人们必须懂得人民为何具有确定他们所作选择的意识形态和思想。

在《经济史的结构和变革》(1981)中我放弃了制度有效的观念并且尝试解释"无效的"规则为何存在和继续。这联系到一个很简单而仍是新古典的国家理论,它可以解释为什么国家能产生不鼓励经济增长的规则。我仍然不满意我们对政治过程的了解,并且确定在寻找有志于发展政治经济模型的同事们。这使我在1983年离开待了33年的华盛顿大学②,而迁往圣路易斯的华盛顿大学③,那里有一群优秀的青年政治学家和经济学家,他们在尝试发展政治经济学的新模型。这个证明是一项恰当的动议。我创设了政治经济学中心,始终是一个创造性的研究中心。

发展一个政治经济架构以探讨长期制度变化占了我在20世纪80年代的全部时间,到1990年出版了《制度,制度变革和经济成绩》。在那本书里我开始认真怀疑理性公设。显然我们必须能解释为什么人民做出他们所做的选择;为什么共产主义或穆斯林原教旨主义能塑造人民做出的选择并且指导长时期经济发展道

---

① 理性指人们追求最大经济利益,但是人们不仅考虑经济利益,而且也受思想观念影响。——译注
② 在华盛顿州。——译注
③ 在密苏里州。——译注

路。人们不深入挖掘认知科学，设法理解心灵得到学问和做出选择的方式，就无法了解意识形态。从 1990 年起，我的研究针对这个问题。我还有很长的路要走，但是我相信，了解人民如何做出选择；在什么条件下理性公设是一个有用工具；在不确定性和模糊的条件下个人如何做出选择是我们必须应对的基本问题，以便社会科学能向前进展。

1972 年我与伊丽莎白·凯思结婚；她始终是妻子、伴侣、批评者和编辑；我们承担的项目和计划的一个伙伴。

如果我给各位留下印象，我的生活完全致力于学术研究，那我就疏忽大意了。诚然，它一直是我的生活的基本焦点，但它与各种活动混合，补充中心工作，使我的生活丰富。我仍是一名摄影师；我与一位密友共享淮猎之乐；有两个牧场，一个在加州北部，另一个在华盛顿州。我学会驾驶飞机，在 60 年代自己有一架飞机。我始终重视好的食物和酒。此外，音乐始终是我的生活的一个重要部分。

我妻子和我现在夏天住在密歇根州北部的一个适合研究工作的环境，最近 15 年中我的大部分工作是在那里做的。每天上午做研究工作。下午我和我的狗散步，玩网球或去游泳。在晚上，由于我们距英特劳城的国民音乐营地只有 16 哩，每星期我们可以听两至三个晚上音乐。它是一个研究和闲暇混合的好地方，使我的生活如此丰富。

时间过程中的经济业绩

———————————————————————————— 道格拉斯·诺思

美国，密苏里州，圣路易斯，华盛顿大学①

1993 年 12 月 9 日讲演

一

经济史研究经济在时间过程中的业绩。在此领域中的研究目标不仅要解释经济的过去，而且也要对经济理论作贡献，提供一个分析架构使我们能了解经济变化。一个在精密性上可与一般均衡理论比较的经济动力学理论将是理想的分析工具。在缺乏这样一个理论时，我们可以描写过去经济的特征，研究经济在不同时间的业绩，并且从事比较静态分析，但是对经济在时间过程中演化的方式缺乏分析了解。

一个经济动力学理论对经济发展理论领域也是关键的。自从第二次世界大战结束以来的 50 年中，为何发展理论未能发展，没有什么神秘之处。新古典理论不是分析和制定将引导发展的政策的合适工具。它关心市场的运作，而非市场如何发展。一个人不了解经济如何发展如何能制定政策。新古典经济学家们使用的方法本身支配着题材并对这种发展研究不合适。那种理论的原始形式赋予它以数学的精确和优美，设想一个无摩擦和静态的世界。当应用于经济史和发展时，它

———————————————————
① 我感谢 Robert Bates，Lee and Alexandra Benham，Aoner Greif，Margaret Levi，Randy Nielsen，John Nye，Jean—Lawent Rosenthal，Norman Schcfield，及 Bany Weingast 对以前的讲稿的评论，感谢 Elisabeth Case 编辑本文。

集中于技术发展以及较近的人力资本投资，但是忽视决定社会投资于那些因素的程度的制度所体现的激励结构。在分析时间过程中的经济业绩时它包含两个错误假设：其一是制度无关紧要，其二是时间无关紧要。

本文讨论制度和时间。它并不提供一个可比一般均衡理论的经济动力学理论。我们没有这样一个理论。[1]不如说它提供一个分析架构的初始支柱，能增加我们对经济的历史演化的了解，也是改进经济的经济业绩的现行任务的一项必然粗糙的政策指导。分析架构是修改的新古典理论。它保留的是稀缺性以及随之而来的竞争的基本假设和微观经济理论的分析工具。它修改的是理性假设，它增添的是时间因子。

制度形成一个社会的激励结构，因此，政治和经济制度是经济业绩的潜在决定因素。与经济和社会变化有关的时间是人们在学习过程塑造制度发展方式的因子。那就是说，决定选择的个人，团体和社会所持信念是通过时间学习的后果——不正好是个人的一生或社会的一代，而是体现在个人、团体和社会中的学习，通过时间积累，被社会文化在两代之间传递。

本文的以下两节归纳我和别人对制度的性质和它们影响经济业绩的方式所做的工作（二），然后表征制度变化的性质（三）。[2]其余四节描写人们学习的一个认知科学方法（四）；提供经济史的一个制度/认知方法（五）；指示这种方法对改进我们对过去的了解的含义（六）；最后提出对现行发展政策的含义（七）。

二

制度是人类设计的规范人类相互作用的约束。它们由正式约束（规则，法律，宪法）①，非正式约束（行为准则，风俗习惯和自我设置的行为规范）及它们的强制实施特征组成。它们共同规定社会特别是经济的激励结构。

制度和所用的技术决定交易和变换费用，加起来为生产费用。龙纳德·科斯（1960）阐释了制度、交易费用和新古典理论之间的重要联系。只有在交易无费用时才取得新古典的有效市场结果。只有在谈交易无费用的条件下参与者才得到使总收入最大化的解而不论制度安排如何。当交易有费用时，制度就有关系了。而交易就是有费用的。华礼士和诺思（1986）在一项经验研究中说明在1970年

---

① 指成文的制度规章。——译注

美国 GNP 的 45％用于交易部门。当竞争因套利和有效信息反馈而足够强大时，逼近科斯零交易费用条件，在真实世界中产生有效市场，而且有关各方能实现新古典论点中内在的商业利润。

但是为实现这种有效市场必须有的信息和制度要求是严格的。入局者不仅有目标而且知道实现它们的正确方式。但是入局者们如何知道实现他们的目标的方式？理性答案是，虽则演员们一开始可能具有不同和错误的模型，信息反馈过程和套利者们将纠正开始时不正确的模型，处罚偏误行为和将存活下来的入局者们引导到正确的模型。①

竞争市场纪律模型的一条甚至更严格的隐含要求是，在有显著的交易费用时，设计的市场制度将诱导演员们取得将引导他们修正他们的模型的重要信息。其含义是，不仅设计制度是为了取得有效的结果，而且在经济分析中可以忽视它们，因为它们在经济业绩中没有独立作用。

这些是严格的要求，只有在很例外的情况下得以实现。个人一般依靠不完全信息并用常常错误的主观推导的模型行动；信息反馈一般不足以纠正这些主观模型。制度不一定是社会有效的，甚至不常是为社会有效创造的；不如说它，或至少是正式规则，是为服务于那些有谈判权创造新规则的人的利益而创造的。在一个零交易费用的世界上，谈判能力不影响结果的效率；但在一个正交易费用的世界上它确有影响。

发现接近效率所需条件的经济市场是例外的事情。发现如此的政治市场则是不可能的。理由是直接的。交易费用是规定交换什么东西和强制执行所缔协定的费用。在经济市场中被规定（测量）的是物品和服务或经济主体的业绩的有价值的性状——物理的和财产权的因子。一方面测量常常费钱，有一些判断标准：物理因子有客观特征（尺寸、重量、颜色等）而财产权因子是以法律语言界定的。竞争在降低强制执行费用方面也起关键作用。司法系统提供强迫执行。过去和现在的经济市场一般仍是不完善和被高交易费用困扰的。

在政治市场中测量和强制执行协议困难得多。被交换的东西（在民主国家的选区和议员之间）是投票的许诺。投票者对获得信息的兴趣不大，因为他投票对

---

① 例如，假设伦敦金价高而纽约金价低，则同时在伦敦出售黄金和在纽约买进黄金，只要两地价差足以支付运费，便有利可图，这便是套利。然而纽约金价因而上扬，伦敦金价因而下跌，终于无利可套。——译注

他个人的利害得失关系极微，而且问题的复杂性产生真正的不确定性。履行政治协议充满了困难。竞争远不如在经济市场有效。对各项简单的，易于测量的和对选区的幸福重要的政策，选区可能有良好信息来源，但是超出这类直接的政策问题，意识形态的教条说了算并且（我将在下面第四节讨论）塑造以后经济的业绩。[3]界定和实施财产权的是政治组织，因此有效的经济市场如此例外就不足为奇了。

三

影响一个经济的制度演化的是制度和组织之间的相互作用。如果制度是游戏的规则，组织及其企业家们则是游戏者。

组织是由被实现某些目标的某种共同目的拴在一起的个人集团组成的。组织包括政治团体（政党、参议院、市政委员会、管理机关），经济团体（企业、工会、家庭农场、合作社），社会团体（教会、俱乐部、体育运动协会），教育团体（学校、大学、职业训练中心）。

得以存在的组织反映制度网提供的机会。那就是说，如果制度架构给海盗报酬，则将诞生海盗组织；如果制度架构给生产活动报酬，则将诞生企业以从事生产活动。①

经济变化是一种无所不在的，正在进行的，小步积累的过程，它是个人和组织的企业家们每天作出选择的一个后果。一方面这些决定的大多数是日常性质的，有些则涉及变更个人和组织之间现存的"契约"。有时在产权和政治规则的现存结构中可以重新签约，但是有时重新签约的形式要求规则有所变更。同样，指导交换的行为准则将逐渐修改或消失。在两类事例中制度都在改变中。

所以发生修改是因为个人见到他们可以改组交换（政治的或经济的）以便作得更好。改变的见解的来源对经济而言可能是外生的，例如另一个经济中一种竞争性产品的价格或质量变化，使给定经济中的企业家们对于盈利机会改变看法。但是变化的最根本的长期来源是个人和组织的企业家们的学习。

虽则无事可为的好奇心能导致学习，学习速度将反映组织间竞争的强度。反

---

① 法令规章，风俗习惯形成的制度有如一张大网，或一个矩阵。有些组织能在此网中生存发展，它们可能是海盗团伙，也可能是企业。——译注

映无所不在的稀缺性的竞争诱导组织从事学习以求生存。① 竞争程度能变化而且确有变化。垄断权力的程度愈大，学习的激励愈低。

经济变化的速度是学习速度的一个函数，但是那个变化的方向是取得各种知识的预期报酬的一个函数。游戏者发展的心理模型影响对报酬的看法。

四

为了建设性地研究人类学习的性质必须拆散经济理论下面的理性假设。历史证明思想、意识形态、神话、教条及偏见是有关系的。为了发展一个了解社会变化的架构的工作能向前进展，有必要了解它们的演化方式。理性选择架构假设个人知道他们自己的利益是什么并照此行动。对于在现代经济的高度发达市场中进行选择的个人那可能是正确的，[4]但是在不确定条件下——表征影响（而且继续影响）历史变化的政治和经济选择的条件——作选择时它显然是错误的。

赫伯特·西蒙简明地陈述这些问题：

> 如果……我们接受这个命题，决策者的知识和计算能力都受严格限制，于是我们必须区分真实世界和游戏者对它的看法和对它的推理。那就是说我们必须构筑一个决策过程理论（并以经验方法检验它）。我们的理论必须不仅包括推理过程而且也包括产生游戏者对决策问题的主观表示，他的或她的心情的过程（西蒙，1986，210—211 页）。②

我们必须建造的分析架构必须来自对人类如何进行学习的了解。在我们能构筑这样的理论之前有一段路要走，但是近年认知科学有很大进展——进展足以提出一种试探性的方法，帮助我们了解不确定性下的决策。[5]

学习导致发展一个结构，用它解释感官接收的不同信号。结构的初始建筑是遗传性的，但是以后的支架是个人经验的结果。经验可以分成两类——来自物质环境的经验和来自社会文化语言环境的经验。结构由范畴组成，范畴是从幼儿期

---

① 一切竞争都是稀缺造成的。企业之间竞购原料，竞争销路，竞相网罗人才，争取资金。——译注

② 数学有一类问题被称为表示问题，例如数的表示法，曲面的表示等。决策问题首先需要表示出来，然后才能求解。它在决策者心中形成一个画面，一种心情，心境。——译注

开始逐渐演化的分类，以组织我们的知觉并追踪我们对分析结果和经验的记忆。以这些分类为基础，我们形成心理模型以说明和解释环境——一般采用与某项目标有关的方式。范畴和心理模型都将演变，反映从新经验得到的反馈：有时加强我们的初始范畴和模型或可能导致修改的反馈——简言之就是学习。所以，心理模型可能不断用新经验重新界定，包括接触别人的思想。

在此环节人类的学习过程与其他动物（例如海参——认知科学家们的一种优选的研究主题）的学习过程分歧，而且特别是与支配人工智能的早期研究的计算机譬喻分歧。心灵似乎将心理模型排序和再排序，从它们的特殊目的起源到一个比一个更抽象的形式，所以它们变成可供处理其他信息。Clark 和 Karmiloff—Smith（1993）用的词是表示的再描述。从特殊推广到一般以便用类比的能力是这个再描述过程的一部分。正是这项能力不仅是创造性思考的来源而且也是隐藏在人们所作选择下面的意识形态和信仰系统的来源。[6]

一种共同文化遗产提供一种手段来减少社会中人们拥有的心理模型的分歧，而且成为两代之间转移统一的知觉的手段。在前现代社会中文化学习提供一种内部通信手段；它也提供对社会成员们眼前经验之外的现象的共有解释，如宗教、神话和教条。不过，这类信仰结构不限于原始社会，而且也是现代社会的一个重要部分。

信仰结构被制度变换为社会和经济结构——既有正式规则又有非正式行为准则。心理模型和制度之间是一种亲密关系。心理模型是个人认知系统创造的内部表示，以解释环境；制度是个人创造的（心的）外部的机制，使环境有结构和秩序。①

五

通过时间演变的信仰和制度不能保证产生经济增长。让我讨论时间向我们提出的问题，对长期经济、政治变化讲一个简短的制度认知故事。

由于各个部落在不同物质环境中演化，它们发展了不同的语言，有不同的经

---

① 心内有信仰，心外有制度。信仰不止一端，而是内容丰富，形成体系，故称信仰结构。画家将环境表示为一幅画，物理学家将环境表示为公式，例如爱因斯坦的物质能量转换公式。人的心里对环境有一印象，有一图像，这也是一种表示。——译注

验，发展了不同的心理模型来解释他们环绕的世界。语言和心理模型形成非正式约束，它们界定部落的制度架构，作为风俗、禁忌及神话在各代之间传递，提供文化的连续性。[7]

随着增长的专业化和分工部落演化为政治组织和经济，经验和学习的多样性产生愈来愈不同的社会和文明，其解决稀缺性基本经济问题的成功程度不同。理由是，随着人类变为日益相互依存，环境的复杂性增加，为了捕捉贸易的潜在好处必须更加复杂的制度结构。这种演化要求社会发展允许不记名的、非个人的、跨越时间和空间的交换的制度。针对这种合作的好处，文化和当地经验产生了多种制度和信仰系统，创造必要的制度以捕捉更加复杂的合同的贸易好处的概率有所不同。事实上大多数社会在历史上被冻结在一个制度网中，不能发展为非个人交换，而非个人交换对捕捉来自产生各国财富的专业化和分工的生产率提高至关重要。①

前面讲的故事的关键在于一个社会中个人通过时间得到的那种学习。时间在此含义中不仅带来现时的经验和学习，而且也有体现在文化中的过去各代人的积累经验。集体学习——海叶克用的词——包括经过时间的缓慢检验并且体现在我们的语言、制度、技术及做事情的方式的那些经验。它是"我们积累的知识存量在时间上的传递"（海叶克 1960：27 期）。提供路径依赖的钥匙的是文化——路径依赖一词被用来描写过去对现在和将来的强大影响。任何一代人的现时学习是在集体学习衍生的观念的背景中进行的。因此学习是被一个社会的文化过滤的渐增过程，文化确定观察到的报酬，但是不能保证一个社会过去积累的经验必然适合他们去解决新问题。"冻结"的社会所体现的信仰系统和制度不能面对和解决有社会复杂性的新问题。

我们必须更多了解一个社会的积累学习。学习过程似乎是以下两项的一个函数，（1）一个给定的信仰结构过滤从经验来的信息的方式；（2）个人和社会在不同时间面对的不同经验。对于军事技术（中世纪欧洲），对于宗教教条的追求和改进（君士坦丁及以后的罗马）或对于在海上确定经度的一个精确航行表的研究（在探险时代对之提供丰厚报酬），看到的报酬率（私人的）可能很高。

取得现代经济增长的主要基础的纯知识的激励受货币报酬和处罚的影响；它

---

① 在农村中交换双方往往互相认识，故交换的个人因素很浓。在大城市的大百货公司中，每天顾客如潮，谁也不认识谁，是非个人交换。——译注

们也在根本上受一个社会对创造性发展的宽容的影响，从伽利略到达尔文的一个创造性个人的长名单可以证明。虽则关于科学的起源和发展有大量文献，很少讨论制度结构，信仰制度与取得纯知识的激励和负激励之间的联系。西欧发展的一个大因素是渐渐察觉纯科学研究的效用。

表达在制度中的信仰系统中体现的激励通过时间确定经济业绩，而且不论我们愿意如何界定经济业绩，历史记录是清楚的。在大部分历史和过去及现在的大多数社会中，经济业绩不能尽如人意。人类靠试验错误法学会如何使经济业绩好一些；但是不仅此项学习用了 1 万年（自从第一次经济革命）——世界人口几乎一半尚未掌握它。而且经济业绩的大幅度改进，即使狭义地界定为物质福利，是最近几世纪的一个现代现象，在最近几十年前局限于世界的一小部分。说明历史上经济变化的步伐和方向成为一大哑谜。

让我们把到今天为止的人类经验作为 24 小时的钟，开始于人类与其他灵长类分离之时（非洲在 400 万年—500 万年前）。然后约在公元前 8000 年在肥沃的新月地①发展了农业和永久居住，这是所谓文明的开始——在我们的钟的最后 3 或 4 分钟。在其他 23 小时 56 或 57 分钟，人类仍然是猎人和采集者，人口虽有增长，速度极慢。

现在如果我们为文明时代制造一个新 24 小时钟——从发展农业到现在的 1 万年——前 12 个小时变化步伐似乎很慢，虽然我们的考古知识很有限。历史人口学家考虑人口增长速率与以前时代比可能翻了一番，但仍然很慢。过去 5000 年中变化步伐加速，经济和文明有升有降。人口可能从基督时的约 3 亿人增加到 1750 年的约 8 亿人——与早期增长率比加速不少。最近 250 年——在我们的新 24 小时钟上仅 35 分钟——是现代经济增长时代，伴随人口爆炸，使现在世界人口超过 50 亿。

如果我们现在聚焦于最近 250 年，我们见到增长在那些 250 年的 200 年中大部分限于西欧和英国的海外延伸区域。

不仅各个时代步伐有快有慢，变化并非单向的。那不仅是个别文明衰落的结果，曾有明显的长期停滞——最近的停滞是罗马帝国灭亡与约 500 年后西欧复兴之间的长期间歇。

---

① 指幼发拉底河和底格里斯河两河流域，在今伊拉克境内。——译注

六

一种制度认知方法能对改善我们对经济历史的了解贡献什么？首先它应当在前一节描写的经济业绩的很不平均的形态中发现规律。关于允许对生产性经济很重要的非个人市场中低费用交易的条件的发展，没有什么自动的东西。博弈论表征了这个问题。当游戏重复进行，当他们具有关于其他局中人过去业绩的完全信息，并且当入局者人数不多时，个人通常将发现值得与别人在交易中合作。当游戏不重复（或有一个终局），当缺乏关于其他局中人的信息，以及当局中人数很多时，难以维持合作。创造将改变效益、费用比例有利于在非个人交易中合作的制度是一个复杂的过程，因为它不仅导致经济制度的创造，而且要求它们被适当的政治制度加强。①

我们刚开始探索这个历史过程的性质。西欧从 10 世纪相对落后到 18 世纪世界经济霸权的惊人发展是一个逐渐发展的信仰系统的故事，背景是创造产生现代经济增长的经济制度和政治结构的分裂的政治、经济单位中间的竞争。[8]甚至在西欧内部有成功（荷兰和英国）和失败（西班牙和葡萄牙），反映不同的外部环境经验。[9]

第二，制度、认知方法应当说明路径依赖性，令人惊异的历史规律之一。为什么经济一旦在增长或停滞路径上倾向于延续这个趋势？对此题目的先驱性工作开始使我们洞察路径依赖性的来源。但是我们仍然不知道的很多。新古典理论的理性假设可能建议停滞经济的政治企业家们可以简单地改变规则和改变失败经济的方向。统治者们并非不知道业绩不佳。其实经济转轨的困难是政治市场，以及它下面的，局中人的信仰系统的性质的一个函数。例如，西班牙的长期衰落，从 16 世纪哈伯斯堡帝国的光荣到 20 世纪它在佛朗哥统治下的可悲状态可用无穷的自我评价和常常稀奇古怪的解决方案来说明。[10]

第三，这个方法将有助于我们了解经济变化总过程中制度、技术和人口之间的复杂相互作用。一个完全的经济业绩理论将导致对经济史的这一综合方法。我们肯定尚未把所有部件放在一起。例如，罗伯特·福格尔的划时代人口理论著作[11]及其对过去经济业绩的重评价的历史含义有待与制度分析充分联合。对技

---

① 美国电报电话公司约有 100 万名股东，绝大多数互相不认识，而事实上有合作关系。——译注

术变化也一样。探讨技术变化的驱动和后果的纳善·罗森堡（1976）和乔埃·莫柯（1990）的重要贡献有现行含义，须与制度分析联合。华里斯和诺思的一篇文章（即将发表）是联合技术与制度分析的开始。但是经济史的一大任务是联合这些分开的研究路线。

七

我们不能用新古典分析工具解释苏联和世界共产主义的兴衰，但是我们应当使用一种制度认知方法于当代发展问题。为了这样作——并且为了提供一种了解经济变化的分析架构——我们必须考虑这种方法的下列含义：

1. 是正式规则，非正式规范及实施特征的混合物塑造经济业绩

虽然规则可能一夜之间改变，非正式规范通常只逐渐改变。因为是规范向一组规则提供"合法性"，革命变化从不像它的支持者们希望的那样革命而且业绩将不同于预期。采用另一经济的正式规则将得到与第一经济很不同的业绩特征，因为非正式规范和实施不同。其含义是把成功的西方市场经济的正式的政治和经济规则转移到第三世界和东欧经济不是优良经济业绩的一个充分条件。① 私有化不是解决不良经济业绩的万应灵丹。

2. 政治组织显著影响经济业绩，因为它们界定和强制实施经济规则

由此，发展政策的一个重要部分是创设将创造和强制实施有效的产权的政治组织。不过我们对如何创设这类政治组织知之甚少，因为新政治经济学（应用于政治学的新制度经济学）大部分聚焦于美国和发达的政治实体。迫切的研究任务是模拟第三世界和东欧政治实体。不过，前面的分析确有一些含义：

（1）政治制度须有希望它们持续下去的组织的支持才能稳定。

（2）为了改革成功制度和信仰系统都必须改变，因为局中人的心理模型将影响选择。

（3）发展将支持新规则和使之合法化的行为准则是一个漫长过程，如果没有这种加强的机制，政治组织将趋于不稳定。

（4）虽然在专制体制下短期能发生经济增长，长期经济增长需要发展法律的

---

① 正式的规则指成文的法规。如果东欧照抄西方法规即能有优良的经济业绩，证明照抄西方法规是一个充分条件。换言之，有此条件已经充分，不必再有其他条件。——译注

统治。

(5) 有利于增长的非正式的约束（规范、常规和行为规则）有时能产生经济增长，即使存在不稳定的或不利的政治规则。关键是强制实施这些不利规则的程度。

3. 长期增长的关键是适应效率而非配置效率

成功的政治、经济制度发展出灵活的制度结构，经得住成功演化的一部分的振动和变化仍能存活。但是这些制度是长期发展的产物。我们不知道如何在短期创造适应效率。

我们刚开始走上了解时间上的经济业绩的漫长道路。正在进行的研究体现面对历史证据的新假设，此项研究不仅将创造一个分析架构，使我们能了解时间上的经济变化；在此过程中它将充实经济理论，使它能有效地分析目前超出其知识范围的很多当代问题。前途在哪里？诺贝尔委员会认可那个前途应当是动员我们沿那条路走下去的主要动力。

引 文 注 释

[1] 事实上不会有像这样的理论。我请读者参考法兰克·哈恩对经济理论的未来的预言（Hahn，1991）。

[2] 这两节简短归纳 North（1990 a）中包含的材料。

[3] 关于研究政治市场的相对无效率的一个交易费用方法，见作者的"政治学的一个交易费用理论"（North，1990 b）。

[4] 不过甚至在这里也有例外，见 Kahneman，Tversky 等人的研究（Hogarth and Reder，1986）。

[5] 见 Holland 等人（1986），有认知科学文献的一篇优秀的介绍。

[6] 意识形态是个人集团具有的心理模型的共享架构，既提供对环境的解释又开出药方环境如何才能有序。

[7] Ronald Heiner（1986）在一篇独辟蹊径的文章中不仅将人的心理能力与外部环境联系起来，而且说明中断经济进步的含义。

[8] 关于这项增长的记述见 North and Thomas [1973，Jones（1981），Rosenberg and Birdzell（1986）]。

[9] 见 North（1990a）第Ⅲ部分，简短讨论荷兰和英国为一方，西班牙为另一方的对比路径。

[10] Dernies（1976）描写一个皇家委员会提出的挽救西班牙衰落的奇怪方法。

[11] 见福格尔的诺贝尔讲演。

参 考 文 献

Coase, Ronald, (1960) "The Problem of Social Cost," Journal of Law and Economics 3 (1): 1—44.

Wallis, John J, and Douglass C. North, (1986) "Measuring the Transaction Sector in the American Economy," in S. L. Engerman and R. E. Gallman, (eds.), Long Term Factors in American Economic Growth, Chicago: University of Chicago Press.

Simon. Herbert, (1986) "Rationality in Psycholoy and Economics," in Hogarth, Rolin M., and Melvin W. Redor (eds.), (1986) Rational Choice, Chicago and London: The University of Chicago Press.

Clark, Andy, and Annette Karmiloff — Smith, forthcoming) "The Cognzer's Inards: a Psychological and Philosophical Perspective on the Development of Thought," Mind and Language.

Hayek, Fridrich A, (1960) The Constitution of Lilerty, Chicago: The University of Chicago Press.

Rosenberg, Nathan, (1976) Perspectives on Technology, Cambridge: Cambridge University Press.

Mokyr, Joel (1990) The Lever of Riches, New York and Oxford: Oxford University Press.

Hahn, Frank, (1991) "The Next Hundred Years," The Economic Journal 101 (Jan): 47—50.

North, Douglass C, (1990 a) Institutions. Institutoinal Change, and Economic Performance. New York: Cambridge University Press.

North, Douglass, C., (1990 b) "A Transaction Cost Theory of Politics" Journal of Theoretical Politics 2 (4): 355—367。

Holland, John H., Keith J. Holyoak, Richard E. Nisbett and Paul R. Thagard, (1986) Induction: Processes of Inference, Learnings. and Discovery, Cambridge: M. I. T. Press.

North, Douglass C., and Robert P. Thomas, (1973) The Rise of the Western World: A New Economic History, Cambridge: Cambridge University Press.

Jones, E. L., (1981) The European Miracle. Cambridge: Cambridge University Press.

Rosenberg, Nathan, and L. E. Bildzell, (1986) How the West Grew Rich: The Economic Transformation of the Industrial World, Now York: Basic Books.

De Vries, Jan, (1976) The Economy of Europe in an Age of Crises, 1600—1750, Cambridge and New York: Cambridge University Press.

瑞典皇家科学院
卡尔一高兰·马勒教授致词

国王和王后陛下，殿下们，女士们和先生们：

　　社会上的许多情况，从日常生活到高层政治，具有经济学家们所说的战略互动的特征。当有战略互动时，一个主体的结局不仅依赖那个主体做什么，而且在很大程度也依赖其他主体做什么或反映什么。一个减价吸引更多顾客的企业的这项策略将不能成功，如果市场中其他大企业使用同样的策略。一个靠主张降低税负或增加支出以吸引更多选票的政党能否成功，将依赖其他政党的主张。一个设法维持固定汇率以抑制通货膨胀的中央银行的成败——就我们所知——依赖财政决策，而且也依赖劳动和商品市场上的反应。

　　战略互动的一个简单经济例子是两个企业以相同产品在同一市场上竞争。如果一个企业增加生产，这将使市场价格下降并且因而减少另一企业的利润。另一企业显然将对抗此事，例如增加它的生产，这样来维持它的市场份额其代价为进一步降低市场价格。所以第一家公司当作出它的增产决策时必须预期此项对抗行动以及可能有的进一步对抗行动。我们能否预知在类似这种情况中各方如何选择它们的策略？

　　早在 19 世纪 30 年代，法国经济学家奥格斯特·古诺曾研究两个企业在同一市场上竞争时的大概结局。许多经济学家和社会科学家以后设法分析战略互动的其他具体形式的结局。然而在博弈论诞生前，没有一个工具箱使学者们获得分析不同形式的战略互动的一般而严格的方法。现在情况完全不同。科学杂志和高级教科书充满了基于博弈论的分析，今年的经济学获奖人，约翰·哈山宜（John Harsanyi），约翰·纳希（John Nash）和莱因哈德·赛尔顿（Reinhard Selten）发展了博弈论。

非合作博弈论研究各方不能缔结约束性协定的情况。甚至在有许多局中人和许多现成策略的很复杂的博弈中，有可能用一种所谓纳希均衡描述其结局——纳希均衡因获奖人之一得名。约翰·纳希表明至少有一个稳定的结局，即所有局中人对他人的策略有正确预期时没有一个局中人能选择一个不同策略来改善他自己的结局。即使每一个局中人以个人理性方式行动，纳希均衡表明战略互动很可能常常造成集体非理性：贸易战或过度排放威胁全球环境的污染物是国际范围的例子。人们还应补充一点，纳希均衡在演化生态学中很重要——把自然选择作为物种内和物种间的战略互动来描述。

在许多博弈中，局中人对彼此的目标缺乏完全的信息。例如，若政府要放松对一个企业的管制但是不知道企业的成本情况，而企业的管理当局有此知识，这就出现一场不完全信息的博弈。在将近20世纪60年代末出版的三篇文章中，约翰·哈山宜说明如何能扩展均衡分析以处理这种困难，到那时为止博弈理论家们曾认为这项困难是不可克服的。哈山宜的方法对一些活跃的研究领域奠定了分析基础，包括信息经济学，其出发点是一个市场或一个组织内不同的决策者常常接触不同信息的事实。这些领域包括范围广泛的问题，从股东与一个公司的管理当局之间的合同到发展中国家的制度。

与纳希均衡概念有关的一个问题是非合作博弈中可能有几个均衡点。因此对局中人和局外分析家而言预测结局可能是困难的。莱因哈德·赛尔顿通过他的"完善性"概念奠定了设法排除概率不大或不合理的均衡点的研究项目的基础。事实上某些纳希均衡可能以企图促使其他局中人选择某些策略的威胁或许诺为根据。这些威胁或许诺常常是空的，因为如果发生他曾威胁要有所行动的情况，将威胁付诸实施未必符合这位局中人的利益。借助于排除这些空洞威胁和许诺，赛尔顿可以所谓完善的均衡的形式对结局作出较强的预测。

赛尔顿的贡献对战略互动的动态分析有很大重要性，例如设法在市场上达到主导地位的企业之间，或在私人主体和一个设法实施某项经济政策的政府之间。

约翰·哈山宜教授，不完全信息博弈的分析归功于您，它对信息经济学有很大重要性。

约翰·纳希博士，您的非合作博弈均衡分析，以及您对博弈论的所有其他贡献对最近 20 年中经济理论的发展方式有深刻影响。

莱因哈德·赛尔顿教授，您的均衡分析中的完善性的观念大大扩展了非合作博弈论的应用。

我代表瑞典皇家科学院向您们三位表示最热烈的祝贺，这是我的荣耀和特权。现在我请您们从国王陛下手中接受奖金。

约翰·哈山宜自传

　　1920 年 5 月 29 日我生于布达佩斯。我的父母为我选择的高中是布达佩斯的路德学校，那是匈牙利最好的学校之一，有约翰·冯·诺伊曼和尤金·韦格纳这样显赫的校友。我在此校中很愉快，得到一种优秀教育。在 1937 年，我从该校毕业时，我在全匈牙利高中生年度竞赛中得到数学第一名。

　　我的父母在布达佩斯开了一个药房，它给我们带来舒适的生活。由于我是他们的独生子，他们要我成为一名药剂师，但是我自己偏好学习哲学和数学。可是，在 1937 年我必须决定我的学习领域，我按照我的父母的愿望选择了药物学。我这样作是因为希特勒在德国当权，他的影响在匈牙利也不断增加。我知道作为一名药物学学生我将获得推迟服兵役。由于我属于犹太血统，这一点意味着我将不必在匈牙利军队的一处强迫劳动单位服役。

　　结果我确实得到推迟服兵役，直到德国军队在 1944 年 8 月占领匈牙利。然后从 1944 年 5 月至 11 月我不得不在一个劳动单位服役。

　　在那年 11 月纳粹终于决定把我的劳动单位从布达佩斯移送到一个奥地利集中营，我的大多数同志最终在那里死去。但是我很幸运，正当我们的列车出发驶往奥地利前，我从布达佩斯火车站逃脱。那时我认识的一位耶稣会神父允许我藏在他们寺院的地窖里。

　　1946 年我再度在布达佩斯大学入学，为了获得哲学博士学位，我还兼修社会学和心理学。由于我以前学习药物学成绩优良，再上一年课之后和在写一篇哲学论文后，我在 1947 年 6 月就得到了哲学博士学位。

　　从 1947 年 9 月到 1948 年 6 月，我在布达佩斯大学社会学研究所当一名低级研究人员。在那里我遇到安娜·克劳伯，她是一名心理学学生，在我教的一门课上听课，以后成为我的妻子。但是在 1948 年 6 月我不得不脱离研究所，因为政治情况不再允许他们雇用一个曾公开反马克思主义的我。

可是安娜仍然继续她的学习。不过她不断被她的共产党同班同学困扰，由于我的见解要她和我分手，但是她不予理会。这使她先于我觉察到匈牙利正在变成一个完全斯大林主义的国家，我们惟一合理的行动路线是离开匈牙利。

只是到了 1950 年 4 月我们才动身。我们不得不在一片沼泽地上非法穿越边界，那里比其他边境地区看守松一些。但是即使这样，我们未被匈牙利边防军阻止或枪杀是很幸运的。

在奥地利几个月等待我们的澳洲入境许可后，我们在 1950 年 12 月 30 日真的到了澳洲悉尼。1951 年 1 月 2 日安娜和我结婚，她的永不改变的感情支持和她的实际智慧对我一直是巨大的帮助。

因为我的英语不很好，而我的匈牙利大学学位在澳洲不被承认，我们在那里前三年的大部分时间我不得不到工厂工作。但是在晚上，我在悉尼大学上经济学课程。我从社会学改变到经济学，是因为我发现经济理论的概念和数学的优美很有吸引力。由于我在匈牙利大学的课程得到一些赞许，所以我只要再上两年课和写一篇经济学硕士论文就能获得硕士学位。1953 年下半年我确实得到了这个学位。

1954 年初我被布列斯班的昆士兰大学任命为经济学讲师。然后，在 1956 年，我获得一笔洛克菲勒奖学金，使我和安娜能在斯坦福大学待两年，我在那里得到经济学博士学位，而安娜得到心理学硕士学位。我很幸运，有肯·阿罗作顾问和论文导师。我与他讨论经济理论的许多较精微的问题而获益良多。但是我也因遵循他的忠告花费我在斯坦福的许多时间学习数学和统计而得到很大好处。这些学习在我以后的博弈论工作中证明很有用。

1958 年安娜和我回到澳洲，我在堪培拉的澳洲国民大学得到一个很有吸引力的研究职位。但是我很快感到很孤立，因为那时博弈论在澳洲几乎无人知晓。我向肯·阿罗求助，得到他和吉姆·托赛的帮助，我被底特律的密歇根州立韦恩大学任命为经济学教授。然后，在 1964 年，我先是成为加州大学伯克利分校商学院的访问教授，然后成为教授。以后我的任命也延伸到经济学系。我们的独生孩子汤姆是在伯克利出生的。

在 20 世纪 50 年代初我发表了关于在福利经济学和在伦理学中应用冯·诺伊曼—摩根斯坦效用函数以及关于可变偏好福利经济学的论文。

我对狭义博弈论问题的兴趣首先是被 1950—1953 年期间出版的约翰·纳希

论合作和论非合作博弈①论两人谈判博弈和论这类博弈中的相互最优威胁策略,②以及论现在我们所说的纳希均衡的四篇卓越论文引发的。

1956 年我说明了周生的和纳希的谈判模型的数学等价形式并且陈述了最优威胁策略的代数判别标准。

1963 年我把夏普来值(Shapely value)③延伸到没有可转移效用④的博弈,并且表明我的新解概念是夏普来值的和纳希有可变威胁谈判解的推广。

在 1967 年和 1968 年发表的一篇分三部分的论文中,我说明如何把一局不完全信息博弈转化为一局有完全而不完善信息的博弈,以便可用博弈论分析。

1973 年我说明"几乎所有"混合策略纳希均衡可以重新解释为一个适当选择的有随机波动报酬函数的博弈的纯策略严格均衡。

我也发表了一些关于功利主义伦理学的文章。

我出版了四本书。其中之一:《博弈和社会情况中的理性行为和谈判均衡(1977)》,是将谈判模型的应用从合作博弈延伸到非合作博弈以统一博弈论的一个尝试。另两本书:《论理学,社会行为及科学解释文集(1976)》和《博弈论文集(1982)》,是一些我的杂志文章的汇编。最后,《博弈中均衡选择通论(1988)》是和莱因哈德·赛尔顿合写的,它的书名说明了它的内容。

让我补充一下,在 1993 和 1994 年我写了两篇尚未发表的文章,提出一个新的均衡选择理论:我的 1993 年文章研究完全信息博弈,我的 1994 年文章研究不完全信息博弈。我的新理论根据我们的 1988 年理论,这是一项简单得多的理论,并且在我看来是一项直觉上更有吸引力的理论。

我是国家科学院的一名院士,美国艺术和科学院和经济计量学会的一名研究员,以及美国经济学会的一名荣誉研究员。在 1965—1966 年我是斯坦福大学行为科学高等研究中心的一名研究员。我有一个西北大学的科学博士荣誉学位。在我从大学退休后,莱因哈德·赛尔顿在 H. W. 布洛克帮助下主编了一本献给我的书,它的题目是《理性互动》。

---

① 在两人非零和博弈中,在博弈前若两人通信,订约,制定互相配合的策略,称为合作博弈。博弈前没有这些事的称为非合作博弈。——译注

② 博弈双方谈判合作条件。博弈分两阶段进行。在第 1 阶段,双方宣布如不能达成一致将使用什么威胁策略。第 2 阶段,双方选择最有利的策略。——译注

③ 夏普来值是一个局中人可以希望玩一项博弈赢得的钱的先验期望值。——译注

④ 在 n 人博弈中,一部分人可能结成联盟,联盟若能将赢得的钱在联盟成员之间任意分配,说明效用可以转移。若议员结成联盟以取得组织政府资格则没有可转移效用问题。——译注

不完全信息博弈

约翰·哈山宜

美国，加州大学伯克利分校哈斯商学院

1994 年 12 月 9 日讲演

（一） 博弈论和古典经济学

博弈论是一门战略互动的理论。那就是说，它是一门社会情况中理性行为的理论，其中每一个局中人必须根据他认为其他局中人的反棋步可能是什么而选择他的棋步。

在一些著名的数学家和经济学家的初步工作之后，博弈论作为一门系统理论是从 1944 年出版的冯·诺伊曼和摩根斯坦的书《博弈论和经济行为》开始。他们的理论的来源之一是对下棋和扑克之类策略博弈[①]的思考。它的意义是帮助我们认识真实生活的经济、政治和其他社会情况中界定理性行为。

原则上，每一种社会情况涉及参加者之间的战略互动。所以，人们可能主张适当理解任何社会情况将需要博弈论分析。但在事实上，古典经济理论借助于设定完全竞争，即借助于假定每一个买主和每一个卖主与有关市场的规模比都是很小的，所以没有人能靠他的行动显著影响现行市场价格，作到绕开经济行为的博弈论方面。因此，对每一名经济主体而言，他能买他的投入（包括劳动）和他能

---

① 以下棋为例，它是一种博弈。持黑者在棋盘上有许多地点可以下，也就是有许多策略可供选择。持白者应手也有若干地点，即若干策略可供选择。故策略博弈就是策略的较量。——译注

卖他的产出的价格对他基本上是给定的。这将使他对投入和产出的选择成为一个简单最大化问题①，不用博弈论分析可以求解。

可是，冯·诺伊曼和摩根斯坦觉察，对经济系统的大多数部分而言，完全竞争现在成为一种不真实的假设。大多数行业现在被少数大企业主导，而且劳动常常组织在大工会中。中央政府和许多其他政府机关在许多市场中作为买主和有时也作为卖主，作为管制者，以及作为征税和补贴者，是大局中人。这意味着博弈论现在肯定变成理解我们的经济系统的运作的一项重要分析工具。

（二）　不完全信息问题

遵循冯·诺伊曼和摩根斯坦（1947，p.30），我们可以区分完全信息博弈，在此常常称为 C 博弈，与不完全信息博弈，将称为 I 博弈。后者不同于前者因为一个事实，局中人，或至少他们中的有些人，对于被它的正常形式（或被它的扩展形式）界定的博弈的基本数学结构缺乏充分信息。

然而，虽然冯·诺伊曼和摩根斯坦区分我说的 C 博弈和 I 博弈，他们自己的理论（以及 20 世纪 60 年代后期以前的几乎所有博弈论工作）均局限于 C 博弈。

对于一局博弈的数学结构缺乏信息可取许多不同形式。局中人可能对其他局中人的（或者甚至他们自己的）报酬函数，对其他局中人（或者甚至他们自己）拥有的物质或社会资源的策略，或者对其他局中人有多少有关博弈的各方面信息等等，缺乏充分信息。

不过，借助于适当建模，不完全信息的一切形式可以简化为局中人对彼此的报酬函数 U_i 没有充分信息，[1] U_i 对 n 个局中 4 人可能使用的任何可能的策略组合 $S=(S_1,\cdots,S_n)$ 界定每一个局中人 i 的效用报酬 $u_i=U_i(S)$。

二人 I 博弈

（三）　一个基于更高和更高阶期望的模型

考虑一局两人 I 博弈 G，其中两个局中人不了解彼此的报酬函数。（但是为简单计我将假设他们确定了解他们自己的报酬函数）

---

①　博弈至少需要两个人。但在完全竞争下，一个消费者在预算约束下遵循效用最大化，一个生产者遵循利润最大化原则，便能作出选择。——译注

用于分析这个博弈的一个很自然的——不过我们将看到是一个比较不切实际的——模型如下。局中人 1 将觉察在此博弈中局中人 2 的策略 S_2 将依赖局中人 2 自己的报酬函数 U_2。所以，在选择他自己的策略 S_1 之前，局中人 1 对 U_2 的性质将形成某种期望 e_1u_2。用同样的记号，局中人 2 对局中人 1 的报酬函数 U_1 将形成某种期望 e_2u_1。这两项期望 e_1u_2 和 e_2u_1 我将称为这两个局中人的一阶期望。

然后，局中人 1 对局中人 2 的一阶期望 e_2u_1 将形成某种二阶期望 $e_1e_2u_1$，而局中人 2 对局中人 1 的一阶期望 e_1u_2 将形成某种二阶期望 $e_2e_1u_2$，以此类推。

当然，如果两个局中人要遵循贝叶氏方法则他们的期望将采取在有关数学对象中的主观概率分布。因此，局中人 1 的一阶期望 e_1u_2 将采取在局中人 2 可能有的一切报酬函数 u_2 中的一个主观概率分布 $P_1^1(U_2)$ 的形式。同样，局中人 2 的一阶期望 e_2u_1 将采取在局中人 1 可能有的一切报酬函数中的一个主观概率分布 $P_2^1(U_1)$ 的形式。

另一方面，局中人 1 的二阶期望 $e_1e_2U_1$ 将采取在局中人 2 可能有的一切可能的一阶概率分布 P_2^1 中的一个主观概率分布 $P_1^2(P_2^1)$ 的形式。更一般化地说，任一局中人 i 的 k 阶期望（$k>1$）将是在另一局中人 $j(j\neq i)$ 可能选择的一切 $(k-1)$ 阶主观概率分布 P_j^{k-1} 中的一个主观概率分布 $P_i^k(P_j^{k-1})$。[2]

当然，在 n 人 I 博弈（$n>2$）的事例中基于更高和更高阶期望的模型甚至将更复杂。即使我们保留每一个局中人知道他自己的报酬函数的简化假设，即使那样每一个局中人仍须形成 $(n-1)$ 个不同的一阶期望，以及 $(n-1)^2$ 个不同的二阶期望，以此类推。

然而，我们将看到，为了分析 I 博弈，有一个简单得多和非常可取的方法，只涉及一个基本概率分布 P_r（连同 n 个不同的条件概率分布，它们都是从这个基本概率分布 P_r 产生的）。

（四）美国和苏联之间在 20 世纪 60 年代的武器控制谈判

在 1965—1969 年期间，美国武器控制和裁军署雇用了一组约十位青年博弈理论家作顾问。作为组员之一我开发了已经提到的分析 I 博弈的较简单方法。

我觉得武器控制谈判的一大问题是这样一个事实，每一方对它自己有关武器控制谈判的各个变量，例如它自己的政策目标，它对另一方的和平的或好战的态度，它的军事力量，它自己引入新军事技术的能力等等的立场有很好的信息——但是对另一方对此类变量的立场则信息比较贫乏。

我得出结论,对此具体问题找到一个适当的数学表达式很可能是一个较佳武器控制谈判理论,以及说实在是一切 I 博弈的一个较佳理论的关键。

在经济竞争和在许多其他社会活动中也发生相似的问题。列如,企业对有关它们自身业务的经济变量比它们对有关它们的竞争者业务的经济变量几乎总是信息较多。

现在让我回到我对武器控制谈判的讨论。我将美国一方描述为局中人 1,而将苏联一方,我常称之为俄方,描述为局中人 2。

为了模拟俄方局中人对美方局中人,即对局中人 1 的不确定性,我将假设有 K 个不同可能类型的局中人 1,称为 t_1^1,t_1^2,$\cdots$,t_1^k 类。俄方局中人,即局中人 2,将不知道哪一个具体类别的局中人 1 将在博弈中实际代表美方。

然而,这个事实对俄方局中人成为一个严重问题,因为他自己在博弈中的策略可能性,常常很强烈地依赖他在博弈中面对的美国局中人是哪一具体类型。这位局中人的 K 个可能类型的每一个对应美方局中人的可能特征的很不同的组合——考虑许多变量,从这位美方局中人的真实意图到他有无强大的新军事技术,这些技术有时与俄方的期望很相反。而且,不同类型的美方局中人可能因对俄方局中人的真实性质有不同期望而互相不同。

另一方面,为了模拟美方局中人对俄方局中人的真实性质,即对局中人 2 的真实性质的不确定性,我将假设有 M 个不同可能类型的局中人 2,称为 t_2^1,$t_2^2\cdots$,t_2^m,$\cdots$,T_2^M。美方局中人,即局中人 1,将不知道哪个具体类型的局中人 2 将在博弈中实际代表俄方。

这个事实也对美方局中人造成一个严重问题,因为 M 个可能类型的每一个可能对应俄方局中人的可能特征的一个很不同的组合。而且,不同类型的俄方局中人也可能因对美方局中人的真实性质有不同期望而互相不同。[3]

(五)I 博弈的类型中心解释

一局 C 博弈自然总是根据博弈中的活动中心是它的局中人的假设分析的。但在一局 I 博弈的事例中我们在两种不同假设之间有一个选择。一种假设是它的活动中心是它的局中人,好似一局 C 博弈那样。另一种假设是它的活动中心是它的局中人的不同类型。前一方法我将称为这种 I 博弈的一个局中人中心的解释,而后一方法我将称为它的类型中心解释。

当适当利用任何 I 博弈的这两种解释时,则从一种博弈论观点看它们总是等价的。在我的 1967—1968 年论文中我用了 I 博弈的局中人中心解释。但是在这篇论文中我将使用它们的类型中心解释，因为现在我认为它为 I 博弈的分析提供一种更方便的语言。

在这后一类解释中，当局中人 1 属于 t_1^k 类时，则局中人 1 的策略和报酬将被描述为局中人 1 的这个 t_1^k 类的策略和报酬而不写成局中人 1 自身的策略和报酬。这种语言的优点在于它使我们能对 t_1^k 类作某些陈述不需要更多修饰，而不是对局中 1 作出相似陈述然后说明这些陈述只在他属于 t_1^k 类时应用于他。这种语言对我们有用也在于提醒一个事实，在任何 I 博弈中一个给定的局中人将使用的策略以及他将得到的报酬将常常强烈地依赖这个局中人属于这一类或另一类。

另一方面，人们必须注意对于一个给定类型 t_1^k 的任何陈述总是能重译为局中人中心语言，以便当他属于 t_1^k 类型时使它变成关于局中人 1 的一个陈述。

当局中人 2 属于某一个 t_2^m 类时可用相似方式界定关于他的一种类型中心语言。

（六）两个活性类型和它们的报酬函数

假设局中人 1 属于 t_1^k 类，而局中人 2 属于 t_2^m 类。然后我们将说这两名局中人用他们的类型 t_1^k 和 t_2^m 表示，并且这两个类型是博弈中的两个活性类型。与此对比，所有 $t_1^{k'}$ 类，$k' \neq k$，和所有 $t_2^{m'}$ 类，$m' \neq m$，将称为非活性类型。

在一局二人 C 博弈中，两名局中人的报酬只依赖两名局中人使用的策略。与此对比，在一局二人 I 博弈中两个活性类型 t_1^k 和 t_2^m 的报酬 v_1^k 和 v_2^m 将不仅依赖这两类的策略 s_1^k 和 s_2^m（纯策略或混合策略）而且也依赖代表它们的符号 t_1^k 和 t_2^m 中的上标 k 和 m 指示的它们的类型。因此，我们可以界定它们的报酬 v_1^k 和 v_2^m 为

$$v_1^k = V_1^k(s_1^k, s_2^m; k, m) \tag{1}$$

$$和 \quad v_2^m = V_2^m(s_1^k, s_2^m; k, m) \tag{2}$$

其中 V_1^k 和 V_2^m 代表 t_1^k 和 t_2^m 的报酬函数。

然而，我将称 V_1^k 和 V_2^m 为条件报酬函数，因为仅当 t_1^k 是博弈中的一个活性类型，而且如果博弈中其他活性类型是 t_2^m 时，t_1^k 类的报酬才是（1）界定的数量 v_1^k。同样，仅当 t_2^m 是一个活性类型，而且如果其他活性类型是 t_1^k 时，t_2^m 类的报酬才是（2）界定的数量 v_2^m。

更具体地说，如果 t_1^k 或 t_2^m 是非活性类型则他将不是博弈的实际参加者，因

而将得不到任何报酬（或只得到零报酬）。

（七）在博弈中谁知道什么

为了方便我将假设博弈的所有参加者知道两个报酬函数 v_1^k 和 v_2^k 的数学形式。也就是说，两方局中人和这两个局中人的一切类型都将知道它们。

另一方面，我将假设局中人 1 知道在博弈中他的哪一种具体类型 t_1^i 代表他。同样，局中人 2 将知道他的哪一种具体类型 t_2^m 代表他。与此对照，为了模拟每一名局中人对其他局中人的真实性质的不确定性，我将假设没有一名局中人知道其他局中人的哪一个具体类型在博弈中代表他。

使用类型中心语言，这些假设等于说一切类型的双方局中人如果在事实上是活性类型，则他们知道自己是活性类型。而且，他们知道他们自己的身份（例如，t_1^3 类知道他是 t_1^3 等等）。与此对比，没有一类局中人 1 知道局中人 2 的活性类型的身份 t_2^m，并且没有一类局中人 2 知道局中人 1 的活性类型的身份 t_1^k。

（八）两项重要的区别

我们已经看到，博弈论中的一个重要区别是在完全信息和不完全信息的博弈之间，即在 C 博弈和 I 博弈之间。它根据局中人在各局博弈中对博弈的基本数学结构掌握的信息量。博弈的数学结构是用它的正常形式（或用其扩展形式）界定的。那就是说，它根据局中人对能进行博弈之前必须决定的博弈的那些特征的信息量。

所以，在 C 博弈中所有局中人对于刚才界定的博弈的基本结构将有充分信息。与此对比，在 I 博弈中局中人，或至少他们中一些人，对它只有部分信息。

另一种似乎相似但实际上很不同，区别是在完善和不完善信息的博弈之间。不像第一种区别，这种区别根据局中人在各局博弈中对博弈的以前阶段发生的棋步掌握的信息量，即对于博弈实际进行的时间内发生的事件，而不是对那个具体时间之前决定的一些事情掌握的信息量。

因此，在完善信息博弈中，在博弈的每一阶段一切局中人对以前阶段下出的所有棋步，包括个人棋步和机会棋步将有充分信息。[4] 与此对比，在不完善信息博弈中，在博弈的有些阶段局中人，或至少他们中的有些人，对于以前阶段下的有些棋步，只有部分信息或完全没有信息。

按照这种区别，国际象棋和西洋棋是完善信息博弈，因为它们确实允许局中人不仅观察他们自己的棋步，而且也观察其他局中人的棋步。

与此对比，大多数纸牌博弈是不完善信息博弈，因为它们不允许局中人观察其他局中人从发牌人得到的纸牌，或者观察其他局中人舍弃的面朝下的纸牌，等等。

博弈论首先是冯·诺伊曼和摩根斯坦建立的，虽然到 20 世纪 60 年代后期有进一步的发展，仍局限于完全信息博弈。但是从它一开始就包括了那一类的一切博弈，不论它们是完善或不完善信息博弈。

（九）我们的二人 I 博弈 G 的一个概率模型

迄今为止我总在考虑两人的实际类型，用简单地给定的活性对（t_1^k，t_2^m）表示。美国和俄国局中人的特征符合我们的模型中（例如）t_1^k 和 t_2^m 类的特征这个事实，产生这个事实有若干原因。现在我提议添加这些原因的某种适当的数学表示使我们的博弈模型更加丰富。

这些原因显然只能是各种社会力量，它们中有一些在美国，其他一些在苏联，还有一些大概在世界的其余地方。

不过，我们作为人类的共同经验是社会力量的后果似乎只允许概率预测。在我们对有关社会力量的信息特多的情况也是如此：甚至在这些情况下我们能作的最好的事是对这些社会力量可能产生的结果作概率预测。

因此，我将使用一种随机机制，更具体说，一种彩票作为有关社会力量，即产生某一具体类型（对应我们的模型的某一类型 t_1^k）的美国社会，而且也产生另一具体类型（对应我们的模型的某一类型 t_2^m）的俄国社会的社会力量的数学表示。

更具体说，我将假设在博弈 G 中下任何其他棋步之前，某种彩票，称为彩票 L[①]，将选择某类型 t_1^k 作为美方局中人的类型，以及某类型 t_2^m 作为俄方局中人的类型。我也将假设任何一对（t_1^k，t_2^m）被彩票 L 选出的概率是：

$$P_r(t_1^k, t_2^m) = P_{km} \qquad k=1, \cdots, K \qquad m=1, \cdots, M \qquad (3)$$

由于局中人 1 有 K 个不同的可能类型而局中人 2 有 M 个不同的可能类型，彩票

---

① 下棋是策略博弈，是对弈双方策略的较量。掷骰子与策略无关，是随机博弈。打桥牌既有策略较量，又有随机博弈。假设一种彩票代表随机因素。——译注

L 将在 H＝KM 个（t_1^k，t_2^m）形式的对子中选择。所以，为了表征其选择行为我们将需要 H 个不同的概率 P_{km}。

当然，所有这些 H 个概率不是负数并将加总为 1。而且，它们将形成一个 K×M 概率矩阵〔P_{km}〕，对 k 和 m 的一切可能值，它的第 k 行将对应局中人 1 的 t_1^k 类型而它的第 m 列将对应局中人 2 的 t_2^m 类型。

我也将假设两位局中人将根据他们对有关社会力量的性质的信息，设法估计这些 H 个概率，只使用他们双方都能得到的信息。事实上，他们将设法估计这些概率，如同一位外界观察家可以作的，此亦局限于双方局中人共有的信息（见哈山宜，1967—1968，176—177 页）。而且，我将假设除非他有相反的信息，每一个局中人的行动将根据其他局中人估计这些概率 P_{km} 如同他自己的方式的假设。这一点通常称为共同优先假设（见 Fudenberg. and Tirole，1991，210 页）。另一个方法，我们可以简单地假设双方局中人将根据双方知道这些概率 P_{km} 的真实数值的假设行动——所以共同优先假设将作为一条推论出现。

当我们在第 4 至 7 节中描述的二人 I 博弈中加一个彩票 L（如同刚才描述的）的时候我们得到的数学模型将称为这个 I 博弈 G 的一个概率模型。我们即将看到，这个概率模型实际上将把这个 I 博弈 G 转变为一局 C 博弈，我们将称之为博弈 G*。

（十）把我们的不完全信息的 I 博弈 G 转变为一局完全而不完善信息的博弈 G*

在此节中，我将使用局中人中心语言，因为这是我们的传统定义对完全和不完全信息博弈以及对完善和不完善信息博弈陈述时用的语言。

让我们回到我们曾用来模拟美国和苏联之间武器控制谈判的二人博弈 G。我们现在处在一个较好位置去了解为什么在我们原来关于 G 的假设下它将是一个不完全信息博弈。

（1）首先，在我们的原始假设下，局中人属于 t_1^k 类，我将称之为事实 I，而局中人 2 属于 t_2^m 类，我将称之为事实 II。而且，从博弈一开始事实 I 和 II 都是既成事实，并且它们不是博弈时一些棋步带来的事实。因此，这两个事实必须被认为是这项博弈 G 的数学结构的一部分。

（2）另一方面，按照我们在第 7 节作的假设，局中人 1 知道事实 I，但是缺乏关于事实 II 的任何知识。与此对比，局中人 2 知道事实 II 而缺乏关于事实 I 的任何知识。

不过，刚才我们已经作出结论，事实Ⅰ和Ⅱ都是博弈的基本数学结构的一部分。因此，局中人1或局中人2对此结构都没有充分信息。所以，在我们原来的假设下，G事实上是一局不完全信息博弈。

让我现在说明一旦我们按照我们的概率模型重新解释博弈G，即一旦我们在博弈中增加彩票L，我们原来的博弈G将转变为一局新的完全信息博弈 G^*。当然，甚至在这个重新解释之后，我们在（2）节中的陈述将保留其有效性。但是在（1）节中陈述的事实Ⅰ和Ⅱ将经历巨大变化。因为现在两项事实将变为在博弈过程中彩票L下的一次机会棋步，而且因而不再是博弈的基本数学结构的一部分。所以，没有一个局中人知道这两项事实这件事将不再使新博弈 G^* 成为一局不完全信息博弈。

相反，新博弈 G^* 将是一局完全信息博弈，因为它的基本数学结构将由我们的博弈的概率模型界定，这是双方局中人完全知道的。

另一方面，在博弈 G^* 中第（2）节的我们的陈述仍保留其有效性，G^* 将是一局不完善信息博弈，因为双方局中人对于博弈开始时彩票L的随机棋步选择的 (t_1^k, t_2^m) 对将只有部分信息。

（十一）博弈 G^* 中某些条件概率

假设彩票L选择 t_1^k 类在博弈中代表局中人1。于是，按照我们在第七节中的假设，t_1^k 类将知道他现在具有一个活性类型的地位并将知道他是 t_1^k 类。但是他将不知道博弈中其他活性类型的身份。

现在 t_1^k 应如何评估另一活性类型实际上是局中人2的一个具体类型 t_2^m 的概率？他评估这个概率必须利用他拥有的信息，即他，t_1^k 类，是两个活性类型之一。这一点意味着他必须评估这个概率作为条件概率：[5]

$$\pi_1^k(m) = P_r(t_2^m/t_1^k) = P_{km} \sum_{k=1}^{K} p_{km} \tag{4}$$

另一方面，现在假设彩票L选择 t_2^m 类在博弈中代表局中人2。于是，t_2^m 应如何评估另一活性类型是局中人1的一个具体类型 t_1^k 的概率？借助于相似的推理，他应该评估这个概率为条件概率：

$$\pi_2^m(k) = P_r(t_1^k/t_2^m) = P_{km} / \sum_{m=1}^{M} p_{km} \tag{5}$$

（十二）两个活性类型的半条件报酬函数

假设博弈中的两个活性类型是 t_1^k 和 t_2^m。我们在第六节中曾看到，在此假设下，这两个活性类型的报酬 v_1^k 和 v_2^m 将用方程（1）和（2）界定。

然而注意，（1）界定的这个报酬 v_1^k 将不是 t_1^k 类在选择他的策略 s_1^k 时设法最大化的量。因为他不知道他在博弈中的实际对手是 t_2^m 类。他所知的一切是他在博弈中的对手将是局中人 2 的 M 个类型之一。因此，他将选择他的策略 s_1^k 以保护他的利益，不仅对抗他的未知实际对手 t_2^m，而且对抗局中人的所有 M 个类型，因为，就他所知的一切，现在他们中任何一个类型可能是他在博弈中的对手。

可是，t_1^k 类将知道他在博弈中将面对的作为对手的任何具体类型 t_2^m 的概率将等于（4）界定的条件概率 $л_1^k(m)$。因此，t_1^k 将设法最大化的量是报酬 v_1^k 的期望值 u_1^k，它可以界定为：

$$u_1^k = U_1^k(s_1^k, s_2^*) = \sum_{m=1}^{M} л_1^k(m) V_1^k(s_1^k, s_2^m; k, m) \tag{6}$$

这里符号 s_2^* 代表 M 维策略向量[6]：

$$s_2^* = (s_2^1, \ s_2^2, \ \cdots, \ s_2^m, \ \cdots, \ s_2^M) \tag{7}$$

我插入符号 s_2^* 作为函数 U_1^k 的第二个自变量，为了表明 t_1^k 类的期望报酬 u_1^k 将不仅依赖他的未知对手 t_2^m 将使用的策略 s_2^m 而是依赖他的 M 个潜在对手 $t_2^1, \cdots, t_2^M$ 的任何一个可能使用的策略 $s_2^1, \cdots, s_2^M$，如果他被彩票 L 选中作为博弈中 t_1^k 的对手。

借助于相似的推理，t_2^m 类在选择他的策略 s_2^m 时将设法最大化的量将不是（2）界定的他的报酬 v_2^m。它将是这项报酬 v_2^m 的期望值 u_2^m，界定为：

$$u_2^m = U_2^m(s_1^*, \ s_2^m) = \sum_{k=1}^{K} л_2^m(k) v_2^m(s_1^k, \ s_2^m; \ k, \ m) \tag{8}$$

在此符号 s_1^* 代表 K 维策略向量：

$$s_1^* = (s_1^1, \ s_1^2, \ \cdots, \ s_1^k, \ \cdots, \ s_1^K) \tag{9}$$

我又插入符号 s_1^* 作为函数 U_2^m 的第一自变量为了表明 t_2^m 类的期望报酬将依赖 K 类局中人的任何一类将用来对抗他的所有 K 种策略 $s_1^1, \cdots, s_1^K$。如果他被彩票 L 选为博弈中 t_2^m 的对手。

与（1）和（2）中使用的条件报酬函数 V_1^k 和 V_2^m 区别，我将描述（6）和（8）中使用的报酬函数 U_1^k 和 U_2^m 为半条件报酬函数。因为 V_1^k 和 V_2^m 界定有关类型的报酬 v_1^k 和 v_2^m，依赖两个条件。

（a）他自己必须有一个活性类型的地位以及（b）博弈中另一活性类型必须是其他局中人的一个特定类型。

作为对比，U_1^k 和 U_2^m 界定有关类型的期望报酬 u_1^k 或 u_2^m，不依赖条件（b）而是依赖条件（a）。（因为彩票 L 如果不把一种博弈中的活性类型的地位授予某类型，它完全得不到任何报酬，这仍然是真的。）

我们在第十节曾看到，一旦我们按照概率模型重新解释我们原来的 I 博弈 G，G 将转变为一局 C 博弈 G^*。可是，在它的类型中心解释下，这个 C 博弈 G^* 可以被看作一局（K＋M）人博弈，其真正的"局中人"是 K 类局中人 1 和 M 类局中人 2，它们的基本报酬函数是半条件报酬函数 U_1^k（k＝1，…，K）和 U_2^m（m＝1，…，M）。

如果我们认为这些（K＋M）类型是 G^* 的真实"局中人"，并且认为这些报酬函数 U_1^k 和 U_2^m 是它们的真实报酬函数，则我们能够容易地界定这个 C 博弈 G^* 的纳希均衡[7]。然后，利用一个适当的均衡选择理论，我们可以界定这些均衡之一作为这个博弈的解。

N 人 I 博弈

（十三）n 人 I 博弈中各个局中人的类型，活性集和适宜集

我们的二人 I 博弈分析很容易扩展到 n 人 I 博弈。但因篇幅所限我将不得不限制自己于 n 人理论的要点。

令 N 为所有 n 个局中人的集合。我将假设任何局中人 i(i＝1，…，n) 将具有 K_i 个不同可能类型，称为 t_i^1，…，t_i^k，…，$t_i^{K_i}$。因此，博弈中不同类型的总数是：

$$Z = \sum_{i \in N} K_i \tag{10}$$

假设局中人 1，…，i，…，n 现在博弈中由他们的类型 $t_1^{h_1}$，…，$t_i^{k_i}$，…，$t_n^{k_n}$ 代表。则这些 n 个类型的集合将称为活性集 $\bar{a}$。

任何 n 个类型的集合，n 个局中人中每人一个类型，原则上都能扮演一个活性集的角色。任何这样的集合将称为一个适宜集。由于任何局中人 i 有 K_i 个不同类型，博弈中不同适宜集的数目将为：

$$H = \prod_{i \in N} K_i \tag{11}$$

我将假设这 H 个适宜集 a 编号为：

$$a_1, \ a_2, \ \cdots, \ a_h, \ \cdots, \ a_H \tag{12}$$

令 A_i^k 为有一个成员为某局中人 i 的一个具体类型 t_i^k 的所有适宜集的族。A_i^k 中不同适宜集的数目为：

$$a(i) = \prod_{\substack{l \in N \\ j \neq i}} K_j = H/K_j \tag{13}$$

令 B_i^k 为 a_h 在 A_i^k 中的所有下标 h 集合。在 A_i^k 的成员和 B_i^k 的成员之间有一对一的对应关系，这个集合 B_i^k 同样有 $\alpha(i)$ 个不同的成员。

（十四）一些概率

我将假设，在博弈 G^* 中下出任何其他棋步之前，某种彩票 L 将选择一个具体适宜集 a 为博弈的活性集 $\bar{a}$。这个集合 $\bar{a}$ 中的 n 个类型将称为活性类型，而所有不在 $\bar{a}$ 中的类型称为非活性类型。

我将假设某一适宜集 a_h 被彩票 L 选为博弈的活性集 $\bar{a}$ 的概率为：

$$P_r(\bar{a} = a_h) = r_h \qquad h = 1, \ \cdots, \ H \tag{14}$$

当然，所有这 H 个概率 r_h 将不是负数并将加总为 1。它们显然将对应我们在二人博弈中使用的 H 个概率 P_{km}〔由（3）界定的〕。

假设某局中人 i 的一个具体类型 t_i^k 被彩票 L 选为博弈中一个活性类型。然后，在我们的假设之下，他将知道他是 t_i^k 类而且也知道他现在具有一个活性类型的地位。换言之，t_i^k 将知道：

$$t_i^k \epsilon \ \bar{a} \tag{15}$$

可是 $t_i^k \epsilon \bar{a}$ 的陈述隐含

$$\bar{a} \epsilon A_i^k \tag{16}$$

的陈述，反之亦然，因为 A_i^k 恰好包含以 t_i^k 类为其成员的那些适宜集。因此，我们可写

$$(t_i^k \epsilon \ \bar{a}) \leftrightarrow (\bar{a} \epsilon A_i^k) \tag{17}$$

我们已作出结论，如果 t_i^k 类有一个活性类型的地位，则他将知道（15）。现在我们可以补充，在此情况下他也知道（16）和（17）。另一方面他也能容易地计算彩票 L 选出一个属于 A_i^k 族的活性集 $\bar{a}$ 的概率为：

$$P_r(\bar{a} \epsilon A_i^k) = \sum_{h \epsilon B_i^k} r_h \tag{18}$$

鉴于陈述（15）至（18），这个 t_i^k 类应如何评估彩票 L 选出的活性集 $\bar{a}$ 确是一个具体适宜集 a_h 的概率？显然他应评估此概率为条件概率。

$$\pi_1^k(h)=P_r(\bar{a}=a_h/t_i^k \varepsilon \bar{a}) \tag{19}$$

可是，鉴于（17）和（18），我们可写：

$$P_r(\bar{a}=a_h/t_i^k \varepsilon \bar{a})=P_r(\bar{a}=a_h/\bar{a}\varepsilon A_i^k)$$

$$=P_r(\bar{a}=a_h)/P_r(\bar{a}\varepsilon A_i^k)=r_h/\sum_{h\varepsilon B_i^k} r_h \tag{20}$$

因此，根据（19）和（20）所要的条件概率是

$$\pi_i^k(h)=r_h/\sum_{h\varepsilon B_i^k} r_h \tag{21}$$

（十五）策略目录

假设局中人 i 的 K_i 个类型 t_i^1，…，t_i^k，…，t_i^{Ki} 要使用策略 s_i^1，…，s_i^k，…，s_i^{Ki}（纯策略或混合策略），如果他们被彩票 L 选为博弈中的活性类型（在我们的假设下，非活性类型不积极参加博弈，所以他们不选择任何策略）。于是我将写：

$$s_i^*=(s_i^1，…，s_i^k，…，s_i^{Ki}) \quad i=1，…，n \tag{22}$$

以代表局中人 i 的 K_i 个类型的策略目录[8]。

令：

$$s^*=(s_1^*，…，s_n^*) \tag{23}$$

为我们得到的有序集，如果我们首先列出 s_1^* 中所有 K_1 种策略，然后是 s_2^* 中所有 K_2 种策略，然后是 s_i^* 中所有 K_i 种策略，……，最后是 s_n^* 中所有 K_n 种策略。显然，s^* 将是博弈中所有类型的一个策略目录。鉴于（10），s^* 将包含 Z 种不同的策略。

最后，令 $s^*(h)$ 代表属于一个具体适宜集 a_h 的 n 个类型的策略目录，$h=1$，…，H。

（十六）条件报酬函数

令 a_h 为一个适宜集，界定为：

$$a_h=(t_1^{k1}，…，t_i^{ki}，…，t_n^{kn}) \tag{24}$$

a_h 的特征向量 $c(h)$ 将被界定为 n 维向量：

$$c(h)=(k_1，…，k_i，…，k_n) \tag{25}$$

假设这个 a_h 集被彩票 L 选为博弈的活性集 $\bar{a}$，并且局中人 i 的某一具体类型 t_i^k 被彩票 L 选为一个活性类型。这自然意味着 t_i^k 必然是这个 a_h 集的一员，仅当 t_i^k 类等同于 (24) 中列出的 $t_i^{k_i}$ 类才会如此，这隐含着 $k=k_i$。

可是，如果满足了所有这些要求，则这个集合 a_h 和这个类型 t_i^k 一起将满足所有 (14) 至 (21) 的陈述。

我们曾在第六节中看到，任何活性类型的报酬 v_i^k 将依赖：

1. n 种活性类型在博弈中使用的策略，和 2. 这些活性类型的身份。

然而这意味着，t_i^k 的报酬 v_i^k 将依赖第十五节最后一段中界定的策略目录 $s^*(h)$，以及 (25) 界定的特征向量 $c(h)$。

因此，我们可写：

如果 $t_i^k \varepsilon \bar{a}=a_h$ $\qquad v_i^k=V_i^k[s^*(h)，c(h)]$ $\qquad\qquad$ (26)

报酬函数 $V_i^k(i=1，\cdots，n；k=1，\cdots，k_i)$ 我将称之为条件报酬函数。

第一，任何给定类型将得到 (26) 界定的报酬 v_i^k，仅当他被彩票 L 选为博弈中的一个活性类型。[（26）中 $t_i^k \varepsilon \bar{a}$ 条件就指这一点。]

第二，即使 t_i^k 被选为一个活性类型，(26) 使他的报酬 v_i^k 依赖于被彩票 L 选的 a_h 集为博弈的一个活性集 $\bar{a}$。

（十七）半条件报酬函数

借助于类似我们在第十二节中使用的推理，人们可以表明任何活性类型 t_i^k 设法最大化的量不是 (26) 界定的他的报酬 v_i^k。它将是他的期望报酬，即他的报酬 v_i^k 的期望值 u_i^k。我们可界定 u_i^k 为：

$$u_i^k = U_i^k(s^*) = \sum_{h=1}^{H} \pi_i^k(h)V_i^k(s^*(h)，c(h)) \qquad 如果\ t_i^k \varepsilon \bar{a}。 \qquad (27)$$

这些报酬函数 $U_i^k(i=1，\cdots，n；k=1，\cdots，K_i)$ 我将称之为半条件报酬函数。我这样称呼因为它们服从报酬函数 V_i^k 服从的第一条件但不服从第二条件。那就是说，任何给定类型 t_i^k 将得到 (27) 界定的期望报酬 u_i^k，仅当他是博弈的一个活性类型。但是，如果他是，则他的期望报酬 u_i^k 将不依赖哪个具体适宜集 a_h 被彩票 L 选为博弈的活性集 $\bar{a}$。

在 n 人博弈中这也是真的，如果一个 I 博弈按照我们的概率模型被重新解释，则它将转变为一个 C 博弈 G^*。

　　而且，这个 C 博弈 G^*，在它的类型中心解释下，可以被认为是一个 Z 人博弈，其"局中人"是博弈中 Z 个不同类型。作为每一个类型 t_i^k 的报酬函数我们可以用它的半条件报酬函数 U_i^k。

　　利用这些报酬函数 U_i^k，易于界定这个 Z 人博弈的纳希均衡，并根据一种适当的均衡选择理论选中其中之一作为它的解。

引 文 注 释

　　[1] 见 Harsanyi，1967—1968（pp. 167—168）。

　　[2] 在此节中讨论的各阶主观概率分布都是函数空间上的概率分布，其适当的数学界定有一些为人熟知的困难。不过，Aumann（1963 和 1964）曾表明，这些困难能够克服。但是即使如此，上述更高和更高阶主观概率分布模型对分析 I 博弈仍是无希望地笨拙的模型。

　　[3] 令 $\pi_1^k(m)$，m=1，…，M，为局中人 1 的某类型 t_1^k 给俄方在博弈中将用 t_2^m 表示的假设指定的概率。按照贝氏理论，M 个概率 $\pi_1^k(1)$，$\pi_1^k(2)$，…，$\pi_1^k(m)$，…，$\pi_1^k(M)$ 将充分地表征这个 t_1^k 类型对博弈中局中人 2 的特征抱有的期望。另一方面，我们将看到，我们将对博弈提出的概率模型将意味着这些概率 $\pi_1^k(m)$ 必须等于某些条件概率使

$$\pi_1^k(m) = P_r(t_2^m/t_1^k) \quad m=1，…，M$$

在局中人 2 的任何给定类型 t_2^m 享有的 K 个概率 $\pi_2^m(k)$ 与 k=1，…，K 的条件概率 $P_r(t_1^k/t_2^m)$ 之间有类似的关系。

　　[4] 个人棋步是各局中人选择下的。机会棋步是有些机会机制下的棋，如一个轮盘赌的轮子。然而，有些局中人下的而由机会决定的棋步，例如掷币，洗纸牌，也可算作机会棋步。

　　[5] 见上面第 4 节脚注 [3]。

　　[6] 使用局中人中心语言，在哈山宜（1967—1968，180 页）中，我称 M 维向量 s_2^* 和 K 维向量 s_1^*（见下面）分别为局中人 2 和局中人 1 的正则化①策略。

　　[7] 约翰·纳希在纳希（1951）中如此界定。但是他实际上称它们为均衡点。

　　[8] 在哈山宜，1967—1968 中我称一个 s_i^* 之类的策略组合为局中人 i 的正则化策略（见上面第 12 节的脚注 [6]）。

参 考 文 献

Aumann，Robert，J. 1963. "On Choosing a Function at Random." In Fred B. Wright

---

① 正则化或正规化，是数学术语。——译注

（ed. ），Symposium on Ergodic Theory，1—20. New Orleans：Academic Press.

Aumann，Robert，J. 1964. "Mixed and Behavior Strategies in Infinite Extensive Games. " In M. Dresher，L. S. Shapley，and A. W. Tucker （eds. ），Advances in Game Theosy，627—650. Princeton：Princeton University Press.

Fudenlerg，Drew，and Tirole，Jean. 1991. Game Theory. Gambridge. MA：Cambridge University Press.

Harsanyi，John C. 1967—1968. "Games with Incomplete Information Played by Bayesian Players. " Management Science 14，159—182，320—334，486—502.

Nash，John F. 1951. "Noncooperative Games. " Annals of Mathematics 54，289—295.

Von Neumann，John，and Morgenstern，Oskar. 1944，1947. Theory of Games and Economic Beharior. Princeton：Princeton University Press.

约翰·纳希[①]自传

　　我开始作为一个法律承认的个人出生在 1928 年 6 月 13 日，地点在西弗吉尼亚州勃鲁飞尔的勃鲁飞尔疗养院，一个现已不存在的医院。自然我不能清醒地回忆我在出生后头两三年的任何事情（而且从心理学说，人们怀疑最早的记忆变成了"记忆的记忆"，可与传统民间故事相比，被讲故事的人和听故事的人一代传一代）。但在不能记忆的许多情况中有事实可寻。

　　我的名字是随父亲起的。他是一名电器工程师，来到勃鲁飞尔为了在电力公司工作，它在过去和现在都称为阿巴拉契电力公司。他是一次大战的退伍军人，曾在法国当一名军需官，因此战时未上前线。他原先来自得克萨斯州，在得州农工学院获得电机系科学士学位。

　　我母亲原名玛格丽·维吉尼亚·马丁，但人们称她维吉尼亚，她自己也生在勃鲁飞尔。她曾在西弗吉尼亚大学学习，结婚前是一名教师，教英语，有时教拉丁文。但是我母亲的晚年生活很受部分丧失听觉影响，那是她在西弗吉尼亚大学为学生时感染猩红热的结果。

　　她的父母从他们在北卡罗来纳西部的家来到勃鲁飞尔。她的父亲詹姆斯·爱弗来·马丁医生曾在巴尔的摩的马里兰大学学习当一名医生，来到勃鲁飞尔开业，那时勃鲁飞尔人口迅速增加。但是马丁医生晚年主要是一名房地产投资者而不再从事医务。我从未见过我的外祖父，因为他在我出生前去世，但是我清楚记得我的外祖母以及她如何在勃鲁飞尔中心区的老房子弹钢琴。

　　我有一个妹妹，玛莎，生于 1930 年 11 月 16 日，比我晚生约两年半。

　　我进入勃鲁飞尔的标准学校前也上过幼儿园。我的父母提供一部百科全

---

　　①　约翰·纳希（John Nash.）

书——《康普敦图画百科全书》，我在儿时读它学到不少知识。在我们家和外祖父母家还有其他有教育价值的书。

勃鲁飞尔是阿巴拉契山脉中的一个地理位置较远的小城市，不是一个学者们的或高技术的社区。它是一个商人、律师等人的中心，它的存在归功于铁路和西弗吉尼亚和弗吉尼亚西部附近的富煤矿。所以，从智力观点看，它提供一种挑战，人们必须从世界知识而非从附近社区的知识学习。

当我是一名高中生时，我阅读 E. T. Bell 著作的经典《数学家》并且记得曾成功地证明了一项费玛的经典定理，关于一个整数的 P 次幂，其中 P 是一个素数。

那时我也做电器和化学实验。起初，学校要求写一篇关于我的事业的作文，我写了一篇关于像我父亲那样当一名电器工程师的作文。以后，我实际进了匹兹堡的卡内基技术学院主修化学工程。

关于我在卡内基（现在的卡内基—梅隆大学）学习的环境，我有幸享有全额乔治·威斯汀豪斯奖学金。但当了一学期化学工程学生后，我对机械制图之类课程不感兴趣并且转而学习化学。但在学习化学短时间后我遇到定量分析的困难，化学不管一个人如何善于思考、理解或学习的事实，而只关心一个人如何善于操作一根滴定管和在实验室中作滴定。数学系教师也鼓励我改为主修数学，而且向我说明在美国当一名数学家并非不可能成就好的事业。所以我又转为一名正式的数学学生。最后，因为我学了这么多数学，所以在我毕业时他们除给我科学学士外又增加给我一个科学硕士。

我应当提到我在勃鲁飞尔学校的最后一年，我的父母安排我在勃鲁飞尔学院补学数学。该院是南方浸礼会办的一个 2 年制学院。在卡内基我并未因多学了数学而得到高级资格，但是我有高级知识和能力而且不需要从卡内基的初级数学课程学多少东西。

当我毕业时我记得可以获得奖学金进哈佛或普林斯顿作研究生。普林斯顿奖学金更加慷慨一些（因为我实际上并未赢得普特南竞争），而且普林斯顿似乎对我去更感兴趣。A. W. 德克教授写一封信给我，鼓励我去普林斯顿，普林斯顿在地理上离我家勃鲁飞尔近得多，对我更有吸引力。因此普林斯顿成为我选择的研究生学习地点。

但是我仍在卡内基的时候上了一门选修课"国际经济学"，那次接触经济思想和问题的结果产生一种思想，导致以后在《经济计量学》发表的文章《谈判问题》。正是这个思想在我为普林斯顿研究生时对那里的博弈论研究有兴趣。它受到冯·诺伊曼和摩根斯坦的工作的激励。

作为一名研究生我相当广泛地学习数学，我很幸运，除发展导致"非合作博弈"的思想外，也对流形和实代数、簇①有很好的发现。所以我实际准备如在数学系博弈论工作不被接受为一篇论文，我可以用其他成果实现一篇博士论文的目标。

但是有些偏离冯·诺伊曼和摩根斯坦的书的路线（好像"政党的路线"）的博弈论思想终于被接受为一篇数学博士论文，以后，我在麻省理工学院当讲师时写成《实代数流形》并送去出版。

我于 1951 年夏去麻省理工学院当一名 "C. L. E. 毛尔讲师"。我于 1950 年获得学位后曾在普林斯顿当了一年讲师。出于个人和社会原因而非学术原因接受麻省理工学院报酬较高的讲师职务似乎是好的。

从 1950 年直到 1959 年春我离职为止，一直在麻省理工学院数学系。在 1956—1957 学年我有一笔阿尔弗雷德·斯洛安赠款可以选择在普林斯顿的高等研究所当一名（临时）成员。

在此期间我设法解了一个古典的有关微分几何的未解决问题，它也与广义相对论中发生的几何问题有关。这是求证平直（或"欧几里得"）空间中抽象黎曼流形的等容积可嵌性问题。但是这个问题，虽然是古典的，被作为一个未解决问题议论的不多。它不像，例如四色猜想②。

事情是这样发生的，一旦我在麻省理工学院的交谈中听说可嵌性问题尚未解决，我立即开始研究它。第一次突破导致令人惊讶的成果，只要承认镶嵌只有有限的光滑度，可嵌性能在惊人的低维围绕空间中实现。以后进行"重型分析"，借助于镶嵌有较适当的光滑度，问题获解。

当我在普林斯顿高等研究所度过我的"斯洛安安息年"时，我研究了另一个涉及偏微分方程的问题，我知道那是一个超过 2 维即未解决的问题。在这里，虽然我成功地获解此问题，我有些不走运，因为我并不完全知道别人在此领域中做什么，我刚好和意大利比萨的恩尼奥·德·乔治平行工作。德·乔治至少对特别有趣的"椭圆方程"，是第一个登上（被形象地描述的问题的）巅峰的人。

---

① 流形、实代数、簇，均为数学术语。——译注
② 四色猜想是著名的未解决数学难题。——译注

可以设想，如果德·乔治或纳希之间的一个人未能攻破这个（郝尔德连续性的先验估计的）问题，则那位到达巅峰的孤独的登山者将被承认并获得数学家的斐尔德奖章（它的传统限于 40 岁以下的人士）。

这时，我从科学理性思考变成妄想思考，那是被精神病医生诊断为"精神分裂"或"妄想型精神分裂"的人的特征。但是我不愿实际描述这个漫长的时期而简单地又不愿意谈，因为它确实是个人问题的细节，以避免困窘。

当我处在 1956—1957 年的学术安息年时我也结婚了。爱丽西亚从麻省理工学院物理专业毕业，我们在那里认识，她在 1956—1957 年在纽约市地区有一个职务。她生于萨尔瓦多，幼年来到美国，她和她的父母早就是美国公民，她的父亲是一位医学博士，终于被马里兰的一家联邦政府的医院雇用。

我的精神病始于 1959 年初，那时爱丽西亚怀孕。当时我辞去麻省理工学院教学职务，在被麦克里安医院"观察"50 天后，我去欧洲并设法在那里获得难民地位。

以后我在新泽西的医院中度过 5 至 8 个月，总是非志愿的并且总在寻找法律理由争取释放。

我长期住院后，医院终于否定了我的妄想假设，把我看作正常的人，回到数学研究。在这个强行理性的过渡期中我确实成功地作出一些成绩不错的数学研究。① 例如"普通流体微分方程的柯西问题"的研究；Hironaka 教授称为"纳希爆炸变换"的思想，以及"奇点的弧结构"和"有分析数据的隐含函数问题的解的解析性"的研究。

但是在 20 世纪 60 年代晚期，我回到梦似的妄想假设后，我变为一个妄想影响思考但行为比较温和的人，因而倾向于避免住院和精神病医生的直接注意。

光阴如此消逝。然后我开始在智力上否定一些妄想影响的思想路线，它们曾是我思想倾向的特征。这是从否定政治导向的思考实为一种智力的无望的浪费开始，它是显而易见的。

所以现在我似乎又能以科学家特有的风格理性地思考。然而这不完全是一件可喜的事，好像某人从身体残疾恢复到健康良好那样。这件事的一个方面是思想的理性对一个人对他与宇宙的关系的概念施加一种限制。例如，一名非拜火教人士可能认为柴拉述斯特拉只是一个疯子，他引导几百万信徒皈依一种拜火迷信。

---

① 强行理性是纳希自我克制妄想倾向，努力理性思考之意。——译注

但是没有他的"疯狂"柴拉述斯特拉必然只是数百万或数十亿人中的另一个人，他们曾生活过然后被忘记。

从统计上看，任何数学家或科学家，在 66 岁，能够通过连续的研究工作在他或她的以前成就上添加许多东西似乎概率不大。然而我仍然在努力，并且可以设想，为大约 25 年的部分妄想思考的间隔期提供一种休假，我的情况可能是非典型的。因此，我有希望通过我现在的研究或将来的任何新思想成就一些有价值的东西。

约翰·纳希的博弈论工作

诺贝尔研讨会，1994 年 12 月 8 日。

以下的文件是献给约翰·纳希对博弈论的贡献的一次研讨会的编辑过的记录。按照发言次序，参加的人是：

Harold W. Kuhn

    数学系，普林斯顿大学，美国

John C. Harsanyi（约翰·哈山宜）

    Walter A. Haas 商学院，加州大学伯克利分校，美国

Reinhard Selten（莱因哈德·赛尔顿）

    经济系，波恩大学，德国

Jörgen W. Weibull

    经济系，斯德哥尔摩大学，瑞典

Eric Van Damme

    经济研究中心，梯尔堡大学，荷兰

John F. Nash, Jr（约翰·纳希）

    数学系，普林斯顿大学，美国

Peter Hammerstein

    马克斯—布朗克生理学研究所，德国，Selten 教授的中间发言的共同作者

Kuhn

值此承认博弈论在现今经济理论中的中心重要性的第一次诺贝尔颁奖时，主持关于纳希的工作的重要性的此次研讨会，使我非常高兴。参加的有我认识 30 多年的两位同事，John Harsanyi 和 Reinhard Selten，两位新朋友，Jörgen Weibull 和 Eric Van Damme 和约翰·纳希，自从 46 年前我们在普林斯顿一起当

研究生时我已认识他。

这次颁奖的时机有历史意义，因为今年是普林斯顿大学出版社出版《博弈论和经济行为》50 周年。虽则冯·诺伊曼已在 1928 年的《Mathematische Annalen》上发表的题为 "Zur Theorie der Geselischaftsspiele" 的论文中奠定了博弈论的数学基础，主要通过冯·诺伊曼和摩根斯坦的合作，经济学家们学会了这项分析经济问题的新工具。

你们中有些人可能读过摩根斯坦自己对此次合作的记述。蒙特利尔魁北克大学的 Robert Leonard 有一项新的历史性研究，指出 "摩根斯坦的回忆牺牲了走向 1944 年的一些历史复杂性，这可以理解，但也可以遗憾"。Leonard 把创造博弈论的大部分功劳归于冯·诺伊曼，在摩根斯坦看到书稿之前的 9 个月，冯·诺伊曼基本上已写出全部数学书稿。然而，如果冯·诺伊曼和摩根斯坦从未会面，我们似乎不可能在此歌颂博弈论在经济学的中心作用。

这一点导致最近两个月中记者们多次提出的一个自然的问题："为什么这些新思想需要 50 年才被承认？"为了对这个问题给一个部分答案，我们必须更仔细地看 40 年代后期和 50 年代初期的发展。一个关键事实是冯·诺伊曼的理论对经济学家们而言数学太高深。为了描述时代精神，允许我援引《新巴尔格来夫词典》中 Robert J. Aumann 介绍博弈论的精彩文章。40 年代后期和 50 年代初期是博弈论的一个激动人心的时期。这个学科已突破它的茧子出来和正在试飞。巨人们在地球上行走。在普林斯顿，约翰·纳希奠定一般非合作理论和合作谈判理论的基础。Lloyd Shapley 界定了结盟博弈的价值，创始了随机博弈理论，和 D. B. Gillies 共同发明核，并与 John Milnor 一起发展了第一个有一个局中人连续体的博弈模型。Harold Kuhn 重新构造一局博弈的扩展式，并且研究行为策略和完善回忆。Al Tucker 发现囚犯两难问题，而且通过海军研究局支持一些青年博弈论专家。

哈山宜

Tucker 在什么时候发现囚犯两难问题？

Kuhn

1950 年春 Al Tuckes 在斯坦福休假，由于办公室短缺被安置在心理学系。有一天一位心理学家敲他的门并问他在做什么。Tuckes 回答："我正在研究博弈论。"那位心理学家问他是否愿意开一个关于他的工作的研究班。为了那一个研究班，Al Tucker 发明了囚犯两难问题作为博弈论，纳希均衡和派生的非社会有利均衡的矛盾的一例。它是真正创造性的例子，启发了几十篇研究文章和几本书。

重要的是要知道我列举的成果并非响应冯·诺伊曼的某项提示，他们也不遵循他揭示其大纲的或提议的工作；它们是革命性的新思想，与冯·诺伊曼的理论相抵触。几乎在每一事例中，它是冯·诺伊曼和摩根斯坦概述的理论的某一不足之处的修缮，并且在纳希的合作和一般非合作理论的事例中，冯·诺伊曼和摩根斯坦几次公开批判它。在扩展式的事例中，冯·诺伊曼声称不可能给出一个实际的几何扩展式。Aumann 援引的所有成果是普林斯顿大学数学系的成员获得的。同时，美国空军资助的兰德公司刚在圣他·蒙尼卡开门，在以后许多年是博弈论研究的另一主要中心。

这一点提示我们对"为什么经过这么长时间经济学家们才承认博弈论对他们的园地有关键作用？"的问题的答案的第二部分。开始时这个领域中研究工作的主要财务支持来自美国军事机关。再援引 Aumann，"主要应用于战术军事问题：防御导弹，布洛托上校的调度问题，战斗机与战斗机决斗，等等。以后重点转移到威慑和冷战战略，其中有赫曼·耿，基辛格和谢林之类的政治科学家的贡献。"

无论如何，20 岁的约翰·纳希于 1948 年 9 月来到普林斯顿的这个沸腾的研究环境。他来到数学系，带上卡内基工学院的 R. L. Duffin 的只有一句话的推荐信。这封信简单地说："此人是一个天才。"作为他的论文导师，A. W. Tucker 教授几年后写道："有时我认为这封推荐信未免夸张，但是我认识纳希愈久，愈倾向于同意 Duffin 是对的。"如果我们作一点算术，从 1949 年 11 月 Solomon Lefschetz 把纳希论文的主要成果送交国家科学院论文集的日期减去 1948 年 9 月纳希到普林斯顿的日期，我们发现这个星期他为之受推崇的成果是他当研究生的头 14 个月获得的。它是今天听众中的研究生们设定的一个好目标。以后我们将回到这篇论文。

虽然纳希获得这些成果的速度令人惊异，同样令人惊异而且知道的人肯定较少的是纳希还在卡内基工学院当大学生时已经完成了一项关于谈判的重要工作。此项工作是国际经济学选修课的一篇论文，它是他上过的惟一正式经济学课程，写这篇文章时完全不知道冯·诺伊曼和摩根斯坦的工作。简单说他做此工作时不知道博弈论的存在。此项成果是理论优美的典范，提出四条合理的要求或公理：（1）任何解在效用函数的正线性仿射变换下应当是不变的，（2）此解在帕累托最优性意义上应当是有效的，（3）无关的其他方法不应改变此解的结果，及（4）有对称结局集的谈判问题应有对称解。如果这四条合理条件被满足则有一个惟一解，即使局中人的效用之积最大化的结局。在此文的出版形式中有证据，在1950年的《经济计量学》发表之前，他曾遇见冯·诺伊曼和摩根斯坦。此项证据是援引了 Cournot、Bowley、Tintner 和 Fellner。几乎可以肯定这些是因摩根斯坦的提示加进去的，因为我不认为约翰不像现在那样曾读过这些文章。

纳希未曾读过那些作者的书是明显的，同样明显的是此文是一个十几岁的人写的。证据是例题中谈生意的标的物是一根球棒，一个球，一个玩具和一把小刀。他的同事们或《经济计量学》的编者们，并未花力气劝约翰改变这个例题。

现在我愿讨论论文自身并从真实文件中向你们展示约翰的工作中的几节。我们已经知道主要成果，纳希均衡的界定和存在的一项证明是在1949年11月，Lefschetz 送交国家科学院之日以前完成的。论文自身是在 Tucker 教授的持续鼓励和建议后完成和呈交的。约翰总想添加更多材料，而 Tucker 有说"让成果早日问世"的智慧。在1950年5月它被呈交和被数学系接受。

普林斯顿的正式规则要求论文须经两位教授阅读，他们准备一份评估此工作的报告。在此例中，阅读者是 Tucker 和统计学家 John Tukey；评估是 Tucker 自己写的。他写道："这是对博弈论的一项高度创造性和重要的贡献。它发展'非合作博弈'的观念和性质，自身很有趣的有限 n 人博弈，它可能打开超越零和二人博弈之外的许多以前未接触的问题。这篇论文在思想和写作上完全是作者自己的。"

在我讨论论文自身时，我将设法不重复以后的发言人的评论。有些交叉是难免的。例如，摘要开始时很大胆："这篇文章引入一种非合作博弈的概念并且发展这类博弈的数学分析方法。"注意在此论文前没有非合作博弈的一般理论。虽然他利用冯·诺伊曼发展的同样策略形式，占了冯·诺伊曼和摩根斯坦的书的一半篇幅的理论讨论合作理论，考察联合，侧面支付及约束性协定。而且，他们提出一个我们现在称为"稳定集"的观念作为一种求解的概念，每一局博弈不一定都有解。与此对比，纳希用他的论文的第6页证明每一局 n 人有限非合作博弈至少有一个（纳希）均衡点。这是一张混合策略表，每一个局中人有一个策略，能使没有一个局中人靠单独改变其混合策略而能改善其报酬。

整个论文共27页打字稿，很宽裕地隔行打印。坦白地说，我始终认为最重要的部分是上面归纳的前6页和讨论动力，解释和应用的最后几页（从21至26页）。多少年来，我责怪约翰在论文的中间部分胡乱塞进一些东西（共15页）。

形成以后发言人描述的主要工作动力的两种解释是在论文的最后几页。在21 页上，我们看到："现在我们将讨论均衡点的大量作用解释。"Selten 和Weibull 将详细讨论这种解释。在 23 页上有第二种解释："我们现在略述另一种解释……研究一个问题：如何'理性地'预测可以预期理性地玩所讨论的博弈将发生的行为。"Van Damme 将讨论这种解释。重要的是要知道，在论文中明显地有这些很有影响的解释，它们未在纳希的其他著作中出现。

为了结束我在这个研讨会的引言，我将再次援引 Aumann：

[纳希] 均衡无疑是在经济学中应用最多的惟一博弈理论解概念。经济学应用包括寡头垄断，进和出，市场均衡，搜索，区位，谈判，产品质量，拍卖，保险，业主—代理人 [问题]，高等教育，差别待遇，公共财货，你有什么。① 在政治方面，应用包括投票，武器控制和检察，以及大多数国际政治模型（威慑，等等）。生物学应用都研究策略均衡的形式；它们提示均衡的一种解释，与通常的明显理性主义很不同。在此我们不能甚至开始检阅所有这类文献。

现在我很高兴地介绍一位经济学家，自从 1962 年在普林斯顿我们都担任一个关于谈判和冲突的暑期研究所所长以来我就认识他了：John Harsanyi。

哈山宜

在 1950—1953 年的短期间，约翰·纳希发表了四篇光辉的文章，其中他对博弈论至少做了三项有根本重要性的贡献：

（1）他引入合作和非合作博弈的区别。在前一类博弈中局中人可以缔结可以强制执行的协定，也可以对其他局中人发出不能改变的威胁。那就是说，他们可以完全忠于特定的策略。与此对比，在非合作博弈中，这种自我效忠是不可能的。[1]

（2）作为非合作博弈的一种自然的解的概念，他引入了均衡点的概念，现在通常描述为纳希均衡。他也证明它们在一切有限博弈中的存在性。[2]

（3）作为二人合作博弈的一种解的概念，他提出了纳希谈判解，首先对有固定威胁的博弈，以后也对有可变威胁的博弈。他也说明在后者中两个局中人的最

---

① "你有什么"极言纳希均衡应用之广泛，你有什么它便能应用到什么。——译注

优策略将有最大最小和最小最大性质。

为了理解纳希的贡献的重要性，最好的方式是比较刚在 1944 年冯·诺伊曼和摩根斯坦的书出版后，博弈论的状态和它在纳希在 1953 年发表的四篇论文后的状态。

冯·诺伊曼和摩根斯坦的书含有一类非合作博弈，即二人零和博弈①和这类博弈的最小最大解的优秀的数学分析。它也含有对许多特定博弈的一个合作解概念，即稳定集的优秀的数学讨论。

可是，除军事领域外，二人零和博弈概念很少应用于实际生活。稳定集的概念的经验应用甚至更少。

如果这两位著名的作者有纳希的合作和非合作博弈的观念，则他们大概会问一个问题，在一局二人非零和博弈中或在一局二人以上博弈中如何理性地行动，如果后一类博弈作为一局非合作博弈玩，不允许可以强制执行的协定和没有不可改变的威胁。或许他们也会问，人们能否为合作博弈找到一种比稳定集更可信的解的概念。例如，人们能否发现一种解的概念，对局中人的实际报酬产生比稳定集的概念更清晰的预测。

当然，实际上他们没有这两个概念，因此并不问这两个问题。但是我只想指出，我们提问重要博弈论问题的能力因纳希的工作增加了多少。

以上在（1）、（2）和（3）中描述的纳希的贡献对博弈论研究有一个立刻的效应。起初它们的效应是鼓励博弈理论家们发展合作博弈和非合作博弈理论为基本上分开的学科，并在一些时候主要致力于设计不同的合作解概念，较少进一步发展非合作博弈理论。

约在 1970—1980 年的十年中，博弈论研究的焦点又一次转移。对合作解概念的兴趣减少而对非合作博弈和对合作博弈的非合作博弈模型的兴趣大为增加。

这次转移有一些不同的原因。但是这些原因之一是以后称为纳希计划的内容。纳希的文章之一有以下有趣的段落：

> 作者发展了一个研究合作博弈的"动态"方法，以化为非合作博弈形式为基础。进行的方法是设计一个博弈前的谈判模型，使谈判的步骤变成一个较大的非合作博弈中的棋步……描述全面情况。

---

① 在二人零和博弈中，一人赢的钱等于另一人输的钱。——译注

这个较大博弈然后用本文的理论处理[3]……并且如昊获得价值［则］它们被作为合作博弈的价值。所以，分析一局合作博弈的问题变成获得一个适当的和可信的非合作的谈判模型的问题。

当博弈理论家们谈到"纳希计划"时，他们心中想的是这两段。那就是说，他们在谈论设法把合作博弈化为非合作博弈，利用局中人之间谈判过程的适当非合作模型。

这是学术史的一件有趣事实（如果我在读此历史时是正确的），20 世纪 50 年代初期纳希的文章起初鼓励博弈理论家们培植合作和非合作博弈论作为基本独立的两个学科，而集中于合作理论。但在 25 年后它们鼓励转移到非合作博弈论和局中人之间谈判的非合作模型。

莱因哈德·赛尔顿和我获悉我们和约翰·纳希一起接受经济学的诺贝尔纪念奖实在非常高兴。不仅我们对他的工作深感敬重，而且我们自己在博弈论方面的工作在很大程度上以他的工作为基础。

莱因哈德的重要贡献之一是他区分完善的和不完善的纳希均衡。它的根据是他觉察甚至充分满足纳希的纳希均衡定义的策略组合很可能含有一些非理性策略。为了排除含有此类非理性策略的此类不完善纳希均衡，起初他提出现在所谓子博弈——完善均衡。以后他提出甚至要求更高的颤手完善均衡。[4]莱因哈德的关于演化稳定策略的工作同样基于纳希均衡概念。

我的情况，我自己的工作的一个重要部分同样根据纳希的成果。例如，在我的第一篇博弈论文章中，我的主要论点是说明纳希的和周生的（Zeuthen's）谈判模型在数学上是等价的。

在同一篇文章中，我指出纳希的最优威胁理论的一条有趣的引理：假设我们用冯·诺伊曼—摩根斯坦效用测量一项冲突对双方的费用。并且假设一个谈判者对另一个谈判者发出一项威胁。则此威胁将加强他自己的谈判地位仅当执行他的威胁将增加一项冲突对他的对手的费用多于它将增加一项冲突对他的费用。

在以后的一篇文章中，我把夏普来值推广到没有可转移效用的博弈，说明我的新解概念不仅是夏普来值的推广，而且也是纳希的有可变威胁的二人谈判解的直接推广。

纳希均衡被界定为一个策略组合，它有如此性质，每一个局中人的策略是对其他局中人的策略的一个最佳回答。这对混合策略的纳希均衡自然也是真的。但在后一情况中，除他的混合均衡策略外，每一个局中人也将有无限多的其他策略，它们是他对其他局中人的策略的最佳回答。这将使这种均衡潜在的不稳定。

鉴于这个事实，我感到最好说明，"几乎所有"纳希均衡可以解释为一个适当选择的有随机波动报酬函数的博弈的纯策略中的严格均衡。

Kuhn

在 60 年代初，我非常幸运地雇用约翰·哈山宜和我们的下一位发言人作为我为普林斯顿一家称为数学（MATHEMATICA）的研究公司创议的一个项目的顾问。这个项目由武器控制和裁军署资助，有一个大题目是不完全信息博弈。我们的发言人已在他的自传中写到这项经验：莱因哈德·赛尔顿。

赛尔顿（Selten）

让我首先告诉你们这个中间发言是 Peter Hammerstein 和我自己准备的。在约翰·纳希发表他的关于"n 人博弈中的均衡点"和"非合作博弈"的时候，没有人会预言纳希均衡对经济学和一般社会科学的巨大影响。预期纳希均衡点概念会对生物学理论有任何意义的人甚至更少。对于大多数博弈理论家而言，从 Maynard Smith 和 Price 的先驱性文章开始，纳希创造的非合作博弈论成为理解动植物相互作用的演化逻辑的中心工具之一，完全出乎意料。

演化稳定性

Mayard Smith 和 Price 引进一个演化稳定策略〔evolutionarily stabls strategy（ESS）〕的概念。开始时他们没有觉察 ESS 的概念和纳希均衡的概念之间的关系。理性博弈论把混合策略看成是自觉的随机化产生的。纳希认为混合均衡是一种大量作用现象的解释藏在他的未出版论文中而在博弈论教科书中找不到。在生物学中大量作用解释是很自然的并且从它一开始已经指导了演化稳定性的工作。

在他们的创造性文章中，Maynard Smith 和 Price 把他们的注意力限制在正常形式的二人博弈。他们将 ESS 界定为一个对称均衡点规定的策略并在此策略上加一个额外的稳定性要求。这个要求植根于一个思想，一个在演化均衡中的群体在变种侵入时应当是稳定的。如果变种不是对称均衡的一个最佳回答则没有不稳定问题。然而，如果它起另一最佳回答的作用，即一个不同于均衡策略的最佳回答，它可能因遗传而扩散。Maynard Smith 和 Price 认为如果与另一最佳回答比较，均衡策略实现较高报酬，上述可能性将被排除。这是 ESS 定义中的外加稳定性要求。

现今正确应用达尔文主义于动物社会的相互作用问题需要利用非合作博弈论几乎是明显的，但是当第一次考虑这个思想时它是一项革命性的伟大深刻见解。当然动植物的策略不是自觉思索的结果。它们被认为是从一代到下一代的基因遗传转移的行为程序。博弈均衡靠自然选择过程实现，它推动生物走向最大的适应。粗略地说，达尔文的适应性是生存后代的预期数目。

原先对对称二人博弈的限制很快被取消并且 ESS 的一般得多的定义被设计出来。生物学中博弈论思考的成果被大量的巧妙应用所证明。在我们的综述文章中可以找到理论和经验的文献参考目录。

达尔文适应理论的危机

在 40 年代初，关于演化的生物学思想达到一种通常称为"新综合"的共识。门德尔遗传和逐渐适应之间的明显矛盾因 Fisher，Haldane 和 Wright 的群体遗传工作而解决。Fisher 的著名的"自然选择的基本定理"表明在关于遗传系统的适当假设下，一个群体的平均适应性上升直至一个最大值。然而，在 60 年代新一代的群体遗传学家觉察到一个事实，一般遗传系统不可能满足 Fisher 定理的假设。在一个标准选择模型中，Moran 发现平均适应性随时间下降以迄达到均衡的例子。他看到一个双轨迹模型，一个演化因子靠两个基因的编码。以后 Karlin 表明这些例子不仅是退化的事例。

如果人们看看所产生的均衡的性质，平均适应性下降的奇怪现象就变得可以理解了。在此均衡中人们发现高和低适应性的遗传型，但是高适应性遗传型的后代可能与低适应性遗传型的后代有相同的平均适应性。这是一种把不同轨迹上的基因分开的重新组合的效应。平均适应性下降的现象是对达尔文适应理论的一个严重挑战。有些群体遗传学家得出结论，把适应性最大化作为生物学演化的主要解释原理的全部思想必须抛弃。发生困难的情况是所谓"不依赖频率的选择"，换句话说，在没有博弈互动的时候，在博弈互动的存在下，情况对适应性最大化甚至更不利。当然，平均适应性不因博弈论均衡而最大化，但是 Moran 和 Karlin 的成果说明不一定达到博弈均衡。

由于这些发展，达尔文的适应理论被投入一场真正的危机。然而，很少经验导向的生物学家真正为此问题发愁。对他们而言，似乎是数学理论的危机而不是达尔文主义作为生物学事实的解释的失败。他们继续对靠自然选择适应的大量经验证据印象深刻。然而，此问题对理论引起严重挑战。

街车理论

产生平均适应性下降现象的过程决定没有变异的遗传型频率的调整。Eshel 和 Feldman 首先提出问题，在什么条件下这个过程达到的一个稳定均衡对变种的入侵也是稳定的。Moran 和 Karlin 已表明，针对无变异过程的"内部稳定性"不一定导致博弈均衡的适应性最大化。不过，他们成功地表明，对于一个 ESS 的充分小的领域中的一个内部稳定状态，一项破坏稳定的变异的进入有一种开始时顺着 ESS 的方向推动系统的倾向。

这就开辟一种可能性，如果人们只看内部稳定性而不看防御变种入侵的外部稳定性，一项 ESS 的观念对于遗传系统的分析更有意义。是的，Eshel 和 Feldman 的成果在这个方向上进展不很大，但是它们是走向达尔文适应的新遗传学解释的聪明的一步。在为博弈论手册写我们的综述的过程中，我们感到有可能沿着 Eshel 和 Feldman 的路线为非合作博弈论在生物学中的应用提供较好的基础。我们收尾时证明了两条定理，我们愿用我们中的一人设计的类比法描述其生物学含义。此类比法涉及一辆街车，其车站相当于内部稳定状态。只有在终点站群体状态是明显稳定的，意思是一个变种的入侵不能再改变纯策略的概率。

第一条定理表明在一个有博弈互动的标准双轨迹群体遗传学模型中只有一个纳什均衡才能是明显稳定的。这一点意味着从长期看自然选择和变异的过程，如果收敛，必然收敛于纳什均衡。所以事情变成纳什均衡对演化生物学有中心重要性。当然，街车可能常在一个临时站短暂停留，有些旅客下车，另一些上车，最后到达终点站，停车时间长得多。

第二定理表明，一个明显单形态群体状态可能是一个终点站，当且仅当它是一个 Maynard Smith 和 Price 意义上的 ESS。只要人们有理由假设一个特征是明显单形态的，此成果为一个 ESS 概念建立坚实基础。然而，在自然界常常观察到多形态，在这一点上纳什均衡有更加深远的意义。

结束语

原先，冯·诺伊曼和摩根斯坦发展博弈论作为一种特别适应经济学和一般社会科学的数学方法。在他们的书的引言中，他们强调他们的见解，取自自然科学的方法对他们的目的而言是不够的。他们成功地创造了一种新的数学分析方法而非来自物理学。在博弈论的事例中方法论创新之流并不取从自然科学到社会科学的通常方向而取相反方向。这项极为成功的转移的基础是纳什均衡的概念。

Kuhn

约 5 年前，普林斯顿大学经济学系有幸接待下一位发言人作为一名访问教授。他一直在承认纳希的大量作用解释的重要性的前线：Jörgen Weibull。

Weibull

大量作用解释

在他的未发表的博士论文中，约翰·纳希对他的非合作博弈均衡概念提供两种解释，其一是理性主义的，另一种是群体统计的。在成为标准解释的第一种解释中，人们设想所讨论的博弈只玩一次，参加者是"理性的"，而且他们知道博弈的全部结构。然而，纳希评论："它是一种很强烈的理性主义和理想化的解释。"第二种解释，纳希称之为大量作用解释，在最近之前几乎不为人所知。在此纳希设想不一定"理性的"和不必知道博弈结构的参加者们一次又一次地玩所讨论的博弈：

> 不必假设参加者们对博弈的全部结构有充分知识，或者有能力和有倾向通过复杂推理过程。但是假设参加者们积累关于他们能支配的不同纯策略的相对优点的经验信息。

> 为了更加详细，我们假设对博弈的每一个位置有一个参加者群体（统计学的意思）。让我们也假设博弈的"平均一局"涉及从 n 个群体随机挑选的 n 名参加者，并且每一个纯策略被适当群体的"平均成员"使用有一个稳定的平均概率。

> 因为在博弈的不同位置玩的个人之间没有合作，一个具体 n 维纯策略向量在一局博弈中被使用的概率应当是指示 n 种纯策略的每一种在随机一局中被使用的机会的概率之积。

纳希注意到如果 s_i 是第 i 个局中人位置拥有的纯策略 $\alpha \in A_i$ 上的一个群体分布，则 $s = (s_i)_{i \in 1}$ 在形式上等同于一个混合策略目录，并且在一个 n 维个人向量之间的随机组合，从每一个局中人群体取出一人中的任何纯策略 α 的预期报酬等同于在对抗混合策略目录 s 时这个策略的预期报酬 $\pi_{i\alpha}(s)$：

> 现在让我们考虑参加者们的经验将产生什么效应。假设他们积累关于他们能支配的纯策略的经验证据就是假设在 i 位置玩的那些人知道数字 $\pi_{i\alpha}(s)$。

但是如果他们知道这些他们将只使用最优纯策略 [……]。因此，由于 s_i 代表他们的行为，s_i 只对最优纯策略附以正系数，[……]① 但是这只是 s 成为一个均衡点的一个条件。

所以我们在此"大量作用"解释中作的假设导致结论，代表每一个群体的平均行为的混合策略形成一个均衡点。[5]

这些话提示，纳希均衡可以识别为大策略互动群体中有边界的理性策略适应的动态模型中的定态，或动态稳定的群体状态。在精神上，这种解释和 Friedman 以后对微观经济公理的"似乎"辩解相差不远。因为正像纳希主张有界理性局中人将适应策略最优性，Friedman 认为从长期看只有利润最大化企业将在（非策略的）市场竞争下存活。而且，从大群体中随机抽出的个人一次又一次地玩博弈的见解以后独立地被演化生物学家们采纳。

符号和初步知识

考虑一个有限 n 人正常（或策略的）形式的博弈 G。令 A_i 为局中人位置 $i \in I = \{1, \cdots, n\}$ 的纯策略集。S_i 是它的混合策略单纯形，$S = \prod_{i \in I} S_i$ 是混合策略目录的多面体。对任何局中人位置 i，纯策略 $\alpha \in A_i$ 和混合策略 $s_i \in S_i$，令 $s_{i\alpha}$ 表示指定给 α 的概率。如果以正概率利用所有纯策略，一个策略目录 s 称为内部。在运用一个目录 $s \in S$ 时，局中人位置 i 的预期报酬将用 $\pi_i(s)$ 表示，而 $\pi_{i\alpha}(s)$ 代表当局中人 i 利用纯策略 $\alpha \in A_i$ 对目录 $s \in S$ 时他的报酬。当且仅当 $s_{i\alpha} > 0$ 隐含着 $\pi_{i\alpha}(s) = \max_{\beta \in A_i} \pi_{i\beta}(s)$，一个策略目录 $s \in S$ 是一个纳希均衡。

按照"大量作用"解释的精神，设想从（无限）大群体随机抽出的个人一次又一次玩博弈，博弈中每一个局中人位置 i 有一个群体。于是一个群体状态在形式上等同于一个混合策略目录 $s \in S$，但是现在每一个分量 $s_i \in S_i$ 代表纯策略在局中人群体 i 中的分布，即 $s_{i\alpha}$ 是群体 i 中的一个随机挑选的个人在抽签玩博弈时将使用纯策略 $\alpha \in A_i$ 的概率。在此解释中 $\pi_{i\alpha}(s)$ 是局中人群体 i 中一个人的（预期）报酬，他使用纯策略 α——一位"α—策略家"——而 $[\pi_i(s) \sum_\beta s_{i\beta} \pi_{i\beta}(s)]$ 是局中人群体 i 中的平均（预期）报酬，两个数量都在群体状态 s 中评估。

假设按照一个统计上独立的泊松过程，每一个人不时检阅它的策略选择。由

---

① 方括号内三点表示省略了一些文字。——译注

于大数定律，策略适应的总过程于是可以用确定性流量逼近，并且这些流量可用常微分方程描述。

创新性适应

我们首先考虑的情况是在策略适应是无记忆时，意思是重审策略的个人的策略修正时率和选择概率是当今状态 $\dot{s}$ 的函数（惟一的）：

$$\dot{s}_{i\alpha}(t) = f_{i\alpha}[s(t)]$$

对某些函数 $f_{ia}: S \rightarrow R$。因此数量 $f_{ia}(s)$ 代表当总群体状态为 $\dot{s}$ 时 α—策略家在局中人群体 i 中的群体份额每时间单位的净增额。（综合）函数 f 被假定为利普希茨（Lipschitz）连续的而且从 S 出发的一切解轨道永远留在 S 中。这一函数 f 将称为（1）的一个向量场。

群体动力学类（1）显然有一个创新因素，有些个人可能启用以前未用的策略，或是有意地通过实验和计算，或是无意地通过错误或变异。易于看到一定程度的在此意义上的发明性确实隐含着只有构成纳希均衡的那些群体状态可能是稳态的。[6] 要求是简单的：如果有某一（用过或未用过的）纯策略产生的报酬高于所讨论的局中人群体中的现今平均报酬，则某种此类纯策略的群体份额将增长。在形式上，对任何群体状态 $s \in S$ 和局中人位置 $i \in I$，令 $B_i(s)$ 表示优于平均的纯策略（可能是空的）子集，$B_i(s) = \{\alpha \in A_i : \pi_{i\alpha}(s) > \pi_i(s)\}$。

于是发明性可以形式化为：

[IN][①]：如 $B_i(s) \neq \varnothing$，则 $f_i a(s) > 0$　　对某一 $\alpha \in B_i(s)$。

例如，如果重新查核的个人走向对当今群体状态的最佳回答，这个条件得到满足。请注意 [IN] 不要求关于其他局中人位置的报酬的知识，对人们自己的策略集的报酬也不必有任何详细知识。个人平均倾向于转到某一表现优于平均的策略就够了。

命题 1　假设 f 满足 [IN]。如果一个群体状态 s 在有关动力学（1）下是稳态的，则 s 构成 G 的一个纳希均衡。

下面的式子给出一个创新性适应的例子：

$$f_{i\alpha}^+(s) = \pi_{i\alpha}^+(s) - s_{i\alpha} \sum_{\beta \in A_i} \pi_{i\beta}^+(s) \tag{2}$$

其中 $\pi_{i\alpha}^+(s) = \max\{\pi_{i\alpha}[s - \pi_i(s)], 0\}$；纯策略 α 比它的局中人群体中的平均报酬

---

　　① IN 是发明性（Inventiveness）的缩写。——译注

多的超额报酬。不难证明 f^+ 满足 [IN]。有关的群体动力学（1）不是别的东西而就是纳希对均衡点的有影响的存在性证明中采用的迭代映象的连续时间版——以后被一般均衡理论采纳，见阿罗和德布鲁（Arrow, k., and G. Debreu），1954，"一个竞争经济的一个均衡的存在"，《经济计量学》第 3 卷：265—290 页。[7]

为了把记忆纳入策略适应的动态过程，人们可以引入实变量 $P_{i\alpha}$，每个局中人位置 i 一个而纯策略 $\alpha \in A_i$，它代表第 i 个群体对以前纯策略 α 的报酬的回忆。假设被回忆的任何纯策略 $\alpha \in A_i$ 的报酬按照下式随时间变化：

$$P_{i\alpha}(t) = h_{i\alpha}[\pi_{i\alpha}[s(t)], \ p_{i\alpha}(t), \ t] \tag{3}$$

其中 $h_{i\alpha}$ 是一个 Lipschitz 连续函数，仅当当今报酬不同于回忆报酬时，回忆报酬才变化 $[h_{i\alpha}(\pi_{i\alpha}, \ p_{i\alpha}, \ t) = 0 \Rightarrow \pi_{i\alpha} = p_{i\alpha}]$。

有记忆的充分适应动力学因而是一个状态向量 $x = (s, p)$ 的微分方程体系，其中 p 按照（3）移动以及 s 按照下式移动：

$$\dot{s}_{i\alpha}(t) = f_{i\alpha}[s(t), \ p(t)] \tag{4}$$

前面发明性的要求 [IN] 的一个对应部分是：如有某一（用过的或未用过的）纯策略，它被回忆为产生的报酬高于所讨论的局中人群体中目前回忆的报酬的平均，则某一个这类纯策略将增加其群体份额。形式上，对任何状态（s, p）和局中人位置 $i \in I$，令 $B_i(s, \ p) = \{\alpha \in A_i : p_{i\alpha} > \sum_{\beta \in A_i} s_{i\beta} p_{i\beta}\}$。因此发明性可以形式化为：

[IN']：如 $B_i(s, \ p) \neq \varnothing$ 则 $f_{i\alpha}(s, \ p) > 0$ 对某一个 $\alpha \in B_i(s, \ p)$。

命题 1 的下列扩展是直接的：

命题 2 假设 f 满足 [IN']。如（s, p）在（3）和（4）之下是稳态的，则 s 是一个 G 的纳希均衡。[8]

上述类型的记忆过程的一个特例是当一个纯策略的回忆报酬是其以往报酬的时间均值时：$p_{i\alpha}(t) = \int_0^t \pi_{i\alpha}[s(\tau)]d\tau$。这是按连续时间写的，虚拟游戏中的记忆过程。（在那个模型中局中人们始终利用对过去游戏的时间均值的最佳回答）。$p_{i\alpha}(t)$ 对 t 微分给出：

$$h_{i\alpha}(\pi_{i\alpha}, \ p_{i\alpha}, \ t) = \frac{1}{t}(\pi_{i\alpha} - p_{i\alpha})$$

此函数可稍加变更使它属于以上讨论的类别（在 t=0 之前加一个任意短的时间

间隔)。

模仿性适应

人们可能争辩上述各类群体动力学超越了大量作用解释的精神，因为它们假设个人作一定数量的计算。因此，现在假设没有以上界定的记忆和发明性。故个人现在只在已经在用的策略之间转移，而且他们只根据这些策略当前的业绩这样做。从技术上说，这一点说明群体动力学 (1) 有一个以下形式的向量场 f:

$$f_{i\alpha}(s) = g_{i\alpha}(s)s_{i\alpha} \tag{6}$$

涉及的函数 $g_{i\alpha}$ 将称为增长率函数——$g_{i\alpha}(s)$ 是在群体状态为 s 时局中人群体 i 中纯策略 α 的群体份额的增长率。没有一个形式为 (6) 的向量场在条件 [IN] 意义上是创新性的，因为如果一个局中人群体中一切人开始时只用一个（或少数几个）纯策略，则他们将永远继续这样做，不论某一未用过的策略是否产生一项高报酬。因此，稳态对现在这类动力学并不隐含纳希均衡，而将称为模仿性动力学。

此种动力学的一个主要例子是演化生物学中使用的所谓复制动力学。在这方面文献中，纯策略代表遗传程序化的行为，繁殖是无性的，每一个后代继承其父母的策略，而报酬代表繁殖的适应性。故 $\pi_{i\alpha}(s)$ 是群体 i 中 α—策略家的（存活的）后代数目，而 $\pi_i(s)$ 是同一群体中每个个体的平均（存活的）后代数目。在此群体模型的标准版中，每个纯策略的增长率与它的现有报酬成比例:[9]

$$g_{i\alpha}(s) = \pi_{i\alpha}(s) - \pi_i(s) \tag{7}$$

我们在此将考虑一个向量场的大类，它含有复制向量场作为一个特例。界定的要求在精神上接近前一节中的要求：如果存在一个纯策略，它产生高于其局中人群体中的平均报酬（不论此纯策略现在是否被使用），则某一此类纯策略有正值增长率。因此，如果所有此类策略在群体中，则某一此类群体份额将增长。在形式上：

[POS]①：如 $B_i(s) \neq \varnothing$，则 $g_{i\alpha}(s) > 0$ 对某个 $\alpha \in B_i(s)$

下一命题建立报酬正值模仿下的下列含义：(a) 如所有策略都在一个稳态群体状态中，则它构成一个纳希均衡，(b) 一个动态稳定的群体状态构成一个纳希均衡，(c) 如果一个动态解轨道从其中存在所有纯策略的一个群体状态出发并且轨道在时间上收敛，则极限状态是一个纳希均衡。[10] (b) 款是一个归功于 Bomze 的成果的推广，那个成果是用于对称二人博弈的复制动力学的单一群体版，而

---

① POS 是群体份额（population share）的缩写。——译注

（c）推广一个由于 Nachbar 的成果。

命题 3 假设 g 满足［POS］，并且考虑有关群体动力学（1）其中 f 在（b）中界定。

（a）如果 s 是内部的和稳态的，则 s 是一个纳希均衡。

（b）如果 s 是动态稳定的，则 s 是一个纳希均衡。

（c）如果 s 是某一内部解轨道的极限，则 s 是一个纳希均衡。

请注意（a）和（c）款涉及没有消失任何纯策略的假设。否则这两款不是一般都成立的。然而，含义（b）允许某一纯策略消失的可能性。这一点被许可因为由于定义动态稳定性提问当群体状态稍受扰动时发生什么事情——特别是，在现已消失的策略以小群体份额进入群体时。

结论

纳希均衡的大量作用解释与通常理性主义解释形成突出的对比，但与演化博弈论中的思想密切相关。它开辟社会和经济过程的均衡和稳定性分析的新路子，并且提示把社会和行为科学的深刻见解和经济理论结合起来的新方式。

Kuhn

在莱因哈德·赛尔顿的谈话中，他并未提起他对纳希均衡概念的两项改进的主要发现，所谓子博弈完善均衡和颤手完善均衡。有大量研究工作追随这些发现之后，它被我们的下一位发言人：Eric van Damme 以优美的方式归纳在一本书中。

Van Damme

约翰·纳希引入的思想、概念和工具对塑造现代经济理论极为重要。他引入了对非合作博弈基本的解的概念，合作博弈的主要解概念之一提出纳希计划为合作概念提供非合作基础。在他的分析中他引入了成效卓著的工具和技术，在以后的理论发展中起主要建筑构件作用并且有助于它的成功应用。以下我们提供一个对纳希的工作的透视并且追踪它对现代经济理论的影响。

纳希均衡：理性主义解释

一个局中人集给出一局非合作博弈，每人有一个策略集和一个报酬函数。如其他人的策略保持不变，每一个局中人的策略使他的报酬最大化，则一个策略向量是一个纳希均衡。在他的博士论文中，纳希引入这个概念并且他得出它的几个性质，最重要的一个是对每一局有限博弈存在至少一个均衡。在发表的论文中，纳希提供两个可供选择的、优美的证明，一个根据 Kakutani 的固定点定理，另一个直接根据 Bnouwer 定理。这些技术曾启发许多其他存在性证明，例如，在一般均衡理论领域。

在他的论文的"动机和解释"那一节，纳希讨论他的均衡概念的两种解释。Jorgen Weibull 在这次研讨会上的发言中讨论了第一种，"大量作用"解释。在此，我们限制自己于"理性主义的和理想化的解释"，它适用于只玩一次的博弈，但是它要求局中人们是理性的而且知道博弈的全部结构。纳希的动机记述如下：

> 我们进行工作的方法是研究一个问题：什么是对理性地玩所讨论的博弈的行为的理性预测？利用一项理性预测应当是惟一的，局中人应能推导和利用它，以及每一个局中人预期其他人作什么的知识不应使他的行动与预测不符等原则，人们被引到一个前面界定的解的概念。

换言之，一个理性行为理论必须规定一个纳希均衡的运作，因为否则理论将自相矛盾。请注意此论点需要三个假设：（i）局中人们在选择他们的行动时主动随机化，（ii）局中人们知道此博弈和此解，以及（iii）此解是惟一的。以后的工作审查和澄清了每一个假设的作用。哈山宜表明一个局中人的一个混合策略可以解释为其他局中人们对他的行为的信念（猜想）。此项重新解释为混合策略均衡提供一种"贝氏"基础而且消除与它们有关的直觉困难。Aumann 开发了一个互动信念系统的概念，它为探讨纳希均衡下面的认识论条件提供一种形式的框架，即它允许人们将局中人的知识形式化并且考察证明纳希均衡需要多少知识。在二人博弈中比在一般 n 人博弈中不那么严格的条件就够了。

因为均衡的理性主义证明依靠惟一性，多均衡点便有问题。纳希说有时为了缩小均衡集能找到很好的启发性理由。纳希提供的一个简单例子是我们在此复制为图 1 的博弈。此博弈在（a，α）和（b，β）有均衡，以及一个混合均衡。纳希写道"经验测试表明一个趋于（a，α）的倾向，但是他没有提供进一步的细节。"一个启发性的论点是（a，α）比（b，β）风险小，哈山宜和赛尔顿的风险主导概念将此论点形式化。它在以纳希均衡的"理性主义解释"为基础的以及以"大量作用"解释为基础的文献中都有突出地位。我们在均衡选择中将回到此例。

	α	β
a	1, 2	−1, −4
b	−4, −1	2, 1

图 1

纳希计划

可以说导致纳希均衡的"理性主义论点"在冯·诺伊曼和摩根斯坦的书中已讨论过,参见他们的"间接论点"(147—148页)。他们赞成2人零和情况隐含的(均衡)解,然而,他们认为这个解对此类以外的博弈不能令人满意,因为在这些情况中不能忽视联合或局中人将要在博弈的正式规则之外支付(44页)。他们认为对这些博弈而言,"似乎逃脱不了考虑在博弈之外缔结协定的必要性"(223页),而且他们看到他们自己被迫假设在博弈之外缔结的联盟和协定受到缔约各方的尊重(224页)。因此,他们终于有了两种不同理论。

纳希提议区分合作和非合作博弈。后一类博弈中局中人不能在博弈的正式规则之外缔结能强迫执行的协定。合作博弈允许这类协定。纳希提示非合作博弈更加基本,合作博弈可以借助于把它重写为非合作博弈和借助于求解纳希均衡而有效地加以分析。这个方法称为纳希计划。它允许理论的统一并能更好地了解在合作理论中提出的不同解概念(见哈山宜,1974,"稳定集的一个均衡点解释和提出另一个定义,"《管理科学》第20卷:1472—1495页,有一个讨论冯·诺伊曼和摩根斯坦的稳定集概念的例子;并见谈判理论)。借助于遵循纳希计划,关于某些结局或原理的"合理性"的抽象讨论,可用关于博弈规则是否适宜的较世俗的讨论代替。

非合作方法也有其局限性。第一,仅当博弈有一个惟一解时才能得到价值,即人们必须面对均衡选择问题。第二,非合作模型必须同时是有关的——在它的主要方面与真实相似,和在数学上能处理。因此,公理法——它的目的在从一个"可信的"原理集直接导出结局,并非多余。相反,如果能从一个可信的公理集得到一个解,这一点说明这个解适用于比特定非合作模型捕捉的情况更加广泛不同的情况。正像纳希作出结论"解决问题的两个方法,通过谈判模型或通过公理,互相补充;每一个方法有助于支持和澄清另一个"。

谈判理论

按照传统经济理论,谈判问题是不确定性的:剩余的分配将依赖有关各方的谈判技巧。纳希与此传统坚决分手。他假设理性局中人之间的谈判导致一个惟一的结局而且他设法确定它。他求解2人博弈,他既利用公理法又作为一个非合作模型的结局得出他的解。

在纳希1953年"两人合作博弈"《经济计量学》第21卷128—140页中以下列方式描述公理法:

人们陈述解自然将具有的几个性质作为公理，然后发现公理实际上惟一的确定解。

在固定威胁情况，纳希的基本公理是理性局中人由冯·诺伊曼—摩根斯坦效用函数表征，以及谈判情况用它的表示式，效用空间中的 B 充分表示。三条公理规定解和 B 集之间应当保持的关系：(i) 帕累托效率，(ii) 对称和（iii）无关备择方案的独立性。这些公理确定解为 B 的东北边界上的那个点，在那里效用的积，U_1、U_2 被最大化。

公理（iii）说，如果可行效用对的集缩小但是解仍可得，则这仍应是解，它比其他解更难以辩护而且在文献中对它讨论很多。纳希写道它等价于一个"局部化"公理，具体说"用谈判思考，它好像一项提出的交易是和它本身的小修改竞争以及最终谈判被理解为局限于小范围的不同交易和不考虑较远的不同交易"。非合作谈判的最近发展（其基础为一篇创造性的论文 Rubinstein, A. 1982 "一个谈判模型中的完善均衡。"《经济计量学》第 50 卷：97—109 页）证实了这个解释。即假设局中人们轮流提出 B 中的点以迄达成协议。假设如果一项建议被否定，存在一个小但为正值的概率，谈判不可挽回地破裂。这个博弈承认一个惟一的子博弈完善纳希均衡（见均衡改善）并立即达成协议。均衡条件陈述每次每人在接受现有建议和拒绝它之间不分轩轾。因此，当停止概率很小时各均衡建议靠拢在一起，我们得到"局部化"性质。均衡条件确实隐含着两项均衡建议有相同的纳希积，由于它们有相同的极限，它们收敛到纳希解。

当然，发现这种自然的谈判模型实现纳希的谈判解令人满意。不过，甚至更重要的是纳希计划的这个应用可能澄清关于在纳希谈判模型的应用中威胁点的选择的一些含混之处。[进一步讨论见 Binmore, K. A. Rubinstein, and A. Wolinsky, 1986。"经济模型中的纳希谈判解"《兰德经济学杂志》第 17 卷，176—188 页]

在可变威胁的情况下，每一方有一个选择，放在其他方身上多少压力。① 理论现在必须确定在局中人们不能达成一致时他们将用的威胁，也要确定将缔结的协定，再有两条公理允许把问题化为有固定威胁的情况并因而确定理论。第一条等价于假设每一个局中人有一项最优威胁策略，即问题被认为有一个解。第二条说一个

---

① 二人在未博弈前谈判能否合作，如达不成一致，双方将不合作。不合作是惟一的、固定的威胁。如局中人有若干威胁策略可供选择，则为可变威胁。——译注

局中人不能靠取消一些他的策略而改进他的报酬。在非合作方法中，纳希假设局中人们首先自己忠于他们的威胁。在第二阶段如果局中人们不能达成协议他们将被迫执行其威胁。每一对威胁引出一个（固定威胁谈判）子博弈，其中选出使效用增益之积最大化的优越的均衡。应用回溯推导并利用这种选择（即每一个子博弈用它的惟一解代替），第一阶段中威胁策略的选择基本上化为一个严格的竞争博弈，即这个被变化了的第一阶段博弈有一个最小最大性质的均衡。因此，总博弈有一个价值和最优威胁策略。不必赘言，非合作法得到的解与利用公理得到的解重合。

　　均衡改善

　　纳希均衡表达一个要求，一个理性行为理论向每一个局中人推荐一项最优策略，如果所有其他局中人都按照理论玩。在发生偏离理论后它对行为不施加任何条件，然而冯·诺伊曼和摩根斯坦已经主张一个解概念也应面对在其他人不遵守时如何玩的问题，并且在"不守理论的人们"存在时，一个理论的信仰者仍应愿意遵循理论的劝告。事实上并非所有的纳希均衡有此好性质：发生偏离均衡后，一个相信这个均衡的人可能也愿偏离它。作为一个例子，修改图1的博弈使得局中人1（"行局中人"）在局中人2之前作出选择，在后者作出他的决定前显示此选择。局中人1选择 a 而局中人2不论局中人1如何选择都答以 α 的策略对是一个纳希均衡。然而，如果局中人1偏离而选择 b 局中人2的均衡行动不是最优的：在那个情况下局中人2愿意偏离到 β。均衡依靠局中人2的不可信威胁。

　　在纳希的关于可变威胁谈判的工作中已能找到对可信度的清楚的讨论。纳希的文章称为"二人合作博弈"很合适，因为它主要依靠存在一个裁判人他强迫执行合同和义务，纳希写道："为了威胁的成功，重要的是如果 B 不遵守，A 被强制执行他的威胁。否则没有什么意义。因为，一般而言，执行威胁自身不是 A 想作的事情。"

　　为了消除依靠不可信威胁的均衡，提出了纳希均衡概念的各种改进，这里不一一枚举，见 van Damme, E. 1987.《纳希均衡的稳定性和完善性》。柏林：Springer-Verlag。让我们只注意莱因哈德·赛尔顿的两篇文章是根本性的。赛尔顿在"一个有需求惰性的寡头垄断模型的博弈论处理"（Spieltheoretische behandlung eines oligopolmodells mit nachfraget rägheit）。①

---

　　①　寡头垄断指少数企业垄断市场，其中最简单的是两个企业垄断市场，称为双头垄断。有些商品需求的价格弹性小，例如粮食，价格下降，需求增加不多。称为有需求惰性。对寡头垄断问题有几种研究方法，以博弈论来处理它是较新的进展。——译注

《普通社会学杂志（Zeitschrift für die Gesamte Staatswissenschaft）》（第 121
卷，1965 年，301—324 页及 667—689 页）中主张，一种理性行为理论必须在每
一个子博弈中规定一个均衡，因为否则至少有一个局中人一旦到了子博弈会有一
种偏离的激励。他称有此性质的均衡为子博弈完善均衡。用一种回溯推导法可以
找到它们。不幸，此法一般不消除一切"有问题的"均衡。赛尔顿在"再论扩展
博弈中均衡点的完善性概念"（《国际博弈论杂志》第 4 卷，1925 年，第 25—55
页）中提出一种进一步的改善，它明显地把非理性行为的可能性考虑进去，即他
提示将完善的理性看作是不完全理性的一种极限情况。在形式上，他考虑原博弈
的稍有扰动的版本，其中有小概率的局中人们犯错误，他把一种（颤手）完善均
衡界定为受扰动博弈的均衡点的一个极限。有趣的是注意纳希已经讨论过一种不
完善均衡博弈。

在纳希的关于谈判的工作中已经提出借助于研究它们的相对稳定性区分均衡
（见均衡选择）。然而赛尔顿的方法和纳希的方法之间的一个重要差别是赛尔顿只
针对某种扰动要求稳定性，而纳希对某一类中的所有扰动坚持稳定性。因此，一
局博弈一般允许多个完善均衡。Kohlberg 和 Mertens 认为赛尔顿的完善性要求
限制不够严，并且他们提出了各种改善，对某一类中的一切扰动要求均衡集的稳
定性。现在仍在辩论这些很强的稳定性要求是否确定捕捉了理性行为的必要要
求。然而可以说纳希的思想在形成这项研究计划中起根本作用。

均衡选择

我们已经讨论，因为纳希均衡的理性主义解释主要依靠惟一性假设，一局博
弈常有多个均衡的事实使均衡选择问题突出。纳希在他研究固定威胁谈判问题时
已经遇到这个问题。在纳希的非合作模型中双方局中人陈述他们的要求并且如果
这一对要求是可行的，则每一方局中人得到他的要求，否则导致不能达成协议。
任何一对帕累托有效的要求显然构成博弈的纯均衡。下面的引语描述多均衡问题
以及纳希对它的解：

> 所以均衡点并不把我们立即引导到博弈的一个解。但是如果我们靠研究
> 它们的相对稳定性而区分它们，我们能逃脱这种麻烦的非惟一性。为了作到
> 这一点我们使博弈"光滑"以获得一个连续的报酬函数然后并研究当平滑量
> 趋于零时已平滑的博弈的均衡点的极限行为。

已平滑的博弈由一个连续的、严格正值的函数 h 确定，其中 h(d) 可以解释为需求向量 d 相容的一个概率〔假设如果 d 在未扰动问题中是可行的，即 d∈B，则 h(d)=1，并且当 d 离开 B 时 h 很快地缩小到零〕。其中局中人 i 的报酬函数是 $u_i^h(d)=dh_i(d)$ 的平滑博弈可以被认为代表博弈信息结构中的不确定性，效用尺度，等等。函数 $d_1d_2h(d)$ 的任何最大化者是这个被扰动博弈的一个均衡，所有这些最大化者当噪声消失时收敛到 B 上面的函数 U_1U_2 的惟一最大化者。如果 h 正规地变动，被扰动的博弈将有 $d_1d_2h(d)$ 的惟一最大化者作为它的惟一均衡。可见纳希谈判解是平滑博弈的均衡点的惟一必要极限。因此，原博弈只有一个"健全的"均衡，它可以作为博弈的解。

哈山宜和赛尔顿于 1972 年在"不完全信息二人谈判博弈的一个广义纳希解"（《管理科学》第 18 卷，80—106 页）中以纳希的思想为基础，设法推广纳希对不完全信息博弈的谈判解，为一般博弈构造一个均衡选择的一致理论。此理论的一个关键概念是风险主导概念，以下引语说明了纳希的思想对理论的影响：

> 我们以一种满意方式界定风险主导的尝试受一种思想指导，再现纳希的固定威胁合作谈判理论的成果有好处。纳希性质并非我们的理论的一项意外副产品。

在此引语中的纳希性质是这样一种性质，在某些类别的博弈中（例如一致博弈和 2 人 2×2 博弈）被选中的均衡是偏离均衡的损失之积最大的均衡。例如，在图 1 的博弈中，均衡（a，α）的纳希积为 30，而（b，β）的纳希积为 b。因此，（a，α）的风险主导（b，β）。对于 2×2 博弈的特殊情况，哈山宜和赛尔顿从一个可信的公理集导出风险主导关系，类似纳希用以证明他的谈判解的公理集。对更加一般的博弈，风险主导不能基于纳希积的简单比较上，而哈山宜和赛尔顿的定义（它以追踪法为根据，在此不予介绍）是否是最适当的定义并不清楚。Carlsson 和 van Damme 比较若干概念，它们都从纳希的工作得到启发而且与纳希对 2×2 博弈的解重合，但是在这一类之外它们产生不同结局。无论如何纳希的思想在均衡选择理论中占有突出地位是清楚的。

实验博弈

在以前各节中，我们记录了纳希的思想对规范的理性主义的博弈论发展的影响。这篇文章如果不提纳希，以及 Kalisch，Milnov 及 Neving 在实验经济学中的先驱工作是不完全的。（见四人合著："一些实验 n 人博弈"，收入 R. M. Thvall，C. H. Coonls，和 R. L. Davis 主编：《决策过程》，纽约，Wiley，1954，第21章，301—327页）那篇文章报告一系列有关 n 人博弈的实验，[①] 其目的在将各种理论解概念与实际博弈的结果比较，即它研究理性主义理论的行为有关性。作者们对各种理论解概念找到不同的支持，他们讨论理论和经验结果之间的出入的一些原因。其中提到个性差异的作用，货币效用不一定是线性的以及表面公平的考虑的重要性。此外，记载了若干规律性，例如框架效应，局中人数目对博弈竞争性的影响，重复博弈可能导致更加合作的博弈的事实，以及利用配角导致一个竞争性更强的环境的可能性。现今实验经济学中上述概念的重要性被文献记录下来，此文章是描述性博弈论发展中的一个重要里程碑。

纳希对实验经济学文献的第二项重要贡献是他对 Melvin Dresher 和 Merrill Flood 进行的重复囚犯两难问题实验的讨论。在此实验中，两个局中人重复玩100次某一囚犯两难问题。他们不经常玩一发均衡，但是他们也未能达到一个有效的结局。实验者们把他们的实验看作对一发均衡的预测有关性的一种检验而且他们对证据的解释是否定这个假设。不过，纳希认为实验的设计有毛病，重复的博弈不能被看作是一个独立博弈序列而且他提示如果排除试验之间的相互作用，结果会很不同。他承认静态均衡的不断重复是总博弈的惟一均衡，但是他主张一对引发策略（"别人合作我也合作，别人背信一次我永远背信"）靠近均衡，在无限重复的博弈中这一对是一个精确的均衡。而且，他提示后一类博弈实际上可能更好地反映情况，"因为100次试验如此之长，以致绞刑吏理论不可能很好地靠它来理解"。因此，他不仅为检验静态均衡预测规定一个合适的设计，他也描述重复博弈理论中的主要见解并且他指定一个特定形式的有界理性作为观察到的理论预测和经验结局之间的差距的一个解释。

结论

Aumann 有力地主张判断一个博弈理论解概念主要靠它在应用中产生的见解，靠"在应用它的社会过程的运作中建立关系和提供深入见解"。在这个方面，"纳希均衡无疑是最'成功的'——即被广泛利用和应用的——博弈论解概念。"很多现代经济学（和有关学科）文献确实采取以下形式：一个社会情况被模拟为一个非合作博弈，博弈的纳希均衡被计算出来而且它的性质被翻译为原问题中的

---

① 例如打桥牌。——译注

深入见解。

纳希谈判解也能被认为是一个很成功的解的概念因为它也常被应用。当然，它的范围比均衡概念的范围有限得多。而且，由于它的更加抽象的性质，它与一些模糊之点有关，这可能抑制成功的应用。应用纳希计划可能解决这些模糊之处，即揭示借以达成协议的谈判过程并求解所得博弈的均衡。

与多个均衡和与并非一切均衡需要符合理性行为的事实有关的问题曾阻碍纳希计划的成功应用。纳希为 2 人谈判博弈的特例解决了这些困难。受他的思想启发并根据他的技术发展了一类讨论这些问题的重要文献，它们使我们能分析和解决更复杂的，更真实的博弈。所以，非合作博弈论的应用领域已大为扩充。可以预期，作为一项成果，我们对社会的运转的见解也将提高。

Kuhn

现在我愿请参加研讨会的各位，各括约翰·纳希，提出问题。我将利用主席的一项特权向他提出一个问题。当你的博士论文中的解释成为《数学年刊》中的文章（《非合作博弈》，1951）的基础时，你为什么不发表那些解释？

纳希

我怕我不能，简单地不能回答那个问题。我真的不记得了，但是我确实知道 Tucker 改变了我的博士论文的形式以及"二人合作博弈"的文章没有被包括进去，如果曾被允许，它原先可能被容纳。所以那篇文章在《经济计量学》另行发表，与它的其余部分区分，同时可以作为一篇数学文章的内容进了《数学年刊》。因此我不知道它是否只被删减以适应《数学年刊》的风格。

Kuhn

《数学年刊》肯定和经济学杂志有不同标准，它很可能被该刊的一位编辑或一位审稿人删除，但是我认为它是一件大耻辱，因为认识这些解释被大为延误，我知道 Jörgen Weibull 在展现大量解释中特别突出，并且我想今天 Eric 表明，现在有了那篇博士论文，重新审查对一些人很有用。会议现对任何一位的问题开放。

Werner Güth（柏林洪堡大学）

我只想问一个问题，因为我想约翰·纳希表明对每一个有限博弈存在一个纳希均衡点，因而证明了一类成果。我发现只有有限多策略的假设很直觉，很自然，但是当然为了证明它你必须假设你能连续地变化混合策略。而如果我现在想只有有限多的行动是很自然的。我也必须假设在随机化中只有有限多的选择。为了证明一个局中人在选择纯行动时能连续地变化概率，你是否同意这应当被看作界定理性局中人的一个假设？你如何证明它？否则我会有概念的哲学问题。我想我能容忍这类有限多的行动，但是纳希定理有些必须依赖概率的连续变化。你会不会也把它看作是理性局中人的一个假设，因而它更加哲学化。谢谢你。

纳希

那确是一个哲学问题。在数学上你必须有连续性，这当然是明显的。事实上你可能得到很特别的数目。我想如果你有两个局中人并且你有混合策略，你有理性的具体数目，但是如果你有更多局中人你得到代数数目。所以如果有某种哲学理由不能得到描写一项混合策略的那种数目，那么就完了。

我想说一件事。当我听到诺贝尔奖获奖人是谁的时候，我不知他们如何被联系起来。当然我知道哈山宜和赛尔顿利用了均衡点或纳希均衡点的概念，但我不知道其他还有什么相互关系，于是我开始温习事情，因为我不曾直接追踪这个园地。于是我发现了这本书《博弈均衡选择通论》，我想它是两位作者哈山宜和赛尔顿在 1988 年出版的，而且这时我也从对它表达的意见发现，它是很有争议的。它很有趣，但也有些可争议。在和一些人谈话中我发现一种印象被证实，它可能有些具体方面不能立即被接受。但是不立即被接受的东西可能更有趣。例如有这个问题：一切合作博弈实际上可以给一个解的可能性。这可能类似夏普来价值。如果它确能成立你可以说，有一个博弈，有合作，约束性协定，威胁，每件事的可能性，这是它对所有局中人的价值。你有一个劳资纠纷，你有国际政治，参加共同市场问题，这是它的价值。那就是说，如果一切事物可以测量或用效用表示。可以有某件像那样的事物的可能性是很基本的，但是夏普来价值很早会有那个可能性，如果说夏普来价值确是真价值。但是我学习的这本书中的一个例子说明在那里考虑的解事实上和夏普来价值不同，所以它是一个很有趣的比较。原则上实验可以区分不同的理论，所以我想那是一个很有趣的领域。我想将有进一步的工作。我最好不要说得太多，因为哈山宜和赛尔顿明天自然要讲话，而我不准确知道他们将说什么。

引 文 注 释

[1] 实际上纳希也假设在一局非合作博弈中，局中人们将不能互相通信。可是，在我看来，这会是一项没有必要地限制性的假设。因为如果局中人们不能加入可以实践的协定，则

他们的通信能力将对一个合作结局没有真正帮助。

[2] 注意纳希均衡似乎是既用于正常式又用于扩展式博弈的惟一解概念。

[3] 纳希在此指他的基于纳希均衡概念的非合作博弈论。

[4] 他不用"颤手完善均衡"一词。但这是许多其他博弈论者用以描述此类纳希均衡的词。

[5] 纳希用一个罗马文 P 而不用希腊文 π 表示报酬。

[6] 一个群体状态 s∈S 是稳态的如果群体一旦在状态 S，即，如果 $f_{ia(s)} = \forall$ i，α，在时间过程中不发生变化。

[7] 纳希用 $T_i(s) = S_i'$ 定义的映射 T：S→S'，对

$$S_{ia}' = \frac{S_{ia} + \pi_{ia}^t(S)}{1 + \sum_{\beta \in Ai} \pi_{i\beta}^t(S)} \ (\forall \ i \in I, \alpha \in Ai)$$

[8] 在现在的情况中，如对某一含 0 的开放时间间隔中一切 t，s(0) = s* 和 p(0) = p* 一起意味着 s(t) = s* 和 p(t) = p*，则一个状态 x* = (s*，p*) 是稳态的。

[9] 另一个版本假设 $u_i(s) > 0$ 并被 $g_{ia} = u_{ia}(s)/u_i(s) - 1$ 给出。

[10] 一个群体状态 s 是动态稳定的，如果状态的小扰动不导致群体走开，即如果 s 的每一邻区 V 含有一个 s 的邻区 U，使没有一条从 U 出发的解曲线离开 V。

莱因哈德·赛尔顿自传

1930 年 10 月 10 日我生在布莱斯劳（现在称为乌罗克劳），那时的布莱斯劳属于德国，在那里只讲德语。在第二次世界大战后布莱斯劳归于波兰，原先的德国居民几乎完全被波兰居民代替。战后我从未访问乌罗克劳。激烈的战斗毁坏了我在那里生长过的城镇的大部分，大多数我年轻时熟悉的地点现在变了样。

我出生时，我的父亲有一个名为"读书会"的企业，有几本杂志的夹子借给顾客一星期，然后收回再借出。愈老的夹子费用愈低。这是一个兴旺的行业。我的父亲创办他的企业，虽然他年轻时眼睛瞎了，他只上过三年学校。在 30 年代中期他不得不出售他的企业，因为他是犹太人。犹太人被禁止经营与出版有关的企业。我的父亲不属于任何宗教社会，我的母亲是一名新教徒。原先我的父母打算让我成长时不接触一个具体宗教，以便给我机会在以后自己决定信仰。然而，在当时的政治环境中让我受洗为一个新教徒似乎好一些。洗礼是我的早年记忆之一。后来我成长为一个青年，便脱离了新教教会，并且不再皈依任何宗教。不像其他几位亲戚，我的父亲虽未成为大屠杀的一名牺牲者，但他在最恐怖的日子之前，已因一场重病于 1942 年逝世。

在希特勒统治下，我作为一个半犹太人男童生活不易，当我 14 岁时不得不离开高中，不允许我有学一个行业的机会。对我开放的惟一事业是当一名不熟练工人。幸而这一点并不重要，因为约在半年后，我和我的母亲、兄弟、妹妹一起离开了布莱斯劳，我们是在所有离境铁路运输停业之前乘坐最后列车离去的。

作为官方轻视的少数民族一员的处境迫使我在我的生活早期就密切注意政治事务。而且我发现我自己反对大多数居民所持的政治见解。我不得不学会相信我自己的判断，而不是官方宣传或公共舆论。这对我的智力发展是一种强大影响。我继续对政治和公共事务感兴趣，是我在高中后期就开始对经济学感兴趣的原因之一。

在离开布莱斯劳之后，我们成了难民，先在撒克逊尼亚，然后在奥地利，最后在赫西亚。在 1946 年学校重新开学之前，我是一名农场童工，先在奥地利，以后在我们生活的赫西亚的村庄。在 1947 年我们迁往迈孙根，一个小城，我在那里上高中直至 1951 年。在这 8 年中我发展了一种对数学的强烈兴趣。当我们仍生活在迈孙根附近的村庄时，我不得不步行到校，往返约需三个半小时。在步行时我想的是初等几何和代数的问题。现在，我仍喜欢在森林覆盖的丘陵徒步旅行和在步行时思考。

当我高中毕业时，即使我也考虑经济学和心理学，我要学数学对我是清楚的。获得数学硕士学位费了我较长的时间。我的学习不完全集中在这个目标。原因之一是我去听讲许多与我学习数学毫无关系的内容。不过，以后发现这些课外活动有一些对我的事业很重要。1951 至 1957 年我在法兰克福大学学数学。在我完成我的 "Vordip Iom"，大约相当于学士学位的中间考试之前，我也不得不学物理学。原先我考虑的天文学为我的硕士学位的附修科目，而且我确实花费许多时间设法取得这个领域的一些知识，但是现在几乎一切都忘了。终于使我离开天文学的是我变得日益与博弈论和经济学有关。我感谢法兰克福大学自然科学院决定许可数理经济学为硕士学位的附修科目，以便使我能成为作此选择的第一人。

我和博弈论的第一次接触是《幸运》杂志的一篇通俗文章，我在高中最后一年读过。我被立即吸引到这个主题，而且在我学数学时在图书馆发现冯·诺伊曼和摩根斯坦的著作并且学习它。以后一些时候我看到一个关于博弈论经济学家的学生研讨班的通告，Ewald Burger 教授主持，他教高等数学课程但也教经济学家的数学。我参加了研讨班，Ewald Burger 给我写一篇关于合作博弈论硕士论文的机会。他是一个有特殊数学素养的人，也是一位优秀教师。我很感谢他的指导和他的耐心的帮助。

我的硕士论文和以后我的博士论文的目的在于公理化 n 人扩展式博弈的一个值。此项工作使我熟悉扩展式，那时对扩展式做过的工作甚少。这使我能比其他人较早看到完善性问题并且写出我现在为之荣获阿尔费雷德·诺贝尔奖金的贡献。

1957 年我获得硕士学位后，我受雇于 Heinz Sauermann 教授，马恩法兰克福大学的一位经济学家，他雇我担任各种助理职务达十年。我的任务是做德国科学基金资助的研究工作，那个基金相当于美国的国家科学基金。起初我想应用决策论于企业理论，但是很快我变为涉及经济实验室试验。所幸 Sauermann 的研究建议书的审议人们同意这个新研究方向。这使资助一个作实验研究的年轻人小组成为可能。Sauermann 约有 15 名助理而其中只有二至四名涉及实验。我成为好像这个小分队的一名监工。Reinhard Tietz，Volker Häselbarth，Otwin Becker，Klaus Schuster 和其他人在或长或短的时间内属于它。

Heinz Sauermann 是一位杰出人物。他是在德国最先传播凯恩斯主义的人之一。虽然缺乏数学训练，但他鼓励他的学生们做基于形式模型的工作。他对这个园地的趋势始终感觉敏锐，故在向在他监督下做研究的那些人提示正确的问题领域方面很成功。他是一位优秀的管理者和科学的组织者，他对传播实验经济学做了许多事。我欠他的很多。

1959 年我与伊丽莎白·朗伦纳结婚，从那时起多少年来她帮助我成为现在的我。我们愿意有孩子，但是我们没有。我们两个人都属于世界语运动，这是我们认识的起源。世界语对我们的生活仍有一种重要影响。

我的第一项出版物是一篇期刊文章，题为《一项寡头垄断实验》，和 Heinz Sauermann 合写，1959 年发表。当我们在法兰克福开始做实验经济学时，这个领域还不存在。我学数学时设法学一些心理学使我熟悉实验技术。我曾听过心理学家 Edwin Rausch 讲课，他是一位仔细的实验者，并且我曾参加心理学实验。所以对寡头垄断试用实验方法对我似乎是自然的。

1961 年，我在马恩法兰克福大学得到我的数学博士学位。以后不久奥斯卡·摩根斯坦使我能参加在普林斯顿的一个博弈论会议。在 50 年代晚期——我不记得具体是哪一年——他在法兰克福作一次讲演，我在以后的讨论中的评论必然给他有印象。在以后几年中，他旅行到法兰克福时有时请我去与他会晤。在博弈论会议后，他也给我财务支持以便在普林斯顿多待几个星期。我到普林斯顿的短期访问对我的生活很重要，因为它给我与 J. Aumann 和 M. Maschler 交流的机会，他们那时是摩根斯坦的研究组的成员。

1958 年左右，我知道了 H. A. 西蒙的关于有界理性的文章，立即信服他的论点。我尝试构造一个有界理性多目标决策理论。[①] 我和 Heinz Sauermann 一起拟出一个"企业的想望适应理论"，它作为一篇期刊文章在 1962 年发表。在 1961 年普林斯顿会议之后，我访问匹兹堡两天以便与 H. A. 西蒙和他的同事们建立联

---

① 有界理性论，或译作有限理性论。因为决策者在知识和计算能力上有局限性。——译注

系。有界理性问题长时期在我心中，但是不幸不如我希望的那么成功。我愈来愈得出结论，像我们的 1962 年文章那样的纯抽象思考方法的价值有限。在安乐椅中不能发明有界理性经济行为的结构，必须用实验方法予以探讨。

60 年代初，我曾进行一个有需求惰性的寡头垄断博弈实验。这个模型的一个博弈论分析证明太困难，但是我能求解一个简化版本。我找到一个自然均衡但是此博弈有许多其他均衡。为了描述我的解的特点，我界定了子博弈完善性。我的文章《一个需求惰性的寡头垄断模型》是在 1965 年发表的。那时我并不认为它会被常常援引，几乎完全为了子博弈完善性的界定。很快我认识到这个概念并未完全解决完善性问题。所以在 1975 年发表的一篇文章中，我界定了一个改善的完善性观念，现在常被称为颤手完善性。

1965 年，我应邀参加耶路撒冷的一个博弈论研讨会，它持续三星期并且只有 17 位参加者，但他们都是博弈论的重要研究者。那时博弈论仍是一个小园地。我们热烈讨论哈山宜的不完全信息博弈的新理论。这是我和约翰·哈山宜长期合作的开始。会后不久，我成为研究企业 MATHEMATICA（数学）雇用的一个博弈理论家小组的一名成员，为武器控制和裁军署的项目工作。小组常在华盛顿附近开几天会，我和约翰·哈山宜合作研究不完全信息下的谈判，但我也做其他关于核威慑模型的工作。小组并未为裁军署产生任何有实际价值的东西，但是它仍然很成功，因为在那里作出了重要理论进展，如 Aumann，Maschler 和 Stearns 的重复的不完全信息博弈的分析。

在德国，要当大学教师有了博士学位还不够，另外还须为"资格"工作。为此目的要提出一篇资格论文，通常为一个研究领域的专著。资格是独立讲课的许可证。我的资格论文是一部论多产品定价的专著。在 1967/1968 学年我是加州大学伯克利分校商学院的访问教授。在我动身去伯克利之前不久，我已完成我的资格论文，并在我回来时得到了资格。在 1970 年，我的资格论文印成一本书。

1969 年，我接受柏林自由大学聘请，担任经济学教授直到 1972 年。我妻子和我喜欢住在西柏林。在这些年里德国经历了一个学生骚动期，它使教学困难而且有时不可能。自由大学的学生运动特别强，但是这并不是我在 1972 年迁往比尔费大学的原因。我被创设一个数理经济学大研究所的计划吸引。然而，这些计划不可能实现，因为最终变成没有钱。后来成立了一个只有三名教授的小研究所。对于这样解决我没有什么不高兴，因为我成功地说服任命委员会所有位置应被博弈理论家占有。职务由 Joachim Rosenmüller，Wulf Albers，和我自己担任。

集中于博弈论给我们一个得到某种国际声誉的机会。

我在比尔费大学的年代是多产时期。我的实验研究继续进行，但我主要研究博弈论及它在工业组织和其他领域中的应用。在约翰·哈山宜和我完成了我们对不完全信息下的谈判的工作后，我们决定研究为每一局博弈选择一个惟一的均衡的问题。他两次来比尔费过上一年，而我常常短期访问伯克利，一般度过一两个月。我们构造一个相当一般的博弈均衡选择理论约费了 18 年。此时我们考虑过许多，并且舍弃了两个相当好的拟订方法。我们在 1988 年出版的书只描述了我们最后同意的理论。

在我频繁地访问伯克利时，我也和 Tom Marschak 有过合作，产生在 1974 年出版的一本关于多产品定价的书。我也和 Austin Hoggatt 及他的年轻同事们一起做实验工作。在加州大学伯克利分校巴罗大厅的地下室，Austin Hoggart 建成实验经济学的第一个计算机化实验室。我们的实验在那里进行。

在比尔费大学的 12 年中，我开始和 Werner Guth 密切合作，在某种意义上他是我的学生之一，即使我们从未在同一大学担任职务。我们对约翰·哈山宜和我自己的均衡选择理论的应用做工作，在它达到最后形式之前很长时间，但是我们也对其他问题做研究，像一个商业循环模型的框架中的工资谈判。以后变成大学教授的其他人士有时到比尔费来征求我的意见，如从 Graz 来的 Ulrike Leopold，从 Lyon 来的 Joël Moulen 和从 Eindhoven 来的 Eric van Damme。Ulrike Leoplod 也研究均衡选择理论的应用，我和她一起写了几篇文章。Joël Moulen 对博弈论做博士学位工作并且成为喀麦隆 Jaounde 的一名数学教授。Eric van Damme 需要帮助很少，现在是一位著名的博弈理论家。

我的学生之一 Jon-ren-Chen，从未做过博弈论研究，多年来他当我的助理，他是一名台湾人。他应用经济计量研究于国际贸易和发展。他在比尔费取得了资格，现在是 Innsbruck 的一名经济学教授。我的另一名学生 Rolf Stoecker，是一位有前途的青年实验者，在获得博士学位后离开我，参加一个保险公司并在 5 年后成为它的主要执行官。以后在波恩对我而言发生了类似的事情。[①] 我的助理 Gerald Uhlich 做过关于合作谈判的重要实验工作，获得博士学位后离开大学，成为一家家用纺织品工厂的第二把手。然而我仍抱希望，现在在我的指导下做实验经济学工作的一些学生将变成大学教师。

---

① 指学生离开学术工作而去企业发展其才能。——译注

在比尔费大学有一个独特的机构——跨学科研究中心，有利于不同领域之间交叉。在那里的讲演使我接触生物学家们，他们使我知道博弈论在生物学的应用。一名青年数学家，Peter Hammerstein，他在生物学系担任统计顾问的低级职务，使我熟悉演化稳定性的观念。从那时以后，我发展了一种对生物博弈论的强烈兴趣。我在这个园地的贡献之一是扩展式博弈中演化稳定性的研究。不过，在此领域中我也写过其他文章，有些和 Peter Hammerstein，另一些和耶路撒冷大学的一位植物学家 Avi Shmida，我和他合作研究蜜蜂传播花粉的理论模型。Peter Hammerstein 现在是一位成名的理论生物学家。我的另一名学生，Franz Weissing，也开始了作为大学生物学教师的事业。

我发现和不同领域的科学家们合作很有趣，他们的数学训练很少，但有许多实际知识。我的第一次这种经验是和政治科学家 Amos Perlmutter 合作，我和他发展了剧本集方法，一种建造具体国际冲突的简单博弈模型的方式。我们的研究成果不幸从未正式出版。这种相互作用的优点在于，专家们对经验事实的判断尚未被数学模型污染。我和 Avi shmida 有类似经验，即使他作为一位自然科学家并非十分不懂数学。

我感谢 Avi Shmida，不仅为了他的科学合作，而且也为另一个原因。在我接触植物学的理论问题之前，我很难区别一种花和另一种花。然而，我感到不学一点认识野花的技术，我不可能真正做关于传播花粉的工作。从那时起，除冬季外，我散步时总带一本花书。我为识别野花的努力高兴，虽然常常失败。这项活动开阔了我的眼界，使我看到了开花植物惊人的多样性和异常的美丽。

1984 年我迁往波恩大学，从那时起我是那里的一名经济学教授。我喜欢比尔费大学的跨学科气氛，但是我要建设一个计算机化的实验经济学实验室，而波恩愿意在这方面给我好得多的条件。从 1987 年 10 月 1 日至 1988 年 9 月 30 日我回到比尔费，为了在跨学科研究中心做一年"行为科学中的博弈论"的组织者。有经济学、生物学、数学、政治科学、心理学及哲学背景的参加者的一个国际团体的合作终于于 1991 年出版关于《博弈均衡模型》的四卷书。

在波恩大学，我的工作和我的大多数助手们的工作集中于实验经济学。我们的目标是帮助建立决策的博弈论的一个描述性分支，它认真对待人类行为的有限理性。特别研究单位 303[①] 的架构中德国科学基金的财务支持使我们能在此方向

---

① 研究单位的代号。——译注

工作。

　　在 1991 年发现我和我妻子都有糖尿病。或许我们患此病已有一些时间而不知道。糖尿病的后果使我妻子失去膝盖以下的双腿。因此她现在离不开轮椅，而且她的视力变得很差。然而她仍做许多家务事，即使每件事花费比通常长得多的时间。她做饭并照顾我们的三只猫，而最重要的是她对生活保持一种愉快的态度。我们学会了调整我们的处境。

多阶段博弈模型和延迟超级博弈

莱因哈德·赛尔顿

德国，波恩，莱茵·菲德烈
—威廉大学

1994 年 12 月 9 日讲演

摘　要

　　一个多阶段博弈①中阶段的次序通常借助于把较早阶段看作涉及较长期决策来解释。为了使这种解释精确的目的，引进了一个有界多阶段博弈的延迟超级博弈的观念。如果博弈的长度有一个上界，则此多阶段博弈是有界的。一个延迟超级博弈涵盖许多时期。同时对一切阶段作出决策，但在它们变为有效之前有不同的延迟。愈早的阶段，推迟愈久。

　　一个有界多阶段博弈在它的每一个推迟超级博弈中产生一个子博弈完善均衡。这是本文的第一主要结论。一个子博弈完善均衡集是一个子博弈完善均衡的集合，其一切均衡产生同样报酬，不仅整个博弈如此，其每一个子博弈也如此。第二主要结论有关有一个惟一子博弈完善均衡集的多阶段博弈以及它们的延迟超级博弈，它们是有界的，意思是时期的数目是有限的。如果一个有界多

---

　　①　多阶段博弈的一例：妇女和猫对老鼠和男人。分为两组，第 1 组有 m_1 个妇女和 m_2 个猫；第 2 组有 n_1 只老鼠和 n_2 个男人。在每一阶段，每一组选择它的组员之一，两组共选出两名组员。按照一个妇女消灭一个男人。一个男人消灭一只猫，一只猫消灭一只老鼠，一只老鼠消灭一个妇女的规则，选出的两名组员有一名被消灭。四类组员中若有一类被完全消灭，这一类所在的组成为输家。——译注

阶段博弈有一个惟一的子博弈完善均衡集，则它的每一个有界延迟超级博弈也是如此。

最后，在所得成果的启示下讨论了多阶段博弈模型及其子博弈完善均衡的描述的有关性。

一 引 言

在经济学文献中人们发现许多博弈模型，其中局中人们对一些相继阶段的每一阶段同时作出决定，对以前阶段作过什么始终有充分信息。[①] 一个早期的例子可在我的论文《一个不完善竞争的简单模型其中 4 个很少而 6 个很多》（《国际博弈论》杂志，1973 年第 2 期，141—201 页）此寡头垄断模型中局中人们首先决定他们是否要参加卡特尔谈判。这个参加阶段后面是一个卡特尔谈判，其中可以提出和协议配额卡特尔。第三和最后阶段是一个供给决策阶段，规定生产数量。

另一个例子是一个两阶段双头垄断模型，第一阶段决定生产能力，第二阶段是贝特兰价格竞争。多阶段博弈模型可以根据子博弈完善均衡概念分析，那是普通博弈论均衡的最简单的改善。有时更多的选择标准与子博弈完善均衡结合，如我的上述模型中的对称性和局部效率。我的模型的分析产生这样的成果，直至 4 个竞争者总会形成一个卡特尔而在 6 个或更多竞争者存在时形成卡特尔的概率不足 2%。Kreps 和 Scheinkman（1983，Quantity Precommitment and Bertrand Competition Yield Cournot Out comes，Bell Journal of Economics，14，326—337）的模型加深了我们对 Cournot 寡头垄断理论的理解。在均衡时 Cournot 数量竞争在他们的模型的第一阶段进行。一些例子表明多阶段博弈模型的分析能导致有趣的理论结论。

在有些情况中，把一个多阶段博弈模型的阶段看作在时间上前后相继的决策点可能有道理。不过，此种直接的时间解释常常不够。许多多阶段博弈模型不是真为了描述必须按固定时间次序作出决策的情况。所以 Kreps 和 Scheinkman 的模型把能力选择放在价格选择之前，不因为价格选择不能先于能力选择，而是因为能力决策被认为比价格决策更加长期。当进行短期决策时把长期决策看成是固定的，似乎是自然的。"时期长度"的意思是一个短期——长期尺度上的一个位

---

① 围棋是一种多阶段博弈，在下每一步棋时，以前下过什么子，双方是完全知道的。——译注

置，而不是时间，这是确定阶段次序的根据。如果时间长度较大的决策被模拟为在一个较早阶段作出的，希望有一个效果，在子博弈完善均衡中较短期决策基于被作为是固定的较长期决策。

时期长度解释把一个多阶段博弈模型看作是一个进行中的情境的浓缩描述，其中阶段决策并非一次对所有阶段作出的。策略变量可能因时间变化，但是较短期决策以某种方式从属于较长期决策。此种从属的原因并未得到明白阐释。

简单寡头垄断模型，类似只涉及一个阶段的 Cournot 模型，通常也被解释为行进中情境的浓缩描述。作为一次性博弈的文字解释没有多少有应用意义的空间。人们必须认为这类模型是在一个超级博弈中重复进行，但未利用这类情境中可能存在的准合作潜力。一次性博弈而非超级博弈的分析等于假设任何合作被有效地贯彻的卡特尔法或其他原因排斥。

同样，人们可以把一个多阶段博弈模型看成代表一个超级博弈中的一个时期的结构。不过，这可能意味着人们坚持阶段次序的直接时间解释。时期长度解释显然要求下面行进中的情境的一幅不同的图画。这次讲演的有限目的是对下面的情境提供一个明白的模型，它支持化为多阶段博弈，短期服从长期。

在 Kreps 和 Scheinkman 的模型中，能力决策是长期的而价格决策是短期的意味着什么？它可能意味着由于外生的制度环境能力只能在时间的某些点上调整，例如在年初，而价格可以天天变化。另一种解释，人们可能考虑变化费用的差别，能力调整费用大，价格变化费用小。这会导致一个惰性超级博弈精神中的模型。第三种可能性是这里给出的答案。它注意作出决策的时间和它变为有效的时间之间的延迟。此延迟对能力调整可能是两年，而对价格调整只有一天。延迟愈久，决策被认为愈长期。

我感到，在许多事例中，一个较长期和一个较短期决策之间的差别，可用推迟的差异来充分解释。当然，在有些多阶段博弈模型中，时间次序的必要性，外生制度环境及变化费用的差异，在解释阶段次序时也可以考虑。不过，在这里，我们将只关心时期长度解释，把时期长度的差别看成是一项决策变为有效前需要的延迟时间之差。下面行进情境将被模拟为一个特殊博弈，称为一种"延迟超级博弈"。在一个延迟超级博弈中，对一切策略变量的决策是同时作出的，一个时期接着一个时期，但是这些决策经过不同的延迟生效。例如，在 t 时期，对 t＋1 时期的价格和 t＋10 时期的能力的决策，可在同时对两个变量并同时由所有局中人作出。

在一个延迟超级博弈中，局中人们对博弈的以前历史有充分信息，但对其他局中人的同时决策没有充分信息。一个时期中作出的一切决策到下一个时期的开始变为公开。

延迟多长并不很重要。为了分析延迟超级博弈只有决策变量对延迟长度的次序是重要的。

一个延迟超级博弈不一定玩固定的时期数，定义将涉及一个在所玩时期数上的概率分布。如果时期数有一个有限的上界我们说一个"有界"延迟超级博弈，否则为一个"无界"延迟超级博弈。有界和无界延迟超级博弈之间的区别在博弈论中是重要的。

一个有界多阶段博弈的每一个子博弈完善均衡对它的每一个有界或无界延迟超级博弈始终产生一个子博弈完善均衡。这是本文第一个主要结论［第五节（三）中的定理 1］。所产生的均衡可以粗略地描述为所玩的每一时期中多阶段博弈均衡策略的多次应用。

一般说来，一个延迟超级博弈，特别是一个无界延迟超级博弈可能另有许多子博弈完善均衡。这在普通超级博弈中已经发生是大家熟知的。因为正常式博弈是只有一个阶段的特殊多阶段博弈，超级博弈是特殊延迟超级博弈。

一个子博弈完善均衡集是一个子博弈完善均衡的集合，它们都产生同样的报酬，不仅整个博弈如此，而且它的每一个子博弈也如此。一个多阶段博弈或一个延迟超级博弈将被称为"确定性的"，如果所有它的子博弈完善均衡的集合是一个子博弈完善均衡集。一个确定性的有界多阶段博弈的每一个有界延迟超级博弈是确定性的。这是本文的第二个主要结论［第五节（五）中的定理 2］。

这次讲演将不考虑哪一种"民间故事定理"对哪一类延迟超级博弈成立。从规范性博弈论的观点这类定理是有趣的，但是它们的应用意义有限。囚犯两难问题博弈的有限超级博弈只有一个子博弈完善均衡，它到处规定非合作选择，然而有经验的实验人在这类博弈中合作直到快结束时。另一方面在有些类似超级博弈的寡头垄断实验中没有见到合作。在什么条件下一个延迟超级博弈中的行为收敛到下面多阶段博弈的一个子博弈完善均衡，在本文末了将更加详细地讨论此问题。

不用扩展式博弈的通常架构，在此用了一个有些不同的架构，它被特别适应到多阶段博弈及其延迟超级博弈。同时决策被表示为根据同样的以前博弈历史而信息没有明白纳入模型。一个"选择集函数"和一个"道路集"一起被递归界定，它们代替博弈树的作用。和通常扩展式一样，一项"概率分配"描写随机选择的概率并有一个报酬函数确定一局博弈结束时的报酬。借助于为局中人们额外引入信息分割可以产生像一个扩展式博弈那样的一般架构。

即使我们的主要结论在直觉上可信而不令人惊异，为了使陈述及其证明精确一些，形式化是必要的。

二　多阶段博弈

一个多阶段博弈将被界定为一个由四个成分构成的结构，一个初始状态 s，一个选择函数 A，一项概率分配 p 和一个报酬函数 h。初始状态 s 是一个符号，表示博弈开始前的情境。选择集函数描述局中人们在博弈中可能发生的每一个情境中可能有的选择。概率分配 p 对随机选择指定概率，报酬函数 h 规定博弈结束时的报酬。详细的形式定义在下面给出。

（一）选择集函数

一个多阶段博弈涉及 n 个个人局中人，1，…，n 和一个随机局中人 0（解释为一个随机机制）。在下面我们提出一个选择集函数的一个联合递归定义和一个道路的观念（一个道路代表一个以前的博弈史）。此外，引入进一步的辅助定义，如一局博弈，一个前局和一个选择组合。在括号中补充解释。

1. 初始状态 s 是一条道路。

2. 如果 u 是一条道路则选择集函数 A 给每一个局中人 i＝0，…，n 指定一个选择集 $A_i(u)$。

辅助定义和符号：如果 $A_i(u)$ 是非空集，则局中人 i 被称为在道路 u 上是主动的，否则是被动的（i＝0，…，n）。如果所有局中人 i＝0，…，n 在 u 是被动的，则道路 u 是一局博弈，否则是一个前局（一局代表一部从始到终的历史；一个前局仍然必须继续下去）。在道路 u 上的所有主动局中人的集合用 N(u) 表示。一个在前局 u 的选择组合是一个系统

$$a＝(a_i)_{i \in N(u)} \quad a_i \in A_i(u) \quad \text{对所有 } i \in N(u)$$

所有在 u 的选择组合的集用 A(u) 表示。

3. 如果 u 是一个前局，而 a 是在 u 的一个选择组合，则 v＝ua 是一条道路。一切道路如此产生。

符号：一切道路的集合用 U 表示，一切弈局的集合用 Z 表示而一切前局的集合用 P 表示。按照 3，构造一条道路 $u = sa^1 \cdots a^k$ 成为一个序列，从初始状态 s 开始并且继以相继的选择组合 $a^1, \cdots, a^k$。

随机选择集的有限性：我们只考虑有这样外加性质的选择集函数，其中一切随机选择集 $A_0(u)$ 是有限的。以此方式我们避免了繁琐的技术问题。在下面将始终假设一切随机选择集的有限性。

（二）概率分配

一个概率分配 p 给每一个前局指定一个 $A_0(u)$ 上的概率分布，其中随机局中人是主动的。

辅助定义和符号：p_u 给一个选择 $a \in A_0(u)$ 指定的概率用 $p_u(a_0)$ 表示。一条道路 $u = sa^1 \cdots a^k$ 的长度是在 u 中 s 后面的选择组合的数目 k。u 的长度用 |u| 表示。

评论：我们的架构不排除一个前局的长度没有上界的多阶段博弈。多阶段博弈模型通常阶段数目有限。在这类模型中不能发生任意长的前局。然而，我们希望有一个定义，它也包括对时期数目不加任何限制的延迟超级博弈。无界延迟超级博弈将涉及停止概率，其效果是在概率为 1 时博弈在有限时间内结束而且预期报酬可以界定。为了我们的一般架构实现此目的，我们在选择集函数 A 和概率分配 p 上加一个联合条件。

随机停止条件：存在一个正整数 μ 和一个实数 δ，$0 < \delta < 1$，使对于每一个前局 u，$|u| \geqslant \mu$，选择集 $A_0(u)$ 含有一个选择 ω，有 $p_u(\omega) \geqslant \delta$ 并有以下性质：如果 ω 是 $a \in A(u)$ 的随机局中人分量，则 $v = ua$ 是一个弈局。

我们将只考虑随机停止条件满足的多阶段博弈，将始终假设是这个情况。

（三）报酬函数

一个报酬函数 h 是一个函数，它给每一局 $z \in Z$ 指定一个报酬向量：
$$h(z) = [h_1(z) \cdots, h_m(z)]。$$
$h(z)$ 的分量 $h_i(z)$ 是实数，$h_i(z)$ 是局中人 i 对 z 的报酬。

报酬的有界性：我们只考虑有一个性质的报酬函数，存在常数 C_0 和 C_1 使
$$|h_i(z)| \leqslant C_0 + C_1 |z|$$
对每一局 $z \in Z$ 和对 $i = 1, \cdots, n$ 成立。我们加上这个有界性条件为了预期报酬确可界定。鉴于打算应用于延迟超级博弈，重要的是允许对一局的长度有递增线

性依赖。始终将假设报酬以此方式有界。

(四) 一个多阶段博弈的定义

一个多阶段博弈 G＝ (s，A，p，h) 包含四个成分，一个初始状态 s，一个选择集函数 A，一个概率分配 p 和一个报酬函数 h，其性质在上面已说明〔见本节 (一)、(二) 和 (三)〕。

如在 G 中一条道路有上界，则此多阶段博弈 G＝ (s，A，p，h) 称为有界。在这类博弈中一条道路的一个最大长度 M 显然存在。可以立即看出这个最大长度 M 的存在隐含 (二) 的随机停止条件存在，有 $\mu = M$，只是因为没有 $|z| \geqslant M$ 的前局 u。

(五) 策略

在本节 (五) — (七) 中，一切定义将指一个固定而任意的多阶段博弈 G＝ (s，A，p，h)。局中人 I 主动的所有前局的集合用 P_i 表示。我们称 P_i 为局中人 i 的前局集。在一个前局 $u \in P_i$ 中的一个个人局中人 i 的一项局部策略是在局中人 i 的选择集 $A_i(u)$ 上的一个概率分布 b_{iu}，它只给有限多的选择指定正概率。b_{iu} 给一个选择 $a_i \in A_i(u)$ 指定的概率用 $b_{iu}(a_i)$ 表示。

局中人 i 的一个行为策略 b_i 是一个局部策略的系统

$$b_i = (b_{iu})_{u \in P_i}$$

对局中人 i 的每一个前局规定一个局部策略 b_{iu}。局中人 i 的前局集 P_i 可能是空的。在此情况中一个行为策略的定义要如此理解，局中人 i 恰好有一个行为策略，空策略。

评论：在多阶段博弈中每一个局中人对以前阶段的选择总有充分信息。这一点意味着这类博弈有完善的回忆。代表一个多阶段博弈的扩展式博弈显然有完善回忆的形式性质，像通常它的表达式那样。Kuhn 证明了一个定理，说明没有任何重要损失，有完善回忆的有限扩展式博弈的非合作分析可以局限于行为策略。Aumann 将此定理推广到一类扩展式博弈，其中某些选择集可能有一个选择的连续体。通常涉及连续变化决策参数的多阶段博弈模型的情况中，这一点是重要的。

为了避免繁琐的技术细节，我们的注意力将局限于有限局部策略，即有一个有限载体的局部策略和仅规定这类局部策略的有限行为策略。

进一步的定义：一个局部策略称为纯策略，如果它指定概率 1 给选择之一。纯局部策略可以按选择识别。一个在前局 $u \in P_i$ 的局中人 i 的所有有限局部策略的集合用 B_{iu} 表示。一个个人局中人 i 的所有行为策略的集合用 B_i 表示。一个个人局中人 i 的一项纯策略给每一个 $u \in P_i$ 指定一个纯局部策略，或换言之，一个在 u 的选择。

一个策略组合 $b = (b_1, \cdots, b_n)$ 是一个 n 维向量，对每一个个人局中人规定一个行为策略 b_i。一个策略组合称为纯策略组合，如果它的所有分量是纯策略。所有策略组合的集合用 B 表示。

（六）实现概率

考虑一个策略组合 $b = (b_1, \cdots, b_n)$ 和一个前局 u。对每一个在 u 的主动个人局中人 i，令 b_{iu} 为 b_i 给 u 指定的局部策略。对每一个选择组合

$$a = (a_i)_{i \in N(u)} \quad 有 \ a_i \in A_i(u)$$

我们界定在 u 的 a 的条件实现概率为 $p_0(a_0)$ 和所有 $b_{iu}(a_i)$ 的乘积，i 在 u 是主动的。此项概率用 $b_u(a)$ 表示：

$$b_u(a) = p_u(a_0) \prod_{i \in N(u) - \{0\}} b_{iu}(a_i)$$

以此方式将 $A(u)$ 上面的一个概率分布与一个策略组合 $b = (b_1, \cdots, b_n)$ 和一个前局 u 联系起来。

现在考虑一条道路 $v \in V$，有 $v = sa^1 \cdots a^k$。我们说一条道路 $u = sa^1 \cdots a^j$ 在 v 之上，如果我们有 $j \leqslant k$，而且前面 j 个选择组合在 u 和 v 是相同的。在 $b = (b_1, \cdots, b_n)$ 之下的 v 的实现概率是所有 $b_u(a)$ 的乘积，有 ua 在 v 之上。此概率用 $b(v)$ 表示。

$$b(v) = \prod_{ua在v上} b_u(a)$$

$v = sa^1 \cdots a^k$ 的实现概率被解释为用 b 中的策略玩博弈的过程中弈局依次通过选择组合 $a^1 \cdots a^k$ 的概率。

（七）预期报酬

对每一个策略组合 $b = (b_1, \cdots, b_n)$，我们将界定每一个个人局中人 $i = 1, \cdots, n$ 的预期报酬 $H_i(b)$。在一个有界多阶段博弈 G 的情况，局中人 i 的预期报酬界定如下：

$$H_i(b) = \sum_{z \in Z} b(z)h(z)$$

在下面我们将假设 G 是一个无界多阶段博弈。在此情况预期报酬的定义和在有界情况中基本相同，但是它需要列出，因为无穷和不一定收敛。对 k＝0，1，…令 Z_k 为一切有 $|z|＝k$ 的弈局 z 的集合。局中人 i 的预期报酬 $H_i(b)$ 界定为：

$$H_i(b) = \lim_{T \to \infty} \sum_{k=0}^{T} \sum_{z \in Z} b(z)h(z)$$

必须证明存在极限。对 k＝0，1，…令 Q_k 为所有前局 v 的集合，有 $|v|＝k$。界定：

$$b(Z_k) = \sum_{z \in Z_k} b(Z)$$

$$b(Q_k) = \sum_{v \in Q_k} b(V)$$

$$Y_k = \sum_{z \in Z_k} b(z)h_i(z)$$

由于一切局部策略只给有限多的选择指定正概率，这些和是有限的。令 μ 和 δ 为使随机停止条件成立的数字。随机停止条件允许以下结论，对 k＝μ，$\mu＋1$，…我们有

$$b(Q_{k+1}) \leqslant (1-\delta)b(Q_k)$$

并且因此

$$b(Q_k) \leqslant (1-\delta)^{K-\mu} b(Q_\mu)$$

从以上第二个不等式的另一个结论是，对 k＝μ，$\mu＋1$，…

$$b(Q_k) - b(Q_{k+1}) \leqslant \delta b(Q_k)$$

在此不等式的左边，我们发现就是 $b(Z_{k+1})$，因为在下一个选择组合之后 Q_k 中的一个前局变为 Q_{k+1} 中的一个前局，或 Z_{k+1} 中的一局。鉴于 $b(Q_\mu) \leqslant 1$ 上述最后两个不等式允许以下结论：对 k＝μ，$\mu＋1$，…

$$b(Z_{k+1}) \leqslant \delta(1-\delta)^{k-\mu}$$

报酬的有界性条件现在可被用来限制 Y_k：

$$|Y_k| \leqslant \delta(1-\delta)^{k-\mu-1}(C_0 + C_1 k) \quad 对 k＝\mu, \mu+1, \mu+2, \cdots$$

其中 C_0 和 C_1 是具有报酬有界性条件所需性质的数字。不难看出右边各项的无穷和收敛。因此左边各项亦如此。这一点的后果是存在极限，借以界定 $H_i(b)$。我们称 $H(b) = [H_1(b), \cdots, H_n(b)]$ 为 b 的预期报酬向量。给每一个 $b \in B$ 指定 $H(b)$ 的 H 函数称为预期报酬函数。

三　均　衡

在这一节我们将首先在多阶段博弈的架构中界定均衡。然后我们看子博弈并将界定子博弈完善性。和以前一样，所有定义有关一个固定的但任意的多阶段博弈 $G=(s, A, p, h)$。

（一）均衡

一个 i—不完全策略组合 b_{-i} 是行为策略 b_j 的一个（n-1）维向量，除局中人 i 外所有个人局中人各有一个策略：

$$b_{-i}=(b_1,\cdots,b_{i-1},-,b_{i+1},\cdots,b_n)$$

我们用符号 b_ib_{-i} 代表策略组合 b，它包含 b_i 和 b_{-i} 的分量 b_j。如果我们有

$$H_i(\tilde{b}_ib_{-i}) = \max_{b_i \in B_i}H_i(b_ib_{-i})$$

则行为策略 $\tilde{b}_i$ 是对 b_{-i} 的最佳答复。[1] 如果 $\tilde{b}_i$ 是对除 b_i 外 b 的分量形成的 i——不完全策略组合 b_{-i} 的一个最佳答复，则 $\tilde{b}_i$ 是对 $b=(b_1,\cdots,b_n)$ 的最佳答复。我们说 $\tilde{b}=(\tilde{b}_i,\cdots,\tilde{b}_n)$ 是对 $b=(b_1,\cdots,b_n)$ 的一个最佳答复，如对 $i=1,\cdots,n$ 行为策略 $\tilde{b}_i$ 是对 b 的一个最佳答复。

如一个策略组合 $b=(b_1,\cdots,b_n)$ 是对它自身的一个最佳答复则它是一个均衡。一个均衡集 E 是一个具有报酬向量 H(b) 对一切 $b \in B$ 相同的性质的均衡的集合。

（二）子博弈

对每一个前局 u 我们界定在 G 的 u 的一个子博弈 G^u。这个子博弈是多阶段博弈

$$G^u=(u,A^u,p^u,h^u)$$

---

① b_{-i} 表示 i 以外所有人的策略，$\tilde{b}_i$ 是 i 的策略，若能给 i 带来最大期望报酬，堪称对 b_{-i} 的最佳答复。——译注

其成员将描述如下。① 初始状态是前局 u 而 A^u 是 A 限制到 v 使 u 在 v 上。一条这种道路 v 允许以下表示式：

$$v = ua^1 \cdots a^k$$

所有这些道路的集合用 U^u 表示。U^u 中的道路同时是 G 中的道路，从 s 出发，以及 G^u 中的道路从 u 出发。概率分配 p^u 是 p^u 限制到 U^u。G^u 中所有弈局的集合用 E^u 表示。报酬函数 h^u 是 h 限制到 E^u。可以立即看出 u，A^u，p^u 和 h^u 形成一个多阶段博弈，有第二节（一）、（二）及（三）中要求的一切性质。

评论：即使我们不形式地描述一个多阶段博弈如何被映射到一个等价的扩展式博弈，不难看出上面界定的子博弈对应一个等价扩展式的子博弈。

（三）子博弈完善性

我们继续看 G 的一个子博弈 G^u。U^u 中局中人 i 主动的所有前局的集合用 P$_i^u$ 表示。G 的一个行为策略 b$_i$ 限制到 P$_i^u$ 是子博弈 G^u 的一个行为策略 b$_i^u$。我们说 b$_i^u$ 是被 G^u 上的 b$_i$ 诱导的策略。同样一个策略组合 b^u＝（b$_1^u$，…，b$_n^u$）被 b＝（b$_1$，…，b$_n$）诱导，如果对 i＝1，…，n 行为策略 b$_i^u$ 被 G^u 上的 b$_i$ 诱导。一个 i——不完全策略组合 b$_{-1}^u$ 被一个 i——不完全策略组合 b$_{-1}$ 诱导，如果 b$_{-1}^u$ 的每一个分量被 b$_{-1}$ 的相应分量诱导。一个 G^u 的策略组合的集合 E^u 被 G 的一个策略组合的集合 E 诱导，如果 E^u 是策略组合 b∈E 诱导的所有策略组合 b^u 的集合。

令 r$_i$ 为对 G 的一个策略组合 b＝（b$_1$，…，b$_n$）的一个最佳答复，对于 G 的每一个子博弈 G^u，令 r$_i^u$ 为 r$_i$ 在 G^u 上诱导的策略，而 b^u＝（b$_1^u$，…，b$_n^u$）为 b 在 G^u 上诱导的策略组合。我们说 r$_i$ 是对于 b 的一个子博弈完善最佳答复，如果对 G 的每一个子博弈 G^u 行为策略 r$_i^u$ 是对 b^u 的一个最佳答复。②

一个均衡 $\tilde{b}$＝（$\tilde{b}_i$，…，$\tilde{b}_n$）是子博弈完善的，如果它在 G 的每一个子博弈 G^u 上诱导一个均衡，或者换句话说，如果对 i＝1，…，n 行为策略 $\tilde{b}_i$ 是对于 $\tilde{b}$ 的一个子博弈完善最佳答复。同样，G 的一个均衡集 E 是子博弈完善的，如果它在 G 的每一个子博弈 G^u 上诱导一个均衡集 E^u。

---

① 若把围棋分为开局、中局、官子三个阶段，官子阶段可以看作是一局围棋的一个子博弈。——译注
② 不论哪个子博弈，行为策略 r$_i^u$ 对 i 都最有利，此策略是子博弈完善的。——译注

四 延迟超级博弈

在此节中，延迟超级博弈将被形式地界定。一个这类博弈联系着一个有界多阶段博弈 G。除下面的博弈 G 外一个延迟超级博弈的描述涉及进一步的说明。[①]必须明确延迟期，在它们之后在不同阶段作出的决策变为有效，停止概率作为时间的一个函数以及从过去继承下来的初始条件。

一个延迟超级博弈的解释将集中注意一个情况，在下面的有界多阶段博弈中，某些或所有局中人将在 K 个相继的阶段中一个接一个地确定 K 个决策变量。一个多阶段博弈的界定并不排除一种可能性，不同种类的决策必须在相同长度的不同前局作出。然而，在这些情况中，假设在其后决策生效的延迟期只依赖在其中作出决策的前局长度可能是不够的。

在第四节中所有定义指向一个固定但任意的有界多阶段博弈 G＝（s，A，p，h），其中一局的最大长度是 K。G 的一个延迟超级博弈自身也是一个多阶段博弈 $G^* = (s^*, A^*, p^*, h^*)$，其成员以系统方式从 G 和将在本节（一）—（四）中解释的补充规定中得出。

（一）延迟向量

为了描述 G 的一个延迟超级博弈，有必要规定一个延迟向量

$$m = (m_1, \cdots, m_k)$$

其分量是非负整数，对 $j < k$ 有 $m_j > m_k$：

$$m_1 > m_2 > \cdots > m_k \geqslant 0$$

数字 m_k 称为 k 阶段的延迟期。它被解释为 k 阶段的一项决策在其后生效的时期数。

（二）停止规则

G 的一个延迟超级博弈从初期 t_0 开始，或在大多数有限期 $t_0, \cdots, T$ 或在可能无限多期 $t_0, t_0 + 1, \cdots$ 进行。在第一种情况中延迟超级博弈是有界的，而在第二种情况中它是无界的。在有界情况中一个可达期是 $t_0 \cdots, T$ 期之一。在无界

[①] 超级博弈是多次重复的博弈局中人重视多次博弈的长期平均结果。——译注

情况中所有 t_0，t_0+1，…期是可达的。所有可达期的集合用 R 表示。

一个停止规则 w 给每一个可达期 $t\in R$ 指定一个停止概率 w_t 有

$$0\leqslant w_t<1$$

停止概率 w_t 被解释为延迟超级博弈在 t 期停止的条件概率，如果 $t-1$ 期已经到达。以后将说明，如果博弈在 t 期停止则在 t 期得不到报酬。局中人在 t 作出选择时不知道博弈是否在 t 停止。这依赖一个在 t 的随机选择。包括这个随机选择的在 t 的所有选择被认为同时作出。在有界的情况博弈总在 T 期后停止，如果达到它。

我们设想 w 是一个函数连同它在其上被界定的 R 集，在有界情况中，T 将始终表示最后可达期。在无界情况中我们将始终假设 w 满足以下停止要求。

停止要求：一个实数 δ，有 $0<\delta<1$ 并存在一个正整数，使以下为真：

$$w_t\geqslant\delta \quad 对一切期 t=t_0+\mu，t_0+\mu+1，…$$

以后我们将看到，此停止条件对无界延迟超级博弈取得 2.2 的随机停止条件。

(三) 初始状态指定

以下 m 将始终是一个固定但任意的延迟向量，t_0 将代表初始期，而 w 将是一个固定但任意的停止规则。

如在 2.7 中 G 的所有前局 u 的集合用 Q_k 表示，有 $|u|=k$，而 Z_k 代表 G 的弈局 z 的集合，有 $|z|=k$。对 $k=0$，…，K，一个 k——预安排或是长度为 k 的 G 的一个前局，或是 $|z|\leqslant k$ 的 G 的一个弈局 z。所有 k——预安排的集合用 S_k 表示。我们说在 k 阶段作出在 G 的一个前局 u 的一个选择或者如果 u 属于 Q_{k-1}，它是一个 k 阶段决策。

考虑一个延迟期 m_k 和一个可达期 $t_0+\tau$，有 $t<m_k$。把 m_k 解释为一个 k 阶段决策生效前的延迟期提示 $t_0+\tau$ 期的一个 k 阶段决策不应模拟为在延迟超级博弈内作出，而应模拟为过去所前定的。因此与 G 联系的一个延迟超级博弈的界定要求以一种以下将说明的方式写出所有这类决策。

对 $\tau=0$，1，……我们定义一个前定间距 $\delta(\tau)$，解释为一个 $t_0+\tau$ 期的决策被 $\tau<m_k$ 排除的最高阶段 k。对 $\tau=0$，……，m_1-1 前定间距 $\delta(\tau)$ 是 $\tau<m_k$ 的最小延迟期 m_k 的指标 k。对 $\tau=m_1$，m_1+1，…我们界定 $\delta(\tau)=0$。

一项初始状态指定对每一个可达期 t 指定一个初始状态

$$x(t,s^*)\in S_\tau \quad 有 \tau=\delta(t-t_0)$$

初始状态 $x(t,s^*)$ 被解释为在 t 期的前定的东西的描述。被前定的东西必然是一项 $\delta(t-t_0)$——预安排。显然我们有：

$$x(t,s^*)=s \quad 对\ t\geqslant t_0+m$$

可能 $x(t,s^*)$ 是长度 K 的一局。对 $t-t_0<m_k$ 可能发生此事。以后我们也将对每条道路 u^* 和每一期 $t=t_0$, t_0+1，… 界定 $x(t,u^*)$。在那里，$x(t,u^*)$ 也将描述，一旦 u^* 在延迟超级博弈中进行，对 t 期什么是前定的。对初始状态指定将使用符号 $x(\cdot,s^*)$。在以下 $x(\cdot,s^*)$ 将始终是一个固定但任意的初始状态指定，适合延迟向量 m 和停止规则 w。

（四）初始报酬向量

如同在一个普通超级博弈，在一个延迟超级博弈中，随着博弈进行，各期博弈的报酬积累起来。允许除此之外将得到一些固定的报酬的可能性将是方便的。人们可以设想这些报酬从过去继承下来，如同初始状态指定那样的方式。这类从过去继承下来的报酬在延迟超级博弈的子博弈中自然发生。

一个初始报酬向量

$$c=(c_1,\cdots,c_n)$$

是一个有实数分量的 n 一向量。c_i 称为局中人 i 的初始报酬。在下文中 c 将始终是一个固定但任意的初始报酬向量。在一个延迟超级博弈的内容中，包括一个初始报酬向量的目的是为了以如此方式界定一个延迟超级博弈，使这个概念也包括延迟超级博弈的子博弈。

（五）延迟超级博弈的选择集函数

在本节（一）—（四）中我们已经说明，为了描述与一个有界多阶段博弈 G 联系的一个延迟超级博弈必须写出来的项目：一个延迟向量 m，一个初期 t_0，一个停止规则 w，一个初始状态指定 $x(\cdot,s^*)$，以及一个初始报酬向量 c，决定一个延迟超级博弈 $G^*=\Gamma[G,m,w,x(\cdot,s^*),c]$。人们可以把 Γ 看作一个函数，它给每一个有界多阶段博弈 G 指定一个多阶段博弈 G^*，用表现为 Γ 的自变量的外加项目来增广。下面将使这一点精确化。

上标 * 将用于与 G^* 联系的细节，它们在 G 中有一个相应部分，例如前局，弈局，等等。星标将不用于 m，w，x 和 c 之类符号，它们不必与 G 中相应物区别。

初始状态 s^* 是一个代表 t 期前境况的符号。我们现在递归地界定选择集函数 A^*，道路集 U^*，及状态函数 $x(\cdot, \cdot)$，后者给一个可达期 t 的每一对 (t, u^*) 指定 G 的一条道路和一条道路 $u^* \in U^*$。显然 s^* 是一条道路并且对所有可达 t 状态 (t, s^*) 已被初始状态指定给出。递归定义的基础在此。

对 $i = 0$，…，n 和对 G^* 的每一条道路 u 令 $D_i(u^*)$ 为形式如 $t_0 + |u^*| + m_k$ 的所有可达期的集合，有 $k = 1$，…，K，$A_i[x(t, u^*)]$ 非空。$D_i(u^*)$ 被解释为 i 必须在 u^* 作一决策的一切期的集合，如果 u^* 是一个前局。我们称 $D_i(u^*)$ 的元素为目标期，称 $D_i(u^*)$ 为在 u^* 的目标期集。所有 $D_i(u^*)$ 的联合用 $D(u^*)$ 表示，有 $i = 0$，…，n。此集称为在 u^* 的联合目标期集。

对 $i = 0$，…，n 和每一条道路 u^* 令 $A^* \cdot_i(u^*)$ 为以下形式的一切系统的集合

$$a_i^* = (a_i^t)_{t \in D_i(u^*)} \quad 有 \; a_i^t \in A_i[x(t, u^*)] \quad 对所有 \; t \in D_i(u^*)$$

如果 u^* 是一个前局，则 $A \cdot_i$ 的元素 a_i^* 是局中人 i 的选择而且在一个个人局中人 i 的情况，是局中人 i 的所有选择。a_i^* 的分量 a_i^t 是局中人 i 在 u^* 对 t 的决策。随机局中人在每一个前局有一个外加的选择 ω，停止选择。如果 $A \cdot_0(u^*)$ 为空集，随机局中人也有一个连续选择 $\tilde{\omega}$

$$如 \; A \cdot_0(u^*) \neq \varnothing \quad A_0^*(u^*) = \omega \bigcup A \cdot_0(u^*)$$

$$如 \; A \cdot_0(u^*) = \varnothing \quad A_0^*(u^*) = \{\omega, \tilde{\omega}\}$$

对每一前局 u^*。个人局中人的选择集是

$$A_i^*(u^*) = A \cdot_i(u^*) \quad 对 \; i = 1，…，n$$

对每一前局 u^*。对一局 z^* 我们有：

$$A_i(z^*) = \varnothing \quad 对 \; i = 0，…，n$$

仍需解释一局 z^* 和一个前局 u^* 有何区别。一局 z^* 必须为以下形式

$$z^* = u^* a^* \quad 有 \; a^* \in A^*(u^*)$$

其中 u^* 是一个前局。这个形式的一条道路 z^* 是一局，当且仅当以下条件之一被满足。

（1）a^* 有随机分量 $a_0^* = \omega$

（2）a^* 没有随机分量 $a_0^* = \omega$，博弈 G^* 是有界的并且 $t_0 + |z^*| = T + 1$ 是不可达的。

在（2）的情况我们称一个最大局，而在（1）的情况称一个亚最大局。在无界延迟超级博弈中弈局除用一个随机选择 $a_0^* = \omega$ 外不能以任何其他方式结束。然而，在一个有界延迟超级博弈中一局可以延伸到所有 $T - t_0 + 1$ 个可达期 $t_0, \cdots, T$。一个最大局的长度是 $|z^*| = T - t_0 + 1$。

一局 z^* 的各期，其中随机选择不是 ω，称为未停止期。一个亚最大局的最后期 $t_0 + |z^*| - 1$ 称为停止期。一局 z^* 的所有未停止期的集合用 $L(z^*)$ 表示。$L(z^*)$ 可能是空的。如 t_0 已停止，发生这个情况。在（七）中将说明在一局过程中只对未停止期积累报酬。

为了完成选择集函数的定义，我们仍须描写在玩博弈的过程中一个可达期 t 的状态如何变化。对于 $u^* a^*$ 形式的每一条道路，在 $u^* a^*$ 的 t 的状态 $x(t, u^* a^*)$ 被递归地界定如下：

$$x(t, u^* a^*) = s(t, u^*) a^t \quad \text{对 } t \in D(u^*) \text{ 有 } a^t \text{ 在 } a^* \text{ 中}$$

$$x(t, u^* a^*) = x(t, u^*) \quad \text{对 } t \notin D(u^*)$$

对每一前局 u^* 和每一个 $a^* \in A^*(u^*)$。这意味着在 u^* 的 t 的状态因在 a^* 中 t 的决策而变，但是，当然，仅当 t 是 u^* 的一个目标期。选择集函数 A^*，前局集 U^*，前局集 Z^*，和状态函数 $(\cdot, \cdot)$ 如何决定于上述联合递归定义是很清楚的。

（六）延迟超级博弈的概率分配

按照 G^* 的概率分配 p^*，在一个前局 u^* 的一个随机选择 a_0^* 的概率可被认为是按照 p 对 $D_0(u^*)$ 中所有目标期独立随机抽签连同是否以概率 $\omega_{|u^*|}$ 停止或继续的一项独立决策的结果。为了使之更精确，考虑在 G^* 的一个前局 u^* 有一个随机选择 a_0^*。对每个 $t \in D_0(u^*)$ 令 π^t 为概率

$$\pi^t = p_u(a_0^t) \quad \text{有 } u = x(t, u^*) \text{ 和 } a_0^t \text{ 在 } a_0^* \text{ 中}$$

而且令 π 为所有 π^t 的乘积，$t \in D_0(u^*)$ 于是我们有：

$$p_u^*(\omega) = W_{|u^*|}$$

$$p_u^*(\tilde{\omega}) = 1 - W_{|u^*|} \quad \text{对 } A \cdot_0 (u^*) = \varnothing$$

$$p_u^*(a_0^*) = (1 - W_{|u^*|})\pi \quad \text{对 } a_0^* \in A \cdot_0 (u^*)$$

不难看出，所有在（二）中加在 w 上的随机停止要求取得（二）中 p^* 的随机停止条件。

（七）延迟超级博弈的报酬函数

G^* 的一条道路 u^* 形成一个序列，从 s^* 开始，在 $t_0, \cdots, t_0 + |u^*| - 1$ 期

继续有｜u*｜个选择组合。因此我们说有 $t_0 \leqslant t < t_0 + |u^*|$ 的各期 t 在 u* 的过去。从 $t_0 + |u^*|$ 以后的其他可达期在 u* 的未来。对 u* 的过去中的一个 t 期的所有决策，只要 t 的状态是一个前局，可能必须作出，必须在 t 以前或在 t 作出。因此 u* 的过去一期的状态 $x(t, u^*)$ 必然是 G 的一局。

在延迟超级博弈 G* 中一局 z* 的报酬包含初始报酬和 z* 在进行中积累的未停止各期的报酬：

$$h^*(z^*) = c + \sum h[x(t, z^*)] \qquad t \in L(z^*)$$

一个停止期得不到报酬，其中的随机选择是 ω。ω 的选择被认为立即有效，意思是此期开始时已被停止。

从在本节（五）和（六）中已说明的，s*，A*，和 p* 显然满足联合加在一个多阶段博弈的初始状态，选择集函数和概率分配上的条件。为了看到 $G^* = (s^*, A^*, p^*, h^*)$ 有一个多阶段博弈的一切性质，仍要表明 h* 满足（二）的有界性条件。

因为 G 是有界的，并且 K 是 G 的一局 z 的最大长度，因此，由于 G 的有界性条件我们有

$$|h_i(z)| \leqslant C_0 + KC_1$$

对某些常数 C_0 和 C_1。令 C_1^* 为这个不等式的右边并且令 C_0^* 为 $|C_i|$ 的最大值。h* 显然满足有界性条件，有 C_0^* 和 C_1^* 代替 C_0 和 C_1。

我们现在完成了延迟超级博弈的界定

$$G^* = (s^*, A^*, p^*, h^*) = \Gamma[G, m, w, x(\cdot, s^*), c]$$

并且我们已表明 G* 是一个多阶段博弈。

（八）延迟超级博弈中的预期报酬

G* 的一个策略组合 $b^* = (b_1^*, \cdots, b_n^*)$ 的预期报酬向量 $H^*(b^*)$ 和一般多阶段博弈以同样方式界定。不过，以一种注意对各期决策而非在各期选择的方式表达 $H^*(b^*)$ 将是有用的。

对每一可达期 t，令 V_t^* 为所有道路 v* 的集合，有 $|v^*| = t - t_0 + 1$。显然一条道路 $v^* \in V_t^*$ 以 t 期的一个选择组合结束。在 t 期之后所有对 t 的决策已经作出。所以对 $v^* \in V_t^*$ 的状态 $x(t, v^*)$ 必然是一局 $z \in Z$。对每个 $z \in Z$ 令 $V_t^* \in (z)$ 为所有 $v^* \in V_t^*$ 的集合，有 $x(t, v^*) = z$。对每个策略组合 $b^* = (b_1^*, \cdots,$

b_n^*）和每一可达期 $t \in R$，定义

$$b^*(t,z) = \sum b^*(v^*) \qquad v^* \in V_t^*(z)$$

和

$$F^t(b^*) = \sum b^*(t,z)h(z) \qquad z \in Z$$

我们称 $b^*(t,z)$ 为在 b^* 下面 t 期中 z 的实现概率而 $F^t(b^*)$ 是对 b^* 的 t 的时期报酬向量。分量 $F_i^t(b^*)$ 是局中人 i 的 t 期报酬。显然我们有：

$$H^*(b^*) = c + \sum F^t(b^*) \qquad t \in R$$

对 G^* 中每一个策略组合 b^*。

（九）一个延迟超级博弈的子博弈

令 s^+ 为 G^* 的一个前局，有 $|s^+| \geqslant 1$ 并令

$$G^+ = (v^+, A^+, p^+, h^+)$$

为 G^* 在 s^+ 的子博弈。不难看到 G^+ 是 G 的一个推迟超级博弈。G^+ 博弈从 $t^+ = t_0 + |s^+|$ 期开始。延迟向量 m 和在 G^* 中的一样。停止规则 w^+ 是把 w 限制到可达期 t_0^+，$t_0^+ + 1$，…。G^+ 的初始状态指定是 $x(\cdot, s^+)$。G^+ 的初始报酬向量 C^+ 如下：

$$C^+ = C + \sum_{t=t_0}^{t_0^+ - 1} h[x(t, s^+)]$$

我们可写 $G^+ = \Gamma[s^+, m, w^+, x(\cdot, s^+), c^+]$。

五　有界多阶段博弈中的子博弈完善均衡和它们的延迟超级博弈之间的关系

在前面几节给出的定义的基础上，现在有可能对有界多阶段博弈中的子博弈完善均衡和它们的有关推迟超级博弈之间的关系作出两点陈述。这些陈述以有关的延迟超级博弈对一个有界多阶段博弈模型的非合作分析，提供一种精确的解释。

和以前一样 $G = (s, A, p, h)$ 将是一个有界多阶段博弈而 $G^* = (s^*, A^*, p^*, h^*)$ 将是它的延迟超级博弈之一，有附加内容 m，w，$x(\cdot, s^*)$，及 c。

（一）产生的策略

令 b_i 为局中人 i 对 G 的一个行为策略。b_i 在 G^* 中产生的行为策略 b_i^* 被界

定如下：

$$b_i^* = (biu^*)_{u^* \in p_i^*}$$

有

$$biu^*(a_i^*) = \prod b_i(a_i^t) \quad 有\ a_i^t\ 在\ a_i^*\ 中 \quad t \in D_i(u^*)$$

对每一个 $a_i^* \in A_i(u^*)$。这意味着，靠独立抽签在 u^* 选择目标期的决策，有 b_i 规定的合适概率。b_i^* 显然有 G^* 的一个行为策略的性质。

我们说 $b=(b_1,\cdots,b_n)$ 产生 $b^*=(b_1^*,\cdots,b_n^*)$，如果对 $i=1,\cdots,n$，b_i 产生行为策略 b_i^*。同样如果 b_{-i} 的相应分量产生 b_{-i}^* 的分量，则 b_{-i} 产生一个 i——不完全策略组合 b_{-i}^*。

G^+ 的所有前局 v^* 的集合，有 $|v^*|=t-t_0$，用 Q_t^* 表示。［这个定义与（二）中 Q_t 的定义不完全类似］Q_t^* 中的前局是后面跟着 t 期选择的那些前局。我们将必须看达到这些前局之一和然后博弈不在 t 期停止的概率。用 W_t 表示的此项概率是 $t-t_0+1$ 项 $1-W_t$ 的乘积，有 $\tau=t_0,\cdots,t$。显然以概率 W_t 得到 t 期的一笔报酬。所以我们称 W_t 为 t 的报酬概率。

对每一可达期 $t \in R$，G 在初始状态 $x(t,s^*)$ 的子博弈将用 $G^t=(s^t, A^t, p^t, h^t)$ 表示。当然，s^t 只是 $x(t,s^*)$ 的另一名称。令 $b=(b_1,\cdots,b_n)$ 是 G 的一个策略组合并且对每一 $t \in R$ 令 $b^t=(b_1^t, \cdots, b_n^t)$ 为 b 在 G^t 上诱导的一个策略组合。而且令 b^* 为 b 在 G^* 中产生的策略组合。于是我们有：

$$b^*(t,z)=W_t b^t(z)$$

对 G^t 的每一局 z。因此对每一 $t \in R$，t 对 b^* 的期报酬向量如下：

$$F^t(b^*)=W_t H^t(b^t)$$

其中 H^t 是 G_t 的预期报酬函数。此式生成

$$H^*(b^*) = \sum_{t \in R} W_t H^t(b^t)$$

以此方式在延迟超级博弈中产生的策略组合的预期报酬可以表示为下面的有界多阶段博弈的子博弈中的报酬。

（二）产生的子博弈完善最佳答复

在这一节我们证明一条辅助定理，它导致一个子博弈完善均衡产生一个子博弈完善均衡的结论。

辅助定理 1：令 $b=(b_1,\cdots,b_n)$ 为 G 的一个策略组合并且令 $b^*=(b_1^*,\cdots,$

b_n^*）为 b 在 G^* 中产生的策略组合。而且令 r_i 为对于 b 的一个子博弈完善最佳答复并令 r_i^* 为 r_i 在 G^* 中产生。于是 r_i^* 是对于 b^* 的一个子博弈完善最佳答复。

证明：令 b_{-1} 和 b_{-1}^* 为 i——不完全策略组合，其分量分别在 b 和 b^* 中。令 f_i^* 为 G^* 的任何行为策略。我们感兴趣的是局中人 i 的各期报酬 $F_i^t(f_i^* b_{-1}^*)$。和以前一样，Q_t^* 是所有前局 v^* 的集合，有 $|v^*| = t - t_0$。对每一期 $t \in R$，每一前局 $v^* \in Q_t^*$，G^t 的每一前局 u 和每一选择 $a_i \in A_i(u)$ 令

$$f_{iu}^{v^*}(a_i)$$

为道路 v^* 上适当地点 a_i 被选作局中人 i 在 t 的决策的概率。显然 $f_{iu}^{v^*}$ 是在 u 的一个局部策略。令 f_{iu}^* 为 G^t 的行为策略，它给 G^t 的前局指定这些局部策略。对每一前局 $v^* \in Q_t^*$ 令 $\varphi(v^*)$ 为在到达 Q_t^* 中的一个前局的条件下 v^* 被 $f_i^* b_{-1}^*$ 实现的条件概率。这个条件概率良好界定，因为每一可达期以正概率到达。我们有：

$$F_i^t(f_i^* b_{-1}^*) = W_t \sum \varphi(v^*) H_i^t(f_i^* b_{-1}) \quad v^* \in Q_t^*$$

由于 r_i 是对于 b_{-1} 的一个子博弈完善最佳答复我们有：

$$H_i^t(f_i^* b_{-1}) \leqslant H_i^t(r_i b_{-1})$$

鉴于 $\varphi(\cdot)$ 是在 Q_t^* 上的一个概率分布，此式生成

$$F_i^t(f_i^* b_{-1}^*) \leqslant W_t H_i^t(r_i b_{-1}) = F^t(r_i^* b_{-1})$$

此式对每一可达期 t 为真。因此我们可以作出结论

$$H^*(f_i^* b_{-1}^*) \leqslant H^*(r_i^* b_{-1}^*)$$

对 G^* 的每一策略 f_i^* 成立。因此 r_i^* 是对于 b^* 的一个最佳答复。因为 G^* 的子博弈是延迟超级博弈，同一论点可用于 G^* 的所有子博弈。这说明 r^* 是对于 b^* 的一个子博弈完善最佳答复。

（三）子博弈完善均衡产生子博弈完善均衡

此文的第一主要结论是以下定理：

定理 1：令 b 为一个有界多阶段博弈 G 的一个子博弈完善均衡并令 b^* 为 G 的一个延迟超级博弈 G^* 中 b 产生的策略组合。于是 b^* 是 G^* 的一个子博弈完善均衡。

证明：此肯定语是（二）的辅助定理 1 的一个最终后果。

（四）确定性多阶段博弈

一个多阶段博弈称为确定性的，如果它至少有一个子博弈完善均衡，以及除

此之外，所有它的子博弈完善均衡的集合是一个子博弈完善均衡集。下面我们将引入与确定性有界多阶段博弈有关的一些定义和符号。

令 G 为一个确定性多阶段博弈。令 E 为 G 的一切子博弈完善均衡的集合。由于 G 是确定性的，E 是 G 的一个子博弈完善均衡集。对 G 的每一子博弈 G^u，在 G 的一个前局 u，令 E^u 为 E 在 G^u 上诱导的集合。因为 E 是一个子博弈完善均衡集，E^u 也是一个子博弈完善均衡集。而且 E^u 是 G^u 的所有子博弈完善均衡的集合。对 G 的每一前局 u 令

$$e(u) = [e_1(u), \cdots, e_u(u)]$$

为对所有 $b_u \in E_u$ 的普通预期报酬向量，$H^u(b^u)$。G 博弈自身是在 G 的初始状态 s 的一个 G 的子博弈。因此 e (s) 是对所有 b∈E 的普通报酬向量 H(b)。对 u 是一局的情况界定 e(u)=h(u)。我们称 e (u) 为在 u 的更换报酬向量并且称 $e_i(u)$ 为局中人 i 的更换报酬。

"更换报酬"的名称自身提示我们将利用 e(u) 的用途。对 G 的每一前局 v 我们构造一个截断子博弈 G_v。这个博弈 G_v 从子博弈 G^v 得出如下：G^v 的每一个子博弈 G^u，有 u=va 和 a∈A(v)，被报酬向量 e(u) 代替。这意味着所有前局 u=va 是 G_v 的弈局，其报酬向量为

$$h_v(a) = (h_{v1}(a), \cdots, h_{vn}(a)) = e(va)$$

不难看出 G^v 的一个子博弈完善均衡 b^v 在 G_v 上诱导一个均衡。我们将利用以下辅助定理表达的一个简单事实。

辅助定理 2：令 $r_v = (r_{v1}, \cdots, r_{vn})$ 为一个确定性多阶段博弈 G 的一个截断子博弈 G_v 的一个均衡。于是我们有

$$H_v(r_v) = e(v)$$

其中 H_v 是 G_v 的预期报酬函数而 e (v) 是 G 中 v 的更换报酬向量。

证明：令 $b^v = (b_1^v, \cdots, b_n^v)$ 是子博弈 G^v 的一个子博弈完善均衡。令 r^v 为策略组合，其分量 r_i^v 给 v 指定局部策略 r_{iv} 并在其他一切地方与 b_i^v 一致。立即能看出 r^v 是 G^v 的一个子博弈完善均衡。G^v 中 r^v 的报酬向量其实就是 G_v 中 r_v 的报酬向量。鉴于 G 的确定性我们有

$$H_v(r_v) = H^v(r^v) = e(v)$$

对 G 的每一前局 v。

（五）确定性的有界多阶段博弈的有界延迟超级博弈的确定性

以下定理是本文第二个主要结论。

定理 2：一个确定性有界多阶段博弈的每一个有界延迟超级博弈是确定性的。

证明：令 G 为一个确定性有界多阶段博弈并令 G^* 为它的有界延迟超级博弈之一。因为 G 是确定性的，G 至少有一个子博弈完善均衡。令 r 为 G 的一个子博弈完善均衡并且令 r^* 为 r 在 G^* 中产生的策略组合。鉴于定理 1，此策略组合 r^* 是 G^* 的一个子博弈完善均衡。仍须证明 G^* 的一切子博弈完善均衡形成一个子博弈完善均衡集。我们将靠归纳 G^* 的可达期 t_0，…，T 的数目 $T-t_0+1$ 来证明这一点。

首先考虑 $T-t_0+1=1$ 的情况，其中 $t_0=T$ 是惟一的可达期。博弈在 t_0 的选择组合之后结束。所有各局有 s^*a 的形式，有 $a\in A(s^*)$。G^* 的一个策略组合是 G_v 的一个策略组合，有 $v=x(t_0,s^*)$。由辅助定理 2 可知对 G^* 的所有均衡得到同样的预期报酬向量。因此 G^* 是确定性的。

从现在往后假设 G^* 中可达期数目大于 1，而且对所有可达期数目较小的延迟超级博弈这句肯定的话成立。

和上面一样，令 r 为 G 的一个子博弈完善均衡，令 r^* 是 r 在 G^* 中产生的。在 s^*a^* 形式的前局的 G^* 的所有子博弈，有 $a^*\in A^*(s^*)$，是确定性的，因为它们有较小数目的可达期。G^* 的一个个人局中人 i 的一个策略 σ_i^* 称为被 r 半产生如果对 G^* 的一切前局 v^*，有 $|v^*|>0$，给 v^* 指定的局部策略是 r^* 指定的局部策略。鉴于从 t_0+1 期开始的 G^* 的子博弈的确定性，在这些子博弈和它们的子博弈中的报酬不依赖玩哪个具体子博弈完善均衡。因此足以证明 r 半产生的策略中所有均衡的集合是一个均衡集。

从辅助定理 1 可知，给 G^* 的一个半产生策略的组合寻找一个半产生子博弈完善最佳答复始终是可能的。容易看到在一个 r 半产生的策略组合的情况，在 r 半产生的策略中能找到一个子博弈完善最佳答复。

为了证明 r 半产生的策略中一切均衡的集合是一个均衡集，看一看下列 G^* 的截断博弈 G^+ 就够了。此博弈 G^+ 从 G^* 产生，在 s^*a^* 形式的前局的一切子博弈，有 $a^*\in A^*(s^*)$，用它们的子博弈完善均衡报酬向量代替。此博弈 G^+ 是一个只有一阶段的多阶段博弈。G^+ 中个人局中人的纯策略是他们的选择集

$A_i^*(s^*)$。为了简短起见我们写 A_i^+ 而不是 $A_i^*(s^*)$，对 $i=0$，…，n，并且写 A^+ 而不是 $A^*(s^*)$。

可以立即看到，r 半产生的策略中子博弈完善均衡形成一个均衡集，如果截断博弈 G^+ 的所有均衡的集合是一个均衡集。仍然需要证明事实如此。为此目的我们将看一看一个选择组合 $a^* \in A^+$ 的预期报酬 $H^+(a^*)$。令 N^+ 为 G^+ 中在 s^* 的主动局中人集。对 $i=0$，…，n 令 D_i^+ 为目标期集 $D_i(s^*)$ 并令 D^+ 为目标期集 $D(s^*)$。

令 $a^* \in A^+$ 为一个选择组合。对每一个 $i \in N^+$ 令 a_i^* 为 i 在 a^* 中的选择，对每一 $t \in D_i^+$ 令 ait 为 a_i^* 设定的 t 的决策，并且有 a^* 设定的 t 的决策组合。在 a^* 的选择之后每一可达期有状态 $x(t,s^* a^*)$。以后以 r 要求的概率作出 t 的决策。因此对于 a^*，t 的预期时期报酬向量是 $e[x(t,s^* a^*)]$ 乘以 W_t。这生成

$$H^+(a^*) = c + \sum_{t=t_0}^{T} W_t e[x(t,s^* a^*)]$$

我们有

$$x(t,s^* a^*) = x(t,s^*)a^t \qquad 对 t \in D^+$$

$$x(t,s^* a^*) = (t,s^*) \qquad 对 t \in R \backslash D^+$$

$t \in R \backslash D^+$ 的时期报酬向量不依赖 a^*。令 J 为所有这些时期报酬向量和 c 之和。我们得到

$$H^+(a^*) = J + \sum_{t \in D^+} W_t e[x,(t,s^*)a^*]$$

令 $f = (f_1, \cdots, f_n)$ 为 G^+ 的一个策略组合。对每一 $i \in N^+$，每一 $t \in D^+$，及每一 $a_i^t \in A_i[x(t,s^*)]$，令 $f_i^t(a_i^t)$ 为 f_i 选择 a_i^* 的概率，f_i 设定 a_i^t 为 t 的决策。以此方式界定的函数 f_i^t 是 G 在 $x(t,s^*)$ 的截断子博弈的一个行为策略。符号 G_t 用于这种博弈。令 $f^t = (f_1^t, \cdots, f_n^t)$ 为含这些行为策略的策略组合，以及在 $x(t,s^*)$ 不主动的局中人的空策略。a^t 在 $x(t,s^*)$ 的条件实现概率 $f^t(a^t)$ 是从使用 f 中的策略得到的一个选择组合 a^* 的概率，使 a^* 对 t 期设定决策组合 a^t。现在我们能把 G^+ 中 f 的预期报酬函数表示如下：

$$H^+(f) = J + \sum_{t \in D^+} W_t \sum_{a^t \in A[x(t,s^*)]} f^t(a^t) e[x(t,s^*)a^t]$$

令 $f = (f_1, \cdots, f_n)$ 为 G^+ 的一个策略组合。现在将证明以下的话为真：如果 f 是 G^+ 的一个均衡，则对每一 $t \in D^+$ 策略组合 f^t 必然是 G^t 的一个均衡。为了看到这一点，假设对某一 $t \in D^+$ 事情并非如此。于是在 G_t 中有一个个人局中人 i，他有一

个纯最佳答复 $\tilde{a}_i^t$，在对抗 f^t 中其他人的策略时比 f_i^t 产生更好的报酬。如果事情是这样，局中人 i 能靠以下的行为变化改善其报酬：如果 f_i 选择 a_i^*，它对 t 不设定 $\tilde{a}_i^t$，则 a_i^* 对 t 设定的选择被 $\tilde{a}_i^t$ 代替，并采取以此方式从 a_i^* 产生的变化了的选择。否则 f_i 规定的行为仍然不变。这样得到的行为策略 g_i 改善局中人 i 的 t 期报酬而令局中人 i 的其他各期报酬不变。

对每一 $t \in D^+$，G_t 的一切均衡的集合是一个均衡集，这是 G 的确定性的一项后果。否则可以在 $x(t, s^*)$ 构造两个 G 的子博弈 G^t 的子博弈完善均衡，有不同的报酬向量。我们可以得出结论，G^+ 的所有均衡的集合是一个均衡集。这一点完成定理的证明。

六 讨 论

在本文的概念和结论弄清楚后，它们对经济理论的意义将在此节讨论。

（一） 多阶段博弈和它们的延迟超级博弈之间的关系

多阶段博弈模型通常不真针对一次性策略互动，其中以严格时间次序一劳永逸地作出阶段决策，而是正在进行的情境，其中较早阶段作出的决策比较晚阶段作出的决策被认为更加长期。较长和较短时期决策之间的主要差别何在？在引言中曾说，在许多情况中区分特点似乎是一项决策生效前延迟期的长度。这一点在形式上的推演导致一个多阶段博弈的延迟超级博弈的观念。

自然，较长期和较短期决策之间的其他差别在具体应用中也可能进入图景。类似较长期决策有较大变更费用等其他区别特点在多大程度上迫使我们修改结论则是不清楚的。这个问题的探讨需要借助与多阶段博弈联系的更一般的动态博弈模型。此处不能在此方向上深入。本文得出的结论除比较精确地解释多阶段博弈模型中的子博弈完善均衡外不能自诩其他成就，而这类模型不允许对阶段的次序作直接时间解释。以此方式模型和实际之间的空缺没有闭合，但可能减少或至少被阐明。

（二） 充分理性假设的后果

在本文的其余部分我们将始终注意一个有界多阶段博弈和它的延迟超级博弈之一。我们首先讨论以下假设的后果，即延迟超级博弈的局中人有充分理性，对它的规则有普通知识。在一个多阶段博弈的惟一子博弈完善均衡集和一个有界延迟超级博弈的情况，定理2产生结论，延迟超级博弈中预期的行为由多阶段博弈的完善均衡集作基本正确描述。在此情况中，并非所有延迟超级博弈的子博弈完善均衡是由多阶段博弈的子博弈完善均衡产生的，但是就整个博弈及它的所有子博弈的报酬而言这一点没有关系。

在所有其他情况中，我们能说的不超过定理1所表明的。多阶段博弈的每一子博弈完善均衡，产生一个延迟超级博弈的子博弈完善均衡。除此之外，延迟超级博弈可能有许多其他均衡，其中有些可能使所有局中人得到更高报酬。在这些情况中，多阶段博弈的非合作分析不能揭示延迟超级博弈中准合作子博弈完善均衡行为的潜力。这提出一个针对多阶段博弈的子博弈完善均衡的解释的问题。

（三）有限性论点

对于任何经济情境的存在可以指定一个上限，例如100万年。因此，无界延迟超级博弈应被看作有限长度的长期行进情境的简化描写。对依赖无界性特点的结论不能认真。以此方式可以主张有一个惟一子博弈完善均衡集的一个多阶段博弈的非合作分析，作为延迟超级博弈的充分处理的满意替代物。

然而，这个论点真能成立吗？实验结果清楚地表明，有经验的局中人在囚犯两难博弈的10期超级博弈中合作直至结束前不久，尽管这被子博弈完善均衡排除的事实。

（四）稍不完全信息

为了讨论有限囚犯两难超级博弈中的合作现象而没有理性假设的重大退让，人们可以采取一个观点，超级博弈并非真正玩的博弈，局中人们涉及一个相似但不同的博弈。Kreps，Wilson，Milgrom和Roberts假设以小概率一个局中人可能属于一个不同类型，其偏好使采取合作选择成为有利，只要观察到对手这样做。引入这种类型把超级博弈变换为一个稍不完全信息博弈，并因而开辟准合作机会，类似无限重复情况中的那些机会。

Kreps，Wilson，Milgrom和Roberts的方法不是实验证据的一种令人信服的解释。如果有限重复囚犯两难问题中的合作是巧妙的理性考虑的结果，则它在所玩的第一超级博弈中应当已被观察到而不仅在大量经验之后，如在我们的实验中发生的。Kreps和Wilson曾应用同一不完全信息法到连锁商店。在这里实验证据也指到一个不同方向。我的 1978 年论文的有界理性法似乎与数据吻合较好。（The Chain Store Paradox，Theory and Decision，9，127—159）。

（五）缺乏合作的制度原因

根据到现在为止所说的，显而易见，即使定理 2 的假设被满足，我们不能依靠多阶段博弈的非合作分析的描述有效性作为延迟超级博弈的充分处理的代替物。然而，对于在超级博弈中排除合作或子博弈完善准合作可能有制度性原因。

考虑一个经济中有一个寡头垄断的情况，有严格强制性卡特尔法，而且假设寡头垄断市场被充分模拟为一个有界多阶段博弈的延迟超级博弈。卡特尔法大概禁止共谋，但是这意味着什么？显然卡特尔法不能简单地要求玩一个延迟超级博弈的子博弈完善均衡。这可能未排除子博弈完善准合作。

把缺乏共谋界定为一个状态，其中玩延迟超级博弈的一个子博弈完善均衡，似乎是自然的，那是下面的多阶段博弈的一个子博弈完善均衡产生的。如果缺乏在此意义上的共谋被有效地执行，则多阶段博弈的非合作分析是延迟超级博弈分析的一个满意的代替物。

不过对此论点可以提出反对意见，如何强制执行卡特尔法仍不清楚。强制的机关大概没有寡头垄断者们有的同样市场知识。寡头垄断者们与卡特尔管理机关不一致可以向法院申诉，而法院也没有这类知识。把卡特尔管理机关明白地模拟为一个局中人以便阐明它与寡头垄断者的策略互动可能有益。

在一个开放寡头垄断中共谋可能有新加入者被高利润吸引的缺点。这可能有一个效果，在新竞争者进来之后，靠共谋实现的利润可能比没有共谋没有新加入者时低。在一篇题为《卡特尔法对企业不利吗？》（1984）的文章中［H. Hauptmann, W. Krelle and K. C. Mosler（eds）Operation Research and Economic Theory，Berlin：Springer Verlag］我展示一个多阶段博弈模型，它产生结论，与一种卡特尔能依法形成的情况比较，在关于市场参数的分布的大概条件下，经济中所有企业的总利润因有效执行卡特尔法而增加。这个效应由于没有卡特尔法时新加入者过多。所以卡特尔管理机关的任务可能因工业企业的一种全经济的利益而得到帮助，即使有些市场上的企业可能因合法形成卡特尔得利。

（六）一种适应性解释

实验观察的行为只是有界理性的，对实际市场中企业行为必须同样预期。企业行为理论的研究对此提供了充分证据。在下面，我将设法对有界理性的后果提出一些尝试性思想，用以解释多阶段博弈模型的子博弈完善均衡以及在它们的延迟超级博弈产生的子博弈完善均衡。我承认，在本文其余部分中，我的评论将是概略的和思考性的，我不打算用彻底查阅有关实验文献来支持它们。

实验人不计算复杂优化任务的解以便作出他们的决策。除很简单的事例外，不能预期理性考虑找到子博弈完善均衡。不过这并不意味着这类均衡对预测行为无关。在重复性实验条件下靠适应过去的经验能学到均衡。

Vernon Smith 发起的双拍卖市场的实验文献提供一个大家熟知的例子。通常在较小数目的同一市场的相同重复之后达到竞争均衡。买卖人不计算均衡价格。观察到供求不平衡则修改要价还价是一个适应过程，达到竞争均衡。

双拍卖是一种很复杂的不完全信息博弈。行为不收敛到这种博弈的均衡，而是收敛到一个虚拟的有完全信息的相关博弈，其中所有买卖人的保留价格和再销价值是公众知道的。在 Cournot 的寡头垄断实验中可以观察到类似的东西，其中生产者们不知道他们的竞争者们的成本。我的印象是，如果所有私人信息变为公开，大家会玩虚拟的完全信息博弈，如对其他局中人的报酬所知不全，则有利于收敛到它的均衡。这种缺乏知识隐藏了完全信息博弈的准合作机会。

在只玩了一次的一个有界多阶段博弈中，在时间上一个阶段接着另一个阶段，适应性调整过程不能工作。在足够长的延迟超级博弈中情况不同。在这里，局中人们多次面对调整他们对所有阶段的决策的必要性。在有利条件下，靠经验学会下面有界多阶段博弈产生的子博弈完善均衡的机会很好。如果所玩的博弈不真是延迟超级博弈而是一种修改的版本，报酬信息减少：局中人们对其他局中人们的报酬函数缺乏知识而且观察不到他们的报酬，然而如同在未修改的延迟超级博弈中，他们观察到其他局中人过去的选择而且他们知道他们自己的报酬函数，则条件是有利的。

我对多阶段博弈模型的非合作分析的描写有关性的思想可以总结为以下假设：在一个报酬信息减少的修改延迟超级博弈中学习，以便达到符合下面多阶段博弈的一个子博弈完善均衡中得出的预测的行为，局中人们知道其他局中人们的报酬愈少，情况愈是如此。

必须进行专门设计检验此假设的实验。如果假设经得起实验的考验，它将提供描写内容给多阶段博弈模型的非合作分析。

（七）非货币动力

可能必须在几个方向上弱化上述假设。可能发生的一个困难是非货币动力的影响。在一个实验博弈中提供的货币报酬常常不是存在的惟一的动力因素。如果只考虑货币报酬，最后通牒博弈有一个明显的子博弈完善均衡，但是非货币动力使收到最后通牒的人不能接受。在最后通牒博弈中，动力是对不公正的抗拒。

在一个实验劳动市场上另一动力明显可见。在实验环境排除名誉效应的情况中，一种投桃报李的准则引诱职工比他们作为自发报答高工资提供更多努力。这导致与竞争均衡很大偏离。

关于非货币动力的实验证据还有许多话可说，但是在此不打算作。有趣的是，对不公正的抵抗和投桃报李，都依赖至少一些对其他局中人的报酬的知识。缺乏这些知识，不仅隐藏准合作机会，而且也削弱促进非均衡合作的社会准则的力量。然而，人们不能预期总有可能忽视报酬信息减少的修改延迟超级博弈中非货币动力对行为的影响。

瑞典皇家科学院
拉斯·斯文森教授讲话

陛下们，殿下们，女士们和先生们：

罗伯特·卢卡斯（Robert Lucas）是 1970 年以来对宏观经济研究影响最大的社会科学家。宏观经济研究的主要目标是研究总生产、就业和通货膨胀的波动。卢卡斯的贡献转变了宏观经济分析并加深了我们对经济政策的了解。它们导致对经济政策能做到和不能做到的事情的较实际的评价。卢卡斯也给了我们较可靠的方法估量变化中经济政策的效应。

卢卡斯的工作中的一个反复出现的主题是期望的重要性。卢卡斯主张家庭、企业和组织以一种有效方式利用现有信息。这个理性预期假设对宏观经济分析有深远后果。

我们对菲利普曲线理解的改变是卢卡斯的贡献的一个好例子。菲利普曲线因它的发现者，一位英国经济学家而得名，展示通货膨胀和就业之间的一种正关系。在 1960 年代晚期对菲利普曲线有很大经验支持，它被看作经济学中较稳定的关系之一。它被一般解释为政府和中央银行可以选择推行一项导致更大通货膨胀的扩张政策使就业得到永久性增加。

然而，在 1970 年左右进行的一项分析中，卢卡斯使用理性预期的概念说明允许通货膨胀上升肯定不能使就业永久增加，虽然卢卡斯能解释为什么菲利普曲线似乎有这么多经验支持，他也能表明利用菲利普曲线，系统地创造更高通货膨胀以永久增加就业的任何尝试都是徒劳的。按照卢卡斯的分析，菲利普曲线不会保持稳定，当预期调整到较高膨胀率时它会转移。

这不仅是一项学术上的珍奇物，而很快在实践中表现出来。在 20 世纪 70 年代许多国家的政府和中央银行允许通货膨胀上升，以便实现高就业。按照他的理论，没有持续的就业增加；正像卢卡斯的预测，菲利普曲线转移了。

这产生两项重要的政策结论。第一项是社会从高通货膨胀得不到永久性利益。相反，高通货膨胀有持续的缺点。到现在，这项结论被一般接受并且变成在若干国家，包括瑞典推行的货币政策的基础，以实现低而稳定的通货膨胀为目的。

第二项结论是只有用膨胀性货币和财政政策以外的其他手段，例如依靠使劳动市场和工资形成更加有效地运行的结构性措施才能成功地补救高失业和低就业。

菲利普曲线的命运说明不加批判地使用一项统计关系式以得出经济政策结论的危险。在所谓卢卡斯批判中进一步发展了对这些危险的深刻见解。卢卡斯表明不仅菲利普曲线，而且以前被认为稳定的若干其他重要关系式（例如，消费和投资对工资、利息率和赋税的依赖关系）经仔细考察可能因经济政策转移而变化。因此，基于这些关系式的经济政策结论是不可靠的。

但是卢卡斯不满足于这些负面含义。他提出新的理论和统计方法，能避免这些陷阱并作为较可靠地估量改变经济政策的后果的基础。今日这些是被普遍接受的方法，在经济政策分析中常用。

除了他在宏观经济学的工作外，卢卡斯在宏观经济学以外的几个其他研究领域中作出了突出贡献，例如货币理论、金融经济学、公共经济学及经济增长。在每一个这些领域，卢卡斯的工作赋予研究以一个新方向并产生广泛的新文献。

亲爱的卢卡斯教授：

您对理性预期理论的开发和应用从根本上改变了宏观经济分析。它加深了我们对经济政策的了解。您的工作在经济学的几个其他领域的研究也有深刻影响。我代表瑞典皇家科学院向您表达我的最热烈的祝贺是一项特权和光荣。请您从国王陛下手中接受奖金。

罗伯特·卢卡斯自传

1937年我生于华盛顿的雅奇马，是罗伯特·爱默生·卢卡斯和简·爱·坦普顿·卢卡斯的长子。我妹妹珍妮弗生于1939年，我弟弟彼得生于1940年。我的父母从西雅图迁往雅奇马，开一家小饭店，卢卡斯冰淇淋店。在1937—1938年萧条中饭店倒闭，在第二次世界大战中我家迁回西雅图，在那里我父亲在造船厂找到一份装修锅炉汽管的工作，我母亲则恢复以前时装设计师的职业。1948年我弟弟丹尼尔在西雅图出生。

我的父亲崇信罗斯福总统和新政。他们的父母和我们的大多数亲邻是共和党人，所以他们的自由主义是自觉的，认为它象征他们有为自己思想的能力。人能自己决定成为什么人，以及人应当思考这些决策和思想，不以政治为限。我回忆，特别是和我母亲的讨论，她是一名开明的新教徒，她喜欢硬木地板和东方地毯，甚至抽烟也要选择何种烟卷。

战后，我父亲在一家商业冷冻机公司——刘易斯冷冻公司找到一份电焊工作。以后，他经历了绘图员、销售工程师、销售经理等工作岗位，最终成为公司的董事长。他没有学院学位，没有工程训练，是从和他一起工作的人及手册中学会他需要的工程知识。我记得他经常与他的许多技术和管理人员讨论一些技术问题以及我们的现行政治论点。当我在高中学微积分时，他要我帮助他计算一个冷冻机设计问题，并且实际用了我的计算！它是我第一次品尝实际应用数学，并且是激动人心的一次。

我上西雅图公立学校，1955年从罗斯福高中毕业（1927年我的父母在那里毕业）。我的数学和科学成绩优良，大家希望我进西雅图的华盛顿大学并成为一名工程师。但在我17岁时我准备离家，如果我能得到一笔奖学金，我的父母同意支持这项决定。麻省理工学院不提供，但芝加哥大学可以提供奖学金。由于芝加哥大学没有工学院，这终止了我的工程事业。但是当我开始坐 44 小时火车"东归"旅行到芝加哥时，我确信将会碰到有趣的事。

改为学什么？我在芝加哥大学学一些数学，但在我的课程出现我曾在高中学了一半的材料之后我立即失去兴趣。我没有主修物理的神经，在那些日子里如果你认为你能行，你可以在芝加哥学物理。真令我激动的是在芝加哥学院的人文核心，从赫琴思时代来的课程，名称如西方文明史，和知识的组织，方法及原理。这些课程中的一切对我都是新的。它们都从阅读柏拉图和亚里士多德开始，而我要尽其所能学习关于希腊人的一切。我选修古代史序列，并且变成主修历史。虽然我不真知道专业历史学家是做什么的，但我知道一个人追求自己的智慧兴趣并且对它们写作可以维持生活。我开始思考学术事业。

我得到一项伍德罗·威尔逊博士奖学金，并进入加州大学历史研究生计划。我不懂希腊文和法文，懂很少一点拉丁文和德文，没有条件追求我的古典兴趣，如此我开始在伯克利工作，心中几乎一片空白。我在芝加哥读过的最令人激动的近代史学家著作是比利时历史学家亨利·皮伦尼，他记述罗马时代终结强调面对政治大破坏时经济生活的连续性。对于我，皮伦尼把注意焦点从皇帝们和枯燥无味的梅洛文国王们转移到私人公民日常生活是新奇而激动人心的，并且适合我认为什么是重要的感觉。在伯克利，我选修经济史课程并旁听一个经济理论课程。我立刻喜欢经济学，但是要有信心应用它我显然需要知道比我作为一名历史学生所能撷拾的多得多的东西。我决定改学经济学，但是在伯克利的经济学系似乎没有希望得到财务支持，于是我回到芝加哥。在那个学年的其余时间我选修一些芝加哥大学的本科经济学以及一两门研究生课程，准备第二年秋季开始当一名研究生。

我的大学本科教科书之一提到保罗·萨缪尔森的《经济分析基础》是"战后最重要的经济学书籍"，对我是一件幸事。《经济分析基础》中的数学和经济学都非我能理解，但是我的雄心太大，要把我的夏季用在经济学中第二本最重要的书上，而萨缪尔森的自信而动人的文风使我读下去。那年夏天我的所有空余时间花费在读完前四章，一行又一行，在我需要时回到我的微积分书籍。到秋季开始，我是一名和芝加哥大学经济系任何教师一样好的经济技术人员。甚至更重要的是，我在适当提出一个经济问题时和在回答它时内化了萨缪尔森的标准[1]，而且

---

① 即把萨缪尔森的标准作为自己心中的标准。——译注

能管理我自己的经济学教育。

1960 年秋季，我开始学密尔顿·弗里德曼的价格理论序列。整个夏天我盼望这个著名课程，但是它远比我曾想像的任何东西更令人激动。这是怎么造成的？许多芝加哥大学学生设法回答这个问题。弗里德曼的光彩和深度，以及他愿意遵循他的经济逻辑到任何地方都起了作用。每一堂课后，我设法把弗里德曼讲的东西翻译成我从萨缪尔森学到的数学。我知道我永远不如弗里德曼思维敏捷，但是我也知道如果我开发了一种研究经济问题的可靠的、系统的方式，我将到达正确的地点。

弗里德曼的课程终止了我的作为一名谨慎的、接近端正的 A 等学生的长期生涯。现在，如果一门课程未必是一种改变生活的经验，我便失去兴趣，只偶尔去听听课。我积累了许多 C 等，但也有许多时间去促使我发现有趣的东西。我选修了我的第一次严格的分析课程和一门统计学课程，采用 William Felles 的《概率论及其应用导论》的第一卷。我现在仍不时翻阅 Felles 的书，以及萨缪尔森的书，仅仅为了有作者作伴的快乐。

那时也有很多有趣的经济学在芝加哥流行。我对概率和统计学的兴趣来自对经济计量学的兴趣，受 Zvi Gviliches 和 Gregg Lewis 的课程鼓励。Donald Bear，从斯坦福大学来的一位新助理教授，教一门有价值的数理经济学课程，并且对倾向技术的学生们给予宝贵的鼓励。Arnold Harbergers 的财政学序列也是对我的一项长期影响。我的论文，用美国制造业数据估计资本和劳动之间的替代弹性，在 Harberger 和 Lewis 指导下写作，并且是 Harberger 的分析美国赋税结构中各种变化的效应的一个更大项目的一部分。

20 世纪 60 年代早期芝加哥的学生多姿多彩。我的密友是 Glen Cain，Neil Wallace，Shevwin Rosen 和 G. S. Maddala，以及现在有国际声誉的许多其他人。对我们中许多人，弗里德曼的自由保守思想的冲击波迫使我们重新思考我们的全部社会哲学。学生的热烈讨论远超过技术性经济学的范围。我设法保持我与之俱生长的新政政治学，并且记得在 1960 年投肯尼迪的票。我妹妹曾说，"尼克松？罗伯特，你不可能，"而且她是对的（对那时！）。但是不论我们如何投票，弗里德曼的学生们离校时感到我们已获得一种有力的工具去思考经济和政治问题。

1963 年，卡内基工学院（现在的卡内基—梅隆大学）的工业管理研究生院新院长 Richard Cyert 向我提供一个教职。在我的教职讨论会上，我遇到 Allan Meltzer 和 Leonard Rapping，并且我知道工业管理研究生院对我而言是一个鼓舞性的和宜人的地方。该院的主要学术人物是赫伯特·西蒙。虽然我到卡内基时西蒙不再做经济学工作，他在午餐或咖啡时间总是愿意谈论经济学（或社会或管理科学的任何其他领域）。他给予我们在研究生院所有人以身在大团体的感觉，并且帮助我们驱除一切重要工作都在芝加哥或剑桥进行的感觉。

　　一旦我的论文写完，我开始对企业投资于物质资本和改进技术的决策的理论工作。Dale Jovgenson 是我的芝加哥论文委员会的委员，他对投资的工作激励了我。我在卡内基工学院的第一年花不少时间学习动态系统和在时间过程中优化的数学，并设法看一看这些方法如何可以最好地用于经济问题。在 20 世纪 60 年代全世界一群我那样的经济学家从事此项事业，而且我记得 Hirofumi Uzawa 领导的在芝加哥和耶鲁召开的关于这个主题的激动人心的会议。

　　我在那里的几年，卡内基—梅隆有一群杰出的经济学家对动力学和预期的形成有兴趣。最前面的自然是 John Muth，我在那里前三年的同事。约在我从芝加哥来的时候 Morton Kamien 和 Nancy Schwartz 已从普度大学来。Dick Roll, Eugene Fama 在芝加哥的一名学生，把有效市场理论的思想带到工业管理研究生院。Thomas Sargent 在写论文中间从哈佛来到卡内基—梅隆。我记得他和 Roll 讨论利息率（我们中没有人能跟踪他们的讨论）。Morris DeGroot 教一门统计决策论课程，对 Edwasd Prescott 有影响，并且通过 Edward 影响我。John Bossons 以及以后 Michael Lovell 研究关于预期的直接证据。已知我对经济动力学的兴趣，难以想像更好的一群同事。

　　在卡内基我参加两项合作研究，它们都产生立即效果而且也影响以后若干年我的思考。其中之一是和那时我的最亲密朋友和同事 Leonard Rapping 的项目，我们设法提供美国工资和就业自 1929 至 1958 年的行为的一个新古典记述。那篇文章是进入新领域的较勇敢的一步，我一个人单独未必能做到，没有 Leonard 的信心和他对劳动经济学的专家知识，那个项目永不可能进行或完成。

　　在我成为工业管理研究生院的教师的同一年，Edward Prescott 作为一名博士生来到这里，并且我们立即成为朋友。几年后，当 Edwasd 成为宾州大学教师时，我请他帮助完成我已开始的关于一个不完全竞争产业的动力学的理论项目。那个问题未能解决，但是在此过程中我们对经济动力学中的一切作了讨论和通信。在两年中我们学习了大量的现代一般均衡理论、泛函分析及概率论，并且写了一篇文章：《不确定下的投资》，该文以有用的方式重新陈述 John Muth 的理性预期思想。在此短期中我的（以及 Edward 的）经济动力学的全部观点成形，从那时起一直为我所用。

1971年，到卡内基—梅隆的 David Cass 以前曾唤起我对萨缪尔森的一个货币经济的交叉各代模型的兴趣。约在同时，Edmund Phelps 使我相信，Rapping 的和我的劳动供给模型必须被置于一个一般均衡背景中。这些影响，连同我和 Pvescott 工作时学到的许多东西，汇集在我的文章《预期和货币的中性》中，此文在1970年完成并在1972年发表。此文肯定是我的著作中最有影响的，其作用是我的诺贝尔讲演的主题之一。1995年5月，Rao Aiyagavi 为此文组织了一个25周年会议，得到明尼亚波列斯联邦准备银行赞助。这个场合在我曾接受的专业乐趣和荣誉中名列前茅。

1974年我回芝加哥教书。1980年我成为芝加哥的约翰·杜威优异贡献教授，即我现在保持的职务。对我来说芝加哥是一个奇异的地方，我当学生即有这种体验，并且我曾被同事们和研究生教学推动到货币理论、国际贸易、财政政策及经济增长的研究：都是宏观经济学中的主要题目。但是一个人的科学方法的主要特点，好像一个人的更一般的人格的主要特点，是早期定下来的。对我而言，我的父母，我在芝加哥的大学本科和研究生时代，以及我在卡内基—梅隆的年代的影响是关键的，我在此集中叙述的是这些影响。

我有一个报酬很好的个人生活，与我描述的智力生活交织在一起。丽塔·柯恒，也是芝加哥的一名本科生，和我于1959年8月在纽约结婚，恰好在我到伯克利作研究生之前。1960年9月我们的长子斯蒂在芝加哥出生。1966年1月我们的次子约瑟在匹兹堡出生。长子现在是纽约化学银行一个证券买卖人。次子在波士顿大学当一名历史研究生，他的妻子谭雅在波士顿贝斯以色列医院住院。丽塔和我于1982年分居，几年后离婚。

自从1982年以来我和南希·斯托基一起生活，她现在是我在芝加哥的一位同事。我们曾合写关于增长理论、财政学及货币理论的文章。我们的专著《经济动力学中的递归法》在1989年出版。从那时以后我们的合作只在家庭方面。我们在芝加哥北边有一套公寓房间，并在威斯康星州道尔县密歇根湖边有一所夏屋。

货币中性

罗伯特·卢卡斯[1]

美国，芝加哥大学

1995 年 12 月 7 日讲演

一 引 言

我为之获得此奖的工作是想了解货币政策的改变如何能影响膨胀、就业及生产的努力的一部分。对此问题思考过那么多，证据有那么多，以致人们可以合理地假设很久以前它已获得解决。但是事实并非如此，它在 20 世纪 70 年代没有解决，那时我开始研究它，而且甚至现在这个问题也没有完全满意的答案。在此讲演中我将设法澄清收集现有证据以评价不同的货币政策有何难处，并且综述最近 20 年中为了求解此问题有何进展。

从现代货币理论开始，在大卫·休谟的卓越的 1752 年文章《论货币》和《论利息》中，有关货币变化的效应的结论似乎主要决定于变化实现的方式。在构造我们现在称为货币数量论的学说时，休谟强调货币存量变化中的单位变化方面，以及这种变化与理性人民的行为的无关性。他在《论货币》中写道："这是确实明显的，货币不过是劳动和商品的表示，只起评价或估计它们的方法作用。在钱币更丰富的地方，代表同一数量的商品需要更大数量的货币，它

---

① 我感谢南希·斯托基的宝贵讨论和批判。我也感谢 William Brock, John Cochrane, Milton Friedman, Anil Kashyap, Randall Kroszner, Casey Mulligan, Sherwin Rosen, Allen Sanderson, Thomas Sargent, John Taylor, Neil Wallace, Warren Weber, 及 Jörgen Weibull 的评论。

不能有什么效应，或好或坏……如果不用需要少数字的阿拉伯记数法，而需要
用很多字的罗马记数法，除在商人账簿上作些更改外，不会有任何其他后果。"
（28 页）①

　　他在《论利息》中回到这个思想，货币数量的变化只是单位变化："如果英
国所有黄金一旦化为乌有，21 个先令代替每一基尼，货币会更多或利息会更低
吗？肯定不，我们只是用银代替金。如果黄金变成和银一样普通，而银变成和铜
一样普通，货币会更多或利息会更低么？我们可以肯定给出同一答案。那时我们
的先令将是黄的，而我们的半便士是白的，并且我们将没有基尼。将永远观察不
到其他差别，商业、制造业、航运、或利息将没有更改，除非我们想像货币的颜
色有什么重要性。"（47 页）

　　这些是休谟对我们现在所谓货币的数量理论的两项陈述，货币数量学说表明
流通中货币单位数的变化对用货币表示的一切价格将有成比例的效应，而对任何
实物，对人民工作多少或对他们生产或消费的商品完全没有效应。请注意，虽然
在休谟的例子里货币变化出现的方式有一点像魔术。英国的全部黄金"化为乌
有。"在别处他要我们"假设，由于奇迹，英国的每一个人在一个夜里有 5 镑滑
进他的口袋。"（51 页）实际的货币变化不是用这类手段发生的。这仅是一个表
述问题，或者我们应否考虑它？这一点成为一个关键问题。事实上，休谟写道：
"当任何数量的货币进口到一个国家时，起初它并不分散到很多人手中而限于进
入少数人的钱柜，他们立即设法用它得利。我们将假设，这里有一组制造商或商
人，他们曾把商品送到卡迪斯（西班牙地名——译注），回收的是金银。他们因
而能比以前雇用更多工人，他们从不梦想要求更高工资，而乐于被这些好雇主雇
用。［技工］……带上他的钱到市场，在那里他发现一切商品的价格和以前一样，
但是带上更大数量和更好的商品回来供他的家庭使用。农民和园艺工发现他们的
所有商品都卖掉了，高兴地从事生产更多商品……不难追踪钱在全社会移动的历
程，我们发现在它提高劳动价格之前它必然先促进每一个人勤奋。"（38 页）

　　对称地，休谟相信货币收缩可能导致萧条。"在事情调节到它们的新情况之
前总有一个时间间隔，当金银减少时这个时间间隔对工业有害，而在这些金属增
加时对工业有利。工人在市场上虽然对一切商品支付同样价格，但他从制造商或

---

　　①　引证休谟论文的一切页码均指：Hume，David，1970。《Writings on Economics》Eugene Rotwein，
ed（Madison：University of Wisconsin Press）。我使拼写保持原状，而将标点符号现代化。

商人那里得不到同样就业。农民不能卖掉他的谷物和牛，虽然他必须付同样的地租给他的地主。容易预见必然到来的贫困、乞讨和怠惰。"（40 页）

休谟说得很清楚，他并不认为他对货币扩张的意见是对数量理论，对他的"不论货币数量更多或更少对一个国家的国内幸福没有什么重要影响"的意见的重大修改。或许他只是未看到他从而推导出货币的长期中立性的单位变化的无关性对货币变化的初始反应也有相似含义。例如，为什么新货币的一名早期收受者"发现一切东西价格和以往一样。"如果每一个人了解物价将最终与货币发行的增加成比例地增长，什么力量能阻止这件事立即发生？人民是否有义务，或许甚至有合同，在一段时间内按老价格销售产品？如果是这样，休谟并未提起。销售者们是否不知道货币已增加而且一般膨胀在所难免的事实？但是休谟声明货币变化的实际后果是"易于追踪"和"易于预见"的。如果是这些，这些后果为什么会发生？

这些疑问不仅涉及细节问题。休谟靠纯理论推理导出货币数量论，其根据是人们理性地行动的理智原理，这个事实反映在市场决定的数量和物价中。一致性肯定要求至少尝试把同样这些原理用在一次货币扩张或收缩的初始效应分析。我想事实是对一位仅配备语言方法的一位经济学家，甚至某一位有休谟的卓越才能的人，这是一个太困难的问题。

两种互不相容的思想之间的这个紧张关系：货币的变动是中性的单位变动，以及它们导致就业和生产同方向运动，至少自从休谟写作以来一直位于货币理论的中心。我的意见，虽然它未能完全解决，至少在两个因子上有了重要进展。第一是一个纯理论问题：在什么假设下和对哪些种类的变化我们能预期货币变化是中性的？〔我从 Don Patinkin 的《货币、利息和物价》（1965）得到这个术语，那本书引导了这么多我这一辈经济学家到这些理论问题〕第二是自从休谟时代以来我们掌握的分析和对待这类问题的理论设备大为改进，在下面我将利用这些改进。至少同样重要的是在过去两世纪中积累了大量有关货币、物价和生产的证据，并且许多有效果的思想被用于测量问题。在下一节，我将考察一些这类证据。

二　证　据

从论文中难以说出休谟面前实际有什么证据。他的写作肯定在世界上任何地方收集货币供给的系统数据之前，在发明物价指数之前，和在发明国民收入和产品核算之前很长时间。他发展数量理论大部分依靠纯理论推理，虽曾非正式地用他的大量历史知识检验，而他相信货币变化和生产变化之间的短期相关显然主要根据他的日常知识。他援引一位杜托先生的话，"在路易十四末年，货币增加七分之三但物价只增加七分之一"。在一条脚注中他表征他的来源为"一名著名作家"，但感到有责任"承认他在其他场合提出的事实常常如此可疑以致使他在此问题上的权威性减少"。甚至在 18 世纪，在理论家和经济计量家之间似乎已存在紧张关系。

数量理论的中心预言是，从长期看，货币增长在它对生产增长率的效应方面应是中性的而且应在一对一的基础上影响膨胀率。形容词"长期"不是没有含混之处，但是不论按什么定义利用在时间上平均的数据应当只分离出长期效应。取自 McCandless 和 Weber，1995 年，"一些货币事实。"《明尼阿波列斯联邦准备银行评论》，19，3：1—11 的图 1 画出 30 年（1960—1990）平均年膨胀率对照同一 30 年期间 M2 的平均年度增长率，总计包括 110 个国家。人们能看到各点约位于数量理论预言的 45 度线上。膨胀和货币增长之间的简单相关是 0.95。在绘制图 1 时用的货币总量是 M2，但是没有什么重要东西依靠这个选择。McCandless 和 Weber 报告如用 M1 简单相关为 0.96，用 M0（货币基础）则为 0.92。他们也报告他们的 110 国数据集的子集：只有经合组织国家（用 M2）为 0.96；14 个拉丁美洲国家为 0.99。

根据这些数据（以及根据得出相似结论的许多其他研究）可以清楚地见到货币数量理论的可应用性不限于通货改革和魔术思想实验。它非常成功地适用于复杂，真实世界中产生的货币与物价的共同运动。说实在的，有多少具体经济理论能声称有图 1 展示的水平的经验成功？中央银行家们和甚至一些货币经济学家们富于知识地谈论利用高利息率控制膨胀，但是我不知道从甚至一国经济的证据把这些变量以一种有用的方式联系起来，更不谈像图 1 展示的那样尖锐的证据。此图表示的那种货币中性必须是声称经验严肃性的任何货币或宏观经济理论的一个中心特点。

McCandless 和 Weber 也对 1960—1990 年期间货币增长和实际产出增长之间的相关提供证据。图 2 是他们为 100 个国家国际货币基金数据集绘制的图。在这些 30 年平均数之间显然没有关系。① 为了研究短期政策选择（要失业还是要膨胀——译注）人们当然不要使用这些时间平均数据。取自 Stockman，Alan C. 1996。《经济学导论》（Fort Worth：The Dryden Press）的图 3 对 1950—1994 年的各个分期提供六幅美国年膨胀率对失业率的散布图。在右下角的图（f）画出全期的菲利普曲线。② 在此图中，两个变量表现完全无关。另一方面，对各个分期的五张图（或至少对 1960 年以来的各分期）似乎表明一种明显的负关系。然后看这六个图中的轴！为了看到膨胀和失业位于一条负斜率曲线上，人们必须不断移动曲线。

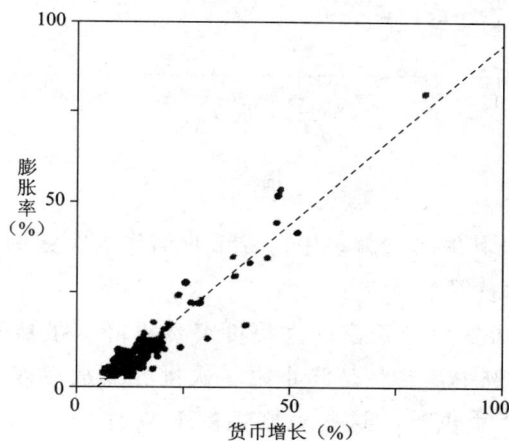

图 1

关于政策选择的证据也显示，虽则以一种很不同的方式，Friedman 和 Schwartz 的（1963）专著《美国货币史》中。这些作者说明在 1867—1960 年期间美国的每一次大萧条都联系着货币供给的一次大收缩，而每一次大收缩联系着一次萧条。这些观察也是一种相关，但是它们从最大的收缩的规模得到力量。在一个像美国在二次大战后的年代的时期里，实际产出波动轻微，故可能归结于实物来源。没有必要求助于货币震荡来解释这些运动。但一次像 1929—1933 年大萧条那样的事件远超过能够归咎于爱好和技术震荡的范围。人们需要其他可能性。在

---

① 必须说货币增长和产出增长之间的长期联系的证据比人们可从图 2 推导的更加混杂。McCandless 和 Weber 发现经合组织经济存在一种弱正关系。其他研究者根据其他数据集发现正和负相关都有。

② 据 A. W. phillips（1958）。

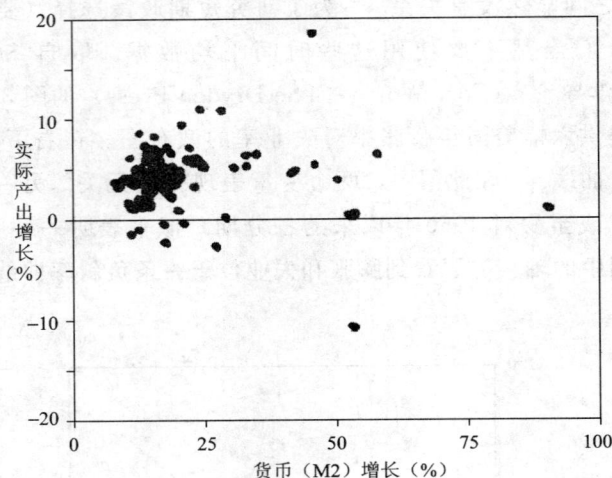

图 2

1929—1933 年，以及其他严重萧条中，货币收缩作为关键的震荡有吸引力，因为似乎没有任何其他替罪羊。

Sargent 也研究了货币增长率的大幅度突然下降（虽然不是货币存量水平的下降）。在他的事例中，这些是终止第一次世界大战后四次欧洲超级膨胀的货币和财政改革。货币供给的这些戏剧性的削减使 Friedman 和 Schwartz 书中或在 McCandless 和 Weber 使用的战后数据中任何事情成为微不足道。可是正像 Sargent 表明的，它们完全并未伴有用历史标准衡量或可能与任何萧条比是大的产出减少。Sargent 继续说明货币增长率的这些削减的可能性已被它们影响的人民很好地预期，而且他们预期由于可见的和适当的财政改革这些削减将持续下去。

总之，休谟在 1752 年推导的（以及以后许多其他理论家们，经许多不同途径推导的）预言，从长期看物价对货币变动作正比例反应，在来自许多时间和地点的数据中，已得到充分的、决定性的证实。货币变化诱导同方向产出变化的观察在有些数据集中得到证实，但在其他数据集中难以见到。货币增长的大规模削减可能伴生大规模萧条，或如果以一种可信的改革形式进行，可能完全不伴有萧条。

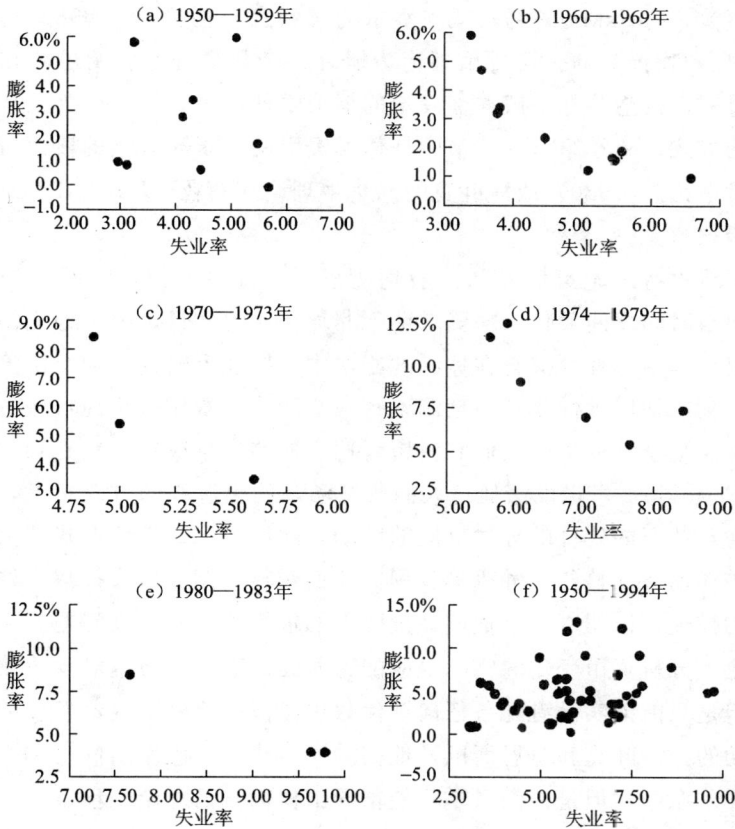

图 3

三 理论反应

休谟对货币平均增长率不同的各国经济间长期平均行为的比较进行严格思考，并如我们已看到的，有巨大的经验成功。在另一方面，为了短期的目的，他被迫依赖松弛的逻辑和粗略的经验概括。经济理论在 19 世纪和 20 世纪大部分时间的发展，表征休谟的论点的双重标准随而继续下来。数量理论的"中性定理"的陈述得到渐增的精度，并且利用静态一般均衡理论的最新设备得到严格推导。

动力学有一种补缀性质，拟合事实，但是只用一种方式，提示它们可以同样好地拟合任何事实。Patinkin 解释从威克赛尔的《利息和物价》（1898）到他自己的《货币、利息和物价》的一切货币理论为研究一个数量理论均衡位置和另一个之间的调整过程，设想为在一般均衡理论的框架之外，用一种我以为大致在休谟的分析水平的方式。我在第（一）节中从休谟援引的关于动力学的段落可以潜入凯恩斯的《货币论》（1930）或海叶克的《货币理论和商业循环》（1933）而不引起任何时代错误感觉。

可是所有这些理论家们要从一般均衡思考，设想人们在时间过程上求最大化，在时间与时间之间替代。他们求助于非均衡动力学只是因为他们能得到的分析设备未提供其他选择。甚至在休谟的剧本中，描述了转变时期经济演员们的动机和预期，甚至加以理性化：不把调整到一个新均衡看作一个纯机械的试验错误过程，其性质被系统的生产者们和消费者们之外的力量决定。威克赛尔，并且我要说还有 Patinkin，肯定设法通过人们所见动态调整过程的方式思考，观察人们采取的作为对他们的处境的理性反应的行动。他们吸收的理论形式主义涉及静态均衡连同描述动态调整的一种机械过程，他们对转变期的口头描述，好像休谟在他们以前的描述，说明事实上他们在设想人们求解跨时间决策问题。

从理论上分析货币变化的实际效应的这些尝试表现的智慧对现代读者仍然印象深刻，但是只能证实没有配备任何现代数理经济学而企图谈论坚硬的动态问题是徒劳无功的。海叶克和凯恩斯以及他们的同时代人愿意作出假设和设立类似一个模型那样的东西，但是他们只是不能推导出他们自己理论的预言。

20 世纪 30 年代的萧条将注意力从微妙的货币中性问题，转移到货币政策对短期刺激的潜力。凯恩斯的《通论》（1936）是焦点变更的产物之一。另一个产物是丁伯根（1939）发展了一个美国经济的显式统计模型。丁伯根的模型及其立即的继承者们很少或没有接触以前货币理论的传统，但在 20 世纪 30 年代和 40 年代的气氛中这或许是一个优点，而且它很适合凯恩斯的书的革命辞藻。把经济理论丢弃一边，从丁伯根的工作发展的宏观经济模型对所有较早宏观经济理论有两项重要优点。它们在数学上是显式的，所以可以一种比早期理论有秩序得多的方式从数据估计并对数据检验。而且，它们可以仿真，对政策问题产生定量答案。正是这些特点激励了年轻的研究人员，并且对这个领域的未来发展有如此戏剧性的影响。

所以到 20 世纪 60 年代，两种风格很不同的宏观经济理论并存，而且都打凯恩斯经济学的招牌。有如 Patinkin 那样的统一货币和价值理论的尝试，基于扩大静态一般均衡理论以容纳货币，连同某种试验错误过程以提供某种动力学。发展这些理论时，很注意早期货币理论以及更一般的经济理论发展，但是它们缺乏宏观经济模型的可操作性：没有人能准确地说出它们的预言是什么，或它们携带什么规范性含义。另一方面，有宏观经济计量模型可以拟合数据及仿真以便产生对政策问题的定量答案，但是它们和宏观经济理论及古典货币理论的关系不清楚。

当时几乎没有人认为这个情况是健全的。每一个人空谈统一微观和宏观经济学的思想，或者要发现宏观经济理论的微观经济"基础"，并且这个目标启发了集中注意跨时间决策问题的大量创造性的和有价值的经济学。弗里德曼（1957）和莫迪里安尼与布伦堡（1954）论消费，Eisner 与 Strotz（1963）和 Jorgenson（1963）论物质资本投资，Becker（1962）和 Ben Porath（1967）论人力资本投资，Baumol（1952），托宾（1956），Meltzer（1963），和 Brunner 与 Meltzer（1963）论货币需求的工作，都有贡献。在 20 世纪 60 年代加入本行的有数学倾向的经济学家们被吸引到研究跨时间决策问题的方法，变分法，最优控制理论，和 Bellman 的（1957）动态规划。Cass（1965），和 Uzawa（1964）的最优增长工作以后在经济学的一切分园地中应用类似方法研究很多问题。这些应用中动力学是不拘泥于试验错误过程的理论的一个组成部分。当 Leonard Rapping 和我开始合作研究商业循环中的劳动市场时，（Lucas, Robert E., Jr 和 Leonard A Rapping. 1969 "实际工资，就业，和膨胀"《政治经济杂志》，77：721—754），我们认为这些个别跨时间决策问题的研究是我们要作的事情的模型[①]。

20 世纪 60 年代初宏观经济建模的流行策略认为从这种跨时间理论产生的个别或部门模型可以简单地联合为一个单一模型，凯恩斯和丁伯根以及他们的继承人以此方式把一个消费函数，一个投资函数，等等装配为一个全经济模型。但是个人跨时间决策必然涉及预期的未来价格。有些微观经济分析把这些价格作为已知处理，其他人把适应性预测规则归于有最大化行为的企业和家庭。然而，不论如何做，从这些单个成员装配的"教堂晚餐"模型隐含着实际均衡价格和收入的行为与理论归于个人的价格预期无关，而且一般很不一致。

由于跨时间因素和预期起愈益明显和重要的作用，此种建模的不一致性变得

[①]　见 Phelps, Edmund S., et al. 1970.《就业和膨胀理论的微观经济基础》（纽约：Norton），有若干有相似动机的研究。

愈益刺眼。John Muth 的（1961）"理性预期和价格运动理论"集中探讨这个不一致性，并说明可以借助于考虑物价，包括未来物价，对数量的影响并同时考虑数量对均衡价格的影响而加以排除。[①] 他提出的理性预期原理因而迫使建模者趋向市场均衡观点，虽则在承认这个事实的思想方式对宏观经济建模有较大影响之前需要一些时间。

其他考虑加强同一方向的运动。在 20 世纪 60 年代后期，弗里德曼（1968）和 Phelps（1968）在一般均衡水平上思考此问题，看到不可能有在膨胀和实际产出之间交换的长期菲利普曲线。但是这种长期交换隐藏在当时的一切宏观经济计量模型中，而且那时标准使用的经济计量方法似乎拒绝弗里德曼—Phelps 自然率假设。这个冲突导致重新思考这些统计检验的理论基础，并且发现它们存在严重困难。Sargent（1971）和卢卡斯（1972），（1976）表明对自然率假设的常见拒绝主要依赖非理性预期，或者把这一点放回去，如果人们假设理性预期，这些检验确定不了什么东西。必须将宏观经济学放在包含理性预期的一般均衡基础上似乎清楚了。

四　一般均衡宏观经济学

到 20 世纪 60 年代，对思考经济动力学事实上已有两种密切相关的一般均衡架构。其一是希克斯（1939）、阿罗（1951）、德布鲁（1954）和 Mckenzie（1954）开发的一般均衡数学模型，其中商品向量被界定为包括有日期的商品权，可能使之因随机事件生效。Prescott 和我（1971）（"不确定下的投资"，《经济计量学》，39：659—681）采用这个架构编制一个竞争产业中投资的理性预期模型，取一条随机移动需求曲线（而非物价）作为给定，而且在一篇将确定今后十年的研究议程的文章中，Kydland 和 Prescott（1982）利用 Brock 和 Mirman（1972）的随机增长最优增长模型的一个版本作为承受技术改变诱致的，反复到来的商业循环的竞争经济的一个可操作模型。这被证明是一个极有效果的思想，其潜力仍在被实现中。但如此一个没有货币的模型显然不适合研究休谟的问题。相信货币力量位于商业循环中心的经济学家们必须到别处寻找。

---

①　尤金·法马（1965）的有效市场理论是另一次将经济推理直接应用于均衡物价的行为，在随机震荡是经济模型的一个内在部分的背景中。

归功于萨缪尔森（1958）的第二种一般均衡架构也是现成的，而且似乎较好地适合货币问题的研究。那篇文章引入经济的一个令人上当的简单的例子，其中货币在生产或消费中没有直接用途，然而在经济生活中起一种主要作用。在我的1972年的《预期和货币中性》，（《经济理论杂志》，4：103—124）中用了这个模型，为了说明货币中性如何能与出现一个从货币扩张来的短期刺激调和。此模型如此简单和灵活，可以用来说明很多问题。在此我将介绍它的一个版本，连同足够的符号以便讨论一些有趣的细节。

在萨缪尔森的模型中，人们只生活两期，所以正在运作的经济总有两个年龄组的人，一个青年，另一个老年。在此我假设一个常数人口，故人均和全经济数量可以互换使用。每年年底，老人死亡，青年变老，并有一个新的青年群到来。为了我的目的（好像为了萨缪尔森的目的）重要的是假设在此经济中没有家庭结构：没有继承和一代人对另一代人的财务支持。假设在此经济中一个青年人能工作和生产商品，而一个老人喜欢消费商品而无力生产它们。用（c，n）对表示一个人的两个选择对象，其中 n 是年轻时提供的劳动单位数，而 c 是年老时消费的商品单位数。假设每一个人对这两物的偏好用：

$$U(c) - n$$

给出。假设一个只有劳动的技术，其中一单位劳动生产一单位商品。

如果商品可以储存，每人将在年轻时生产而把产品带到以后供自己消费，解此问题

$$\max_n [U(n) - n]$$

称此问题的解为 n^*。但是我将假设商品不能储存，所以任何个人纯粹靠自己不能生产出自己的福祉。[①] 单独行动，一个人能做的最好的选择是在年轻时享受闲暇而永不消费任何商品。整个社会显然应能比那样做好得多，设法引导青年为他们同时的老人的消费而生产。为了实现这一点需要某种制度。

一种社会保障系统可能是这类制度的一个真实世界的例子。（或者它可能不是：一切事情要看没有家庭结构的假设是否实际）正如萨缪尔森提过的，一种货币制度可能是这类制度之一，因为人们可以将自足配置的失败看成是由于缺乏物物交换要求的欲望双向重合选成的。希望消费商品的老人们没有东西可以回报能

[①]　事实上，Cass 和 Yaari（1966）表明即使可以储存自足式配置可以改进，因为它将商品永久和不必要地锁在库存中。

生产的年轻人们。但是假设有某种流通的货币，一开始在老人们手中。老人将向青年人提供这种现金，以交换商品，建立某一市场价格。青年人会接受这些Wallace（1980）称为无内在价值的标记物，并从而持有在高于零的任何水平的以商品计算的标记价值吗？可能不：肯定不能排除这种可能性。如果青年人愿意生产商品以交换货币，那是因为他们希望在自己年老时用他们收到的货币购买商品而不得不如此。

关于萨缪尔森的例子的有趣的事情是不能排除这第二种场面。有可能，虽然绝不必然，这个经济中的货币将永远流通，一次又一次交换商品。如果这种交换在一个单一的竞争现货市场上进行而且价格 P 是既定的，于是一个开始时没有钱的青年人工作 n 个单位将得 pn 个单位的现金。如果他在下期把它都花在商品上，产生（pn）/p＝n 个单位的消费。所以每一个人解出问题（1）。如果货币供给是常数并且平均分配给老人，每人 m 元，均衡价格也将为常数，在 p＝m/n＊的水平。这个均衡显然是休谟意义上的数量理论均衡：如果 m（有些）增加，均衡价格水平将以同样比例增加，而劳动和生产的数量完全不受影响。

然而，当我们考虑不同于一劳永逸的货币存量变动的货币变动时，中性问题变得更加复杂。为了看出这一点，假设我们用货币数量按固定百分率增长的假设代替货币供给不变的假设。关于新货币进入系统的方式，我们必须明确（赞成萨缪尔森模型的另一点），如何做这件事是有关系的。开始时假设每一个青年人在他的青年和老年之间收到相等的一份新货币，而且这笔增款的多少独立于他工作赚到的钱数。于是如果货币供给是 m 并将增加一个整数 m（x－1），每一个青年人现在求解

$$\max_n \left\{ U\left[\frac{pn+(x-1)m}{p'}\right] - n \right\}, \tag{2}$$

其中 p 是今天他销售产品的价格，而 p′ 是他明天购买产品的价格。这个问题的一阶条件是

$$U'\left[\frac{pn+(x-1)m}{p'}\right]\frac{P}{p'} = 1 \tag{3}$$

为了求得此模型的一个理性预期均衡，我们利用一项观察，随时间变化的惟一的事情在此情况中是货币供给，每一期它只是乘一个已知因子 x。因此自然要寻求一种均衡，其中价格水平与货币存量成比例，p＝km，k 为某一常数，并且其中劳动是常数 n̂。在如此均衡中，常数 k 显然将为 1/n̂。于是明天的价格是

$p' = kmx = mx/\hat{n}$。将此全部信息代入一阶条件（3），得到

$$U'(\hat{n}) = x \qquad\qquad (4)$$

在此情况下，价格水平于是将在两期之间精确地按货币供给增长率增加。根据（4），就业的均衡水平 $\hat{n}$ 将为货币增长率的一个减函数。[①]

　　我们见到在图 1 和图 2 中被证实的数量理论预测也将在此假设世界中被证实。但是请注意这并不意味着货币增长率（以及相等的价格膨胀率）只是不对任何人有重要性的单位变动。货币增长愈快，陡然增款相对于通过工作积累的现金而言愈为重要。增款稀释了工作报酬。随着膨胀率的升高，商品生产下降，每个人的境况变坏。这是货币的非中性，它是货币变动的实际效应（有人可能愿意称之为用以产生货币变化的财政转移支付的实际效应）但是此效应显然不是休谟讨论的货币扩张的刺激效应。在此例中，通货膨胀并不"加速每一个人的勤奋。"它是一种税，减少勤奋的报酬，因而使之麻木不仁。

　　我认为这种膨胀税是一个有头等重要性的问题，而且它的效应以一种有用方式被我刚才讨论的理论例子捕捉。但是进一步研究膨胀税并不使我们更接近了解休谟认为他观察到的以及以后这么多其他人士看到的政策选择。所以让我们假设造成货币供给扩张的财政转移支付与人们通过工作赚取的余额成比例，使膨胀税被逐出图景。那就是，如果一个人工作 n 个单位，他收到 pn（x－1）的转移支付，而不是 m（x－1），并因而在下期可花 pnx。在此情况下，一阶条件（4）变为独立于 x

$$U'(\hat{n}) = 1$$

而 $\hat{n}$ 始终在其有效水平 n^*：没有膨胀税。这些比例转移只是一种方便的假设，但是一种简化某些困难问题的讨论的假设。

　　现在问如何修改这个世代交叉经济，使得一次货币扩张起刺激生产的作用？人们可能认为假设转移变量 x 在每一期从某一固定的概率分布独立抽取以代替 x 为常数的假设可以作到这一点。如果每个人都知道本期的实现，这显然不会改变任何事情。或许不那么明显，但同样为真的事是即使只有老年人直接知道转移实现，它诱导的均衡价格将向青年人完全揭示它，和我们在上面讨论的常数货币增长例子一样，m 和 x 决定物价。在此背景中有什么其他东西？如果 m 是已知的

和 p 是被观察到的，正如它在竞争买卖中当然如此，则人们能够推导 x 的数值。

为了从一次货币冲击得到一种产出效应，因而只引入不确定性是不够的。我们必须想象货币交换商品以一个中央瓦尔拉市场以外的某种方式进行。在我的（1972）论文中，我假设在两个市场中发生交换，每一个市场有不同数目的商品供给者。在此情况中，一次给定的涨价能告知一个供给者货币转移 x 是大的，在此例中他要把它像一次单位改变那样处理而不响应，或者它可以意味着在他的市场中只有少数供给者，在此情况下他要把它作为一种对他有利的实际变动处理并且增产响应。给定他的有限信息，个人能作的最好的事情是套买套卖。所以平均说来，劳动供给和生产是货币转移的一个增函数 f（x）。均衡价格，mx/f（x），与所有买卖人都知道的 m 成比例运动，但是增加少于和转移 x 成比例。到下一期，转移 x 已知，并且物价完成了它们的比例增加，但是不是没有一个过渡期，其中生产增加。

这个故事和我在我的引言中从休谟引来的故事的相似性似乎是清楚的。在一种重要意义上新故事是一种改进，因为不采用位于休谟记述中心的不加解释的判断误差或无知，此故事依靠一项人们缺少完全信息的假设。但是或许这只是把问题退回一步：为什么人们不能得到最后一点信息使他们能精确地判断物价运动？实际上，关于货币供给的最新信息似乎不难得到。

让我们从休谟的故事的这个具体的、基于信息的版本的细节退回一步，并且比较抽象地考虑可能性。简单地假设老人和青年从事某种买卖博弈，老人把在前期买卖中得到的现金 m 带到现场。[①] 在玩这个博弈之前，或者或许就在玩此博弈之中，老人得到一笔比例的转移支付总值为 x。让每一青年和每一老人选择一项买卖策略。请注意一个青年的策略可能依赖 m，而一个老人的策略可能依赖 m 和 x。在这些选择的基础上，假设达到一个纳希均衡，在均衡下每个青年提供某一数量的劳动，结束时有某一数量的现金。我将注意力限制到对称均衡，所以每个青年在均衡时终于有 mx 元。每个青年也在终结时供给了 f（m，x）单位的劳动，并且这个数量也是每个老人的均衡消费，其中选用的符号强调 m 和 x 是这个模型中的惟一状态变量。对这个结局函数 f 而言，买卖博弈的不同规定将有不同含义。

现在假定在开始玩此博弈之前，货币存量 m 在老人中均匀分布；每一个人，

---

①　Shubik 长期主张这个出发点。例如见 Shubik（1980）。

青年和老人，知道它是什么；并且每一个人知道转移支付是怎样发生的——这个买卖博弈的规则。在这些情况中，m 的变动必然是中性单位变化，所以 f 针对 m 是常数并能对某函数 f 写成 f（m，x）＝f（x）。给定此函数 f，商品的平均价格恰好是货币存量除以生产，或 p＝mx/f（x）。在竞争性买卖中，f 是一个常函数，故价格与 mx 成比例，其中 x 是已知的，但在许多其他买卖博弈中函数 f 将随 x 值变动。在此符号中，使休谟描写的那一种政策选择理性化翻译成设计一种使一个渐增函数 f（x）理性化的博弈。

一个这样的博弈（虽则均衡不十分对称）在卢卡斯（1972）中得到描述。在那里，产出的响应基于供给者们对转移 x 的不完善信息。但是在此抽象水平上有许多其他非竞争性买卖博弈，其结局有同样这些特点。其中有一些假设有些名义价格被事先规定以达到此目的，如 Fischer（1977），Phelps 和 Taylor（1977），Tayloy（1979）或 Svensson（1986）。其他人设计博弈，其中转移只被逐渐揭示，如 Eden（1994），Williamson（1995）或卢卡斯和伍德福（1994）（"一个有序列购买的经济中货币震荡的实际效应"，芝加哥大学工作论文）。所有这些文章提供一种在一个渐增函数 f（x）意义上的短期货币非中性，虽则自然按照很不同的方式。因此在一个重要意义上，休谟的奇论已被解决：我们有很多不同理论将长期货币中性与一种短期政策选择调和起来。所有这些理论（以及适合上述形式的任何其他博弈）带上一种含义，预期的货币变动将不能刺激生产并且至少有一些非预期的变动能这样作。①

求助于这些推理的哪一个有没有关系？对这个较难问题的答案必须依赖我们的目的是什么。这些模型的任何一个导致区分预期的和非预期的货币变动，我认为此区分是 20 世纪 70 年代理论工作的中心教益。另一方面，这些模型中没有一个从单独技术和偏好的假设推导函数 f。自然 f 依赖这类因素，但是它也依赖人们对局中人能得到的策略，棋步的时刻，信息如何揭示，等等作出的具体假设。而且，为了易于处理，这些细节都是高度不现实和定格化的：我们不能在描述现实主义的基础上在它们中选择。因此，我们没有理由相信 f 函数在货币政策变动下是不变的——它毕竟只是一种菲利普曲线——并且没有可靠的方法把它分解为熟知的分量。

重视区分预期和未预期货币震荡的理论导致一些不同的统计检验。正像货币

---

① 当然，这个结论要求通常对膨胀税的警告。

不会"造成"Granger（1969）和 Sims（1972）的意义上的失业率的变化的假设，Sargent（1976）解释了预期货币将没有实际效应的预言，而且他发现此预言在美国时间序列中得到证实。Barro（1977）利用 M1 对它自己的滞后值的回归的残差作为未预期货币震荡的度量，并且作出结论，失业率响应这些震荡但不响应本期和滞后的 M1。[①] 卢卡斯（1972）的模型的信号处理特点意味着随着货币变化的方差增大一项货币乘数的数量应当下降。卢卡斯（1973）"产出—膨胀选择的一些国际证据"《美国经济评论》，63：326—334 和 Alberro（1981）中报告的跨国比较证实了这个预言，也被 Kormendi 和 Meguire（1984）中报告的广泛得多的成果所证实。

在卢卡斯（1972）和（1973）的模型中，在竞争市场中进行贸易，虽然这些市场是不完全的，所以货币政策的任何实际效应必须通过物价运动起作用。前段描述的测试不利用物价数据并且因而不检验这个预言。其他经济计量工作确实要求货币震荡通过价格运动传输的，比较不利得多。Sargent（1976）和 Leiderman（1979）中的估计指示只有少量产出变动可用未预期价格运动解释。虽然证据似乎说明货币的意外变动有实际效应，它们似乎不像卢卡斯（1972）中那样通过价格意外变动传输[②]。

五　结　论

从 20 世纪 70 年代的研究中出现的主要发现是货币增长的预期变动与未预期变动有很不同的效应。预期货币扩张有膨胀税效应并诱致名义利息率上的膨胀升水，但是它们不联系休谟描述的那种对就业和生产的刺激。另一方面，未预期的货币扩张可以刺激生产，而对称地，未预期的货币收缩可以诱致萧条。预期和未预期货币变动之间的区别的重要性是许多不同模型中每一模型的一个含义，它们都利用在 20 世纪 70 年代发展的理性预期以解释短期的政策选择。这种区分与图 1 和图 2 中展示的长期证据，与图 3 中展示的年度间变化，与弗里德曼和 Schw-

---

[①]　此项工作在事实上是否检验卢卡斯（1972）中的模型的含义在 King（1981）中受到怀疑。

[②]　Wallace（1992）发展卢卡斯（1972）的一个变式，其中实际震荡在各市场间不必完全负关联（所以实际震荡总量可能正值）。在此较一般的模型中，货币震荡可以诱致同方向的产出运动（但不充分关联）而膨胀—产出相关可正可负。Sargent（1976）和 Leiderman（1979）中的证据对这个变式不是决定性的。

artz 对美国萧条的解释，以及与 Sargent 对欧洲超级膨胀结束的解释一致。

预期和未预期货币震荡的区分的中心作用之发现归功于许多研究人员设计能分析休谟提出的问题的数学显式模型的努力。但是我认为 20 世纪 70 年代捕捉此项区分的具体模型中没有一个在现在能被看成是一个满意的商业循环理论。或许部分地作为对 20 世纪 70 年代基于货币的商业循环模型的困难的反应，最近许多研究追随 Kydland 和 Prescott（1982）之后而重视纯实际力量对就业和生产的效应。① 此项研究表明一般均衡推理如何有益于研究一个经济对震荡的分布滞后反应，以及研究震荡自身的性质。更近一些，许多人设法在这些模型中重新引入货币特点，我预期在此方向将来有许多工作。

但是谁能说将来的宏观经济理论如何发展，好像任何人在 1960 年能预见我在此讲演中描述的发展？人们所能确信的是设计符合事实的显式模型的连续努力将产生进步，以及最好的和最实际的宏观经济学将利用基本经济理论的发展。

---

① 在 Hall（1978）中开始的和被 Hansen（1982）中描述的方法推动的直接检验欧拉方程的方法也曾被运用而富于成果。

瑞典皇家科学院新闻公报

1998 年 10 月 14 日，瑞典皇家科学院宣布将 1998 年度诺贝尔经济学奖授予英国剑桥大学三一学院院长阿马蒂亚·森（Amartya Sen）教授。以表彰他"在福利经济学的基础研究课题上作出数项关键性的贡献，举凡公共选择的一般理论、福利与贫穷指标的定义，到对饥荒的实证研究皆属其贡献范围"。他将于 12 月 10 日即诺贝尔逝世纪念日前去斯德哥尔摩领取总数达 760 万克朗（约合 96 万美元）的奖金。

瑞典皇家科学院在宣布颁奖的时候说："森通过把经济学和哲学工具相结合，使有关重要经济问题的讨论重新具有了伦理方面的考虑。"

瑞典皇家科学院在诺贝尔经济学奖授奖公告中指出："森对福利经济学中的基本问题研究作出了数项关键性的贡献，从社会选择的一般理论，福利与贫困指标的定义，到对饥荒的实证研究均属其范围，它们通过对分配问题的一般研究和对社会中最贫困人员的特殊研究紧密结合在一起。森阐明了使个人价值集合成集体决策的条件，和使集体决策规则与个人权利空间相一致的条件。通过分析集体决策时关于不同个人福利的有效信息，他改进了比较社会福利不同分配的理论基础，并且建立了新的更加合理的贫困指标，在实证研究方面，森的理论成果的应用加强了我们对饥荒下经济运行的理解。""森对于经济科学的中心领域作出了大量的有价值的贡献，并且开辟了一个值得研究的新领域。他运用经济和哲学相结合的工具，重新使用了道德尺度来讨论重大的经济问题。"

阿马蒂亚·森小传

　　阿马蒂亚·森 1933 年 11 月出生于印度的桑蒂克尼坦一个知识分子家庭，1953 年在加尔各答（Culcutta）大学总统学院（President College）获文学士学位，1955 年前往英格兰攻读剑桥大学的另一个学士学位，在其学习期间，他显露出优异的才智。他先后于 1954 年获得剑桥大学的亚当·斯密奖；1956 年获得该校的史蒂文森奖；1957 年获得该校三一学院研究奖。在剑桥大学求学期间，使森有机会接触不少著名经济学大师。森常与这些著名经济学家讨论问题，并从中获得了很大教益。在剑桥大学三一学院，莫里斯·多布（Maurice Dobb）和皮埃罗·斯拉伐（Piero Sraffa）曾作过他的老师。他亦与丹尼斯·罗伯逊（Dennis Robertson）有不少交往。而罗宾逊（Joan Robinson）夫人后来更成为了森的博士生导师。在获得文学士学位后，曾一度回到印度并于 1956－1958 年担任加尔各答杰得弗帕（Jadavpur）大学教授，不久即回到英国，1959 年在剑桥大学获得博士学位。森在 1963 年成为 Delhi 大学的教授，1971 年起在伦敦经济学院任教，1977 年起任牛津大学经济学教授，1989 年到了哈佛大学担任经济学和哲学教授，1988 年起森担任了美国哈佛大学经济学与哲学教授，这一时期他更侧重于贫困、饥饿与不平等问题的研究，并先后发表了《饥饿与公共行为》（与德雷兹合著，1989 年）和《不平等的再考察》（1992 年）等著作。同时还与德雷兹一起合著了两本有关印度经济发展方面的著作：《印度：经济发展与社会机会》（1995 年）和《印度发展：若干区域展望》（1997 年）。期间，他还曾于 1989 年担任了印度经济学会会长，1994 年担任过美国经济学会会长，并曾以美国经济学会会长身份发表了题为"理性与社会选择"的讲演。1998 年 1 月森从美国哈佛大学退休，并回到自己阔别 25 年的剑桥大学三一学院担任院长。他曾为联合国开发计划署写过人类发展报告，当过联合国前秘书长加利的经济顾问。

　　森得到了 20 多个荣誉博士学位，他的学术成果包括十几本专著和 200 篇左右的论文。除了属于纯经济学领域的一些研究成果以外，也有相当一部分属于经济学和哲学交叉的领域。

阿马蒂亚·森对福利
经济学的贡献

1998 年度诺贝尔经济学奖评选揭晓，印度籍经济学家阿马蒂亚·森因其对福利经济学以及发展经济学的突破性贡献而获此殊荣。瑞典皇家科学院审核委员会在给阿马蒂亚·森颁奖的颁词中指出："他对福利经济学的基础研究做出了许多关键性的贡献，其中包括公共选择的一般理论、福利与贫穷的指标以及对饥荒的实证研究等方面"。主要有：

第一，挑战阿罗不可能定理（Arrow's impossibility theorem）

阿马蒂亚·森克服了 1972 年诺贝尔经济学奖得主阿罗的不可能定理衍生出的难题，从而对福利经济学的基础理论做出了巨大的贡献。美国斯坦福大学教授阿罗指出，多数规则（majority rule）的一个根本缺陷就是在实际决策中往往导致循环投票。阿马蒂亚·森针对阿罗不可能定理发起的挑战充分显示了他的睿智，他所建议的解决方法其实非常简单。森发现，当所有人都同意其中一项选择方案并非是最佳的情况下，阿罗的"投票悖论"就可以轻松地迎刃而解。

第二，创建全新的福利与贫穷指数（index of welfare and poverty）

为了比较不同国家的福利分配和一国国内的福利分配变化，就需要构建一种能够衡量在福利与收入方面所存在的差异的专门化指数。这也是社会选择理论的重要应用，因为这种指数的建立是基于代表社会价值的福利函数的基础之上的。阿马蒂亚·森可以说是在这一领域做出巨大贡献的第一位经济学家，他认为传统的贫穷指数——以一国处于贫困线以下的人口份额（H）作为衡量指标的做法存在很多的缺陷。在对福利指数的研究中，森认为一些常用的指数（如人均收入等）仅仅反映了多数人生活状况的平均数，而忽视了福利分配的状态，即难以科学地反映出许多人仍然一贫如洗的事实。森提出了全新的福利指数，并在该指数的创建中采取经济学与哲学相结合的方法，使对重要经济问题的讨论重新回到道德伦理方面，这也是森在研究方法上的重大创新。森的这一创见受到国际发展经济学界的高度重视，他不但将此融入到"森福利指数"的创建中，而且许多世界著名的福利指标，如联合国的人类发展指数（The UN's Human Development Index），都是本着这一精神创建的。

第三，对饥荒形成机制的实证研究

森通过对 1940 年以来发生在印度、孟加拉和非洲撒哈拉沙漠贫穷国家的数起灾荒的实证研究中，得出了饥荒形成机制的根本原因。在他 1981 年出版的重要著作《贫困与饥荒：论权利与剥夺》一书中，他批驳了认为第三世界国家发生饥荒的主要原因是食物短缺或发生干旱或洪水等因素的传统论调。森认为，事实上在大多数发生饥荒的年度，发生饥荒的国家不但有充足的食品供应，甚至食品生产较前一年度有较大增长并对外出口的情况下，人们仍面临着饿死的威胁，这主要是因为他们没有获得享用食品的能力（capabilities），即他们没有进入食品市场的购买力。森对于饥荒问题所作的实证研究证实了他对饥荒形成机制的解释，而要彻底理解饥荒的形成机制，就要仔细分析不同的社会经济因素如何影响不同的社会经济群体，并如何决定其福利得以实现的机会和能力。森通过对近年来发生的一些特大饥荒的环境条件和形成机制的审慎考察，阐明了自己的观点，这可以说是当今发展经济学界不折不扣的"政治经济学"。

阿马蒂亚·森的主要代表著作

《技术选择》（Choice of chniques，1960）

《集体选择与社会福利》（Collective Choice and Social Welfare，1970）

《论经济不公平》（On Economic Ineguality，1973）

《就业、技术与发展》（Employment Technology and Development，1975）

《贫穷和饥荒》（Poverty and Famines，1981）

《选择、福利和量度》（Choice Welfare and Measurement，1982）

《资源、价值和发展》（Resources Value and Development，1984）

瑞典皇家科学院新闻公报

1999 年 10 月 13 日，瑞典皇家科学院宣布 1999 年度瑞士中央银行纪念诺贝尔经济学奖授予著名经济学家罗伯特·A. 蒙代尔（Robert A. Mundell）教授，以表彰他"对不同汇率体制下的货币和财政政策以及最优货币区域的分析"所做出的伟大贡献。

应该说，蒙代尔获得本届诺贝尔经济学奖与国际经济形势的发展有密切的关系。大家知道，亚洲金融风暴所带来的深深恐惧，迫使各个国家注重金融市场的稳定和完善，而一个国家的金融市场的运作又常常与该国的财政与货币政策以及汇率体制相联系——这恰恰是蒙代尔的研究领域。当然，蒙代尔获奖的更主要的原因，是他像一个先知或预言家一样，在三十多年前就勾勒了今天的经济生活中所面临的情况并提出了迄今仍然正确的理论。比如他认为，一个国家不一定要有自己的一套货币，而由几个国家采取联合的共同货币也许更有利——这一思想促成了欧元的诞生。甚至他在 60 年代指出，使用共同货币的最大缺陷是成员国之间的非对称冲击（asymmetric shocks）对就业的影响，恰如我们在 90 年代末所看到的，欧洲国家为欧元进行谈判的关键问题正是允许劳动力在成员国之间流动以应对非对称冲击。

蒙代尔对经济学的伟大贡献主要来自两个领域，一是经济稳定政策，二是最优货币区域理论。

瑞典皇家科学院在授奖公告中称："蒙代尔教授奠定了开放经济中货币与财政政策理论的基石……尽管几十年过去了，蒙代尔教授的贡献仍显得十分突出，并构成了国际宏观经济学教学的核心内容。"

罗伯特·蒙代尔小传

　　罗伯特·蒙代尔，1932 年生于加拿大。虽然他的学术生涯一直在美国进行，但他却是加拿大人。他先后在不列颠哥伦比亚大学和华盛顿大学完成大学教育，继而在伦敦经济学院开始研究生学习。23 岁时以关于国际资本流动的论文从 MIT（麻省理工学院）得到哲学博士学位。1956 年至 1957 年在芝加哥大学做政治经济学博士后研究，之后在斯坦福大学和 Johns Hopkins Bologna 高级国际研究中心任教。1961 年成为国际货币基金组织（IMF）工作人员。自 1966 年至 1971 年，他是芝加哥大学的经济学教授和政治经济期刊的编辑，他还是瑞士日内瓦的国际研究生院的国际经济学暑期教授。1974 年，他来到哥伦比亚大学。在过去的 25 年里，蒙代尔一直是纽约哥伦比亚大学的经济学教授。直到现在仍在美国哥伦比亚大学经济学系任教。

　　蒙代尔教授在北美洲、南美洲、欧洲、非洲、澳大利亚和亚洲等地广泛讲学。他是许多国际机构和组织的顾问，包括联合国、国际货币基金组织、世界银行、加拿大政府、拉丁美洲和欧洲的一些国家、联邦储备委员会和美国财政部等。1970 年，他担任欧洲经济委员会货币委员会的顾问；他还是 1972－1973 年度在布鲁塞尔起草关于统一欧洲货币的报告的九名顾问之一。自 1964 年至 1978 年，他担任贝拉乔－普林斯顿国际货币改革研究小组成员；自 1971 年至 1987 年，他担任桑塔·科洛巴国际货币改革会议主席。

　　蒙代尔一生著述颇丰，在各种科学刊物上发表论文 100 多篇；出版专著 4 部：《国际货币体系：冲突与改革》（1965），《人与经济》（1968），《国际经济学》（1968），《货币理论：世界经济中的利息、通胀和增长》（1971），后面三部分别有德、日、法、西班牙、葡萄牙等译本，1968 年的两本著作还有中译本；编著 11 部；与人合编著作 30 多部；并做了大量的学术报告，以及为报刊撰写专栏文章。蒙代尔的经典代表著作包括著作《国际经济学》（International Economics，纽约：麦克米兰版，1968）和论文《最优货币区域理论》（A Theory of Optimum Currency Areas，载于《美国经济评论》51：657－665，1961）《固定和弹性汇率下的资本流动和稳定政策》（Capital Mobility and Stabilization Policy under Fixed and Flexible Exchange Rates，载于《加拿大经济学杂志》29：475－485，1963）。

蒙代尔也很关注中国的改革，他近年的研究常涉及中国，比如《过渡经济中的货币和金融市场改革：中国个案》（1998），《体制转轨国家的通胀和增长》（1996）等论文以及《中国的通胀和经济增长》（1996）等著作。他近期的重要论文有《21世纪的国际货币体系：会恢复金本位吗?》、《欧洲货币体系在布雷顿森林体系后的50年：两种体制的比较》、《欧元与国际货币体系的稳定》、《货币史中格锣沙姆法则的应用与批评》。

罗伯特·蒙代尔对经济稳定政策和最优货币区域理论的贡献

　　罗伯特·蒙代尔，世界经理人资讯有限公司董事会主席、哥伦比亚大学经济学教授，1999 年诺贝尔经济学奖的获得者。他对不同汇率体制下货币与财政政策以及最适宜的货币流通区域所做的分析使他获得这一殊荣。蒙代尔对经济学的伟大贡献主要来自两个领域，一是经济稳定政策，二是最优货币区域理论。

　　蒙代尔教授发表了大量有关国际经济学理论的著作和论文，被誉为最优化货币理论之父；他系统地描述了什么是标准的国际宏观经济学模型；蒙代尔教授是货币理论和财政政策相结合的开拓者；他改写了通货膨胀和利息理论；蒙代尔教授与其他经济学家一起，共同倡导利用货币方法来解决支付平衡；此外，他还是供应经济学的创始人。蒙代尔教授撰写了大量关于国际货币制度史的文章，对于欧元的创立起了重要的作用，他具有革新意义的研究为欧元汇率奠定了理性基础，被誉为"欧元之父"。此外，他撰写了大量关于"转移"经济学的文章。于1997 年蒙代尔教授参与创立了《Zagreb 经济学杂志》。

　　瑞典皇家科学院在授奖公告中称："蒙代尔教授奠定了开放经济中货币与财政政策理论的基石……尽管几十年过去了，蒙代尔教授的贡献仍显得十分突出，并构成了国际宏观经济学教学的核心内容。"

　　蒙代尔的研究之所以有如此重要的影响，是因为他几乎是在准确预料未来发展方向的基础上进行选题的。在 60 年代，国际货币安排的格局是各国都有自己的一套货币，并且几乎所有的学者都认为这是必须和理所当然的；国际资本市场开放的程度也相当低。正是在这种情况下，蒙代尔提出了超前于现实的问题：与国际资本市场一体化相关的货币与财政政策的结果会如何？这些结果将如何依赖于一个国家是采取固定汇兑抑或采取自由汇兑？一个国家都该有自己的一套货币吗？经过询问和回答这样一些问题，蒙代尔改造了开放经济中的宏观经济理论。他最重要的贡献是在 20 世纪 60 年代做出的。到 60 年代后半期，蒙代尔已是芝加哥大学学术界的领袖人物。

蒙代尔对宏观经济理论还做出了其他贡献。比如，他指出，较高的通货膨胀将使投资者降低他们的现金余额以增加真实资本。结果，预期的通货膨胀也可以产生真实的经济效应——即已众所周知的"蒙代尔－托宾效应"。蒙代尔也对国际贸易理论做出了持久的贡献。他阐明了国际间资本和劳动力流动怎样促使国家之间的商品价格相等，即使在对外贸易被贸易壁垒所限制的情况下。这可以看作是众所周知的赫克希尔－俄林－萨默尔森结论的镜像，该结论认为，商品自由贸易往往导致国家之间的资本和劳动的报酬趋于相等，即使国际资本流动和移民受到限制。这些研究结果清楚地表明：贸易壁垒将刺激国际间资本和劳动力的流动，反过来移民和资本流动壁垒又将刺激商品贸易。

瑞典皇家科学院新闻公报

  2000 年 10 月 11 日，瑞典皇家科学院宣布，将本年度诺贝尔经济学奖授予美国芝加哥大学的詹姆斯·赫克曼和加州大学伯克利分校的丹尼尔·麦克法登，以表彰他们在微观计量经济学领域所作出的贡献。他们两人将分享 900 万瑞典克朗（约合 91.5 万美元）的奖金。

  瑞典皇家科学院认为，他们获奖的原因是"詹姆斯·赫克曼对分析选择性抽样的原理和方法所做出的发展和贡献，丹尼尔·麦克法登对分析离散选择的原理和方法所做出的发展和贡献。"在微观经济计量学领域，这两位获奖者都发展了在针对个人和家庭行为进行经验性分析中广泛应用的原理和方法，这些原理和方法既包括经济学领域的也包括其他社会科学领域。

  瑞典皇家科学院认为，赫克曼和麦克法登已解决了对微观数据进行统计分析中出现的基本问题。他们所发展的分析方法不仅在经济理论方面具有坚固的基础，而且还在重大社会问题的实用研究领域发生了很大的影响。这些方法现已成为经济学家和社会学家分析问题的标准工具。瑞典皇家科学院进一步介绍说，人们所能获得的微观数据往往来源于选择性的抽样数据，如有关工资的数据就无法通过随意抽样的方式获得。如果这样的选择性因素不被考虑进去，那么对经济关系进行的统计评估结果将会发生偏颇。赫克曼发展了用一种合适的方式来处理选择性抽样数据的方法，并提出了用来解决与此密切相关问题的方法，他在这些领域进行的应用研究也具领先地位。瑞典皇家科学院说，微观数据还能反映人们的随意选择行为，如有关人们对职业或居住地的数据能反映他们是在有限的范围中进行选择。以前，经济学界对这样的选择进行的经验研究缺乏经济理论基础。麦克法登根据一种有关自行选择的新理论，发展了对自行选择进行统计分析的方法。这些方法已使经验研究发生变革，并已在交通运输和通信领域得到了广泛的实际应用。

詹姆斯·赫克曼和
丹尼尔·麦克法登小传

　　詹姆斯·赫克曼，美国公民，56 岁，1944 年生于伊利诺伊州的芝加哥市。大学念的是科罗拉多学院（Colorado College）数学系，获数学学位。于 1971 年在普林斯顿大学经济系获得博士学位后，曾在哥伦比亚大学、耶鲁大学和芝加哥大学任教。从 1995 年起，赫克曼就在芝加哥大学获任亨利－舒尔茨杰出成就经济学教授。

　　赫克曼在经济学领域的研究内容涉及诸如社会项目评估、非连续选择和纵向数据的计量经济学模式、劳工市场经济学以及收入分配的模式选择等等。此次他以"对分析选择性抽样的原理和方法所做出的发展和贡献"获奖主要著作：《纵向分析讲座》。

　　丹尼尔·麦克法登，美国公民，63 岁，1937 年生于北卡罗莱纳州的罗利市的瑞雷，在明尼苏达大学（University of Minnesota）物理系获得学士学位后改念经济，1962 年于同校获得博士学位。曾在匹兹堡大学、耶鲁大学、麻省理工学院和伯克利加州大学任教，1990 年起在加州大学伯克利分校担任经济学教授和计量经济学实验室主任。现供职于美国加利福尼亚大学。

　　他的研究领域包括：计量经济学及经济学理论以往研究课题：隐含变量模式、选择模式及应用、大规模抽样计量经济学、抽样理论、经济生产理论以及消费理论。目前正在研究的课题有老龄化趋势经济学、储蓄行为，人口统计学趋势、住房流动性、健康和死亡比例研究、利用计量心理学数据进行的消费者需求分析以及计量经济学模拟方法研究。此次他以"对分析离散选择的原理和方法所做出的发展和贡献"而获奖。主要著作：《经济计量学手册》。

赫克曼和麦克法登对于微观经济计量学的贡献

赫克曼和麦克法登的主要贡献在于"微观经济计量学"〈Microeconometrics〉的建立和发展，所以要对赫克曼和麦克法登的贡献有所了解，必须先对个体经济计量研究有一些认识。所谓个体经济计量学是指对家庭、厂商等经济个体的行为所进行的计量研究，研究对象范围很广，较主要的有劳动经济学的课题：劳动供给、薪资决定、教育选择、失业期间、移民、职业选择、生育选择、性别歧视、种族歧视等；公共经济学的课题：租税政策及社福政策的效应；消费行为研究的课题：商品需求、品牌选择；都市及运输经济学的课题：住宅租购选择、区位选择、交通工具选择；产业经济学的课题：生产形式选择、生产要素需求、生产效率评估等。

赫克曼的主要贡献是提出对统计数据的选择偏差进行纠正的简单可行的理论和方法。所谓选择偏差是指在样本选取时因数据的局限或取样者的个人行为而引起的偏差。例如，考虑受教育程度与个人收入之间的统计关系问题。一般来说，数据来源总是有偏差的。教育程度高的人群的数据容易得到，而教育程度低的数据就不容易得到，因为他们的工作可能不固定，甚至常常失业。这样仅仅以搜集到的数据来作统计分析，受教育程度对个人收入的影响就会被低估。赫克曼为此提出著名的赫克曼修正法。这种方法分为两个步骤。第一步先构造一个基于经济理论的工作概率模型，并由此对每个个人预测其工作的概率。第二步再把这些预测概率加到原来的模型中去，作为新的解释变量，由此就得到更确切的受教育程度与个人收入之间的统计模型。赫克曼用这样的方法处理了许多类似的问题；例如，失业者再就业的时间间隔问题（观察到的数据往往带有个人特征的影响），职业培训的估价问题（未经职业培训的个人数据不易得到，赫克曼得到的结论是许多职业培训的作用被高估）等。

赫克曼除了对微观经济计量学的理论有重大贡献外，还进行了许多深入的实证研究，在劳动供给、薪资决定、失业期间、劳动市场辅导计划的效益评估、生育多寡、性别歧视等课题上，获得相当丰硕的实证结果，也提供了不少独到的见解，这里我们便逐项做一些简单的说明。

麦克法登最主要的贡献在于，对诸如不同交通工具或不同职业等的"类别选择"（Discrete Choices）问题上，发展出一套完整的理论和实证方法。和赫克曼一样，麦克法登也很擅长于将经济理论和计量方法紧密结合起来，并将之应用到许多不同领域（例如生产经济理论、运输经济学、环境经济学等）的实证研究中。在20世纪70年代以前，经济理论和计量经济学的分析都局限于数值连续的经济变数（像消费、所得、价格等），类别选择的问题虽然是无所不在，传统上却没有一个严谨的分析架构，麦克法登填补了这个空隙，他对类别选择问题的研究在很短的时间内就发展成为一个新兴领域，大大地扩充了经济理论和计量经济学的范围和适用性，许多其他社会科学的学门也因此获得一个十分有用的实证研究工具。

在不对等类别选择的问题上，文献中也还可找到一些可同时处理主要类别和次要类别的不同模型，但这些模型的估计都牵涉到多重积分以致计算繁复到几乎没有实用价值，麦克法登针对这个问题也发展出一种充分利用电脑计算能力的"模拟动差估计法"（Method of Simulated Moments），这个方法开创性地将应用数学中的数值方法和计量经济学紧密结合，又再次开启了一个崭新的跨领域研究课题。

麦克法登在成大名之前的20世纪60年代，对个体经济学中的生产理论也曾做过相当深入的研究，对生产函数和成本函数之间的"对偶性"（Duality）有很详尽的分析，这些研究成果直到20世纪70年代末期才以专著的形式发表，这本专著发表后立刻产生广泛的影响，20世纪80年代以后的个体经济理论教科书纷纷将对偶性分析列为主要课题。对偶性分析不仅有重要的理论价值，对计量分析也很有助益，麦克法登自己就曾将这套分析工具应用到对租税之资源扭曲效果的实证研究上，对偶性分析因而成为公共经济学研究中一个不可或缺的工具。

近十年来麦克法登将兴趣转移到环境经济学，研究人们利用自然资源时所愿意支付的价格（Willingness-To-Pay），用以计算各种自然资源的"存在价值"，并评估自然资源受损时所造成的福利损失。麦克法登将这套研究方法应用到对美国阿拉斯加州休闲资源的评价上，还尝试计算 1989 年"艾克桑福尔第号"超级油轮漏油对阿拉斯加州所造成的损害。麦克法登在这个领域的研究也再次证明他整合经济理论和计量方法并将之应用到实证研究的大师级动力。

瑞典皇家科学院新闻公报

　　瑞典皇家科学院 2001 年 10 月 10 日宣布，三位美国教授乔治·阿克尔洛夫、迈克尔·斯彭斯和约瑟夫·斯蒂格利茨由于在"对充满不对称信息市场进行分析"领域所作出的重要贡献，而分享 2001 年度诺贝尔经济学奖。

　　瑞典皇家科学院发表的新闻公报说，这三名获奖者在 20 世纪 70 年代奠定了对充满不对称信息市场进行分析的理论基础。其中，阿克尔洛夫所作出的贡献在于阐述了这样一个市场现实，即卖方能向买方推销低质量商品等现象的存在是因为市场双方各自所掌握的信息不对称所造成的。斯彭斯的贡献在于揭示了人们应如何利用其所掌握的更多信息来谋取更大收益方面的有关理论。斯蒂格利茨则阐述了有关掌握信息较少的市场一方如何进行市场调整的有关理论。

　　瑞典皇家科学院认为，阿克尔洛夫、斯彭斯和斯蒂格利茨的分析理论用途广泛，既适用于对传统的农业市场的分析研究，也适用于对现代金融市场的分析研究。同时，他们的理论还构成了现代信息经济的核心。

　　乔治·阿克尔洛夫 1940 年生于美国康涅狄格州纽黑文市，1966 年获美国麻省理工学院博士学位，现为美国加利福尼亚州大学经济学教授。迈克尔·斯彭斯 1948 年生于美国的新泽西州，1972 年获美国哈佛大学博士学位，现兼任美国哈佛和斯坦福两所大学的教授。约瑟夫·斯蒂格利茨 1943 年生于美国的印第安纳州，1967 年获美国麻省理工学院博士学位，曾担任世界银行的首席经济学家，现任美国哥伦比亚大学经济学教授。

迈克尔·斯彭斯、乔治·阿克尔洛夫和约瑟夫·斯蒂格利茨小传

　　迈克尔·斯彭斯1948年生于美国的新泽西州，一直留驻象牙塔，1966年以优异成绩毕业于普林斯顿大学；其后1968年在牛津大学获得硕士学位，再后于1972年获得哈佛大学经济博士学位，获当年优秀论文奖。曾任美国哈佛和斯坦福两所大学的教授。1983年获与诺贝尔经济学奖有同样影响的约翰·贝茨·克拉克奖章（美国经济协会为奖励有突出贡献的经济学家的荣誉奖励）。1984年至1990年他担任哈佛大学文理学院院长，是该院历年来最年轻的院长之一。1990年起至1999年期间担任斯坦福大学商学院院长。2000退休后被聘为名誉院长成为斯坦福大学荣誉教授。

　　斯彭斯研究的是市场信息灵通的人怎样以可信的方式同信息闭塞的人传递"信号"，以达到避免出现与逆向选择有关的某些问题。要发送信号，经济中介必须采取可以察觉的而代价高的措施，使其他中介确信他们的能力，或者跟一般地说，使其他中介确信他们的产品的价值或质量。斯彭斯的贡献是详尽阐述这一想法，并使之定性以及论证和分析其含义……除信号研究以外，斯彭斯还是把1996年度诺贝尔获得者维克里和莫里斯的研究成果和卓越见解用于保险市场分析的先驱者。1975—1985年，他是引起博弈论的研究浪潮的先驱者之一，这种研究阐明了所谓新产业组织内战略市场行为的很多方面。

　　乔治·阿克尔洛夫（George A. Akerlof）1940年6月出生于康涅狄格州的纽黑文市，1962年毕业于耶鲁大学，获学士学位；1966年毕业于麻省理工学院，获博士学位。1973—1974年间担任经济顾问委员会高级经济学家。1977—1978年美联储客座研究员。曾任教于印度统计学院、伦敦经济学院。1980年起任加

利福尼亚大学伯克利分校的经济学教授，1994 年任布鲁金斯学会高级研究员，美国经济学会副会长，美国经济评论杂志副总编辑。

他的研究领域包括货币理论、宏观经济学等；过去的研究课题包括失业理论、不对称信息、社会风俗经济学及歧视经济学等。

阿克尔洛夫从 1966 年开始加盟加州大学伯克利分校经济系，任助教。阿克尔洛夫得到承认是因为他的研究借鉴了社会学、心理学、人类学以及其他学科以确定经济学的影响和结果。他的专业领域包括宏观经济学、贫困问题、家庭问题、犯罪、歧视、货币政策和德国统一问题。主要著作：《一个经济理论学家的故事集》、《劳动市场的工资模式效率》。

约瑟夫·斯蒂格利茨 1943 年 2 月 9 日出生于美国印第安纳州，1960 年考入美国东部著名大学之一的阿默斯特学院（Amherst College），毕业后继续深造于麻省理工学院（MIT）研究生院，在诺贝尔经济学奖得主保罗·萨缪尔森（Paul Samuelson）与罗伯特·索洛（Robert Solow）两位教授的指导下进修经济学。在校期间，斯蒂格利茨先生不满足以新兴古典经济学为主的研究工作，于是获得富尔布赖基金会奖学金，到英国剑桥大学读书。1966 年 23 岁时，毕业于麻省理工学院，获得博士学位。留校任一年助理教授后，到耶鲁大学先任助理教授，副教授，1969 年被耶鲁大学聘为经济学教授，就任教授时仅 27 岁。1979 年，他获得了美国经济学会两年一度的约翰·贝茨·克拉克奖，该奖项用于表彰对经济学作出杰出贡献的 40 岁以下经济学家。1987 年，他创办的《经济学展望杂志》降低了其他主要经济学杂志所设立的专业化障碍。他曾经担任美国经济协会副主席。1988 年起他在斯坦福大学任经济学教授，之后，先后历任耶鲁大学、牛津大学、普林斯顿大学教授，他主讲经济学原理、宏观经济学、微观经济学、公共部门经济学、金融学和组织经济学，包括在该校最受欢迎的《经济学》。他的数十名博士生在世界各地任要职。1993 年起成为克林顿总统经济顾问委员会的主要成员，并且从 1995 年 6 月起任该团主席。在此期间，他是克林顿总统顾问班子的关键成员。1997 年出任世界银行副总裁兼首席经济学家。他认真推进发展中国家的经济发展政策。他对政策的态度一贯不变，不但致力于提高效率与生产性，而且强调公平性与效率性。斯蒂格利茨对世界形势的认识也非常卓越，一方面对全球化带来的利益给予一定的评价，一方面强调全球化应当根据各国家的发展程度与组织特性而发展。1997 年亚洲金融危机之际，他严厉批评了 IMF 及美国政府仅根据市场经济原理所采取的措施。2000 年任美国布鲁金斯学会高级研究员。于 2001 年开始在哥伦比亚大学任教。2001 年他又获得了诺贝尔经济学奖。现任美国布鲁金斯学会高级研究员。

主要著述有：《竞争、激励与风险理论》（与 F. 马修森合作，1987），《政府经济学》（1988），《国家的经济职能》（1989），《不完全与非对称信息的福利经济学》（1993），《信息与经济分析》（1993），《农户与城市居民：税收、价格与经济发展的负担》（与 R. 萨合作，1993）等。

乔治·阿克尔洛夫、迈克尔·斯彭斯和约瑟夫·斯蒂格利茨"对充满不对称信息市场进行分析"的贡献

　　三名获奖者在 20 世纪 70 年代奠定了对存在不对称信息的市场进行分析的理论基础。该分析理论用途广泛，既适用于对传统农业市场的分析研究，也适用于对现代金融市场的分析研究，他们的理论构成了现代信息经济的核心。他们认为，要想减少信息不对称对经济产生的危害，政府就应该在市场体系中发挥强有力的作用。他们的研究使经济学家对实际市场经济运行机制的理解从两个方面得到根本上的进展。首先，经济学的传统理论认为，市场这只"看不见的手"能通过价格的调整使得供给等于需求，从而达到有效率的资源配置。但是，三人的研究发现，在买卖双方信息不对称时，仅仅通过价格的调整有时无法达到有效率的资源配置；其次，他们的研究进一步发现，在这种情况下，买方和卖方会进行各种经济决策的调整，增进市场效率，设法使双方受益。但是，这些调整是有成本的。

　　三人中，阿克尔洛夫的贡献在于：他阐述了一个市场现实，即卖方能向买方推销劣质商品等现象的存在是因为市场双方所掌握的信息不对称所导致的。斯彭斯的贡献在于：他揭示了人们应如何利用其掌握的更多信息谋取更大收益的有关理论。斯蒂格利茨的贡献在于：他阐述了掌握信息较少的市场一方应怎样进行市场调整的有关理论。瑞典皇家科学院在颁奖说明中表示，在三位获奖者中，斯蒂格利茨对信息不对称理论的贡献最大。斯蒂格利茨在经济理论方面的许多贡献都改变了经济学家分析研究市场运作的方式。

　　阿克尔洛夫教授在 1970 年发表的《柠檬市场》论文为他赢得了这次的荣誉。瑞典皇家科学院的评奖委员会认为这篇论文是"信息经济学领域中最为重要的一份研究报告"。现在被公认为是信息经济学文献中最重要的开创性论文。

　　阿克尔洛夫还提出旧车市场模型，阿克尔洛夫教授的研究揭示两层道理：第一，在信息不对称的情况下，市场的运行可能是无效率的。第二，这种"市场失灵"具有"不利选择"或"逆向选择"（adverse selection）的特征。阿克尔洛夫教授的研究开创了逆向选择理论的先河。解决逆向选择问题的办法就是使卖方将信号传递给没有信息的买方或买方诱使卖方披露其私人信息，即建立完善的信号显示机制。

　　信号显示是由斯彭斯教授首先引入经济学的。斯彭斯教授正是因为 1973 年发表的《市场信号》论文而获得诺贝尔经济学奖的。斯彭斯教授在《市场信号》论文中考察了劳动力市场上的文凭与就业的联系。他的创新之处是研究了在信息不对称的情况下，具备信息的一方会采取某种行动以克服信息不对称带来的困惑。

　　斯彭斯的这一分析框架后来被应用到许多领域，其中之一是被用来解释上市公司的过度分红行为。根据斯彭斯的信息不对称理论，公司的管理层当然比股民更清楚地知道公司的真实业绩。在这种情况下，业绩好的公司就采取多发红利的办法来向股民发出信号，以区别于业绩不好的公司，后者发不出红利。证券市场对分红这一信号的回应是股价上升，从而补偿了股民因为分红交纳较高的税而蒙受的损失。

　　斯蒂格利茨研究的是在信息不对称的市场中，不具备信息的一方如何调整合同的形式从而"筛选"（screening）有信息的一方。他在研究中发现，用信息不对称以及人们对合同形式的调整，有助于人们理解长期来不好解释的市场现象。

　　按照斯蒂格利茨所提出的理论，资本市场的参与者都面临着信息不对称的问题。所谓信息不对称就是指卖方对所卖之物掌握了解的信息一般来说都比买方的要多。表现在资本市场上就是，发行股票或债券的企业对投资项目的质量、经营状况的信息了解要比买股票或债券的投资者了解的信息要多得多。

　　由于信息不对称，金融监管机构、银行及一些大型投资机构存在的理由就自然生成了。在信息不对称的情况下，需要相关机构来解决在信息不对称的情况下让人说真话、干实事的问题。从这一角度看，金融监管机构、银行或大型投资机构的功能实际上就是把查账的任务为大家承担起来了，由金融监管机构、银行或大型投资机构负责替所有出资者检查企业经营活动和督促有关企业进行信息披露。但是银行也有一个道德风险的问题。因为银行几乎所有借贷出去的钱都是别人存进来的。所以对银行经营安全的管制，需要政府出面进行必要的监督和管理。这就提出了政府在经济运行中应该如何发挥作用这样一个问题。

斯蒂格利茨是美国较年轻的一流经济学家，他在经济学领域是一个有创意并富有挑战性的学者。在其《经济学》一书中，他提出了要"超越马歇尔和萨缪尔森"，推翻新古典综合派体系。他在宏观经济学、信息经济学、公共财政、发展经济学、产业组织理论等领域颇有建树。其研究领域包括宏观经济学、微观经济学、公共部门经济学、金融学、组织经济学和信息经济学。基于他广泛与多样的理论贡献以及这些贡献的活力和生命，约瑟夫·斯蒂格利茨在青年经济学家中无与伦比。从增长资本到歧视经济学，从公共财政到合作金融，从信息到不确定性，从枯竭性资源的竞争性均衡到垄断竞争和产品的多样性等，他涉足的领域遍布当代经济理论。

瑞典皇家科学院新闻公报

　　瑞典皇家科学院 2002 年 10 月 9 日宣布，把 2002 年度诺贝尔经济学奖授予美国学者丹尼尔·卡尼曼和弗农·史密斯，以表彰他们在心理和实验经济学研究方面所做的开创性工作。

　　瑞典皇家科学院发表的新闻公报说，传统上，经济学研究主要建筑在人们受自身利益驱动和能作出理性决策的假设之上，而且经济学还被普遍视为是一种依赖实际观察而不是可控的实验室实验的非实验性科学。然而，现在，经济学研究越来越置身于修正和试验基础经济理论前提，并越来越依赖于在实验室里而不是从实地获得的数据。这种研究植根于两个截然不同但目前正相融合的领域：一个是用感知心理学分析法研究人类的判断和决策行为的领域，另一个是通过实验室实验来测试根据经济学理论所作出的预测的领域。

　　新闻公报说，卡尼曼和史密斯正是这两个研究领域的先驱。前者由于成功地把心理学分析法与经济学研究结合在了一起，而为创立一个新的经济学研究领域奠定了基础。其主要研究成果是，他发现了人类的决策不确定性，即发现人类的决定常常与根据标准的经济理论作出的预测大相径庭。他与已故的阿莫斯·特维尔斯基合作，提出了一种可以更好地说明人类行为的预期理论。

　　新闻公报还说，史密斯则为创立实验经济学研究领域奠定了基础。他开创了一系列实验法，为通过实验室实验进行可靠的经济学研究确定了标准。他揭示了替代性研究机构的重要性。他还是"风洞试验"理论研究的先驱。因此，史密斯的研究成果对确立实验是经验主义经济分析中一个必不可少的工具起到了有力的推动作用。

丹尼尔·卡尼曼和弗农·史密斯小传

卡尼曼 1934 年出生于以色列的特拉维夫，1961 年获得美国加利福尼亚大学伯克利分校博士学位。卡尼曼拥有以色列希伯来大学、加拿大不列颠哥伦比亚大学和美国加利福尼亚大学伯克利分校的教授头衔。自 1993 年起，卡尼曼担任美国普林斯顿大学心理学和公共事务教授。他"把心理研究的成果与经济学融合到了一起，特别是在有关不确定状态下人们如何作出判断和决策方面的研究"做出卓越贡献。

1979 年，卡尼曼与特维斯基（AmosTversky）在《计量经济学》期刊上发表开创性论文《预期理论：风险下的决策分析》，标志着行为经济学的兴起。（特维斯基 1996 离世，他对行为经济学的贡献可与卡尼曼比肩，但因诺贝尔奖只授予健在的经济学家，他无法获奖）。

1980 年代，卡尼曼与塞勒一起研究公平交换的判断、补偿政策等领域。他们在此期间的大量论文彻底解决了关于人们如何判断不同经济类型中的交换是否公平的问题，提出了"参考点"的概念——消费者经常在对他们支付的价格和他们自认为公平的一个价格（即参考点）的比较中衍生出"正的"交易效用或者"负的"交易效用。

1992 年，卡尼曼与特维斯基在《风险和不确定性》杂志上发表《预期理论的进展：对不确定性积累的陈述》，标志着预期理论达到了一个新的高度并日臻成熟和完善。在随后的论文中，他不断尝试对传统经济学假设提出新的挑战，并努力将行为科学和认知心理学的思想方法引入公共政策和事务分析等领域，他的一系列成果立刻引起了相关领域权威的关注，被认为是近年来公共政策和事务领域最具启发性的工作。

卡尼曼的一系列开创性工作为行为经济学奠定了坚实的理论基础，使行为经济学的规范研究成为可能。通过预期理论，不仅"阿莱斯悖论"、"期权微笑"等许多异常的经济现象得到了合理的解释，更催生了以行为金融学为代表的一批蓬勃发展的新兴领域。卡尼曼是行为经济学的奠基人之一，更是推动经济学发展的无畏开拓者。

卡尼曼的主要学术著作有：

《预测的心理学》（与特韦尔斯基合著，1973）；

《前景理论：风险条件下的决策分析》（与特韦尔斯基合著，1979）；

《不确定条件下的判断：直观推断和偏误》（与特韦尔斯基等合著，1982）；

《公平和经济学的假设》（与塞勒等合著，1986）；

《原则式效应的试验检测及科斯定理》（与塞勒等合著，1986）；

《谨慎选择以及大胆预测：风险的认知前景》（1993）；

《投资者的心理侧面》（1998）。

史密斯 1927 年出生于美国堪萨斯州的威奇托，1949 年获加州理工学院工程学士，1955 年获得哈佛大学博士学位。史密斯拥有珀杜大学、马萨诸塞大学和亚利桑那大学教授头衔。自 2001 年起，史密斯担任美国乔治·梅森大学经济学和法律教授。是经济学跨学科研究中心的研究学者，同时是弗吉尼亚州阿林顿中心的成员。他在加州理工学院获得了电机工程学士学位，在哈佛大学获得经济学博士学位。他在资本理论、金融学、自然资源经济学和实验经济学方面独自创作或与人合著 200 余篇文章及书籍。

他曾经或仍在《美国经济评论》、《加图学报》、《经济行为与组织杂志》、《科学》、《经济理论》、《经济设计》、《对策和经济行为》以及《经济文献杂志》担任编辑工作。

早在 1955 年，史密斯就开始了实验经济学方面的探讨。他深有感触地说，"我花了多年时间研究发现，教科书原来是错的，而我班上的那帮学生则是对的。"当时，许多人认为他是个"异类"，"经济学家们都不做实验，可这家伙在做"。经过近半个世纪的发展，实验经济学不只推动了经济学的发展，对其他社会科学的研究也产生了广泛影响，其基本方法已被管理学家、政治学家、法学家和其他社会科学家所借鉴。

20 世纪 60 年代，史密斯就发展了经济学领域的"风洞实验"，提倡在实施经济政策前，可以先在实验室里进行模拟运作，例如在决定是否放开电力市场、是否对公共部门实施私有化等问题上进行实验等。他的选择性市场机制实验表明，一个运作良好的市场不一定要有大量买方和卖方；一个拍卖者的预期收入依赖于他所选择的拍卖方式等。

1991年，剑桥大学出版社发表了他的《实验经济学论文集》，在2000年又出版了他的第二本论文集《谈判与市场行为》，书中汇集了他近些年的作品。他获得了普度大学管理学荣誉博士学位，是计量经济学会、美国科学促进联合会会员，还是美国艺术与科学研究院院士。

他是美国经济学会杰出会员，年度安盛咨询教授，1995年获得私营企业教育协会颁发的亚当·史密斯奖，1996年获得加州理工学院杰出校友称号。他曾为澳大利亚和新西兰的电力私有化咨询，并多次参与美国能源放松管制的讨论。1997年，他成为了国家电力安全理事会特别小组的成员。

卡尼曼和史密斯对经济学的贡献

　　把今年的诺贝尔经济学奖的一半授予丹尼尔·卡尼曼，是因为他"把心理研究的悟性和洞察力与经济科学融合到了一起，特别是有关在不确定条件下人们如何作出判断和决策方面的研究"。史密斯因实验经济学的开创性研究贡献而获得今年的另一半诺贝尔经济学奖金，他建立了用于经验经济分析尤其是可变换市场机制的工具 —— 实验室测试方法。

　　传统上，经济学研究主要建立在人们受自身利益驱动并能作出理性决策的假设基础之上。长期以来，经济学被普遍视为是一种依赖于实际观察的经验科学，或者是建立在演绎、推理方法基础之上的思辨性哲学，而不是在可控实验室中进行检测的实验性科学。然而，现在经济学研究越来越重视修正和测试基础经济理论的前提假设，并越来越依赖于在实验室里而不是从实地获得的数据。

　　这种研究源于两个截然不同但目前正在相互融合的领域：一个是用认知心理学分析方法研究人类的判断和决策行为的领域；另一个是通过实验室实验来测试或检验根据经济学理论作出预测的未知或不确定性领域。

　　卡尼曼和史密斯正是这两个研究领域的先驱。丹尼尔·卡尼曼将心理学研究的视角与经济科学结合起来，成为这一新领域的奠基人。在他之前，经济学和心理学在研究人类决策行为上有着极大的区别：经济学的观点认为外在的激励形成人们的行为，而心理学恰恰相反，认为内在的激励才是决定行为的因素。卡尼曼在不断修正"经济人"的基本假设的过程中，看到了经济理性这一前提的缺陷，也就发现了单纯的外在因素不能解释复杂的决策行为，由此正式将心理学的内在观点和研究方法引进了经济学。

　　卡尼曼最重要的成果是关于不确定情形下人类决策的研究，他证明了人类的决策行为如何系统性地偏离标准经济理论所预测的结果。

　　首先，他论证了在不确定情形下，人们的判断会因为依照"倾向于观测小样本"形成的小数法则行事，或因为对于容易接触到的信息的熟悉和对主观概率准确性的盲目偏信，而导致决策行为系统性地偏离了基本的概率论原理。其次，在与特维斯基的合作中，他系统地陈述了"预期理论"。与公理式的"期望效用理论"相比，描述式的"预期理论"能够更好地解释"阿莱斯悖论"（AllaisPara-dox），并且用基于参考水平的两步决策假说解释了人们厌恶损失的心理，解决了过去"期望效用理论"不能解释人们明显的风险偏好行为，完善了在不确定情形下的人类决策行为理论。

　　卡尼曼的研究激发起新一代的经济学和金融研究者将认知心理学的观点应用于人类内在的行为动机的研究，掀起了行为经济学和金融学的研究热潮。

　　弗农·史密斯确立了实验经济学的基础。他发现，仅仅依靠实际数据很难判断一个理论是否正确，也很难准确描述什么原因导致理论失效。而在可控的实验室条件下，模仿人们在市场上的相互行为和其他形式的相互影响的方法能有效地揭示经济理论的发展。他发展出一系列的实验方法，为经济学实验确定了标准。所以，史密斯不仅对该领域早期的崛起作出巨大贡献，而且直至今日都是最重要的人物。

　　他最重要的成果是针对市场机制的研究，证明了可选择性的市场制度的重要性。

　　他也在竞争性市场均衡性质的创新实验、不同的拍卖形式的检验和设计诱导价值方法等问题上奠定了基础。

　　当他还在哈佛大学求学之时，师从著名经济学者张伯伦，就沿着导师的方向为描述竞争性市场设计了"双向拍卖"的实验机制，从而验证了竞争均衡价格理论的正确性。在与普鲁特的合作中证明了市场的制度确实对竞争价格的确定起作用，他们的实验方法第一次实现了"维持市场环境不变，只改变市场制度"的条件，这是在任何现实的观测中都做不到的。1960年代，拍卖理论在微观经济学和博弈论中发展迅猛，史密斯设计出检验数种拍卖形式等价特征等一系列理论命题的实验方法，得到了出人意料的结果。

　　1976年，他发展出日后成为实验经济学标准工具的"导出价值方法"，同时，他还率先引进"风洞测试法"，使得诸如选择性市场设计这类新的尝试在投入实际操作之前能在实验室中先行实施。

瑞典皇家科学院新闻公报

　　瑞典皇家科学院 2003 年 10 月 8 日宣布，美国经济学家罗伯特·恩格尔和英国经济学家克莱夫·格兰杰双双获得 2003 年度诺贝尔经济学奖。

　　"今年的（诺贝尔奖）获得者发明了处理许多经济时间序列两个关键特性的统计方法：时间变化的变更率和非平稳性。"瑞典皇家科学院在授予这两位经济学家这个桂冠时称，他们将获得 1000 万克朗的奖金（约合 130 万美元）。

　　恩格尔于 1942 年出生于美国纽约州的中部城市锡拉丘兹，目前在纽约大学任教。瑞典皇家科学院称，"他不仅是研究员们学习的光辉典范，而且也是金融分析家的楷模，他不仅为研究员们提供了不可或缺的工具，还为分析家们在资产作价和投资配搭风险评估方面找到了捷径。"

　　格兰杰于 1934 年出生于英国的威尔士，目前是美国加利福尼亚大学经济学教授。瑞典皇家科学院称他的贡献将用于研究"财富与消费、汇率与物价水平以及短期与长期利率之间的关系"。

罗伯特·恩格尔和克莱夫·格兰杰小传

　　恩格尔 1942 年 11 月出生在美国纽约州锡拉丘兹。他于 1969 年获得康奈尔大学经济学博士学位，同年成为麻省理工学院副教授。1975 年转到加利福尼亚大学圣迭戈分校任副教授，1977 年升为正教授，并于 1990 年到 1994 年在该校担任经济学系主任。他从 1999 年开始到纽约大学斯特恩商学院任金融服务管理教授至今，现为美国计量经济学学会会员和美国艺术与科学学院院士。

　　他的主要著作有：《协整、因果关系和预测：格兰杰纪念文集》（与怀特合编）牛津大学出版社，1999；《ARCH：阅读精选》牛津出版社，1995；《计量经济学手册（第四册）》（与麦克法登合编）McFadden，北荷兰出版社，1994；《长期经济关系：协整阅读材料》（与格兰杰合编）牛津出版社，1991 等。

　　恩格尔担任的职务和获得的奖励有：美国艺术和科学院院士、计量经济学会顾问、金融数量研究院墨菲（RogerF. Murray）奖、美国经济研究局（NBER）研究员、计量经济学会会员、MIT 研究生经济学会杰出教学奖等。

　　格兰杰 1934 年 9 月出生于英国威尔士的斯旺西，早期就读于诺丁汉大学，接受当时英国第一个经济学数学双学位教育，1955 年留校任教，1957 年在天文学杂志上他发表了第一篇论文：《关于太阳黑子活动的一个统计模型》。1959 年，他在诺丁汉大学获得统计学博士学位。在 20 世纪 60 年代早期，格兰杰获得了支持英国学者去美国深造的哈克尼斯（Harkness）奖学金，去普林斯顿大学做访问学者，在著名学者约翰·塔基（John Tukey）和奥斯卡·摩根斯坦（Oscar Morgenstein）门下深造。

　　格兰杰 1974 年任加州大学圣迭戈分校经济学教授，为该校成为世界上最好的计量经济学研究基地做出了决定性贡献，最后成为该校的荣誉退休教授。格兰杰于 1991 年成为国际预测师协会会员，曾获得斯德哥尔摩经济学院和卡洛斯三世大学的荣誉博士学位。他现为西部经济学会主席、每年仅两位的美国经济学会杰出会员。他的研究兴趣主要在统计学和计量经济学（主要是时间序列分析）、预测、金融、人口统计学和方法论等方面。

格兰杰的主要著作有：《经济时间序列的谱分析》（与 Hatanaka 合著）普林斯顿大学出版社，1964；《股价的可预测性》（与 Morgenstern 合著）Heath 出版社，1970；《商品价格的投机、套利和预测》（与 Labys 合著）Heath 出版社，1970；《经济时间序列预测》（与 Newbold 合著），Academic 出版社，1977；《双线性时间序列模型导论》（与 Andersen 合著），Vandenhoeck 和 Ruprect 出版社，1978；中文版，1983；《经济序列建模型：经济计量方法阅读材料》牛津出版社，1990；《经济学的实证建模：设定和估计》剑桥出版社，1999 等。

格兰杰曾任美国西部经济学联合会主席。他担任的职务和获得的奖励有：美国经济学联合会年度杰出资深会员奖、斯德哥尔摩经济学院荣誉博士、芬兰艺术和科学协会外籍会员、国际预测会会员、美国艺术和科学院院士、经济计量学会会员等。在问鼎诺贝尔奖之前，他刚刚摘取了有准诺贝尔经济学奖之称的美国经济学联合会年度杰出资深会员奖。

克莱夫·格兰杰和罗伯特·恩格尔
对"时间序列"变量研究的贡献

两位经济学家因设计了现代统计分析工具的关键部分而双双获得 2003 年度诺贝尔经济学奖，这些方法用于金融市场分析和宏观经济预测。

据外报报道，英国经济学家克莱夫·格兰杰（Clive Granger）和美国经济学家罗伯特·恩格尔（Robert Engle）在处理"时间序列"变量的研究方法上取得重大突破。"时间序列"变量是每隔一定间隔记录的数据。格兰杰目前执教于美国加州大学圣迭戈分校；恩格尔在纽约大学任教。

因为收入、消费、价格水平和国内生产总值等许多宏观经济变量总是具有同向变动的趋势，所以格兰杰教授发展的统计技术目前成为中央银行、财政部、学术界和金融市场的经济预测人士经常使用的工具。

尽管恩格尔教授和格兰杰教授共同从事共整合的研究，但恩格尔因另外的成就而获奖，他的研究方向是波动性随时间而变化的变量。恩格尔的研究成果通常用于金融市场价格分析。金融市场的价格在经过一段小幅波动后，随后会经历一段幅波动性较大的时期。

现年 60 岁的罗伯特·恩格尔，是美国纽约大学斯特恩商学院金融服务管理教授。他的贡献在于建立了描述经济时间序列数据时变波动性的关键概念：自回归条件异方差（ARCH），并发展了一系列波动性模型及统计分析方法。瑞典皇家科学院称他不仅是研究员们学习的光辉典范，而且也是金融分析家的楷模，他不仅为研究员们提供了不可或缺的工具，还为分析家们在资产定价、资产配置和风险评估方面找到了捷径。作为一名时间序列分析专家，恩格尔以擅长动态经济金融现象的经验模型分析而著称。他的研究足迹从早期的波段谱回归、假设检验和外生性，一直遍及到 20 世纪 80 年代后的协整分析、ARCH 模型分析以及金融资产收益数据的超高频分析。

作为近二十年来金融计量领域的重要开拓者，他对金融市场分析长期持有浓厚的兴趣，在金融计量经济学的兴趣涉及金融市场微观结构、权益资产、利率、汇率和期权等。在恩格尔看来，随着电子化交易的发展，未来的金融计量经济学可以使金融市场的做市商、经纪人和交易者，借助于统计分析，自动地根据特定市场环境和目标做出最优的策略。

恩格尔是一名多产的经济学家，已发表 100 多篇论文，出版三部著作。此外，他还经常在学术界和实务界作演讲。正如他本人所说，没有应用的研究是枯燥乏味的，但担任太多而又缺乏研究意义的顾问工作，同样是枯燥乏味的。恩格尔的辉煌成就，除了在理论研究中得益于早期与格兰杰、韩德瑞以及加利福尼亚大学圣迭戈分校的经济学家和计量经济学家的学术交流之外，还得益于在纽约和纽约大学的现实环境。纽约作为世界金融中心，为他的学术研究提供了感兴趣的金融问题和模型分析所需要的数据；而纽约大学斯特恩商学院金融实务方面的同事，所提供的在实际问题上的观点，又深深启发了他的模型研究。

瑞典皇家科学院的公告宣称，格兰杰因为时间序列的协整（cointegrate）分析方法而获奖，他的贡献将用于研究财富与消费、汇率与物价水平、以及短期与长期利率之间的关系。格兰杰在学界建树颇多，其著作几乎包含所有近四十年来时间序列方面的重大进展。同时，他在谱分析（经济周期分析）、因果分析、长期分析、经济预测、虚假回归和协整等许多方面的研究都是开拓性的，走在了计量经济学的最前沿。

现代时间序列经济计量学的一个重要研究课题，是探索经济时间序列数的动态结构，研究它们的统计性质，理解产生这些经济数据的生成特点和性质，从而能更有效地利用经济数据构造和建立经济计量模型，用以作经济预测，检验各种理论的可靠性和可行性。20 世纪 70 年代以前计量经济学的建模方法都是以经济变量平稳这一假设条件为基础。稳定过程的特点是有一个均值，且在每一时刻对均值的偏离基本相同。但在实际中，许多经济指标的时间序列都是非平稳的，并不具有固定的期望值，并且呈现出明显的趋势性和周期性。格兰杰 1972 年首先证明了，如果直接将非平稳时间序列当作平稳时间序列来进行回归分析，可能会造成伪回归，即变量间本来不存在相依关系，但回归结果却得出存在相依关系的错误结论。经济变量表现出的非平稳性使传统建模遇到了前所未有的困难。

经济理论认为，某些经济时间序列存在长期均衡关系。例如，净收入与消费、政府支出与税收、工资与价格、进口与出口、货币流量与价格水平、商品现货价格与期货价格等之间。一般说来，上述经济时间序列属于非平稳序列，其方差与时间 t 成正比。看起来这些经济变量之间似乎不会存在任何均衡关系，但事实上若干个非平稳经济时间序列的某种线性组合却有可能是平稳序列。格兰杰敏锐地注意到了这一现象，利用其扎实的数学和计量经济学功底，提出了协整的概念及其方法。所谓协整，是指多个非平稳经济变量的某种线性组合是平稳的。目前，协整分析已成为处理非平稳金融、经济变量相依关系的行之有效的方法。

从协整的定义可以看出，如果一些金融、经济变量被某经济系统联系在一起，形成一个协整系统，那么在一定条件下这些变量应该具有均衡关系。尽管各个金融、经济变量具有各自的长期波动规律，每一个序列的矩会随着时间变化而变化，但它们的某重线性组合却存在稳定的矩，从而表现出这些非平稳变量之间存在着一个长期稳定的关系。

协整理论主要用来探测变量间是否真的存在均衡相依关系，对于用非平稳变量建立经济计量模型，以及检验这些变量之间的长期均衡关系非常重要。首先，如果多个非平稳变量具有协整性，则这些变量可以合成一个平稳的时间序列。这个平稳的时间序列可用来描述原变量间的均衡关系。只要均衡关系存在，原变量间的平稳的线性组合就存在。其次，当且仅当若干个非平稳变量具有协整性时，由这些变量建立的回归模型才有意义。所以，协整性检验也是区别真实回归和伪回归的有效方法。最后，具有协整关系的非平稳变量可以用来建立误差修正模型。由于误差修正模型把长期关系和短期动态特征结合在一个模型中，因此既可以解决传统计量经济模型忽视伪回归的问题，又可以克服建立差分模型忽视水平变量信息的弱点。

格兰杰在协整概念的基础上，进一步提出了著名的格兰杰协整定理，目的在于解决协整与误差修正模型之间的关系问题。该定理的重要意义就在于其证明了协整概念与误差修正模型的必然联系。若非平稳变量之间存在协整关系，则必然可以建立误差修正模型；若用非平稳变量可以建立误差修正模型，则该变量之间必然存在协整关系。在随后的工作中，格兰杰拓展了协整分析，包括处理季节趋势序列的季节协整和处理偏离超过临界值后即向均衡调整的序列的门限协整。

格兰杰不仅在理论上建立了协整概念，在现实经济分析中也做了大量的有关实证研究，引起理论界和实际政府部门的广泛注意。格兰杰学术观的一个突出特征是，一贯注重理论的现实实用性。他一贯认为和倡导经济学应该像物理学那样，重视解决实际经济问题。正因为一直坚持实用的学术观点，他才从最初学习数学，转而学习统计学，到最后定位在数学、统计、经济学相结合的计量经济学研究。格兰杰一直坚持用简洁明了的文笔表述自己的学术观点，这也在一定程度上促使他的理论更加迅速地传播开来，是他著述颇丰的重要原因。

另外，作为大学教师，格兰杰在教学上颇具匠心，贯彻了他一贯的学术研究风格——注重现实应用性。他很注重对学生的启发式与实践性教育，让学生能在实际应用中对所学的经济学知识和计量经济学方法有直接的、感性的认识。

近年来，格兰杰的注意力主要集中于面板数据（paneldata）研究。他认为，这种由相同截面数据构成的时间序列数据研究不仅有助于数学、统计学和经济学更紧密地结合，还将成为未来至少五年内计量经济学的主要发展方向。

瑞典皇家科学院新闻公报

瑞典皇家科学院 2004 年 10 月 11 日宣布，把 2004 年度的诺贝尔经济学奖授予挪威经济学家芬恩·基德兰德和美国经济家爱德华·普雷斯科特，以表彰他们在动态宏观经济学领域作出的贡献。他们将分享 1000 万瑞典克朗（约合 130 万美元）的奖金。

评审委员会说，两位经济学家的研究成果主要集中在两个方面：即有关宏观经济政策的"时间连贯性难题"和商业周期的影响因素。这是宏观经济学中最重要的一些研究领域。两位获奖者的贡献不仅体现在学术上，而且对很多国家的货币及财政政策的有效运用也有着重要意义。

评审委员会说："他们的获奖成果为拓宽有关经济政策的可信性和政治可行性方面的研究奠定了基础……两位获奖者解释了对未来经济政策的预期是如何影响经济政策的时间连贯性的。如果经济政策的制定者缺乏提前作出某种特定决策能力的话，那么他们通常就无法在稍后的时间里执行最理想的政策。"

评委会主席托斯特·佩尔松表示，今年的奖项颁给这两位学者，对于所有评委来说都是一个非常"清楚"的决定。

芬恩·基德兰德和
爱德华·普雷斯科特小传

　　挪威经济学家芬恩·基德兰德1943年12月1日出生于挪威斯塔万格附近。基德兰德是六个兄弟姐妹中的长子，他在挪威西南部罗加兰的一个农场上长大，他自己回忆说他的家庭教育很自由，1968年毕业于挪威经济学和商业管理学校。1973年在美国卡内基－梅隆大学获得博士学位，毕业后回到挪威经济与工商管理学院任助理教授。1977年任卡内基－梅隆大学副教授，2004年任加利福尼亚大学圣巴巴拉分校教授。同时，他还是挪威经济与工商管理学院的辅导教授，德拉斯储备银行、明尼阿波利斯储备银行和克里兰储备银行的副研究员。仍保留挪威国籍。

　　基德兰德专长于宏观经济和政治经济学，主要研究领域是经济周期、货币和财政政策、劳动经济学。主要研究方向是货币供应量如何影响了经济景气以及国际贸易等。1973年获卡内基－梅隆大学的亚历山大·亨德森奖。1982年到1983年曾获胡佛研究院的约翰·斯托佛（John Stauffer）国家奖学金；1992年至今，经济计量学会会员。

　　基德兰德此前曾在1969年和1989年两次获得诺贝尔经济学奖提名，但最终都与该奖项无缘。其代表性文章有：1988年发表于《经济计量学》的《跨时偏好与劳动力供给》。1992年发表于《政治经济学》上的《国际实际经济周期》；1994年发表于《美国经济评论》上的《贸易差额与贸易条件的动态关系：J曲线》；1995年发表于《经济史探索》上的《作为规则的金本位》；1999年发表于《经济动态评论》上的《内生货币供给与经济周期》；2000年发表于《美国经济评论》上的《货币总量与产出》；2001年发表于《政治经济学》上的《家庭生产与建筑时机的结合》。

爱德华·普雷斯科特博士，1940 年生于美国纽约，曾获得数学学士学位。1967 年在卡内基－梅隆大学获得经济学博士学位。在加盟亚利桑那州立大学之前，普雷斯科特执教于多所名校，如宾夕法尼亚大学、卡内基－梅隆大学、明尼苏达大学、芝加哥大学、西北大学和挪威商学院，现任亚利桑那州立大学凯瑞商学院讲座教授。另外，自 1981 年以来，普雷斯科特博士还担任联邦储备银行明尼阿波利斯分行的高级顾问。

普雷斯科特教授是当今宏观经济学的巨擘。20 世纪 70 年代开始，普雷斯科特教授与一批宏观经济学的革新者向统治经济学领域长达半个多世纪的凯恩斯理论发起了挑战。这个基于市场运作和理性预期的"理性预期变革"开创了新古典经济学的新篇章。

普雷斯科特教授曾获得多项殊荣，其中 2004 年荣获诺贝尔经济学奖更是达到了他事业的巅峰。1980 年入选计量经济学学会，1992 年当选美国艺术与科学院院士，2002 年获得 Erwin Plein Nemmers 经济学奖，这个奖项是西北大学一年两次评选的杰出经济学家奖。

普雷斯科特教授是《经济理论》现任主编之一，美国经济研究局副研究员。曾任经济动态与控制学会主席、高级经济理论学会主席，《国际经济评论》和《经济周刊》副主编。普雷斯科特至今发表了 70 多篇学术文章，涉及经济周期和经济增长、计量经济学、一般均衡理论、银行、金融和经济政策。

普雷斯科特教授的研究领域为宏观经济学、一般均衡理论与应用、收入差别与计量经济学。他长期致力于商业周期分析。普雷斯科特教授近期的研究探讨经济发展的重要问题之一：为何有些国家经济成长，有些国家经济停滞？普雷斯科特教授利用数量方法分析与解释国际间每人所得不均问题。

普雷斯科特教授不仅在这方面做了很多研究，而且在其他领域也对经济学做出了很多贡献。比如关于资产风险理论，关于国别间收入差距的原因，他还将一般均衡的理论应用于环境等问题的研究。他在 2000 年出版的著作，名字叫做《致富的障碍》，这本书已经有了中译本。在那本书中他指出妨碍经济技术发明和运用这些新技术的制度、政策、意识形态、文化等等，是导致贫困最主要的原因。这些理论对我们研究中国的经济体制改革和体制转轨，也都具有重要的启发意义。

芬恩·基德兰德和爱德华·普雷斯科特对动态宏观经济学的贡献

据诺贝尔奖评审委员会介绍，两位学者的获奖成果主要体现在他们分别于1977年和1982年合作完成的两篇学术论文中，其成就主要集中在两个方面：一是通过对宏观经济政策运用中"时间一致性难题"的分析研究，为经济政策特别是货币政策的实际有效运用提供了思路；二是在对商业周期的研究中，通过对引起商业周期波动的各种因素和各因素间相互关系的分析，使人们对于这一现象的认识更加深入。同时，他们的分析方法也为后来者开展更广泛的研究提供了基础。

一 经济政策时间一致性

最好的经济政策会影响投资者和消费者的预期和决策，而投资者和消费者的决策又会导致政策的失灵，从而迫使政策制定者对政策进行修改，而修改的结果是最好的政策被放弃。

20世纪50年代后期和60年代初期，在所谓"菲利普斯曲线"中所体现出来的传统经济学认为，减少失业的不二法门是执行高通货膨胀政策。但是，到了20世纪60年代后期和70年代初期，这一理论开始受到置疑。

1977年，基德兰德和普雷斯科特发表文章认为，如果经济政策的制定者缺乏提前作出某种特定决策能力的话，往往会制定导致更高通货膨胀率的政策。他们特别提到了经济决策中常见的问题之一：时间一致性问题。

时间一致性问题的核心是：经过千挑万选，一项经济攻策终于出台了，政策一旦出台就会影响家庭和公司对政策的预期，当这些预期转化为实际行动时，被政策制定者认为最好的政策往往得不到执行。这样一来，经济政策制定者就会对他们的决定做出修改，结果却是最好的政策被抛弃。这样的结果与其说是经济政策制定者的目标与绝大多数民众的目标不同所致，毋宁说是不同时间对经济政策的制约因素不同所致。

时间一致性问题在货币政策中体现得尤为充分。假设政策制定者的目标是小幅通货膨胀，并将这一政策公之于众；又进一步假设这样的政策导致了低通货膨胀预期和工资的小幅上升。一旦出现这种情况，必然诱惑政策制定者实行更高的通货膨胀政策，因为这样可以在短期内减少失业。芬恩·基德兰德和爱德华·普雷斯科特认为，这样的诱惑将使经济陷入高通货膨胀而不能自拔，并且于解决失业无补。

基德兰德和普雷斯科特的第二个主要贡献是对商业周期推动力的分析。这项研究成果改变了人们对商业周期原因的看法。但是更重要的是，他们的方法论为拓宽商业周期研究提供了基础。

商业周期：技术发展的现实波动使国内生产总值、消费额、投资额、工作时间都产生了变化，而家庭和企业对消费、投资、劳动力供应等许多因素的预期又影响商业周期的变化。

20世纪80年代以前，经济学家一直把长期增长和短期宏观经济波动当作两个现象分别进行研究，所使用的方法也不同。长期增长被认为是由总供给决定的，技术发展是其推动力；商业周期被认为是由围绕长期增长趋势的总供给的某些要素导致的。这两种观点之间没有真正的联系。

二 商业周期与经济政策的新理论

商业周期推动力与经济政策设计之间的关系一直是宏观经济学研究的重要领域。芬恩·基德兰德和爱德华·普雷斯科特为这些意义重大的领域做出了基础性的贡献，不仅对宏观经济分析如此，对许多国家的货币和财政政策实践也是如此。

传统经济理论：把宏观经济波动主要归因于需求的变动；经济政策分析则集中在解释应该执行什么样的货币和财政政策来抵消需求的波动，但几乎没有人致力于解释实际经济政策运作。一直到20世纪70年代，凯恩斯和大萧条的遗产还统治着商业周期和稳定政策的研究。经济学家把宏观经济波动主要归因于需求的变动。经济政策分析则集中在解释应该执行什么样的货币和财政政策来抵消需求的波动。

20 世纪 70 年代，早期分析的缺陷日益彰显出来。基于现有理论制定的稳定政策根本无法达到经济政策的目标，西方世界的经济一直处于一种滞涨状态——失业和通货膨胀并存，但是盛行的理论却无法对此做出解释。与此同时，宏观经济波动并非仅仅缘于需求波动也表现得日益明了。供应方面的波动在商业周期中的作用变得越来越突出。在 1977 年和 1982 年发表的两篇相关论文中，芬恩·基德兰德和爱德华·普雷斯科特对宏观经济的发展提供了新的分析方法。

1982 年，基德兰德和普雷斯科特发表文章对这一现象进行了彻底检讨，为宏观商业周期分析奠定了微观经济学基础。在他们的商业周期模型里，技术发展的现实波动使国内生产总值、消费额、投资额、工作时间都产生了变化，而家庭和企业对消费、投资、劳动力供应等许多因素的预期都影响到商业周期的变化。他们的模型已在现代宏观经济学中得到了广泛的应用。

瑞典皇家科学院新闻公报

2005 年 10 月 10 日，瑞典皇家科学院宣布，将 2005 年度诺贝尔经济学奖授予拥有以色列和美国双重国籍的罗伯特·奥曼和美国人托马斯·谢林，以表彰他们运用博弈论推进了人们对冲突与合作的理解。他们将平分 1000 万瑞典克朗的奖金（约合 130 万美元）。

瑞典皇家科学院在新闻公报中说，奥曼和谢林利用博弈论解决了一个世纪的难题，即为何有的人、组织或国家在推进合作方面表现出色，而另一些人则深受冲突之苦。在核竞赛盛行的 20 世纪 50 年代后期，谢林出版了《冲突战略》一书，奠定了博弈论作为社会科学的方法论的地位。他指出，冲突中的一方可以通过自陷绝境从而加强自己的地位；拥有报复手段比抵抗手段更重要；难以预料的报复手段比已知的报复手段更有效。这些论断在一些地区冲突的解决和避免战争的斡旋中被证明是正确的。谢林的理论推进了博弈论在社会科学领域的发展，并被应用于从企业竞争到政治谈判的广泛领域。奥曼的贡献在于创造了重复博弈理论。他的理论着重解释这样一些问题：为何参与者太多合作就变得困难；参与者何时会偶尔互动一下；何时这种互动会瓦解等。重复博弈论解释了经济冲突——如价格战、贸易战的原因，也说明了为何一些政府比另一些政府能更好地管理公共资源。重复博弈理论已被用于从行业协会到有组织犯罪、从劳资谈判到国际贸易条约等领域。

罗伯特·奥曼和托马斯·谢林小传

奥曼 1930 年 6 月出生于德国的法兰克福，拥有以色列和美国双重国籍，是一名在以色列、美国乃至世界各地享有极高学术声誉的著名经济学家。

奥曼 1950 年毕业于纽约大学并获得数学学士学位，1952 年和 1955 年在麻省理工学院分别获得数学硕士学位和数学博士学位。自 1956 年开始在以色列希伯莱大学数学系任教，1966 年至 1968 年担任数学研究院院长，1966 年，当选为经济计量学会会员，1968 年晋升为教授。

目前他仍担任以色列希伯莱大学数学研究院教授、美国纽约州立大学斯坦尼分校经济系和决策科学院教授以及以色列数学俱乐部主席、美国经济联合会荣誉会员等职务。

他还是多家世界知名的专业杂志社的编辑，如《国际博弈论杂志》、《数理经济学杂志》、《经济学理论杂志》、《经济计量学》、《运筹学数学》等。

罗伯特·奥曼作为一名杰出的经济学家，在决策制定理论方面取得了杰出的成就，对博弈论和其他一些相关经济理论的形成和发展起到了重要乃至不可或缺的作用。

他曾于 1983 年获得以色列技术机构颁发的科学技术哈维奖，1994 年获得了以色列颁发的经济学奖，并被波恩大学、鲁汶天主教大学和芝加哥大学授予荣誉博士学位。

其主要著作有用希伯莱语写的《博弈论》（合著）、《博弈论演说集》（合著）、《博弈论与经济学运用手册》（合编）、《重复博弈与不完全信息》（合著）等等。

谢林 1921 年出生于美国加利福尼亚州的奥克兰市，是美国著名学者、经济学家，也是有限战争理论的奠基人之一，还是外交事务、国家安全、核战略以及军备控制方面的研究专家。

1944 年获加利福尼亚大学获伯克利分校文学学士学位，1948 年获得哈佛大学文学硕士学位，1951 年在哈佛大学获哲学博士学位。从 1948 年到 1953 年，他先后为马歇尔计划、白宫和总统行政办公室工作，1953 年到 1958 年任耶鲁大学经济学教授，1958 年被聘为哈佛大学经济学教授，1969 年到哈佛大学肯尼迪研究生院兼职，是该院知名的政治经济学教授。1978 年，他从哈佛大学辗转来到马里兰学院研究公共事务。1992 年当选为美国经济学联合会会长。

他是政治经济学领域著名的"弗兰克·赛德曼奖"的获得者；凭借对预防核战争的相关行为的研究，他成为"国家自然科学奖"的获得者；1988 年美国经济学联合会将其评为"杰出资深会员"。他曾为美国军备控制与裁军署、国务院、国防部、参谋长联席会议、耶鲁大学和兰德公司等机构工作或担任顾问，并作为经济学家为美国政府工作过。他发表了涉及许多领域的研究成果，包括军事战略和军备控制、能源和环境政策、气候变化、恐怖主义、团体犯罪、外交援助和国际贸易、冲突和讨价还价理论、种族隔离和种族融合、军事计划、健康政策、烟草制品和毒品走私政策以及与公共事务和公共政策相关的伦理学问题等。

其主要著作有《国民收入行为》、《国防经济学》、《冲突的战略》、《战略与军备控制》（合著）和《军备及其影响》等等。

罗伯特·奥曼和托马斯·谢林
对于博弈理论的贡献

　　一般认为，博弈论始于 1944 年。数学家约翰·冯·诺伊曼（John von Neumann）和经济学家奥斯卡·摩根斯坦（Oskar Morgenstern）合作出版了《博弈论与经济行为》一书，概括了经济主体的典型行为特征，提出了策略型与广义型（扩展型）等基本的博弈模型、解的概念和分析方法，奠定了博弈论大厦的基石，也标志着经济博弈论的创立。1994 年诺贝尔经济学奖获得者纳希（John Nash）、赛尔顿（Reinhard Selten）、哈山宜（John Harsanyi）在非合作博弈方面的贡献进一步增加了博弈论的适用范围和预测能力。

　　奥曼和谢林这两位学者的工作又进一步发展了非合作博弈理论，并开始涉及社会学领域中的一些主要问题。他们分别从两个不同的角度——奥曼从数学的角度、谢林从经济学的角度，都感到从博弈论入手有可能重新塑造关于人类交互作用的分析范式。最重要的是，谢林指出，许多人们所熟知的社会交互作用可以从非合作博弈的角度来加以理解；奥曼也发现一些长期的社会交互作用可以利用正式的非合作博弈理论来进行深入分析。

　　在 20 世纪 50 年代后期核武器军备竞赛的背景下，谢林的著作《冲突的战略》(The Strategy of Conflict) 将博弈论作为统一的分析框架应用于社会科学问题，他认为：一个政党可以通过公开恶化自身的选择权来巩固自己的地位；报复能力远比抵抗进攻能力来的有用；不确定性的报复比确定条件下的报复更有效率、而且更加可靠。这些已经被事实证明是解决冲突、避免战争的非常中肯的创见。

　　奥曼发现，在很多现实情况中，长期合作关系的维系远比一次简单的际遇来得容易，因此短期博弈理论往往具有很多限制性。为此，他首先提出了完整详尽的无限期重复博弈理论，并严格论证了何种结果能够在长时期的关系中得到维持。无限期博弈理论阐明了众多机构存在的理由，比如商业协会、组织犯罪、工资谈判以及国际贸易协议等，并且奥曼所提出的一些真知灼见也有助于解释价格战或贸易战等经济冲突，以及为什么一些团体组织能够非常成功地管理公共资源。人们看到，当前关于冲突和合作的经济分析几乎无一例外地都是在奥曼和谢林研究成果的基础上开展的。

谢林的博弈理论建立在对新古典经济理论分析方法突破的基础之上，与主流的博弈理论在研究方法和侧重点上都有很大的不同，从而完善、丰富和发展了现代博弈论。在《冲突的战略》一书中，谢林首次定义并阐明了威慑、强制性威胁与承诺、战略移动等概念。尽管当时谢林并没有刻意强调正式建立模型问题，但是他的很多观点后来随着博弈论的新发展而定形，而他所定义的概念也成为博弈理论中最基本的概念。

近半个世纪以来，谢林运用他所发展起来的博弈理论对核决策与军事控制、组织犯罪与敲诈、成瘾行为与自我控制、种族隔离、环境保护等现象做出了深刻、富有前瞻性和洞察力的分析。

他卓有成效的工作促进了博弈论的新发展并且加速了这一理论在社会科学领域的运用，特别是他对战略承诺的研究为许多现象（比如公司的竞争性战略、政治决策权的授权等）给出了解释。

在博弈论的发展过程中，奥曼同样发挥了至关重要的作用。他在关于战略互动的许多方面发展应用了统一分析方法，涉及到诸多迥然不同的学科，比如经济学、政治学、生物学、物理学、计算科学以及统计学等。

对于许多截然不同的问题，比如威慑手段、完全竞争、需求大于供给、征税、投票，奥曼并没有采用各种不同的研究手段，而是发展运用了统一的分析方法。奥曼关于博弈论的研究有着非同寻常的广度和深度，从基本概念的确立到理论工具和研究方法的创新，以及理论体系的形成，甚至博弈论在不同领域的应用，奥曼往往独辟蹊径，在富有创新的同时又能够精确严谨。尤其值得一提的是，奥曼的大部分研究都与经济理论的中心问题联系密切，一方面，这些问题为他的研究工作提供了刺激和动力；另一方面，他的研究成果又给经济学带来了新的见解和独到的视角。

奥曼在博弈论上的研究成果提高了人们对合作前提的认识和理解，在过去的二十多年里，博弈论取得了很大的发展，尤其是在经济学中越来越占有比较核心的地位。应该说，奥曼在这其中自然是功不可没，他在早期的那些开创性研究工作一直影响并促进着博弈论的发展。在奥曼的诸多贡献之中，关于长期合作（long-term cooperation）的研究对整个社会科学无疑具有最深刻的影响和冲击。直到今天，在博弈论研究的许多领域中，人们仍可以发现奥曼的身影和足迹。

瑞典皇家科学院新闻公报

瑞典皇家科学院 10 月 15 日宣布，将 2007 年诺贝尔经济学奖授予美国经济学家赫维茨、马斯金、罗杰·B. 迈尔森，以表彰他们为机制设计理论奠定基础。他们三人将分享 1000 万瑞典克朗（约合 154 万美元）的奖金。

赫维茨现在是美国公民，1917 年出生于莫斯科，他是明尼苏达大学经济学名誉教授。马斯金 1950 年出生于纽约市，1976 年获得哈佛大学应用数学博士学位，自 2000 年后一直任普林斯顿大学高级研究学校社会科学教授。罗杰·B. 迈尔森 1951 年出生于波士顿，1976 年在哈佛大学获得应用数学博士学位，自 2007 年以来任芝加哥大学教授。

亚当·斯密曾用见不到的手来比喻市场如何在理想状态下保证稀缺资源的有效分配，但是现实情况经常是不理想的，例如，竞争不是完全自由的，消费者没有得到全部的信息，私人所要的生产和消费可能会导致社会开支和福利。此外，许多生意是在公司之间进行的，个人或者利益集团在其他机构的安排下进行讨价还价。这些不同的机构或者分配机制是如何运作的？是否存在最理想的机制来实现某种目标，例如社会福利或者个人收益？政府规则是否呼吁这样作，如果这样的话，政府的规则如何进行最佳设计？

这些问题是困难的，尤其是可用的生产技术经常分布在许多参与者手中，他们可能会利用私人信息来实现自己的利益。由赫维茨开创并由马斯金、罗杰·B. 迈尔森进一步发展的机制设计理论极大地加深我们对在这种情况下优化分配机制属性、个人动机的解释、私人信息的理解。这种理论使我们能区分市场运作良好的市场和运作不良好的市场。它帮助经济学家确定有效的贸易机制、规则体系和投票程序。机制设计理论今天已在经济学的许多领域、政治学的一些领域发挥着重要作用。

赫维茨、马斯金和迈尔森小传

　　赫维茨教授是犹太人，1917 年 8 月 21 日出生在莫斯科，现在是美国公民，他是明尼苏达大学经济学名誉教授。早年的赫维茨有多灾多难的经历。俄国十月革命开始后不久，赫维茨和他的家人一起移居波兰，他在波兰度过了小学和中学时代，并考入波兰华沙大学，攻读法学后取得法学硕士学位，后来，他来到伦敦，在伦敦政治经济学院进修，修业完成后，他到了日内瓦。赫维茨称自己有多个名誉学位，不过当他 1940 年移居美国时，他只有华沙大学法学硕士头衔。

　　二战爆发时，赫维茨身在瑞士，但是他没有返回国内，而是前往美国。到美国后，赫维茨成为经济学家保罗·萨缪尔森的助理。而赫维茨的双亲和兄弟当时在华沙，被扣押在集中营，他自己最终辗转移居到美国，逃脱了纳粹的魔掌。赫维茨在回忆此段往事时说，"如果我待在波兰，很可能已是奥斯维辛集中营的遇难者"。到美国后，他没有去拿博士学位，而是从助教授做到了正教授。

　　尽管赫维茨教授在学术上获得了许多荣誉：他是美国科学院院士、美国经济学会院士、总统奖获得者、明尼苏达大学校董事会讲座教授。20 多年来，曾经多次被提名为诺贝尔经济学奖候选人，但是直到今天才如愿以偿。

　　赫维茨是明尼苏达大学数学系和统计系的教授。他的数学和数理统计都非常好，同时，他的兴趣非常广泛，对语言学颇有研究。赫维茨教授讲话非常风趣，很能活跃课堂和会场气氛。他对中国的经济改革非常有兴趣，到中国访问过多次。

　　赫维茨的主要著作有《设计中的经济机制》，学术报告有《市场经济的缺陷与政府干预》。

　　埃里克·马斯金教授目前担任普林斯顿大学社会科学院高等研究院主任，是两个孩子的父亲。他 1950 年出生于美国纽约。1972 年马斯金在美国获得了哈佛大学的数学学士学位，之后，他继续选择在哈佛大学应用数学领域进行深造。1974 年，马斯金在美国哈佛大学又获得了应用数学专业的硕士学位。之后，他继续在哈佛大学攻读博士学位，1976 年，获得哈佛大学的博士学位。博士毕业后，马斯金在英国剑桥大学进行为期两年的研究工作。从 1977 年开始，马斯金回到美国并在著名的麻省理工大学任教。1981 年，马斯金受聘成为麻省理工大学经济学教授。在麻省理工大学工作四年以后，马斯金重新回到自己的母校哈佛大学任教，在哈佛大学一直任教达 16 年之久。埃里克·马斯金教授目前担任普林斯顿大学社会科学院高等研究院主任，从 2004 年起，马斯金还在中国武汉大学担任客座教授。

埃里克·马斯金教授对经济学、政治学和法学等领域有深刻研究。马斯金在现代经济学最基础的领域里做出了卓越的贡献，其中包括公共选择理论、博弈论、激励与信息理论以及机制设计，培养了一大批活跃在世界各地的一流经济学精英。目前，他正在研究"机制设计理论"、重复博弈和收入不均等课题。马斯金作为对策论领域的大师级经济学家，代表了经济学理论形而上的价值取向。

罗格·迈尔森目前为美国芝加哥大学经济学系教授，还是世界计量经济学会以及美国艺术与科学研究院的研究员。他是 2001 年正式进入芝加哥大学的。而芝加哥大学经济系里的教授几乎全部是诺贝尔奖获得者或者被提名者。

迈尔森 1951 年出生于美国马萨诸塞州的波士顿，他大学时代表现非常出色，以最优异的成绩获得大学学士学位，后在美国最著名的学府哈佛大学继续深造，于 1973 年获得了哈佛大学应用数学的硕士，又于 1976 年获得哈佛大学应用数学专业的博士学位，他的博士论文选题就是"合作博弈理论"，这为他今后在这方面的出色研究打下了良好的基础。从哈佛大学毕业后，他进入美国西北大学担任管理经济学和决策学的助理教授，并于 1979 年升为美国西北大学的副教授，1982 年受聘为美国西北大学的正教授，后来一直在该校任教直到 2001 年。在此期间，他在德国比勒费尔德大学做访问学者大约有两年的时间，后来，又有两次机会进入美国芝加哥大学做访问学者。2001 年后，迈尔森正式受聘进入美国芝加哥大学任教，成为美国芝加哥大学著名的经济学教授。迈尔森对博弈论有极为深入的研究，著有《博弈论：矛盾冲突分析》以及《经济决策的概率模型》等著作。

美国经济学家对迈尔森在现实经济上的贡献都非常感叹，他的研究成果为创立一门新的学科"经济工程学"奠定了基础，是他把经济学变得同工程学一样实用，是他把经济学变得同工程学一样可以进行设计。

赫维茨、马斯金和迈尔森奠定了机制设计理论的基础

赫维茨、马斯金、罗杰·B. 迈尔森三人因为在经济学上奠定了机制设计理论的基础而荣获了 2007 年诺贝尔经济学奖。机制设计理论首先是由赫维茨开创后来由马斯金、迈尔森进一步发展的。

赫维茨最初的努力方向是计量经济学，对动态计量模型的识别问题作出了奠基性的工作，后来他在理论经济学领域中也做了许多开创性的工作。如：他在1947 年首先提出并定义了宏观经济学中的理性预期概念；他和别人合作从需求函数存在的角度证明了效用函数的存在这一结果，这个成果成为了现代经济学研究的基础；他还开创了对竞争市场一般均衡的稳定性研究工作。赫维茨目前为美国明尼苏达大学经济学名誉教授。赫维兹的经济机制理论包括信息理论和激励理论，并用经济模型给出了令人信服的说明。经济机制的理论模型由四部分组成：a. 经济环境；b. 自利行为描述；c. 想要得到的社会目标；d. 配置机制（包括信息空间和配置规则）。赫维兹 1972 年证明了著名的激励兼容"不可能性定理"：在经济社会成员数目有限的条件下，即使对于只有私人商品的经济环境，不可能存在任何经济机制，当人们的行为按占优策略决策时，它能执行帕累托最优配置。他还于 1990 年由于"对现代分散分配机制的先锋性研究"获得美国国家科学奖。

当然，他最重要的对经济学的贡献是经济机制设计理论的开创。他的成果使激励或激励兼容的概念成为了现代经济学的核心理念。赫维茨在 20 世纪 60 年代撰写的《资源配置中的最优化与信息效率》论文中，已经对机制设计理论进行了开创性的研究。马斯金、迈尔森后来进一步发展了该理论。简单地讲，经济机制设计理论

是研究在自由选择、自愿交换、信息不完全及决策分散化的情况下，为达到既定目标如何设计一套规则或制度的理论。用激励机制或规则这种间接控制的分散化决策方式来激发人们做规章制订者想做的事，或实现设计者想达到的目标。

该理论有巨大的应用价值，有利于各国政府、企业和学者认识和把握在怎样的情况下市场机制才是有效的或是无效的，从而有助于政策制定者制定有效的贸易机制、规则体系和投票程序。赫维茨、马斯金、迈尔森三人奠定的机制设计理论目前已在现代经济学许多领域发挥着重要作用。

这个理论及模型，概括的说，对于任何一个经济社会，在自由选择、自愿交换的分散化决策条件下，政策制定者可以运用经济机制理论的原理设计一个经济机制，即制订相应的法律、法则、政策条令、资源配置等规则。他的目标可以是大的社会目标，也可以是小到个人的经济目标，即自己的最优利益，比如委托一代理人问题就是经济激励机制的典型案例之一。

马斯金在包括机制设计理论、公共选择理论、博弈理论、激励与信息理论等现代经济学最为基础的多个领域里作出了卓越贡献，其中，他所撰写的论文《纳什均衡和福利最优化》被经济学界公认为机制设计理论的一大里程碑。

当经济信息是不完全的并且直接控制是不可能时，人们往往采用分散化的决策进行资源配置或制定社会经济决策。他所要掌握的基本原则就是要使所制定的机制能够有效地对每个参与者进行有效的激励，使参与者在实现个人利益的过程中也达到组织和社会的目标。这就是激励机制设计所要研究的课题。现实社会中，许多理论和实际问题都隶属于有效激励机制的设计问题，如公共财政理论、最优税制设计、行政管理、政治社会制度设计等。

迈尔森是博弈论研究方面的大师，著有《博弈论：矛盾冲突分析》及《经济决策的概率模型》等。迈尔森善于将抽象的经济学理论用于解决现实的社会经济问题，所以又称得上现实型的经济学家。美国加州电力危机等在内的很多经济难题都是他解决的，其在世界经济学界和产业界赫赫有名。20世纪80年代，迈尔森运用"机制设计"理论和博弈论为美国加州电力改革设计了优化的解决方案，这个方案一直运行至今，效果仍然表现良好。

美国医生是高收入群体，但是医学院大都是私立的。不控制医学院学生人数，就不能保证医生的质量和高收入。迈尔森运用机制设计原理解决了美国医学院招生的控制问题。美国政府把迈尔森的设计引入相关法律，从而有效限制了医学院招生的数量。

第四版编译后记

　　诺贝尔经济学讲演是第一流经济学家的代表作，弥足珍贵。出版者和编译者虽竭其驽钝，向读者提供方便。然而限于水平，缺点甚多，诸希见谅。此书第三版为了节约纸张，对 1969—1986 年只介绍瑞典皇家科学院对获奖人的评价，没有刊印讲演全文。在编印第四版时，接受读者意见，使 1969—1995 年均刊印全部材料。但又因分量太重，分为上、中、下册。

　　1993 年，诺贝尔经济学奖授予芝加哥大学的福格尔教授和圣路易华盛顿大学的诺思教授。

　　福格尔的诺贝尔讲演是报告他的新成果。他在讲演中解释死亡率下降的长期趋势，是营养改善的结果。并发现约在 1790 年英国人的体重比现在轻 20%，法国人比现在轻三分之一。那时的穷人吃不饱，甚至没有力气散步，故被排除在劳动力之外。常听访问贫困地区的人回来说，那里的人懒惰，其实是吃不饱没有力气。

　　身材高大的人长寿还是矮小的人长寿？按照个别人的记录难以下结论。福格尔根据大量数据判断身材高大的人长寿。

　　据福格尔计算，在过去 200 年中英国经济增长中有 30%归功于营养的改善。在 21 世纪即将到来之际，中国政府对扶贫工作给予前所未有的重视。不论城市或农村，改善穷人的营养都是在增加劳动力，提高劳动生产率，促进经济增长。人是财富的父亲，自然是财富的母亲。福格尔把经济学家的注意力引向财富的创造者——人。

　　罗伯特·福格尔对美国经济史的一项重要贡献是他恰如其分地评价了铁路对

美国经济增长的作用。在他之前许多学者给铁路的作用以极高评价。人们说铁路是 19 世纪最后三分之二时间中最重要的革新，美国经济增长，农业向西发展，公司的兴起，现代制造业迅速增长，工业的区位，城市化的形态，区间贸易结构等等的原动力。

铁路网和经济同时增长是事实。但是福格尔问铁路增长与经济增长之间有无因果关系？19 世纪初美国各地区的农产品基本上自给自足。到 1890 年发生变化，北大西洋、南大西洋及中南地区，含 25 个州和全国人口的 60％，变成缺粮户。其中北大西洋区，即新英格兰、纽约、新泽西及宾州缺粮最多。例如北大西洋区生产的小麦仅及其消费和出口需要的 24％。另一方面北中地区变成大余粮户，其 12 个州生产的小麦能养活 8800 万人，为本区人口的四倍。剩余的粮食先集中到中西部大初级市场：芝加哥、明尼亚玻利斯、杜鲁斯、密尔沃基、佩奥里亚、堪萨斯城、圣路易、辛辛那提、托来多及底特律。第二步将粮食从初级市场运到东部和南部约 90 个二级市场，如纽约市、巴尔的摩、波士顿、费城、新奥尔良、阿尔巴尼、波特兰、匹兹堡、伯明翰及萨瓦那。第三步在二级市场附近分配粮食，包括出口。

从中西部初级市场运粮到东部和南部的二级市场称为区间贸易。从农场到初级市场以及从二级市场转销周围各地为区内贸易。

所有初级市场位于通水运处。杜鲁斯、密尔沃基、芝加哥、托来多及底特律濒临大湖；奥马哈和堪萨斯城在密苏里河边；明尼亚玻利斯和圣路易在密西西比河边；辛辛那提在俄亥俄河边；佩奥里亚在伊利诺河边，密西西比河和密歇根湖之间的中点。大湖、内河、运河和沿海航运将初级市场与大多数二级市场直接连接起来。在最重要的 43 个二级市场中，只有四个和中西部不通水运，但是这四个地方经较短的马车运输便能到达一条大河。所以计算铁路的贡献不是和没有任何交通运输比较，而是与以前的水运比较。每吨公里运费，水运比铁路便宜。但水运路线长而弯曲，费时间长，不能终年通航，终点装卸费用大，货物损失大，故每吨公里运输成本铁路略低于水运，这个差额称为社会节约。据福格尔对 1890 年进行计算，农产品区间运输产生的社会节约为国民收入的 1％。

在铁路时代之前，美国的传统运输方式是水运加马车。美国东临大西洋，西临太平洋，南临墨西哥湾，北有五大湖。南北向的密西西比河可与长江比美，其大支流东有俄亥俄河，西有密苏里河，阿肯色河，都是源远流长。密西西比河与五大湖之间运河可通。有如此天赋水系，即使没有铁路，经济也能发展。铁路的贡献只是提供比水运更经济快捷的运输条件。现在美国铁路里程约为我国的四倍多，公路里程也约为我国的四倍多。即使有如此发达的铁路网和公路网，美国在 20 世纪 90 年代的内河航运货运周转量仍比中国多 76％，可见其水运先天条件之佳。但是有些国家或地区的先天水运条件不如美国，修建铁路的作用将超过美国的情况。

诺思重视制度对经济发展的作用。他认为工业革命发生在英国的一个原因是国家对经济的管制少，行会制度弱。17 和 18 世纪西班牙经济发展慢是因为国家管制多，产权模糊。西班牙的法令多如牛毛，对殖民海外的人的一举一动都加以管制，从离开西班牙必须有政府的许可，一直到他死在美洲后遗产如何处置。在加勒比海的岛屿上猎野猪须有许可证。对穆斯林、耶稣会、新教徒及犹太人实行残酷的宗教压迫和种族歧视。驱逐摩尔人而失去大量勤劳技工。贵族垄断一切权力，还要经营工商业与民争利。西班牙牧民可以驱赶羊群通过农业区，阻碍农业发展。

诺思认为支持现代资本主义制度的财产权的出现是现代欧洲政治史上的大事。统治者们系统地加强私人所有权以换取有产者对他们忠诚和纳税。政治实体界定和实施经济规则，因而影响经济业绩甚大。发展经济需要有一个能创造和实施有效财产权的政治实体。诺思承认对如何创造这样的政治实体所知甚少，因为新政治经济学是根据美国和发达的政治实体分析的，未必适用于第三世界和东欧。

1994 年，诺贝尔经济学奖授予三位博弈论专家：约翰·纳希，约翰·哈山宜和莱因哈德·赛尔顿。纳希因病未作讲演，改为一次围绕他的贡献的研讨会。

理性行为是对经济人的基本假设。人在市场上会自求多福。如果他是一名消费者，将在预算约束下追求效用最大化。如果他是一名生产者，将追求利润最大化。理性行为是经济学的一块基石，其重要性不言而喻。博弈论探讨人际关系，人与人之间，企业之间，国家之间的策略互动关系，行为的相互作用。这是经济学的另一块基石。

《孙子兵法》说："知彼知己，百战不殆"。军事家不能一厢情愿，只考虑己方，必须预测彼方作何反应，才能有的放矢，克敌制胜。例如孙膑围魏救赵是算定齐军攻打魏都大梁，远在赵国的魏军必返国救援。俟其远道前来疲于奔命，齐军以逸待劳，可一鼓而歼。古代虽无博弈论这门系统的学问，成功的军事家往往考虑策略互动问题。现在有了博弈论，许多人，许多企业，许多政府开始有意识地将博弈论应用于实际。它已被用于表决问题，垄断问题，寡头垄断问题，军事战术问题，布置兵力问题，导弹作战问题，威慑与冷战问题，市场均衡，产品质量、拍卖、保险、委托代理、公共财货、高等教育等。甚至被成功地用于生物学。在生物学中发现，自然选择和变异的长期过程必然收敛于纳希均衡。以下我们以囚徒两难问题为例介绍纳希均衡的概念。

A、B两人因偷窃被捕，被怀疑有抢劫行为而证据不足。两人分别关押，分别审讯。检察官告诉他们，若两人都供认抢劫，每人将判徒刑2年。若都不供认，将因偷窃而各判半年。若只有一人供认，他将被判免于受罚而释放，另一个将被判5年徒刑。写成矩阵形式：

	囚犯 B	
	坦白	隐瞒
囚犯 A 坦白	2.2	0.5
隐瞒	5.0	0.5, 0.5

A不知道B是否坦白。他想：如果B坦白而自己不坦白，将被判5年重刑；如果B隐瞒而自己坦白，可被释放；如果B坦白，自己也坦白将被判2年徒刑；如果B隐瞒，自己也隐瞒，将被判半年徒刑。对A而言坦白是优策略，坦白也是B的优策略，这就是纳希均衡。一旦达到纳希均衡，谁也不能从改变策略得到好处。但是就两人的共同利益而言，两人都隐瞒比两人都坦白更加有利。可以看出个人理性和集体理性的差别。

用矩阵描述博弈是博弈的正规式，用博弈树描述博弈则为博弈的展开式。

从1928年冯·诺伊曼发表第一篇博弈论文算起，迄今已70年。它的覆盖面很广，有人比作物理学中的统一场论。由于多少学者的努力，它已经发展为一门博大精深而应用广泛的学问。人们在许多领域中的决策得到博弈论的帮助。有如高明的围棋大师会算，也就是会研究我方的一手会引起对方的什么反应。而初学者往往即兴下子而不考虑对方的反应。不仅下棋，政府领袖若不考虑策略互动问题，亦将铸成大错。二战时东西法西斯主义者显然未深入考虑中国和许多民主国家对侵略者会采取什么对策。

张维迎先生介绍博弈论的书籍在上海三联书店出版，今后我国有关博弈论的作品将逐渐增多。一批博弈论专家将在我国成长起来。博弈论是一种新的思想方法，即使不完全熟悉它的前沿成果，只要重视这种思想方法，写出一个矩阵来刻画待决策的问题，就能改进决策质量。例如冷战时期的美苏领导人未必学过多少博弈论，他们能组织博弈论专家帮助他们考虑核威慑和核裁军问题。

1995 年，诺贝尔经济学奖授予芝加哥大学罗伯特·卢卡斯教授。瑞典皇家科学院在其公告中说他"开发和应用了理性预期假设，并因而改变了宏观经济分析和加深了我们对经济政策的了解"。公告说明卢卡斯是从各方面推荐的 97 名候选人中遴选出来的。

货币扩张引起物价上涨，经济学界把物价上涨率称作膨胀率。通货膨胀可以简称通胀。通胀有许多弊病，有利于债务人，不利于债权人和工资劳动者及靠养老金生活者。在现代经济中，大债务人是政府、银行、大企业，债权人常为升斗小民。抗日战争期间，多少劳动者在银行中的储蓄因货币急剧贬值而几乎化为乌有。用卢卡斯的说法，货币快速增加，使劳动报酬稀释。稀释是说汤中水多了，实在的营养物质的含量降低了。劳动者其实在支付通胀税，这只会打击劳动积极性，而不会促进勤奋。再说，币值关系到政府的颜面、声誉。历史教训不少。

然而 20 世纪 70 年代一些政府对英国经济学家菲利普展示的通胀和就业之间的正关系信之不疑，允许通胀率上升，以实现高就业。结果很失望，没有获得持续的就业增加。中国在 20 世纪 80 年代也有人宣传通胀无害，希望货币扩张能促进经济增长。

据卢卡斯研究，从长期看，货币数量的增长只能引起物价上涨而不能增加就业。货币扩张如在人们预期之中对就业和生产不起促进作用。另一方面，货币收缩如在人们预期之中也不会造成经济衰退。90 年代中国在朱镕基先生主持下对货币供给适当从紧，把通胀率从两位数降为一位数，经济增长未受影响，是卢卡斯理论的又一佐证。人们不再依赖通货膨胀发展经济，就可以采取实际步骤促进生产和就业。例如把劳动力市场组织得更好，使工资形成更加灵活，调查研究社会有什么新的需求，组织生产予以满足，等等。

1996 年，诺贝尔经济学奖两位获奖人是美国哥伦比亚大学威廉·维克里（William S. Vickrey）教授和英国剑桥大学詹姆斯·莫里斯（James A. Mirrlees）教授。维克里于瑞典皇家科学院宣布后第三天逝世，莫里斯的诺贝尔讲演未及收入本书，仅对他们的贡献稍加介绍。两人对不完全信息下人的经济行为有所阐明。维克里于 1961 年在《金融杂志》16 卷 1 期 8—37 页上发表《反投机，拍卖，及竞争性密封报价》一文，是拍卖理论的开山之作。他区分四种拍卖：英式拍卖，荷式拍卖，第一价格拍卖，第二价格拍卖。在英式拍卖中拍卖商先宣布一个底价，即最低价。然后由潜在的买主们报价，报价最高者得到拍卖品。在荷式拍卖中，拍卖商先宣布一个谁也不愿出的高价，然后逐步喊出较低价格，直到有人喊"我的"，拍卖品就归他。第一价格拍卖是密封投标，最高出价者得到拍卖物。第二价格拍卖也是密封投标，最高出价者按第二高竞买者的价格得到拍卖品。以第二价格拍卖为例，第一和第二高价之差是第一高价出价人得到的消费者剩余，第二高价则是他支付的社会成本。一个人如果报出高于他愿意支付的价格，如果其他人也如此行事，他将不得不以某种损失买下拍卖品。如果他报出低于自己愿付的价格，拍卖品有可能落到他人之手。故报出自己愿付的真实价格是最优策略。这种拍卖制度最有效率，符合帕累托最优标准。现在我国许多地方批租土地，如不采取招标拍卖形式，随便租给一个人，则社会上可能有人愿出更高价格而没有机会。这种资源配置是低效的，不是帕累托最优的。

1971 年莫里斯在《经济研究评论》发表的《最优所得税探索》一文是最优赋税理论的重要文献。在业主和代理人的关系中有一类隐蔽知识问题。代理人作了某项观察，业主没有此种观察。最优所得税问题的性质是隐蔽知识问题。一个人配置他的时间，一部分用于劳动挣钱，另一部分用于休闲。任何所得税都将使这种选择发生变化或扭曲。如果休闲的社会价格可以观察，即个人的生产率或工资率可以观察，原则上可以完全克服收入和休闲配置的扭曲。但是一般而言，纳税人有此信息，政府无此信息。个人工资率是私人信息，对政府而言是隐蔽知识。

通常所得税采用累进税制，收入愈高，税率也愈高，例如 1989 年美国平均年收入 9000—10999 元的人纳税 6.3%。平均年收入在 100 万元及以上者纳税 24.7%，这是平均税率。若税额增量与收入增量相比，则为达际税率。据莫里斯研究，收入最高的个人的边际税率应当是零。假设最高收入是 Y 元，考虑将超过 Y 元的收入的边际税率降低到零。最高收入者可能决定多做工作，因为边际小时的报酬上升了。他这样做，能改善自己的境况，而政府的财政收入不受影响，因为原有的 Y 元仍照章纳税。一个人的效用增加而其他人的效用没有减少，这是符合帕累托最优状态的改进。

本书得以顺利编译出版要感谢诺贝尔基金会及 Kristina Fallenius 女士的支持和协助。编译者水平有限，谬误之处请读者赐正。

王宏昌
1997 年 2 月 6 日于北京

让伟大在平凡中永生

    无论平凡或伟大，在生命的面前都归于平等。一颗伟大的心之所以伟大，是因为即使在它停止跳动之后人们还能够感受到它的光辉。在数量经济和技术经济学界，王宏昌先生是一位德高望众的学者，为推广现代经济学、促进对外学术交流做出过积极贡献。2003年，在王宏昌教授80岁寿辰之际，收到来自国外多位著名教授的贺信。他们之中有诺贝尔经济学奖获得者克莱因教授，以及赫尔维兹、邹至庄、刘遵义、萧政、罗斯基夫妇、杰弗逊和费尔德教授等。这些国际著名的学者在贺信中说："这是对一个绅士和学者的生日问候。多年来，他的知识、想象力、勇气、正直和开朗，以及他富有成效的工作为我们大家所称颂与尊敬。为了2003年3月14日这个日子，为了您的幸福与健康以及未来更为美好的时光，谨向您和您的夫人致以最良好的祝愿。"王先生退休后，仍继续致力于我国经济发展领域的研究。在翻译现代经济学经典论著方面做了大量的工作，他翻译的《诺贝尔经济学奖获得者讲演集》产生了广泛的影响，在推动国际学术交流，传播现代经济学和数量经济学思想和方法方面作出了积极的贡献。王先生具有广博的学识和深邃的洞察力，他经常把自己的思想贡献给青年学者，表现出一个学者的风范和长者的博大胸怀，他的形象将永远留在我们心中。

    斯人已去，黄鹤悠悠。为完成王先生的未竟事业，我根据现有的相关资料整理编辑了从1998年到2007年诺贝尔经济学奖获得者的相关资料，供读者参阅，不当之处请读者批评指正。

王裕榡（王宏昌之女——出版者注）

2007年11月14日